潮涌浦江
——2024年长三角金融法治论坛集锦

Surging Huangpu River

李志强 主编

中国金融出版社

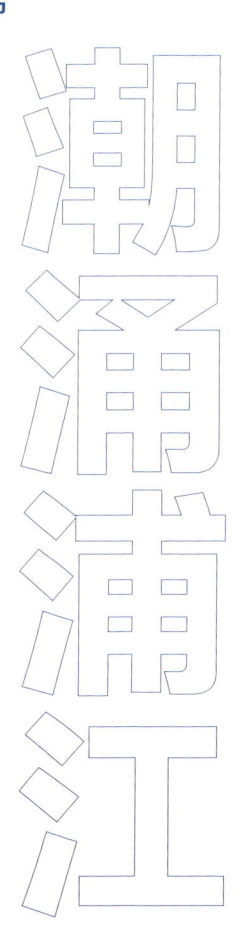

责任编辑：贾　真
责任校对：李俊英
责任印制：丁淮宾

图书在版编目（CIP）数据

潮涌浦江：2024年长三角金融法治论坛集锦 / 李志强主编 . -- 北京：中国金融出版社，2024.8 -- ISBN 978-7-5220-2496-7

Ⅰ . D922.280.4-53

中国国家版本馆 CIP 数据核字第 202440HA69 号

潮涌浦江：2024年长三角金融法治论坛集锦
CHAOYONG PUJIANG: 2024 NIAN CHANGSANJIAO JINRONG FAZHI LUNTAN JIJIN

出版
发行　中国金融出版社

社址　北京市丰台区益泽路 2 号
市场开发部　　（010）66024766，63805472，63439533（传真）
网 上 书 店　www.cfph.cn
　　　　　　　（010）66024766，63372837（传真）
读者服务部　　（010）66070833，62568380
邮编　100071
经销　新华书店
印刷　河北松源印刷有限公司
尺寸　169 毫米 ×239 毫米
插页　14
印张　44.75
字数　650 千
版次　2024 年 8 月第 1 版
印次　2024 年 8 月第 1 次印刷
定价　138.00 元
ISBN 978-7-5220-2496-7
如出现印装错误本社负责调换　联系电话（010）63263947

第十三届全国人大宪法和法律委员会主任委员李飞与上海市人民政府参事室主任莫负春、副主任才华，著名金融专家张宁，环太平洋律师协会第30届会长李志强合影

第三十届全国人大宪法和法律委员会主任委员李飞、上海市人民政府参事室主任莫负春与上海财经大学校长刘元春教授亲切交谈

出席 2024 长三角金融法治论坛的嘉宾合影留念

由上海财经大学联合上海股权投资协会、上海市国际服务贸易行业协会主办，上海财经大学法学院承办，环太平洋律师协会提供支持的 2024 长三角金融法治论坛于 2024 年 3 月 30 日在上海财经大学隆重举行

第十三届全国人大宪法和法律委员会主任委员李飞与上海财经大学法学院院长宋晓燕教授、副院长朱晓喆教授和环太平洋律师协会第30届会长、上海财经大学兼职硕士研究生导师李志强一级律师亲切交谈

上海财经大学法学院院长宋晓燕教授主持2024长三角金融法治论坛开幕式

第十三届全国人大宪法和法律委员会主任委员李飞出席2024长三角金融法治论坛开幕式并致辞

上海市人民政府参事室主任莫负春出席2024长三角金融法治论坛开幕式并致辞

上海金融法院院长赵红出席 2024 长三角金融法治论坛开幕式并致辞

上海财经大学校长刘元春教授出席 2024 长三角金融法治论坛开幕式并致辞

环太平洋律师协会第 30 届会长、最高人民法院和司法部聘任的全国首批行政审判和行政复议专家李志强出席 2024 长三角金融法治论坛开幕式并致辞

由著名高校联合相关行业协会共同主办的长三角金融法治论坛从 2022 年开始举办，已经连续举办三届，受到各界人士欢迎

中国证监会上海监管局原党委书记及局长、上海证券交易所原党委副书记及监事长张宁点评 2023 年金融市场经典案例

上海政法学院院长、上海仲裁委员会主任刘晓红教授在 2024 长三角金融法治论坛主论坛作主旨演讲

中国国际经济贸易仲裁委员会副主任兼秘书长王承杰在2024长三角金融法治论坛上作主旨演讲

上海市国际贸易促进委员会副会长、上海国际经济贸易仲裁委员会（上海国际仲裁中心）副主任马屹在2024长三角金融法治论坛上作主旨演讲

上海政法学院副校长、上海市法学会自贸区法治研究会会长郑少华教授在2024长三角金融法治论坛上作主旨演讲

上海财经大学法学院商法研究中心主任李宇教授在2024长三角金融法治论坛上作主旨演讲

国际御准仲裁员协会前主席弗朗西斯·沙勿略在2024长三角金融法治论坛上作主旨演讲

环太平洋律师协会中国司法管辖区候任理事、上海市政协常委陆敬波在2024长三角金融法治论坛主旨演讲环节担任主持人

上海市司法局副局长刘言浩主持长三角金融商事争议解决论坛

上海财经大学法学院副院长朱晓喆教授主持金融商事争议解决的保障机制论坛

华东政法大学教授、上海财经大学法学院特聘教授、上海市法学会金融法研究会会长吴弘教授作闭幕致辞

浙江大学光华法学院研究员黄韬作"普惠金融的司法成本"分享

华东政法大学经济法学院贾希凌教授作"基金托管人的法律地位与纠纷解决"分享

上海财经大学法学院副院长郝振江教授作"商事调解协议效力的认识问题"分享

芜湖市律师协会常务理事吴俊洋律师作"房地产领域金融治理"分享

杭州市律师协会金融专业委员会副主任陆原律师作"资管产品纠纷投资者维权路径研究"分享

上海国际仲裁中心研究部部长徐之和作为与谈人分享长三角金融商事争议解决心得

江苏大学法学院副院长牛玉兵作为与谈人分享长三角金融商事争议解决心得

上海交通大学凯原法学院沈伟教授作"当仲裁遇见制裁：冲突与协调"分享

南京大学法学院缪因知教授作"比例连带责任的叠加责任属性与追偿规则设置"分享

国浩律师事务所高级合伙人申黎律师作"跨境金融争议解决的管辖困境及仲裁机制的优势"分享

环太平洋律师协会候任官员李建律师作"金融商事争议解决保障问题"分享

上海仲裁委员会金融仲裁院秘书长龚骏作为与谈人分享金融商事调解心得

上海财经大学法学院副教授、外滩金融创新试验区法律研究中心研究员刘洋就比例连带责任分享心得

张宁监事长和宋晓燕院长为2023金融市场经典案例得主颁奖

张宁监事长和张敏董事长向长三角法学法律工作者代表赠送《外滩金融创新试验区法律研究（2024年版）》

李芮女士和陆敬波候任理事向上海财经大学研究生代表赠书

吴俊洋常务理事和陆原副主任向上海财经大学研究生代表赠书

张宁监事长和李志强会长向外滩金融创新试验区法律研究中心刘洋等 5 名研究员颁发聘书

第十三届全国人大宪法和法律委员会主任委员李飞与被誉为我国法学法律界"国之瑰宝"的著名法学家李昌道教授的女儿李芮亲切交谈

安徽省人大代表王文（右一）、安徽师范大学副教授陆在春（左一）和芜湖市律师协会常务理事吴俊洋等长三角法学法律专家连续三年参与并支持长三角金融法治论坛

2024年2月26日，环太平洋律师协会第30届会长李志强在纽约向资深会员和前官员Ken赠送由中国金融出版社出版的图书《三十而立》

2024年2月28日，美国仲裁协会管理层在纽约总部会见环太平洋律师协会第30届会长李志强

2024年3月4日，环太平洋律师协会第18届会长、美国资深律师Gerold W. Libby在洛杉矶会见第30届会长李志强

环太平洋律师协会 2024 年东京年会开幕式和欢迎活动致辞嘉宾：日本辩护士联合会会长 Reiko FUCHIGAMI 及日本最高法院法官 MIYAGAWA Mitsuko（左三及右三）与环太平洋律师协会候任会长 Michael Chu 楚尊建（右一）、第 28 届会长 Perry、第 30 届会长李志强和环太平洋律师协会官员石本茂彦合影

环太平洋律师协会第 30 届会长及提名委员会主席、中华全国律师协会理事及外事委员会副主任李志强主持环太平洋律师协会 2024 年东京年会自贸区与律师机遇专场，中华全国律师协会副秘书长闫国及来自中国、日本、印度和新加坡等知名专家和律师发表演讲

环太平洋律师协会第 28 届会长 Perry（右二）、第 30 届会长李志强、第 32 届会长 Miyuk（中）与新任官员石本茂彦（左一）和秘书处专员 Yukiko 在环太平洋律师协会 2024 年东京年会欢迎活动上合影

来自中华全国律师协会、香港律师会、上海市律师协会等律师组织负责人和环太平洋律师协会同仁齐聚环太平洋律师协会 2024 年东京年会（自左到右依次为上海市律师协会副会长金冰一、中华全国律师协会国际部邹曼丽、环太平洋律师协会中国扩充理事及中华全国律师协会常务理事王正志、上海市律师协会副会长黄宁宁、中华全国律师协会副秘书长闫国、环太平洋律师协会第 30 届会长及提名委员会主席李志强、全国人大宪法和法律委员会委员及中华全国律师协会会长高子程、香港律师会会长陈泽铭、香港律师会副会长汤文龙、环太平洋律师协会法律发展与培训委员会联席主席欧龙、环太平洋律师协会官员及出版委员会副主席李建、环太平洋律师协会会员及上海市黄浦区律师工作委员会委员江海）

环太平洋律师协会前秘书长、新加坡著名律师叶伟明,环太平洋律师协会 APEC 委员会新任联席主席及天津市律师协会副会长李雯与李志强律师在东京交流

中外法治文明交流互鉴其乐融融

编 委 会

代　　序	李 飞					
特别鸣谢	潘基文	潘功胜	胡卫列	莫负春	黄惠康	周院生
	张 宁	刘元春	赵 红	刘晓红	王承杰	杭迎伟
	朱 健	焦津洪	叶卫东	李俊杰	俞 勇	李慈雄
	王孝芝	郑 杨	马 屹	阮忠良	周 锋	刘言浩
	董海峰	施伟东	黄爱武	郑少华	张 敏	金文忠
	董 颖	张志红	王如富	刘 涛	张 莉	周海晨
	弗朗西斯·沙勿略					
鸣　　谢	宋晓燕	吴 弘	朱晓喆	郝振江	李 宇	徐静琳
	董茂云	王唯骏	贾 坤	龚 骏	陆敬波	梁嘉玮
	赵思渊	李伟涛	曹 菁	李 本	贺小勇	高凌云
	黄 韬	王小清	崔海燕	李 雯	陈易平	贾希凌
	吴俊洋	王 文	陆 原	陆在春	徐红军	徐之和
	牛玉兵	沈 伟	缪因知	申 黎	陈 枫	闫人瑞
	张宇涵	庄慧鑫	刘 洋	刘慧景	刘 仪	刘 郁
	刘 珍	赵旭青	阮少凯	金 亮	应 洁	迟 冰

　　　　　俞铁成　田雪雯　姜奇卓　丁洪霞　江翔宇　管心竹
　　　　　曾　瑞　胡志鹏　游　广　张博文　王先超　陈晓龙
　　　　　杜　慧　吴　炯　张　正
主　　编　李志强
编　　委　向松祚　肖　冰　李　芮　周婷晶　李　建　欧　龙
　　　　　苏东青　杨子安

Editorial Committee

Preface   Li Fei

Special Acknowledgement   Ban Ki-moon   Pan Gongsheng   Hu Weilie

   Mo Fuchun   Huang Huikang   Zhou Yuansheng   Zhang Ning

   Liu Yuanchun   Zhao Hong   Liu Xiaohong   Wang Chengjie

   Hang Yingwei   Zhu Jian   Jiao Jinhong   Ye Weidong   Li Junjie

   Yu Yong   Li Cixiong   Wang Xiaozhi   Zheng Yang   Ma Yi

   Ruan Zhongliang   Zhou Feng   Liu Yanhao   Dong Haifeng

   Shi Weidong   Huang Aiwu   Zheng Shaohua   Zhang Min

   Jin Wenzhong   Dong Ying   Zhang Zhihong   Wang Rufu

   Liu Tao   Zhang Li   Zhou Haichen   Francis Xavier

Acknowledgement   Song Xiaoyan   Wu Hong   Zhu Xiaozhe

   Hao Zhenjiang   Li Yu   Xu Jinglin   Dong Maoyun

   Wang Weijun   Jia Kun   Gong Jun   Lu Jingbo   Liang Jiawei

   Zhao Siyuan   Li Weitao   Cao Jing   Li Ben   He Xiaoyong

   Gao Lingyun   Huang Tao   Wang Xiaoqing   Cui Haiyan

   Li Wen   Chen Yiping   Jia Xiling   Wu Junyang   Wang Wen

Lu Yuan   Lu Zaichun   Xu Hongjun   Xu Zhihe   Niu Yubing

Shen Wei   Miao Yinzhi   Shen Li   Chen Feng   Min Renrui

Zhang Yuhan   Zhuang Huixin   Liu Yang   Liu Huijing   Liu Yi

Liu Yu   Liu Zhen   Zhao Xuqing   Ruan Shaokai   Jin Liang

Ying Jie   Chi Bing   Yu Tiecheng   Tian Xuewen   Jiang Qizhuo

Ding Hongxia   Jiang Xiangyu   Guan Xinzhu   Zeng Rui

Hu Zhipeng   You Guang   Zhang Bowen   Wang Xianchao

Chen Xiaolong   Du Hui   Wu Jiong   Zhang Zheng

Chief Editor   Li Zhiqiang

Editors   Xiang Songzuo   Xiao Bin   Li Rui   Zhou Tingjing   Li Jian

Ou Long   Su Dongqing   Yang Zian

代　序

深入参与金融法治建设　助力长三角一体化高质量发展

李　飞

各位企业家、金融家和法学法律专家，大家好！

由上海财经大学联合上海股权投资协会和上海市国际服务贸易行业协会主办，上海财经大学法学院承办，环太平洋律师协会支持的2024长三角金融法治论坛今天隆重举行，我表示热烈的祝贺！

2024年1月16日，习近平总书记在省部级主要领导干部推动金融高质量发展专题研讨班上指出，党的十八大以来，我们积极探索新时代金融发展规律，不断加深对中国特色社会主义金融本质的认识，不断推进金融实践创新、理论创新、制度创新，积累了宝贵经验，逐步走出一条中国特色金融发展之路，这就是：坚持党中央对金融工作的集中统一领导，坚持以人民为中心的价值取向，坚持把金融服务实体经济作为根本宗旨，坚持把防控风险作为金融工作的永恒主题，坚持在市场化法治化轨道上推进金融创新发展，坚持深化金融供给侧结构性改革，坚持统筹金融开放和安全，坚持稳中求进工作总基调。

长三角地区是我国经济发展最活跃、开放程度最高、创新能力最强的区域之一，在国家现代化建设大局和全方位开放格局中具有举足轻重的战略地位。高质量发展是全面建设社会主义现代化国家的首要任务。

法治和金融是孪生兄弟，相伴而生。加强金融法治建设对于深入学习贯彻党的二十大精神，"深化金融体制改革，建设现代中央银行制度，加强和完善现代金融监管，强化金融稳定保障体系，依法将各类金融活动全部纳入监管，守住不发生系统性风险底线。健全资本市场功能，提高直接融资比重，依法规范和引导资本健康发展"等都具有十分重要的意义。

本次论坛上《外滩金融创新试验区法律研究（2024年版）》一书举行首发式，著名金融专家张宁等中外企业家、金融家和法学法律专家聚焦金融争议解决的法律视角，围绕金融争议解决的立法前瞻、司法实务、仲裁实务、法律服务，金融争议解决人才的培养，以及金融争议案件的公众普及等分享智慧和经验，对相关立法的完善提出有益的建言，很有价值。

我欣喜地看到，在党和政府的关怀，以及众多机构和专家的鼎力支持下，在环太平洋律师协会第30届会长李志强同志的不懈努力下，环太平洋律师协会第30届上海年会、天津东亚区域会议、广州仲裁日活动和资本市场法治国际论坛等涉外法治活动相继在中国成功举办，传播了习近平法治思想和中国法治建设的伟大成就，深化了法治文明交流互鉴，讲好了中国法治故事，展现了可信、可爱、可敬的中国法律人形象，推动了中华法治文化更好地走向世界。

希望长三角金融法治论坛继续以习近平新时代中国特色社会主义思想为指引，积极探索，不断总结，大胆实践，越办越好。

最后，我预祝本次论坛取得圆满成功！

谢谢大家！

（本文系第十三届全国人大宪法和法律委员会主任委员李飞在2024长三角金融法治论坛开幕式上的致辞文稿）

目 录

习近平经济与法治思想引领篇

当前金融工作概况 ………………………………… 潘功胜　3
与时代同行　与法治同在 ………………………… 李　飞　15
培育商事国际仲裁发展新动能 …………………… 胡卫列　17
金融法治　推动繁荣 ……………………………… 张　宁　20
认真贯彻实施新修订的《行政复议法》发挥行政复议化解行政争议的
主渠道作用 ………………………………………… 周院生　23
商业银行坚守长期主义信念的三种思维 ………… 郑　杨　31
小贷大业　法治护航 ……………………………… 杨国平　36
中国国际法学发展面临重大契机 ………………… 刘晓红　53
新时代中华法系的伟大复兴：历史、现实与未来 … 施伟东　57

精彩致辞篇

金融法治　大有可为 ……………………………… 莫负春　75
携手打造全球金融法治最佳样本 ………………… 赵　红　77
共同推动金融法治建设健康发展 ………………… 刘元春　81
潮涌浦江　共襄盛举 ……………………………… 李志强　83

主旨演讲篇

全球化背景下金融争议解决的趋势展望 …… 刘晓红　刘　仪　龚　骏　89
拥抱金融改革创新　助力金融法治国际化发展 …… 王承杰　96
同向而行：金融赋能长三角一体化背景下的仲裁发展展望
……………………………………………………… 马　屹　102

在金融商事争议解决中如何尊重意思自治 ················· 李　宇　108
设立多边投资法庭——地平线上的海市蜃楼 ······ 弗朗西斯·沙勿略　112

自贸区创新发展篇

上海自贸试验区法治保障的实践探索与路径选择
·· 黄爱武　徐红军　127
自贸区背景下知识产权证券化存在的问题与对策 ········· 赵旭青　140
上海自贸区引领跨境破产司法制度初探 ·········· 李志强　杨子安　159
跨国自贸体系法律服务的机遇与挑战 ············ 李志强　杨子安　167

金融商事争议解决篇

"康美药业案"与我国证券集体诉讼的制度创制 ········· 焦津洪　175
境外仲裁机构制度在中国内地的仲裁演进和展望 ········· 马　屹　199
投资者适当性规则司法适用的困境与出路 ··············· 阮少凯　204
投资理财产品"爆雷"诉讼策略研究
——以侵权责任之诉为视角 ···················· 陆　原　金　亮　217
房地产领域的金融治理 ···································· 吴俊洋　230

金融商事争议解决机制保障篇

推动复议诉讼"紧"衔接　开创诉源治理"新"局面 ········ 董海峰　235
行政公益诉讼嵌入金融治理构造路径拓扑 ·········· 陆在春　曾瑞　239
金融商事争议解决保障的非诉思维 ······················ 李　建　253
多措并举提升中国仲裁公信力竞争力建设
——以开展仲裁员履职管理为切入点 ············ 李志强　杨子安　256

金融法治团本篇

比较法视角下我国数据出境安全评估机制的完善
·· 李　本　刘　郁　261

《促进和规范数据跨境流动规定》后金融机构数据出境路径与尚存难点问题……………………………………………江翔宇　管心竹　275

资产管理的法理基础：信托财产所有权的定性及其在《中华人民共和国民法典》中的位置……………………………………………高凌云　290

无锡QFLP试点制度研究……………………………………陈易平　318

信托法中受托人的谨慎义务研究……………………刘　洋　应　洁　325

侵财型刑事案件被害人财产求偿权保护的探讨………………刘慧景　378

金融和法治人才培育篇

金融支持绿色发展的新思考…………………………………郑　杨　385

仲裁员提升国际化视野和素养的途径探究…………………陈易平　395

金融风险防范篇

资管业务托管人法律责任研究报告……………申　黎　闵人瑞　张宇涵　401

《外国政府补贴条例》的实施及其对中国企业赴欧洲投资的影响……………………………………………………………李　雯　刘　珍　428

从供应链存货业务角度谈法律风险及防控措施………姜奇卓　丁洪霞　432

全面注册制下沪深市场IPO参与战略配售的投资者资格认定若干法律问题的再思考………………………………………………张博文　440

数字经济时代下的平台封禁：新型垄断行为的挑战与应对……………………………………………………………………王先超　447

新《公司法》探究运用篇

新《公司法》加强对虚假出资、抽逃出资的规制……………庄慧鑫　459

浅析不良资产出资的利与弊……………………………………庄慧鑫　466

公司破产重整研究篇

企业破产重整中重整模式的比较分析…………………………陈　枫　475

浅析双务合同管理人的解除权 ······················· 胡志鹏　490

浅谈破产程序中的建设工程优先受偿权 ················ 迟　冰　500

法治文明互鉴篇

遵守国际规则　共创美好未来 ······················· 潘基文　511

新时代中国对外关系的基本法律遵循 ·················· 黄惠康　518

2019 年我在日本跨年迎春 ··························· 李志强　523

龙年新春美国见闻一二 ····························· 李志强　525

简约　精彩　难忘——环太平洋律师协会第 30 届上海年会开幕三周年回眸 ·· 李志强　528

立法建言篇

涉外法治保障的若干建议 ··························· 李志强　535

先贤名师铭记篇

司法先贤　山高水长 ······························· 阮忠良　545

九三先贤　风范长存 ······························· 周　锋　547

九三先贤李昌道先生九十载璀璨人生
··························· 《九三先贤李昌道人物研究》课题组　550

追忆中国证监会前主席周道炯先生二三事 ················ 李志强　561

我眼中的法学泰斗江平教授印象 ······················· 李志强　564

我眼中的国际法学家陈治东教授 ······················· 李志强　567

三宅能生先生永远活在我心中 ························ 李志强　570

媒体报道篇

2024 长三角金融法治论坛 | 赵红：携手打造全球金融法治最佳样本
·· 上海金融法院公众号　573

会议回顾　2024 长三角金融法治论坛（金融商事争议解决）成功举办

………………………………………上海财经大学法学院公众号　576

建言金融商事争议解决机制　2024长三角金融法治论坛举办
………………………………………………………证券时报网　589

王承杰秘书长应邀参加2024第三届长三角金融法治论坛
……………………………中国国际经济贸易仲裁委员会公众号　592

上海仲裁委员会应邀参加2024第三届长三角金融法治论坛
………………………………………………上海仲裁委员会公众号　594

上海国仲受邀参加第三届长三角金融法治论坛
………………………………………………上海国际仲裁中心公众号　597

金道资讯｜陆原律师应邀参加2024长三角金融法治论坛并作主题演讲
………………………………………………金道律师事务所公众号　599

金茂凯德律师亮相2024长三角金融法治论坛
………………………………………………金茂凯德律所公众号　601

推进法治化营商环境建设——第十四届全国政协第十六次双周协商座谈会发言摘登………………………………司法部公众号　604

司法部副部长胡卫列调研上海涉外法律服务工作
………………………………………………上海市司法局公众号　619

上海小额贷款公司协会四届一次会员大会暨换届大会召开
………………………………………上海小额贷款公司协会公众号　621

上海铁检院党组书记、检察长张炜一行至市管协调研
………………………………………上海市破产管理人协会公众号　624

环太平洋律师协会会长李志强和广东陈梁永钜律师事务所创始合伙人陈锡康到访东莞仲裁委员会……………东莞仲裁委员会公众号　626

20件！入选人民法院案例库……………上海金融法院公众号　627

人民法院案例库｜外国投资者隐名代持上市公司股份的股权转让效力认定………………………………………上海金融法院公众号　634

2023年度十佳管理人优秀履职案例…………上海破产法庭公众号　638

俞铁成：近期爆火的并购重组，需要一场"祛魅"

……………………………………广慧并购研究院公众号 644

如何从"猎物"到"猎手"？阿斯利康现身说法

……………………………………广慧并购研究院公众号 653

《法治日报》解读：老外为何喜欢选择在上海仲裁

……………………………………上海市司法局公众号 662

协同互动　共同助力法治化营商环境建设——上海高院副院长林晓镍一行调研市管协………………………上海市破产管理人协会公众号 666

上海交运召开党委理论学习中心组（扩大）学习会议　专题学习物流运输行业相关知识产权保护和新《公司法》………上海交运公众号 669

金茂凯德律师亮相环太律协第32届东京年会

……………………………………金茂凯德律所公众号 671

金茂凯德人亮相ICCA2024香港年会………金茂凯德律所公众号 675

钱锋与李昌道先生家属会面………九三学社上海市委员会公众号 679

附录篇

附录一：2024长三角金融法治论坛议程………………………… 683

附录二：首届长三角金融法治论坛和2023长三角金融法治论坛概况

………………………………………………………………… 687

附录三：环太平洋律师协会基本情况………………………… 691

Contents

Leading Chapter of Xi Jinping Thought on Rule of law and Economy

Current Financial Work ·· Pan Gongsheng 3

Keep Pace with the Times and the Rule of Law ························ Li Fei 15

Cultivating New Momentum for Development of International Commercial Arbitration ·· Hu Weilie 17

Financial Rule of Law Promotes Prosperity ···················· Zhang Ning 20

Conscientiously Implement the Newly Revised Administrative Reconsideration Law and Give Full Play to the Role of Administrative Reconsideration as the Main Channel for Resolving Administrative Disputes
·· Zhou Yuansheng 23

Three Kinds of Thoughts for Commercial Banks to Stick to the Belief of Long-Term Doctrine ·· Zheng Yang 31

The Great Cause of Small Loans the Rule of Law Escorts
·· Yang Guoping 36

The Development of International Law in China is Facing a Great Opportunity
·· Liu Xiaohong 53

The Great Revival of Chinese Legal System in the New Era: History, Reality and Future ·· Shi Weidong 57

Highlighted Speeches

Financial Rule of Law has Great Potential ············· Mo Fuchun　75

Jointly Create the best Sample of Global Financial Rule of Law

·· Zhao Hong　77

Jointly Promote the Healthy Development of Financial Rule of Law

·· Liu Yuanchun　81

Grand Event, Surging Huangpu River ············· Li Zhiqiang　83

Keynote Speeches

Trend of Financial Dispute Resolution in the Context of Globalization

···························· Liu Xiaohong, Liu Yi and Gong Jun　89

Embracing Financial Reform and Innovation to Promote the Internationalization of Financial Rule of Law ············· Wang Chengjie　96

Going in the Same Direction: Finance Enabling the Development of Arbitration in the Context of the Integration of the Yangtze River Delta

·· Ma Yi　102

How to Respect the Autonomy of Will in Finance and Commercial Dispute Resolution ·· Li Yu　108

The Establishment of a Multilateral Investment Tribunal —— A Mirage on the Horizon ··· Francis Xavier　112

Innovation and Development of Free Trade Zone

Practical Exploration and Path Selection of Legal Protection in Shanghai Pilot Free Trade Zone ························· Huang Aiwu　Xu Hongjun　127

Problems and Countermeasures of Intellectual Property Securitization under the Background of Free Trade Zone ⋯⋯⋯⋯⋯⋯⋯⋯⋯⋯⋯ Zhao Xuqing 140

Shanghai Free Trade Zone Leads the Judicial System of Cross-border Bankruptcy⋯⋯⋯⋯⋯⋯⋯⋯⋯⋯⋯⋯⋯⋯⋯⋯Li Zhiqiang Yang Zian 159

Opportunities and Challenges of Legal Services in Transnational Free Trade System⋯⋯⋯⋯⋯⋯⋯⋯⋯⋯⋯⋯⋯⋯⋯⋯⋯Li Zhiqiang Yang Zian 167

Financial and Commercial Dispute Resolution

The Case of Kangmei Pharmaceutical Industry and the System Creation of Securities Class Action in China⋯⋯⋯⋯⋯⋯⋯⋯⋯⋯⋯⋯ Jiao Jinhong 175

The Evolution and Prospect of Overseas Arbitration Institution System in Mainland China ⋯⋯⋯⋯⋯⋯⋯⋯⋯⋯⋯⋯⋯⋯⋯⋯⋯⋯⋯Ma Yi 199

The Dilemma and Outlet of the Judicial Application of the Investor Appropriateness Rule ⋯⋯⋯⋯⋯⋯⋯⋯⋯⋯⋯⋯⋯⋯Ruan Shaokai 204

Research on the Litigation Strategy of Failure Investment and Financial Products-in perspective of tort liability litigation ⋯⋯⋯Lu Yuan JinLiang 217

Financial Governance in the Real Estate Sector⋯⋯⋯⋯⋯⋯⋯ Wu Junyang 230

Guarantee of Financial and Commercial Dispute Resolution Mechanism

Promoting the Tight Connection of Reconsideration Litigation and Creating a New Situation of Litigation Source Governance ⋯⋯⋯⋯⋯ Dong Haifeng 235

Administrative Public Interest Litigation Embedding Financial Governance Structure Path Extension⋯⋯⋯⋯⋯⋯⋯⋯⋯⋯ Lu Zaichun Zeng Rui 239

Non-litigation Thinking of Financial and Commercial Dispute Resolution

Guarantee ··· Li Jian　253

Taking Multiple Measures to Enhance the Credibility and Competitiveness of Chinese Arbitration——take the Performance Management of Arbitrators as Starting Point ·· Li Zhiqiang　Yang Zian　256

Consolidating the Finance and Rule of law

The Perfection of China's Data Exit Security Assessment Mechanism from the Perspective of Comparative Law ································· Li Ben　Liu Yu　261

Data Exit Path and Difficulties of Financial Institutions after the *Regulations on Promoting and Regulating Cross-border Data Flow*
·· Jiang Xiangyu　Guan Xinzhu　275

The Legal Basis of Assets Management: Nature of Trust Property Ownership And its place in *the Civil Code* ·································· Gao Lingyun　290

Research on Wuxi QFLP Pilot System ···························· Chen Yiping　318

A Study on the Trustee's Duty of Care in the Trust Law
··· Liu Yang　Ying Jie　325

On the Protection of the Victim's Right of Property Claim in the Criminal Case of Property Infringement ······································ Liu Huijing　378

Cultivation of Financial and Legal Talents

New Thoughts on Financial Support for Green Development
··· Zheng Yang　385

Exploration of the Ways for Arbitrators to Improve Their International Vision and Quality ·· Chen Yiping　395

Contents

Prevention of Financial Risks

Research Report on Legal Liability of Asset Management Business Custodian
·················· Shen Li   Min Renrui   Zhang Yuhan   401

The Implementation of the *Regulation on Subsidies of Foreign Governments* and Its Impact on Chinese Enterprises' Investment in Europe
··· Li Wen   Liu Zhen   428

Legal Risks and Prevention and Control Measures from the Perspective of Supply Chain Inventory Business ·········· Jiang Qizhuo   Ding Hongxia   432

Investors Participating in Strategic Placement of IPO in Shanghai and Shenzhen Markets under the Full Registration System Reconsideration on Several Legal Issues of Qualification Recognition ·························· Zhang Bowen   440

Platform Banning in the Era of Digital Economy: Challenges and Responses to New Monopolistic Behaviors ····························· Wang Xianchao   447

Exploration and Application of the New Company Law

The New *Company Law* Strengthens the Regulation of False Capital Contribution and Capital Withdrawal ······················ Zhuang Huixin   459

Analysis on the Advantages and Disadvantages of Non-Performing Assets Investment ································· Zhuang Huixin   466

Research on Corporate Bankruptcy Reorganization

Comparative Analysis of Reorganization Modes in Enterprise Bankruptcy Reorganization ·· Chen Feng   475

On the Rescission Right of Mutual Contract Manager ········ Hu Zhipeng   490

On the Priority of Repayment of Construction Projects in Bankruptcy
Proceedings ·· Chi Bing   500

Mutual Learning of Rule of Law and Civilization

Abide by International Rules and Create a Better Future Together
··· Ban Ki-moon   511

The Basic Law of Chinese Foreign Relations in the New Era Follows
·· Huang Huikang   518

I Celebrated the Chiense Spring Festival in Japan in 2019
·· Li Zhiqiang   523

Memorable Evets in the New Year of the Dragon in the United States
·· Li Zhiqiang   525

Simple, Splendid and Unforgettable —— Review of on the Third Anniversary of the Opening of the 30th Annual Meeting & Conference of the Inter-Pacific Bar Association in Shanghai ································· Li Zhiqiang   528

Legislative Suggestions

Some Suggestions on the Protection of Foreign-related Rule of Law
·· Li Zhiqiang   535

Inscriptions of Masters

Sage of Justice like Mountains and Rivers ············· Ruan Zhongliang   545

Jiusan Sage, the Style will Last Forever ······················ Zhou Feng   547

Ninety Years of Brilliant Life of the Jiusan Sage Mr. Li Changdao
····················· Research Group of the Jiusan Sage Li Changdao   550

Contents

Remembering Mr. Zhou Daojiong, Former Chairman of China Securities Regulatory Commission ·· Li Zhiqiang 561

Impression of Professor Jiang Ping, a Master of Law in My Eyes
··· Li Zhiqiang 564

Professor Chen Zhidong International Jurists in My Eyes
··· Li Zhiqiang 567

Mr. Nobuo Miyake Always Lives in My Heart ················· Li Zhiqiang 570

Media Reports

2024 Yangtze River Delta Forum on Finance and Rule of Law | Zhao Hong: Work Together to Create the Best Sample of Global Financial Rule of Law.
·· Wechat of Shanghai Financial Court 573

Conference Review | 2024 Yangtze River Delta Forum on Finance and Rule of Law (Financial and Commercial Dispute Resolution) Successfully Held.
·········· Wechat of Law School of Shanghai University of Finance and Economics 576

Suggestions on Financial and Commercial Dispute Resolution Mechanism 2024 Yangtze River Delta Forum on Finance and Rule of Law Held.
·· stcn.com 589

Secretary-General Wang Chengjie was Invited to Attend the Third Yangtze River Delta Forum on Finance and Rule of Law in 2024.
········· Wechat of China International Economic and Trade Arbitration Commission 592

Shanghai Arbitration Commission was Invited to Attend the Third Yangtze River Delta Forum on Finance and Rule of Law in 2024.
······························· Wechat of Shanghai Arbitration Commission 594

SIAC was invited to attend the Third Yangtze River Delta Forum on Finance and Rule of Law.

·················Wechat of Shanghai International Arbitration Center　597

Brighteous Information | Lawyer Lu yuan was invited to attend the 2024 Yangtze River Delta Forum on Finance and Rule of Law and gave a keynote speech.······························Wechat of Brighteous Law Firm　599

Jin Mao Partners Attended Yangtze River Delta Financial Rule of Law Forum
································· Wechat of Jin Mao Partners　601

Promoting the Construction of Business Environment under the Rule of Law
——Speech at the 16th Biweekly Consultative Forum of the 14th CPPCC National Committee.

·················Extraction from Wechat of the Ministry of Justice　604

Hu Weilie, Vice Minister of Justice, in Shanghai for the Work of Foreign Legal Services ······························ Wechat of Justice of Shanghai　619

The First General Meeting of the Fourth Session of Shanghai Association of Small Loan Companies.

············ Wechat of Shanghai Association of Small Loan Companies　621

Zhang Wei, Secretary of the CPC Group and Procurator-General of Shanghai Railway Procuratorate, and his delegation went to Shanghai Association of Bankruptcy Administrators for work.

············ Wechat of Shanghai Association of Bankruptcy Administrators　624

Mr. Li Zhiqiang, President of the IPBA, and Chen Xikang, founding partner of Guangdong Chen Liang & Co. visited Dongguan Arbitration Commission.

························ Wechat of Dongguan Arbitration Commission　626

20 Cases selected into the People's Court Case Bank.
·················· Wechat of Shanghai Financial Court 627

People's Court Case Base/Determination of the Validity of Equity Transfer of Shares of Listed Companies Held by Foreign Investors on Behalf of Others.
·················· Wechat of Shanghai Financial Court 634

Top Ten Outstanding Performance Cases of Managers in 2023.
·················· Wechat of Shanghai Bankruptcy Court 638

Yu Tiecheng: The Recent Hot Merger and Reorganization Needs a "Disenchantment" ········ Wechat of of Guanghui Merger and Acquisition 644

How to go from "prey"to"hunter"? AstraZeneca speaks.
·················· Wechat of of Guanghui Merger and Acquisition 653

Interpretation of Legal Daily: Why Do Foreigners Like to Arbitrate in Shanghai? ·················· Wechat of Justice of Shanghai 662

Collaboration and Interaction to Promote the Construction of a Legalized Business Environment——Lin Xiaonie, Vice President of Shanghai Higher People's Court, and His Delegation Conducted Work in Shanghai Association of Bankruptcy Administrators.
············ Wechat of Shanghai Association of Bankruptcy Administrators 666

Shanghai Jiao Yun Holds Party Committee Theory Learning Center Group (General) Learning Conference to Study Intellectual Property Protection Related to Logistics and Transportation Industry and the New Company Law
·················· Wechat of Shanghai JiaoYun 669

Jin Mao Partners Attended the 32nd Annual Meeting & Conference of the IPBA in Tokyo ·················· Wechat of Jin Mao Partners 671

Jin Mao Partners Attended ICCA Congress 2024

································· Wechat of Jin Mao Partners 675

Qian Feng Met with Family Member of Mr. Li Changdao

················· Wechat of Jiu San Society Shanghai Committee 679

Appendix

Appendix I Agenda of 2024 Yangtze River Delta Forum on Finance and Rule of Law ·· 683

Appendix II Overview of the 2022 and 2023 Yangtze River Delta Forum on Finance and Rule of Law ································· 687

Appendix III Introduction to IPBA ······························· 691

习近平经济与法治思想 引领篇

当前金融工作概况

潘功胜

金融系统以习近平新时代中国特色社会主义思想为指导，深入贯彻落实党的二十大和二十届一中、二中全会精神，坚持和加强党对金融工作的全面领导，认真执行十四届全国人大一次会议审查通过的年度计划及相关决议，坚持稳中求进工作总基调，完整、准确、全面贯彻新发展理念，持续深化金融供给侧结构性改革，加快构建完善中国特色社会主义现代金融体系，稳步推进金融改革发展稳定各项工作，有力促进了我国经济持续恢复、总体回升向好，为服务中国式现代化建设提供了有力支撑。

一、金融工作主要进展及成效

金融系统坚决贯彻落实党中央、国务院决策部署，精准有力实施稳健的货币政策，进一步加大对实体经济的支持力度，加强和完善现代金融监管，有效防控金融风险，稳步推进金融改革，持续深化对外开放，切实改进金融服务，金融行业整体稳健，金融市场平稳运行，金融风险总体可控，金融工作取得新进展。

（一）货币政策执行情况

稳健的货币政策精准有力，加强逆周期调节，发挥总量和结构双重功能，广义货币（M_2）供应量和社会融资规模增速同名义经济增速基本匹配。

一是加大稳健的货币政策实施力度。综合运用多种货币政策工具，保持流动性合理充裕，2023年以来两次下调金融机构存款准备金率累计0.5个百分点，释放长期流动性超过1万亿元。引导金融机构保持信贷总量适度、节奏平稳。截至2023年9月底，广义货币供应量同比增长10.3%，社会融资规模存量同比增长9.0%，在保持物价稳定的情况下有力支持经济恢复。二是发挥结构性货币政策工具作用。调增支农支小再贷款、再贴现额度2000亿元，增加洪涝灾害受灾严重地区支农支小再贷款额度350亿元，延长普惠小微贷款支持工具、租赁住房贷款支持计划期限至2024年末，延长保交楼贷款支持计划期限至2024年5月，加大力度支持科技型企业融资，继续用好碳减排支持工具、支持煤炭清洁高效利用专项再贷款等工具。截至9月底，各类结构性货币政策工具余额总计7.0万亿元。三是降低企业融资和个人消费信贷成本。中央银行公开市场逆回购操作利率和中期借贷便利（MLF）利率分别累计下降20个、25个基点，引导1年期、5年期以上贷款市场报价利率（LPR）分别累计下降20个、10个基点。1月至9月，新发放企业贷款加权平均利率为3.91%，比2022年同期下降0.32个百分点，其中9月企业贷款加权平均利率为3.82%，处于历史最低水平。引导降低存款利率，有利于稳定银行负债成本，为降低企业贷款利率创造有利条件。发挥首套住房贷款利率动态调整机制作用，前9个月新发放个人住房贷款利率为4.13%，同比下降0.88个百分点。推动降低存量首套住房贷款利率，近5000万笔、22万亿元存量房贷利率下降，平均降幅0.73个百分点。四是保持人民币汇率在合理均衡水平上的基本稳定。适时上调企业和金融机构跨境融资宏观审慎调节参数、下调金融机构外汇存款准备金率，发挥外汇自律机制作用，加强预期引导，逆周期调节外汇市场供求。人民币汇率双向浮动，对美元汇率有所贬值，对一篮子货币保持稳中有升。截至9月底，外汇储备规模为31151亿美元，保持基本稳定。

（二）金融业运行和监管工作情况

银行业、保险业、证券业金融机构总体稳健，金融市场平稳运行。一是金融机构经营和监管指标处于合理区间。截至2023年6月底，金融业机构总资产为449.21万亿元。商业银行资本充足率和不良贷款率分别为14.66%、1.62%，保险公司平均综合偿付能力充足率为188%，证券公司平均风险覆盖率、平均资本杠杆率分别为255.38%、18.78%，信用风险处于可控水平，损失抵御能力总体较为充足。二是金融市场保持韧性和活力。活跃资本市场，提振投资者信心，推出优化IPO和再融资安排、规范股份减持行为、改革公募基金费率等政策措施。债券市场运行平稳，发行规模稳步增长，发债利率处于历史低位，9月底10年期国债收益率为2.68%，较2022年末下降16个基点。三是健全金融监管制度。出台《金融控股公司关联交易管理办法》。建立大型支付平台企业联合监管长效机制。平稳完成互联网平台企业金融业务大部分突出问题的整改，工作重点转入常态化监管。组织开展国内系统重要性银行评估，持续完善系统重要性银行和保险公司评估和监管制度。推进上市公司独立董事制度改革。强化外汇市场监管，完善外汇业务真实性管理机制。积极运用监管科技，提升监管数字化智能化水平。四是加强金融监管执法。1月至9月，中国人民银行共对10件案件作出73份行政处罚决定，处罚金额共计64.12亿元；金融监管总局处罚银行保险机构2978家次，处罚责任人员5512人次，罚没金额共计63.12亿元；中国证监会办理案件559件，处罚责任主体518人（家）次，向公安机关移送涉刑案件75件；国家外汇局查处外汇违法违规案件502起，配合公安机关破获地下钱庄案件95起，查处地下钱庄交易对手案件259起，罚没金额共计7.16亿元。加强高风险行业和机构反洗钱监管，推进金融反诈一体化平台建设，保持对电信网络诈骗、跨境赌博等非法活动的高压打击态势。五是推进金融法治建设。出台《私募投资基金监督管理条例》，推动《中华人民共和国金融稳定法》提请全国人大常委会第一次审议，《中华人民共和国金融稳定法》、《中华人民共和国中国人民银行法》（修改）、《中华人民共和国商业银行法》（修改）、《中华人民共和国保险法》（修改）、《中华人民共和国反洗钱法》（修改）列入十四届全国人大常委会立法规划第一类项目，《中华人民共和国银行业监督管理法》修订草案、《非银行支付机构条例》、《地方金融监督管理条例》、《中华人民共和国外汇管理条例》修订草案、《上市公司监督管理条例》列入国务院2023年度立法工作计划。建立金融领域定期修法协调机制，推进金融领域修法工作进程。六是持之以恒严惩金融腐败。坚持以严的基调强化正风肃纪反腐，深入开展典型案例警示教育，以身边事教育身边人。紧盯重点领域和关键少数，加强年轻干部教育监督管理。

（三）金融支持实体经济情况

进一步提升对实体经济的服务质效，为经济回升向好营造良好的货币金融环境。一是保持融资总量合理充裕。2023年1月至9月，人民币贷款新增19.75万亿元，同比多增1.58万亿元。上海证券交易所、深圳证券交易所共有204家企业首次公开发行股票（IPO），融资3125亿元。债券净融资7.6万亿元，占社会融资规模增量的25.9%。二是进一步支持重点领域。截至9月底，制造业中长期贷款余额为12.09万亿元，同比增长38.2%；科技型中小企业贷款余额为2.42万亿元，同比增长22.6%。发挥科创板、创业板和北京证券交易所服务"硬科技"、科技创新、"专精特新"企业的作用。支持超大特大城市"平急两用"公共基础设施建设、城中村改造和保障性住房建设。基础设施领域不动产投资信托基金（REITs）首批扩募项目顺利上市交易，资产范围拓宽至消费基础设施等领域。推进绿色金融标准体系建设，建立绿色金融信息管理系统。三是大力发展普惠金融。支持民营企业和小微企业发展，截至9月底，普惠小微贷款余额为28.74万亿元，同比增长24.1%；授信户数超过6107万户，同比增长13.3%。加强乡村振兴和农业强国建设金融服务，截至8月底，全国涉农贷款余额为54.98万亿元，同比增长15.4%。1月至9月，债券市场支持银行发行小微企业专项金融债券2115亿元、"三农"专项金融债券467亿元。保险业积极支持防汛抗灾和灾后重建，截至9月底，河北、北京、黑龙江等16个受灾地区赔付预赔付金额达79.47亿元。1月至9月，开展"保险＋期货"项目286个，覆盖生猪、鸡蛋、玉米等12个期货品种。

四是提升基础金融服务。实施重要基础数据及资管产品等大数据统计。深入开展金融关键信息基础设施安全保护等工作。稳妥推进数字人民币研发。加快推进省级地方征信平台建设，截至9月底，已建成省级地方征信平台29家（含深圳），帮助中小微企业获得贷款5万亿元。

（四）金融改革和对外开放情况

金融改革不断深化，金融对外开放取得新进展。一是深化金融机构改革。持续推进中小银行改革化险，"一省一策"加快农村信用社改革，稳步推动村镇银行改革重组和风险化解。进一步健全中小金融机构公司治理，严防大股东操纵和内部人控制。继续推动政策性银行分类分账改革。深入推进车险综合改革，加快巨灾保险制度建设。引导信托业加快转型发展，促进信托业务回归本源。规范私募投资基金"募投管退"业务各环节。二是发展多层次金融市场。全面实行股票发行注册制，加大退市力度，实施货银对付（DVP）改革。完善多层次债券市场体系，加快柜台债券市场建设，大力推进完善债券承销、做市、估值等基础制度，债券注册制改革全面落地。规范发展第三支柱养老保险，推动养老金融机构专业化发展，稳步开展专属商业养老保险、养老理财产品等业务试点。三是扩大高水平金融对外开放。稳步扩大规则、规制、管理、标准等制度型对外开放，完成开放新措施的法规修订和制定。人民币国际化稳步推进，2023年1月至9月人民币跨境收付规模达39万亿元，同比增长23%，人民币成为我国第一大跨境收付币种。发布实施境内企业境外上市备案管理制度。将更多优质企业和银行纳入贸易便利化政策范围。优化升级跨国公司本外币跨境资金集中运营管理。支持外汇创新政策在横琴粤澳、前海深港、中关村等重点区域先行先试。进一步优化沪深港通机制，推动内地与香港利率互换市场互联互通合作。加快上海国际再保险中心建设。参与二十国集团、国际货币基金组织等多边机制，推动国际金融政策协调，维护国家金融利益。稳妥做好主权债务处理相关工作。推动建立国际清算银行人民币流动性安排。落实金砖国家应急储备安排本币出资。深度参与《区域全面经济伙伴关系协定》等国际贸易谈判及规则制定。

（五）防范化解金融风险隐患情况

按照党中央确立的"稳定大局、统筹协调、分类施策、精准拆弹"的基本方针，持续防范化解重大金融风险，确保金融风险整体可控。一是继续处置中小金融机构风险。2023年1月至8月，银行业金融机构累计处置不良资产1.5万亿元。推动重点地区和重点机构加快改革化险，制定和完善风险化解方案，加强风险监测和预警，有序推动河南安徽村镇银行等风险后续处置。加快处置恒大人寿、中融信托等高风险保险机构及信托机构。二是维护房地产市场平稳运行。因城施策实施好差别化住房信贷政策，下调二套房利率政策下限，统一全国层面首付款比例政策下限，配合相关部门将首套房认定标准调整为"认房不认贷"，更好地支持刚性和改善性住房需求。保持房地产融资平稳有序，延长房地产"金融16条"实施期限，指导金融机构用好3500亿元专项借款、2000亿元保交楼贷款支持计划。加大民营企业债券融资支持工具支持力度。三是支持防范化解地方融资平台债务风险。认真落实党中央决策部署，坚持稳字当头、稳中求进，在部委和地方两个层面建立金融支持化解地方债务风险工作小组，制定化解融资平台债务风险系列文件，引导金融机构按照市场化、法治化原则，与重点地区融资平台平等协商，依法合规、分类施策化解存量债务风险，严控融资平台增量债务，完善常态化融资平台金融债务统计监测机制，加强对重点地区、重点融资平台的风险监测。四是严厉打击非法金融活动。深入推进"伪金交所"、第三方财富管理公司等风险整治，严厉打击非法集资，坚决遏制境内虚拟货币交易炒作。持续加大洗钱案件查办力度。五是防范金融市场风险联动和外部冲击。健全资本市场风险预防预警处置问责制度体系，完善资本市场跨境资金监测监管机制，有序推进中美审计监管合作，稳妥应对在美中概股风险。防范化解大型房地产企业债券违约风险，维护理财公司流动性稳定，防范信用收缩和风险溢价抬升影响企业融资。维护外汇市场稳健运行，加强外汇市场形势监测，强化预期引导，优化企业汇率避险服务。保障外汇储备资产安全、流动和保值增值。六是构建防范化解金融风险长效机制。强化金融机构风险监测、预警和早期纠正，加强对风险的及时处置和硬约束。发挥存款保险功能，提高其他行业保障基金保障能力，完善金融稳定保障基金管理。

（六）加强党对金融工作的全面领导

加强党的领导是做好金融工作的根本保证。党的二十届二中全会审议通过《党和国家机构改革方案》，是贯彻落实党的二十大精神的重要举措，对金融管理体制进行了重大改革，最重要的是加强党中央对金融工作的集中统一领导，将中国特色社会主义制度的政治优势和制度优势转化为金融治理效能，确保中国特色金融之路始终沿着正确方向前进。一是配合设立中央金融委员会。加强党中央对金融工作的集中统一领导，负责金融稳定和发展的顶层设计、统筹协调、整体推进、督促落实，研究审议金融领域重大政策、重大问题等。二是配合组建中央金融工作委员会。统一领导金融系统党的工作，指导金融系统党的政治建设、思想建设、组织建设、作风建设、纪律建设等。三是调整金融管理部门职责。压实监管责任，消除监管空白，组建金融监管总局，调整优化中国人民银行和中国证监会职责，推进中国人民银行分支机构改革，深化地方金融监管体制改革，强化对金融活动的全方位监管。目前，各项改革稳步推进，人员转隶、职能划转、机构编制等工作基本就绪，金融干部队伍严明工作纪律，思想不乱、队伍不散、工作不断。四是高标准高质量推进主题教育。4月以来，按照学习贯彻习近平新时代中国特色社会主义思想主题教育工作会议部署，金融系统深入学习贯彻习近平总书记的重要指示批示精神，牢牢把握目标要求，一体推进重点举措。高质量完成第一批主题教育，认真开好调研成果交流会、专题民主生活会和组织生活会，扎实开展理论学习，各单位各级党组织开展中心组学习，班子成员讲专题党课。坚持不懈用党的创新理论凝心铸魂，全面落实党委（党组）意识形态工作责任制。大兴调查研究，动态更新问题清单。高质量开展政治巡视，强化巡视成果运用。深入开展干部队伍教育整顿和重点问题专项整治。开展集中清理党内规范性文件工作。9月，各单位总结第一批主题教育取得的成果，周密组织开展第二批主题教育。

二、下一步工作考虑

金融系统将以习近平新时代中国特色社会主义思想为指导，坚持稳字当头、稳中求进，针对经济形势的变化，精准有力实施宏观调控，切实加强金融监管，着力扩大内需、提振信心、防范风险，推动经济运行持续回升向好。

（一）继续实施稳健的货币政策

稳健的货币政策更加精准有力，把握好逆周期和跨周期调节，保持货币信贷总量适度，节奏平稳。在总量上，综合运用多种货币政策工具，保持货币供应量和社会融资规模增速与名义经济增速基本匹配，进一步疏通货币政策传导机制，增强金融支持实体经济力度的稳定性，切实支持扩大内需，增强发展动能，优化经济结构，促进经济金融良性循环。在价格上，持续深化利率市场化改革，释放贷款市场报价利率（LPR）改革红利，有效发挥存款利率市场化调整机制作用，进一步推动金融机构降低实际贷款利率，降低企业综合融资成本和个人消费信贷成本。同时，维护好存贷款市场秩序。在结构上，聚焦重点、合理适度、有进有退，继续加大对普惠小微、制造业、绿色发展、科技创新、基础设施建设等国民经济重点领域和薄弱环节的支持力度，继续实施好存续结构性货币政策工具，用好用足普惠小微贷款支持工具、保交楼贷款支持计划和租赁住房贷款支持计划。

（二）全面加强和完善金融监管

坚守金融监管主责主业，强化金融风险源头管控。一是强化审慎监管。把好金融机构准入关，严格股东资质审查，筑牢产业资本与金融资本"防火墙"，坚决纠正违规关联交易。加强系统重要性金融机构监管，健全集团治理和对境外子公司的风险管控。分类推进中小金融机构监管。优化金融机构风险控制指标计算标准。进一步完善监管执法体制机制，深化跨部门监管执法协作，严厉打击金融犯罪。推动监管数据共享，加快发展监管科技，提高数字化监管能力。二是依法将各类金融活动全部纳入监管。金融活动必须持牌经营，严禁"无照驾驶"和超范围经营，按照实质重于形式原则监管处置非法金融活动，确保金融监管全覆盖、无例外。强化地方金融监管，加强金融监管协调合作。加强金融消费者适当性管理，强化投诉源头治理，切实保护消费者合法权益。三是加强金融法治建设。加快推进金融稳定法立法工作，推动《中华人民共和国中国人民银行法》《中华人民共和国商业银行法》《中华人民共和国银行业监督管理法》《中华人民共和国保险法》《中华人民共和国信托法》《中华人民共和国票据法》《中华人民共和国反洗钱法》《中华人民共和国外汇管理条例》等重点法律法规的修订，推进《非银行支付机构条例》《保险资金运用监督管理条例》《金融资产管理公司条例》《上市公司监督管理条例》《证券公司监督管理条例》《公司债券管理条例》等重要立法修法项目。研究完善金融领域定期修法协调机制。四是强化金融反腐败和人才队伍建设。强化政治监督、日常监督，加强对关键人员、关键岗位、关键环节的持续管理和监督，一体推进不敢腐、不能腐、不想腐，打造政治觉悟高、业务素质强、作风过硬、清正廉洁的金融队伍。

（三）持续提高金融服务实体经济的能力

坚持服务实体经济的根本宗旨，着力扩大内需、提振信心，助力实体经济稳定增长和转型升级。一是满足实体经济有效融资需求。突出金融支持重点领域，着力增强新增长动能，为大宗消费及服务消费等消费需求提供稳定的融资支持。二是完善薄弱环节金融服务。坚持"两个毫不动摇"，对国有企业和民营企业一视同仁，加快推动建立金融服务小微企业"敢贷、愿贷、能贷、会贷"长效机制，引导金融机构优化资源配置和考核激励机制,推动金融产品和服务创新,强化科技赋能,强化民营企业金融服务,进一步增强"三农"、小微企业、新市民等群体金融服务供给,提高金融服务的获得感。三是强化经济转型升级金融支持。加大对高水平科技自立自强支持力度,持续增加先进制造业、战略性新兴产业、科技型企业等重点领域金融供给,支持培育战略性新兴产业,推动数字经济与先进制造业、现代服务业深度融合,加快建设现代化产业体系。加快研究制定转型金融标准,强化金融机构环境信息披露要求,丰富绿色金融和转型金融产品和服务。四是支持基础设施和重大项目建设。加大保交楼金融支持力度,积极做好城中村改造、"平急两用"公共基础设施建设、规划建设保障性住房的金融支持工作。支持重大项目加快建设。推动基础设施领域和住房租赁领域不动产投资信托基金(REITs)市场建设,盘活存量资产。五是加强金融基础设施建设。稳妥推进数字人民币研发试点。推进金融资产登记存管、清算结算、交易设施、交易报告库,以及重要支付、征信系统等金融基础设施统筹监管。

(四)不断深化金融改革和对外开放

进一步深化金融供给侧结构性改革,支持经济发展方式转变和经济结构优化。一是优化金融机构结构。强化大型商业银行主力军作用,深化政策性银行改革,推动中小银行回归本源和主业。提高直接融资比重,增加长期资本供给,强化证券基金经营机构公司治理,建立健全各类专业投资机构长周期考核评价机制。稳妥有序推进信托行业转型发展。强化保险保障功能,促进第三支柱养老保险健康发展。促进金融业数字化转型。二是深化金融市场改革。积极发展多层次股权市场,推动注册制改革走深走实,进一步提高上市公司质量。扎实推进资本市场投资端改革,壮大各类中长期投资力量。加强投资者保护,严惩证券市场违法违规行为。加强债券市场建设,促进债券市场各类基础设施之间有序互联互通。稳慎发展期货和衍生品市场,完善监管体制机制。三是提升金融业制度型开放水平。在安全可控的前提下,进一步完善准入前国民待遇加负面清单管理制度,构建与金融高水平开放要求相适应的监管体系，提高驾驭高水平对外开放的本领。扎实推进境外上市备案管理工作，完善境外机构投资者境内证券期货投资资金管理。推动形成常态化、可持续的中美审计合作机制。深化与香港资本市场合作。研究推出一揽子跨境贸易投资便利化政策，深入推进贸易外汇便利化等政策措施。稳妥有序推进人民币国际化，构建海外投资风险预警防控体系，维护外汇储备资产安全和规模稳定。坚持多边主义原则，积极参与国际金融合作与治理，推动全球金融治理朝着更加公正合理的方向发展。

（五）积极稳妥防范化解金融风险

健全市场化、法治化、常态化处置机制，平稳有序推动重点金融风险处置，坚决守住不发生系统性金融风险的底线。对金融机构风险，完善金融机构风险监测评估和预警，着力强化早期纠正硬约束。有序化解高风险中小金融机构风险，推动兼并重组，该出清的稳妥出清。完善对大型企业集团债务风险的监测，继续稳妥推动存量风险处置。对地方融资平台债务风险，坚持分类施策、突出重点，统筹协调做好金融支持融资平台债务风险化解工作，压实地方政府主体责任，推动建立化债工作机制，落实防范化解融资平台债务风险的政策措施；按照市场化、法治化原则，引导金融机构依法合规支持化解地方债务风险；建立统计监测体系，加大政策落实力度。对房地产市场风险，按照因城施策原则，指导各地精准实施差别化住房信贷政策，加大保交楼金融支持力度，一视同仁支持房地产企业合理融资需求，保持房地产融资平稳。对非法金融活动，进一步加大打击力度，强化监测预警，加强金融知识普及教育，对洗钱犯罪行为和地下钱庄保持高压严打态势。

（六）着力维护金融市场稳健运行

进一步推动活跃资本市场、提振投资者信心的政策措施落实落地，从投资端、融资端、交易端、改革端协同发力，不断激发市场活力。稳妥化解大型房地产企业债券违约风险,强化城投债券风险监测预警和防范。"稳预期、防超调",加强外汇市场"宏观审慎+微观监管"两位一体管理,发挥市场在汇率形成中的决定性作用,保持人民币汇率在合理均衡水平上的基本稳定,防范跨境资金异常波动风险,维护外汇市场稳健运行。引导稳定金融市场行为和预期,根据市场形势及时采取措施,防范股票市场、债券市场、外汇市场风险传染,保障金融市场稳健运行。

我们将更加紧密团结在以习近平同志为核心的党中央周围,深入学习贯彻党的二十大精神,深刻领悟"两个确立"的决定性意义,进一步增强"四个意识"、坚定"四个自信"、做到"两个维护",不断提高政治判断力、政治领悟力、政治执行力,坚持党中央对金融工作的集中统一领导,坚决贯彻党中央、国务院决策部署,认真落实全国人大常委会审议意见,坚持以人民为中心的金融价值取向,坚持金融服务实体经济的根本要求,坚持把防控风险作为金融工作永恒主题,坚持市场化、法治化的改革开放方向,全面推进金融业高质量发展,更好服务经济社会高质量发展,为全面建成社会主义现代化强国、实现第二个百年奋斗目标、以中国式现代化全面推进中华民族伟大复兴贡献力量!

(潘功胜系中国人民银行行长)

与时代同行　与法治同在

李　飞

很高兴见证环太平洋律师协会第 30 届年会在黄浦江畔隆重开幕。作为一名长期从事立法工作的法律工作者，我对本次年会的成功举办表示热烈的祝贺！

中国改革开放 43 年取得了举世瞩目和举世公认的巨大成就，以宪法为核心的中国特色社会主义法律体系得以形成、发展和完善，立法决策与改革决策更加紧密衔接，持续为改革开放提供法治动力，立法体制机制不断完善、科学立法民主立法依法立法深入推进。这其中，中国经历了不平凡的法治发展历程，同时也探索并走出了一条符合中国国情的社会主义法治现代化道路。随着中国经济持续、稳定的高速发展，法治建设也取得了巨大的进步。

党的十八大以来，以习近平同志为核心的党中央，从关系党和国家长治久安的战略高度定位法治、布局法治、厉行法治，中国社会主义法治建设发生了历史性变革、取得了历史性成就，中国特色社会主义法治体系日益完善，国家治理体系和治理能力现代化稳步推进。

法治是人类文明的重要成果，现代社会治理的智慧结晶。在中国这样一个超大规模的发展中国家，中国共产党领导的全面依法治国，是中国历史上一次国家治理的深刻变革，也是中华民族走向伟大复兴不可或缺的坚实保障。回顾中华人民共和国成立 72 年的立法进程，在不平凡的发展历程中，中国共产党带领广大的中国人民取得举世瞩目的辉煌成就。

2001年12月11日，中国正式加入了世界贸易组织。为履行加入世界贸易组织的承诺，中国加紧对一大批法律法规进行修改，从而实现了中国法律与世界贸易组织规则的对接，也提升了中国市场经济法律体系的立法质量。我们的立法理念已从"有比没有好，快搞比慢搞好"转换为"以提高立法质量为中心"。习近平总书记强调，要提高法律法规的及时性、系统性、针对性、有效性，增强法律法规的可执行性、可操作性。全国人大及其常委会坚持问题导向，科学设定法律规范，同时注重各领域均衡发展。

　　中国始终是多边主义的坚定捍卫者和积极践行者，作为首个在联合国宪章上签字的国家，中国加入了几乎所有政府间国际组织和数百项国际公约，基本实现了与国际规则的全面接轨。中华人民共和国忠实信守签署过的每一个条约，全力落实作出过的每一项承诺。《法治中国建设规划（2020—2025年）》明确提到中国将加强涉外法治工作。适应高水平对外开放工作需要，完善涉外法律和规则体系，补齐短板，提高涉外工作法治化水平。同时，也将加强多双边法治对话，推进对外法治交流，深化国际司法交流合作。这表明，在今后，中国将继续保持开放的态度，积极参与中外法治合作，在习近平法治思想指引下，以更加包容、合作、开放的姿态，统筹推进国内立法与国际相关规制框架的衔接，推进中国立法的现代化与系统化，为全球的法治建设贡献"中国方案"和"中国智慧"。

　　最后，祝环太平洋律师协会第30届年会取得圆满成功！谢谢大家！

　　（李飞系第十三届全国人大宪法和法律委员会主任委员）

培育商事国际仲裁发展新动能

胡卫列

我非常高兴来到上海参加第五届上海国际仲裁高峰论坛。受贺荣部长委托，我首先代表司法部，对论坛的成功举办表示热烈的祝贺！对关心支持中国仲裁事业发展的各位嘉宾、朋友的到来表示诚挚的欢迎和衷心的感谢！

党的二十大强调，必须更好发挥法治固根本、稳预期、利长远的保障作用，在法治轨道上全面建设社会主义现代化国家。2023年9月5日，习近平总书记向第十次上海合作组织成员国司法部长会议致贺信，强调以法治方式推进各国经济高质量发展，维护地区和平稳定，推动构建人类命运共同体。当前，世界之变、时代之变、历史之变正以前所未有的方式展开。全球贸易增长放缓，世界经济表现乏力，仲裁作为国际通行的商事纠纷解决方式，是优化营商环境、护航贸易发展的重要方式。司法部认真贯彻落实习近平总书记重要指示精神，坚持以习近平新时代中国特色社会主义思想为指导，深入践行习近平法治思想，统筹推进国内法治和涉外法治，大力发展涉外法律服务业，培育国际一流涉外法律服务机构，培养高素质涉外法律服务人才，稳步推进法律服务对外开放，持续深化法治领域国际交流合作，不断提升涉外仲裁法律服务水平，为经济高质量发展提供了有力法治服务保障。

创新越来越成为引领经济发展、推动人类社会革新的重要因素。本届论坛以"新技术新赛道，新动能新优势"为主题，关注数字化、网络化、智能化发展机遇，探索新技术、新业态、新模式，探索仲裁事业新的增长动能和发展路径，相信在各方共同参与下，必将进一步深化和拓展涉外仲裁服务交流与合作，促进科技创新与仲裁行业的深度融合，优化创新环境、集聚创新资源，有力推进上海国际商事仲裁中心建设。借此机会，我愿提出三点建议，与各位分享。

一是强化制度创新，推动仲裁行业改革新突破。深入学习贯彻习近平法治思想，坚持统筹推进国内法治和涉外法治，积极探索完善具有中国特色、与国际通行规则相融通的法律制度，提高我国法域外适用能力，加快形成更加科学完备的涉外法律体系。积极参与国际规则制定，丰富和完善涉外法律服务的内容和形式，增强我国在国际法律事务中的话语权和影响力。

二是坚持开放共赢，深化仲裁对外开放新实践。发挥自由贸易试验区和自由贸易港先行先试政策优势，以深化仲裁业务对外开放为突破口，加快推进国际仲裁机构、人才、信息、技术等要素集聚，支持和吸引境外知名仲裁及争议解决机构在境内设立业务机构，打造国际仲裁资源集聚高地和国际商事争议解决高地。加大力度支持中国仲裁机构"走出去"，在境外设立分支机构和业务机构，为我国企业和公民"走出去"提供便捷高效的法律服务。

三是善用科技赋能，促进仲裁服务质效新提升。新一轮科技革命和产业变革深入发展，为法律服务业高质量发展提供了难得的发展机遇。仲裁服务要积极与现代科技深度融合，不断延伸仲裁服务广度和深度，优化仲裁服务方式，提高仲裁服务质效，让仲裁用户享受更加智能、精准、高效的法律服务，培育商事仲裁发展新动能。

近年来，上海市深入贯彻落实中央关于开展国际商事仲裁中心建设试点工作的决策部署，围绕加快打造面向全球的亚太仲裁中心目标，着力培育国际一流仲裁机构，推进仲裁业务对外开放，优化国际仲裁发展环境，为全国仲裁事业改革发展发挥了开路先锋、示范引领作用，为把我国建设成为面向全球的国际商事仲裁新目的地作出积极贡献。希望上海市委、市政府继续高度重视仲裁工作，加强一流机构建设，提升行业整体服务能力，推动上海仲裁在全国走在前、开新局、出经验，为涉外仲裁工作提供有益借鉴。希望本次论坛上，大家充分交流、相互启发，为推动国际仲裁事业共赢发展多建睿智之言，多献务实之策！

最后，预祝本届论坛取得圆满成功，谢谢各位。

（本文是司法部党组成员、副部长胡卫列在第五届上海国际仲裁高峰论坛上的开幕致辞）

金融法治　推动繁荣

张　宁

各位嘉宾，朋友们，大家下午好！

我十分高兴参加环太平洋律师协会第 30 届年会的金融论坛，金融和法治是孪生兄弟，作为一名从事金融工作 40 多年的金融人，也是金融法治人，看到我们国家在短短数十年间在法治的引领下，金融市场得到长足发展，在某种程度上走完了西方数百年发展的历程，实属不易。

1993 年司法部和中国证监会创设证券律师许可证制度，在上海遴选了首批 18 位证券律师，这 18 人中走出了上海市律师协会会长、中华全国律师协会副会长，还走出了环太平洋律师协会会长。当年我应上海市司法局领导之邀为首批证券律师授课，人称"证券律师第一课"，他们中有的律师至今还保存着当年听课的笔记，令人记忆深刻。2009 年，上海市律师协会律师学院及上海金茂凯德律师事务所举办"资本市场律师实务"研修班，时任中国证券监督管理委员会上海监管局局长的我为 606 名律师做了开班演讲，学员中很多人现在已经成为资本市场法律服务的生力军。在本次金融论坛中，汇集了国内外的优秀金融律师及金融从业者，来自五湖四海，可谓高朋满座，共襄盛举。

改革开放的四十多年来，随着计划经济向市场经济转轨，中国的金融业和金融市场变化非常大，取得了令人瞩目的成就。在这四十多年中，中国建立起了系统完整的金融组织体系，已初步建立起了由中国人民银行进行宏观调控，由中国银保监会、中国证监会分业监管，国有商业银行和其他新型商业银行为主体，政策性银行、非银行金融机构、外资金融机构并存，功能互补和协调发展的新的金融机构组织体系。建立和不断完善货币、证券、期货、黄金等各类金融要素市场。可以说，世界上市场经济体系完备国家拥有的金融机构和金融市场，中国基本都建立了。金融机构不仅种类非常齐全，而且数量十分庞大，极大地满足了人们日益增长的金融需求。特别重要的是，除了政策性金融机构，其他商业性金融机构基本都实行股份制，建立起现代企业管理制度，完全按照市场经济规则进行严密管理，机构运作效率明显改善，能够更好地适应并服务经济社会发展。中国用了四十多年的时间走过了一些发达市场走了一百多年的历程，时间虽然短，但是我们走得还算比较快，跟得上国际的步伐，而且走得比较平稳。

2020年12月，我回顾证券市场30年历史的专著《证券兴起》公开出版后，市场反响热烈，证券市场30年的发展历程也是法治贯穿始终的历史。伴随着中国证券市场的不断繁荣，相关业务的不断创新，非诉讼类的法律事务也在不断增多，我国的金融证券律师数量也呈线性增长。在这跨越式的发展当中，广大的中国律师们很好地扮演了资本与金融市场"看门人"的角色，用自己的职业操守与专业水平，为资本市场尤其是证券市场贡献了重要的法治力量。

展望未来，随着我国市场化、法治化、国际化水平不断提高，党的十九届四中全会《中共中央关于坚持和完善中国特色社会主义制度 推进国家治理体系和治理能力现代化若干重大问题的决定》提出重要治国理念，证券行业、金融行业及金融市场的法治建设、监管优化，以及整体的经济环境都将得到进一步提升，中国的上市公司和资本市场将在经济发展过程中发挥着越来越重要的作用。

在此背景下，律师行业将迎来新一轮的快速发展期，中国律师应当在逐步提高自身服务质量的同时，对内积极参与到经济改革的各个细分层面，在新型的细分领域开辟金融"蓝海"市场，对外应不断深入与各个国家和地区金融法律从业者的沟通与交流，在国际化的法律事务市场中把握时代机遇，积极投身于对外法律服务业务。

金融业因法治而多彩，因交流而绚烂，让我们深入交流，走深走实，不断提高金融市场、金融机构和金融证券律师业的发展水平，金融互鉴，推动繁荣，促进我国金融市场及金融机构朝着法制化、市场化、国际化方向行稳致远。

谢谢大家！

（本文是著名金融专家和仲裁员，中国证券监督管理委员会上海监管局原党委书记及局长，上海证券交易所原党委副书记及监事长，第十一、第十二届上海市政协常委及经济委员会副主任，第四、第五届上海仲裁委员会委员张宁同志在环太平洋律师协会第 30 届上海年会"金融论坛"上的主旨演讲，英文版发表于环太平洋律师协会 2021 年 6 月会刊）

认真贯彻实施新修订的《行政复议法》发挥行政复议化解行政争议的主渠道作用

周院生

2023年9月1日,第十四届全国人民代表大会常务委员会第五次会议审议通过了新修订的《中华人民共和国行政复议法》(以下简称《行政复议法》),并于2024年1月1日正式实施。此次修订是《行政复议法》实施20多年以来的首次全面修订,是全面依法治国和法治政府建设进程中的一件大事。新修订的《行政复议法》深入贯彻习近平总书记关于行政复议工作的重要指示精神和党中央改革行政复议体制的重大决策部署,完善了行政复议制度体制机制,体现了中国式行政复议现代化发展方向,必将推动行政复议工作迈上高质量发展的新阶段。

一、深刻认识新修订的《行政复议法》贯彻实施的重要意义

行政复议是政府系统自我纠错的监督制度和解决"民告官"行政争议的救济制度,是推进法治政府建设的重要抓手,也是维护公民、法人和其他组织合法权益的重要渠道。1999年《行政复议法》实施以来,全国各级行政复议机关共办理行政复议案件350多万件,在维护群众合法权益、

化解各类行政争议、加快建设法治政府方面发挥了重要作用。

党的十八大以来，以习近平同志为核心的党中央高度重视行政复议工作，作出一系列重大决策部署。2020年2月，习近平总书记主持召开中央全面依法治国委员会第三次会议，审议通过了《行政复议体制改革方案》。习近平总书记指出，要发挥行政复议公正高效、便民为民的制度优势和化解行政争议的主渠道作用。新修订的《行政复议法》以习近平总书记重要指示精神为指导，主动顺应时代要求，积极回应社会关切，巩固发展改革成果，将行政复议的制度优势切实转化为制度效能，为进一步加强行政复议服务和保障高质量发展、优化法治化营商环境提供坚实制度保障。

《行政复议法》此次全面修订，对行政复议制度体制机制作出了重大修改完善，地方行政复议职责实现了全面有机整合，行政复议受案范围和前置范围进一步调整扩大，行政复议审理机制更加健全，行政复议决定体系得到优化完善，行政复议监督依法行政和实质性化解行政争议的效能将显著增强，对于推进法治国家、法治政府、法治社会一体建设具有重要意义，是行政复议制度发展历史上的重要里程碑。要从新时代全面推进依法治国、在法治轨道上全面建设社会主义现代化国家的战略高度出发，充分认识贯彻实施《行政复议法》、加强行政复议工作的重大意义，切实增强贯彻实施《行政复议法》的责任感使命感紧迫感，进一步发挥行政复议工作在深化依法治国实践和服务保障高质量发展中的重要作用，推动行政复议工作再上新台阶，为全面建设社会主义现代化国家贡献行政复议力量。

二、准确把握新修订的《行政复议法》的精神实质和实践要求

新修订的《行政复议法》坚持以习近平法治思想为引领，立足新时代行政复议制度定位和特点，坚决贯彻落实习近平总书记关于行政复议工作的重要指示精神，有效解决制约行政复议发挥化解行政争议主渠道作用的

突出问题，全面提升了行政复议的公信力和权威性。新形势下贯彻实施新修订的《行政复议法》，必须全面准确把握其精神实质和实践要求。

（一）把握新修订的《行政复议法》的政治性，坚持党对行政复议工作的全面领导

新修订的《行政复议法》在总则中将"行政复议工作坚持中国共产党的领导"确立为行政复议工作的重要原则，充分体现了行政复议工作的政治性，在立法层面进一步强化了党对行政复议工作的全面领导。党的领导是社会主义法治最根本的保证，把党的领导贯彻到全面依法治国的全过程和各方面，是我国社会主义法治建设的一条基本经验。行政复议作为党和政府主导的解决行政争议、监督行政机关依法行政的重要法律制度，是政治性很强的业务工作，也是业务性很强的政治工作。行政复议解决的是"民告官"争议问题，对推进全面依法治国、保持党同人民群众血肉联系、厚植党的执政根基具有重要意义。贯彻实施新修订的《行政复议法》，必须把坚持党对行政复议工作的领导摆在首位，牢牢把握正确政治方向，在办案中充分实现政治效果、法律效果、社会效果的统一。与此同时，《行政复议法》修订的政治性还体现在对党中央决策部署的全面贯彻落实上。新修订的《行政复议法》将党中央关于行政复议体制改革的各项要求上升为法律制度，必须不折不扣落实好《行政复议法》的各项规定，确保党中央关于行政复议体制改革重大决策部署和《行政复议法》修订的各项目标顺利实现。

（二）把握新修订的《行政复议法》的人民性，落实行政复议便民为民新举措

人民对美好生活的向往，就是我们的奋斗目标。行政复议直接处理关乎群众和企业切身利益的行政争议，是群众感受社会公平正义的重要窗口，是密切党和人民群众血肉联系的桥梁和纽带。2022年以来，全国各级行政复议机关共办理民生领域案件10万余件，认真解决人民群众急难愁盼

问题，扎实践行了复议为民宗旨。新时代人民群众对民主、法治、公平、正义、安全、环境等方面的需求日益增长，客观地讲，目前在很多情况下群众没有优先选择复议渠道解决行政争议，行政复议解决群众实际诉求的能力还需要进一步增强。新修订的《行政复议法》将保护公民、法人和其他组织的合法权益作为立法的出发点和落脚点，进一步健全完善了各项便民为民、便企利企新举措，充分体现了以人民为中心的发展思想。以申请环节为例，新修订的《行政复议法》改变过去"多头管辖"的体制，取消了地方政府部门的行政复议职责，集中到政府统一行使，实现行政复议"一口对外"，方便人民群众及企业找准行政复议机关。海关、金融、外汇管理等实行垂直领导的行政机关、税务和国家安全机关由于管理体制及事权性质的特殊性，保留向上一级主管部门申请行政复议的管辖规定。在完善体制的基础上，《行政复议法》进一步畅通申请渠道，丰富了互联网、书面、口头等多种申请方式，对当场作出或者依据电子技术监控设备记录的违法事实作出的行政处罚决定不服的，允许其通过作出行政处罚决定的行政机关提交行政复议申请，同时明确行政复议可以依法申请法律援助，增设行政复议申请补正制度，多方位保障人民群众及企业行使行政复议申请权。在案件受理环节，新修订的《行政复议法》进一步扩大行政复议范围和前置范围，将涉及行政协议、限制竞争、工伤认定、政府信息公开、行政赔偿等行政争议纳入行政复议受案范围，将不服当场作出的行政处罚决定、侵犯自然资源所有权或者使用权、未履行法定职责、不予公开政府信息等情形纳入行政复议前置范围，为群众和企业解决行政争议提供了低成本、高效率、宽口径的行政复议渠道。落实《行政复议法》关于便民为民新举措和扩大行政复议受案范围及前置范围的新规定，要求行政复议作为非诉讼纠纷解决机制必须挺在前面，将更多行政争议实质性化解在行政复议程序中，积极满足人民群众及企业对行政复议发挥功能作用的新要求、新期盼。

（三）把握新修订的《行政复议法》的公正性，着力促进社会公平正义

习近平总书记指出，必须牢牢把握社会公平正义这一法治价值追求。新修订的《行政复议法》着眼于公平公正，对行政复议审理及决定的具体程序进行了全流程优化和创新性改造，在强化办案过程公开性和办案结果公正性方面提出不少新要求，切实强化了行政复议维护社会公平正义的制度效能。例如，在审理环节，新修订的《行政复议法》完善了证据规则，明确了当事人双方的举证责任；建立健全普通程序中的听取意见程序，规定了除因当事人原因不能听取意见外，都应当以灵活方式听取当事人意见；鼓励采取听证方式审理行政复议案件，依法要求被申请人的负责人参加听证；规定县级以上各级人民政府应当建立相关政府部门、专家、学者等参与的行政复议委员会，为案情重大疑难复杂或者专业性、技术性较强等情形下的行政复议案件办理提供咨询意见。又如，在决定环节，新修订的《行政复议法》优化完善了行政复议决定体系，进一步丰富了行政复议机关精准裁断各类行政争议的决定类型，将行政复议变更、撤销、确认违法、责令履责等纠错决定置于决定类型前列，体现了强化行政复议监督效能的鲜明导向。这些都要求行政复议机关要严格依法公正办理案件，坚持有错必纠，充分发挥行政复议维护社会公平正义的职能作用。

（四）把握新修订的《行政复议法》的能动性，充分延展行政复议制度功能

行政复议是行政系统内部上级行政机关监督下级行政机关执法、化解执法机关与相对人争议的法定机制，在能动发挥功能作用方面大有可为，也必须大有作为。新修订的《行政复议法》充分体现了行政复议能动性的制度特点和独有优势，为行政复议机关主动向案前、案后延伸工作成效创设了充足制度空间。例如，新修订的《行政复议法》围绕实质性化解行政争议这一目标导向，将调解作为行政复议办案的重要原则在总则中予以规

定，明确在合法、自愿的前提下，行政复议机关对各类行政争议都可以开展调解。这一规定改变了以往行政复议只能对行使自由裁量权作出的行政行为，以及行政赔偿、补偿纠纷两类案件进行调解的做法，将行政复议调解的对象定位为行政争议，使行政复议机关享有对各类行政争议广泛开展行政复议调解的法定职权，实现了行政复议工作方式的重大创新，也有力推动了行政法学理论的创新发展。实践中行政复议机关应当积极强化调解适用，完善调解工作机制，提高调解结案比重，统筹各方面行政资源，以"柔性复议"依法解决群众利益诉求问题。又如，新修订的《行政复议法》增设了约谈、通报批评、决定抄告等源头纠错方式，进一步强化了行政复议倒逼依法行政的监督作用。这要求行政复议机关在办案中不能"机械办案、就案办案"，要能动发挥行政复议对行政行为事前、事中、事后的"全链条监督"作用，做好行政复议监督依法行政"后半篇文章"，不断强化行政复议监督的广度、力度、深度，使行政复议在推动法治政府建设方面发挥更大作用。

三、全面推进新修订的《行政复议法》正确有效实施

法律的生命力在于实施，法律的权威也在于实施。新修订的《行政复议法》赋予了行政复议工作很多新动能、新措施，对做好新时代行政复议工作提出了新的更高要求。要在深化全面依法治国实践的大背景下，切实抓好《行政复议法》的贯彻实施，充分发挥行政复议化解行政争议的主渠道作用，强化行政复议监督依法行政的效能，推动行政复议工作高质量发展，为新时代强国建设、民族复兴伟业贡献法治力量。

一是对标《行政复议法》的立法宗旨，不断提升行政复议服务大局的能力水平。《行政复议法》立足加快推进中国式现代化的时代使命，赋予了新时代行政复议工作更重要的职责任务。要紧扣经济社会高质量发展和法治中国建设的总体要求，将贯彻实施《行政复议法》作为强化行政复议工作效能的重要契机，围绕大局认真履行好行政复议监督依法行政、维护

群众和企业合法权益、有效化解矛盾纠纷等各方面职能，进一步拓展行政复议服务领域，着力提升行政复议工作质效。推动行政复议主动融入党和国家中心工作，在打造法治化营商环境、保障和促进民生、助力金融法治建设、提升社会治理法治化水平等方面发挥更大作用。

二是锚定《行政复议法》确立的新目标，充分发挥行政复议化解行政争议的主渠道作用。准确把握《行政复议法》扩大受案范围和前置范围的规定，进一步畅通行政复议申请渠道，积极受理并依法办理金融监管、生态环境、知识产权、食品安全、土地征收等各类行政争议案件。坚持和发展新时代"枫桥经验"，树牢能动复议理念，坚持"抓前端、治未病"，充分运用《行政复议法》赋予的先行化解、调解和解、行政机关自我纠错等手段，最大限度实质性解决人民群众实际诉求问题，推动更多行政争议化解在行政复议程序中，做深做实实质性化解工作，实现案结事了、政通人和。加强行政复议与行政调解、行政裁决、行政诉讼、信访等有关机制的衔接配合，实现行政争议协同化解、源头化解、整体化解，提升社会治理现代化水平。

三是聚焦《行政复议法》提出的新要求，着力强化行政复议监督依法行政效能。把贯彻实施新修订的《行政复议法》作为当前和今后一段时期加强法治政府建设的重要抓手，推动政府工作人员严格按照法定权限、规则、程序使用权力、履行职责。加强对银行、证券、保险、市场监管、税收征管等行业领域相关行政执法行为的监督力度，依法纠正运动式执法、"一刀切"执法、简单粗暴执法、过度执法、逐利执法等不作为、乱作为问题，将人民群众反映强烈的违法或不当行政行为更好地纠治在初发阶段、纠治在行政系统内部，严格规范自由裁量权行使，促进市场竞争公平有序，一体做实解纠纷、防风险、促治理，依法服务保障高质量发展。对行政复议案件审理中发现的涉企共性执法问题要及时制发行政复议意见书、建议书，从源头上提升行政执法水平，实现"办理一案、治理一片、规范一行"。切实加强涉企规范性文件附带审查工作，纠正妨碍经营主体公平竞争的不合法文件，平等保护各类经营主体合法权益，依法促进民营经济发展壮大。

四是围绕《行政复议法》赋予的新任务，切实提高行政复议工作质效。《行政复议法》实施后，行政复议案件的数量明显增加，案件类型更加多样，新型案件审理的专业性、复杂性进一步增强，办案任务更加繁重艰巨。要强化办案程序意识，落实好新修订的《行政复议法》关于公开、公正、高效开展案件审理的各项新举措、新要求，简案快办，繁案精办，变传统的"书面审理"为"开门办案"，使行政复议更加取信于民。进一步增强质量意识，牢牢守住办案质量这条行政复议工作的生命线，把好案件核查关、法律适用关、文书质量关，让人民群众在每一起行政复议案件中感受到公平正义。充分发挥行政复议委员会研究重大事项和共性问题、为案件办理提供咨询意见的功能作用，推动行政复议工作提质增效。对照《行政复议法》新规定、新要求加强配套制度建设，健全完善相关规章及规范性文件，打造结构合理、内容丰富、务实管用的行政复议法律制度体系，增强行政复议法律制度实施的有效性、针对性。

（周院生系司法部行政复议与应诉局局长）

商业银行坚守长期主义信念的三种思维

郑 杨

当前,百年变局加速演进,世纪疫情复杂严峻,国内经济面临需求收缩、供给冲击、预期转弱三重压力,影响商业银行经营环境的不确定因素持续增多,这些对其高质量发展提出了全新挑战。商业银行作为中国特色社会主义金融体系的重要组成部分,需要坚守长期主义信念,不断强化战略思维、系统思维、底线思维,促进经营管理提质增效,交出优异的新时代答卷。

一、强化战略思维,于变局中开新局

在外部环境更趋严峻复杂的态势下,金融作为现代经济的血脉,面临着巨大考验。对商业银行来说,需要强化战略思维,更好地完成自身的使命担当。

持续开拓战略视野。当前,外部环境不确定性上升,全球产业链供应链出现短链化、区域化趋势,银行业经营环境的不确定性也持续增强。从国际来看,世界经济复苏不稳定、不平衡,全球经济深度调整,格局分化加速。这要求商业银行准确把握全球地缘政治和经济格局变化的大趋势,把银行业发展置于一个更大背景、更宽口径、更长周期中来观察,从经济、社会、人口发展的视角,从供给、需求等维度把握金融发展的生态性、周期性、前瞻性，从而勾勒出一幅财富流动与财富管理并进的全景画面。

保持战略发展的定力。我国已经进入新发展阶段，这是中国共产党带领全国各族人民向着第二个百年奋斗目标奋勇前行的重要历史时期，也是商业银行实现高质量发展的战略机遇期。从国内来看，我国发展具有坚实基础和巨大潜能，长期向好的态势不会改变，但局部性、暂时性风险也时有发生。内外部环境的变化，对银行业经营与风险管理带来更大的挑战。形势越是复杂，越需要保持战略发展的定力。商业银行应坚持"一张蓝图绘到底"，既要科学把握趋势，克服短期困难，又要抵御眼前诱惑，瞄准长期目标持续行动，做到处变不惊、科学应对、谋定后动。

坚持准确识变、科学应变、主动求变。坚守长期主义将是有力的应对之举。坚守长期主义，需要牢固树立战略思维、全局观念。要赢得优势、赢得主动、赢得未来，就必须直面困难与挑战，在有效应对危机中抓住新机遇、开拓新局面。积极推动思想观念转变、作风方法转变、精神状态转变、能力素质转变，将发展的主动权牢牢把握在自己手里。尤其要准确把握经济社会发展的大潮流和大趋势，进一步扛起历史重任，主动融入新发展格局，在服务好国家重大战略和支持实体经济发展的过程中，把握发展机遇，奋力展现金融高质量发展新气象。

二、强化系统思维，防风险与谋发展两手抓

商业银行应强化系统思维，坚持长期主义的思想信念和工作方法，坚持调结构与增营收并重、防风险与谋发展并重，两手抓、两手都要硬，久久为功，抓实抓细战略实施。

随着行业竞争日趋激烈，在金融科技发展的滚滚洪流之中，商业银行逐渐改变了传统的风控模式，重新定义了风险监测、风险评估、评价考核等环节，逐步扩充风险控制手段，打造风险管理闭环。在新形势下，商业银行应聚焦"降风险、促发展、严管理、提能力"的工作主线，强化全面风险管理，统筹推动促发展与控风险齐头并进，在服务和融入新发展格局

中展现更大作为。

坚持控新降旧，走高质量发展之路。一方面，积极防控新增业务风险。以评级管理、押品全流程管理为核心，筑牢客户风险防控根基，不断提高优质客户占比，减少潜在风险暴露。坚持以服务实体经济为本，以专业为基础，以价值判断为标准，守牢业务合规、用途合理、有偿债能力和综合效益的"刚性四原则"，严把资产质量关口。另一方面，加强存量业务风险化解处置。首先对各类风险和合规内控隐患，做到"四早五最"，即早发现、早报告、早预警、早处置，在最低的层级，以最短的时间，花最小的成本，解决最关键的问题，努力取得最好的效果。在此基础上，进一步抓好风险客户预警管理，加大存量不良资产的处置力度。积极开拓处置渠道，注重加强债转股、转让、并购重组、司法抵债、资产证券化等手段的综合运用，优化处置策略，提升清收处置成效。

坚持深化转型发展，从生产关系层面助力效率提升。立足"优、精、专"管理目标，构建风险管理职能更加完善、职责定位更加清晰、覆盖全面、穿透有力的风险管理体系。推进授信审批集约化、扁平化、专业化管理。以精细化市场经营为导向，探索实施公司化、专营化的特殊资产经营体系。

坚持长期主义促发展，服务实体经济再作为。始终胸怀金融为民的"国之大者"，紧跟党中央决策部署，积极开展高质量资产投放。加强第一道、第二道防线协同，深入研究国家政策、行业趋势、客户特征，按照"赛道＋生态"的理念，明确资产投放重点和风险管控措施，在服务好国家稳增长的前提下，实现自身的高质量发展。

坚持科技驱动，打造面向未来、更加智能的数字化风控平台。对标同业高标准、最好水平，优化升级决策支撑系统，持续提升监测时效和精准度，做好"天气预报"。强化对流程的监测，逐步实现"风险关口全布防"。按照"全流程、全覆盖、智能化、组件化"建设目标，稳步推进企业信贷系统重构。

践行风险观，深入推进风险文化建设。丰富企业文化内涵，进一步强化风险文化、合规文化、创新文化建设，并将其统一到长期主义的标准上来、厚植于前台、中台、后台每位员工的行为中，突出第一道防线风险管理主责。建立长效发展机制，通过制度、系统、工具和流程强化风险文化在全面风险管理中的地位，在全行形成风险防控人人有责的氛围，充分发挥风险文化引领的长期作用和潜移默化作用。

三、强化底线思维，始终坚定正确发展方向

贯彻长期主义信念，必须践行"人民金融为人民"的根本宗旨，坚守合规经营的底线思维。

看准宏观大势，坚定发展方向。方向正确，就是最大的合规。党中央提出我国经济发展进入新常态，要从规模速度型转向质量效率型。中央金融工作会议也明确提出要建设金融强国，就要把防范和化解金融风险作为金融系统的重要任务。坚守长期主义，必须紧跟党中央、国务院的决策部署和监管部门的政策导向，从自身做起，提高政治站位，坚持以人民为中心的发展思想，践行"人民金融为人民"和"金融报国"的经营理念，将更多金融资源投入服务实体经济之中，真正服务好广大客户。

抓住"关键少数"，厚植合规文化。对人的管理，是内控管理最关键的因素之一。各级领导干部必须率先垂范，促进内控合规要求内化于心、外化于行，养成在合法合规下工作的习惯。对重要的监管法规和政策要求，领导干部要带头学习研究，部署落实。同时，突出合规在干部选拔和任用中的作用。对于个人存在重大合规问题的，绝不任用；对于业务管理中存在突出合规问题的，不予提拔。

优化考核机制，推动正向引领。考核导向，是一家银行经营理念和价值观的集中体现。如果仅关注当下短期业绩，而忽视风险的滞后性和内控合规建设，这样的发展一定是不可持续的。坚守长期主义，必须扭转粗放式经营理念和不良发展惯性，建立合理有效的评价考核制度，杜绝重经营业绩、轻合规管理的不良风气。商业银行总行不仅要制定指标，还要提供方法，不能只关注结果而不关注过程，应加强对基层分支机构的穿透管理、

精细管理，及时给予支持或采取措施，构建金融安全网。

加强日常监督，提升内控水平。银行是经营风险的机构，业务存在复杂性、专业性、外溢性和特殊性，必须不断提升内部控制体系的管控与约束能力，确保内控机制正常及有效运行。一方面，将合规要求嵌入制度，将制度要求嵌入流程，将流程管控嵌入系统，形成业务的全流程闭环管理；另一方面，严格执行重要岗位任职资格、岗位轮换、强制休假、任职回避等机制安排，加强岗位约束。同时，不断加强对全体干部员工的法律合规教育，规范行为管理要求。对失职渎职等行为严肃追责问责，严查金融风险背后的腐败问题，筑牢管住人、盯住权、看住钱的制度"防火墙"。

（郑杨系上海市政协常委，著名金融和法律专家，上海国有资本投资有限公司副董事长）

小贷大业　法治护航

杨国平

上海小额贷款公司协会（以下简称协会）第三届理事会自换届以来，在上海市地方金融管理局、上海市社会团体管理局的关心指导下，在会长的领导下，在会员单位尤其是理事会的大力支持下，以"服务实体经济和会员单位、促进行业健康发展"为主线开展工作，完成了平稳度过三年疫情考验、行业政策不断优化、积极应对颠覆政策冲击、房产权籍系统顺利升级、积极探索投贷联动、设立行业司法调解委员会等充满挑战和创新的工作。

第三届理事会期间，协会共组织1000多人次参加12次各项培训、15次业务研讨和项目对接活动、13次对外交流考察、16次接待全国各地小额贷款同行来访。第三届理事会期间，协会组织开展了104笔、11.12亿元同业拆借，每年为行业提供近6万多笔房产权籍查询，每年节约近100万元查询费用。组织参与了20次行业建言献策，完成69期小额贷款动态的编辑。

一、全力以赴确保行业平稳度过三年疫情考验

三年新冠疫情对上海小额贷款行业产生了较大影响，但上海小额贷款行业认真贯彻落实上海市委、市政府和上海市地方金融管理局的各项决策部署，协会第一时间向全体会员发出了倡议书，号召全行业积极履行社会

责任，科学、规范、有序推进应对和防控工作。同时，积极收集行业受影响情况，向相关部门及时反映，提出相关政策建议，上海市地方金融管理局及时出台针对性扶持政策，促进了行业平稳健康发展。

（一）及时反馈行业情况，争取政策扶持

三年新冠疫情对于各行各业来说犹如按下了"暂停键"，对生产经营产生了较大影响。对于微观单个企业来说，企业上下游基本都处于半停工状态，企业很难形成现金流。特别是民营企业、小微企业，这些小额贷款公司的主要客户，抗风险能力更差。新冠疫情对小额贷款公司影响如何，有哪些政策诉求？为此，协会第一时间对会员单位做了问卷调查，对行业内的企业做了电话调研，收集行业在疫情期间遇到困难和急需的扶持政策。通过调研发现，小额贷款公司不仅面临贷款质量不容乐观，逾期贷款将有较大上升，而且还出现了现金流量日趋紧张，持续经营遇到较大困难，新增业务难以拓展的情况。在此基础上，秘书处迅速撰写了《关于上海小额贷款行业防控疫情及有关政策建议的报告》，该报告详细汇报了上海小额贷款行业防控疫情、支持客户等各项工作和遇到的诸多困难，提出了"杠杆倍数、股东借款、单一客户比例、线上放贷、监管容忍、财政扶持"等政策建议。

上海市地方金融管理局分管领导和监管一处对小额贷款行业疫情防控工作和报告给予了充分肯定，及时出台了《关于支持本市小额贷款等机构加大力度服务实体经济的通知》，有效缓解了小额贷款公司资金压力，促进了小额贷款公司更好地服务中小微企业，受到广大小额贷款公司一致好评。有些政策立刻得到了实施，例如，法人股东借款，3年来已有10多家小额贷款公司股东借款给小额贷款公司。

（二）多方筹措防疫物资，支持行业复工

2020年新冠疫情开始，很多小额贷款公司反映缺少复工必要的口罩、消毒剂等防疫物资。为此，协会秘书处一方面多方打听联系，将诸多物资供应信息发给相关单位;另一方面积极向上海市地方金融管理局争取支持,在上海市地方金融管理局领导亲自关心和监管一处的大力支持下,为小额贷款行业争取到7500只口罩,协会综合考虑小额贷款公司人员数量、申报数量、紧缺程度,对所有申报单位都进行了发放。同时,为支持会员单位抗击疫情,口罩费用全部由协会支付,免费发放。

(三)积极引导全行业履行社会责任

2020年,新冠疫情发生后,协会马上向全体会员发出了倡议书,号召全行业积极履行社会责任。各小额贷款公司积极响应号召,采取展期、续贷无缝衔接方式对受疫情影响临时停业、资金周转困难的"三农"、小微企业和个人,特别是影响较大的批发零售、住宿餐饮、物流运输、文化旅游等行业企业,在贷款期限上给予宽限,利率给予优惠,并在贷款期内不抽贷、不断贷、不压贷。全力为疫情防控服务的中小微企业提供金融服务。很多小额贷款公司建立专属绿色通道,确保用户有需求,小额贷款即刻有回应。例如,上海黄浦红星小额贷款有限公司为帮助家居行业渡过难关,与集团集多方之力为全国经销商提供"一揽子"金融支持,总计为全国经销商提供超过40亿元的金融助力。滨江普惠小贷推出"文金惠"文创金融服务方案,切实服务小微文创企业共渡难关,平均利率比同期小额贷款市场至少下浮25%的优惠利率,已完成审批12家,其中4家已放款,放款金额合计1280万元。上海临港小额贷款有限公司与临港集团下属各园区的对接人密切沟通,排摸了解园区内抗疫企业情况及需求,确保2~3个工作日内给予防疫企业放款。协会对这些案例及时进行了收集和报道宣传。

在2022年艰难的两个多月时间里,协会"党的工作小组"号召全行业积极履行社会责任,众多小额贷款公司积极响应号召,共克时艰、同心守"沪",为上海城市的正常运转和抗疫工作作出积极贡献。浦东张江、奉贤金海等小额贷款公司随同上级单位全员转入"抗疫保供"工作模式,从搭建方舱、疏散密接到物资运送、核酸检测整整干了两个多月。

协会积极引导会员单位履行社会责任，踊跃参加防疫和社区志愿服务。华东普惠、崇明意洋等小额贷款公司从总经理到公司前台都积极担任志愿者。华东普惠还成立"上药特种药品保供突击队"，服务全市罕见病患者。上海静安维信小额贷款有限公司、上海徐汇富融小额贷款有限公司第一时间筹集防疫物资、食品药品，在上海物资最紧缺的时期捐赠给最需要的单位和群众。

二、多方努力促进行业各项政策不断优化

作为一个监管较强的行业，小额贷款公司的兴衰与行业政策密切相关，近年来全国金融监管日趋严格，在此背景下，如何既符合中央金融严监管的总基调，又为行业创造一个较好的政策环境。为此，协会努力争取，发挥各方面作用，努力为行业建言献策。

（一）积极发挥行业人大代表作用，破解行业发展瓶颈

小额贷款行业为解决中小微企业融资难、融资贵发挥了重要作用，但面临行业定位不明、普惠金融政策不享受、司法保护不力等诸多瓶颈问题，影响了行业健康发展。上海小额贷款行业中有全国人大代表——上海徐汇富融小额贷款公司董事长樊芸、上海市人大代表——上海小额贷款公司协会会长杨国平等多位人大代表。协会积极发挥这些人大代表作用，为解决瓶颈问题共同努力。

2020年6月，上海市徐汇区田林街道办事处基层立法联系点揭牌暨《上海市促进中小企业发展条例（修订草案）》立法调研座谈会召开，上海市人大常委会副主任莫负春、上海小额贷款公司协会会长杨国平应邀参加，并就如何促进上海小额贷款行业发展满足更多中小微企业融资服务提出了建议和意见，并接受新闻媒体采访。杨国平会长就如何促进小额贷款公司发展提出了具体建议：对小额贷款公司等金融机构向中小微企业发放100万元及以下贷款的利息收入免征增值税；引导银行加大对小额贷款公司金

融支持力度，通过小额贷款公司更好地服务中小微企业；信贷风险补偿和信贷奖励机制覆盖范围应涵盖小额贷款公司等新型金融机构；加大对小额贷款公司司法保护，打击"互联网黑产"，坚决杜绝以刑事手段干预民事纠纷等具体政策建议。

2020年7月，上海市地方金融监管局监管一处与田林街道相关领导来到大众交通集团，召开小额贷款行业人大代表意见沟通会。杨国平会长6月提交了《关于上海小额贷款公司行业的发展建议》专题报告，得到了上海市人大常委会和有关政府部门的重视。上海市金融监管局召集人民银行上海总部、上海银保监局、上海市财政局、上海市税务局、上海市高级人民法院、上海市公安局、小额贷款协会等多部门举行专题会议，逐条落实该发展建议，形成反馈意见。

2020年9月，由上海市人大常委会代表工委召集的小额贷款行业调研座谈会在大众大厦举行。市人大常委会代表工委副主任袁令莉主持会议，全国人大代表、上海富申评估咨询集团董事长樊芸，上海市人大代表、上海小额贷款公司协会会长杨国平参加座谈，出席会议的还有来自上海市委宣传部、上海市公安局、上海市财政局、上海市地方金融监管局、上海市房屋管理局上海房地产交易中心、上海市高级人民法院、上海市税务局、人民银行上海总部、上海银保监局等政府部门代表，以及部分上海小额贷款行业的企业代表。

（二）开展《上海市小额贷款公司监管评级与分类监管指引》课题研究

2015年以来，上海市区两级监管部门对该市小额贷款公司实行监管评级。监管评级开展以来，对于加强小额贷款公司事中事后监管、提高监管效率、扶优汰劣等方面发挥较好作用。但也存在部分指标体系与实际状况差异较大、评分标准不够细化、监管评级与现场检查覆盖期间不一致、监管评级结果运用不够充分等问题，对此上海市地方金融监管局高度重视，委托小额贷款公司协会开展课题研究，进一步修改完善《上海市小额贷款公司监管评级与分类监管指引》。

接到课题任务后，协会组建了由相关监管人员、小额贷款公司从业人员、行业专家组成的课题组，认真开展课题研究。课题组梳理了2017—2019年上海小额贷款行业监管评级现状，分析了目前监管评级存在的问题，同时参考中国银保监会相关行业监管评级办法，并对标浙江、广东、山东、河南等省市小额贷款监管评级办法，调研行业头部、中部、尾部典型公司的实际情况，听取区级工作部门意见后，提出了建立小额贷款公司监管评级指标体系的相关建议及主要指标构成、评分标准，在此基础上形成了《上海市小额贷款公司监管评级与分类监管指引》。

课题组建议在设定指标时，定量因素和定性因素、静态分析和动态分析、总量分析和结构分析相结合。评级要素进一步细化为一定数量具有代表性的指标，并明确指标打分具体标准。评级要素包括经营规模、管理水平、合规情况、风险状况、配合监管等方面内容，为鼓励小额贷款公司支持"三农"、小微企业等实体经济发展，相关指标内容将作为加分项。

课题组建议现场检查与监管评级覆盖期间保持一致，相关指标数据经审计确认，现场检查中发现的违规问题也需小额贷款公司书面确认，使监管评级的依据更加充分。课题组建议监管评级在市级监管部门复核时加入了市区联审环节，监管评级结果可进一步作为各级地方金融监管部门识别小额贷款公司风险程度、分配监管资源的重要依据，也可在制定有关行业激励、奖补政策中作为基础条件之一。

课题研究报告初稿形成后，课题组听取了相关监管部门、小额贷款公司、行业专家的意见和建议，进行了多次修改完善。课题研究成果发挥了较好作用，在《上海市小额贷款公司监管办法》修订、现场检查和监管评级等修订中都充分借鉴了课题研究提出的建议和意见。

（三）积极推动《上海市小额贷款公司监督管理办法》修订完善

2008年小额贷款公司试点工作起步以来，《上海市小额贷款公司监督管理办法》虽然修改多次，但是许多关键条款与现行做法还有差距，特别是 2020 年针对疫情在杠杆倍数、股东借款、单一客户比例扶持政策上还需要长期化、制度化。为此，协会多次呼吁和积极推动《上海市小额贷款公司监督管理办法》进一步修订完善。上海市金融监管局高度重视，深入调研，与协会、各区金融局、骨干小额贷款公司多次召开座谈会，征询大家的意见和建议。2021 年 7 月形成意见征求稿，向社会各界征求意见。

新的《上海市小额贷款公司监督管理办法》对于小额贷款公司关心的几个关键事宜都给予了积极回应。在杠杆倍数、股东借款方面，新监管办法允许小额贷款公司通过银行借款、股东借款、同业拆借等非标准化融资形式融入资金的余额不得超过其净资产的 1 倍；通过发行债券、资产证券化产品等标准化债权类资产形式融入资金的余额不得超过其净资产的 4 倍。在单一客户比例方面，允许小额贷款公司对同一借款人的贷款余额不得超过小额贷款公司净资产的 10%；对同一借款人及其关联方的贷款余额不得超过小额贷款公司净资产的 15%。2021 年 10 月新的《上海市小额贷款公司监督管理办法》正式颁布实施。

三、积极应对多项行业"颠覆性政策"冲击

（一）迅速应对最高人民法院民间借贷最新规定

2020 年 8 月 20 日，最高人民法院发布新修订的《最高人民法院关于审理民间借贷案件适用法律若干问题的规定》（以下简称《规定》），调整民间借贷利率司法保护上限至每月 20 日发布的 1 年期贷款市场报价利率（LPR）的 4 倍，较原规定中"以 24% 和 36% 为基准的两线三区"大幅降低。这一消息震惊了所有的放贷行当，包括互联网金融公司、消费金融公司、小额贷款公司及银行，也引起了上海小额贷款行业强烈反响，纷纷给协会来电咨询、求助。对此协会积极行动、全力以赴，采取各项措施化解这一规定对行业的影响。

全面收集行业建议和意见。协会在第一时间广泛征求行业骨干企业的

意见和建议，撰写了专题报告。报告汇总了大家的以下意见：（1）《规定》适用主体范围不清，小额贷款公司因金融机构性质尚未明确，应对新规无所适从，发展信心严重受挫。（2）《规定》"一刀切"式的费率设定，对上海小额贷款行业的可持续发展产生致命打击。（3）《规定》新增借贷纠纷可以追溯以往的内容，严重破坏契约精神及"法不溯及以往"的法治原则，更引发大面积的诉讼和企业亏损，极大地冲击金融秩序。（4）《规定》大幅降低民间借贷利率的做法，完全不符合金融风控规律，反而有可能触发更严重的系统性危机，让小微企业融资更加困难。报告提出了三点建议：（1）明确《新规》不适用于小额贷款行业。（2）小额贷款行业利率司法保护上限的设置，继续执行"两线三区"：24%以内法律保护，24%~36%当事人自愿，法律不保护，36%以上无效。（3）希望法律的制定者能以身作则，尊重契约精神及"法不溯及以往"的法治原则。

积极向各方呼吁和反映。2020年8月20日规定发布当天，协会立即向上海市金融监管局电话反映了行业的呼声和建议。8月21日向中国小额贷款协会反映上海小额贷款行业的呼声和建议，获得了明确答复：小额贷款公司是由金融监督管理部门依法批准设立的经营放贷业务的营利法人，其经营行为不是民间借贷。协会在广泛听取行业意见后，于8月24日向上海市金融监管局呈送专题书面报告，通过樊芸董事长、杨国平会长等行业内全国人大代表、上海市人大代表积极向上海市高级人民法院、上海银保监局等相关方面反映情况；在9月召开的上海市人大小额贷款行业专题座谈会、上海小额贷款行业利率大讨论座谈会等系列会议上持续进行呼吁，密切配合各相关部门做好调研工作；通过新华社高级记者以《新华社内参》向相关部门和领导反映情况。

取得良好效果。协会第一时间向会员单位明确口径："小额贷款公司是由金融监督管理部门依法批准设立的经营放贷业务的营利法人，其经营行为不是民间借贷，小额贷款公司不受该规定约束"。在上海小额贷款公司协会和各兄弟省市协会的共同努力呼吁下，最高人民法院以回复广东省高级人民法院《关于新民间借贷司法解释有关法律适用问题的请示》的形式，明确：小额贷款公司行业不适用新民间借贷司法解释。一场对行业产生颠覆性影响的政策风险成功化解。

（二）积极应对互联网小额贷款管理暂行办法

2020年11月2日，中国银保监会、中央银行发布《网络小额贷款业务管理暂行办法（征求意见稿）》（以下简称《暂行办法》），并向社会公开征求意见。《暂行办法》对现有互联网小额贷款公司影响极大，文件颁布后，上海互联网小额贷款公司引起强烈反响。对此协会积极行动、全力以赴，迅速收集意见，通过各种渠道向各方反馈大家的呼声和建议，努力化解这一规定对上海互联网小额贷款公司的影响。

全面收集行业建议和意见。协会在第一时间广泛征求上海互联网小额贷款公司意见和建议，撰写了专题报告。报告汇总了大家的以下意见并提出建议：（1）互联网是现代企业生存的必要手段，不应牌照化。作为一个高度互联网化的现代社会，互联网早已成为像水、电、煤等一样的基础设施。建议：对小额贷款公司的应用互联网技术不应牌照化，只需对资金来源、杠杆倍数加以规定。（2）注册资金门槛太高。50亿元的注册资金门槛太高，目前消费金融公司最低注册资金也仅为3亿元，全国线上、线下业务都可以开展。过高的注册资金门槛只会带来新一轮的垄断，使未来因为缺乏竞争导致普惠金融之路更难。建议：跨省互联网小额贷款公司的注册资金降为10亿元。（3）规定可操作性较差。互联网获客，很难区分客户所属省级行政区域。建议：进一步明确省内外的客户划分标准和依据。（4）取消100万元限制。对于个人30万元以下限制可能是合理的，但对于企业贷款只能100万元以下，可能对部分中小企业贷款带来较大影响。建议：针对企业贷款额度放宽至300万元。（5）联合贷款的出资比例。建议：将出资比例下限更多地交给银行从风险控制角度去把握，网络小额贷款公司出资比例最低不低于10%。

积极向各方呼吁和反映。2020年11月2日《暂行办法》发布当天，协会立即向上海市金融监管局电话反映了行业的呼声和建议。协会在广泛收集和听取行业意见后，于11月6日向上海市金融监管局呈送专题书面报告。11月8日李伟涛秘书长赴北京，参加中国小额贷款公司协会行业发展研讨会，会议中就《暂行办法》作了重点发言，获得全国各地小额贷款协会的积极响应。11月9日，上海市金融监管局召开上海部分互联网小额贷款公司座谈会，再次为行业积极呼吁。其间，协会还积极通过相关重要媒体内参的形式向相关部门反馈行业意见和呼声。

取得良好效果。协会持续关注《暂行办法》的后续修订工作，继续通过各种渠道和方式反馈行业的意见和呼声，努力为互联网小贷创造一个良好的发展环境。在上海小额贷款公司协会和各兄弟省市协会的共同努力下，监管部门充分认识到《暂行办法》对互联网小额贷款行业的巨大冲击，该文件暂停出台。

四、认真做好房产权籍升级、接入征信工作

（一）及时应对房产权籍查询升级工作

房产权籍查询是各小额贷款公司风险控制的重要手段，协会认真做好房产权籍查询的各项工作，目前已为100多家小额贷款公司及时办理了房产权籍开通工作，累计完成100多万笔房产权籍信息查询；同时，在协会努力下房产权籍查询费用从25元/条下降到10元/条，每年为行业节约100多万元费用。2018年末，由于不动产登记条例出台，上海市房产权籍查询将收紧，这将对小额贷款公司业务发展造成重大影响，为此协会将积极协调有关部门，沟通情况，取得理解，采取有效措施，确保上海小额贷款行业房产权籍查询的平稳运行。

（二）认真做好人民银行二代征信系统升级对接工作

在协会坚持不懈的努力下，上海是全国首批小额贷款公司开通查询权限的省市，已有30多家小额贷款公司接入人民银行征信系统。自2019年

起，人民银行征信系统开始二代升级，为此协会认真做好各项组织工作。上海小额贷款公司协会与上海资信有限公司多次举办面向上海目前接入的小额贷款公司人民银行二代征信系统升级对接专题培训。在协会的精心组织下，上海小额贷款行业人民银行二代征信系统升级对接工作顺利推进。

（三）积极推动接入上海市地方征信平台工作

上海小额贷款行业自2013年接入中央银行征信以来，对客户资信情况了解更加便利。但小额贷款公司主要客户群体——中小微企业在人民银行征信系统中的信息存在较大缺失，特别是企业的纳税、财务、社保、公积金等更加真实反映企业经营情况的信息尤为缺乏。上海市地方征信平台在上海市企业信息收集、汇总和应用方面更加全面、及时，将有力提高上海小额贷款行业的风控能力。

为此，协会积极推动行业与上海市地方征信平台合作。2023年5月，协会开始多次与上海市地方征信平台拜访对接。7月6日，协会举办上海市地方征信平台征信产品推介会活动，奉贤绿地、大众小贷、浦东浩大、浦东康信、滨江普惠、嘉定及时雨、长江鼎立、临港小贷、华东普惠等20家小额贷款公司及服务机构人员参加活动。与会人员观看了上海市联合征信有限公司的宣传片，听取了上海市地方征信平台的产品推介，上海征信各部门主管还分别演示企业征信报告中社保缴费、公积金缴费、开票信息、纳税信息、财务信息等重点内容，引起了与会人员高度关注和好评。与会各小额贷款公司人员就有关核验结果、抵押数据、客户评分机制、授权要求等问题进行了深入交流和研讨。9月协会与上海征信平台签署战略合作协议，目前已有多家小额贷款公司应用平台的服务，收到良好效果。

五、改善行业司法环境，设立调解委员会

（一）与上海金融法院组织开展课题调研活动

近年来，许多会员反映逾期贷款处置司法诉讼中遇到了种种困难，协

会多次积极与上海金融法院研究室联系沟通，金石为开。协会与上海金融法院研究室确定了上海小额贷款行业法律风险防范课题研究，针对上海小额贷款行业在风险预防、司法诉讼、案件执行等相关问题进行专题调研。2022年8月中旬，首先开展了全行业的问卷调研，梳理问题，50多家小额贷款公司认真填写了调研问卷。

针对问卷调查中大家反映比较集中的问题，2022年9月28日下午，协会与上海金融法院组织召开上海金融法院小额贷款法律风险专题调研座谈会。上海金融法院研究室调研员杨晖博士、课题组成员、上海小额贷款公司协会及10家小额贷款公司单位代表等出席会议。与会人员围绕合同效力、利率利息、保证责任、增信措施、资信评估、纠纷解决、法治环境七个方面进行深入热烈讨论。针对小额贷款会员反映的问题，上海金融法院认真听取并对部分疑问当场给予了回应解答。该调研座谈会的召开，对小额贷款行业面临的法律难题和司法需求有了深入了解，未来将进一步加强调研与交流。协会将继续协调各方力量，推进法治环境改善，助力行业健康发展。

（二）积极配合扫黑除恶工作

为深入贯彻落实中央及上海市扫黑除恶专项斗争精神，协会就上海市小额贷款行业开展扫黑除恶专项斗争工作进行积极部署。号召会员单位遵守行业自律公约，维护行业良好形象。严格遵守国家有关法律、法规和规章，遵循国家行业相关政策和行业惯例；坚持合法、公平地开展业务，借款合同、抵押合同等具有法律效力的文件内应取消有失公平的条款内容；合理、合法、合规收取费用，不得非法高利放贷；依法合规开展催收，不得暴力讨债；建立健全客户投诉及纠纷处理机制，妥善处理客户投诉并及时反馈。同时，认真开展摸排整改，发现线索及时上报。要求会员单位高度重视，认真摸排是否存在重点行为（包括但不限于），做到"有问题排问题、无问题排现象"。摸排中如发现相关问题及线索，要立即整改并及时上报。2019年行业顺利完成扫黑除恶工作。

（三）探索设立行业司法调解中心

上海小额贷款行业服务对象主要以中小微企业、个体工商户、"三农"和初创型企业为主，单笔贷款金额少，诸多贷款缺少抵（质）押物，风险敞口较大，商业银行一般都不会给予贷款支持。上海小额贷款行业在给予这些客户贷款支持的同时，也面临着逾期较高的风险。当客户出现逾期催收不还时，通常小额贷款公司只能采用司法诉讼的方式解决，但诉讼时又遇到小额贷款公司案件较多，司法资源难以满足的情况。诉讼案件立案难、开庭慢、执行难长期困扰小额贷款公司。

客户发生逾期后，对小额贷款公司对其诉讼、录入征信名单、逾期罚息等意见较多，即使有还款能力了也采取拖延不配合态度。客户和小额贷款公司对立情绪强烈，纠纷不断，出现不少客户信访、上访的情况，大量的纠纷解决依靠监管部门的协调处置或调查核实，耗费了大量监管资源。有的客户甚至与"投诉黑产"相勾连，采取恶意投诉等违法手段来获取利益。政府部门、监管机构、小额贷款公司不堪其扰，压力较大，这类现象也对社会和谐稳定造成了很大隐患。

为此协会积极与上海市地方金融管理局监管一处、行业骨干会员等研讨，探索设立行业司法调解中心，设立该调解中心的目的：高效解决矛盾纠纷，调解程序简易、灵活，可确保纠纷解决的高效、快捷。促进和谐社会建设。对消费者以经济补偿诉求为目的的、小额贷款方存在服务瑕疵或一定过失的、靠双方协商解决难以达成共识的投诉事项，在双方当事人愿意的条件下，推行调解机制，可有效降低投诉矛盾，提高投诉处理效率，实现"一调终了"，避免重复投诉的发生。

协会迅速制定了推进方案，撰写申请材料，赴上海银行业纠纷调解中心、上海融资租赁行业调解中心学习考察，多次赴黄浦区司法局等相关部门进行汇报，详细介绍行业概况，成立调解中心的必要性和意义、工作机制和筹备工作等。

目前已获得了黄浦区司法局的筹建批复，现在进行场地、人员、系统、制度的筹备工作，力争尽快挂牌运行。

六、紧扣行业热点举办丰富活动

（一）举办多场讲座论坛活动

虽然在3年新冠疫情中的许多时间不能开展多人聚集的活动，但协会"见缝插针"、积极准备，根据会员需求举办了一系列的讲座、研讨会、论坛等活动。先后组织主办了上海小额贷款行业不良资产处置研讨会、上海房地产形势分析和大数据征信会议、走进平安金融壹账通活动、法律科技加持贷后风控研讨会、上海小额贷款行业遭受恶意投诉与互联网黑产座谈会、票据业务助力小微企业研讨会、银行支持地方金融组织融资对接座谈会、上海金融法院小额贷款司法课题调研会、走进估图数科活动、上海市地方征信平台推介活动等十多项大型活动，共计1000多人次参加，这些活动都紧扣会员需求和当时热点议题，广大会员积极参与，收到良好效果。同时，协会积极参与协办、组织会员参加了连续多届的陆家嘴论坛、中国国际金融论坛、中国小额贷款公司协会名片交流活动等大型金融论坛，使大家获得更多信息和交流机会。

（二）加强与兄弟省市同行交流学习

协会积极组织广大会员到外省市学习考察、参加各类交流活动。虽然3年新冠疫情打断了部分交流活动，但协会仍先后组织了赴山西太原，江苏的南京、扬州，广东的广州、深圳，浙江的杭州、宁波，重庆，四川成都，安徽合肥，辽宁大连等十多个省市的考察交流活动，与当地监管部门、行业协会、优秀小额贷款公司进行了深入交流学习，不仅增进了友谊，学到了先进经验，而且在业务上相互合作和促进。

同时，协会也热情接待了四川、山东、山西、江苏、浙江、安徽、广东等多个省市赴上海小额贷款行业考察团，并进行了深入交流沟通，取长补短。协会也多次完成了中国小额贷款公司协会到上海考察调研活动，以及中国小额贷款公司协会第二届第十七次理事会、第七次监事会在上海召开的工作任务。

七、开展行业合作，促进业务拓展

（一）积极开展行业拆借

上海小额贷款行业公司发展阶段和规模不尽相同，有的公司成立时间早，业务发展快，放贷资金不够用，有的公司成立时间晚，业务规模小，资金富余，许多会员单位提出希望进行资金行业拆借。为此协会多次与监管部门、部分小额贷款公司座谈，听取大家意见，制定了自愿合作、风险自担、价格自定、协会备案四项原则。经过各方努力，2018年4月3日首笔行业拆借顺利完成，嘉定及时雨小额贷款作为拆入方，向嘉定嘉加小额贷款拆借资金1000万元，拆借期限为半年。协会不断总结经验，简化备案流程，提供高效服务，从2018年4月至今累计完成104笔同业拆借，共计11.12亿元。行业拆借至今无任何逾期和纠纷，不仅促进了会员单位业务合作和行业发展，而且在全国小额贷款行业也引领了新的融资途径。

（二）举办业务交流活动

为促进行业会员间的交流沟通、业务合作及相互赋能，协会组织了一系列的交流沟通活动，组织了"走进维信金科""走进中民投小额贷款""走进华东普惠小额贷款""及时雨小额贷款合作""区域小额贷款合作研讨"等活动，探讨开展联合放贷、接力放贷、业务推介、担保合作、科技赋能等诸多合作模式，收到了良好效果。组织会员单位参加"中国小额贷款名片"活动、中国小额贷款行业科技应用研讨会、国际金融论坛小额贷款专场等全国小额贷款行业交流活动，康信小额贷款、张江科贷、华东普惠等小额贷款公司负责人在活动中进行主题演讲。

（三）加强行业宣传

协会积极完善对外宣传窗口，促进行业信息资源共享。协会定期保持官网更新，官方网站作为协会对外的重要窗口，对外发布会员基本信息、行业动态、新闻资讯，为社会大众了解小额贷款行业提供了直观的渠道。协会坚持每日更新微信公众号，为会员提供最新的会员动态、行业专业资讯和政策信息及宏观经济新闻。协会坚持每月编写《小额贷款动态》，从行业动态、业务交流、媒体摘要、行业党建、专家建言及修身养性方面展现行业和会员单位的发展情况，为会员了解协会业务及行业信息提供有效渠道，提升会员与协会的黏合度。2023年，协会组织编写上海优秀小额贷款公司发展历程和成功经验，在上海市地方金融管理局官方网站和公众号里进行宣传报道。

八、认真做好党群工作

协会第三届理事会换届后，立即成立了协会"党的工作小组"，协会秘书长担任组长。协会"党的工作小组"开展了许多党群工作。

（一）做好党建引领工作

坚持把党的政治建设摆在首位，积极鼓励和引导会员单位支持和参与党建工作，指导和帮助会员单位建立党组织，抓好党组织自身建设和党务骨干队伍建设。在每期"小额贷款动态"上，开设"行业党建"专题栏目，积极宣传党的路线、方针、政策及与小额贷款行业相关的法律、法规。

（二）认真服务好会员单位的党员

建立健全并动态更新会员单位党建工作信息数据库，全面掌握会员单位党建工作情况，做到数据准确、家底明确、更新及时。指导会员单位党组织培养入党积极分子，做好发展党员工作、流动党员管理教育和党员培训工作，加强会员单位党建宣传教育工作和党员思想政治教育力度，不断壮大党员队伍。

（三）以党建促进行业自律

协会除了服务会员、解决困难，还有一项重要职责是行业自律工作。近年来，随着互联网金融的迅速发展，小额贷款公司也面临P2P、"首付贷""高利贷""校园贷""租金贷"等问题，协会都积极发挥自律组织的作用，配合监管部门做好情况调查、宣传解释、督促检查等工作。随着党建工作的推进，协会要求各小额贷款公司的党组织和党员，在行业自律方面积极发挥模范带头作用；总经理是党员的，要积极遵守行业自律公约，总经理不是党员的，公司其他党员应该积极提醒。同时，协会通过党员及时了解会员单位遵守行业自律公约的情况。

协会办公场地较小，不太适合建立面向全行业的"党建工作站"，2019年，协会转变思路，选取会员单位中党建基础好、办公区域大、辐射能力强的维信小额贷款公司，通过授权挂牌、联合建立的方式设立党建工作站。7月10日，在上海金融系统"两新"组织党建工作推进会上，上海市金融工作委员会原书记郑杨亲自为上海市小额贷款行业党群服务站授牌。

小额贷款公司是持牌公司，是金融业市场主体的参与者、贡献者。小贷大业，法治护航。让我们攻坚克难，团结一心，共同呵护小额贷款行业，为我国金融市场稳定发展作出不懈努力。

（本文是著名企业家、上海市人大代表、上海小额贷款公司协会会长、大众交通集团股份有限公司董事长、上海大众公用事业集团股份有限公司董事长杨国平先生2024年3月28日在上海小额贷款公司协会四届一次会员大会上的主旨报告文稿）

中国国际法学发展面临重大契机

刘晓红

构建中国特色、中国风格、中国气派的学科体系、学术体系、话语体系，是习近平总书记对新时代中国哲学社会科学事业发展作出的总体规划。国际法学作为中国特色社会主义法学体系的重要组成部分，始终与国家发展同呼吸、与民族复兴共命运。加快中国国际法学发展，推动构建人类命运共同体是当代中国国际法学人理应承担的责任。回顾过去七十余年的发展，中国国际法学经历了从无到有、从外到内不断体系化的过程，其发展脉络大体可以分为以下三个阶段。

中华人民共和国的成立标志着中国国际法学破土而生。1949年毛泽东主席在天安门城楼上的庄严宣告，开启了中华民族伟大复兴之路。三大外交方针的提出废除了所有旧中国对外缔结的不平等条约，洗刷了中华民族百年屈辱史，彻底破除了半殖民地半封建时代的旧国际法统。而和平共处五项原则与求同存异外交原则的提出，则是中华人民共和国在顺应非殖民化运动潮流背景下联合广大亚非拉国家的重要创举。其源于《联合国宪章》并寓于《中华人民共和国宪法》，七十年来历久弥新饱经时代考验。其诞生于中国并被国际社会所认可，早已成为中华人民共和国丰富和发展国际法的有力例证。

改革开放推动中国国际法学浴火重兴。1978年党的十一届三中全会的召开结束了十年"文革"的动荡不安，正式拉开了中国改革开放的大幕。而在这次会议上邓小平同志提出的加强对国际法的研究，更让国际法学日益成为理顺对内改革、扩大对外开放的显学。从世界贸易组织复关谈判到"一国两制"正式确立，中国法学界的不断跟进促成了国内法与国际法的有效衔接和国家利益与国际利益的妥善平衡。从"三资企业法"到《中华人民共和国涉外民事关系法律适用法》，中国法学界的深入研究为广大发展中国家在贸易、投资、法律冲突等方面的立法作出典范并深刻影响了国际法的具体实践。

新时代绘就中国国际法学壮丽蓝图。党的十八大以来，在以习近平同志为核心的党中央坚强领导下，中国特色社会主义进入新时代。面对百年未有之大变局，中国国际法学发展更展现出新气象。从"一带一路"倡议到构建人类命运共同体，中国国际法学的学术使命不断增强、学术品格不断提升，国际法学发展的中国特色日趋显现。从保障自由贸易试验区建设到理性应对中美贸易摩擦，中国国际法学研究从大写意走向工笔画，国际法推动改革开放再出发、大国外交再启程的重要功能越发突出。

七十余年波澜壮阔的民族复兴史是中国国际法学成长的永恒底色，七十余年气势恢宏的和平崛起路更是中国国际法学发展的不变初心。当今世界正处于大发展大变革大调整时期，国际法学的发展也面临着重要的契机。因此，面对百年未有之大变局，中国国际法学发展也应因时而动，在以下几个方面作出努力。

一是要不忘初心、牢记使命，继续走有中国特色的国际法发展道路。国际法学源于近代西欧，一方面，其理论中含有不少西方价值观和强权、特权、殖民主义和歧视性的内容，有的已经被时代所抛弃，我们理所当然地应予以摒弃；另一方面，国际法学中也有很多理论和思想不仅具有历史的进步性，而且还体现国际公平性和正义性。我们要站在为人民谋幸福、为民族谋复兴的立场上，始终以习近平新时代中国特色社会主义思想为指导，突出中国国际法学的民族性与时代性。对于那些进步的、符合中国根本利益和新时代要求的传统国际法理论和思想，我们在创新和发展中国特色社会主义国际法学的过程中应始终不渝地予以坚持和继承。

二是要立足中国、放眼世界，为构建人类命运共同体提供中国方案。

首先，要奉行全球化的发展观。要看到中国今日取得的成就得益于改革开放的伟大决策，如何促进中国与世界的交融是中国国际法学的永恒命题。树立"全球法律"意识，弘扬国际法治理念，也是中国国际法发展所要坚持的基本立场。其次，要倡导多边主义的秩序观。在尊重现有国际秩序的基础上积极推动"一带一路"建设，以共商共建共享的理念听取多方声音、凝聚多方力量、实现多方共赢，推动中国国际法学理念的升华、理论的丰富和制度的创新。最后，要坚持正确的义利观。诚如习近平总书记强调，法律的生命在于公平正义，不能"合则用、不合则弃"，真正做到"无偏无党，王道荡荡"。面对当前日趋复杂的国际局势，中国国际法学理应站稳立场及时发声，要相信正义会战胜霸权、规则会弥合分歧、公道自在人心，构建以国际法为基础的国际治理新秩序。

三是要把握机遇、砥砺前行，推动新时代中国国际法发展薪火相传。当今世界机遇与挑战并存，世界的发展离不开中国，全球的目光也聚焦于中国。值此之际，中国国际法学界应当把握民族复兴的重要机遇，加快推进我国法域外适用的法律体系建设，不断拓展与国际社会对话的平台与路径，借助联合国、上海合作组织、国际商会等政府与民间国际组织积极发声，让中国走向世界、让世界倾听中国。"成事之要，关键在人"，如何打造一支政治立场坚定、理论功底深厚、熟悉中国国情、通晓国际规则的涉外法治专业人才队伍是中国国际法学界未来必须重视的问题。目前，我们国家在国际组织的人才较为匮乏，难以与我国的国际地位相匹配。因此，如何打开青年一代的国际视野，打通国际法理论学习与国际法实践工作的壁垒，推动中国国际法学发展薪火相传是当前中国国际法人才培养的关键。这需要各方重视，还需要政策指引，更需要制度保障。

四是要立德树人、德法兼修，形成完善的涉外法治人才培养机制。青年是中国国际法发展的未来，加强涉外法治人才培养是关系未来中国国际法理论与实践发展的重要命题。首先，要注重思想品德与法治精神的融入。坚持用习近平新时代中国特色社会主义思想凝心铸魂，引导莘莘学子牢固树立正确的世界观、价值观和人生观，胸怀"国之大者"，坚定法治追求，培养具有中国心、爱国情的时代新人。其次，要注重专业知识与相关知识的融合。在法学专业内部，除了要完成国家要求的法律专业基础课的学习，应当重点突出国际法和比较法的教学与训练。在学习国际法的基础上，也要关注比较法和国别法的研究和学习，尤其对于英美法系的学习至关重要。当今世界的国际贸易与争议解决法律体系都以英美法系为基础，想要与西方国家展开法律谈判就必须掌握英美法系，才能知己知彼、百战不殆。除了法学专业学习，更应重视对学生外语、新技术等学科知识的教授，尤其是在小语种国际法人才的培养上要给予足够重视。最后，要注重法学教育与法治实践的融通。要充分认识法学是一门实践性很强的学科。2023年2月，中共中央办公厅、国务院办公厅联合印发的《关于加强新时代法学教育和法学理论研究的意见》指出，法治工作部门要加大对法学院校的支持力度，积极提供优质实践教学资源，做好法律职业和法学教育之间的有机衔接。因此，要加强顶层设计，建立法学院校与法治工作部门的协同育人机制，坚持以涉外法治工作需求为导向，进一步打通理论与实践的壁垒，整合资源、优势互补、深度合作，努力提高大学生的法律应用能力，为国家涉外法治事业发展、推动构建人类命运共同体提供有力的人才支撑。

（刘晓红系上海政法学院校长、教授，中国国际私法学会副会长，上海仲裁委员会主任，中国中央电视台年度法治人物）

新时代中华法系的伟大复兴：
历史、现实与未来

施伟东

新时代中华法系的复兴离不开中华优秀传统法律文化的浸润和滋养，中华文明作为世界上连续存在的最古老文明之一，拥有深厚的历史和文化积淀。在漫长的历史进程中，中华优秀传统法律文化与中华法系都扮演了不可或缺的角色，它们是维系社会秩序、引导民众行为、解决纷争的重要手段。但随着历史的推移和外部文化的影响，中华法系经历了起伏、变迁与转型。在当今全球化和法治化深度融合的时代背景下，如何重新审视和定义中华法系，并赋予中华法系新的时代价值或内涵，进而推动新时代中华法系的伟大复兴，成为不可回避的重大课题。首先，从中华法系伟大复兴的必要性出发，探讨其内在的推动力量，探寻习近平文化思想与中华法系之间的深刻联系，以及在中国式现代化和法治现代化背景下，如何推动中华法系的伟大复兴。其次，回溯历史，深入研究晚清到中华人民共和国成立后的法统转型，以及这些变迁对中华法系的深远影响。最后，厘清中华法系与中华优秀传统法律文化之间的关系，揭示二者之间的互动与融合。在此基础上，通过研究中华法系的历史、现实与未来，为中华法系的伟大复兴提供全新的研究视角，重新认识和理解中华法系在中华文明中的地位与价值，为中华法系的伟大复兴指明方向。

谈到复兴中华法系，必然要重新定义中华法系，形成新时代中华法系。新时代中华法系背后必然有一套全新的政治理论，以区别于其他法系，这就是坚持中国共产党的领导、坚持人民主体地位、坚持法律面前人人平等、坚持依法治国和以德治国相结合及坚持从中国实际出发的五大新特征。其中，坚持依法治国与以德治国相结合是落实的基础，坚持从中国实际出发是落实的关键。一是坚持依法治国与以德治国相结合，尤其是注意依法治国与以德治国并重，法律是成文的道德，道德是内心的法律。法律和道德都具有规范社会行为、调节社会关系、维护社会秩序的作用，在国家治理中都有其重要地位和功能。法安天下，德润人心。法律有效实施有赖于道德支持，道德践行也离不开法律约束。法治和德治不可分离、不可偏废，国家治理需要法律和道德协同发力，这是中华优秀传统法律文化创造性转化与创新性发展的根基。二是坚持从中国实际出发，结合中华优秀传统法律文化是中华法系的突出优势，是我们在世界法治文化激荡中站稳脚跟的根基，必须结合新的时代条件传承和弘扬好。要复兴中华法系，就必须重构法系定义。重构法系定义，需要考虑以下三个要素：一是有满足文明史考察的充分时间长度；二是有能从传统"母法国"覆盖转换成先进制度影响力、投射力覆盖的现实空间广度；三是有重要法律文献作为法系标志性起点的制度先进性高度。从这个意义上而言，中华法系的复兴不仅有着辐射东亚、影响世界等方面的历史价值，更在于文明影响力的挖掘、制度投射力的实现及时代引领力的形成。

如何在新时代赋予中华法系时代内涵，笔者认为要着重思考以下几个方面。

一、中华法系与中华优秀传统法律文化的关系

复兴中华法系，必须理解中华法系所承载的内容和精神。用"瓶"和"酒"来作比喻，通过这一喻义，可以更加直观地理解中华法系与中华优秀传统法律文化之间的内在联系。因此，中华法系与中华优秀传统法律文化之间的关系，既是承载与被承载的关系，又是相互依赖和相互补充的关系。只有深刻理解这种关系，才能更好地传承和发扬中华法律文化，为构

建现代化法律体系提供有力的文化支撑。中华法系如同一个精致的"瓶"，经过数千年的打磨和雕琢，成为一种独特的载体，用以承载中国的法律传统和智慧。它不仅是一个简单的形态或者结构，更是一个代表着中华法律思想、价值和文化的系统。它的价值在于承载了中华优秀传统法律文化。中华优秀传统法律文化如同醇厚的酒，是历代中国人在政治、经济、社会等各个领域中形成的法律智慧和实践的结晶。这种"酒"蕴含着家族纽带的维系、社区规范的传承、权威与仁慈的平衡、道义与法则的关系等诸多元素。它代表了中华民族对于正义、公平、和谐等价值的深沉理解和追求。没有中华法系这个载体，中华优秀传统法律文化就难以得到妥善保存，难以传承。两者相辅相成，相得益彰。随着时代的发展，我们也需要不断地更新这个"瓶"，使其更加适应现代社会的需要，但在更新的过程中，我们不能简单处理丢弃中华优秀传统法律文化所蕴含的精华。相反，我们应该更加珍视和传承这些精华，并努力将其与现代法律文化相结合，创造出更为丰富和独特的内容，反映和承载中华法治文明的新进步及中国特色社会主义法治现代化的新进步。而这正是我们今天面临的挑战和机遇。如何在继承传统的基础上进行创新，如何在坚守本源的同时开放包容，这都是值得我们深入探讨的话题。对此，尽管有学者认为，传统中国法律制度中也有糟粕的部分，如重刑主义、家族主义等，笔者认为今天我们所谈的中华法系当然是扬弃历史糟粕重新定义的中华法系，这也是当前学界应该进一步研究的方向，通过重新定义，赋予其新的时代内涵，推陈出新，并在此基础上进行创造性转化和创新性发展。

二、中华优秀传统法律文化创造性转化和创新性发展与中华法系的融合发展

赋予中华法系新的时代内涵，应推动中华优秀传统法律文化的创造性转化和创新性发展。中华法系作为一个深厚的法律传统，历经数千年的形成与演变，已成为中国文化的重要组成部分。作为中华法系精髓的中华优

秀传统法律文化，其形成是一个长期、系统、复杂的过程。它既需要我们深入挖掘中华传统文化，探寻深层次文化理念价值，又需要积极拓宽国际视野，汲取有益法律实践养分。唯有如此，才能确保中华优秀传统法律文化在当今社会中继续发挥其独特的作用和价值。当今的社会环境、国际背景及人民的期待都发生了巨大的变化，这要求我们对中华优秀传统法律文化进行创造性转化和创新性发展。首先，要明确中华法系所代表的核心价值和意涵。中华法系不仅是一套法律制度或规则，更重要的是，它代表了一种文化、一种思维方式、一种解决问题的方法。这些文化和方法在古代可能有其独特的背景和逻辑，但在当今社会，我们需要结合新的实践对中华法系进行推陈出新，找出中华法系背后的普世价值和现实意义。为了实现这一创造性转化，我们需要深入挖掘中华法系中的普世元素。例如，孔子提出的"仁""义"的思想、老子倡导的"无为而治"的理念、墨子主张的"兼爱非攻"的原则等，都包含了对公平、正义、和谐等法价值的深入探索，可以将这些法价值提炼出来，与现代社会的需求相结合，为现代法律制度的建设提供理论支持和指导。其次，要注重实践与经验的积累。中华优秀传统法律文化中的许多内容，如家族纽带、乡村自治等，都有其独特的实践经验和价值，应当结合当今的社会背景进行创造性的转化和应用。例如，可以探索如何将家族纽带的传统应用于现代企业治理中，如何将乡村自治的经验应用于城市社区建设中。最后，要重视与国际法律文化的交流和融合。在全球化的背景下，中华法系不应孤芳自赏，而是要寻求融合发展，积极吸收国外的先进经验和理念。同时，我们也要坚守自己的文化特色和独特性，不能盲目追求西方式的现代化。只有在尊重传统的基础上，进行创造性转化和创新性的发展，中华法系才能真正发挥其独特的价值和作用。

　　中华优秀传统法律文化与中华法系的融合发展，是一个充满挑战也充满机遇的过程。在全球化和现代化的大背景下，我们既要坚守传统的根基，又要勇于创新和改革。唯有如此，中华法系才能真正成为传承中华文明、服务现代社会、连接国际法治的重要桥梁。中华优秀传统法律文化悠久而深厚，包含了数千年的智慧和经验。作为中华文明的一部分，它不仅是一个法律体系，更是中华民族价值观、道德观和社会关系的集中体现。与此同时，中华法系作为中华优秀传统法律文化的现代表达，也承载着现代法治的重构和中华民族对法治的追求的使命。如何在全球化和现代化的背景下，实现中华优秀传统法律文化的创造性转化、创新性发展与中华法系的融合，是未来亟待研究的重要课题。首先，创造性转化、创新性发展并不意味着对传统的抛弃，而是要在传承中寻求转化创新。我们必须认识到，中华优秀传统法律文化中有着丰富的人文精神和实践智慧。例如，儒家的"仁""义""礼"、道家的"无为而治"及法家的法制观念，都为我们提供了处理现代社会关系、解决现代社会问题的独特视角。这些传统观念，在与现代法律思想融合时，可以为我们提供全新的思考框架和行动路径。其次，新时代中华法系作为一个正在逐步形成和完善的法律体系，需要与中华优秀传统法律文化产生深度互动。这样的互动，既可以为中华法系提供文化基础和历史底蕴，又可以为中华优秀传统法律文化的创新性发展提供实践平台。例如，现代法律在涉及家庭、社区、乡村等基层社会关系时，可以借鉴中华传统优秀法律文化中的调解、和解等制度，为现代法律提供更加人性化、社会化的创新解决方案。最后，新时代中华法系的建构也需要借鉴国际经验，与世界各大法系进行交流与对话。在这一过程中，中华优秀传统法律文化可以起到桥梁和纽带的作用，可以通过对中华优秀传统法律文化的创造性转化和创新性发展，找到与其他法系的共通之处，也可以发现自己的独特性。

三、习近平文化思想对中华法系复兴的指导意义

习近平文化思想是关于文化发展的系统论述的集中呈现，它既是当下文化发展的实践成果的体现，又是理论的全面概括与总结；既回应了时代重大问题，又总结了中国文化发展的历史经验；既全面论述了当下文化发展的各个方面，又为未来的中国文化发展指明了方向。因此，习近平文化

思想对于中华法系的复兴具有重大指导意义，实现中华法系的复兴必须遵循三大基本原则，即坚定文化自信、秉持开放包容和坚持守正创新。

一是坚定文化自信。文化是民族精神和时代精神的表征，也是社会认同和凝聚的基础，更是一个国家形象的体现。习近平文化思想对文化重要作用的论述，将文化具有的精神引领和价值构造功能置于整个社会发展的关键位置，体现了"以文化人"在新时代的重要意义，它是新时代党领导文化建设实践经验的理论总结，是推进文化自信自强、实现中华民族伟大复兴的强大精神力量。文化自信是把握习近平文化思想的价值内核所在，要深刻领悟和自觉贯彻坚定文化自信这一文化主体精神培育的价值目标，在保护传承的历史中坚定文化自信，在思想解放和理论体系的建构中树立文化自信，在时代的创新实践中彰显文化自信，在开放包容的发展中铸就文化自信，始终坚持走中国特色社会主义文化发展道路，激发全民族文化创新创造活力。坚持习近平文化思想，推进文化自信自强，需要从坚持党的领导、践行人民至上、深化"两个结合"三个方面发力；坚持和发展习近平文化思想能够推动中华优秀传统文化创造性转化和创新性发展、实现建设社会主义文化强国的目标、推动中华文化自信自强地走向世界。落实到中华法系的复兴方面，中华法系是中华法治文明中一颗璀璨的明珠，在世界法制史上以其悠久的历史、宏大的视野、深远的影响而"独树一帜"。中华法系，以中华法理为根、以中华法典为干、以中华案例为叶，蕴含着深刻的法理思想、优秀的法律制度、丰富的法治实践。在坚持全面依法治国、推进法治中国建设的新征程上，应当深化对中华法系的历史认知，全面把握中华法系的独特性及其三维构造，推动对中华法治文明的阐释、转化和发展。

二是秉持开放包容。新发展理念下的中华法系既是一种具有民族性的法治文明，又是具有开放性、包容性、共享性的法治文明。我国基于"一国两制"基本方针和现行宪法确立的特别行政区制度，在统一国家之内，形成社会主义和资本主义两种不同社会制度即是一个很好的包容性例证。同时，新发展理念下的中华法系，必须面向世界和未来，兼收并蓄、海纳百川、胸怀天下，广泛吸纳一切人类法治文明创造的优秀成果。从中华人民共和国成立之初学习苏联法律，到改革开放之后学习借鉴日本、德国等大陆法系国家法律乃至英国、美国的法律，都是很好的例证。在新时代背景下，世界银行营商环境新指标的制度衔接和环境社会治理（ESG）的法治化引入，都为中国式法治现代化建设注入了新动能，也督促我们将这些外来有益经验结合中国国情开展本土化构建。中国式法治现代化呈现出与中国式现代化相应的鲜明特色，它们是基于国情的中国特色。中国式法治现代化，是中国共产党领导的社会主义法治现代化，是独立自主探索的法治现代化，是从中国国情出发的法治现代化，是坚持全体人民共同富裕的法治现代化，是推动全面协调发展的法治现代化，是促进和平发展的法治现代化。同时，我国还致力于建构人类命运共同体，将以最大的热情和诚意把中国优秀的法治建设成果与世界共享，为维护世界和平和国际公平正义贡献中国法治力量。

三是坚持守正创新。在守正与创新层面，新时代中华法系的伟大复兴集中表现为以下三个方面：顺应时代需求与发展是基本前提，兼顾创新内容形式是核心意蕴，建设中华民族现代文明是根本目标。习近平总书记在文化传承发展座谈会上强调："中华文明具有突出的创新性，从根本上决定了中华民族守正不守旧、尊古不复古的进取精神，决定了中华民族不惧新挑战、勇于接受新事物的无畏品格。"习近平总书记指出："自古以来，我国形成了世界法制史上独树一帜的中华法系，积淀了深厚的法律文化。"中华法系源远流长，具有不同于其他法系的连续性和历史性特征。中华法系经由"汉承秦制"，在沿袭秦律的基础上有所创新与发展。至贞观之治形成贞观之法，中华法系走上巅峰，在唐律令体系中，对于秦汉律令的沿袭的痕迹清晰可辨。秦汉至唐，是以律典和令典为支柱的法律体系由初步发展到高度完备的阶段，律令法体系至唐代臻于完备。中华法系最为成熟、完备的形态是以《唐律疏议》为代表的古代法典与律令体系，以及围绕律令体系形成的一整套立法、司法等法律操作技术与法学理论系统，更为重要的是，基于此而孕育的法治传统、法律文化与文明秩序。与大陆法系、英美法系、伊斯兰法系等不同，中华法系是在我国特定历史条件下形成的，显示了中华民族的伟大创造力和中华法治文明的深厚底蕴。坚定文化自信，就是坚持走自己的路。在新的起点上，我们要在"两个结合"中探求中华民族现代文明建设的理论之路，在中国式现代化的伟大实践中探索中华民族现代文明建设的实践之路。中华法系作为中华文明的智慧结晶，必然对建设中华民族现代文明有重要启示意义。中华法系凝聚了中华民族的精神和智慧，有很多优秀的思想和理念值得我们传承和弘扬。新时代中国法学自主知识体系构建理应从中华法系的现代化发展出发，在传承和弘扬中华优秀传统法律文化的同时，推进中华法系价值理念、文化底蕴、制度建构、治理经验等方面的时代性升华、现代性复兴，同时赋予传统中华法治文明全新的时代内涵，使古老的中华法系焕发出新的生命力。

四、中国式法治现代化视角下的中华法系复兴

复兴中华法系是实现中华民族伟大复兴的需要。习近平总书记指出："历史和现实告诉我们，只有传承中华优秀传统法律文化，从我国革命、建设、改革的实践中探索适合自己的法治道路，同时借鉴国外法治有益成果，才能为全面建设社会主义现代化国家、实现中华民族伟大复兴夯实法治基础。"复兴中华法系，创造人类文明新形态，要推动中华法系的现代性发展，有组织地对法系和中华法系的内涵和本质等进行时代性、国情性、系统性研究。因此，要深刻理解"两个结合"的重大意义，在推动中华法系发展过程中，把马克思主义基本原理同中国具体实际、同中华优秀传统文化相结合，建设中华民族现代制度文明。因此，随着中国法治进程的不断推进，如何结合中国式现代化和法治现代化两个视角的分析，推进中华法系的复兴，在现代化进程中继续保持和发扬中华法系的特色，亟待深入分析论证。

一是中国式现代化视角下的中华法系复兴。中国式现代化是深植于中华文明的现代化，是中国共产党带领中国人民历经千难万险，一步一步干

出来的现代化，是不同于西方现代化发展模式的现代化。作为中国特色社会主义国家的现代化发展模式，中国式现代化是中国特色社会主义在国家建设方面的最新成就，承载着全面推进中华民族伟大复兴的重要使命。中国式现代化是以实现中华民族伟大复兴为己任的现代化。党的十八大以来，中国式现代化理论体系得到极大丰富，中国式现代化话语体系稳步建构。在世界格局呈现"东升西降"的形势下，在中国式现代化的理论内核与实践发展不断创新完善之时，应尽快厘清构建中国式现代化话语体系的普遍规律、独有特质、核心支撑和文明形态。在此基础上实现突破创新，逐步打破西方现代化话语本体的元建构，凝聚多元力量夯实话语主体的核心支撑，寻求话语载体空间中的"互惠性"理解，进而增强国际化表达，实现与自身国际地位相匹配的话语权和地位，更好地回应时代变革所提出的现实问题。当今世界正经历百年未有之大变局，我国正处于实现中华民族伟大复兴的关键时期，必须确保中国式现代化的顺利推进。国家现代化的过程并不是一帆风顺的，各种各样的问题层出不穷且或多或少地影响着国家现代化的发展进程。法治是现代国家治国理政、解决矛盾纠纷的重要方略，因此需要研究中国式现代化实现的法治保障，来应对现代化发展中的诸多问题，保障中国式现代化的顺利实现。

  二是法治现代化视角下的中华法系复兴。中华法系是中华民族探索自我治理的重大成果，是中华民族原生文明的重要组成部分，具有鲜明的特色。中华民族在法治道路上的伟大探索从未停止，中华法系的发展、演进也未终止。中华法系的发展、演进与中国的法治现代化进程不是两个截然不同的过程，也不是单纯的前后相继甚至替代关系。中国式法治现代化在具体演进中接力生成，不断改进，逐渐定型为系统的机制创新，是中国式现代化在法学领域的集中表现。中国式法治现代化着眼于对法家、儒家等本土法治文化的充分自信，立足于中国共产党先后领导的法政理论实践和全面推进依法治国的百年法治奋斗经验，致力于聚焦未来法治前沿问题研究，不断提升中国法治的话语权和影响力。因此，中国的法治现代化进程是中国式法治现代化，是中华法系发展的新阶段，是中国式现代化在法治领域的具体体现。

五、中华法系与法统转型历史探索的当代启示

在探讨中华法系与法统转型的历史探索中，可以从清末变法和中华人民共和国成立两个重要的时间节点进行深入分析。仅选取这两个时期作为分析视角的原因在于，以《唐律疏议》为代表的中华法系探讨距离当前社会发展过于遥远，不具有太大的现实意义，而清末变法作为中国近代化的开始，中华人民共和国成立作为现代化的开始，时至今日仍对中国式现代化的进程具有重要借鉴意义。首先，清末变法是清政府面临外部压力时，在法律制度和观念层面发生的变革。它标志着中华法系从传统向现代的转变，也为中国法律制度的现代化奠定了基础。晚清时期是中国历史上一个剧烈变革的时期。在这个特定历史时段，由于外部压力与内部需求，中国经历了前所未有的法律转型，从而对中华法系产生了深远的影响。进入晚清，尽管外部世界已经发生了巨变，但中国的法律体系还基本保持了明清以来的传统特色。这一阶段的法律转型，不仅反映了中国对西方法律制度的认知和接受，也涉及如何在保留传统元素的同时进行现代化改革的挑战。其次，中华人民共和国成立带来的法统转变对中华法系产生了深远的影响，中国开始在继承中华优秀传统法律文化的基础上，构建和完善与社会主义制度相适应的法律体系。一方面，新的法律观念和价值取向为中华法系带来了挑战；另一方面，随着改革开放的深入，人们对于中华法系的价值开始重新审视，对其进行创新性转化和创新性发展，使其在新的历史时期仍然发挥着不可替代的作用。这种深刻的转变不仅是法律制度和观念的变迁，更是中华民族在新的时代背景下对法律传统的继承与发展。这一时期，法律制度的转型既有对中华优秀传统法律文化的继承，也有对外部法律制度的借鉴。总结以上两个时期的历史，可以得出中华法系消亡说并不成立的结论，旨在回应中华法系在经历了连续的法统转型后已经消亡的观点。中华法系作为一个独特的法律传统，尽管经历了历史变迁，但它的核心价值

和精神仍然存在,并将继续影响中国的法治建设。

(一)晚清时期的法统转型与中华法系的变革

晚清时期的法律转型是中国法律历史上的一个重要节点,它标志着中华法系从传统向现代的转变,也为中国法律制度的现代化奠定了基础。晚清时期是中国历史上一个剧烈变革的时期。在这个特定历史时段,由于外部压力与内部需求,中国经历了前所未有的法律转型,从而对中华法系产生了深远的影响。进入晚清,尽管外部世界已经发生了巨变,但中国的法律体系还基本保持了明清以来的传统特色。这种传统法律法系,尤其是以礼法为核心,以地方习惯、行政命令和皇帝圣旨为辅助的法制,其核心价值观强调家族和社会和谐、尊重长辈、重视人与人之间的道义关系等。随着列强的侵入和不平等条约的签订,中华法系面临巨大的挑战。首先,不平等条约导致许多外国公民在华享有治外法权,这意味着他们在中国不受中国法律的约束,这种法律上的特权严重损害了清政府的主权和尊严。其次,随着与西方国家的交往日益增多,清政府逐渐认识到西方的法律制度在处理商事、刑事和其他事务上的优势。这种认识促使清政府决定进行法律改革,以期适应新的国际环境。在这样的背景下,清政府开始借鉴西方的法律制度和经验,启动了一系列法律改革。这些改革主要包括设立洋务机构、设立新式法院、颁布新的法律等。这些新制度和法律在很大程度上受到了西方法律制度的影响,而这种法律转型对传统的中华法系产生了深远的影响。一是它打破了传统法系的单一性和封闭性,使中华法系开始向外部世界开放,接受外部法律文化的影响。二是它促使中国法律制度从传统的礼法转向现代的法律制度。晚清变法后,民国政府为开展法治现代化进行了一系列努力,这种现代化对于传统法律制度的吸收借鉴和转化,本质上是对晚清变法的一种延续和发展。

(二)中华人民共和国成立后法统转变对中华法系的影响

中华人民共和国成立标志着一个历史性的时刻。这不仅是政权的更迭，更是法律、思想和文化层面上的巨大转变。新的法统所带来的影响对中华法系产生了深远的意义，新的法律理念和价值取向发挥了核心作用。一是中华人民共和国的成立意味着马克思主义法学在中国的成功。与之前的法学观点不同，马克思主义法学强调了政法逻辑与经济基础之间的关系，认为政治和法律是上层建筑，其内容和形态受经济基础的影响。这种观点在中华人民共和国成立初期的法制建设中占据了主导地位，为新的法统提供了理论基础。二是中华人民共和国的法统转变意味着对法律的功能有了新的认识。在此之前，中华法系更多地被视为规范社会行为的工具，而在中华人民共和国成立后，法律被赋予了更为重要的功能，即推动社会主义建设和维护社会主义秩序。

总体来看，我国自古以来都很重视法制文化建设，"中华法文化虽遇百折而不挠，勇克时艰，代有兴革，形成了内涵丰富、特点鲜明、影响深广的中华法文化体系，并因其连续性、特殊性、包容性，成为世界法文化史上最为绚丽的一章"。中华法系将本质不同的封建法制、半封建法制、社会主义法制三种法制连成一体，通过民族的和历史的纽带关系，共同形成了广义的中华法系。从历史经验来看，社会性质的变化并不必然导致中华法系的消亡，其在历史长河中不断绵延发展，仍然是世界上最具影响力的法系之一。

中华法系复兴与中华优秀传统法律文化之间的紧密关系呈现了一个深刻的文化脉络。首先，从"瓶"与"酒"的比喻中，我们可以理解到中华法系与中华优秀传统法律文化之间的本质关联。中华法系为中华优秀传统法律文化提供了承载和表达的形式，而中华优秀传统法律文化作为法系的内涵，为其赋予了生命和灵魂。其次，新时代中华法系作为中华优秀传统法律文化内容的创造性转化和创新性发展，意味着它不仅是对传统进行机械的继承，而且是在继承的基础上加入了创新的元素，使其更加适应现代社会的发展需求。最后，中华优秀传统法律文化的创造性转化和创新性发展与中华法系的融合则进一步强调了中华法系复兴的时代性。在全球化和法治化的背景下，中华法系需要借鉴现代法律理念和实践，同时要坚守自己的文化传统，实现与中华优秀传统法律文化的有机融合。

六、法学研究应着力推动中华法系的伟大复兴

推动中华法系的伟大复兴，必然要形成独具特色的中国自主法学知识体系、研究体系、教育体系，结合中华优秀传统法律文化创造性转化与创新性发展，勇担文化使命，复兴中华法系。

（一）中华法系复兴融入新时代法学教育与法学理论研究

将中华法系复兴融入新时代法学教育与法学理论研究之中，必须坚持"两个结合"，将法学教育和法学理论研究与中国具体实际相结合、同中华优秀传统法律文化相结合。把马克思主义法治理论同中国具体实际相结合、同中华优秀传统法律文化相结合，总结中国特色社会主义法治实践规律，吸取世界法治文明有益成果，推动法学教育和法学理论研究高质量发展。尤其是第二个"结合"，是又一次思想解放，要以马克思主义为指导，对中华五千多年法治文明宝库进行全面挖掘，用马克思主义激活中华优秀传统法律文化中富有生命力的优秀因子并赋予新的时代内涵，把马克思主义法治思想精髓同中华优秀传统法律文化精华贯通起来，聚变为新的法学理论优势，不断攀登新的思想高峰。

（二）推动中华法系复兴的法学研究

当今时代，推动中华法系复兴应成为我国法学法律界的重要研究方向。为此，法学法律界对中华法系的研究越来越深入，试图挖掘其中蕴藏的法律智慧，同时寻求将这些古老的法律文化和当代法律理念进行有机融合，从而为现代社会提供更有针对性和实用性的法学理论支撑。推动中华法系复兴的法学学术研究是一个宏大而深入的课题，它不仅要求法学法律工作者具备深厚的学术功底，更需要具有开放和创新的思维。唯有如此，才能真正推动中华法系在当代社会发挥其应有的作用，为我国的法治建设

提供有力的理论支撑。首先，法学研究人员对中华法系的源流和演变进行深入探究，试图还原其真实面貌。这一研究不仅关注法律条文的解读，更着眼于其背后的法律文化、价值观及法律实践。通过对古代法律文献的深入挖掘和对比研究，法学法律工作者试图理解中华法系在不同历史时期所展现出的独特性和连续性，从而为其复兴提供理论基础。其次，法学研究也应关注中华法系中的独特法理观念。比如，中华法系强调的和解思维、重视家族和社群的法律观念，以及对事物发展的循序渐进的法律态度等。这些法理观念与当今西方法系中的某些观念存在明显的区别，但在处理特定的法律问题时，中华法系的法理思维往往显示出其独到的优势。因此，如何将这些传统法理观念与现代法律实践进行有效结合，成为法学法律界关注的焦点。再次，推动中华法系复兴的法学研究还应注重跨学科、跨文化的对话与交流。随着全球化的推进，法律问题往往具有跨国、跨文化的特点，这要求法学研究具有更加开放和包容的视野。在这一背景下，中华法系作为世界五大法系之一，与其他法系之间的互动和交流显得尤为重要。通过这种交流，我们可以更好地理解中华法系的特点和优势，同时能够借鉴其他法系的经验，为中华法系的复兴提供更多的启示。最后，法学研究也需要积极探讨如何将中华法系的精髓与现代法治建设相结合。在现代社会，法治已经成为社会治理的核心理念，而中华法系所蕴含的法律智慧则为法治建设提供了宝贵的资源。因此，如何将中华法系的价值观、法理思维与现代法治建设进行有机结合，从而为我国的法治建设提供有力的理论支持，也是通过法学研究推动中华法系复兴的重要任务。

七、结语

新时代中华法系的伟大复兴，横跨历史、现实与未来三个维度，融贯中华优秀传统法律文化的创造性转化与创新性发展，赋予中华法系新的时代内涵，推动中华优秀传统法律文化与中华法系的融合，并以习近平文化思想中的"第二个结合"为指导，以中国式法治现代化阐释中华法系的伟大复兴，通过回顾中华法系与法统转型的历史探索，以历史为借鉴，探索法学研究推动中华法系伟大复兴的光明道路。

（施伟东系上海市法学会党组副书记、专职副会长，《东方法学》主编，本文原载于《法学杂志》2024年第1期"习近平法治思想研究"栏目）

精彩致辞篇

金融法治　大有可为

莫负春

由上海财经大学联合上海股权投资协会和上海市国际服务贸易行业协会主办、上海财经大学法学院承办、环太平洋律师协会支持的2024长三角金融法治论坛今天在上海举行，我谨代表上海市人民政府参事室表示热烈的祝贺！

三年前，我受邀参加环太平洋律师协会第30届上海年会，见证了上海开埠178年来首次举办的国际主要律师组织的三十而立年度盛会和全球疫情背景下唯一成功举办的全球法治盛会。这次年会首次向全球传播习近平法治思想和我国社会主义法治建设的伟大成就，展现了可信可敬可爱的中国形象，可谓意义非凡，影响深远。

今天的论坛聚焦金融争议解决这一富有现实意义的主题，围绕长三角一体化背景下的金融法治建设，境内外一流专家学者和杰出仲裁员及著名律师财大论剑，提出真知灼见，对我们政府工作提出有价值的建言。

习近平总书记指出，金融活，经济活；金融稳，经济稳。还指出，要加强金融法治建设，及时推进金融重点领域和新兴领域立法，为金融业发展保驾护航等一系列重要部署要求。化解金融风险，解决金融争议，需要良法善治，需要法治人才，需要与时俱进。

借此机会，我想向出席本次论坛的各位专家长期以来对上海经济发展和法治建设所给予的支持表示衷心的感谢，特别是向尊敬的李飞主任表达崇高的敬意！我任职上海市人大常委会副主任期间，亲历2021年6月10

日十三届全国人大常委会第二十九次会议表决通过《关于授权上海市人民代表大会及其常务委员会制定浦东新区法规的决定》，该项决定授权上海市人大常委会比照经济特区立法，可以对法律、行政法规、部门规章等作出变通规定，对暂无法律法规或明确规定的领域，支持浦东先行制定相关管理措施，按程序报备实施，探索形成的好经验好做法适时以法规规章等形式固化下来。在全国人大常委会授权过程中，李飞主任给予了我们工作上大量而专业的指导，以及具体的帮助，上海地方立法的同志深怀感谢和感激，也真诚欢迎李飞主任今后经常来上海指导。

上海市人民政府参事室是中国共产党统一战线理论应用于政权建设的一个创举。上海参事事业紧紧围绕总书记对上海提出的新任务新要求，紧紧围绕上海市委、市政府的工作部署，坚持统战性和咨询性的性质使命，凸显"政府智囊"的定位要求，发挥"直通车""连心桥"的优势作用，2024年，共上报"参事工作专报"33期，受到上海市委、市政府领导批示54次，其中陈吉宁书记批示10次，龚正市长批示5次，组织参事对14部地方性法律法规提出了248条修改意见，为上海加快建成社会主义现代化国际大都市作出了重要贡献。

在决策咨询过程中上海市人民政府需要与政府部门、高等学校、研究机构、国内外智库等开展合作研究。上海财经大学作为教育部直属的重点大学，位列国家"双一流""211工程""985工程优势学科创新平台"，入选卓越法律人才教育培养计划、国家海外高层人才创新创业基地，在国家人才培养和科学研究方面具有重要地位和作用，希望加强与上海财经大学开展各种形式的合作研究，共同为上海经济社会发展作出更大贡献。

最后，预祝本次论坛取得圆满成功！

祝愿各位专家身心愉悦，万事如意！

谢谢各位！

（本文是上海市人民政府参事室主任莫负春在2024长三角金融法治论坛开幕式上的致辞）

携手打造全球金融法治最佳样本

赵 红

我很高兴受邀来到上海财经大学这所百年名校，参加2024长三角金融法治论坛，感谢刘元春校长和上海财经大学法学院的精心组织。首先，向本次论坛的召开表示热烈祝贺，对出席本次会议的各位领导、各位嘉宾致以诚挚问候，对各位嘉宾在金融法治领域的深耕不辍、热忱付出表示崇高敬意！

春和景明、惠风和畅，今天的论坛应该说是一场春天里的学术盛会，我相信在"建设金融强国"的战略背景下，这个春天也必将是金融高质量发展的春天，是金融法治阔步向前的春天。长三角地区是全国经济的领头军，也是统一大市场的先行者，更是金融创新的"试验田"。2023年末，习近平总书记在深入推进长三角一体化发展座谈会上强调，长三角地区要在中国式现代化中走在前列，更好发挥先行探路、引领示范、辐射带动作用。建设现代化金融体系是一项系统工程，必须筑法治之基、行法治之力、积法治之势，从法治上突破经济高质量发展的制度梗阻，寻找应对百年变局下风险挑战的路径策略，探索金融深层次改革与高水平开放的最佳方案，本次论坛的召开恰逢其机、正当其时。

金融创新和发展的速度加快，面临法律供给不足、立法相对滞后的问题，反映到司法领域，就是新业态金融纠纷的发生。良法更需善治，建立统一开放、竞争有序的市场体系，营造市场化、法治化、国际化一流营商环境，离不开审理公正、程序高效、服务便捷、裁判可预期的解纷体系。

本次论坛以金融商事争议解决为主题,是从小处着眼,于矛盾争处把脉发展堵点,作金融法治大文章;是从终端入手,以纠纷化解推动市场治理,解金融创新真命题。

金融司法是金融纠纷化解的重要方式,刚才李飞主任和莫负春主任对长三角金融法治提出了期许和展望,我听后深受启发,深感认同。

一、期待进一步凝聚共识共信

第一,我们会在交流中凝聚法律共识。聚焦金融纠纷中的适法疑难问题,进一步增加研讨产出和学术成果,把作用发挥到金融争议解决的实践中,为国内外金融市场发展提供科学参考和理论支撑。

第二,我们会在交流中凝聚治理共识。充分发挥金融纠纷"风向标""晴雨表"作用,有效运用纠纷数据研判金融风险、分析矛盾问题、梳理法治建议,辅助金融决策更精准、谋划更长远、部署更全面。

第三,我们会在交流中凝聚奋进共识。在长三角一体化高质量发展的新篇章里,打通堵点、破除梗节,助力金融"五篇大文章"在长三角起笔造势,支撑"金融+"新质生产力在长三角加速奔涌。

二、期待进一步强化协作共赢

完善金融法治环境,需要金融立法、金融司法和金融监管部门相互配合、各尽其责,也需要金融法治理论和实践有机融合、互促共进。上海金融法院自建院以来,始终坚持汇聚法治合力,助力长三角裁判规则统一,能动参与金融市场治理。

第一,致力于以金融审判促进立法完善。充分发挥上海金融市场完善的区位优势、全国首家金融专门法院的首发优势和集中管辖的司法优势,在办首案、办难案中创设规则、树立标准、积累经验,为立法决策提供参考。

第二,致力于以金融审判促进监管优化。上海金融法院牵头上海证监局等上海10家行政金融监管机构和重要金融基础设施构建金融司法与金融监管协同机制，打造信息共享、工作共商、问题共研、风险共防、人才共育的协作格局。

第三，致力于以司法合作促进区域发展。上海金融法院牵头江苏、浙江、安徽三地法院建立长三角金融司法合作机制，通过举办论坛、发布典型案例等，打造从统一裁判标准到加强司法协作、从深化课题研究到实现资源共享的全方位合作体系，其中上海金融法院与上海高级金融学院建立的金融法治人才领军项目，已经连续3年向长三角地区合作法院开放共享，近200名来自江苏、浙江、安徽的法官同堂共学、知识共享，期待以高水平的裁判规则统一为长三角金融高质量发展提供法治化营商环境。

第四，致力于以司法实践促进理论创新。上海金融法院与上海财经大学、复旦大学等高校合作，为金融法治研究提供案例素材和实践场景。今天与会的各位领导、各位嘉宾来自金融法治建设的各个领域，也有不少参与上海金融法院工作、支持上海金融法院发展的老朋友，希望以本次论坛为契机，加强金融立法与执法、司法与监管、理论与实践的良性互动，形成更加常态化、宽领域、多层次的协同善治大格局。

三、期待进一步创新务实举措

长三角地区是我国经济发展最活跃、开放程度最高、创新能力最强的区域之一，在金融商事争议解决方面，长三角地区有能力、有责任作出更多创新举措。

第一，争议解决的规则要更统一。金融创新开放面临的法律风险主要源自法律评价结果不明朗，要在争议解决中明确法律对市场行为的态度。为提供更具前瞻性的风险防范和更具专业性的诉源治理，上海金融法院创新金融市场案例测试机制，对金融业务中具有重大影响、亟待法律明确的潜在纠纷问题进行法律风险压力测试，形成与上海金融改革开放相配套的制度体系，稳定中外金融市场主体对交易规则和裁判结果的预期，测试首案入选"全球中央对手方协会年度案例",由协会官方网站向全球发布,持续提高我国金融司法国际竞争力和影响力。

第二,争议解决的路径要更多元。上海金融法院始终注重金融司法与专业调解、商事仲裁的协同,按照"能调则调、适仲则仲、当诉则诉"的原则,引导不同类型的金融纠纷通过适当方式加以解决,满足中外当事人纠纷多元化解需求,健全调解、仲裁、诉讼相衔接的金融纠纷"一站式"化解"大格局"。

第三,争议解决的方式要更高效。上海金融法院建院五年多来,创设了证券纠纷示范判决机制、大宗股票协助执行等一批可复制、可推广的金融审判执行机制,通过机制创新满足中外当事人司法质效需求。建立庭审语音实时传译、国际金融专家参与、域外当事人在线参与庭审的涉外诉讼模式,打破地域阻隔和语言障碍,为中外当事人参与诉讼和境外市场主体了解中国金融司法提供便利。

期待以本次论坛为契机,与各位国内外专家学者深入交流,共同推动长三角地区成为国际金融纠纷解决优选地,携手打造全球金融法治的最佳样本。

最后祝本次论坛取得圆满成功!祝各位领导、各位嘉宾身体健康、工作顺利,谢谢!

共同推动金融法治建设健康发展

刘元春

我很高兴参加上海财经大学与上海股权投资协会、上海市国际服务贸易行业协会共同主办的 2024 长三角金融法治论坛。我谨代表上海财经大学，对论坛的开幕表示热烈的祝贺！对前来参加论坛的各位领导、各位专家、学者及与会的各界朋友，表示热烈的欢迎！

金融是国民经济的血脉，是国家核心竞争力的重要组成部分。党的十八大以来，以习近平同志为核心的党中央高度重视金融工作，作出了一系列重大决策部署，金融事业发展取得了重大成就，主要体现在以下四个方面：一是金融支持实体经济质效大幅度提升，二是防范化解金融风险取得重要成果，三是我国金融业的改革开放持续深化，四是我国金融业的国际竞争力和影响力大幅提升。

2023 年 10 月 30—31 日召开的中央金融工作会议明确指出，当前和今后一个时期，做好金融工作要以加快建设金融强国为目标，总体聚焦以下四个方面的工作：一是加强金融监管，二是完善金融体制，三是优化金融服务，四是防范化解风险。2024 年政府工作报告再次强调了这几个重点工作方向，并且报告中提及金融多达 21 处，体现了中央政府对金融工作的高度重视。

无论是化解三大重点领域风险，还是把更多金融资源用于四类主体，或是做好高质量发展"五篇大文章"，以及做好金融工作的"八个坚持"，其核心都在于法治化保障。近年来，我国金融法治建设呈现出一些新动向：

一是面向种类齐全、竞争充分的金融市场、机构和产品体系的系统化法治建设；二是构建防范化解重大金融风险的法律体系；三是发展多层次资本市场、健全金融监管体制、提升市场化法治化的水平；四是在绿色金融、普惠金融、数字金融等方面的法治探索。

本次论坛的具体议题紧紧抓住当下各方面都较为关注的金融法治问题，特别是如何进一步优化金融商事争议解决机制，促进长三角合作发展，这是对中国式现代化建设中金融法治的具体展开和推进。

上海财经大学作为一所经管法文理工协同发展的多科性重点研究型大学，秉持"厚德博学、经济匡时"的校训精神，按照"国家急需、世界一流、制度先进、贡献突出"的总体要求，积极对接各项重大国家发展战略和地方发展需求。特别是2023年以来，上海财经大学以一流学科特区和滴水湖高级金融学院、数字经济系的"一体两翼"布局，以及中国式现代化研究院的智库布点，极大提升了服务国家战略的能级。

上海财经大学法学院的相关学科创新团队作为优势学科，也被纳入学校一流学科特区团队的建设范畴。其中，金融法团队多年来积极进取、努力创新，长期坚持理论结合实际，聚焦国际国内金融监管、金融交易法、银行法、证券法、信托法等研究领域，并发挥学科优势，与政府相关部门、法院、仲裁机构、律师事务所、金融机构及兄弟院校保持着密切的交流和联系。

今天参与论坛讨论的既有高校学者，又有实务界的著名专家，希望本届论坛能够汇众智、建良言、聚合力、谋发展，共同为中国金融法治建设建言献策。

感谢各界对上海财经大学和上海财经大学法学院的长期支持，也对所有协办单位和支持单位表示衷心的感谢！

最后，预祝论坛圆满成功！谢谢大家！

（本文是著名经济学家、上海财经大学校长刘元春教授在2024长三角金融法治论坛开幕式上的致辞）

潮涌浦江　共襄盛举

李志强

2022年的植树节，我们相约在美丽的长江之滨城市芜湖，共同见证首届长三角金融法治论坛的成功举行。

2023年2月19日，我们相会在美得让人不得不"吃醋"的长三角名城镇江，共同开启2023长三角金融法治论坛的帷幕。

2024年3月30日，我们相聚在魔都东北角的名校上海财经大学，共同聚焦2024长三角金融法治论坛的盛大开幕。

刚才，主持过中华人民共和国无数重要立法的权威专家李飞主任、上海市政府参事室莫负春主任及全国首家金融法院的掌门人赵红院长发表了温馨和温暖的开幕致辞，著名经济学家刘元春校长还将发表精彩的致辞，令人感动。

请允许我代表本次论坛的主办单位之一——上海市国际服务贸易行业协会和支持单位——环太平洋律师协会，向本次活动的主要组织者宋晓燕院长和她的团队表示崇高的敬意！

向专程出席本次活动的中央和长三角地区的企业家、金融家和法学法律专家，向所有论坛的主持人和演讲人表示诚挚的感谢！

我清晰地记得，为赢得一次上海开埠178年来国际主要律师组织三十而立的年度盛会，2017年11月12日，在环太平洋律师协会伦敦理事会上，我带了数十份中国各界知名人士和权威机构签署的"支持函"。签署人中有今天在座的尊敬的李飞主任、刘晓红校长、马屹主任，还有我的恩师李昌道教授等著名法学家；机构有上海市司法局、上海市律师协会和上海、北京20多家知名律师机构。当日下午50多名理事会成员全票同意环太平洋律师协会第30届年会花落中国上海，当晚伦敦夜空绽放了璀璨的焰火。

之后，我走遍了诞生在1991年农历辛未年羊年的国际律师组织主要会员国，世界前30大经济体的司法管辖区。2021年4月19日，依靠各级组织、机构的鼎力支持和专家同仁的热情相助，环太平洋律师协会第30届上海年会在黄浦江畔隆重开幕，李飞主任、龚正市长、莫负春主任、潘基文秘书长等600多名中外嘉宾出席开幕式。其后天津东亚区域会议、广州仲裁日活动和华东政法大学资本市场法治国际论坛等以线下为主结合线上的四次论坛史无前例地在中国相继精彩呈现，一股清新的"中国风"扑面而来。

我想在此和各位专家分享三个小故事。

在日本，我造访时任两任中国最高领导人国事访问发表重要演讲的名校Waseda，拜访日本顶级公司法专家黑昭教授。当他听到李飞主任的名字，激动得站起身来，为与时俱进的《中华人民共和国公司法》和《中华人民共和国证券法》点赞。

无独有偶。上海年会成功举办后，2021年6月，环太平洋律师协会出版专刊浓墨报道盛况。当来自欧洲和大洋洲的资深会员读到张宁局长的大作《金融法治　推动繁荣》时，他们情不自禁地为中国资本市场等金融法治的快速发展发出由衷的赞叹。

本月初，当我在大洋彼岸的美国同环太平洋律师协会前官员和前会长见面茶叙时，他们当面告诉我，"Jack，我们真为你们捏把汗，但看到上海年会成功举办了，由中国音乐人原创的中英文双语会歌"We Are Together"从上海唱响，传遍全球时，我们为我们这一组织的空前成功骄傲！中国人了不起！"

　　We are the spirit, IPBA!

　　We are the family, IPBA!

　　We are forever, IPBA!

We are together, IPBA!

在今天的论坛上，我们将举行《外滩金融创新试验区法律研究（2024年版）》首发式，聘任周海晨等专家担任外滩金融创新试验区法律研究中心的研究员。外滩金融创新试验区法律研究中心自2013年11月11日揭牌以来直至2021年11月20日，一直由我的恩师、被誉为法学法律界"国之瑰宝"的李昌道教授担任主任。自2016年以来，该中心每年出版《外滩金融创新试验区法律研究》专著。李昌道教授90载法律人生中从事法学教学、科研、立法、司法、法治宣传和法律服务长达66年，李昌道教授的独生女李芮女士今天专程参加本次论坛。李昌道教授的风范、品格、精神和思想将传承给一代又一代的法学法律后辈！期待更多的专家投身金融法治的实践，助力长三角一体化国家战略的伟大事业！

再过24天，环太平洋律师协会2024年年会将在东京举行，已有近80名中国籍法律专家注册本次年会，来自长三角地区的法律专家将作精彩的演讲，中国法治声音将再次唱响国际法治论坛。

会期有时，人生有涯。

中外法律人合作共赢、互利发展的道路是光明宽广、世代绵延的！

人类法治文明交流互鉴的长河是生生不息、源远流长的！

预祝本次论坛圆满成功！

谢谢大家！

（本文是上海市国际服务贸易行业协会副会长、环太平洋律师协会第30届会长李志强2024年3月30日在2024长三角金融法治论坛开幕式上的致辞）

主旨演讲篇

全球化背景下金融争议解决的趋势展望

刘晓红　刘　仪　龚　骏

我很高兴受邀参加本次长三角金融法治论坛，与各位共同探讨、交流，携手推动中国的金融法治建设。

纵观近代五百年的历史变迁，大国发展的进程在一定程度上能够浓缩为一部"金融强国史"。货币兴，则国兴；金融强，则国强。从昔日的荷兰，到近代的英国，再到当今的美国，金融始终在现代世界强国的崛起中扮演着"实力助推机""冲突缓冲垫"及"资源整合器"的关键角色。简而言之，没有金融崛起，终难有大国崛起。

党的二十大的成功召开，标志着中国金融业的发展将继续坚定地走在中国特色社会主义道路上，金融推动国家崛起的战略日益明晰。当前，中国已是全球金融大国，并奋发向全球金融强国迈进。2023年10月，中央金融工作会议在北京举行，会议首次提出要加快建设金融强国，坚定不移走中国特色金融发展之路。同时，会议强调，要加强金融法治建设，深入推进金融法治化进程，为金融业的稳健发展保驾护航。

有鉴于此，我谨代表上海仲裁委员会，就如何充分发挥仲裁等争议解决机制在金融行业中的特殊功能与作用，更有效地解决金融争议及防范和化解金融风险，分享以下看法。

一、金融争议发展演进的深度观察

随着全球化的加速推进，金融市场的开放程度不断加深，金融活动日益频繁和复杂。金融市场已经从最初的简单货币借贷，逐步演变成为一个多元化、复杂化的交易体系。如今，这个体系涵盖了存贷业务、结算业务、信托业务、同业拆借、证券买卖、外汇、黄金交易及衍生品交易等众多交易方式。同时，信贷市场、资金市场、证券市场、贵金属市场和衍生工具市场等多个子市场相互交织，共同构成了一个错综复杂的金融市场网络。金融创新层出不穷，金融信息化迅猛发展，使金融产品日新月异的同时金融纠纷日益增多。

具体而言，目前金融争议呈现如下突出特点。

一是随着普惠金融、互联网金融的快速发展，金融纠纷数量呈爆发式增长。一方面，以信用卡和普惠金融为代表的小额金融纠纷案件数量激增，极大地增加了金融审判压力，并逐步形成"堰塞湖效应"。另一方面，在整顿互联网平台经济的过程中，部分互联网金融平台的爆雷事件也导致了金融争议案件数量的飙升。此外，金融机构不良资产的处置问题也进一步推高了金融业主诉案件的数量。

二是随着金融创新的深入发展，金融产品与服务日趋多样化，使金融争议的类型日益增多和复杂化。以融资租赁、保理为代表的非银行融资方式持续增加，服务领域和融资规模不断扩大，与之相关的纠纷案件也将越来越多。同时，随着我国多层次资本市场的日益健全和完善，并逐步融入国际金融市场，纠纷所涉领域将从主板市场扩展到银行间市场及跨市场交易等，所涉交易品种将从股票扩展到债券、基金、私募股权及其他金融衍生产品等。不同类型的金融产品，即便曾源于同一个体系，但金融创新的根本属性导致了它们在后续交易中产生的争议，无论是在法理层面还是在交易的内在逻辑层面，差别巨大，极大地考验着裁判者的处理智慧。

三是随着金融科技的不断进步，金融与科技进一步深度融合发展，在促进金融市场繁荣的同时，也为金融争议带来了新的挑战。一方面，互联网金融机构在金融产品设计及销售的规范性、合规性上与传统金融机构相比有较多不足，存在诸如强制销售、信息泄露、不当催收等风险；另一方面，由于金融制度及监管的滞后性，金融科技在推动金融创新的同时也为金融犯罪提供了温床，金融争议案件涉及民刑交叉的情况增多。

二、世界范围内金融争议解决的创新实践

面对金融争议的新变化和新挑战，世界各国都在积极探索和创新金融争议解决机制。

首先，传统的诉讼方式在解决金融争议中仍然占据重要地位，但同时也经历着不断的创新与发展。以迪拜国际金融中心法院为例，为了打造全球领先的民事和金融商事纠纷解决中心，该法院出台了一系列提升成本效益、简化流程及增强灵活性的新规则。其中最具突破性的规则是《迪拜国际金融中心法院2015年第2号实务指南》，该指南创新性地提出了将法院判决"转换"成仲裁裁决的制度，进一步扩大判决在域外的流通性和可执行性，使迪拜的诉讼模式在金融争议解决中具有吸引力。

其次，仲裁在金融领域因其灵活、高效和保密的特性得到了广泛运用。为了更专业、更高效地解决金融争议，许多国家都设立了专门的金融仲裁机构，并制定了相应的金融仲裁规则。以英国为例，1994年成立的金融城争议解决专家组便是专门负责金融仲裁的机构。该专家组制定了一套仲裁规则，旨在为伦敦金融城的金融服务机构、商业公司，以及与其有业务往来的全球客户提供专业的替代性争议解决服务。而以上海仲裁委员会设立的全国首个金融仲裁院——上海金融仲裁院为代表的金融特设仲裁机构，为上海乃至全国开创了更为高效和更有针对性的金融纠纷解决渠道，并受到了金融界各类主体的高度关注，赋予了金融交易者更多的维权渠道，切实地保护了投资者的合法权益。

最后，随着ADR运动的兴起，金融纠纷解决途径呈现出多元化的特点。除了传统的诉讼和仲裁方式，其他非诉讼争议解决途径也在金融争议解决中发挥着重要作用。例如，英国、美国和加拿大等国家设立了金融申诉专员（Financial Ombudsman Service，FOS）和消费者金融保护局（Consumer Financial Protection Bureau，CFPB）等机构，专门负责处理金融纠纷并保

护金融消费者的权益。

三、中国仲裁机构在金融仲裁领域的积极探索

让我们回到一开始交流的关键词——金融仲裁。作为世界经济的重要引擎，中国在金融仲裁领域同样展现出了前瞻性的探索与实践。中国仲裁机构不仅坚守仲裁的专业性、高效性和保密性，而且致力于创新金融仲裁模式，以适应日益复杂的金融市场环境。

（一）以专业化助力金融争议的准确化解

中国仲裁机构深刻认识到金融仲裁的重要性和特殊性，通过制定专门的金融仲裁规则、建立专业的金融仲裁员队伍、加强金融仲裁宣传等方式，不断提高中国金融仲裁的公信力。以上海金融仲裁院为例，自成立以来，依托长期以来深耕金融法律领域的专业积累，一直秉持着设立初心，以专业的视角沉心钻研于涉及金融类案件的争议解决。近十年来（2014年至2024年3月21日），上海金融仲裁院已累计参与处理以基金、期货、保险、信托、融资融券、融资租赁、保理等为代表的涉及金融类案件10802件，争议金额高达1019亿元。

在金融仲裁规则的专业化方面，上海金融仲裁院成立之初即调研论证，汇聚国内外专家智慧，制定了专业的金融仲裁规则。根据金融创新的需求，以上海仲裁委员会为代表的仲裁机构积极修订和创设新规则，如允许追加当事人、合并仲裁等，以更好地查明事实，保护投资者权益。此外，还引入了紧急仲裁员程序和临时措施，为金融交易主体及时固定证据和财产提供便利。尽管现行《中华人民共和国仲裁法》未明确临时仲裁，但我们仍依据最高人民法院原则，探索为金融交易提供更灵活的规则，满足快速流转和即时解决纠纷的需求。

（二）以多元化助力金融争议的灵活化解

中国仲裁机构深刻认识到单一化的解决方式不能满足金融争议多元化解需求，只有建立专业高效、有机衔接、便捷利民的金融纠纷多元化解机制，形成相互配合、相互协调的工作合力，才能充分做到纠纷的预防与处理相结合，维护公开、公平、公正的金融市场秩序，促进金融市场和谐健康发展。

为推进金融纠纷多元化解机制建设，上海仲裁委员会适时制定了调解退费政策，引导和鼓励当事人通过调解解决争议，降低当事人的解纷成本，并促进金融纠纷的多元化解，助力金融行业的稳健发展。特别是对于监管机构引入，或行业协会、调解组织协同引入的相关批量性纠纷，上海仲裁委员会将根据案件数量、争议大小、案情诉由等多方面因素，经内部合规审议后，给予当事人大大低于传统仲裁收费的仲裁费计费方案。

（三）以数字化手段助力金融争议的高效化解

中国仲裁机构深刻认识到金融交易的创新属性意味着需要大数据案例检索和法律法规与政策更新的第一手信息支持，确保裁决合法、公正和符合市场预期；金融案件批量化的属性则意味着需要人工智能自动匹配案件要素，逐步实现自动化、智能化法律文书生成，以及高效的批量化电子送达。

上海仲裁委员会结合《上海市加强集成创新持续优化营商环境行动方案》的指导精神，正不遗余力地推动仲裁信息化3.0体系进一步完善，以科技赋能智慧仲裁、绿色仲裁为目标，借助大数据、人工智能等新一代信息技术，构建了从立案到裁决乃至信访工作的"一站式"纠纷化解平台，有力扭转了跨行政区域的案件当事人之间化解金融纠纷难、成本高的局面。

四、建立金融监管与争议解决机构的协同善治

尽管中国仲裁机构、法院等争议解决机构通过处理金融争议在保障金融市场稳定、促进金融创新和防范化解金融风险方面发挥了一定作用，但若能够实现金融监管与争议解决机构的协同善治，将更有益于我国金融强国建设目标的达成。从金融监管的角度出发，分立式治理有可能导致金融监管机构成为"无牙的老虎"，助长法律投机主义。从争议解决的角度出发，金融纠纷超越司法治理边界的涉众性、系统性特征，促使争议解决机构必须强化系统观念，注重与有关金融监管单位的协同配合。

在这里需要指出的是，建立金融监管与争议解决机构的协同善治，应注重以下两点。

第一，在裁判理念层面，需旗帜鲜明地倡导与金融治理协同并进。金融争议解决不仅要彰显公正，更要对金融监管的权威性和专业性给予充分尊重，确保二者同向发力，实现优势互补。在金融争议解决实践中，既要充分尊重当事人的意思自治，也要高度重视金融监管部门的意见。在具体案件审理中，应主动展开调查，积极与相关部门沟通，并通过组织专家咨询会等方式，全面考量、审慎决策，从而有效平衡当事人意思自治与金融监管政策之间的关系。

第二，强化争议解决机构与金融监管部门的沟通和协调是协同善治的主要途径。沟通和协同是双向的。一方面，争议解决机构需要从金融监管部门获得更多的有关金融风险治理的信息，了解金融机构对相关金融交易的监管认知和具体要求，进而在此基础上完善对相关主体法律义务的要求，提升金融争议解决参与金融风险治理的有效性；另一方面，争议解决机构可通过定期发布金融法治案例、审理白皮书和金融纠纷细分领域分析报告的方式，主动向监管部门输出其对于金融风险治理的认知和规则，协助金融监管部门更好地完善相关金融规则。

朋友们，在全球化的浪潮中，金融市场日新月异，各争议解决机构应

紧盯国内外金融市场的风云变幻，深入贯彻习近平总书记关于金融工作的深刻论述，不断调整和优化金融争议解决机制，为金融市场的稳定与发展筑起坚固的法治屏障，助力长三角乃至我国金融市场在高质量发展的道路上不断迈上新的台阶。

（刘晓红系上海仲裁委员会主任，上海政法学院校长、教授；刘仪系上海仲裁委员会实习生，上海对外经贸大学2021届国际法学硕士研究生；龚骏系上海仲裁委员会金融仲裁院秘书长）

拥抱金融改革创新
助力金融法治国际化发展

王承杰

我感谢主办方的邀请参加今天的论坛。我来自中国国际经济贸易仲裁委员会（以下简称贸仲），借此机会，我将结合贸仲争议解决实践，介绍一些情况，交流一些看法。我发言的题目是"拥抱金融改革创新　助力金融法治国际化发展"。这与刚刚《外滩金融创新试验区法律研究（2024年版）》首发式似乎形成了呼应。

虽然仲裁机构处于金融活动链条的相对后端，但我们在案件办理中能感受到，中华人民共和国金融行业发展七十余年波澜壮阔，国际竞争力和影响力不断提升，而今天论坛的举办地上海，作为近代中国金融业的重要发祥地，具有金融业发展的辉煌历史和金融文化的深厚积淀，更具有打造国际金融中心的开放包容格局和胸怀。在当下历史的关键时刻，中国金融业更要继续承担支持实业强国，深化体制改革，推进实现高水平双向开放，积极参与国际金融治理的重要任务，而上海更应是使命在肩。

也正因此，我想交流以下三个方面的认识。

第一个方面的认识是，全方位推进金融法治国际化创新化发展是新时代赋予的历史使命。

第一，金融法治建设是中国金融市场健康稳定运行的根基所在，这一点我想无须赘言，这也是我国金融市场的巨大体量和命脉属性所决定的。只有实现金融法治化，发挥法治固根本、稳预期、利长远的功能，才能牢牢守住不发生系统性金融风险的底线，创造公平有序运行和竞争的金融市场，切实提高金融治理体系和治理能力的现代化水平。

第二，全方位推进金融法治国际化创新化，是当下金融市场发展形势的本质要求。在经济全球化的大背景下，各国各地区的金融市场已经成为守望相依、不可分割的一个整体，国际属性凸显。同时，伴随全球科技变革、数字智能、绿色环保等发展导向的跨越式演进，金融市场的敏锐性和穿透性使它在第一时间呼应时代要求，主客体、全链条赋能创新。相应地，金融法治也必须主动拥抱和迎接新机遇和新挑战，兼顾促进创新与维护稳定两个目标协同发展。

第三，"一带一路"建设也要求全方位推进金融法治国际化发展。"一带一路"是金融之路，也应是法治之路。以维护国家金融安全为底线，建立有效的国际化金融市场风险防范法律机制，才能保障金融市场服务"一带一路"建设行稳致远。

我交流的第二个方面认识是，仲裁在金融法治国际化建设中，特别是金融争议解决中，发挥着重要作用。仲裁的专业、高效、独立、保密的根本属性与金融法治具有天然连接。

从贸仲管理的金融类案件数据上可以说明这一观点。2019—2023年，贸仲共受理案件20311件，争议金额5309亿元人民币；其中，涉及金融类案件4242件，争议金额3121.5亿元人民币，也就是说，贸仲管理的金融类案件数量占同期贸仲案件总量的20%，而争议金额达到同期争议金额总值的60%。标的超亿元的金融类案件共573件，占贸仲受理的超亿元案件的一半以上。而在贸仲的其他类型案件中，涉及的金融要素也可以说是无处不在，无论是贸易投资还是服务提供，或是建设工程和科技航空等，都有金融资本的牵涉关联。

再从实体上看，至少呈现出以下三个特点：一是金融产品结构和法律关系更为复杂。公募/私募基金合同争议、资产管理合同争议、股权投资和股权转让、债券、信托、民间借贷等传统金融类案件仍占较大比重，但基于传统金融业务衍生的资产证券化、信托收益权等金融产品多层嵌套、明股实债、分层设计架构更加复杂；银行间债券市场买断式/质押式债券及股票回购交易纠纷，期货、期权等场内衍生品交易纠纷及场外衍生品交易纠纷等持续增长，涵盖发行/认购、增发、交易各环节，新类型金融交易纠纷案件不断涌现；虚假陈述赔偿争议点呈持续上升态势，涉及A股、H股、A+H股，涵盖主板、中小板、创业板、新三板、科创板，以及美国、新加坡、中国香港等交易市场，被索赔方覆及发行人高级管理人员及保荐人/承销机构、会计师事务所、律师事务所、资信评级机构、资产评估机构等中介服务机构；票据纠纷、保函纠纷向房地产领域、建设工程领域聚集，行业交叉趋势更加鲜明。二是群体性和国际化态势凸显。具有同质化仲裁请求的债券违约纠纷、证券欺诈纠纷、证券虚假陈述、投资人追索管理人和托管人责任等涉及群体性案件数量增加；随着我国资本市场制度型双向开放稳步推进，资本市场领域国际性因素显著增强。三是重大疑难复杂要素增加。在2023年的案件中，基金管理人的适当性义务界定问题，托管人履职义务边界、管理人缺位时的履职要求及履职过错问题，目标公司民刑交叉情形中的程序选择、合同效力、案外人合法权益保护问题，目标公司责任认定时的契约维护与股东权利保护问题，以及金融争议如何准确识别类案、类案如何同判等重难热点问题成为审理裁判中的关键环节和重点考虑，案件审理难度大幅提高。

  在实践中，对于复杂或创新的金融业务纠纷案件，做到准确理解并实现市场逻辑与法律逻辑的统一，时有不易。在审理金融业务纠纷时，除了从定性、定量、合规、因果关系等维度审视交易纠纷，还与裁判者的裁判价值取向密切相关，在严守监管要求与认可市场创新中，在重视既有规则与保护契约诚信中，要兼顾微观个案事实和宏观市场风向精细化裁断。对此，贸仲始终坚持在案件管理中不断探索，尊重个案独特性，并形成恰当妥善的内在一致逻辑的裁判思路和处理标准，实现保护交易安全、鼓励市场合理创新、保护诚信、促进市场发展的功能和价值。例如，在21世纪初，"对赌协议"大量开始应用，由此争议开始显现，在以"海富案"为代表的最早一批诉讼案件中，法律逻辑与投资者的商业逻辑发生冲突，对赌条款被认为无效。2014年，贸仲仲裁庭最终作出了比"海富案"中的司法观点更进一步的裁决，认定业绩补偿条款和股权回购条款合法有效。随着时间的推移，司法裁判内在的法律逻辑逐渐接受和遵循对赌安排的商业逻辑，至今已经统一。当然，现在的焦点问题又转向了目标公司股权估值、行使回购权顺位等诸多新问题，我们也在第一时间观察与研判。

从以上我们观察到的金融案件特点不难得出结论，金融纠纷解决需要更为精准化的专业裁判能力和精细化的案件管理服务。而仲裁专业、高效、独立的根本属性，以及尊重意思自治和市场逻辑的价值取向，对于解决金融领域的多样化、复杂化争议，打造一流金融营商环境，推动金融行业稳健发展，促进金融市场法治化运行，具有天然独到的优势。可以说，配套高质量的仲裁服务是促进金融发展、维护金融安全的内生需求，是推进金融市场法治化、国际化的急迫要求。那么，国际化的金融法治对仲裁服务提出了哪些新要求，这是我想与各位交流的第三个方面的认识。我认为主要有以下几项关键要素。

第一个关键要素，是规则先进。金融市场是规则市场，配套的仲裁服务也必须充分体现规则先进性。一部好的程序规则至少满足三个基本前提：一是充分尊重当事人意思自治和仲裁庭独立裁判权力；二是充分体现国际化和实用性，灵活融合多法域实践做法；三是不断更新先进做法，适应最新争端解决趋势。贸仲先后发布了与国际仲裁同步发展的10部仲裁规则，都在围绕上述要求狠下功夫。特别是2024年1月1日施行的第十版2024仲裁规则，总结贸仲仲裁实践，融合国际仲裁最新发展，在完善程序设计的同时兼具制度创新，切实满足仲裁实践发展需要。贸仲规则的灵活专业给予当事人意思自治最大空间，对于案件裁判起到了重大保障作用。而贸仲对于案件管理的独到经验，例如，由案件秘书协助仲裁庭推进程序，设置简易程序提升效率降低成本等做法，也为国际主流机构和联合国贸易法委员会等国际组织所吸纳采鉴。另外，早在2003年贸仲就率先施行专门的《中国国际经济贸易仲裁委员会金融争议仲裁规则》，满足金融争议解决的效率要求和专业要求，为证券期货等争议解决提供了体系化、规范化的方向。最近热议的第三方资助，实际也是一种投资收益活动。贸仲率先在国际业界作出规范指引，并在2017年《中国国际经济贸易仲裁委员会国际投资争端仲裁规则》中作出程序规定。特别是实践中贸仲第三方资助的案例，被无锡中级人民法院和北京市第四中级人民法院认定为合法合规，这是贸仲在争议解决领域的创新探索，也被司法机构认可。

第二个关键要素是服务多元。对于金融市场快速发展的实际需求，有两项内容是贸仲关注的重点：一是重视调解。贸仲最早创造并率先实践"仲裁与调解相结合"这一做法，被西方誉为"东方经验"，在充分尊重当事人意思自治的前提下，以切实有效为当事人解决争议为优先考虑，由仲裁庭在仲裁程序中对案件进行调解。这对于兼顾金融市场纠纷当事人利益，稳妥处理争议起到非常好的效果。另外，贸仲还设立了专门的调解中心和调解规则，并与全国中小企业股份转让系统有限责任公司签署合作框架协议，以共同发挥有效预防、和谐化解新三板市场主体所涉及股权、债权等经济纠纷的积极作用。二是开启投资仲裁服务。2017年，贸仲发布实施了《中国国际经济贸易仲裁委员会国际投资争端仲裁规则》，填补了国内投资争端解决的空白，对于金融市场，这一规则也必将成为保驾护航的有力工具。

第三个关键要素是队伍专业。贸仲始终重视仲裁员队伍建设，这对于专业性、复杂性极高的金融争议尤为重要。贸仲现有仲裁员1881名。其中，中国内地仲裁员1290名、港澳台及外籍仲裁员591名，涵盖145个国家和地区，包括112个签署"一带一路"合作文件的国家和地区。仲裁员队伍的国际性显著、权威性高、专业性强、覆盖领域广。他们当中擅长处理金融纠纷的仲裁员超过600人，而近一半来自长三角地区，能够满足金融领域争议解决需求。

第四个要素是合作广泛。2021年5月，贸仲上海证券期货金融国际仲裁中心揭牌，作为中国首家金融市场仲裁中心，这是贸仲与上海市证券同业公会、上海市基金同业公会、上海市期货同业公会、上海上市公司协会共同的合作成果。与此同时，贸仲近年来与中国证券业协会、中国期货业协会、中国证券投资基金业协会、中国上市公司协会等行业管理机构开展机制化、体系化专业合作共建。比如，行业推荐仲裁员和合作开展案例研究等，引领规范行业健康发展。在国际上，贸仲与 80 余家国际争议解决机构签订合作协议并建立机制化合作关系。特别是，贸仲牵头成立"一带一路"仲裁机构合作机制，已有 55 家合作协议成员方，旨在凝聚新兴国际仲裁生态圈，形成各国仲裁界合力，着力构建互鉴共融的法治体系。我们也期待未来继续深化行业合作，共同推动金融与仲裁的有机结合与发展，护航金融市场法治建设行稳致远。

（本文是中国国际经济贸易仲裁委员会副主任兼秘书长王承杰在 2024 长三角金融法治论坛上的主旨演讲）

同向而行：金融赋能长三角一体化背景下的仲裁发展展望

马 屹

2023年11月，习近平总书记在上海主持召开深入推进长三角一体化发展座谈会并发表重要讲话，为这一国家战略的大棋局再落关键一子。当前，上海正深入贯彻落实习近平总书记考察上海时重要讲话精神和深入推进长三角一体化发展座谈会精神，努力打造上海国际金融中心建设的升级版，更好赋能长三角一体化发展。本文将就仲裁如何为金融赋能长三角一体化建设发挥法治保障作用提出三方面意见。

一、高质量的金融争议解决法律服务是推动金融中心建设不可或缺的法治保障

金融中心是全球金融主体、金融产品、金融活动高度聚集的活动所在地，也是金融创新策源地和金融风险多发地。包括资产管理业务在内的很多金融交易都具有主体广泛、监管要求高、专业性强、标的额大、与经济社会活动紧密关联等特点，一旦产生纠纷，如果不能及时、高效处理，可能会对市场秩序产生影响和冲击。因此，能适应金融交易特点、满足金融纠纷解决需求的争议解决法律机制，是金融中心不可或缺的法治保障。

从国际来看，金融业发达的地区，自然会吸引大量的配套法律服务从业机构集聚。由于金融交易的专业性和创新性，对金融纠纷解决法律服务

提出了更高要求。因此，从伦敦、香港、纽约等国际上的金融中心来看，金融法律服务的核心业务就是金融争议解决法律服务，这也是国际金融中心的重要法治保障。2023年12月发布的一份关于英国法律服务业的报告显示，法律服务是金融及相关专业服务生态系统的有机组成部分，而这一生态系统又是英国能够成为领先的国际金融中心之一的根本。企业选择伦敦，可以从世界级的法律和咨询公司获取优质的、系统性的金融争议解决法律服务。可以说，英国的争议解决法律服务业与整个英国金融服务业是相互依赖并相互促进的。

从国内来看，长三角区域是我国最具金融活力、科技创新能力、国际化竞争力的地区之一，也是目前国际社会公认的中国第一大区域经济板块及世界第六大城市群。长三角的GDP总值占全国总量的20%以上，金融存款余额占比更是超过全国总量的1/3。长三角金融市场主体数量和交易规模，也为高质量的长三角争议解决法律服务提出了市场需求。

二、仲裁在金融争议解决机制中具有独特功能作用

从目前来看，金融争议解决机制包括法院诉讼、调解和商事仲裁。从调解的情况来看，目前主要是金融系统内的行业调解组织在发挥作用，比如，中证中小投资者服务中心调解工作站，以及银行、证券、基金、期货各行业协会内设的调解平台，商事调解还没有发挥明显的作用。

从法院的情况来看，根据上海高级人民法院发布的数据，2022年，上海法院共计受理一审金融商事案件199270件，标的总金额为1674.51亿元。收案数量排名前五位的案件类型是金融借款合同纠纷、信用卡纠纷、融资租赁合同纠纷、保险类纠纷及证券虚假陈述责任纠纷，合计占一审金融商事案件总数的97.23%。浙江和江苏的情况也基本相同，2018—2022年，浙江全省法院共受理一审金融案件116.79万件，民间借贷纠纷和金融借款合同纠纷连续五年成为第一大和第二大案由，分别占总数的60.75%和21.77%。江苏法院2021—2023年新收一审金融商事案件479986件，排名

前两位的案件类型也是金融借款合同纠纷、信用卡纠纷。

从商事仲裁的情况来看，上海仲裁机构在2023年合计受理1000余件金融案件，案件争议金额为207.46亿元。从案件类型来看，以上海国际经济贸易仲裁委员会（又名上海国际仲裁中心，以下简称上海国仲）为例，受案数量排名前三位的金融案件类型分别为私募资管（含基金、信托）、股权上市、债券，占比超过60%。其中，私募资管案件在过去五年上海仲裁机构的金融案件中占比超过40%，仅上海国仲在过去五年就受理了1342件因私募资产管理合同引起的仲裁案件，争议金额78.24亿元，其中涉外案件71件，案件涉及来自14个省（市）和中国香港地区、中国台湾地区、新加坡、美国、BVI等地超过150家私募基金管理人。案件横跨"资管新规"施行前后，涵盖"募投管退"全生命周期内的纠纷，涉及固定收益类、权益类、商品及金融衍生品类、混合类各资管产品品种，涉及结构化产品、非标产品、资产证券化产品、公募REITs产品、FOF基金、QDII产品等前沿性、专业性较强的交易，还涉及一批在资本市场有重大影响的涉上市公司股权案件。

以上数据说明法院和仲裁处理的金融案件类型还是有很大不同的，商事仲裁在解决典型、新型、涉外金融纠纷方面还有很大发展空间。

商事仲裁具有意思自治、专家裁判、一裁终局、保密性和裁决跨国执行性的特点，在商事性、国际性较强的交易中，往往更得到商事主体的青睐。近年来，仲裁的这种特点越来越得到金融机构的重视，仲裁也被更多地纳入金融交易中。2017年国际商会发布的《金融机构与国际仲裁》调研报告显示，2008年国际金融危机以来，国际银行和金融机构已经开始转向仲裁，特别是在那些复杂、前沿而机密的新型、大型交易中。以伦敦和香港两个金融业发达，同时又是公认的国际仲裁中心城市为例，2018—2022年，伦敦国际仲裁院受理金融类案件数量平均在24.6%，香港国际仲裁中心在11.9%，稳定在这两家机构受案类型的前三位。国际金融中心与国际仲裁中心联动发展，已经成为一种趋势。

也正是由于仲裁具有当事人意思自治性、保密性、仲裁协议相对性、规则适用开放性、审裁专家多元性等特点，从仲裁处理金融案件的审裁思路来看，仲裁在考虑"应然"要求的同时，会兼顾商事主体"实然"安排的商业合理性，关注市场规律、金融规律，从而在金融创新交易、国际金融规则适用方面体现出特色。

三、仲裁推动金融赋能长三角一体化提升的展望

在金融领域，上海是世界上首个将发展金融争议解决和法律服务写入加强本地国际金融中心建设方案的城市，其中就特别提到了金融仲裁。2021年，上海出台《上海国际金融中心建设"十四五"规划》，明确要发挥仲裁机构作用，构建调解、仲裁、诉讼有机衔接的多元纠纷解决机制，上海国仲也被写入该规划。据了解，上海近期也在起草上海市推进国际金融中心建设条例，其中专门列出了金融司法保障、金融法律服务业发展、金融仲裁、金融纠纷多元化解机制建设四个条款。

作为身处上海这个内地金融法治最前沿和发达地区的仲裁机构，在金融监管规定不断细化、监管政策不断从严的宏观背景下，在司法裁判规则不断细化的对比参照下，仲裁机构不仅有必要，而且也有机会去探索如何进一步发挥仲裁在提供专业性、国际性和商事性争议解决法律服务方面的优势，一方面与法院的裁判形成有益互补，另一方面带动商事调解等金融多元争议解决机制的发展，来引领长三角金融法治一体化的能级。在此提出以下三点展望。

首先，仲裁机构要提升专业金融案件的程序管理能力。目前，有一些金融机构已经认识到仲裁的特点，有针对性地在他们的商事性强、外向性强的交易中选择仲裁机制。例如，上海地产集团在2021年5月发行了上海市首单自贸区离岸人民币债券，其中面向境外投资人的债券契约书使用的争议解决条款就选择提交上海国际仲裁中心，适用英国法在自贸区仲裁院仲裁解决。近期，上海临港集团发行全球首单绿色双币种自贸区离岸债券，首次适用香港法并在上海国际仲裁中心仲裁。一位国有创投基金的法务人士和上海国际仲裁中心交流时提出，他们在搭建与境外投资结构配套

的国内交易时，会优先考虑选择上海的仲裁机构，适用境外法律，因为上海仲裁机构的国际化程度高、理念和做法与境外基本一致，专家资源也非常丰富，完全可以与境外端的仲裁相匹配。为了让这类案件的处理能符合商事主体的预期，上海国仲也在不断完善案件规则和案管方式。2024年上海国仲开始施行的新版仲裁规则中就允许当事人将关联交易下的多份合同合并提起仲裁，来有效回应融资交易中常见的主从合同交易安排；新规则也全面开放当事人推荐名册外的专家担任仲裁员、明确赋权仲裁庭在跨境交易中使用专家证人等来使用外国法律和交易规则。上海国仲还上线了全流程仲裁的数智化平台和在线程序指引，也正在开发区块链、AI等法律科技辅助技术，来提高金融案件的审裁效率。

  其次，仲裁机构要加强自身在仲裁解决金融纠纷能力方面的建设。2023年12月，上海市人大表决通过了《上海市推进国际商事仲裁中心建设条例》。作为首部以促进国际商事仲裁中心建设为目的的地方性法规，该条例明确上海市以打造面向全球的亚太仲裁中心为目标，优化仲裁发展环境，推动仲裁业务对外开放，培育国际一流仲裁机构，打响上海仲裁品牌，提高上海仲裁的公信力、影响力和国际市场竞争力。该条例第十九条规定，支持上海市仲裁机构在金融证券期货等领域开展专业仲裁服务品牌建设，制定专门仲裁规则，提升仲裁专业化水平，这为仲裁机构开展业务创新、提升跨境金融服务能力提供了法治保障。除了新规则，上海国仲2024年也发布了新版仲裁员名册，吸纳了更多来自前沿金融领域的行业专家。目前，上海国仲仲裁员中具有金融专长人员689人，占仲裁员总人数的47%，未来还将吸纳更多来自长三角的金融专家加入仲裁员队伍。

  最后，仲裁机构在金融纠纷解决领域要进一步加强诉讼、调解机制的联动合作。诉讼、仲裁、调解"一站式"融合发展，是近年来国际争议解决领域的新发展趋势。上海国仲在2018年成为首批入选最高人民法院国际商事法庭"一站式"商事纠纷多元解决机制的仲裁机构，并参与建立了国际商事法庭"一站式"网上平台。2023年，上海国仲与上海市高级人民法院建立了上海国际商事"一站式"平台机制，上海国仲通过上海法院诉讼服务网完成了首例仲裁机构在线转递保全申请，实现了当日完成保全的良好效果。目前，上海国仲也在探索将这项机制推广到浙江法院。

在商事调解方面，上海国仲也在探索机制创新。2021年，上海市国际贸易促进委员会与上海市第二中级人民法院、上海市国有资产监督管理委员会、上海市工商业联合会签署了《关于将非诉讼纠纷解决机制挺在前面合力做好商事纠纷先行调解工作的合作备忘录》，确立了上海市第二中级人民法院、上海国际仲裁中心和上海贸促国际商事调解中心（首家由司法局作为业务主管单位的民非性质的商事调解机构）之间诉讼、调解、仲裁的衔接机制。今后，在长三角金融多元争议解决领域，提升仲裁解决新类型金融案件的空间，带动商事调解的作用发挥，积极尝试探索金融纠纷商事仲裁与商事诉讼、商事调解有机衔接的模式，为商事主体提供优质、多元的金融争议解决服务。

四、结语

慎始而敬终，行稳而致远；博观而约取，厚积而薄发。尽管上海已经是我国金融业对外开放的"标兵"，但在长三角一体化发展的顶层设计下，上海仍然需要在法治保障的基础上，继续加强对外开放和参与全球竞争，发挥好引领示范作用。按照上海市领导的工作要求，上海的仲裁机构未来也将从规则、人员、管理等多方面提升自身能力建设水平，做好上海金融行业国际化发展的陪跑者和服务者，与金融"同向而行"，与长三角"共荣共生"，用优质的国际仲裁争议解决服务为金融赋能长三角一体化建设提供法治保障。

［马屹系上海市国际贸易促进委员会党组成员、副会长，上海国际经济贸易仲裁委员会（上海国际仲裁中心）副主任，中共上海市委法律专家库成员，上海法学会仲裁法研究会会长，国际体育仲裁院上海听证中心咨询委员会委员，多家仲裁机构仲裁员，法学博士］

在金融商事争议解决中如何尊重意思自治

李　宇

　　无论是诉讼还是仲裁，尤其是仲裁，在金融商事领域特别要尊重意识自治。金融商事争议不同于一般民事争议的特点也在于此。国际上著名的金融商事争议解决中心，包括英国法院、美国纽约州法院等，无不以充分尊重意思自治作为其品牌特色。尊重意思自治的理念如何能够在金融商事争议解决中得以贯彻，可能需要更多地尊重契约的约定，同时尽可能地允许当事人在契约之外创设其他法律关系。这需要法院和仲裁机构更多地从现行法中挖掘资源，同时也寄望于法律的进一步发展。

　　笔者举以下三个例子。

　　第一个例子是股权代持问题。上市公司股权代持被许多争议解决机构认定为无效，但是这样的处理既不利于尊重意思自治，又不利于实现当事人之间权利义务的公平分配，对于金融监管秩序的维持也于事无补。在上市公司股权代持的情况下，许多争议解决机构认为这种代持行为损害证券市场秩序等，以此为由判定无效。但是对于公共秩序的维持，更多地适合由监管部门来解决。如果这种代持行为确实违法，争议解决机构完全可以将涉嫌违法的线索移送主管机关，由主管机关对此作出行政处罚，不管是取缔交易还是没收违法所得，或者责令转让股权都可以阻止这种违法状态。而合同效力上却不必采用无效的立场，一个有效的合同如果因为违法而导致履行不能，它最终也无非走向解除的命运，然而在合同解除后的清算结果上却更容易贯彻当事人的意思自治，并且实现损失的公平承担。

例如，来自浙江的一个案例，上市公司股权代持中，投资方将股权委托代持方代持，双方约定一切风险都由投资方负担，结果股价持续下跌，双方诉至法院，投资方要求返还本息，法院认定合同无效。但是法院又不无矛盾地指出，当事人关于风险分担、收益分担的约定仍然体现了真实意思，所以结果又判决投资方承担80%的损失，代持方承担20%的损失。这样的判决存在自相矛盾之处，既然关于风险负担的约定是真实意思，岂不应当有效？所以投资方难道不应该承担百分百的损失？受托代持方本不应当承担任何损失，但是在这样的判决处理结果中要赔20%，可是在协议约定中，它根本没有从事积极投资的义务，也不承担损失，判决其承担部分损失的依据何在？损失在当事人之间如何承担，与公共秩序的维持无关，本应完全尊重当事人的约定。

所以在这样的纠结矛盾的状态中，在民事关系的处理上，认定合同无效的路径往往"动作变形"。而按照内部关系上的有效来处理，其实是不会影响到公法上的权利义务。尤其注意到现在新的法律发展，《最高人民法院关于适用〈中华人民共和国民法典〉合同编通则若干问题的解释》第十六条第三款也提到，即便认定违法合同有效，法院也应当将有关违法的线索移送给行政机关或刑事司法机关予以处理。仲裁解决上其实也是如此，尽管《中华人民共和国仲裁法》没有专门规定这样的程序，但是并不妨碍仲裁机构以涉嫌违法为由中止本案的仲裁，然后将违法行为的线索移送行政监管机关，由监管机关作出违法行为认定及处理的结论，继续再审理民事案件来决定双方的合同是否应当解除还是不解除但要承担违约责任。

第二个例子围绕现在应当如何应对资管和信托领域越来越强烈的主体化的需求。不管是私募基金还是不动产信托投资基金，或是其他的商业信托架构，实际上都存在着主体化的强烈需求，每一个基金都应当是一个法律上的主体，方便厘清法律关系，方便对外实施交易。不同的基金有自己的财产和名称，它在对外交易的时候实际上是一个法律上的主体，但是由于《中华人民共和国信托法》没有明确承认信托具有主体资格，导致交易实务上和司法争议解决上的诸多困难。对于这样的问题，当事人其实有创设主体的意愿，但是由于信托法限制而无法达此效果，不过仍然可以在现行法中找到其他资源，比如，至少可以将商业信托解释为一种非法人组织。《中华人民共和国民法典》对于非法人组织的定义采取开放式，它只是列举了个人独资企业、合伙企业等寥寥几种非法人组织形态，这不妨碍争议解决机构从"等"之中解释出其他的非法人组织形态，正如在业主大会和业主委员会相关案件中，地方法院的判决已经将业主委员会解释为非法人组织，商业信托领域又有何不可呢？

第三个例子涉及不动产信托。不动产信托在诸多领域都有应用需求，但是也是由于制定法的限制，没有相应的法律、行政法规规定不动产信托可以登记，导致不动产信托难以真正落地，当事人不得不求助于以不动产收益权设立信托之类的迂回的交易模式，但是这方面已经有一些地方性的规定率先突破。比如，上海市的《上海市浦东新区绿色金融发展若干规定》中有这样的一条规定，不动产登记机构可以登记不动产信托。既然有了这样一些支点，以及在法理上并不存在障碍，完全可以通过各种机关的联动，在不动产登记机构率先开展这样的地方性试点，以此倒推国家法律的变革。

这样一种由下至上的法律变革，是金融创新时代更需要重视的一种法律发展方式。因为金融发展太快、创新太多，中央立法往往处于某种程度上的滞后状态，可能就需要更多的下位法来推进和发展。这种下位法不仅包括地方立法，还包括行业规范及地方法院的司法指导性文件，进而也包括各个仲裁机构的仲裁规则。

在仲裁规则方面，涉及代位仲裁的问题。《中华人民共和国民法典》规定债权人只能向法院提起代位权诉讼，但是如果当债务人和次债务人之间订有仲裁协议的情况下，代位权诉讼能不能破除仲裁协议，就产生了两种截然对立的立场。对此，虽然在合同通则司法解释中作出了抉择，但这种抉择其实是不完整、不妥当的，因为它在债务人对次债务人有请求权、但次债务人对债务人没有请求权的情况下，仍然允许代位权击破仲裁协议，这样就严重妨碍了次债务人依据仲裁协议向债务人主张权利。例如，在次债务人是借款人或者担保人的情况下，次债务人实际上是无法凭借担保合同或借款合同的仲裁条款去排除债权人行使代位权。这就导致仲裁协议事实上被否定。这方面固然要指望于《中华人民共和国仲裁法》的修改，但是在仲裁规则中，能否破冰先行，其实还是有空间的，仲裁规则可以明文规定当事人的债权人在符合《中华人民共和国民法典》关于代位权的要件时申请代位仲裁。因为代位仲裁和《中华人民共和国仲裁法》的原理并不冲突。代位权人主张的只不过是债务人对次债务人的权利，既然债务人和次债务人之间订有仲裁协议，债权人行使代位权当然也要受到仲裁协议的约束，而且如此处理，对于债务人和次债务人的程序利益并无不利影响，反而充分尊重了债务人与次债务人选择仲裁作为争议解决方式的自由。因此，在现行法律框架之下，仍然是有同样的可能性去填补此前的法律漏洞。

设立多边投资法庭

——地平线上的海市蜃楼

弗朗西斯·沙勿略

今天我想谈谈全球条约框架面临的最大挑战，即什么才是解决投资者和东道国争端的最适当方法。我们应该都同意，地区法院或在一个国家国内法院的诉讼不是最终答案。国内法院被认为不够独立和中立。更重要的是，国内法院需要执行国家法律，地方或国内法律颁布的本身就可能违反条约义务。所以我想我们都可以就这一点达成一致。

传统上很长一段时间，解决投资者东道国争端的平台是临时仲裁。因此，根据解决投资争端国际中心（ICSID）和附加配套规则，大多数条约将首先选择临时仲裁，然后你也可以选择使用联合国国际贸易法委员会（UNCITRAL）的规则，最后是适用的仲裁机构规则。我们都知道，也非常熟悉近年来世界范围内对争端解决机制（ISDS）的普遍抵触，即在条约中使用ISDS。

我想提出以下两点。

我想提出的第一个点是，即使不是所有的时候，在大多数时候，我们也能看到投资者经常在和发展中国家的东道国的仲裁中以大额裁决的冲击而获胜，而这样构建起来的体系也遭到了许多对于现有制度的本不应受到赞扬的批评声音，会遭到很多无益的批评。所有这些和类似的批评都遭到了许多法学家的反驳。

我想提出的第二个点是，在这些批评中，虽然有许多是在某些情况下有充分根据的，但实际上可以通过认真和适当的条约起草来解决，条约可以是双边的或多边的。例如，有人批评说，ISDS机制妨碍了各国正当执行其环境卫生和其他法律。但是，这是一个可以通过仔细起草条约来解决的挑战。如果以2020年11月由15个国家签署的《区域全面经济伙伴关系协定》（RCEP）为例，有一项条款规定，RCEP条款不应被解释为阻止旨在保护环境健康或其他监管目标的国家措施。因此，实际上可以通过有效起草来解决其中的一些问题，如克服ISDS条款所谓的"监管禁锢效应"。

即使撇开仔细起草条约、无益的趋向稳定的批评不谈，问题是，传统的私人临时仲裁机制或平台是否适合解决投资者与东道国之间的争端？我想说，由于许多原因，它不是。让我们看看第一个原因。临时仲裁平台显然非常适合私人争议者之间的商业纠纷。临时仲裁基本上由许多不同的临时仲裁庭组成，在各自的领域作出保密的裁决。但是当你有临时仲裁时，许多独立的临时仲裁庭有时甚至对同一条约中的同一条款的解释得出了完全对立的结论。这就是许多不同的仲裁庭对于投资条约争端解决出现的情况，有相互矛盾的决定。很多时候，相同的点、相同的规定，却有不同的结果。因此，这造成了难以接受的不确定性和缺乏清晰度。这是没有帮助的。

国际商事仲裁的保密性和私密性对私人争议者来说非常有吸引力。但是，当投资者和东道国发生公法纠纷时，需要透明度和公共责任。在以条约为依据的仲裁中，一个大的趋势是最终将实现在2014年《毛里求斯公约》（*Mauritius Convention*）中要求透明度，于2017年10月生效。因此，国际商事仲裁的私人性质并不适合影响公民和东道国、主权国家等公法纠纷。

当事人指定仲裁员的机制导致人们对国际商事仲裁产生了强烈的不安情绪。有许多批评说，被当事人一方指定的仲裁员倾向于其指定的一方。这里也有很多关于此类当事人指定仲裁员的道德行为和责任问题。但这个问题在条约仲裁中尤为严重。因此，在2009年艾伯特·杨·范登伯格教授的一项著名研究中，他研究了34个有仲裁员持反对意见的ICSID案例。

在所有这些情况下，反对意见都是由败诉方指定的仲裁员书写的。因此，这些持不同政见的仲裁员的可信度和中立性在条约案件中受到质疑。因此，在私人仲裁的仲裁员表现方面，可以采取最新公布的伦敦玛丽女王大学2018年的调查（2020年调查的结果仍未出来）。国际商事仲裁的特点是仲裁员表现不好，如程序刻板、裁决发布时间延误、对听证毫无准备及一大堆其他投诉，导致仲裁程序延误和成本上升。因为缺乏上级监督或监督的机构，这个问题尤其严重。因此，在很大程度上，这些仲裁员、私人仲裁员，很难追究他们的责任。你可以在非常少的情况下推翻他们的裁决。但是，这是非常特殊和非常少见的情况。因此，在很大程度上，他们是无人监督和不受监管的。

　　我现在讲不匹配的最后一个问题，即仲裁裁决的终局性。仲裁裁决是终局的，没有其他救济，几乎没有或根本没有能力纠正法律或事实的错误。因此，即使仲裁员有法律或事实错误，或法律和事实都是错误的，也没有什么救济权，除非违反了自然正义。现在，这不符合条约争端，因为争议的当事人涉及了主权国家。裁决会影响大规模的民众。因此，法律或事实错误，或者两者皆错是无法忍受的。可以理解的是，人们越来越呼吁要求改革。2019年7月，中国向UNCITRAL第三工作组递交了申请，中国指出了现有制度的问题：一是缺乏纠错机制；二是缺乏稳定性、可预见性；三是仲裁员的专业性和独立性问题；四是批评冗长而昂贵的仲裁程序。越来越多的亚洲和其他国家提出大量批评。的确，我认为人们需要记住的结论是，私人商事仲裁并不适合以投资或东道国条约的形式发生的公共纠纷。

　　因此，地方法院的诉讼和临时仲裁，显然世界需要不同的解决方案。如果不能找到可行的解决办法，我们只能通过政治或外交途径来解决这些争端。我认为，这种依赖政治和外交渠道的情况只会导致这种争端的政治化，这不是我们想要的。我们希望争端去政治化。我们肯定不想回到"炮舰外交"的黑暗年代。因此，现在世界比以往任何时候都更需要一个可行的解决方案，尤其是当传统资本进口国发展成为资本出口国时。我认为在全球范围内，唯一可行的和紧迫的选择，将是成立一个常设的多边投资法院。有了这样的法院，将会有合格的独立法官，将会有基于规则的透明程序，将有纠正裁决的适当上诉机制。最终，才有裁决的一致性和可预测性。投资者和东道国争议解决非常需要这些东西。

现在人们越来越认识到这将奏效。我想举两个例子，说明常设投资法院已经运行。第一个例子是南美贸易集团南方共同市场（the South American Trade Bloc Mercosur）。2004年，巴西、阿根廷、巴拉圭和乌拉圭4个国家建立了一个永久投资审查法庭，即南方共同市场常设审查法院。截至2019年（我只能获得截至2019年的统计数据），该审查法院出具了6个裁决。第二个例子是阿拉伯国家。阿拉伯资本在阿拉伯国家投资的统一协议（一个1980年的条约），有在中东及其周边地区的19个签署国。1983年，他们成立了阿拉伯投资法庭，根据我接触到的文献资料，2018年9月，阿拉伯投资法院已经发布了6项裁决，还有7项裁决有待作出。所以，确实有在现实生活中永久投资法院的例子，而且运作了很长一段时间。近年来，由27个成员国组成的欧盟一直积极倡导建立多边投资法庭。因此，在与欧盟的一些条约中，首先建立的不是多边的，而是双边的投资合作。2016年《欧盟与加拿大全面经济贸易协定》、2018年《欧盟与新加坡投资保护协定》和目前正在讨论和组建中的2019年《欧盟与越南投资保护协定》，所有这些协议要求组建双边投资法庭。因此，它确实可以奏效，联合国于2017年7月成立了贸易法委员会第三工作组，该工作组提出对ISDS条款进行必要改革的建议。目前，尚未就建立多边投资法庭达成共识，尽管我认为，如果能做到像南方共同市场和阿拉伯国家那样，将是实现这一目标的一个可行选择，并会被许多人接受。

因此，我们不会很快看到一个常设的多边投资法庭。现在的问题是：是否过渡措施会取得一席之地，并取代常设上诉法院机制？截至今天，全世界有3300项条约。其中有约25项条约呼吁建立上诉机制。所以，如果你有临时仲裁，但裁决错误，你可以向现有的上诉机制寻求救济。因此，这25项条约包括2014年《加拿大与韩国自由贸易协定》、2015年中国与澳大利亚FTA和最近2018年《墨西哥与欧盟自由贸易协定》，要求建立永久上诉仲裁机构。但时至今日，除了提及的中国、新加坡等国家司法管辖区，我们并没有一个现成的常设上诉机制，尽管我们对此有所进展。

在欧洲机制建立之前，多边投资法院是一个漫长的过程。我们处在一个高度支离破碎的世界。因此，让我们再来回顾一下。第一，我提到了跨国投资法庭的支持者，并举了一个例子。第二，我举了一个过渡解决方案和组成部分的例子，这是一个常设上诉机制。第三，有传统的方法，即ICSID附加配套规则，联合国国际贸易法委员会规则或适当的仲裁机构特别仲裁的规则。现在，传统方法继续被利用在大量的新条约中，如2020年1月日本与摩洛哥签订的双边投资条约（BIT）。第四，非常有趣，2020年印度与巴西签署双边投资条约，完全没有争端解决机制（ISDS）这一规定。因此，这项条约中完全没有投资者和东道国争端解决机制。它所关注的是两种形式的争端预防机制：一是通过设立监察员；二是通过设立一个联合投资委员会，以寻求解决投资者与东道国之间的争端。实际上，我的意思是，现在对印度—巴西双边投资条约的机制可以提出非常严厉的批评，即它没有为投资者提供追索权，追索和救济将是一个是否可以保持公正的问题。所以，这是我的第四个思考。第五，有些条约完全废除了争端解决机制（ISDS），这又是一个最近的发展。例如，2020年11月由15个国家签订的区域全面经济伙伴关系协定（RCEP）。所有10个东盟国家加上日本、中国、韩国、澳大利亚、新西兰5个国家，这15个国家已经占了世界人口的1/3和世界GDP的1/3。这个影响世界1/3人口的RCEP将在2024年末实施，但目前还没有ISDS的规定。究其原因,也不像在巴西—印度双边投资协议中，用争议预防措施来取代它。实际原因是各方认识到是需要ISDS的，但各方无法就ISDS条款应该采取什么形式达成一致。因此，该条约规定了条约生效后2~3年的时限内，各方、各缔约国共同努力制定一个可接受的ISDS框架。你可能会记得，2019年11月，印度实际上退出了RCEP，因为担心某种形式的ISDS将被包含在内。因此，先生们、女士们，现实是，在我们可以就永久的解决方案达成共识前，我们生活的世界将继续在这一领域高度分散碎片化。

主旨演讲篇

非常感谢。

（弗朗西斯·沙勿略系国际御准仲裁员协会前会长、环太平洋律师协会第 29 届会长、国际资深仲裁员）

英文讲话原稿如下：

A Multilateral Investment Court—A Mirage in the Horizon

Francis Xavier

Distinguished guests, ladies and gentlemen, I want to talk today about the biggest challenge facing the global treaty framework—what is the most appropriate method of resolving investor / host state disputes?

First off, I think we can all agree that municipal court or state court litigation is not the answer. State courts are not perceived as being sufficiently independent or neutral. And more importantly, state courts need to enforce state law—and municipal law itself may have been enacted in breach of treaty obligations. So, you have a disjunct there.

Now traditionally, and for the longest time, the platform adopted to resolve investor / host state disputes is that of *ad hoc* arbitration. Most treaties have a choice of *ad hoc* arbitration, first under the ICSID—main or Additional Facility Rules. And then you also have a choice of utilising UNCITRAL rules and

117

finally the rules of a suitable arbitral institution. And we all are familiar with the widespread global backlash that has come about in recent years against the use of Investor State Dispute Settlement ('ISDS') in investment treaties.

I wish to make two points here.

The first is that there are many unmeritorious criticisms of the ISDS framework, such as that investors win most of the time, if not all of the time, and that developing host states bear the brunt of large awards. Most of these and other similar criticisms have been adequately rebutted and addressed by a number of jurists. I need not do that here.

The second point I want to make is that certain of these criticisms are well-founded, but the challenges can actually be resolved by careful treaty drafting. For instance, one criticism is that ISDS mechanisms prevent states from properly enforcing their environmental, health and other strategic legal framework. But this is a challenge that can be resolved by careful treaty drafting. If you take the Regional Comprehensive Economic Partnership Agreement ('RCEP') that was signed by 15 countries in November 2020, there is this clause which says that the RCEP provisions are not to be construed as preventing a state measure intended to preserve environmental, health or other regulatory objectives. Careful drafting can therefore in fact go a long way in resolving some of these issues, including the supposed regulatory chill effect of ISDS provisions.

I want to come back to the key question: is the traditional *ad hoc* private arbitration mechanism or platform a suitable one for resolving disputes between investors and host states? I would say that, for many reasons, it is not.

The *ad hoc* arbitration platform is obviously eminently suited to commercial disputes between private disputants. Looked at it from a larger perspective, many different *ad hoc* arbitral tribunals making decisions that are private and confined to their own sphere can and do result in contradictory decisions. When you have a number of separate ad hoc tribunals, sometimes construing the same provision in the same treaty, they do come to completely and diametrically opposed conclusions. And this often describes the landscape in investment treaty disputes settlement: contradictory decisions by different arbitral tribunals. Often times, the same point, same provision, different results. So, this creates an unacceptable degree of uncertainty and engenders a lack of predictability that is not helpful.

Moving on.

Confidentiality and the private nature of international commercial arbitration is very attractive for private disputants. But when you have a public law dispute in an investor-host state scenario, it is transparency that is needed. It is public accountability. And you have seen a big movement in treaty arbitration towards openness—ultimately resulting in the advent of the 2014 Mauritius Convention on Transparency, which came into force in October 2017. Simply put, the confidential nature of international commercial arbitration is not well suited to public law disputes affecting large swathes of citizenry and sovereign nation states.

Moving on to yet another point.

International commercial arbitration has grappled with a strong sense of unease over the mechanism of party appointed arbitrators. There have been many criticisms of a perception of bias of arbitrators in favour of the appointing party. There are also a number of questions over the ethical conduct and responsibility of party appointed arbitrators. This problem is particularly acute in treaty arbitration. In a celebrated study in 2009 by Professor Albert Jan van den Berg, he reviewed 34 ICSID cases where there was a dissenting opinion. And in all of those cases, the dissent was written by an arbitrator appointed by the losing party. This calls into question the very credibility and neutrality of the arbitrators in question.

Moving on to yet another front in terms of arbitrator performance in private arbitration. If one were to take the latest published survey, the Queen Mary University of London Survey of 2018 (the 2020 results are still not out), the second worst characteristic of international commercial arbitration was noted to be weak arbitrator performance. This results from weak procedural rigour, time delays in issuing awards, simply being unprepared for hearings and a whole host of other complaints resulting in delays in the arbitration process and costs being ramped up. This issue is particularly acute because there is no overarching supervisory or oversight authority in international commercial arbitration. Yes, you can set aside awards in very narrow circumstances, but that is very exceptional. To a large extent, therefore, arbitral tribunals are unsupervised and unregulated.

That brings me to the final point of the mismatch—the finality of arbitral awards. Arbitral awards are final, and there is little or no ability to correct errors of law or fact. So even if the arbitrator gets the law or the facts wrong, or both the law and the facts wrong, there is little recourse unless there was, say, a natural justice breach. Now, this doesn't sit well with the treaty dispute terrain, because you have party disputants who are sovereign states. The awards affect a large number of people and invariably, large amounts are at stake too. So how does one tolerate, in the face of that, incorrect awards? And so, it is understandable that there is a growing clarion call for reform.

Take China's submission in July 2019 to the UNCITRAL Working Group III. China basically made several criticisms of the current system. And it pointed out: one, the lack of an error correcting mechanism; two, the lack of stability, predictability of arbitral awards; three, questioned the professionalism and independence of arbitrators; and four, criticised the lengthy and costly arbitration processes. These criticisms are increasingly being made by a number of other countries all across the world. The inescapable conclusion is that private commercial arbitration is not well suited to public law disputes in the form of investor and host state disagreement arising under investment treaties.

So, if municipal court litigation is unacceptable and ad hoc arbitration is ill-fitted, obviously the world needs a different solution. Without a viable solution, we would only be left with political or diplomatic channels to resolve such disputes. And I think we can all agree that relying on diplomatic channels will simply lead to the politicisation of such disputes, which is not what we want. We want the de-politicisation of disputes. And we certainly don't want to go back to the dark days of gunboat diplomacy. So now, more than ever, the world needs a viable solution, especially when traditional capital importing countries develop and become capital exporters.

There is again a growing voice across the globe recognising that perhaps the only viable option, and I would agree, would be the formation of a permanent multilateral investment court. With such a court, you have qualified independent judges, rule-based transparent proceedings, correctness of awards enforced by a suitable appeal mechanism, and finally, consistency and predictability of judgments. All of these characteristics are very sorely needed in the investor-host state dispute landscape.

There is a growing recognition that this will work. I want to give just two examples of permanent investment courts that are already in place. The first would be the South American trade bloc Mercosur. In 2004, four South American countries—Brazil, Argentina, Paraguay, Uruguay—founded a trade bloc. Crucially, in 2004, they also founded a permanent investment review court, called the Permanent Review Court of the Mercosur. I only managed to obtain the relevant court statistics up to 2019, which show that the court had issued six awards as of 2019.

The second example is the Arab states. The Unified Agreement for the Investment of Arab Capital in the Arab States, a treaty of 1980, has 19 signatory states in and around the Middle East. In 1983, they founded the Arab Investment Court. From the literature that I had access to, as of September 2018, the Arab Investment Court had issued six decisions and seven decisions were pending.

So, you do have real life examples of permanent investment courts which have been functioning well for a lengthy period of time. In recent years, the EU, which comprises 27 nation states, has been a vigourous advocate of a multilateral investment court. So, you have concrete proposals in a number of treaties entered into by the EU for the establishment of, not a multilateral investment court in the first instance, but a bilateral investment court. This is provided for in the 2016 EU-Canada Comprehensive Economic and Trade Agreement, the 2018 EU-Singapore Investment Protection Agreement and the 2019 EU-Vietnam Investment Protection Agreement, all of which call for the formation of a bilateral investment court.

So it could work, but the reality I have to accept is that looking at the deliberations of the UNCITRAL Working Group III, which was formed by the United Nations in July 2017 to propose much needed reform to ISDS provisions, there is as of now no global consensus on the formation of a multilateral investment court.

The reality is that we are not going to see a permanent multilateral investment court anytime soon. The question then is: is there an intermediate measure that we could adopt?

One intermediate measure that is gaining ground is that of a standing appellate court mechanism. As of today, we have about 3300 treaties all across the world. About 25 of them call for an appeal mechanism. So, you have an *ad hoc* arbitration, but if there are errors and if the tribunal gets it wrong, you have recourse to a standing appeal mechanism. The 25 treaties include the 2014 Canada-South Korea FTA and the 2015 China-Australia FTA. More recently, the 2018 Mexico-EU FTA calls for the establishment of a permanent appellate arbitration court. But as of today, whilst the mechanism of a standing appeal mechanism is also gaining ground in other major jurisdictions such as China and Singapore, to date there is no actual appellate mechanism in place, although it is a work in progress.

So, pending the establishment of an appeal mechanism or a multilateral investment court, the latter being a long-haul process, we are left with a highly fragmented world. So, let us look at some of the recent developments on this front.

First, of course, there are the proponents of a multinational investment court and I have given you examples of that.

Second, I have given examples of an intermediate solution and the proponents of a standing appellate mechanism.

And then, third, you have the traditional approach, which is the *ad hoc* arbitration platform in the form of ICSID main or Additional Facility Rules, UNCITRAL Rules or the rules of a suitable arbitral institution. The traditional approach continues to be utilised in a number of new treaties, the January 2020 Japan-Morocco BIT being an example.

Now, a new fourth variant is emerging—the January 2020 India-Brazil BIT completely lacks ISDS provisions. There are no investor / host state dispute resolution mechanisms in the Treaty. Rather, what it focuses on is dispute prevention mechanisms in two forms: one, through the establishment of an ombudsman; and two, by the establishment of a joint investment committee that will seek to resolve disputes between investors and host states. But one criticism that can be made very heavily on the mechanisms in place in the India-Brazil BIT is that it provides investors with no direct recourse to remedies. This is an access to justice issue.

The fifth variant, which is again a very recent development, brings us back to the Regional Comprehensive Economic Partnership ('RCEP') signed in

November 2020 by 15 nations. You have all 10 ASEAN countries plus five—Japan, China, South Korea, Australia and New Zealand. These 15 countries form a trade bloc that captures one third of the world's population and one third of the world's GDP. RCEP, which is likely to come into force at the end of this year, simply has no ISDS provisions. Unlike the India-Brazil BIT, parties were in agreement that ISDS provisions are required, but were not able to agree on what form the ISDS provisions should take. So, the treaty provides for a time frame of between two to three years after its coming into force for the parties to work together to agree on an acceptable ISDS framework. And some of you may recall that in November 2019 India in fact pulled out of the RCEP because of concerns over the fact that some form of ISDS would be incorporated.

In concluding, when one looks across the globe, the reality is that until we can arrive at a universal consensus on a permanent solution, the world we live in will continue to be highly fragmented in its approach to investor / host state dispute resolution. The resultant patchwork of divergent fora and the disharmonious development of law will remain an inevitable feature of the terrain.

Thank you very much.

自贸区创新 发 展 篇

上海自贸试验区法治保障的实践探索与路径选择

黄爱武　徐红军

建设自由贸易试验区（以下简称自贸试验区）是"党中央在新形势下全面深化改革、扩大对外开放的一项战略举措"，[①]对促进贸易和投资便利化、构建开放型经济新体制具有重要意义。2013年，上海自贸试验区作为全国首个自贸试验区在上海市浦东新区设立，自其成立伊始就肩负着为国家探路先行的重要使命。而在推进上海自贸试验区建设的过程中，从国家到地方，始终坚持重大改革于法有据，运用多种法治保障方式，为上海自贸试验区建设保驾护航，同时这些法治保障实践经验之后也在其他自贸试验区复制推广。

一、上海自贸试验区法治保障的实践路径

2013年国务院批准的上海自贸试验区总体方案中提出了调法调规、地方立法、制定制度文件三种上海自贸试验区法治保障路径[②]，之后出台

[①] 习近平在参加上海代表团审议时强调践行新发展理念深化改革开放加快建设现代化国际大都市[N].人民日报，2017-03-06（1）。
[②]《国务院关于印发中国（上海）自由贸易试验区总体方案的通知》就法制保障提出以下三点要求：一是按照规定程序办理暂时调整实施行政法规和国务院文件有关事项；二是要求国务院各部门及时解决试点过程中遇到的制度保障问题；三是要求上海市通过地方立法建立相应的管理制度。

的深化方案、全面深化方案继续对法治保障路径作了规定，但总体方向不变[①]。2021年全国人大常委会关于授权上海市人大及其常委会制定浦东新区法规的决定和2023年修订的立法法则赋予了上海自贸试验区更大的地方立法权限。其中调法调规、地方立法（授权立法）作为立法层面的路径，是基础性保障方式；制定制度文件作为文件层面的路径，属于补充性保障方式。

（一）调法调规

上海自贸试验区根据国务院批准的总体方案及后续深化方案，承担了众多先行先试改革任务，其中不少事项涉及中央事权，如率先试点的外商投资准入前国民待遇加负面清单管理制度。对此，2013年以来，全国人大常委会、国务院、上海市人大常委会针对上海自贸试验区及临港新片区改革作出系列调法调规决定。其中，2013年、2014年、2019年、2021年，全国人大常委会陆续作出4个适用于上海自贸试验区的调法决定。[②]2013年、2014年、2016年、2017年、2020年、2021年，国务院相继作出6

[①] 《国务院关于印发进一步深化中国（上海）自由贸易试验区改革开放方案的通知》就法制保障提出以下两点要求：一是重申暂时调整实施行政法规（含国务院文件和经国务院批准的部门规章）有关要求；二是强调将试点成熟的规范性文件适时转化为地方性法规和规章。《国务院关于印发全面深化中国（上海）自由贸易试验区改革开放方案的通知》就法制保障提出以下两点要求：一是要求各有关部门及时制定实施性制度文件；二是强调及时做好涉及调法调规改革事项相关法律的立改废释。
[②] 《全国人民代表大会常务委员会关于授权国务院在中国（上海）自由贸易试验区暂时调整有关法律规定的行政审批的决定》（2013年8月30日公布，已失效）、《全国人民代表大会常务委员会关于授权国务院在中国（广东）自由贸易试验区、中国（天津）自由贸易试验区、中国（福建）自由贸易试验区以及中国（上海）自由贸易试验区扩展区域暂时调整有关法律规定的行政审批的决定》（2014年12月28日公布，已失效）、《全国人民代表大会常务委员会关于授权国务院在自由贸易试验区暂时调整适用有关法律规定的决定》（2019年10月26日公布）、《全国人民代表大会常务委员会关于授权国务院在自由贸易试验区暂时调整适用有关法律规定的决定(2021)》（2021年4月29日公布）。

个适用于上海自贸试验区或者临港新片区的调规决定。[①]2013年，上海市人大常委会针对上海自贸试验区改革作出1个调规决定。[②]调法调规立足上海自贸试验区改革需求，在无国家层面立法授权、又无现成经验可借鉴的情况下，确保上海自贸试验区推进重大改革于法有据，有利于上海自贸试验区更好履行先行先试主体责任，同时为其他自贸试验区提供可复制可推广的法治保障经验，为上海市进一步承接国家授权积累了经验、创造了条件。

（二）地方立法

2013年9月，为了确保上海自贸试验区管委会顺利挂牌运行，上海市政府出台了《中国（上海）自由贸易试验区管理办法》（上海市人民政府令第7号，已废止）。2014年7月，上海市人大常委会结合实践，在市政府规章的基础上，出台《中国（上海）自由贸易试验区条例》（以下简称《上海自贸试验区条例》），从管理体制、投资贸易金融制度创新、综合监管、法治环境等方面构建了上海自贸试验区的基本制度框架。2015年3月，为贯彻落实总体方案和《上海自贸试验区条例》有关规定，市政府出台规章[③]，将上海市有关行政审批权和行政处罚权下放，由上海自贸试验区管委会集中行使。2019年、2022年，对上海自贸试验区临港新片区也是采取了"先制定规章、后出台法规"的法治保障方式。上海自贸试

[①] 《国务院关于在中国（上海）自由贸易试验区内暂时调整有关行政法规和国务院文件规定的行政审批或者准入特别管理措施的决定》（2013年12月21日公布）、《国务院关于在中国（上海）自由贸易试验区内暂时调整实施有关行政法规和经国务院批准的部门规章规定的准入特别管理措施的决定》（2014年9月4日公布）、《国务院关于在自由贸易试验区暂时调整有关行政法规、国务院文件和经国务院批准的部门规章规定的决定》（2016年7月1日公布）、《国务院关于在自由贸易试验区暂时调整有关行政法规、国务院文件和经国务院批准的部门规章规定的决定》（2017年12月25日公布）、《国务院关于在自由贸易试验区暂时调整实施有关行政法规规定的通知》（2020年1月15日公布）、《国务院关于同意在中国（上海）自由贸易试验区临港新片区暂时调整实施有关行政法规规定的批复》（2021年11月9日公布）。
[②] 《上海市人民代表大会常务委员会关于在中国（上海）自由贸易试验区暂时调整实施本市有关地方性法规规定的决定》（2013年9月26日公布、2016年9月29日修改）。
[③] 《上海市人民政府关于中国（上海）自由贸易试验区管理委员会集中行使本市有关行政审批权和行政处罚权的决定》（上海市人民政府令第26号）。

验区先制定政府规章再制定地方性法规的法治保障模式符合科学立法的规律，对后续设立的其他自贸试验区法治保障工作提供了有益经验。①

（三）制定制度文件

2013年以来，国家部委就上海自贸试验区先后发布了100多项政策文件②，对服务业对外开放、金融创新、出入境自由便利化等领域的监管规定作出调整。上海市政府及其工作部门、上海自贸试验区管委会保税区管理局、临港新片区管委会也发布了若干制度文件。③此外，根据2007年、2019年、2021年上海市人大常委会作出的3次授权决定，浦东新区人大及其常委会、浦东新区政府可以分别制定综改文件、再出发文件和管理措施。④截至2024年2月，上海浦东新区先后为上海自贸试验区及其临港新片区出台3项改革创新类文件，即浦东新区人大常委会于2016年根据《综改决定》作出的《关于促进和保障陆家嘴金融城体制改革的决定》，为上海自贸试验区陆家嘴金融城实施法定机构改革提供法治保障；2022年、

---

① 丁伟.自贸试验区法治创新与实践探索［M］.上海：上海人民出版社，2021：132.
② 例如，工业和信息化部印发《中国（上海）自由贸易试验区外商投资经营增值电信业务试点管理办法》（工信部通〔2014〕130号）、中国人民银行出台《关于金融支持中国（上海）自由贸易试验区建设的意见》、海关总署出台《关于安全有效监管支持和促进中国（上海）自由贸易试验区建设的若干措施》。
③ 例如，2013年上海市政府印发《中国（上海）自由贸易试验区外商投资项目备案管理办法》、上海市工商行政管理局印发《中国（上海）自由贸易试验区企业年度报告公示办法（试行）》《中国（上海）自由贸易试验区企业经营异常名录管理办法（试行）》、上海自贸试验区管委会保税区管理局印发《关于中国（上海）自由贸易试验区保税区域综合用地规划和土地管理的若干意见》、临港新片区管委会印发《临港新片区限价商品住房供应管理工作实施办法》。
④ 根据《上海市人民代表大会常务委员会关于促进和保障浦东新区综合配套改革试点工作的决定》（以下简称《综改决定》）和《上海市人民代表大会常务委员会关于促进和保障浦东新区改革开放再出发实现新时代高质量发展的决定》（以下简称《再出发决定》）规定，综改文件和再出发文件作为特殊类型的改革类规范性文件，在坚持国家法统一原则和地方性法规基本原则的前提下，既可以对重点领域进行制度探索，也可以对地方性法规具体规定作适当变通，具有较大的制度创新空间；根据《中共中央　国务院关于支持浦东新区高水平改革开放打造社会主义现代化建设引领区的意见》（以下简称《引领区意见》）和《上海市人民代表大会常务委员会关于加强浦东新区高水平改革开放法治保障制定浦东新区法规的决定》（以下简称《法治保障决定》）规定，对暂无法律、法规或者明确规定的领域，支持浦东新区人大及其常委会和浦东新区政府先行制定相关管理措施。

2023年根据《法治保障决定》出台的《浦东新区加强滴水湖水域保护和滨水公共空间建设管理若干规定》《浦东新区促进无人驾驶装备创新应用若干规定》，为临港新片区推进滴水湖水域保护和无人驾驶装备创新应用提供法治保障。

（四）授权立法

2021年6月，全国人大常委会作出《关于授权上海市人民代表大会及其常务委员会制定浦东新区法规的决定》（以下简称《授权决定》），明确授权上海市人大及其常委会根据浦东改革创新实践需要，遵循宪法规定及法律和行政法规基本原则，制定浦东新区法规，在浦东新区实施。[①]《授权决定》鲜明提出浦东新区法规这一立法专属概念，既是对中央强化法治保障要求[②]的落实落细，又是对浦东立法"试验田"的有力支持。据此授权，浦东新区法规可以对法律、行政法规、部门规章作出变通规定，适度突破地方立法权限，先行先试有关事项。自此，上海自贸试验区由于全域位于浦东新区行政区域内，其改革创新拥有了浦东新区法规这种新的法治保障形式。截至2024年2月，上海市人大常委会累计出台了18部浦东新区法规，适用于包括上海自贸试验区在内的浦东新区全域[③]，但是尚未专门为上海自贸试验区制定浦东新区法规。

[①] 2023年修正的《中华人民共和国立法法》第八十四条第二款规定"上海市人民代表大会及其常务委员会根据全国人民代表大会常务委员会的授权决定，制定浦东新区法规，在浦东新区实施"及第一百零九条对浦东新区法规备案作出了相应规定，从而在立法法层面对授权制定浦东新区法规予以确认。

[②]《引领区意见》提出比照经济特区法规授权上海市人大及其常委会制定法规。

[③] 值得注意的是，经上海市人大常委会与全国人大常委会有关部门的积极沟通争取，部分浦东新区法规在临港新片区的全域适用获得了一定程度的支持。例如，2023年7月上海市人大常委会出台的《上海市促进浦东新区融资租赁发展若干规定》第十八条规定："住所地在临港新片区（浦东新区范围以外）的融资租赁公司，参照适用本规定。"

二、上海自贸试验区法治保障路径面临的问题与挑战

上海自贸试验区自 2013 年设立以来，通过调法调规、地方立法、制定制度文件等方式，为自贸试验区深化改革、扩大开放提供了有力法治保障，取得了开创性、阶段性法治保障成果。然而，随着改革深入推进和情势发展变化，上海自贸试验区现有调法调规、地方立法等法治保障方式各有利弊，在授权立法与法律保留、立法需求扩张与立法资源稀缺的关系处理上还面临一些亟待解决的问题和挑战，这些问题解决的好坏、快慢，在一定程度上影响了上海自贸试验区建设的成效。

（一）调法调规与地方立法

在上海自贸试验区建设过程中，一般地方立法虽然可以为自贸试验区设立管理机构、实施相对集中行政审批权和行政处罚权等提供法治保障，但是由于其无权变通法律、行政法规等上位立法，在上海市获得浦东新区法规立法授权之前，调法调规作为一种法治保障形式，发挥了不可或缺的作用。随着上海自贸试验区改革步入"深水区"，先调法调规、再制定地方立法的方式，已经难以满足改革实践的需要。在实践中，一般先由上海市梳理出相关改革诉求所涉及的法律障碍，提出调整适用法律、行政法规的具体条款，形成事项清单后报国家主管部委；国家主管部委征求、协调国务院相关部委意见后反馈该市，进行修改完善形成送审稿，经上海市和国家主管部委共同报国务院，再由司法部审查修改后提请国务院审议通过；涉及调法的，继续由国务院提请全国人大常委会审议。此前的调法调规实践表明，虽然法律、行政法规"因地调整"模式已经入法，但其实际操作程序较为烦琐，往往耗时较长，难以及时回应自贸试验区改革创新的实际需求。

在先调法调规、再制定地方立法的过程中，调法调规明显处于更为关键的地位，而制定地方立法则侧重于发挥补充性作用，从立法层面为上海

自贸试验区建设提供稳定预期。作为上海自贸试验区"基本法"的《中国（上海）自由贸易试验区条例》自2014年出台后，虽然2018年启动过修订程序，但由于种种原因，一直未能得到修订完善，而该地方性法规不少规定已经明显滞后于上海自贸试验区发展实践。

（二）授权立法与法律保留

上海自贸试验区在推进改革过程中，触碰到更多的是中央事权，对于涉及中央事权的改革事项，之前往往通过调法调规的方式解决合法性障碍。2021年获得立法授权后，上海市人大及其常委会可以通过制定浦东新区法规的方式，在"遵循宪法规定以及法律和行政法规基本原则"的前提下，变通有关法律、行政法规、部门规章的具体规定，为上海自贸试验区改革提供法治保障。在立法实践中，对于"遵循宪法规定以及法律和行政法规基本原则"前提的解释尚未形成定论，即浦东新区法规是否能在一定程度上突破《中华人民共和国立法法》第十一条的限制、在只能由法律制定的11种情形中进行一定程度的探索和尝试。有学者提出，制定浦东新区法规仍需坚持法律保留原则，不可触碰《中华人民共和国立法法》明确应当由全国人大及其常委会制定法律的事项。[1]与此同时，也有学者对此持不同观点，认为浦东新区法规也可涉及法律、行政法规保留的事项。[2]从最新实践来看，国家有关部门对此持谨慎态度，特别强调浦东新区授权立法涉及法律保留事项的除外。[3]

实际上，随着上海自贸试验区改革逐步迈入"深水区"，更大力度的改革开放和压力测试，不可避免地触及中央事权，地方事权范围内的改革空间越来越小。在此背景下，浦东新区法规能否在一定程度上触碰投资、

---

[1] 林圻，李秋悦.浦东新区法规：法规家族新成员[J].上海人大月刊，2021（7）.
[2] 姚魏.论浦东新区法规的性质、位阶与权限[J].政治与法律，2022（9）.
[3]《上海东方枢纽国际商务合作区建设总体方案》指出："发挥上海市人大在浦东新区立法授权作用，立足商务合作区改革创新实践需要，遵循宪法规定及法律和行政法规基本原则制定法规，对法律、行政法规、部门规章等作变通规定（涉及《立法法》第十一条规定事项的除外），在商务合作区内实施。"

贸易、金融等法律、行政法规保留事项，不仅关系到上海自贸试验区未来进一步发展，而且对浦东引领区建设也有着重要影响。

（三）立法需求扩张与立法资源稀缺

随着自贸试验区提升战略和浦东引领区建设的推进，上海自贸试验区立法需求呈现快速扩张的趋势，其中既有落实试点任务的要求，也有推进自主改革的需要。在获得立法授权后，除了法律、行政法规保留事项，满足立法需求主要通过地方立法供给来实现。目前，上海自贸试验区的地方立法供给主要由上海市层面提供，地方性法规（含浦东新区法规）、政府规章分别由上海市人大及其常委会、上海市政府来制定。实际上，上海市地方立法普适性的规定难以满足上海自贸试验区个性化的需求。而由上海市层面提供包括浦东新区法规在内的立法供给，在数量上存在明显稀缺性[①]，这在很大程度上影响了上海自贸试验区立法供给的及时性。这种情况与深圳经济特区早期很相似，在深圳获得经济特区立法权之前，深圳经济特区法规由广东省人大常委会制定，但由于其自身立法任务重等原因，11年间仅为深圳制定了19部经济特区法规。[②] 上海自贸试验区改革要往前走、再深化，离不开立法的引领和推动。从赋予上海自贸试验区更大改革自主权和现有制度供给现状的角度来说，上海自贸试验区立法需求扩张与上海市现有地方立法资源稀缺之间存在明显的张力。未来有必要在准确把握国家政策导向和改革实践需求的基础上，进一步增强立法供给的有效性、及时性。

三、上海自贸试验区法治保障路径选择的展望

现有的法治保障形式有力保障了上海自贸试验区改革创新，但是随着

[①] 以2021—2023年上海市地方性法规和政府规章立法计划中的正式项目为例，地方性法规项目年均27.7件、政府规章项目年均14.7件。
[②] 王成义，洪延青. 30年"依法行政"在中央与地方立法框架下的实践——以深圳特区立法为基点[J]. 行政法学研究，2009（3）.

国内外环境变化，尤其在当前中国已经加入《贸易便利化协定》（TFA）和《区域全面经济伙伴关系协定》（RCEP）的背景下，按照中央对上海自贸试验区"三区一堡"的定位及自贸试验区提升战略的要求[①]，上海自贸试验区有必要充分利用中国加入国际协定之前的窗口期和加入之后的过渡期[②]，在综合运用现有法治保障形式的基础上，进一步拓宽法治保障路径，先行先试相关高标准国际经贸规则，为国家制度型开放和高质量发展探路先行。

（一）统筹运用多种法治保障方式

首先，用好用足浦东新区法规变通权。目前浦东新区法规可以进行"变通"的范围、事项、程度和边界尚不明晰，存在较大争议，浦东新区可以遵循先易后难的思路，进行分级"试"和"闯"，同时可以尝试以负面清单的形式排除不能变通的事项与内容，并通过法定程序对此进行确认。[③]考虑到作为地方性法规的《上海自贸试验区条例》已经严重滞后于实践，有必要适时对其进行修订。修订该条例可以采取浦东新区法规的形式，将上海自贸试验区基础性的制度机制进行提炼、固化，变通有关法律、行政法规、部门规章具体规定，落实引领区意见、浦东综改试点方案、上海自贸试验区高水平制度型开放总体方案等中央最新文件对上海自贸试验区建设提出的新要求。此外，对于其他需要进行单点突破的制度创新，可以另行制定浦东新区法规来满足上海自贸试验区法治保障需求。

---

① 《国务院关于印发全面深化中国（上海）自由贸易试验区改革开放方案的通知》明确要求，上海自贸试验区建设"三区一堡"，即建设开放和创新融为一体的综合改革试验区，建立开放型经济体系的风险压力测试区，打造提升政府治理能力的先行区，成为服务国家"一带一路"建设、推动市场主体走出去的桥头堡。《国务院印发关于在有条件的自由贸易试验区和自由贸易港试点对接国际高标准推进制度型开放若干措施的通知》提出，在上海、广东、天津、福建、北京自贸试验区和海南自由贸易港从推动货物贸易创新发展、推进服务贸易自由便利、便利商务人员临时入境、促进数字贸易健康发展、加大优化营商环境力度、健全完善风险防控制度六个方面试点对接国际高标准经贸规则。
② 胡加祥.中国自贸试验区法治建设的实践与展望——以上海自贸试验区为视角[J].东方法学，2023（5）.
③ 姚建龙，俞海涛.论浦东新区法规：以变通权为中心[J].华东政法大学学报，2023（3）.

其次，充分发挥管理措施对立法的补充作用。一方面，进一步把握管理措施先行先试的功能，在国家层面尚未立法的领域先行制定管理措施，固化实践中的成功经验和有效举措，发挥为浦东新区法规及其他涉及浦东新区的立法提供制度探索的蓄水池功能，为上海、为全国贡献制度经验；另一方面，正确理解管理措施的上升性。相较于一般的规范性文件，管理措施具有鲜明的指向性和明确的目的性，制定管理措施的目的不仅在于探索建立新制度，更是要将行之有效的经验进行固化，并且在条件成熟的情况下，可以将其转化、上升为法规规章等形式。

最后，统筹运用不同的制度供给形式。地方立法、授权立法、调法调规、管理措施等都属于上海自贸试验区法治保障形式。因此，针对一项制度创新或者立法规制，可能存在多种法治保障形式。例如，可以选择直接制定浦东新区法规；也可以先行制定管理措施，再上升为法规规章；还可以根据改革授权先行进行改革试点，待时机成熟后再行制定浦东新区法规或者地方性法规。但是，为了避免浪费立法资源，在实践中，需要结合各类法治保障形式的不同特点及实际需要，经研究论证，确定合适的制度供给形式。

（二）赋予上海自贸试验区更大自主权

考虑到上海自贸试验区新一轮改革多数事项涉及中央事权，而浦东新区法规立法变通权仍然受到《中华人民共和国立法法》第十一条关于法律保留事项的限制，建议上海市人大常委会、市政府有关部门向全国人大常委会和国务院有关部委争取指导和支持，尽可能发挥浦东新区法规变通创新功能，对部分法律相对保留事项领域开展一些制度创新探索。实际上，赋予自贸试验区相对于经济特区更大的自主权，是党中央设立自贸试验区的初衷，[①] 而上海自贸试验区作为全国自贸试验区中的先行者、排头兵，有必要获得更大的改革自主权，尤其是立法方面的自主权，建议上海市适

---

① 陈建平.自由贸易试验区授权立法方式的优化［J］.法学，2023（4）.

时向中央争取参照海南自由贸易港法规[①]，赋予浦东新区法规更大立法权限，可以对上海自贸试验区投资、贸易、金融及相关管理活动作出规定。同时，考虑到调法调规程序烦琐、周期较长，未来上海自贸试验区或可尝试在借鉴深圳清单式批量授权及上海市人大常委会授权调规方式的基础上[②]，经全国人大常委会和国务院事前授权，将列入改革试点清单的事项进行备案管理，上海市人大及其常委会可以暂时调整实施法律、行政法规有关具体规定。

考虑到现有地方立法供给的有效性和及时性方面存在不足，同时随着浦东新区人大常委会、浦东新区政府在上海市人大常委会、市政府的指导和支持下，其立法机构设置、立法队伍建设逐步完善，具备了承接立法权的基础条件，可以适时争取赋予浦东新区地方立法权，从而进一步调动上海自贸试验区所在地立法积极性及立法供给的有效性、及时性。授权立法可以采取两步走的方式；第一步先授予浦东新区人大及其常委会、浦东新区政府分别制定地方性法规、政府规章的权限；第二步待条件更成熟时，再授予浦东新区人大及其常委会制定浦东新区法规的权限。可以通过提请全国人大常委会作出修订立法法的决定或者以作出立法解释的方式进行立法授权。

（三）制定全国统一的自贸试验区立法

习近平总书记在2014年3月就明确指出自贸试验区的定位，即"自贸区建设就是要建成制度创新的高地，做到可复制可推广，而不是政策洼

[①] 根据《中华人民共和国海南自由贸易港法》第十条规定，海南自由贸易港法规就贸易、投资及相关管理活动（主要是中央事权）进行立法，同时明确涉及依法应当制定法律或者行政法规事项的，应当分别报全国人大及其常委会或者国务院批准后生效。
[②] 《中共中央 国务院关于支持深圳建设中国特色社会主义先行示范区的意见》提出"支持深圳实施综合授权改革试点，以清单式批量申请授权方式，在要素市场化配置、营商环境优化、城市空间统筹利用等重点领域深化改革、先行先试。"《再出发决定》授权浦东新区人大常委会可以围绕自贸试验区依法决定在一定期限内在浦东新区暂时调整或者暂时停止适用上海市地方性法规的部分规定，报上海市人大常委会备案。

地，要种苗圃而不是做盆景"。① 因此，上海自贸试验区自设立以来，不忘初心、坚守定位，不做"苗圃"育"森林"，累计为全国贡献了100多项可复制可推广的制度创新成果。② 经过10年全国各自贸试验区的共同努力和差异化探索，不管是对既有制度创新成果进行固化，还是回应最新法治保障需求，都呼吁更高法律层级和更加系统集成的法治保障形式。同时，为了避免自贸试验区形成对内制度壁垒加剧，减轻省际间制度差异，③ 也有必要制定全国统一的自贸试验区立法。因此，未来条件成熟时，建议适时提请全国人大常委会制定全国统一的自贸试验区法或者授权国务院制定全国统一的自贸试验区条例，把包括上海自贸试验区在内的制度创新成果予以固化，同时满足自贸试验区进一步深化改革的有关立法需求。此外，在制定统一自贸试验区立法时，可以考虑对上海自贸试验区等具备条件的自贸试验区作出特别立法授权，运用授权立法和清单式批量调法调规方式开展先行先试，引领全国自贸试验区改革发展。

四、结语

上海自贸试验区设立11年来，在重大改革于法有据理念指引下，不仅探索形成了调法调规、地方立法、制定制度文件等有效法治保障形式，而且为全国其他自贸试验区法治保障提供了参考经验。然而，随着上海自贸试验区改革渐入"深水区"和国内外环境变化，现有调法调规、地方立法等法治保障方式各有利弊，在授权立法与法律保留、立法需求扩展与立法资源稀缺的关系处理上面临新的问题和挑战。未来，有必要统筹运用授权立法、管理措施等法治保障方式，适时推动以浦东新区法规形式修订上

---

① 刘文学，李小健，谢素芳，张维炜，梁国栋，王萍，张宝山，于浩.改革的旗帜，正在高高飘扬[J].中国人大，2014（6）.
② 国务院先后推出的七批向全国复制推广的自贸试验区制度创新经验中近一半为上海自贸试验区首创，累计已有300多项改革经验（含"证照分离"改革试点事项、扩大开放措施等）向全国分层次、分领域进行了复制推广。参见中国（上海）自由贸易试验区管委会.上海自贸试验区的非凡十年[J].中国新闻发布（实务版），2023（8）.
③ 王建学.论我国自贸区改革试验功能的法治化与科学化[J].江苏行政学院学报，2021（1）.

海自贸试验区条例或者针对上海自贸试验区具体需求另行制定浦东新区法规，待条件成熟时，提请全国人大常委会比照海南自由贸易港法规作出立法授权，赋予浦东新区立法权，授权上海市人大常委会实施清单式批量调法调规，甚至制定全国统一的自贸试验区立法，从而为上海自贸试验区当好高水平改革开放开路先锋，落实自贸试验区提升战略，提供更加有力的法治保障。

（黄爱武系上海市浦东新区司法局党组书记、局长，研究员，法学博士；徐红军系上海市浦东新区司法局立法事务处副处长，法学博士）

自贸区背景下知识产权证券化存在的问题与对策

赵旭青

一、问题的提出

2018年4月,国务院发布的《中共中央 国务院关于支持海南全面深化改革开放的指导意见》中提出了"鼓励探索知识产权证券化"的方案,海南自由贸易试验区(以下简称自贸区)开始着手知识产权证券化试点工作。随后各地自贸区开始进行知识产权证券化的试点工作推行。为此,2018年11月,国务院又下发了《关于支持自由贸易试验区深化改革创新若干措施的通知》,该通知指出"支持在有条件的自贸试验区开展知识产权证券化试点工作"。上述系统改革政策为各地自贸区开展知识产权证券化工作指明了方向。2018年12月14日,"文科一期ABS"在深圳证券交易所成功获批,标志着我国知识产权证券化从"0"到"1"的突破。知识产权证券化正式进入了大众的视野。同时,海南自贸区已经完成了全国首单知识产权供应链资产证券化产品的发行,扩大了知识产权证券化产品发行的新模式。随后四川、广东及深圳自贸区也紧随其后,积极开展当地自贸区知识产权证券化产品的发行推进过程。在我国知识产权证券化工作持续推进中,借助自由贸易区得天独厚的优势,建立自贸区知识产权证券化交易市场平台,以增强不同类型知识产权证券化产品的推进是非常必要的。

目前，对知识产权证券化的研究主要集中在知识产权基础资产本身的研究，及知识产权证券化过程构造以及存在的风险。例如，Fishman教授（2003）认为，因为证券化中的投资人并不具有对知识产权权利人的追索权，保障了知识产权的未来收益，这一观点奠定了知识产权证券化显著的特征。[1]我国台湾地区学者陈月秀（2004）认为，知识产权资产转为"证券"形式，使投资者可以直接投资知识产权，改变了知识产权仅为公司内部资产使用的情况。[2]此外，国外一些学者还对知识产权证券化中的风险隔离机制、SPV机构的结构和职责、资产证券化中的"真实出售"需考虑的因素等相关内容进行了充分探讨。对知识产权证券化的研究从最初关于知识产权证券化的优势探讨、政策的解读到对具体类型的知识产权证券化法律问题研究不断深入。例如，董涛（2009）对知识产权证券化中的证券基础资产、SPV机构的设立、知识产权抵押登记效力等问题进行了集中探讨和研究。[3]李建伟（2006）从理论层面对知识产权证券化概念、合理性、交易结构和程序等问题进行了研究。[4]朱尉贤（2019）认为知识产权资产的品质和知识产权交易市场是实现知识产权证券化的核心要素。[5]现有研究存在的问题在于较少有站在自贸区的视角对知识产权证券化制度创新模式进行研究，以及现有研究局限于理论层面而非在对自贸区知识产权证券化实际调研基础上进行研究。

中国（陕西）自由贸易试验区（以下简称陕西自贸区）为响应国务院关于在有条件的自贸区开展知识产权证券化试点工作的政策，2019年10月23日，西安市人民政府在其发布的《西安市人民政府关于深化中国（陕西）自由贸易试验区西安区域改革创新若干措施的通知》中提出："支持

---

[1] ELLIOT A FISHMAN. Securitization of IP Royalty Streams: Assessing the Landscape [J]. Technology Access Roport, September, 2003（6）.
[2] 陈月秀. 智慧财产权证券化——从美日经验看我国实施可行性与立法之建议 [D]. 台湾：台湾国立政治大学, 2004.
[3] 董涛. 知识产权证券化制度研究 [M]. 北京：清华大学出版社, 2009.
[4] 李建伟. 知识产权证券化：理论分析与应用研究 [J]. 知识产权, 2006（1）.
[5] 朱尉贤. 当前我国企业知识产权证券化路径选择——兼评武汉知识产权交易所模式 [J]. 科技与法律, 2019（2）.

探索知识产权证券化，积极跟进知识产权交易所建设进展，开展知识产权交易服务等业务。"这一通知为陕西自贸区知识产权证券化工作的进一步推进提供了政策依据。但是自 2018 年起，在陕西自贸区知识产权证券化工作的不断推进中，遇到了很多问题和障碍，在一定程度上限制了该试点工作的开展。在此背景下，我国知识产权证券化过程中存在的问题都有什么，以及在自贸区进行知识产权证券化的试点工作有着什么样的优势呢？本文对此问题的研究以陕西自贸区为切入点，通过对域外知识产权证券化发展进程和我国知识产权证券化的实践现状进行分析，论证我国现有的知识产权证券化市场发展所存在的问题，并提出相应的对策建议。

二、域外知识产权证券化发展进程

知识产权证券化属于资产证券化，实现了知识产权与金融工具的相结合，发起人将可产生未来现金流的知识产权组合成资金池，转移给特殊目的机构 SPV（Special Purpose Vehicle），由 SPV 发行证券据以融资。[1] 知识产权证券化适用资产证券化的基本理论，但与其又有着很大的区别。它们的主要相同点包括资产重组原理、风险隔离原理和信用增级原理，而最大的区别则在于底层资产的不同。知识产权证券化过程中涉及众多主体，包括知识产权权属所有人、发行人、投资者、信用评级机构等。域外知识产权证券化基础资产非常广泛，并且已经取得了丰富的实践经验。

（一）美国知识产权证券化发展历程

美国拥有发达的市场经济，纽约是世界上著名的金融中心，美国在第二次世界大战后建立起以美元为核心的国际货币制度。同时，因其强大的科学技术，衍生出了发达的金融市场，其完善的证券市场和知识产权交易市场是知识产权证券化发展的基础。美国是资产证券化最发达的国家，是知识产权证券化的起源地，也是最典型的采用信托 SPV 为主的市场主导

---

[1] 李建伟. 知识产权证券化：理论分析与应用研究 [J]. 知识产权，2006（1）:33.

型知识产权证券化模式的国家。美国知识产权化的类型主要包括版权、商标和专利，而版权证券化中又以音乐和电影作品为主。[1]从1997年到2021年的二十几年间，知识产权证券化在美国从开创到成熟，经历了设立专门SPV机构和SPV长期化的阶段，也从最初的仅面向私募基金到进入整个资本市场的过程。

美国知识产权证券化起源于"鲍伊事件"，1997年美国摇滚歌星大卫·鲍伊（David Bowie）在铂尔曼集团（Pullman Group）的帮助下，以个人专辑的特许使用权收入作为担保，发行了10年期的债权，以解决其面临的税务问题。这就是开启了知识产权证券化新时代的鲍伊债券（Bowie Bonds），从此，知识产权证券化走进了人们的视野。[2]鲍伊债券的发行大获成功，在全世界金融行业引起了巨大的轰动，给美国金融市场带来了强烈的刺激，开创了一种全新的融资方式，标志着资产证券化进入了一个全新的阶段，是资产证券化迈向知识产权证券化的里程碑。在此之前，美国传统资产证券化主要集中在抵押住房贷款、应收账款、信用卡贷款等领域。鲍伊债券的发行，扩大了资产证券化的基础资产范围，将专利、商标、版权等无形资产盘活，变成了可证券化的资产，突破了以往的融资方式，为知识产权和金融资本深度融合带来了无限可能。[3]

随后，知识产权证券化在美国的发展规模逐渐扩大，从最初的3.9亿美元逐渐增加到高达11.3亿美元。[4] 2002年，美国第一例专利证券化案例——耶鲁专利证券化案，耶鲁大学拥有艾滋病药品——Zerit的所有权，与Bristol-Myers公司签订了使用许可协议。根据使用许可协议，Bristol-Myers公司每年就Zerit在世界范围内的销售收入向专利权人提交专利使用费。其后，耶鲁大学将与Bristol-Myers公司签订的使用许可协议转让给了

---

[1] JOHN S. HILLERY. Securitization of Intellectual Property: Recent Trends from the United States [J]. Washington Core, 2004（3）:15.
[2] 李建伟. 知识产权证券化：理论分析与应用研究 [J]. 知识产权, 2006（1）: 36.
[3] JON BIRGER. Will Bowie Banker Avoid Fall to Earth: Pullman Gets His Calls to Stars Returned, But He Needs Deals to Fend Off the Critics [J]. Crain's N.Y. Bus.,1997, Jul.28.
[4] 黄文凉. 智能财产权新金融产品 [J]. 玉山银行集（双月刊），2005（8）.

BioPharma 信托公司，BioPharma 信托公司作为一家为了证券化交易专门设立的 SPV 机构，通过发行证券筹集资金后购买该专利许可。但由于该专利证券化的基础资产只有一个 Zerit 药品的专利许可收益权，风险过于集中，所以最后以失败告终。2003 年，Royalty Pharma 改变策略，以多种药品的专利许可费收益组合打包组成资金池进行证券化，目的是分散风险，最终获得了成功。而在商标权证券化领域，2002 年，Guess 公司专门建立了一个 SPV-Guess Royalty Finance LLC，将旗下不同品类的物品商标权进行证券化，获取了 7500 万美元的资金，成功地解决了债务危机。

美国知识产权证券化开始于音乐版权领域，但发展壮大却是在电影版权领域，因为美国的电影行业极为发达，众所周知好莱坞大片在世界上都受到良好赞誉。在美国电影版权证券化的进程中，其中最有名的是梦工厂证券化案，在 Fleet Boston Financial 的规划下，梦工厂将旗下 36 部电影的版权收益权组合打包为基础资产，以真实销售的方式进行融资，并以此发行了 10 亿美元的债券，融入资金用来进行电影的拍摄。2005 年，美国 Tideline 案中，SPV 投资公司从一个为发行此次证券而设立的一次性公司变为长期存在的专业投资公司出现在大众面前，SPV 专业投资公司在提升融资效率，减少融资成本上发挥了极大的作用。美国的知识产权证券化发展经历了繁荣与低落，到如今的多样化，离不开技术的创新与金融的创新。

如今，在美国企业中，无形资产的比重达到了企业资产的 90%，经过二十多年的发展，证券化基础资产的范围慢慢扩大，从版权到现在的以专利权和商标权为主。[1]因其完善的证券市场和知识产权市场，虽然知识产权证券化在整个资产证券化中所占的比重不大，但是发展的势头呈不可阻挡之势。2013 年，国际知识产权交易所在芝加哥设立，该交易所也是知识产权证券化中的一大模式创新，专利许可使用权证券化作为其创设的主要融资交易项目，开创了知识产权证券化新时代的新模式，但因平台准入门槛过高，以及参与者诉讼目的与平台方非诉意愿相违背等原因，该国

---

[1] DAVID EDWARDS. Patent Backed Securitization: Blueprint for a New Asset Class [J]. Gerling Ncm Credit Insurance, 2001.

际知识产权交易平台于2015年3月宣布关闭。虽然最终失败，但是该交易平台的创新模式给美国知识产权交易市场注入了新的力量，知识产权证券化的未来发展也展现出新的活力。

（二）日本知识产权证券化发展历程

日本知识产权证券化是以信托SPV为主的政府主导型模式，在国家层面就十分重视资产证券化和知识产权证券化，政府重视并制定了知识产权立国战略，其立法更是先于实践发展。[①] 早在1993年日本就颁布实施了《信托业特别规制法》，开启了日本资产证券化的时代，但当时可用于资产证券化的资产主要是不动产，知识产权并不属于可证券化资产的范围。日本在2000年修订的《资产证券化法》中，允许知识产权资产可以作为证券化的基础资产，并规定了资产证券化可以采用信托的模式，完善了知识产权证券化的制度保障，同时也方便了投资者进行投资，保护了投资者的合法权益。

2001年，日本成立了知识产权研究会，探索在日本开展知识产权证券化、资本化的可行性研究。2002年，日本制定了《知识产权战略大纲》，明确了"知识产权立国"的国家战略，同年，日本经济产业省发布声明，开始对生物和信息技术行业企业拥有的专利权进行证券化，由政府主导设立特别目的机构，该公司将专利权以证券的形式发行给投资者进行投资，并将收益的部分返还给专利权的拥有者。[②] 2002年11月，日本国会通过《知识产权基本法》，要求制订知识产权推进计划。从2003年伊始，日本知识产权战略部会发布知识产权的推进计划，以促进知识产权证券化的发展，以此来获得融资，为知识产权证券化提供了良好的法律环境。2003年，日本《信托法》草案通过，将知识产权纳入可信托财产的范围内。2004年，日本业界开始积极拓展知识产权信托业务，扩大信托业务的范围。

[①] 孟珍. 知识产权证券化的日本经验与中国启示——以法律制度与实践的互动为视角[J]. 南京理工大学学报（社会科学版），2018，31（4）：38–43.
[②] 张宏宇，张瑞稳. 美日知识产权证券化及对我国的启示[J]. 消费导刊，2008（14）：10–11.

Schochiku 案是日本第一例知识产权证券化案例，2002 年，其将旗下火爆一时的电视剧《做男人真难》未播放的 34 集转播权许可给了 TV Tokyo 公司，SPV 以此转播权许可费为基础资产发行证券向外界融资，获得了极大的成功。除此之外，创立于 1985 年的 Scalar 公司开启了日本专利证券化，该公司将 4 项专利权排他许可给另外一家公司，以未来的专利许可费作为基础资产，进行证券化。[1] 该专利证券化发行中因信托银行的存在，发行了一种特殊的份额受益证券，与其他种类的债券产品区分开来。[2]

目前，日本知识产权证券化的发展规模相较于其他证券化产品规模较小。截至 2015 年 3 月，日本房屋质押贷款支持证券（MBS）的规模为 14.96 万亿日元，占日本证券化规模的 88%。其他类型的证券化产品（如 ABS、CDO 等）在 2008 年国际金融危机后发行规模显著下降。[3] 日本的知识产权证券化的发展还不算发达，但相较于我国来说，仍在逐渐走入成熟期。截至 2017 年末，全球共有 1369 万件有效专利，15% 在日本，仍然是一个非常庞大的比例。[4] 对于知识产权证券化来说，虽然存在诸多困难，但从日本政府对知识产权的重视程度、大规模的修法活动及通过技术创新推动经济增长策略等行动中可以看出，未来知识产权证券化在日本的发展中将会占据极为重要的地位。

（三）欧洲知识产权证券化发展历程

在美国开始第一例知识产权证券化后，欧洲紧随其后，成为世界上第二大知识产权证券化市场。欧洲发达的金融市场，以及完善的法律制度，为知识产权证券化的发展提供了极大的便利，因此知识产权证券化的发展也极为迅速。欧洲也是市场主导型的知识产权证券化模式，因为欧洲有着

---

[1] MEI-HSIN WANG. Legislation Study on Patent Securitization[J]. 日本知财学会志，2014（11）：2.
[2] JON BIRGER Will Bowie Banker Avoid Fall to Earth: Pullman Cets His Calls to Stars Returned, But He Needs Deals to Fend Off the Critics [J]. Crain's N. Y. Bus., 1997.
[3] 曾维新，基芳婷. 典型国家和地区知识产权证券化演进与模式比较研究——基于美日欧的实践经验[J]. 现代商贸工业，2017（23）：107-111.
[4] 国家知识产权局. 2018 年世界五大知识产权局统计报告[R]. 2018.

极为发达的伦敦金融中心,伦敦金融中心一向以金融创新而闻名,在资产证券化方面发展速度较快,对知识产权证券化表现出了积极的吸收与进取态度。同时欧洲的知识产权覆盖范围较为广泛,主要集中在电影版权、音乐作品,同时因其体育事业,尤其是足球产业极为发达,因而欧洲知识产权证券化在体育产业表现明显,这也成了欧洲知识产权证券化独有的特点。[1]欧洲的知识产权证券化发展速度极快,用于证券化的基础资产基本涵盖了主要的知识产权类型,如专利权、特许经营权、商标权和著作权等。

1998年5月,西班牙皇马(Real Madrid)足球俱乐部通过知识产权证券化获益5000万美元。2001年,英超利兹联队通过未来门票收益发行债券。后来,欧洲接连有球队通过未来门票收益、商标收益、电视转播权等作为基础资产发行了知识产权证券化产品。[2]英国的证券化交易相比其他地区更为复杂,因为证券化的很多创新性改革都在英国发生,所以英国也被称为证券化世界实验室。[3]

与日本政府主导型不同的是,欧洲地区的知识产权证券化主要是依靠市场的自主调节,缺少政府的支持和引导,为了使知识产权证券化能够顺利发展,市场逐渐自发形成与之配套的制度与体系。而这最为重要的便是在缺乏政府信用背书的情况下,通过信用增级制度来保障知识产权证券化产品顺利发行。[4]目前,欧洲知识产权证券化也呈现上升趋势,对未来其他国家不断尝试推进知识产权证券化具有深远的影响。

三、我国知识产权证券化市场现状研究

自从我国知识产权证券化政策实施以来,越来越多的金融机构和研究机构都将目光放在了知识产权证券化身上。知识产权证券化能够提高自主

---

[1] PETER J. LAHNY. Asset Securitization: A Discussion of the Traditional Bankruptcy Attacks and an Analysis of the Next Potential Attack, Substantive Consolidation, 9Am. Bankr. Inst. L. Rev., 1991.
[2] 李建伟. 知识产权证券化:理论分析与应用研究[J]. 知识产权, 2006(01): 33-39.
[3] Securitization Markets in United Kingdom [OL]. http://www.vinodkothari.com/secuk.htm.
[4] 柯然. 知识产权证券化的国际经验及深圳实践[J]. 金融市场研究, 2019(10): 41-49.

创新能力，盘活无形资产，为中小企业的融资带来福音，同时可以充分发挥知识产权的杠杆融资作用。对我国知识产权证券化已发行的产品进行统计，从不同地区知识产权发展情况、知识产权证券化产品底层基础资产类型、知识产权证券化发行时间分布、知识产权证券化相关法律法规数量四个方面对我国知识产权证券化现状进行分析。

（一）不同地区知识产权证券化发展现状

截至 2021 年 12 月 31 日，我国共发行知识产权证券化产品 66 单，分布在广东、北京、江苏、浙江、上海、山东、安徽七个省（市），发行规模累计达 182.49 亿元。[①] 广东以 43 单居于首位，远远超过其他省（市），占比为 65.15%，发行规模累计达 102.55 亿元。北京紧随其后，发行数量为 11 单，占比为 16.67%，发行规模累计为 66.69 亿元。江苏、浙江、上海、山东、安徽发行数量分别为 4 单、4 单、2 单、1 单、1 单，占比为 18.18%，发行规模都在 10 亿元以下，分别为 1.71 亿元、6 亿元、1.05 亿元、3 亿元、1.5 亿元。从图 1 可以看出，知识产权证券化产品主要集中在广东地区。

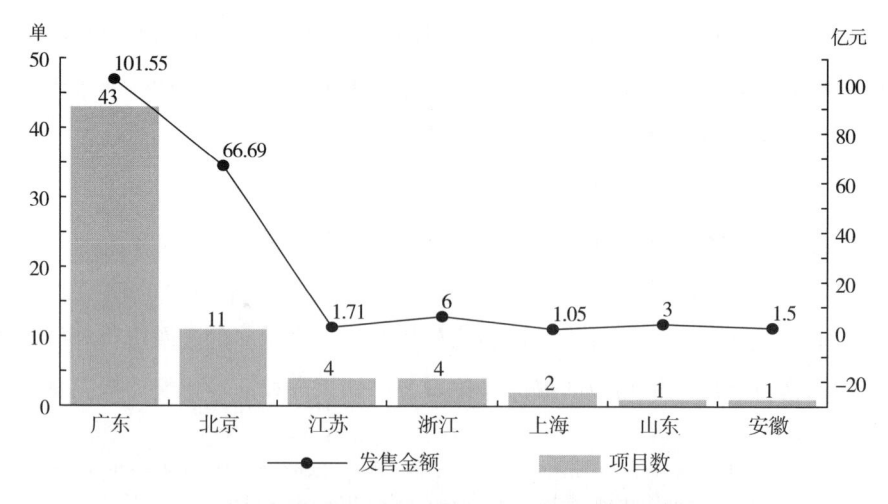

图 1 不同省（市）知识产权证券化发展情况

[①] 资料来源为《全国知识产权证券化项目发行情况分析报告（2021）》。

（二）知识产权证券化产品底层知识产权类型

在发行的 66 单知识产权证券化产品中，底层知识产权类型为纯专利的产品最多，为 28 单。底层知识产权类型以专利为主同时包含计算机软件著作权的产品紧随其后，为 24 单。底层知识产权类型包含多种类型知识产权的产品有 6 单；底层知识产权类型为纯版权的有 4 单；底层知识产权类型以专利为主同时包含专有技术的有 2 单；底层知识产权类型为纯商标的或以专利为主同时包含商标的分别为 1 单。

从表 1 中可以看出，知识产权证券化底层知识产权类型最多的为纯专利。作为一种融资方式，专利证券化具有一系列的优势。通过专利证券化的方式融资，所需要的时间大大减少，且专利权人并不丧失专利权，可以继续通过专利许可获取收益，有利于企业融资，促进企业进一步发展。

表 1　知识产权证券化产品底层知识产权类型统计

底层知识产权类型	项目数量（单）
纯专利	28
以专利为主同时包含计算机软件著作权	24
包含多种类型知识产权	6
纯版权	4
以专利为主同时包含专有技术	2
纯商标	1
以专利为主同时包含商标	1

（三）知识产权证券化发行时间分布

从图 2 可以看出，2015 年和 2017 年分别有 1 单知识产权证券化产品，且都属于北京；2018 年有 2 单，也属于北京；2019 年有 5 单，分别属于北京和广东；2020 年迅速增长，有 13 单；2021 年则增加到了 44 单，其中有 33 单属于广东。2015 年我国知识产权证券化处于起步阶段，仅有一单产品发行。从 2019 年起，知识产权证券化产品逐渐增多。

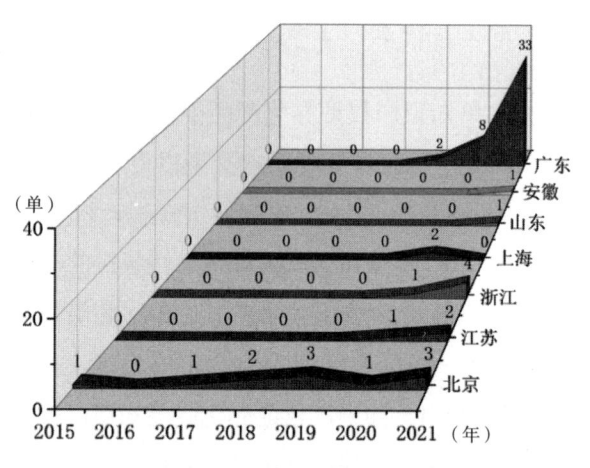

图 2 知识产权证券化发行时间分布

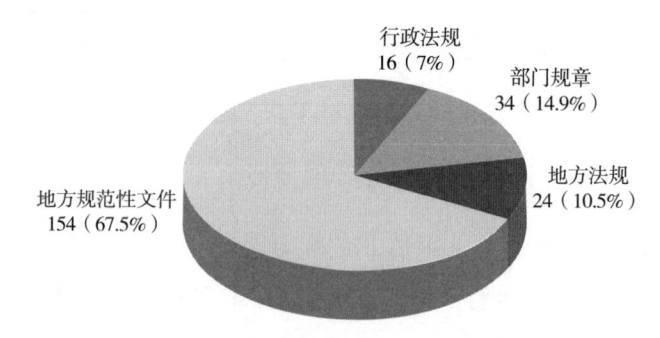

（四）知识产权证券化相关法律法规数量

如图 3 所示，对现有法律法规进行检索，现有对知识产权证券化进行规制的行政法规有 16 个，占比为 7%；部门规章为 34 个，占比为 14.9%；地方性法规有 24 个，占比为 10.5%；地方规范性文件为 154 个，占比为 67.5%。司法案例的数量则为零。由此可以看出，针对知识产权证券化的相关法律法规不够完善，以至于在司法实践中，无法依照相关法律法规进行判决，导致纠纷无法解决。

图 3 知识产权证券化相关法律法规数量

四、我国知识产权证券化市场发展存在的问题

(一)知识产权证券化的基础资产过于单一

从理论上来讲,知识产权证券化的基础资产应该包括各种知识产权,如专利、商标、版权、商业秘密等。但事实上,并不是所有的知识产权都可以进行知识产权证券化。在我国知识产权证券化案例中,大多数基础资产属于版权和专利。我国的音乐和电影市场作品丰富,具有较高的社会价值,所以适合以版权开展资产证券化业务。而且,我国的专利数量近年逐渐增长。截至2021年末,我国发明专利有效量为359.7万件。我国有效商标注册量为3724.0万件。因此,专利知识产权同样适合开展证券化业务。

作为知识产权大户,我国为知识产权证券化提供了基本保障,但是,就庞大的知识产权而言,单一可进行证券化的基础资产未来现金流的评估却显现出资产价值不够雄厚的问题,在一定程度上严重影响了知识产权可证券化的范围及产品的设计发行。而多种可证券化的知识产权包受知识产权不同主体权属的限定、抵押担保及出资等因素的影响,难以组合并能被成功设计为可证券化的产品。

我国可证券化的基础资产出现上述问题的原因在于以知识产权权利本身为基础资产进行证券化的案例较少,主要是以知识产权未来现金流作为基础资产的证券化产品,且版权证券化中存在着版权转让的公示问题,为版权证券化增加了不确定性。[①]对于专利知识产权而言,其权利人多为高科技型企业,其专利技术可能涉及国家机密、商业秘密,需经国家主管机关的审核批准,因此该专利知识产权的可证券化也受到了一定制约。[②]而对于商业秘密能否进行证券化,学界存在一定争议,商业秘密可证券化在实践中缺乏丰富的操作经验,也有学者认为如果商业秘密能与其他知识

---

① 董京波.版权证券化中的版权及相关权利转让问题研究[J].知识产权,2009,19(2):75-80.
② 李和金.专利资产证券化的动因[J].管理观察,2008(22):14-15.

产权打包入资产池能产生未来稳定现金流。①

（二）知识产权证券化的权利状态不稳定难以进行价值评估

首先，知识产权具有权利状态不稳定的特征。对于专利权和商标权而言，权利的取得需经行政部门依法进行审查、授权，且随着技术的不断更新换代，专利技术的价值也将受到极大的影响，受利益的驱使易产生权属争议、纠纷，从而造成知识产权的权利状态不稳定。②

其次，国内缺乏知识产权价值专业权威的评估机构，知识产权证券化过程中缺乏统一的价值认定标准，致使知识产权在确权、评估、增信等过程中没有一个相对固定的标准，结果存在一定差异性，从而容易滋生或增加在知识产权证券化投资过程中潜在的风险。因此，知识产权证券化中基础资产的价值评估相对于传统的资产证券化价值评估难度大为提升。

知识产权权利状态不稳定，以及知识产权价值难以评估的特征，也成为我国知识产权证券化进程严重缓慢的一个重要原因。

（三）知识产权证券化缺乏相关法律法规及具体政策规范

对现有知识产权证券化相关法律法规进行检索，数据表明现有知识产权证券化相关法律法规明显缺乏，以至于在司法实践中无法做到有法可依。此外，对于开展知识产权证券化工作具体实施细则并未进一步明确，在知识产权证券化工作探索进程中，因为缺乏明确的指导而难以发挥政策优势，且具体实施规则缺失伴随的不确定性容易滋生金融风险，产生重大隐患。

国家及各地区缺乏知识产权证券化相关法律法规和未进一步明确开展知识产权证券化具体实施细则的主要原因，在于对知识产权证券化的复杂性及证券化金融创新产品的认识不足。因为在知识产权证券化的过程中涉及各种各样的问题，既包括知识产权的确权、知识产权的价值评估、基

---

① 冯震宇.无形资产与智慧财产权证券化之研究[R].台湾行政院国家科学委员会专题研究计划成果报告，2005.
② 吴观乐.专利代理实务[M].北京：知识产权出版社，2007：427.

础资产的选择、SPV 的模式选择、信用评级和增级等过程中本身产生的问题，也包括知识产权证券化实施经验不足及金融监管范围等外部因素产生的问题。知识产权证券化作为金融创新产品，相较于资产证券化，交易模式更为复杂。如何设置专门针对知识产权证券化产品的交易模式、交易规则，需要充分认识其中存在的风险，才能予以更好地规制和防范。

（四）知识产权证券化交易中区块链技术运用不充分

近几年，区块链的发展应用得到关注。2016 年，《中国区块链技术和应用发展白皮书》中指出，区块链技术被认为是一种颠覆式的创新计算模式。①区块链技术在信息披露中具有真实、可靠、安全、稳定的巨大优势，在知识产权证券化中，运用区块链技术可以充分发挥上述优势，以保障知识产权证券化投资者权益。

在现行证券发行交易市场中，信息披露虚假状况较为严重，现行信息披露的方式较为薄弱，安全性较低。因此，各国证券市场立法致力于不断完善信息披露制度，在此过程中，需要运用到高科技技术，如区块链技术。区块链技术的优异特性包括可回溯、不可篡改、公开透明等，使低成本、高便捷性和可信任的资产通证化上链成为可能。在进行各类证券化产品的发行和交易过程中，充分运用区块链的技术，在证券化的每一个节点上，进行信息真实保存，可使证券化产品发行中的各类信息更加真实，但在现有已发行的知识产权证券化产品的实践中，区块链技术运用于信息披露制度的情形并不充分。

五、加快我国自贸区知识产权证券化发展对策建议

我国自贸区建设的主要任务之一就是要深化投资领域改革，支持企业开展多种形式的直接投资、融资渠道，创新自贸区的金融服务领域与方式。

---

① 工业和信息化部. 中国区块链技术和应用发展白皮书 [R]. 2016.

而知识产权证券化的业务和平台的创建和发展无疑是技术和金融创新融合的重要体现，也应该成为自贸区建设发展的主要手段。对于知识产权证券化过程中存在的问题，在自贸区开展试点工作具有一定的优势。首先，自贸区建设的核心就是制度创新。国家在政策层面为自贸区的制度创新提供了全方位的保障。在知识产权证券化的过程中，涉及知识产权权属的确认、转让、股指、风险转移等多方面的问题。在目前的法律法规框架下，存在着一定的不确定性，而在自贸区进行知识产权证券化的试点，通过金融创新的方式，能够进行全方位的制度创新，是知识产权证券化的最佳场所。其次，自贸试验区因其在营商环境、税收减免、制度创新等方面的优势，吸引了大量企业入驻。而大量具有创新能力的企业积聚了大规模的知识产权资产储备，能够有效解决知识产权证券化过程中基础资产过于单一的问题。后续伴随自贸区不断出台科技体制创新政策，将会吸引越来越多的创新型企业入驻，大量的知识成果能够完成转化。

（一）扩大知识产权可证券化的基础资产类型范围

进行证券化的知识产权的权利归属应当是确定的，且应当具备真实性和稳定性的特征，同时在未来要能够产生可预测的、稳定的现金流。版权相对于其他类型知识产权而言，权利的归属自动生成、相对明确，且音乐作品和影视作品发展前景好，能够为所期待的现金流，易作为可证券化的对象。[1] 而以专利作为知识产权证券化底层基础资产可以激活企业专利的潜在价值，也可作为证券化的对象。[2] 商标的权利状态明确，且具有增值性和品牌延伸性，能够产生稳定的未来现金流，在一定范围内也可作为证券化的对象。[3]

因此，应当扩大知识产权可证券化的基础资产类型范围，将多种知识产权纳入证券化的范围。不仅包含单个类型的知识产权，还应当将复合知

---

[1] 刘景琪. 我国版权证券化基础资产选择及资产池构建［J］. 中国出版，2019（13）.
[2] 靳晓东. 我国专利资产证券化法律制度的完善［J］. 法学杂志，2010（SI）：85-87.
[3] 毕莹. 我国商标资产证券化相关法律问题浅析［J］. 黑河学刊，2019（2）.

识产权类型作为基础资产，减少单个类型知识产权基础资产的风险。例如，以专利为主，将版权知识产权包含在内，有利于助推我国优质专利和版权资源集聚，促进专利和版权事业在金融市场的发展飞跃。此外，在取得经验后，可将知识证券化逐渐扩大、覆盖知识产权专利、商标、版权、地理标志、植物新品种等其他领域。盘活我国知识产权资源存量，发挥知识产权融资功能，进一步加快推进整体知识产权产业及相关产业跨越式发展。

（二）成立专门的知识产权价值评估、增信中介机构

为解决因知识产权权属不稳定带来的知识产权证券化进程缓慢问题，应完善知识产权证券化专业团队建设，引进知识产权证券化专业人员，成立专门的知识产权价值评估、增信中介机构，以防范风险、保障证券化交易过程中涉及的资产安全及投资人合法权益。其中，最为重要的是成立专门的具有一定权威性的知识产权价值评估、增信中介机构。

由于知识产权中存在着众多不稳定因素，以及知识产权的技术性、专业性、创新性等特性，因此知识产权的价值评估相较于有形资产的评估难度更大。所以应当在缺乏全国统一的专业知识产权价值评估机构情形下，首先，建立本地区专门的知识产权价值评估机构，以区别传统的资产评估机构；其次，在本地区已有的资产证券化信用增级机构基础内部，专设关于知识产权证券化的增信评估机构，或设立专门的知识产权证券化信用增级机构。

同时，有必要对增信机构，以及无形资产的第三方信用评级机构的客观性、真实性及其资格、能力等进行有效认证，确保其有效的运行能力。应对参与的中介机构和人员应承担的法律责任范围、条件、方式等内容进行合理的确定。确保知识产权权属的清晰和可靠性，健全知识产权证券化风险分散机制，保障投资者的投资收益，提升投资者认可度，加快知识产权证券化工作进程。

（三）加强知识产权证券化法律法规建设与具体规则制度

知识产权证券化相关法律法规不完善及具体实施细则不明确，使知识产权证券化过程中遇到的瓶颈难以化解。因此，为使知识产权证券化能够得到有效推广，产生积极效应，相关部门应当完善知识产权证券化相关法律法规，进一步明确开展知识产权证券化工作具体实施细则，细化知识产权证券化政策落实的具体规则制度。

首先，知识产权证券化首要和突出的问题是知识产权资产价值评估难。针对这一现实困境，中国宜采取集中统一立法模式，探索具有中国特色的知识产权证券化发展之路。[1]借鉴国外的资产证券化立法模式，并结合我国的法律制度体系和市场环境，选择集中立法和统管型发展。[2]

其次，在国家知识产权证券化相关政策不断完善的基础上，细化各地区知识产权证券化具体实施细则。政府相关部门应积极组织有关机构在深圳证券交易所和上海证券交易所已制定的有关 ABS 规则的基础上，就知识产权证券化具体实施细则进行论证、研讨，形成具有可操作性的具体规则。

最后，金融风险是知识产权证券化工作开展过程中最突出的风险。因此，应组织有关部门对实施成熟的相关金融风险防范规则及时总结，就有关大数据、区块链等新兴技术运用于知识产权证券化交易过程中金融风险防范监管措施及其他相关配套措施予以制定，同时应明确具体交易规则及相关责任制度。

（四）充分利用区块链技术推行知识产权证券化发展

在知识产权证券化过程中所涉及的信息是否能够真实、准确、充分和及时的公开披露，关系到投资者的风险评估及合法权益的保护。除原始权益人之外，信用增级机构、信用评级机构、资产服务机构等也负有信息披

---

[1] 宋寒亮.知识产权证券化的立法实现[J].社会科学战线，2021（4）.
[2] 贺琪.论我国知识产权资产证券化的立法模式与风险防控机制构建[J].科技与法律，2019（4）.

露责任。如果没有信息披露制度，投资者对所要投资的资产支持证券没有全面的了解，可能增加投资者的投资风险，严重损害到投资者的投资利益。

区块链发展至今已发展至第三阶段，也就是区块链3.0，这一阶段区块链技术将广泛应用到各行业具体的场景中去。[①] 知识产权证券化交易通过技术支持促进信息公开，使用区块链技术可以有效公开信息，突出特点是公开信息直接上链、私密信息摘要上链，在每一个节点上真实记录，可使所有投资者公平获取各种信息，从而保证信息真实性，并解决现存信息严重不对称问题。

知识产权证券化工作推进中应更好地依赖区块链等高科技技术的运用，完善信息披露制度，保障投资者权益，促进知识产权证券化制度的创新和发展建设。

六、结语

2023年12月7日，国务院正式发布《全面对接国际高标准经贸规则推进中国（上海）自由贸易试验区高水平制度型开放总体方案》，为全面实施自贸区提升战略，更好发挥上海自贸区先行先试作用，打造国家制度型开放示范区提供顶层设计和制度引领。在此背景下，在自贸区进行知识产权证券化的试点工作是符合自贸区设立的作用的，但是知识产权证券化的推进中存在很多障碍，目前处于瓶颈发展状态。

本文论述了域外知识产权证券化的发展进程，并对我国知识产权证券化的实践发展现状进行了数据上的收集与整理，从而得出我国知识产权证券化过程中存在的问题，包括基础资产单一、价值难以评估、缺乏具体的法律规范及区块链技术运用不充分等。在自贸区制度创新的基础上，可以充分利用自贸区知识产权基础资产储备丰富的资源，并在自贸区进行相应的制度创新，细化具体的法律规则与规范，建立知识产权价值评估中心等

---

① 王小琴，宋清. 区块链技术在慈善组织财务信息披露中的应用[J]. 合作经济与科技，2020(21)：168–170.

方式，对知识产权证券化进行研究，加快知识产权证券化工作的落实及市场的建立。

可以预见的是，未来知识产权证券化的推动会随着自贸区的进一步开放而突破现有的障碍与约束，突破传统经济管理体制对投资和对外经济贸易等商务实行事前审批的做法，尽可能的简政放权、权力松绑，在自贸区知识产权证券化试点工作中具体试点条件和实施细则，明确具体的交易规则及相关责任制度。

（赵旭青系浙江大学光华法学院博士研究生）

上海自贸区引领跨境破产司法制度初探

李志强　杨子安

2023年恰逢中国（上海）自由贸易试验区（以下简称上海自贸区）成立10周年。2013年9月29日，上海自贸区在外高桥正式挂牌成立。截至2022年末，上海自贸区已累计新设企业8.4万户，是同一区域挂牌前20年的2.35倍。根据《中国（上海）自由贸易试验区建设10周年白皮书》，在自贸区的引领下，浦东新区累计新设外资项目18691个，累计外资注册资本2172.74亿美元，累计实到外资749.94亿美元。

十年的发展，上海自贸区经济建设成效喜人，而伴随着区域内经济活动增长、企业经营负债所引发的合规问题也正逐步显现。传统的诉讼程序固然对定分止争起到关键作用，但如何妥善处置陷入重大经营困难乃至资不抵债的市场主体，正对自贸区乃至上海的营商环境建设提出更高要求。

在法治建设保障营商环境的工作中，破产程序作为一揽子处置重大债务困境的司法程序，既是不可忽视的重大课题，也是国际公认的关键措施。2022年2月4日，世界银行发布的《宜商环境评估体系》已明确将"办理破产"作为评估指标。而上海及其自贸区作为国际经贸合作中心，更面临着跨境企业破产工作的特殊考验。因此，借力上海自贸区，开展中国跨境破产司法制度各项工作试点，就是要运用世界公认路径，完善本土营商环境，展示中国司法智慧，争取国际法治话语权，值得法律人共同探讨分析。

一、何为跨境破产

跨境破产案件一般理解为适用跨境破产程序的案件。《联合国国际贸易法委员会跨国界破产示范法》第1条指出，该法适用于（1）外国法院或外国代表就有关某项外国破产程序事宜寻求本国的协助；或（2）依据本国破产法律实施的某项程序，寻求某一外国的协助；或（3）针对同一债务人的某项外国破产程序和某项依据本国破产法律实施的程序同时进行；或（4）外国的债权人或其他利害关系人有意要求开启或参与某项依据本国破产法律实施的程序。上述四类案件也构成了当前跨境破产案件的主要类型。

二、当前我国跨境破产司法制度态势初探

我国跨境破产法律规制和司法解释数量有限，主要依据是《中华人民共和国企业破产法》第五条规定："依照本法开始的破产程序，对债务人在中华人民共和国领域外的财产发生效力。对外国法院作出的发生法律效力的破产案件的判决、裁定，涉及债务人在中华人民共和国领域内的财产，申请或者请求人民法院承认和执行的，人民法院依照中华人民共和国缔结或者参加的国际条约，或者按照互惠原则进行审查，认为不违反中华人民共和国法律的基本原则，不损害国家主权、安全和社会公共利益，不损害中华人民共和国领域内债权人的合法权益的，裁定承认和执行。"

由此可见，我国对于外国破产程序的承认和执行是以条约或互惠原则为基础的前置审查原则，同时明确我国破产程序在境外具有充分的效力。这种有所区别的设置一方面增强了对国内资产、国内债权人的保护，另一方面也适当给予了外国破产程序的国内认可。但也应当注意到，在《区域全面经济伙伴关系协定》（RCEP）成员国当中，缅甸、菲律宾、新加坡、日本、澳大利亚、新西兰均已加入《联合国国际贸易法委员会跨国界破产

示范法》，深入强化了对境外破产程序的支持力度和跨境破产的便捷性，而我国还未加入任何与跨境破产有关的国际公约，部分国家当事人就中国对境外破产程序的司法支持力度还心存疑虑。以著名的韩国韩进海运株式会社（以下简称韩进海运）破产案为例，在2016年进入韩国的破产程序后，多个国家都承认了该破产程序并提供了充分的司法协助。然而，韩进海运并未向中国申请承认破产程序效力，致使许多债权人通过非破产程序，针对韩进海运的在华资产进行单独清偿，损害了整体债权清偿的公平性、合理性，也对我国相关市场秩序形成了一定影响。因此，当前还需注意合理把握外国破产程序在我国境内开展的尺度，宽严相济，在保障国内债权人合法权益的情况下，尽可能提供司法支持，以获得外国对中国破产程序对等的支持力度。

值得注意的是，近期我国也正进一步加大境内外破产程序协作支持机制建设，2021年5月，《最高人民法院与香港特别行政区政府关于内地与香港特别行政区法院相互认可和协助破产程序的会谈纪要》公布，明确了香港特别行政区破产程序的清盘人或者临时清盘人可以向内地试点地区的有关中级人民法院申请认可依据香港特别行政区法律进行的公司强制清盘、公司债权人自动清盘及由清盘人或者临时清盘人提出并经香港特别行政区法院批准的公司债务重组程序，申请认可其清盘人或者临时清盘人身份，以及申请提供履职协助。同时，也准许了内地破产程序的管理人可以向香港特别行政区高等法院申请认可依据《中华人民共和国企业破产法》进行的破产清算、重整及和解程序，申请认可其管理人身份，以及申请提供履职协助。

三、美国跨境破产司法制度初探

中国和美国作为世界两大主要经济体，是众多跨国企业的重要经营及资产所在地。就中国而言，众多行业巨头在美国拥有大量资产和商业利益，美国已不可避免地成为我国跨境破产事务的重要关联对象。近期，中国恒大集团（以下简称中国恒大）、融创中国两大地产集团在美国进行破产重组引发了广泛的舆论关注。因此，了解、明鉴美国跨境破产司法制度，尤其是跨境破产重组规定，吸取其法治经验和有益做法，对可能影响我国国内债权人利益的部分作出应对之策。

美国法下，破产重整需要债务人、大股东（包括实际控制人）、债权人通过协商程序，制订一个重整计划并获得债权人和股东一致通过，并需要法院批准该计划，否则将进入破产清算。较为独特的一点是，在破产申请后，美国法原则上仍准许由债务人继续占有财产、经营公司并执行重整。

与《联合国国际贸易法委员会跨国界破产示范法》第五章"同时进行的程序"相类似，《美国破产法》第15章同样设置了跨境破产案件境内辅助程序，对辅助案件和其他跨境案件进行了规范，允许外国债务人在美国向法院提出申请，并由法院裁定承认"境外程序"，为债务人在本国境内的资产提供不受债权人单独起诉干扰的保护救济，以达到破产保护的目的。该法第15章中提供了临时救济、自动中止，以及自由裁量的救济。临时救济指的是，由于外国代表提起承认申请到美国法院作出承认裁定间具有一定期限，美国法院允许视情况给予临时救济，具体形式包括暂时中止对债务人财产的执行程序、清算其在美国的全部或部分破产财产等；自动中止救济则仅适用于美国法院裁定承认境外程序为主要程序的情况，在此情形下外国代表无须申请即可达到对债务人在美国的资产、诉讼起到冻结、暂停的作用；最后一种是自由裁量，相当于一种托底保障，允许法院以自由裁量权针对个案情形，对债务人资产或债权人权益提供酌情救济措施。由于第15章仅是一种辅助程序，而不是美国国内完整的破产程序，因此自动中止救济是一种地区性程序，只对债务人的美国财产生效。

近期广受国内关注的中国恒大在美国破产，即是利用了《美国破产法》第15章辅助程序实施的跨境破产案件。2023年7月24日，因经营不善，中国恒大在香港法院申请批准离岸债务重组计划，听证会于当日上午在香港举行。同时，中国恒大还在开曼群岛举行了类似于听证会的会议。随后离岸债务重组计划获得香港法院批准，但由于中国恒大发行的美元债券同时受纽约法管辖，协议安排是在美国境外被通过，美国境内的债权人可以在美国对中国恒大提起诉讼，因此，中国恒大仍需向美国申请破产保护，以保障债务重组计划在美国有效执行。2023年8月17日，中国恒大向美国纽约市曼哈顿破产法院申请债权人保护，申请曼哈顿破产法院承认香港高等法院的破产重整程序，以实现破产财产的隔离保护。2023年9月8日，美国法院发布通知，原定于2023年9月20日举行的中国恒大第15章破产保护呈请聆讯将延期至2023年10月25日。严格来说，中国恒大所作申请并非完整意义上的美国破产程序，仅属于对于其在美国财产的一种附属于破产主程序的保护程序。

四、我国跨境破产痛点及对策初探

（一）明确债务人主要利益所在地，分层分级实施境外破产程序的境内保障

当前，各国跨境破产协作的一大关键在于面对资产分布在各国的跨境企业破产案件，要确定哪一个国家或地区，尤其是本国是否属于债务人的主要利益所在地，从而确定向本国提出承认与实施申请的境外破产程序能否公允涵盖破产企业的核心利益、是否属于外国主要破产程序。如果认定不当或保障措施失当，可能出现明明本国才是跨境破产企业重大资产及债权人核心集聚地，却要本末倒置地配合外国非主要破产程序实施破产工作的窘境，既难以保障大部分国内债权人的权益，又会造成不受控制的市场资金流动，使本国的司法主权受到损害。

《联合国国际贸易法委员会跨国界破产示范法》第2条规定："外国主要程序系指在债务人主要利益中心所在国实施的某项外国程序；外国非主要程序系指有别于外国主要程序的某项外国程序，该程序发生在债务人以人工和实物或服务进行某种非临时性经济活动的任何营业场所。"第16条第3款规定："如无相反证据，债务人的注册办事处或个人的经常

居住地推定为债务人的主要利益中心。"

《联合国跨境破产示范法颁布及解释指南》指出，债务人的实际主要利益中心可能并非其注册地，对于主要利益中心所在地与注册地不同的情况，示范法规定可以推翻上述推定。在这些情况下，确定主要利益中心要靠向与债务人有业务往来的人（特别是债权人）表明主要利益中心所在地的其他因素。

因此，我国法院应当审慎但充分地运用自由裁量的权力，从债务人主要利益中心的视角出发，结合本国情况，对外国破产程序进行实际分析，确定其在跨境破产案件中是否属于主要程序。同时，应当注意到，对于外国主要和非主要破产程序给予的救济，不仅要继续坚持当前《中华人民共和国企业破产法》第五条强调的先行审查原则，还可以考虑借鉴美国等其他国家的经验，按照外国程序在该跨境企业破产框架内的重要性、主导性，在持续时间、救济措施强制力等方面分层分级实施保障。对于收到外国破产程序承认及实施管理申请后，发现境内是破产企业主要利益中心的，应对外国破产程序的境内实施予以充分控制，避免境内资产主导权向境外流失，避免出现上述主次不分、本末倒置的情形。

（二）持续增强企业境内外经营资产通盘核查，严禁境内企业以境外破产方式逃废债务

就中国恒大在美国破产事件而言，其申请破产保护的本身目的固然是为了避免境外债券持有人提起诉讼对该集团已经获得批准的境外债务重组计划的影响，但其中潜藏的风险仍然值得关注。如果境内企业在查知破产风险时就向其控制的境外实体转移资产，在境外申请外国主要破产程序，实现对境内债权人的财产隔离，则仍可能引发对市场秩序及经济秩序的消极影响。因此，在境内企业存在破产事由又进行境外破产申请的，可考虑由法院会同有关部门对企业境内外历史资产沿革进行核查，判断其是否涉嫌逃废债务。如情况属实的，应考虑将破产企业境内外实体进行合并破产处理，利用《中华人民共和国企业破产法》第五条的规定，将境内破产程序的效力触及海外,借助司法渠道与境外法院开展沟通说明相关具体情况。同时对实施该等行为的主要责任人员追究民事及刑事责任。

(三)借力自贸区开展境内外破产程序专项合作机制,建立涉外破产协作白名单

当前,我国直接全面放开对境外破产程序的全面承认与执行可能的时机可能尚不成熟,但这并不妨碍继续坚持与境外地区司法机关达成点对点的专项合作协调机制。《最高人民法院与香港特别行政区政府关于内地与香港特别行政区法院相互认可和协助破产程序的会谈纪要》正是这一思路的重要成果。

可考虑从自贸区内外资企业破产事务处置入手,通过与其他具有成熟规范司法环境、充分尊重我国司法主权利益的地区或国家达成专门合作,我国将能在保持司法开放与保护本国权益之间达成较好的平衡,并视情况形成自贸区内破产协作领域的跨国"绿色通道",试点先行进一步提升跨境破产合作的诸多措施。同时,建立自贸区跨境破产合作"白名单",也能吸引广大与上海自贸区有密切经贸往来,可能面临重大跨境债务重组问题的国家与地区进一步了解、对接我国破产司法制度体系。

(四)针对自贸区企业纾困需求,开展涉外破产管理人及辅助队伍人才培育

企业破产是一个较为宏观的课题,具体包括破产清算、破产重整、预重整等多个概念。办好跨境破产,素质过硬的管理人及相关专业服务人士必不可缺。上海自贸区内外资云集,具有各国商务、合规经验的中外人员集聚,破产程序中常见的债务重组、企业纾困问题,涉及的资产评估、变价拍卖等环节工作均可在当前自贸区外资背景企业的债务纾困中进行锻炼,培育、储备一批具有办理跨境破产案件的管理人、服务管理人的辅助机构人员,在今后上海跨境破产案件中优先予以择取选用,保证上海跨境破产案件办理的质量水平。

习近平总书记指出，"法治建设既要抓末端、治已病，更要抓前端、治未病。我国国情决定了我们不能成为'诉讼大国'。我国有14亿人口，大大小小的事都要打官司，那必然不堪重负！"习近平总书记进一步强调，坚持把非诉讼纠纷解决机制挺在前面，从源头上减少诉讼增量。而资不抵债的跨境企业恰恰是矛盾焦点，极易爆发规模化诉讼，导致法院的审理压力继续增大。跨境破产程序为处理这类疑难杂症提供了一条整体筹划、全盘协商、非诉为本的处置之路，上海自贸区兼具10年发展积淀之天时、各类生产要素联通流动之地利、中外经贸法治人才荟萃之人和，正大有可为、未来可期。

（李志强系上海市法学会自贸区法治研究会理事、上海市破产管理人协会副会长、环太平洋律师协会第30届会长、金茂凯德律师事务所创始合伙人、一级律师；杨子安系金茂凯德律师事务所合伙人、律师）

跨国自贸体系法律服务的机遇与挑战

李志强　杨子安

大家好！我很荣幸能主持环太平洋律师协会东京年会的论坛。

今天的论坛汇集了中国、日本、新加坡和印度的著名法律专家和资深律师，他们分别是中华全国律师协会会长、中华人民共和国第十四届全国人民代表大会宪法和法律委员会委员高子程先生，日本著名律师 Takashi 先生，新加坡著名律师 Mahesh Rai 先生和印度著名律师 Anindya Ghosh 先生。我是李志强，环太平洋律师协会的第 30 届会长。

本次论坛聚焦自由贸易机制下投资者的商业机会及相应的律师专业服务机遇。我不禁回想起 3 年前，2021 年 4 月 19 日开幕的环太平洋律师协会第 30 届上海年会，年会的主题聚焦世界经济贸易规则变革与法律行业的机遇和挑战。主题演讲环节围绕《区域全面经济伙伴关系协定》（RCEP）与亚太国际仲裁中心的机遇展开研讨。此情此景，犹在眼前。

当前，包括 RCEP 和各国自由贸易试验区（以下简称自贸区）在内的一系列自由贸易机制对跨国经济合作已经产生了深刻影响和革新。如何与时俱进，不断挖掘法律服务实体经济的新空间、新机遇、新价值，正是当前东亚及世界其他地区商业及法律人士广泛关注的热点。

2020 年 11 月 15 日，东盟 10 国和澳大利亚、中国、日本、韩国、新西兰共同签署 RCEP，并推动该协定于 2022 年 1 月 1 日正式生效。2023 年 6 月 2 日，RCEP 对菲律宾正式生效，至此，该协定对 15 个签署国全面生效。至今短短数年之间，该协定已经有效链接起包括各自贸区在内的各国原本的对外经贸单边或双边合作机制，在多边合作体系下促进跨国经贸合作繁荣。从贸易来看，2022年，中国与RCEP其他成员进出口总额为12.95万亿元人民币，同比增长7.5%，占中国外贸进出口总额的30.8%。2023年1—4月，中国与RCEP其他成员进出口总额为4.12万亿元，同比增长7.3%，占中国外贸进出口总额的30.9%。从吸引外资来看，2022年，中国实际利用RCEP其他成员投资额为235.3亿美元，同比增长23.1%。2023年1—4月，中国实际利用RCEP其他成员投资额近89亿美元，同比增长超过13.7%。泰国驻华大使馆商务公使郑美云在RCEP经贸合作高层论坛上表示，RCEP于2023年1月1日在泰国生效，2023年新年之后，通过相关统计发现，泰国和14个RCEP国家总的贸易额增加了大约7%，大约是3亿美元，占泰国总贸易额的55%。老挝大使馆经济与商务参赞宽赞·燕素提指出，中老铁路可以变成RCEP的桥梁，连接中国与东盟多个国家，更好地推动中国与RCEP其他国家的经济投资合作。

在RCEP全面推动地区经贸合作深度融合的背景下，对法律服务的新兴需求也正在不断孕育，有几个发展趋势值得我们共同关注。

一是跨境破产法律服务方兴未艾，对案件管理人和债权代理人均提出了新要求、提供了新机遇。在东亚地区经贸合作中，每天发生的既有一般的商品或服务贸易，也有大量的跨境投融资商务活动，由此形成大量的跨境债权权益、股权权益已经成为自贸合作机制下的重要组成部分。破产程序作为一揽子处置重大债务困境的司法程序，既是不可忽视的重大课题，也是国际公认的关键措施。2022年2月4日，世界银行发布的《宜商环境评估体系》已明确将"办理破产"作为评估指标。在自贸机制背景下，处理涉及境外事项的破产案件，有助于厘清跨国投资纷争，正成为一项具有高度现实意义、研究意义的法律服务工作。

《联合国国际贸易法委员会跨国界破产示范法》第1条指出，该法适用于（1）外国法院或外国代表就有关某项外国程序事宜寻求本国的协助；或（2）依据本国破产法律实施的某项程序，寻求某一外国的协助；或（3）针对同一债务人的某项外国破产程序和某项依据本国破产法律实施的程序同时进行；或（4）外国的债权人或其他利害关系人有意要求开启或参与某项依据本国破产法律实施的程序。上述四类案件也构成了当前跨境破产案件的主要类型。

以中国为例，每个破产案件中存在破产案件管理人和破产企业债权人的代理人两种角色，原则均由律师担任。在自贸机制背景下，破产案件管理人可能面临企业债务涉及海外债权人、企业股权涉及海外投资人、企业商业合同涉及海外法律管辖等一系列新型问题；破产企业债权人的代理人将有更多可能性作为境外债权人的代理人。其中的机遇与挑战并存。

2016年12月29日，根据江苏舜天船舶发展有限公司（以下简称舜船发展公司）的申请，江苏省南京市中级人民法院（以下简称南京中院）裁定受理舜船发展公司破产清算一案，并于同日指定了舜船发展公司管理人。管理人在调查过程中发现，舜船发展公司持有新加坡某船舶公司70%的股权，为确定该对外股权投资价值，及时对该股权变价处置，管理人向新加坡某船舶公司发送了书面函件，要求提供相关财务资料，但没有得到回复，股权处置工作难以推进。在南京中院的指导下，管理人向新加坡高等法院提起申请，请求认可舜船发展公司的破产清算程序在新加坡具有域外效力及管理人身份，并认可管理人可以在新加坡某船舶公司行使权利、承担义务等。经过听证，新加坡高等法院大法官于2020年6月10日签署命令，认可我国破产主程序及破产管理人身份。根据新加坡相关法律规定，舜船发展公司的管理人可以申请新加坡法院在若干事项上予以协助。新加坡与中国同为RCEP成员国，这也是中国首例破产程序及破产管理人身份获得新加坡法院承认，除去新加坡法院的支持与理解，更重要的是作为管理人的律师团队与时俱进深化涉外法律知识技能储备，高效完成涉外破产程序的文书工作及沟通申请工作。

二是税务筹划需求持续上升，促使税务服务律师做精做细，紧跟法律政策发展动态。

RCEP对涉及成员国的商品关税减免实施了强有力的优惠保障。众所周知，确定关税的基础之一是货物的原产地或原产国。以RCEP第三章为例，其规定了有资格享受优惠关税待遇的原产货物的认定规则。在第三章第一节中载明了授予货物"原产地位"的标准。协定允许在确定货物是否适用 RCEP 关税优惠时，将来自任何 RCEP 缔约方的价值成分都考虑在内，实行原产成分累积规则。鉴于此，在 RCEP 的原产地规则项下，一种 40% 及以上的成分来自 RCEP 成员国的产品，当在 RCEP 成员国之间流通时，可以被视为符合区域价值成分标准（RVC-Regional Value Content），从而享受关税优惠，允许通过将来自一个成员国的原材料、部件和零件组装后再出口到其他成员国以享受关税优惠待遇。

同时，根据 RCEP 所附的各成员国的关税承诺表，将有 90% 以上的货物立即或在 10 年内实现零关税；中国与日本首次达成自由贸易协定，日本出口至中国的商品将有 86% 的税目可以享受零关税待遇，中国出口至日本的商品将有 88% 的税目可以享受零关税待遇。

上述力度十足的关税优惠保障的背后，是多个国家之间大量的独立关税承诺、RCEP 与原有自贸协定的适用取舍、累积成分规则适用实务等一系列复杂问题，外贸企业如想用足用好其中的税务减免优惠，就需要延请专业的法律服务人士合规设计关税减免方案，作为律师而言，则意味着对多国原有的税务规则进行全面深入的了解分析，与时俱进地跟进各国税务政策更新，做精做细服务内容，提升服务质量。

三是自贸区配套法制建设需求旺盛，投身推动国内涉外贸易法律服务水平正当其时。

如果说自由贸易协定是联系各国的纽带，那各国的自由贸易区就是固定这条纽带的节点。作为律师的我们，一方面在国际商事活动中保驾护航，另一方面也需要为本国持续深化对外开放和合作奠定扎实的法律服务基础。因此，投身各自国家中的自贸区的法律服务、法律机制建设，也是一项不可或缺的职业机会。

以中国为例，2020 年 5 月 19 日中国（上海）自由贸易试验区临港新片区管理委员会发布《中国（上海）自由贸易试验区临港新片区促进法律服务业发展若干政策》，该政策指出，为临港新片区各级管理机构、企事业单位及海外企业的重大政府 / 商事谈判、诉讼、仲裁、调解、主导国际行业标准制定并发布、参与国际条约制定或修改等涉外法律服务事项作出突出贡献，挽回或获得重大权益，产生重大国内外影响的法律服务机构，经临港新片区管委会组织外部评议后，给予最高 100 万元专项奖励。其中，在最高人民法院、国际仲裁机构、二十国集团成员国家、"一带一路"共建国家司法机关或仲裁机构取得胜诉裁判，或被司法部等国务院相关部门或全国性行业协会向全国表彰推广的，每个项目一次性给予最高 10 万元的奖励，每个法律服务机构每年度给予最高 50 万元的奖励。

又比如，自 2017 年 7 月以来，福建自贸区试行行政执法三项制度，并取得明显成效，有力促进自贸区形成法治化、国际化、便利化的营商环境。福州、厦门和平潭三个自贸片区及其行政执法部门在行政许可、行政处罚、行政强制、行政征收、行政收费、行政检查六类行政执法行为中全面推行行政执法公示制度、执法全过程记录制度、重大执法决定法制审核制度。鉴于部分试点单位执法人员少，学历低，年龄大，尤其是缺少专业法律人才，在重大执法决定法制审核中出现审核人员既审核又执法的情况。为此，相关政府部门通过购买服务、聘请专业律师作为政府法律顾问，参与法制审核工作，充分运用政府法律顾问制度充实对外经贸合作法制力量，这就为律师积极参与构建法治化营商环境提供了新机遇。

如上所述，跨境自由贸易机制正在为各国经济发展增添显著活力，日趋频繁的跨国经贸活动也正在催生新兴法律服务内容、促进传统法律服务深耕细作。作为律师，我们面临的机遇与挑战并存，如何在其中兼顾实现个人价值与社会价值，正是值得我们久久为功、长期探索的课题。我的分享告一段落，期待稍后与会嘉宾的精彩交流！

（本文是环太平洋律师协会第 30 届会长李志强在 2024 年 4 月 27 日东京举行的环太平洋律师协会 2024 年年会自贸区论坛上的演讲文稿中译文，合作者为杨子安）

金融商事争议 解 决 篇

"康美药业案"与我国证券集体诉讼的制度创制

焦津洪

我国证券集体诉讼是指由投资者保护机构受 50 名以上投资者委托，作为代表人参加虚假陈述等证券民事赔偿诉讼，为经证券登记结算机构确认的权利人向人民法院登记，法院裁判效力适用于所有未明确表示退出的权利人的民事诉讼制度，也称特别代表人诉讼。境外证券集团诉讼是指境外市场上运行较为成熟、由受害者集体中的一人或数人代表所有集体成员进行诉讼，法院裁判效力适用于所有未明确表示退出的集体成员的民事诉讼制度。2019 年 12 月修订的《中华人民共和国证券法》（以下简称《证券法》）第九十五条确立了区别于境外证券集团诉讼的具有中国特色的混合式证券集体诉讼基础制度，与后续出台的《最高人民法院关于证券纠纷代表人诉讼若干问题的规定》（法释〔2020〕5 号，以下简称《代表人诉讼规定》）、中国证监会发布的《关于做好投资者保护机构参加证券纠纷特别代表人诉讼相关工作的通知》及中证中小投资者服务中心有限责任公司（以下简称投服中心）发布的《中证中小投资者服务中心特别代表人诉讼业务规则（试行）》等配套落实相关具体规定和制度等，共同构成了证券集体诉讼的"中国方案"。作为证券集体诉讼首例司法案件的"中国实践"，"康美药业证券集体诉讼案"（以下简称"康美药业案"）于 2021 年 11 月顺利结案，被称为资本市场法治建设的里程碑，实现了政治效果、法律效果、社会效果的有机统一。党的二十大报告提出，坚持和发展马克思主

175

义,必须同中国具体实际相结合、必须同中华优秀传统文化相结合。我国证券集体诉讼的制度创制与初步实践,就是中国特色现代资本市场践行"两个相结合"的生动写照。本文结合参与我国证券集体诉讼制度创制及首例司法案件实践的全过程经验,从理论角度系统梳理阐述制度缘起、创制理念、执行逻辑,并提出进一步优化完善的建议。

一、制度缘起:公共执法与私人执法

徒法不足以自行,资本市场健康持续发展的关键一环就是严格执法。诺贝尔经济学奖获得者加里·贝克尔(Gary Becker)对违法预期成本的分析认为,法律的威慑力主要由法定处罚和违法行为被定罪的概率所决定。在资本市场,法律的执行制度分为公共执法(Public Enforcement)和私人执法(Private Enforcement)。一般来说,公共执法是由国家官员(如监管者或检察官)发起,而私人执法则是由私人当事人提出。公共执法与私人执法的区别基于两个一般标准。首先,公共和私人执法人员可能有不同的动机:前者通常是支付公务员工资而不管案件结果如何,而后者的动机主要是在诉讼成功后获得经济利益;其次,公共执法人员相对集中,受明确的政治控制,而私人索赔人则不受政治控制。公共执法和私人执法是维护市场秩序、保护投资者合法权益的两股力量。究竟是公共执法还是私人执法能够带来更高的执法效率和实际的执法效果,一直是学术争论的问题,且存在不同的理解。有学者认为,私人执法比公共执法的效率更高;也有学者通过对比英国和美国对上市公司和证券市场的不同执法态势发现,虽然英国利用诉讼实施私人执法比美国少得多,但两国都有发达的资本市场,因此,似乎没有理由认为是美国频繁的股东诉讼造就了发达的资本市场;还有学者研究发现,一国对资本市场公共执法资源投入越大,其资本市场的发展越有深度,在控制公共执法资源投入后,私人执法能力的强弱与资本市场深度无关。总体而言,公共执法和私人执法之间关系复杂,两者在补偿受损投资者和震慑市场违法的功能上相互竞争,但同时也会在获取信息、损失计算等方面相互补充、实现协同。具体到一国资本市场法律执行制度的创制理念，对公私执法两股力量的功能强弱如何把握，需要基于本国政治生态、市场成熟度、司法执法资源配置、律师行业发展状况、诉讼习惯、民族文化等因素来综合考量确定。从境外证券集团诉讼制度的萌芽和发展来看，公共执法与私人执法的力量平衡一直贯穿其中。

（一）证券集团诉讼的起源——私人执法的聚沙成塔

集团诉讼是允许多个原告针对同一被告的多个索赔请求能在同一诉讼程序中得到解决的诉讼机制，原告中的一人或几人（代表原告）可以以自身和有索赔权的其他原告（集团成员）的名义向同一被告提出起诉，前提是集团成员和代表原告的诉求具有同类的法律和事实问题。集团诉讼源于英国衡平法院的"息诉状"（The bill of pence），息诉状案件具备群体诉讼的特征，适用代表制和判决效力的扩张成为现代意义上的集团诉讼，传到美国后生根发芽并最终成长为当地民事诉讼法上主要的群体性诉讼机制。在美国，强化追究证券欺诈行为民事责任具有重要地位。有学者指出，如果限制对证券欺诈进行个人补偿，相当于削弱了市场参与者遵守信息披露法律的动力，将从根本上破坏我们这个目前世界上最强大、最安全的资本市场，破坏我们资本市场的完整和秩序。集团诉讼制度在美国发展较快，1938年《联邦民事诉讼规则》第23条打破集团诉讼只适用于衡平法的传统，将其引入普通法领域，1966年修订的《联邦民事诉讼规则》扩大了集团诉讼的适用范围，规定集团成员除非明示退出，否则推定加入，美式证券集团诉讼制度的主要框架基本定型，并逐渐发展成为境外资本市场影响力和威慑力最大、运行最成熟的证券集团诉讼模式。

私人执法往往有其自身的局限性，受制于分散原告集体行动难题和"搭便车"效应、律师专业能力限制、司法程序繁复低效、法律责任威慑力不足等，其提起规模可能不尽如人意。作为资本市场应对"小额多数"诉求的群体性民事诉讼制度，境外证券集团诉讼机制缘起于克服"公益品"供给不足的困境，旨在有效激活私人执法。因为在上市公司中，股东作为整体会因证券违法行为而遭受巨大损失,但对于单个股东来说,其所受的损失仅是其中的极小一部分,而股东作为个人提起诉讼则要负担非常高的诉讼成本,即为全体股东提供"公益品",由此绝大部分股东会产生等待心理,私人执法的效率难以保障。从本质上讲,集团诉讼是一种聚沙成塔的机制安排,是"普通民事诉讼原则的放大",它让诉讼的整体收益超过整体成本,从而不断激活私人起诉,使私人执法发挥其应有效用。

(二)美式证券集团诉讼制度的弊端及矫治——私人执法的限缩与平衡

法的应然价值是一项法律制度追求的目标,是法律制度在内容和形式上所追求的理想状态。美式证券集团诉讼制度的目标,是在美国证券交易委员会(SEC)的行政执法之外再增加一条独立检举惩罚虚假陈述等违法行为的司法途径。1994年,时任SEC主席阿瑟·莱维特(Arthur Levitt)指出:"我们一贯重视依据联邦证券法律进行私人损害补偿的重要性,将之作为我们执法行动的辅助手段和补偿蒙受欺诈投资者的主要方法"。在公共执法之外建立一种发现、惩罚违法行为的私人执法机制,以弥补行政执法机关的资源和信息不足,在行政机关集中收集违法行为信息的渠道之外,再创设一种分散式的信息收集机制,以便加大惩处违法行为的密度。

为提高私人执法效率,美式证券集团诉讼制度将"申明退出制"(Opt-out)作为其核心要素,原告律师实行风险代理的业务模式,成为赏金猎人(Bounty-hunter),这大大刺激了证券集团诉讼的提起规模,但同时也带来一系列问题,逐渐背离了集团诉讼制度设计的初衷。如在发行人股价显著波动的情况下,原告不问缘由即惯性地提起诉讼以致"滥诉"(Frivolous Suit)盛行;最终无论诉讼成本还是和解金都由公司埋单,即股东自己出钱给自己赔偿还要支付律师费,造成"循环补偿"(Circularity);小公司少有受到起诉而专诉大公司;滥用证据开示程序,迫使被告达成和解,对有价值的公司创新造成阻碍;以财力雄厚的会计师事务所、承销商等作为诉讼目标,而不考虑其行为是否具有可归责性;原告律师机会主义诱使产生道德风险，律师更倾向于通过和解草草结案，公司可能也不顾案件的是非曲直而去寻求和解等。

为解决上述问题，美国国会自 20 世纪 90 年代中期开始了对证券集团诉讼制度的改革，于 1995 年通过《私人证券诉讼改革法案》（Private SecuritiesLitigation Reform Act），力图对私人执法进行限缩和平衡。总体而言，主要有两种措施：一是限缩的方法，通过修改实体责任或程序规则从而缩小私人执法的范围，如《私人证券诉讼改革法案》提高了原告起诉时所提供的证据标准，将外部董事及中介机构的连带责任改为比例责任，确立预测性信息（Forward-looking Statement）安全港规则等；二是监管的方法，授权公共执法主体对私人执法进行筛选把关，如规定首席原告由法院挑选任命，在诉讼初期承担发布公告和通知集团成员的义务，还应满足"最充分代表性"在内的 5 项条件等。《私人证券诉讼改革法案》实施后，滥诉风险确有降低，但学者对其实施效果褒贬不一，有研究认为，滥诉减少的同时"善诉"也减少了。

证券集团诉讼制度在美国发展成为最主要的群体性私人执法机制，与美国资本市场公共执法资源投入有限、去中心化的私人执法理念盛行、专业成熟的律师行业、浓重的对抗传统、强大的司法创制文化等因素密切相关，契合了美国的政治制度、历史传统、文化习惯。这也说明，私人执法在信息收集、专业发挥及资源利用等方面具有一定优势，且在公共执法失灵时能够发挥"兜底"功能。2005 年美国《集团诉讼公平法》（Class Action FairnessAct of 2005）强调："集团诉讼是法律体系中重要的、有价值的组成部分，是将众多分散原告诉求合而为一、得以公平有效解决争议的手段"。可以说，美式证券集团诉讼的本质是用私人执法达到保护投资者权益、维护市场信心、提高市场国际竞争力等资本市场公共治理的目的。

（三）其他国家或地区对美式证券集团诉讼制度的引进及改良——对私人执法开放度的选择

美式证券集团诉讼制度在其本土实践中不断自我校正，同时也向全世界强势辐射输出。普通法系的部分国家及地区相继建立该制度，但由于理论、文化、经济、制度等各种原因，大陆法系国家在引进该制度时遇到更多阻力。如既判力向第三人扩张与其大陆法系民诉原理不符、损失计算与赔偿分配困难等问题。总体来看，相关国家及地区在引进美式证券集团诉讼制度时多有改良以及本土化安排，该类诉讼的实践发展程度也有很大差别。如韩国引进证券集团诉讼时突出的改良做法是分阶段实施，并大量照搬了美国的限缩性安排。2003年末韩国国会通过《证券集团诉讼法》，自2005年1月1日起分阶段实施。该法呈现出下列特点：受案范围采列举方式；原告50人以上、合计持有公司股份0.01%的方可提起集团诉讼；实行"申明退出"规则，但要求法院给予成员逐一通知；诉讼费用按普通诉讼打5折并规定上限，只在法院认为必要时要求原告提供担保，但原告如败诉需负担被告诉讼费用；律师持有被告公司股份的则不能担任集团律师；三年内3次的起诉限制较美国更严厉，且不仅适用于集团代表，还适用于集团律师。由于门槛设定较高，限诉方面几乎照搬了美国《私人证券诉讼改革法案》，该诉讼目前实际应用情况很少，制度功效尚未充分显现。

对美式证券集团诉讼的采纳程度，无非是对私人执法的开放度选择，其本质是在寻求私人执法与公共执法功能发挥的平衡，而对私人执法和公共执法相对价值的理解是资本市场深化和发展的关键。要引进证券集团诉讼制度，改进证券法律执法状况，既要提高执法机构的公共执法效率，又要切实关注私人执法的重要作用，最重要的是结合本国市场特征，动态调整并处理好公共执法与私人执法的关系平衡，强化两者之间的联动和协同。正如有的学者指出，理解公共执法和私人执法之间的复杂关系是很重要的。一方面，由于公共执法和私人执法在履行补偿和威慑双重功能时可能相互竞争，私人执法的效用会受到公共执法有效性的影响。如果公共执法能够有效地保护投资者，那么投资者发起私人执法的需求可能会减少。另一方面，公共执法和私人执法可以同步运用、互为补充，在获取信息方面可能会产生协同效应。从美国证券集团诉讼制度发展过程及相关国家或地区制度引进改良来看，公共执法与私人执法的良性互动是证券法治发展的关键。

笔者也注意到在资本市场治理实践中，存在着借助公共执法的内核解决本应通过私人执法方式解决的情形，如美国证券欺诈赔偿检诉制度，检察官提起私诉是公权以诉讼方式在私权领域内的渗透，其目的是对被破坏的市场秩序强力纠偏。这种公私执法相混合的制度安排，为中国特色证券集体诉讼制度的创制提供了比较法上的借鉴。

二、创制理念：公私力量权衡之后的混合式证券集体诉讼制度

在我国，随着证券民事赔偿诉讼不断付诸实施，实施证券集体诉讼的条件逐步形成。在创制证券集体诉讼制度过程中，存在着是以私人执法为主还是以公共执法（政府和公共机构）为主的两种不同理念。经过反复考量，我国选择了同时发挥公的力量和私的力量，主要以公的力量推动私利实现的创制理念。由此，我国证券集体诉讼制度不仅充分混合了公共执法和私人执法，而且借鉴了相关国家和地区的集团诉讼制度及团体诉讼制度，呈现出自身的丰富内涵和鲜明特征。

（一）证券集体诉讼的条件在我国逐步形成

在我国证券民事诉讼领域，对私人诉讼积极效能的认识经历了一个渐进式的过程。1998年《证券法》通过前，证券侵权民事纠纷的投资者可根据《中华人民共和国民事诉讼法》（以下简称《民事诉讼法》）等规定，通过单独诉讼和共同诉讼提起诉讼。《民事诉讼法》在第五十四条、第五十五条中明确了人数确定的代表人诉讼和人数不确定的代表人诉讼。为进一步激活代表人诉讼制度在证券领域的应用，最高人民法院于2002年发布《关于受理证券市场因虚假陈述引发的民事侵权纠纷案件有关问题的通知》（法明传〔2001〕43号，现已废止）、2003年发布《关于审理证券市场因虚假陈述引发的民事赔偿案件的若干规定》（法释〔2003〕2号，现已废止），进一步明确了相关程序性操作问题。虽然进行了上述探索，

但是从实际运行状况来看，代表人诉讼制度在证券民事诉讼中几乎没有运用，一度面临"起诉不收案、收案不立案、立案不审理、审理不判决、判决执行难"等质疑。随着证券群体纠纷数量的上升，更是难以实现保护投资者的目标。人数不确定的代表人诉讼与境外集团诉讼之间的核心区别日益凸显：一是代表人诉讼规定了不确定人数转化为确定人数的程序，即登记程序。在法院公告期间没有明确表示参加诉讼的，不作为群体成员。而集团诉讼则规定在法院公告期没有明确表示不参加集团诉讼的，视为参加诉讼。二是在诉讼代表人的产生问题上，集团诉讼允许以默示的方式消极地认可诉讼代表人的代表地位；而代表人诉讼规定以其他当事人积极的明确授权作为代表人产生的基础，这既符合当事人处分原则，又避免了集团诉讼中存在的无法解释的理论问题。代表人诉讼在制度设计方面存在受害人参与诉讼不便、代表人选择困难和重大事项征得当事人同意困难等问题，限制了私人执法功能的发挥。特别是社会息诉文化、涉众维稳要求、司法准备不足等因素，均影响到代表人诉讼作用的发挥。

随着证券民事赔偿诉讼快速发展，学术界及实务界越来越认识到有必要研究改进证券民事诉讼审判机制，以实现案件审理的集约化和诉讼经济。一是证券民事诉讼意识提升。当时，证券民事诉讼案件数量增长较快，如2017—2019年年均超过1万件，人数上千人、金额上亿元的案件越来越多，证券民事赔偿案件的群体性、巨型化特征越来越明显，证券民事诉讼意识得到极大提升。二是证券民事赔偿案件审理方式明显不适应。证券侵权案件涉众性强，法院在审理过程中面临着案多人少、审判专业性要求高、案件政策性强、法规不够明确等现实困难。而各地法院往往"一案一立、分别审理"，把因同一侵权事实引起的证券纠纷案件拆分为成百上千个案件进行审理。面对证券侵权这一典型的群体纠纷案件，法院无法采用境外集团诉讼等现代群体诉讼机制，造成被动局面。三是律师牵头、平台辅助等类似境外集团诉讼的专业服务力量初步形成。经过多年实践，国内服务证券民事案件的律师队伍已经比较成熟且专业化服务明显，一些头部律师事务所主要服务上市公司等被告，一批专注服务于原告的证券维权律师队伍初步形成。公开征集投资者维权的平台功能显著，往往能征集数量非常可观的受害投资者群体。同时，还出现了社会资本介入证券赔偿案件的现象，以事先垫付诉讼费和差旅费、事后按比例分享收益等方式推动投资者起诉索赔。四是司法审判专业化程度持续提升。此前，由于审判经验积累不足，各地法院处理证券民事诉讼案件的专业化程度受限，在前置程序、案件管辖和受理、市场风险认定、揭露日认定、损失计算、裁判标准等方面出现不同做法。近年来，法院系统在处理证券民事纠纷方面的专业性和权威性得到极大提升，在完善证券纠纷审判规则、加强证券审判专业化建设等方面进行了积极探索，并且还在上海、北京等地设立了金融法院。这些都为处理更加复杂的证券集体诉讼案件提供了专业保障。

（二）"以公为主"还是"以私为主"理念权衡

证券集体诉讼对于保护投资者尤其是中小投资者合法权益、规范上市公司经营行为、节约司法资源、维护司法公信力、优化纠纷解决机制具有重要意义，总体上引进证券集体诉讼制度利大于弊。在很长一段时间，对基于何种理念创制证券集体诉讼制度，存在以下两种不同的理念主张。

1. 主要以公的力量推动私利实现。

有观点主张审慎借鉴美式证券集团诉讼制度，即统筹《民事诉讼法》"登记加入制"原则和国情市情，借鉴《证券法》第九十三条等先行赔付制度和经验，协同发挥公的力量和私的力量，主要以公的力量推动私利实现，同时起到集团诉讼震慑违法行为的目的。其主要理由如下。

一是通过借助公的力量向投资者提供"制度补贴"。证券市场的健康发展，有赖于行政与司法力量的良性互动。以证券虚假陈述民事侵权案件审理为例，根据最高人民法院于2003年发布的《关于审理证券市场因虚假陈述引发的民事赔偿案件的若干规定》（现已废止），投资者以受到虚假陈述侵害为由，依据有关机关的行政处罚决定或者人民法院的刑事裁判文书提起民事赔偿诉讼，符合《民事诉讼法》相关规定的，人民法院应当受理。这种前置程序的设计，一方面抬高了寻求司法救济的门槛，增加了起诉难度，另一方面也大大减轻了投资者的举证负担，提高了胜诉机会，对投资者提供了"制度补贴"。与此类似，设计证券集体诉讼制度时，也可以借助公的力量向投资者提供"制度补贴"，由投资者保护机构（以下简称投保机构）代表投资者，动用公共资源启动集体诉讼，极大减轻投资者在诉讼中的各项负担，最终利益归投资者享有。

二是我国投资者保护工作具备良好的实践基础。从我国资本市场投资者维权实践来看，鉴于中小投资者分散的多元利益和天然的弱势地位，寻求公益性维权组织作为中小投资者的利益代言人无疑是迅速提升中小投资者维权能力的现实路径。通过在大规模群体性纠纷解决方面的实践，投服中心、中国证券投资者保护基金有限责任公司（以下简称投保基金公司）等投保机构逐步构建了相对完善的工作机制，储备了专业人才，开发了投资者损失计算专业技术等，并可以更好地协调与官方执法之间的互动关系，在提高效率的同时避免执法资源的浪费。如《证券法》在修正前，投服中心共提起支持诉讼案件24件，股东诉讼1件；支持诉讼诉求金额约1.14亿元，获赔总金额约5536.7万元。投保基金公司积极推动证券纠纷多元化解机制的发展，先后开展了"万福生科""海联讯""欣泰电气"三案先行赔付，共赔付3.4万人、金额达5.09亿元，赔付比例均在95%以上，高效、便捷、低成本地对投资者进行了损害补偿。

三是可以从根本上避免全面引进美式证券集团诉讼带来的投资者保护困境。美式证券集团诉讼的弊端虽然可以通过制度约束和司法审查加以缓解，但其最根本的矛盾在于要依靠私人提供公益品就不可能不让私人牟利。因此，投资者保护实效大打折扣，突出体现在原告有效监督不够，律师在案件代理过程中常常懈怠，和解结案居多，原告获得赔偿额少，与投资者损失之比极低。如果我国全面引进美式证券集团诉讼，上述问题同样可能出现。反之，由于公共机构并不以经济利益为自身诉求，若以公的力量推动私益实现，则可从根本上解决上述困扰。

2. 发动"私的力量"全面出击。

有观点主张积极借鉴美式证券集团诉讼，即完全引进美式证券集团诉讼，发动私的力量全面出击。主要理由如下：

一是发动私的力量可以对公共执法形成重要补充。通过去中心化的私人集团诉讼，可以及时发现违法行为，从而促使发行人和其他市场参与主体履行法律义务。从比较成熟的美式证券集团诉讼实践来看，私人集团诉讼被认为是赔偿受损投资者的根本性手段，客观上反映了市场呼声，补充了政府监管部门职能，被视为执行证券法律的"最有力的武器"。二是美式证券集团诉讼的风险基本可控。经过美国、澳大利亚、加拿大、韩国等国家持续的探索完善，证券集团诉讼已经发展成为一种比较成熟的证券纠纷解决机制，滥诉等风险基本可控。以美式证券集团诉讼为例，美国联邦法院年均受理230件左右，实际未出现大量滥诉。境外一些国家还对诉讼条件、诉讼确认、法院管辖权、当事人利益冲突、诉讼代表人和代理律师的选任、和解协议批准、律师酬金等进行了管控。此外，导致美式证券集团诉讼失控的几个最重要因素，有的在我国并不存在，如错综复杂的双重法院制度及惩罚性赔偿金制度；有的在我国并不突出也容易得到控制，如巨额的律师费用和好讼的诉讼文化。三是通过非营利组织参加诉讼容易出现"自发失灵"。"自发失灵"是指非营利组织由于执法资源的限制，不得不主动放弃一些已知的违法行为。我国投资者人数众多，证券侵权行为多发，证券集体诉讼往往本身工作量巨大，经济来源有限的投保机构不可能每个案件都参与。如果只参与部分案件，就可能会招致其他部分案件当事人的质疑。此外，禁止公共机构以外的私人主体担任诉讼代表人还可能带来一些其他问题。例如，我国台湾地区的证券投资人及期货交易人保护中心尽管名义上是一个私人非营利组织，但由于其资金和人员配备的方式，使它具有强烈的官方色彩，因此被质疑可能会受到政府的过度影响。

（三）中国特色证券集体诉讼内涵及其特征

立法机关经过广泛调研、综合权衡，尤其是立足我国资本市场实际及证券民事诉讼司法审判实践，倾向于"主要以公的力量推动私利实现"的创制理念，在我国现有民事诉讼制度的基础上借鉴境外集团诉讼"申明退出制"的核心要义,最终在《证券法》第九十五条确立了有中国特色的证券集体诉讼制度,明确规定:"投资者保护机构受五十名以上投资者委托,可以作为代表人参加诉讼,并为经证券登记结算机构确认的权利人依照前款规定向人民法院登记,但投资者明确表示不愿意参加该诉讼的除外"。这是将资本市场一般规律与中国市场的实际相结合、与中华优秀传统文化相结合,不断推动资本市场理论创新、实践创新、制度创新,加快建设中国特色现代资本市场的重要体现。有学者将其称为"立法移植与本土资源相融合的成功范例。"美国哥伦比亚大学法学院约翰·C.科菲(John C. Coffee Jr.)教授评论称,中国避免了"投票式的"单纯的明示加入或者默示加入机制,而是提出一个折中方案,继续允许明示加入机制,同时也对"申明退出制"作了规定。这种在证券群体诉讼领域率先实行证券集体诉讼、在其他群体诉讼领域仍然实行代表人诉讼的机制安排,将《民事诉讼法》确立的单轨制群体诉讼制度改造成为由普通代表人诉讼和集体诉讼并驾齐驱的双轨制群体诉讼制度,将我国群体诉讼制度推到了历史发展的新高度。该制度呈现出以下两个突出特征。

1. 混合了公共执法与私人执法。

我国证券集体诉讼以私的名义启动,但带有强烈的公共色彩。相关制度安排充分融合了公共执法与私人执法的特征,是一种混合式的投资者权益救济机制,也是中国特色证券集体诉讼的核心。

例如,在证券集体诉讼的启动方式上,投保机构不能主动"提起"诉讼,须先有私人发起的普通代表人诉讼,投保机构在此基础上才能"加入"并启动集体诉讼,即"嵌入式"地参加普通代表人诉讼。在制度构建和配套司法解释起草制定过程中,关于证券集体诉讼启动方式,曾有两种意见。第一种意见是"并行说",认为《证券法》第九十五条第二款、第三款之间不存在严格的先后顺序,既可通过投保机构的介入将普通代表人诉讼转为集体诉讼,也可由投保机构征集投资者委托后直接向人民法院提起集体诉讼。理由在于:证券集体诉讼是《证券法》修改的最大亮点,用好用足该机制符合各方预期,不应再就投保机构提起诉讼设置障碍。第二种意见是"递进说",认为启动第九十五条第二款程序是启动第三款程序的前提。理由在于:立法原理上,《证券法》不能超越《民事诉讼法》代表人诉讼的基本框架创设新的诉讼制度。从第九十五条三款之间的关系上看,第二款与第三款之间存在程序上的递进关系。从可操作性角度来看,在没有公告确定权利人范围的情况下,投保机构自行征集和确定权利人范围的标准不明确,可能出现对权利人范围的反复调整,不利于程序推进。最终,"递进说"得到采纳。主要理由是:从《证券法》第九十五条的文义来看,三款内容在逻辑上存在递进关系。第三款使用的是"参加"而非"提起",即投保机构在已有普通代表人诉讼的情形下参加诉讼。从实际工作角度来看,投保机构依法选择参与法院已经发布权利登记公告的案件,在案件选择、权利人范围划定、权利人征集等方面更易开展工作,同时也更有利于加强司法与行政监管部门的沟通,并降低可能带来的负面影响。还有学者提出,从现行规则来看,先走普通代表人诉讼程序而后迂回转入特别代表人诉讼的方式,无疑极大地损害了诉讼效率,同时考虑到特别代表人诉讼后续由投保机构全面接手,前面提起普通代表人诉讼阶段的律师就不能加入特别代表人诉讼,那么这些前期介入的律师该怎么安排及费用由谁负担等将是个棘手的问题。这些问题最终可能导致实践中没有原告也没有律师愿意去法院率先启动普通代表人诉讼程序。但从近两年的诉讼实践来看,学者担心的上述情况并未出现,普通代表人诉讼时有发生。原因可能在于投保机构按照证券集体诉讼制度的实践执行定位,遵循较高的选案标准,特别代表人诉讼并未频繁启动,因此未对普通代表人诉讼的启动造成显见的负面影响。

又如,在信息数据上,证券集体诉讼充分利用证券登记结算机构的数据优势,这是我国证券集体诉讼的最大优势。在境外,由于证券集团诉讼当事人往往人数众多且分布较广,而首席原告和律师不掌握每一名投资者的具体情况,给诉讼的开展带来一定困难。以美国为例,证券集团诉讼的通知、确认、分配等程序极为复杂,因此参与各方都要付出高昂的诉讼成本。而我国长期实行"看穿式"账户实名制和电子化交易结算,证券登记结算业务由国务院证券监督管理机构批准设立、不以盈利为目的的中国证券登记结算有限责任公司（以下简称中国结算）承接。中国结算掌握大量证券交易数据信息，可查询与投资者一码通账户具有关联关系的所有子账户及具有对应关系的所有其他账户的证券账户信息等，查询的具体内容包括证券持有余额、证券持有变更、证券冻结情况、证券冻结变更等。在司法机关认定侵权行为的关键要素后，中国结算能根据相关交易数据整理出受损投资者的范围及逐笔投资情况，有助于证券集体诉讼原告身份确认、通知登记、执行赔付等。有学者提出，传统代表人诉讼无法适用的关键原因之一就是无法确定原告的主体范围，而中国结算可以提供权威的交易记录和持股凭证，准确划定投资者范围。如果没有中国结算的交易信息，证券代表人诉讼一定会遭遇巨大的启动阻力。因此，《证券法》第九十五条第三款明确了证券登记结算机构发挥职能作用的相关内容。作为配套的司法解释《代表人诉讼规定》进一步规定，履行或者执行生效法律文书所得财产，人民法院在进行分配时，可以高效地通过证券登记结算机构等依法协助执行。

2. 借鉴了不同国家或地区证券集体诉讼制度的经验。

证券群体性纠纷解决机制在境外国家或地区经过多年实践并得到不断完善。我国证券集体诉讼制度充分借鉴美国、韩国、中国台湾等集团诉讼、团体诉讼制度要素，集各家之长，创制出适合我国国情的证券集体诉讼"中国方案"。

一是在《民事诉讼法》"登记加入制"框架内嫁接"申明退出制"原理，释放出证券集体诉讼制度的内在价值。约翰·C.科菲（John C. Coffee Jr.）教授将"申明退出制"列为美国"企业家式"集团诉讼（Entrepreneuriallitigation）的核心要素。"申明退出制"证券集团诉讼有其独特价值，主要包括提高诉讼效率、节约诉讼成本；避免针对同一情形，不同受案法院依不同标准作出不一致的裁决；在被告资产有限的情况下，使投资者相对公平的受偿；为以小额多数的受害者提供诉讼激励，克服个别诉讼的风险和不经济，减少对"搭便车"的顾忌，缓和"集体行动困境"；

通过对涉及众多利益主体并具有一定公益性质的问题作出司法判断，影响和改变公共政策。因此，《证券法》在修订过程中主张引入"申明退出制"集团诉讼的呼声很高。由于"申明退出制"集团诉讼与《民事诉讼法》"登记加入制"代表人诉讼存在很大区别，如果"照抄照搬"，引进难度非常大。有学者提出，境外集团诉讼采用的"申明退出制"与我国现行民事诉讼自我处理诉权的基本法理不兼容。支持"登记加入制"的观点极力主张应维护个人参与诉讼的自由，不愿诉讼的人，不应因为沉默而被捆绑在群体诉讼中。希望从群体诉讼中获益的个人，至少应采取肯定的行动表示对群体诉讼的最低兴趣。这种权利行使的外化特征，使司法程序的启动获得了正当性与合法性支撑。最终，《证券法》结合本土资源，充分利用我国市场"看穿式"登记结算模式和投保机构良好实践等基础条件，从立法技术角度做好法律之间的衔接，在《民事诉讼法》"登记加入制"框架内嫁接"申明退出制"原理，由投保机构按照中国结算提供的受损投资者名单向法院进行登记，投资者不明确表示退出即视为加入诉讼，"全名单登记＋明示退出"模式实质上起到了申明退出的作用，同时也维持了《民事诉讼法》代表人诉讼的制度逻辑。相较于普通代表人诉讼，上述安排将显著增加原告数量和索赔金额等，更能发挥对违法行为的震慑作用。

二是突破了学理上关于"代表人必须同时是案件利害关系人"的传统认识，允许专业机构参加证券集体诉讼。在美国、韩国的证券集团诉讼中，首席原告/代表人由案件的实体权利人担任。而在我国台湾地区，根据"证券投资人及期货交易人保护法"，证券主管机关在2003年1月成立的证券投资人及期货交易人保护中心（以下简称投保中心）专门负责提起证券团体诉讼等工作，即投保中心基于保护公益目的，并在法定及其章程规定目的范围内，可以对因同一不法行为造成多数投资者受损的证券事件，在获得20人以上投资者授予诉讼实施权后，以自己的名义提起诉讼。这一安排是以诉讼担当理论作为基础的。所谓诉讼担当，即实体法上的权利主体（或法律关系主体）以外的第三人，以自己的名义，为了他人的利益或代表他人的利益，以正当当事人的地位提起诉讼，主张一项他人享有的权利或诉求以解决他人间法律关系所产生的争议，法院的判决效力将及于原来的权利主体。诉讼担当有两类；一类是法定诉讼担当，另一类是任意诉讼担当。法定诉讼担当，是基于实体法或诉讼法上的规定，第三人对他人的权利可以以自己的名义进行诉讼。任意诉讼担当是权利主体通过自己的意思表示，赋予他人诉讼实施权。我国台湾地区投保中心原本与证券侵权行为并无法律上的直接利害关系，因此不属于适格原告，但按照任意诉讼担当理论，其基于实体法律关系人（受损投资者）的授权，也可取得诉讼实施权，以原告身份从事诉讼行为。我国混合式证券集体诉讼制度借鉴上述经验，以诉讼担当理论为基础，允许投保机构基于投资者授权取得诉讼代表人的法律地位。公共机构作为代表人具有诸多优势：首先，投保机构成为代表人不会或者很少会导致滥诉；其次，投保机构具有专业优势，既可亲自实施诉讼活动，也可从专业视角选聘、监督律师；最后，代替众多投资者进行权利登记，免除投资者登记之苦和推荐代表人之累。

三是通过对进行授权的投资者作出最低人数限制，更加有效地防范滥诉风险。不同国家或地区对证券集团诉讼的提起有不同的条件限制。例如，根据韩国《证券集团诉讼法》规定，对于因有价证券买卖及其他交易过程中所发生的损失赔偿，具有共同利害关系的全体被侵权人，被称为全员，构成全员的各被侵权人被称为成员，原告仅指提起诉讼的成员，其中实际履行诉讼程序的主体被称为代表人，须由法院许可选任。在起诉时，成员数应当在50人以上，并且以成为请求原因的行为发生当时为准，成员所持有价证券合计应超过被告公司所发行的有价证券总数的0.01%。我国混合式证券集体诉讼制度借鉴有关起诉成员最低人数的限制，在启动方式上将投资者保护机构获得50名投资者的授权作为条件之一，从而能有效防范潜在滥诉风险，也增加了投保机构作为代表人的合法性基础。

三、执行逻辑：通过公共执法的私人化充分保护投资者合法权益

我国混合式证券集体诉讼制度将投保机构作为诉讼代表人，在提升专业性的同时，有效避免了境外证券集团诉讼"职业原告"滥诉、律师费用爆增等弊端，及时赔偿投资者损失，对违法行为人形成震慑，充分体现了坚持人民至上、坚持问题导向的重要原则，实现了新型"制度补贴"效应。从制度实施情况来看，2021年11月，"康美药业案"作为首单证券集体诉讼案顺利落地，52037名投资者获赔金额为24.59亿元。该案涉案范围广、赔偿金额高、社会影响深远，诉讼过程中还面临诸多事实认定、法律适用和程序创新等重点难点问题。如果采用私人执法模式，完全依靠众多受损害投资者自身力量组织推动诉讼，不配置一定的公法执行协调处理力量，从以往我国民事群体诉讼纠纷的实践经验来看，该案有可能会产生代表人推选困难、部分投资者加入诉讼意愿不强、法院受理积极性受影响及审理协调难度大等情况，对制度实施的总体效果会带来一定影响。本部分将结合首案实践，对混合式证券集体诉讼制度的执行逻辑进行阐释。

（一）证券集体诉讼制度有明确的实践执行定位

混合式证券集体诉讼实质上是具有特定目的的公共执法，旨在实现震慑违法的社会功能，是证券纠纷的解决方式之一。证券集体诉讼作为"核武器"，不宜经常性启动，而应有所选择。

投保机构在国家力量的支持下启动证券集体诉讼个案，必须把有限的公共资源投入到最有效的公共服务中去，发挥集体诉讼的引领和示范作用，合理协调与其他诉讼模式之间的关系。与实现赔偿的功能相比，公共资源支持下的证券执法行为首要任务应该是震慑。正如谷口安平教授所言："与其说是为了救济已受侵害的权利并挽回损失，还不如说是基于让侵害者吐出不法取得的利益并不敢再犯的动机。"约翰·C.科菲（John C. Coffee

Jr.）教授认为，集团诉讼更多产生的是威慑作用，而不是赔偿作用。而追诉不同案子，产生的震慑效果会不同，因此需要有所选择。更何况，证券集体诉讼只是多元纠纷解决的一种类型，不影响投资者通过调解、仲裁、单独诉讼、共同诉讼、普通代表人诉讼等其他方式解决纠纷。如果过度采用证券集体诉讼，也会限缩其他纠纷解决方式的适用。基于上述定位，证券集体诉讼制度出台后，并未经常性地启用，而是本着震慑违法行为的主要目标，有选择性地启动了"康美药业案"。对于其他证券侵权案件，投资者通过其他私人诉讼的方式加以解决，从而达到公共资源支持下的集体诉讼与单纯的私人执法互为补充的效果。

（二）选案标准与制度实践执行定位相平衡

基于证券集体诉讼现阶段的实践执行定位，落实国务院金融稳定发展委员会提出的"对典型重大、社会影响恶劣的个案，依法及时启动'集体诉讼'"的要求，证券集体诉讼一般应当满足较高的案件选择标准。

一方面，相比境外律师主导的私人执法模式，投保机构参加诉讼的目的并不是追求经济收益，不"挑肥拣瘦"，可将律师不愿触碰的、但却具有典型性的案件纳入选案范围；另一方面，公益性并不意味着投保机构必须接受所有个案委托，而是应当针对个案具体情况，通过科学合理的案件评估机制作出慎重判断。选案时有必要倾听社会舆情，特别是投资者的重点关切，但不应偏离集体诉讼的制度价值而作相关决定。如果变相强制投保机构启动证券集体诉讼，可能带来案件震慑效果不足的后果，同时也影响公共资源的使用效率。

在实践中，中国证监会《关于做好投资者保护机构参加证券纠纷特别代表人诉讼相关工作的通知》规定，对于典型重大、社会影响恶劣的证券民事案件，投资者保护机构依法及时启动特别代表人诉讼。现阶段承担诉讼代表人职能的投服中心发布了《中证中小投资者服务中心特别代表人诉讼业务规则（试行）》，规定了案件选定专章，将案件典型重大、社会影响恶劣、具有示范意义作为案件选择的标准之一；同时明确建立重大案件评估专家委员会，实施重大案件评估机制，请评估专家结合国家经济金融形势、资本市场改革发展、具体案件情况、社会舆情等独立发表意见，由投服中心结合重大案件评估专家委员会意见，决定是否参加特别代表人诉讼。通过聚合外部法律、会计、金融等专业力量，重点对案件的典型性、示范性、事实和法律争点等问题进行评估，增强决策的科学性和专业性。

"康美药业案"正因其符合上述标准，被投服中心选为首单证券集体诉讼启动。康美药业在2016—2018年连续3年有预谋、有组织、系统性地实施财务造假约300亿元，涉案金额巨大，持续时间长，性质特别严重，社会影响恶劣，涉及5万多名投资者的切身利益，对其启动集体诉讼，充分体现了对资本市场违法活动"零容忍"的要求，与证券集体诉讼制度的实践执行定位相契合。

（三）公共执法资源为证券集体诉讼重大复杂问题的解决提供保障

证券集体诉讼案件往往事实及法律关系疑难复杂，会面临各种新情况、新问题，需要充分发挥公共机构的优势，统筹协调解决。如果仅依靠私人执法，效果上很可能不甚理想。从首单实践来看，该案开启了"刑行民民金破"六类型的多重交叉，创造了我国司法史上多个第一——涉及A股财务造假数额第一、原告人数第一、赔偿金额第一、相关人员承担刑事责任罪名之多第一，是证券民事诉讼、上市公司破产重整、化解地方金融风险、地方涉众维稳处置、保护投资者合法权益的一次综合实践，涉及三级法院、地方省市两级政府及各部门、证券监管机构及其派出机构、投资者保护机构等多方主体紧密协调配合，充分体现了"坚持以人民为中心"的发展思想、对证券违法行为"零容忍"及"追首恶"等理念。自2020年12月31日启动到2021年11月12日一审宣判，康美药业集体诉讼结案周期远低于美国证券集团诉讼平均3.3年的结案周期，受损投资者可得到人均4.5万元的赔偿，损失50万元以下的投资者（人数占比为99.41%）获全额现金赔付，远远高于美国证券集团诉讼10%的平均赔付率。

案件推进过程中,其公共性主要体现在以下几个方面。

一是司法政策给予特殊保障。根据《代表人诉讼规定》,法院作出许多降低投资者维权成本的特殊安排。原告未预交案件受理费,即便在败诉需要承担诉讼费用的情况下,也可以根据特定情形申请减交甚至免交,人民法院应当依照《诉讼费用交纳办法》的规定,视原告的经济状况和案件的审理情况决定是否准许。对于一般的民事诉讼,人民法院采取保全措施,可以责令申请人提供担保,申请人不提供担保的,裁定驳回申请。而投服中心提出对相关责任人员的财产保全申请,法院未要求其提供担保。投服中心提供诉讼服务未向投资者收取费用,胜诉后也未获得任何报酬。不仅如此,案件管辖也充分体现了公共政策考量与法律考量并重,最大限度降低司法沟通成本、化解企业和市场风险的努力。康美药业财务造假引发的系列案件,包括证券虚假陈述民事诉讼、债权人提请法院启动破产重整程序、追究虚假陈述中的信息披露犯罪及其他犯罪行为的刑事诉讼,分别由广东省的广州中级人民法院、揭阳中级人民法院和佛山中级人民法院处理。其中,证券集体诉讼案件是经最高人民法院指定广州中级人民法院管辖,而不是在上海金融法院审理,这样可以在省内协调相关部门更加顺利地配合司法审判工作。

二是地方政府发挥沟通协调等作用。"康美药业案"发生后,广东省委、省政府高度重视康美药业的整体处置工作,积极协调各方力量推动相关涉稳涉诉等工作在法治轨道上稳步推进。广东省各方的政策支持和资源投入发挥了突出作用,推动公司托管重组、债务处置、资产核查追收等,为最终高比例清偿及执行分配奠定了基础,兼顾了投资者、债权人、员工等各方利益。在康美药业刑事案件办理中确定了相关刑事责任主体操纵市场行为的事实,因不具有交易因果关系,从而依法将这部分主体从适格原告范围内排除;刑事案件中追收原大股东、实际控制人占款,为民事赔偿案件的执行、破产重整计划的实施提供财力保障。

三是投服中心依法履行诉讼代表人职责。投服中心认真准备诉讼方案,在公开征集投资者委托、向法院申请作为代表人参加诉讼、提交权利人名单、案件审理等过程中积极履职。在破产重整程序中，投服中心以5万余名投资者诉请金额一次性打包向法院申报债权，在提高申报效率的同时确保了相关投资者小额清偿资格，提高清偿率；坚持在破产重整计划草案中同等对待集体诉讼中小投资者和其他小额普通债权人；当选债委会委员，确保深度参与破产重整重大事项。投服中心委托的两名公益律师提供专业的代理服务，面对被告方20余位律师提出的大量证据材料和答辩意见据理力争。投服中心还利用中国投资者网公开征集投资者委托、发布案件重大进展情况公告、解答投资者问题等，有效提高投资者维权便捷度，保障其知情权。

四是证券登记结算机构发挥了数据优势。中国结算依法对"康美药业案"权利人名单进行整理并提供给投服中心，解决了权利人确定及登记难题，也为后续精准开展损失测算奠定了牢固基础。在资金赔付方面，中国结算借鉴先行赔付经验，协助法院做好执行工作，在康美药业将现金转至中国结算后，由中国结算再转至各投资者开户证券公司，最终分配至投资者资金账户，投资者足不出户便能及时获得实实在在的赔偿。

五是投保基金公司接受法院委托进行损失测算。上市公司欺诈行为给投资者带来损失的界定是个难题。金融工具的价格计量受到众多变量的影响，有些是内生性变量，而有些则可能是场外的外生性变量（如政策环境的变化）。因此，很有可能一位股民的损失并非是或不全是虚假陈述侵权造成的。在"康美药业案"中，与以往案例损失计算不同，本案投资者数量大（5万多人）、种类多（包括自然人及各类机构投资者）、标的特殊、交易情况非常复杂。投保基金公司接受法院委托进行损失测算，充分发挥其专业优势，积极研究新情况新问题，科学合理地测算损失，"康美药业案"损失计算中的一些具体做法，在2022年发布的《最高人民法院关于审理证券市场虚假陈述侵权民事赔偿案件的若干规定》中得以体现，很好地发挥了引领示范作用。例如，关于账户合并问题，第三十条规定："证券公司、基金管理公司、保险公司、信托公司、商业银行等市场参与主体依法设立的证券投资产品，在确定因虚假陈述导致的损失时，每个产品应当单独计算。投资者及依法设立的证券投资产品开立多个证券账户进行投资的,应当将各证券账户合并,所有交易按照成交时间排序,以确定其实际交易及损失情况。"又如,关于交易因果关系的认定问题,根据第十二条第四项的规定,"原告的交易行为构成内幕交易、操纵证券市场等证券违法行为的",人民法院应当认定交易因果关系不成立。另外,与市场化机构不同,其不参与市场投资且未向各方收费,充分体现出国有机构的中立性及公益性特征。

"康美药业案"体现了显著的公共执法色彩,实现了混合式证券集体诉讼制度向投资者提供"制度补贴"的初衷,也获得了各方认可。"康美药业案"获评"新时代推动法治进程2021年度十大案件""2021年度人民法院十大案件""2021年度全国法院十大商事案件"。同时我们也注意到,在证券集体诉讼实施方面还有一些不同的理解和认识。有学者提出投保机构、公益律师激励还存在一些不足,如投保机构的运转有付出无产出,不具可持续性;对公益律师缺乏物质激励,其难以做到勤勉尽责。笔者认为,上述观点主要是基于私人执法模式的逻辑而得出的。我国证券集体诉讼的机制定位以公共执法为主,需要从更加全面的视角对激励机制加以理解。这种激励不是直接经济利益激励,而是更多地体现为"非显性激励",如获评各类奖项、提高公众影响力和社会声誉、提升相关机构和个人的业绩考核等,这将对相关机构和公益律师等开展业务形成强大的无形激励。总体而言,我国证券集体诉讼制度目前只是进行了初步实践,还需要在以后的深入实践中,及时发现不足并不断总结和完善。

四、结语

证券集团诉讼制度在提高诉讼效率、节约司法资源、保护"小额多数"受损投资者等方面具有诸多优势,不少国家和地区都尝试结合本国情况加以学习借鉴。我国混合式证券集体诉讼制度,立足于我国政治体制、经济社会发展程度、司法功能、法律职业、当事人、社会观念及法律文化等多种现实因素,旨在强化公共执法与私人执法的良性互动与协调互补,选择了同时发挥公的力量和私的力量、主要以公的力量推动私的利益实现的创制理念,从而将私的利益更加直接高效地分配到每一名受损投资者。两种创制理念虽然在公私力量的平衡和运用方面存在差异,但均以保护投资者利益的最终目标,为投资者提供了"制度补贴",可谓各具特色,殊途同归。

我国证券集体诉讼制度具有鲜明的中国特色,其制度创制与首单实践表明,我们应当坚定制度自信,继续坚守证券集体诉讼制度以公共执法为主的本质特征,兼顾私人执法的启动需求,充分发挥震慑性、人民性、引领性作用,在实践的基础上不断完善证券集体诉讼制度并逐步推广;继续注重发挥个案的震慑效果,重点关注典型重大、社会影响恶劣的案件,不断优化选案标准及选案机制,做到选案标准规范化、工作流程透明化和投资者利益保护最大化,不断优化诉讼启动机制,把有限的公共财政资源投入到最有效的公共服务中,有效回应市场关切,着力推进证券集体诉讼常态化实施,努力实现政治效果、法律效果、社会效果相统一;继续注重做好相关案件的程序性统筹衔接,协调好案件管辖、民刑破程序之间的关系,平衡好集体诉讼集中管辖与最高人民法院指定管辖的关系,在典型重大的证券集体诉讼综合性案件中做好刑民协调且相互促进的衔接机制,从制度层面明确投保机构代表投资者参与破产程序申报债权、债权人会议表决、当选债委会成员、参与破产重整清算等提供更坚实的制度保障;继续注重完善投保机构及公益律师的激励机制,在立足于公共执法本质的基础上,将参加证券集体诉讼相关情况、专业水平、司法评价、投资者监督意见等纳入投保机构的考核体系,根据案件难度以及耗费律师时间和精力等情况适当强化对公益律师的物质激励机制。条件成熟时,可依法适当扩大投保机构的范围,在证券集体诉讼的启动力量上更加多元化,以适度的竞争激励机制强化诉讼代表人的力量,不断增强诉讼原告一方的专业能力,提升投保机构为投资者服务的动力和实力;继续注重加强信息技术保障,针对证券集体诉讼"小额多数"的特征及资本市场良好的信息化基础,探索发展为投资者提供身份核验、交易数据调取、诉讼风险评估、无纸化立案等

"一站式"诉讼服务的全流程网上办案模式,在进一步细化投资者损失计算标准的基础上研发完善损失计算模型等。从长远来看,可以适时修改《民事诉讼法》,因为在引入证券集体诉讼制度时,考虑到修改《民事诉讼法》涉及面广、周期长,我国通过修改《证券法》的方式实现"申明退出制"集体诉讼的引入。目前,《民事诉讼法》第五十七条仅规定了"登记加入制"的代表人诉讼类型,与"申明退出制"集体诉讼存在很大区别。另外,在环境侵权、消费侵权等涉及众多社会公众权益和社会公共利益的更多民事诉讼领域,也可以考虑引入"申明退出制"集体诉讼。

(焦津洪先生系中国证监会首席律师兼法律部主任)

境外仲裁机构制度在中国内地的仲裁演进和展望

马 屹

境外仲裁机构在中国内地进行仲裁是一个具有中国特色的"老问题"。近年来,随着行政层面出台的支持措施,司法层面出现一些支持的案例,加上正在进行的《中华人民共和国仲裁法》(以下简称《仲裁法》)的修订工作,解决这个"老问题"有了新契机。当前对这个问题进行梳理和展望具有重要现实意义。其中,以下三个方面值得重点关注。

一、境外仲裁机构制度在中国内地仲裁问题的演进

境外仲裁机构制度在中国内地仲裁问题的演进可以从立法、司法和行政三个层面进行梳理和研讨。

第一,立法层面的制度缺失。众所周知,这个问题产生根源在于1994年制定的《仲裁法》,限于当时国际视野和立法技术,缺乏对境外仲裁机构的相关规定,《仲裁法》中的仲裁委员会并不能涵盖境外仲裁机构。同时也缺少关于仲裁地的规则,裁决国籍划分也采用仲裁机构的标准,这就造成了境外仲裁机构在内地仲裁个案时,在仲裁协议效力、裁决国籍认定裁决司法审查等,在立法层面遭遇了全面的障碍。因此在《仲裁法》修订前,境外仲裁机构在中国内地仲裁所存在的仲裁机构性质、仲决籍属、仲司法审三大法律问题客观上是始终存在的。

第二，司法层面的逐步支持。《仲裁法》施行后的20多年间，对于零星出现的境外仲裁机构在中国内地仲裁的个案，最高人民法院在司法审查上的立场和态度也在逐渐发生转变，从最初的认可到后来的基本上否定，再到近来开始倾向于认可此类仲裁案件。比较具有典型意义的案例，如2013年3月的"龙利得案"首次确认了此类仲裁协议的效力；2020年6月的"大成产业案"在确认仲裁协议效力的同时，又深度阐述了这一问题所涉及的立法和司法问题；而2020年8月的"布兰特伍德案"不但确认了仲裁协议的效力，而且明确了此类裁决的国籍属性（中国的涉外仲裁裁决）和执行裁决的法律依据（《中华人民共和国民事诉讼法》）。因此最高人民法院积极践行能动司法，从创建仲裁友好型的司法环境出发，从司法层面已经确认了境外仲裁机构在中国内地仲裁的合法性。

第三，行政层面的积极探索。2015年4月国务院在《进一步深化中国（上海）自由贸易试验区改革开放方案》中提出支持国际知名商事争议解决机构入驻上海自由贸易试验区，加快打造面向全球的亚太仲裁中心。此后，中国香港国际仲裁中心、新加坡国际仲裁中心、国际商会国际仲裁院和韩国大韩商事仲裁院在上海设立了代表处。2019年7月，国务院印发的《中国（上海）自由贸易试验区临港新片区总体方案》进一步提出，允许境外知名仲裁及争议解决机构在临港新片区内设立业务机构，开展涉外仲裁业务。据此，上海市司法局制定了《境外仲裁机构在中国（上海）自由贸易试验区临港新片区设立业务机构管理办法》。2020年8月《国务院关于深化北京市新一轮服务业扩大开放综合试点建设国家服务业扩大开放综合示范区工作方案的批复》中提出了类似于临港新片区的相关内容：允许境外知名仲裁机构及争议解决机构在北京市特定区域设立业务机构。国务院就境外仲裁机构在中国内地特定地区设立业务机构所提出的上述指导意见，其目的是解决境外仲裁机构在内地的机构身份问题，其出发点是希望境外仲裁机构在内地设立实体性的机构从而开展相关仲裁业务。

综合上述三个方面的情况，《仲裁法》目前尚未修改，行政层面积极推动境外机构在中国内地特定区域设立业务机构，而最高人民法院在司法审查层面已经确认了境外仲裁机构，即使不设立内地业务机构而直接在内地开展仲裁活动也是合法有效的。这就是当下境外仲裁机构制度的现状。

二、以更加开放的态度正确看待境外仲裁机构在中国内地仲裁具有的积极意义

以更加开放的态度正确看待境外仲裁机构在中国内地仲裁具有的积极意义主要包括以下两点。

一是进一步满足当事人在主场参与国际仲裁活动的现实需要。一般来讲，跨境投资贸易当事人约定仲裁解决争议时有四种选择：选择境内机构在境内仲裁、选择境内机构在境外仲裁、选择境外机构在境外仲裁、选择境外机构在境内仲裁。单从逻辑和情理上来讲，允许当事人选择境外仲裁机构在境外仲裁，但不允许其选择境外仲裁机构就近在境内仲裁，是很难自圆其说的。禁止境外仲裁机构在内地进行仲裁，其后果就是把国内当事人直接推向境外仲裁，徒增其争议解决成本。相反地，如果允许境外仲裁机构在内地进行仲裁，则可以相应地降低境内当事人的争议解决成本，使其在更为熟悉的司法环境中解决争议，获得类似于体育赛事中的"主场"优势。因此，看待这一问题不能单纯地局限于市场开放问题，更应当认识到这是满足当事人现实需求的问题。

二是有利于内地仲裁业和涉外法律服务机构发展。允许境外仲裁机构在内地仲裁，相当于扩大了内地仲裁服务市场的容量。进一步开放仲裁市场，就是进一步扩大涉外法律服务市场。我国的涉外法律专业人才可以通过代理仲裁案件担任仲裁员、专家证人、办案秘书等多种方式，近距离地参与境外仲裁机构在内地的国际商事仲裁实践。国际化仲裁人才的培养必须依赖于实践，而培养出的国内人才是国内仲裁机构可以共用共享的重要资源，是短期内提升中国仲裁国际化的重要力量。在上海、北京这些特定城市率先形成国际商事仲裁实践活动高度活跃的局面，逐步建成具有竞争力和吸引力的仲裁地，这是打造国际仲裁中心城市的应有之义，也有利于

提升中国仲裁的国际公信力、竞争力和影响力。

三、推动境外仲裁机构在中国内地仲裁的重要事项

推动境外仲裁机构在中国内地仲裁的重要事项可以从以下三个方面进行梳理和研讨。

一是尊重仲裁自身规律，尊重当事人意思自治。仲裁是当事人意思自治的产物，选择什么机构，选择在何地仲裁，其实是不以任何行政机关、法院、仲裁机构的意志为转移的。同样地，是否需要引入境外仲裁机构，引入什么样的仲裁机构，我们对此也应当杜绝类似于"招商引资"的思维和政绩冲动。境外仲裁机构在内地仲裁情形的发生，本身就是因为当事人在仲裁条款中选择了境外仲裁机构，而不是靠任何政府或者机构宣传推动的。那么当事人对仲裁机构及仲裁地选择的核心要素是什么？诸多国际仲裁调研报告都表明，实质上就是看仲裁机构本身是否专业和规范、当地的仲裁专家资源是否丰富、当地的司法环境是否良好和公正，这些才是仲裁地对当事人而言的真正意义所在，是仲裁机构、法院、司法行政主管部门、律师界、学界等需要真正予以关注并共同致力的目标。

二是司法和行政层面应当着力创造公平、公正的仲裁发展环境。厘清政府和市场的边界，在仲裁法律服务领域同样非常重要，是仲裁法治环境的重要内涵。引入境外仲裁机构的目的不是让这些机构直接为本地带来经济利益，而应当是借助其专业优势，促进本地机构与其良性互动，共同交流业务，共同推广仲裁，共同培育本地仲裁人才，这样才能从根本上提升本地仲裁法律服务的整体水平。在此过程中，应当避免给予境外机构超国民待遇，在司法审查中一视同仁。构建一个境内外仲裁机构有序竞争和良性发展的仲裁环境是至关重要的。

三是借助《仲裁法》修改历史契机并以境外仲裁机构在内地仲裁所涉及法律问题为切入点，从根本上完善《仲裁法》。境外仲裁机构在内地仲裁之所以长期以来成为一个问题，其核心就是我国《仲裁法》与国际商事

仲裁通行的理论与实践存在不一致和不兼容之处，这些内容涉及仲裁机构、仲裁协议效力、裁决国籍认定仲裁地标准、裁决的承认与执行等诸多方面，而这些问题几乎贯穿了国际商事仲裁制度的全部核心内容。如果以病症作为比喻，深入讨论这个问题就像一个小切口，切中的正是中国仲裁法律制度中的沉疾。而当下解决这一问题已经达成了广泛的立法和司法共识。目前，《仲裁法》修订草案中已经加入了仲裁地的概念，将仲裁委员会改为仲裁机构，也确立了相应的司法审查机制。下一步，仲裁机构、法院、司法行政主管部门、律师界、学界等应集思广益，对相关条款进一步予以完善。笔者认为，境外仲裁机构在内地仲裁的制度建设可以有效落实，而且还能更好地发挥其积极作用。

（本文来源于上海仲裁协会《仲裁理论实务研究》，马屹系上海市国际贸易促进委员会副会长、上海国际经济贸易仲裁委员会（上海国际仲裁中心）副主任，法学博士）

投资者适当性规则司法适用的困境与出路

阮少凯

投资者适当性规则自从20世纪30年代作为美国自律组织的道德指南以来,[1]逐渐从道德义务演变为具有法律效力的法定义务,成为投资者保护的重要手段,为各国金融立法所采纳。虽然我国投资者适当性规则自2005年引入以来,现已成为各类投资产品和服务相关的监管规范及行业自律性文件的"标准配置",但是这些规则往往效力层级低,且在内容上相互不一致,在司法实践中只是作为参照适用的依据,且无法避免同案不同判现象发生。尽管2019年最高人民法院通过的《全国法院民商事审判工作会议纪要》(以下简称《九民纪要》)首次就适当性规则的司法适用进行专门规定,能在一定程度上统一裁判标准,减少同案不同判现象的发生,但是《九民纪要》用7个条文对适当性规则的司法适用问题进行规定毕竟有限(如责任性质、因果关系等问题均未规定)。因此,立足于投资者适当性规则的司法实践,通过分析适当性规则在司法适用中存在的困境,有助于检视规则本身并对症下药,完善投资者适当性规则及其司法适用。

---

[1] ANDREW M. PARDIECK. Kegs Crude, and Commodities Law: on Why It is Time to Reexamine the Suitability Doctrine [J]. 7 Nevada Law Journal, 2007, 301, 306.

一、投资者适当性规则的司法适用现状

笔者以 121 份有效司法裁判文书作为研究样本，通过系统梳理，可以发现目前投资者适当性规则的司法适用困境主要包括以下五点。

（一）案由二元分化现象严重

在这 121 份投资者适当性案件中，案由纷繁复杂，具体包括合同纠纷 16 份、期货经纪合同纠纷 3 份、买卖合同纠纷 3 份、服务合同纠纷 5 份、委托理财合同纠纷 15 份、金融委托理财合同纠纷 22 份、委托合同纠纷 3 份、储蓄存款合同纠纷 3 份、侵权责任纠纷 7 份、财产损害赔偿纠纷 44 份。可以看出，目前适当性案件案由选择上主要包括合同纠纷和侵权责任纠纷两种，选择合同纠纷予以审理的案件数量实际为 55 份，占比为 45.45%；选择侵权责任纠纷予以审理的案件数量为 66 份，占比为 54.55%，两者不相上下，呈现出案由二元分化的局面。

（二）适当性义务与告知说明义务混淆适用

在现有的 121 份投资者适当性案件中，大部分案件都将适当性义务与告知说明义务混淆适用，并未予以明确区分。[①] 与此相反，仅有少部分案件明确区分适当性义务与告知说明义务，[②] 认为未进行风险揭示违反的是告知说明义务而非适当性义务。适当性义务与告知说明义务在司法适用中的混淆其实缘于现行规则对于两者的分界不清。现行法律规范对投资者适当性义务与告知说明义务未加以区分，常常在同一法条中加以规定，如规

[①] 参见北京市第一中级人民法院（2018）京 01 民终 8761 号民事判决书。
[②] 参见上海市虹口区人民法院（2016）沪 0109 民初 25028 号民事判决书、辽宁省大连市西岗区人民法院（2016）辽 0203 民初 3490 号民事判决书、上海市第二中级人民法院（2017）沪 02 民终 9139 号民事判决书、江苏省南京市鼓楼区人民法院（2019）苏 0106 民初 4842 号民事判决书。

定"告知说明义务是适当性义务的核心"。①

（三）针对投资者风险等级的司法审查标准不明

目前，法院对于金融机构作出的投资者风险等级评估存在两种不同的司法审查标准：一是采取形式审查标准，法院根据问卷调查的评估结果与金融产品等级是否匹配来判断金融机构在推荐时是否充分履行适当性义务，这是目前法院的主流做法；二是采取实质性审查标准，法院并非采取金融行业惯例的综合评估标准，而是采用穿透式司法审查方式，根据投资者在问卷中部分题目（主要集中于风险偏好等体现主观投资态度的题目上）的作答情况来认定金融机构对投资者风险等级的评估与投资者实际风险识别能力和风险承受能力是否相符。毋庸置疑，根据法院所采用的司法审查标准的不同，个案的判决结果也存在明显的差异性。

（四）因果关系认定具有随意性

在现有的121份投资者适当性案件中，对于因果关系的认定，大部分判决文书常常一笔掠过，甚至只字不提。而在为数不多涉及因果关系论证的案件中，各地法院存在不同看法。部分案件采取"假若没有"标准，认为若无不当推介，投资者则不会购买，相应损失即无从发生，因此推介行为与损失之间具有因果关系；②部分案件采取"实质因素法则"并进而判断原因力大小，区分不当推介行为与损失之间具有直接因果关系或间接因果关系。③与此同时，部分法院则直接适用"一定影响、一定责任或具有助长作用"等模糊性语言来概括因果关系。④适当性案件在因果关系认定

---

① 参见2015年最高人民法院发布的《关于当前商事审判工作中的若干具体问题》及2019年最高人民法院发布的《九民纪要》（征求意见稿）。
② 参见北京市海淀区人民法院（2018）京0108民初21776号民事判决书、浙江省杭州市西湖区人民法院（2018）浙0106民初5290号民事判决书。
③ 参见北京市高级人民法院（2015）高民（商）终字第3614号民事判决书、广东省广州市中级人民法院（2019）粤01民终6283号民事判决书。
④ 参见河南省高级人民法院（2016）豫民再544号民事判决书、江苏省南京市中级人民法院（2017）苏01民终8973号民事判决书。

上的随意性，也造成了相关案件同案不同判现象的发生，这也是目前适当性案件上诉率较高的原因之一。

（五）责任分配的随意性

目前，司法实践在责任分配考量时主要存在两个方面的问题：一是由于因果关系认定的随意性，导致部分案件并未适用过失相抵原则，直接进行全有全无的判决。例如，在部分案件中，法院认为只要金融机构存在不当推介行为，未履行适当性义务，投资者就有权要求全部赔偿。[①]二是在适用过失相抵原则时，未能充分考量适当性案件责任分配所涉及的因素及区分主次责任；相反地，仅在裁判文书中以"较大"过错、"明显"过错及"根据双方过错性质、大小"等模糊性表述，"酌定"分配金融机构与投资者之间的责任比例。

二、作为案由二元分化原因的责任性质之争

投资者适当性规则在司法适用中案由纷繁杂乱，呈现出合同纠纷与侵权责任纠纷二元分化局面，这主要缘于对违反适当性义务的责任性质界定不清。目前，学界对金融机构违反适当性义务的责任性质界定主要存在侵权责任、合同责任、区分责任和责任竞合四种观点。这些观点的主要争论在于"投资者与金融机构之间是否存在合同关系"及"适当性义务是否为法定义务"等问题，笔者将对此予以评析，以厘清金融机构违反适当性义务的责任性质。

（一）代销类案件不存在合同关系

投资者适当性案件根据金融场景的不同可以划分为自营类案件、代销类案件及投资咨询类案件。在自营类案件及投资咨询类案件中，金融机构

[①] 参见浙江省金华市婺城区人民法院（2019）浙0702民初4240号民事判决书、北京市第二中级人民法院（2020）京02民终908号民事判决书。

与投资者之间成立合同关系毋庸置疑,目前司法实践中争议较大的是代销商与投资者之间是否存在合同关系。

在代销类案件中,主要包括发行人、代销商及投资者三方交易主体。在这三方交易架构中存在两个独立的合同关系:一是发行人与投资者之间基于金融产品买卖或者提供金融服务,双方之间存在买卖或者服务等合同关系;二是发行人基于委托代销商向投资者销售金融产品或者提供金融服务而与代销商之间成立的委托代理合同关系。发行人与代销商之间的委托代理合同涉及代销商向投资者销售金融产品或者提供服务,属于涉他合同。根据合同的相对性理论,除法律规定或者合同约定的第三人利益合同等特定情形以外,合同内容只能对合同当事人产生约束力,不能约束第三人,合同当事人也不需要对合同以外的第三人承担合同责任。因此,在代销类投资者适当性案件中,由于代销商与投资者之间不存在合同,代销商只需要根据其与发行人之间的委托代理合同对发行人承担责任,对于代销商违反适当性义务造成投资者损失的,不能适用合同责任予以规制。

(二)自营类案件在责任竞合下缔约过失责任证成困难

在非代销类案件中,主要包括自营类案件和投资咨询类案件。第一,在投资咨询类案件中,金融机构与投资者签订的合同内容主要为投资者提供投资顾问服务等,因而,适当性义务既属于合同义务也属于法定义务,金融机构若违反则可能构成违约责任与侵权责任竞合。第二,在自营类投资者适当性案件中,由于发行人的推荐行为发生在合同成立前,在推荐过程中,若发行人违反适当性义务,其承担的不是违约责任,而可能是缔约过失责任,因为违约责任的成立需要以有效合同为前提,在此情形下发行人所违反的是合同义务;而缔约过失责任的适用是基于在合同订立阶段的诚实信用原则产生的先合同义务。① 因此,在自营类投资者适当性案件中,发行人违反适当性义务的责任性质可能为缔约过失责任与侵权责任的竞

---

① 崔建远.合同法[M].北京:法律出版社,2003:86.
魏振瀛.民法[M].北京:北京大学出版社、高等教育出版社,2000:420.

合。但是，发行人违反适当性义务能否适用缔约过失责任，取决于学界及实务界对《中华人民共和国民法典》（以下简称《民法典》）第五百条缔约过失责任条款的不同看法。

通说认为缔约过失责任发生在合同未成立、无效或者被撤销阶段，[①]所以，正确把握合同成立的时间及是否存在有效合同，是判断是否适用缔约过失责任的关键。[②] 相反地，少数说认为缔约过失责任只适用于"合同不成立、无效或者被撤销"情形的通说正逐渐被打破，《民法典》第五百条并不存在任何排除合同有效情形的用语或暗示，[③] 该条文表述其实已经为合同有效型缔约过失责任留有法律空间[④]。

如果按照通说，由于在自营类投资者适当性案件中，发行人与投资者之间存在有效合同，而发行人违反投资者适当性义务属于违反管理性规范，并不是效力性规范，不会导致合同无效，因而也就不能适用缔约过失责任。只有在投资者举证证明发行人在履行适当性义务的过程中存在《民法典》第一百四十八条及第一百五十一条规定的欺诈或者显失公平等情形下，才能主张撤销合同，并适用缔约过失责任，而这对于投资者的举证能力要求非常高，在现有的121个案例中尚未发现。

如果按照少数说，则可能适用缔约过失责任，但仍存在一个难题，即缔约过失责任在我国是否具有独立性？主流观点认为缔约过失责任在我国具有独立性，其与侵权责任在注意义务的高低、归责事由是否限于过错责任、是否以特别结合关系为前提、赔偿范围是信赖利益还是固有利益四个方面具有区别，[⑤] 金融机构在违反投资者适当性义务的情况下，既构成对先合同义务的违反，又构成对法定义务的违反，属于缔约过失责任与侵权责任的竞合；少数观点则认为，缔约过失责任在我国不具有独立性，因为

[①] 李永军.合同法上赔偿损失的请求权基础规范分析[J].法学杂志，2018（4）.
[②] 李中原.缔约过失责任之独立性质疑[J].法学，2008（7）.
王利明.违约责任论[M].北京：中国政法大学出版社，2003：776.
[③] 孙维飞.合同法，第42条（缔约过失责任）评注[J].法学家，2018（1）.
[④] 韩世远.合同法总论：第3版[M].北京：法律出版社，2010：129.
[⑤] 刘凯湘.债法总论[M].北京：北京大学出版社，2011：55-57.
陈华彬.债法总论[M].北京：中国法制出版社，2012：95-97.

先合同义务本质上就是法定义务，[1]金融机构违反投资者适当性义务构成对法定义务的违反，属于侵权责任的范畴。

对上述两个问题的不同观点直接决定了在自营类案件中，发行人违反适当性义务的责任性质为缔约过失责任与侵权责任的竞合或仅为侵权责任，而司法审判中要想适用缔约过失责任，将面临不小的挑战与质疑。

相反地，随着新的《中华人民共和国证券法》及目前正在修订的《中华人民共和国商业银行法》都对投资者适当性义务作出规定，可以说适当性义务已经不再仅是公法上的管理性规定，更是金融机构所负担的一项法定义务，涵盖证券、证券投资基金、商业银行理财产品，这也是目前投资者适当性规则发展的必然趋势。因此，适当性义务的法定化能够解决投资者适当性案件中侵权责任适用的困境。

综上所述，笔者认为关于金融机构违反适当性义务的责任性质探讨应结合区分责任说和责任竞合说进行分析，具体为：一是根据具体的金融场景进行区分讨论，判断金融机构与投资者之间是否存在有效合同；二是根据合同有无及适当性义务所处阶段判断是否发生违约责任或缔约过失责任与侵权责任竞合；三是在责任竞合情形下应交由当事人自行选择，而从司法适用中论证便利性的角度考虑，应以适用侵权责任为宜。

三、违反适当性义务的行为判断

投资者适当性规则在司法适用中的首要问题即金融机构是否存在违反适当性义务的行为。以下具体展开分析。

（一）适当性义务还是告知说明义务

在司法实践中，对于适当性义务与告知说明义务混淆适用，主要归因于对两者关系认识不清。对于两者的关系，目前学界主要存在两种观点：

---

[1] 张金海.耶林式缔约过失责任的再定位［J］.政治与法律，2010（6）.
于飞.我国《合同法》上缔约过失责任性质的再认识［J］.中国政法大学学报，2014（5）.

广义说认为适当性义务包括告知说明义务;狭义说则认为适当性义务不包括告知说明义务。[①]尽管适当性义务与告知说明义务都是践行"卖者尽责"理念,基于投资者保护目的对金融机构所施加的义务,但是,两者在存续阶段、内容等方面都存在本质不同,应予以区分。

第一,两者的存续期间有所不同。尽管适当性义务与告知说明义务都存在于推荐销售阶段,但告知说明义务更存在于合同成立时至合同履行期间。适当性义务是告知说明义务的前提,告知说明义务正是在金融机构通过适当匹配确定所推介的金融产品的前提下,所履行的进一步向客户介绍该金融产品的结构、风险及在客户持有金融产品期间进行重大事项披露说明的义务。例如,2006年日本《金融商品交易法》分别在"缔约前""缔约时"及"契约存续期间"三个阶段规定了告知说明义务,从而确立了系统的告知说明义务规则。[②]

第二,两者的内容有所不同。告知说明义务源于现代商事交易专业化分工情形下双方当事人信息的显著不对称性,通过强制要求金融机构进行风险告知,充分说明金融产品的相关风险等信息,保障投资者的知情权。具体而言,告知说明义务的内容主要包括向投资者说明涉及金融产品的重大事项,包括金融产品的功能、具体构成、该金融商品的具体利益、权利及其行使、可能面临的资金风险等重要内容。而相较于告知说明义务旨在保障投资者知情权,投资者适当性义务则充分体现出法律父爱主义,要求金融机构充当"过滤网",将合适的金融产品推介给合适的投资者,防止金融机构的不当推介,具体内容包括了解投资者、了解产品,以及在此基础上的适当匹配。

同时,从各国或地区的立法来看,适当性义务与告知说明义务基本是以分别立法的方式出现。例如,我国台湾地区"金融消费者保护法"将适当性义务单独规定于第9条;而第10条则规定了金融服务业的说明义务,

---

① 杨东.王伟.我国金融产品销售法律规制研究——以说明义务和适合性原则为中心[J].经济法论丛,2014(1).
② 何颖.构建面向消费者的金融机构说明义务规则[J].法学,2011(7).

并详细规定了说明义务的方法、内容。日本《金融商品销售法》第3条详细规定了金融商品销售业者应当向客户详细说明的重要事项；而第8条和第9条则详细规定了金融商品销售业者恰当劝诱的确保以及劝诱方针的制定等。[1] 综上所述，法院在判断金融机构是否违反适当性义务时，首先应明确区分"此行为或彼行为"，不应将违反告知说明义务的行为纳入适当性义务范围。

（二）判断标准：形式审查还是实质审查

在明确金融机构行为属于适当性义务范围后，需要考虑的问题是金融机构的行为是否违反了适当性义务，即违反适当性义务的认定标准问题。如前文所述，目前在司法实践中，对于金融机构作出的投资者风险等级评估存在形式审查与实质审查两种不同标准。形式审查与实质审查标准分别体现了金融司法对金融监管尊重或背离的两种不同态度。

在形式审查所遵循的"规则导向"逻辑下，法院遵循的是"原则—规则"的判断路径。在具体实施诸如"充分了解投资者的基本情况、财产状况、金融资产状况、投资知识和经验、专业能力等相关信息"这样的原则性规定时，需要进一步依靠下位监管规则。而"出于执法成本及执法争议等因素的考虑，监管执法者及行业自律组织更注重规则的实施，根据行业价值狭义地理解法律原则，看中可预期性和对行业标准的依赖性"，[2] 目前行业惯例所形成的投资者问卷调查风险评估规则更多的是出于监管效率的考虑，在具有明确性和可预期性的同时丧失了灵活性。

而在实质审查所遵循的"原则导向"逻辑下，法院遵循的是"原则—规则—原则"这样的判断路径，在法律对"充分了解投资者"作出原则性规定的情况下，法院进一步适用监管"规则"进行定量判断金融机构是否"充分了解投资者"；而法院在司法审查时所考虑的不仅是监管效率问题，

---

[1] 中国证券监督管理委员会. 日本金融商品交易法及金融商品销售等相关法律[M].北京：法律出版社，2015：1251-1263.
[2] JAMES J. PARK. Rules, Principles and the Competition to Enforce the Securities Laws[J]. 100 California Law Review, 2012,115,119.

更是关乎投资者保护问题。[1] 在监管规则被金融机构所适应而成为金融机构开展违规活动的"合法外衣"时，法院可以灵活地进一步回归"法律原则"进行司法解释，从而形成新的标准以保护投资者利益，但这种判断标准的缺陷在于缺乏可预期性。

相较于实质审查而言，形式审查更注重程序合法，较少关注投资者风险等级问卷评估的合理性，容易导致那些能够明显弱化投资者风险等级的主观风险承受能力指标在综合评估中被稀释，致使客户风险等级被高估。正如沃伦教授在考虑"获许投资者"的判断标准时所批判的，对于财力雄厚的普通投资者而言，财富并不表示他们就当然具有进行风险收益识别的能力，也不表示他们已经成熟到能够获取投资所需的重要信息。[2] 这也是目前适当性纠纷的主要原因。

随着"资管新规"的发布，我国步入强监管时代，投资者风险等级评估的司法审查标准出现"实质审查"倾向，正是强监管时代穿透式审查的体现。在这一背景下，笔者认为可以考虑适用"木桶效应"原理，从严评估投资者风险等级以回应"实质审查"倾向。同时，无论投资者的财务状况如何，金融机构都不应确定投资者的风险等级高于其主观承受能力范围。

四、违反适当性义务的责任认定

在明确金融机构存在违反适当性义务的基础上，则需要就责任承担进行认定。目前在司法实践中，关于违反适当性义务的责任认定司法困境主要集中在因果关系认定的随意性和责任分配的随意性两个方面。

（一）因果关系认定

因果关系问题一直考验着法律人的抽象思考能力及具体案例上符合

---

[1] 鲁篱.论金融司法与金融监管协同治理机制［J］.中国法学，2021（2）.
[2] Manning Gilbert Warren III. A Review of Regulation D: The Present Exemption Regimen for Limited Offerings under the Securities Act of 1933［J］. 33 Am. U. L. Rev. 1984, 355, 382.

事理的判断。[①]目前,我国关于因果关系的判断方法经历了从必然因果关系说到相当因果关系说的转变。因此,针对适当性案件因果关系认定困境问题,笔者将结合相当因果关系学说,围绕事实因果关系及法律因果关系两个层面展开分析。

第一,在事实因果关系层面,目前学界对于事实因果关系的判断主要包括若无法则、实质因素法则、复合原因规则和其他方法。[②]具体而言,在金融产品销售过程中,除市场自身波动外,对投资者损害产生影响的因素主要有两个:一是金融机构的适当性义务;二是投资者的注意义务。两者对投资者损害的影响具体表现为:(1)如果金融机构与投资者分别充分履行了适当性义务和注意义务,则投资者损失应归于市场自身波动的影响,与双方的行为无关,这种损失基于"买者自负(Caveat Emptor)"原则应由投资者承担;(2)除市场自身波动外,若任何一方未履行相应义务,投资者都有可能遭受损害,因此,两者都是投资者损害发生的重要原因。

在适当性案件中存在两个可能造成投资者损害因素的情形下,"若无法则"显然无法有效进行事实因果关系的判断。例如,按照"若无法则"中的替代法,如果金融机构履行了适当性义务,损害结果仍然有可能发生,那么就会得出金融机构未履行适当性义务不是投资者损害的原因,这一结论显然存在错误,因为在这一假定条件下,尚存在另一个变量——投资者自身是否履行注意义务。相反地,在适当性案件中,由于金融机构未履行适当性义务或者投资者自身未履行注意义务都与投资者损害之间存在引起与被引起的关系,皆为投资者损害的重要因素或条件。因此,适当性案件属于多因一果型案件,宜采用实质因素法则进行事实因果关系的判断。

第二,在法律因果关系层面,法律因果关系是就被告的行为是否是损害发生的充分原因所做的价值判断。具体到适当性案件中,法官在判断金融机构违反适当性义务是否具有导致投资者损害的相当性或充分性时,需要从一般社会理性人的立场出发,基于知识经验对相当性作出价值判断。

[①] 王泽鉴. 侵权行为[M]. 北京:北京大学出版社,2009(213).
[②] 杨立新. 侵权责任法:第3版[M]. 北京:法律出版社,2018:94.

《九民纪要》的出台则为适当性案件中法官进行法律因果关系的判断提供价值指引。根据《九民纪要》第75条的规定，在适当性案件中，金融消费者只需要证明存在损害即可，而金融机构则需要对自身已经充分履行适当性义务进行举证，金融机构不能证明的，则要承担不利后果，其中暗涵的价值判断即为根据理性人的知识经验，金融机构违反投资者适当性义务通常具有引起投资者损害的相当性。

综上所述，对于适当性案件中的因果关系认定，应采取相当因果关系理论，从事实因果关系和法律因果关系两个层面进行：第一，在事实因果关系层面，由于适当性案件属于多因一果型，宜采用实质因素法则判断损害发生的重要因素；第二，在法律因果关系层面，《九民纪要》第75条暗涵的"按照一般社会理性人的知识经验，金融业者违反适当性义务通常具有引起投资者损害的相当性"的价值判断有利于指导法官进行自由裁量。

(二) 责任分配应在考量风险识别能力基础上适用过失相抵原则

如上文所述，在适当性案件中，影响投资者损失的因素除市场波动外，还包括投资者是否履行适当性义务和投资者是否履行注意义务两大因素。因而，在这两大因素皆为损害的原因时，一般适用过失相抵原则对双方责任进行分配。

"卖者尽责，买者自负"作为金融市场的基本理念，充分体现了过失相抵原则的适用逻辑。为克服现代商事交易"买者自负"理念下处于弱势一方的普通投资者与金融业者之间的悬殊差距，而要求"卖者尽责"，对投资者履行适当性等义务。但是，"卖者尽责"不等同于"卖者全责"，[1]"卖者尽责"是为了让交易双方处于平等地位，确保商事交易的公平；投资者仍然应该基于平等商事交易情形下的"买者自负"理念，承担必要的注意等义务。因此，过失相抵原则与"卖者尽责，买者自负"理念不谋而合，在投资者适当性案件中有其适用的必要性。

---

[1] 黄辉. 金融机构的投资者适当性义务：实证研究与完善建议[J]. 法学评论，2021 (2).

而在适用过失相抵时,笔者认为,不管是"金融机构是否履行适当性义务"还是"投资者是否履行注意义务",都需要建立在查明投资者风险识别能力的基础上,[①]因为投资者风险识别能力的强弱直接影响到上述两大因素对投资者损失发生的原因力的比较。具体而言,第一,若投资者的风险识别能力较强,则金融机构违反适当性义务对投资者决策产生的影响则较小,对于损害发生的原因力则较弱;若投资者风险识别能力较弱,则金融机构违反投资者适当性义务对损害发生的原因力则较强。简而言之,投资者风险识别能力的强弱与金融机构违反适当性义务对损害后果的原因力呈负相关关系。第二,若投资者风险识别能力越强,则其与金融机构之间的差距则越小,其应履行的注意义务相对而言越重,在违反注意义务的情况下,过错程度相对较大;若投资者风险识别能力较弱,由于其与金融机构之间的地位差距悬殊,其应履行的注意义务相对而言则较轻,在违反注意义务的情况下,过错程度相对较小。简而言之,投资者风险识别能力的强弱与投资者注意义务及过错程度的大小呈正相关关系。因此,投资者适当性案件责任分配在适用过失相抵原则时,需要查明投资者的风险识别能力。而从现有的 121 份投资者适当性案件裁判情况来看,投资者风险识别能力主要包括投资者年龄、投资经验、教育及知识背景和信息披露程度等因素;而从域外判例来看,"Zobrist v. Coal-X, Inc."[②]案还列举了原告获得信息渠道的多少、欺诈是否具有隐蔽性及是否可能识破欺诈等涉及投资者可能履行注意义务的因素。

(阮少凯系浙江大学光华法学院博士研究生)

[①] 曹兴权,凌文君,金融机构适当性义务的司法适用[J].湖北社会科学,2019(8).
[②] Zobrist v. Coal-X [J]. Inc., 708 F. 2d 1511.

投资理财产品"爆雷"诉讼策略研究

——以侵权责任之诉为视角

陆 原 金 亮

一、前言

近年来,各类机构所发行或销售的投资理财产品(以下简称资管产品)逾期兑付事件频繁发生,市场上充斥着各种企业的"爆雷"新闻。例如,"中植系"产品兑付暂停,涉债权权益达2300亿元。受其影响,有多家上市公司披露其购买的中融信托产品出现逾期兑付情况,引发市场热议;联储证券旗下多款资管产品因出现兑付危机等。多年以来,资管领域不成文的"刚兑"潜规则使投资者对于资管产品本身的市场风险认识不足。2018年,中国人民银行、中国银保监会、中国证监会、国家外汇管理局联合发布《关于规范金融机构资产管理业务的指导意见》(以下简称"资管新规"),禁止刚性兑付、禁止通道业务、禁止多层嵌套资管产品。2019年,最高人民法院发布《全国法院民商事审判工作会议纪要》(以下简称《九民纪要》),在重申上述规则的基础上,更是强调必须坚持"卖者尽责、买者自负"的原则。"刚兑"在监管层面及司法层面已经被明确禁止。而房地产行业下行压力的加大又增加了各类资管信托产品催收、变现的难度。目前,资管行业正处于"去刚兑"的市场转型期,潮水退去,留下一地鸡毛。除去有限的"爆雷"案件进入刑事程序由国家处理外,大多数案件仍属于民事纠纷,需要投资者自力救济。而投资者在投资理财产品时,往往会签一堆格式合同文件，这些合同文件单从文本来看，都是从各类标准模板演化而来的。在出现纠纷时，投资者仅凭格式合同条款约定，是很难找到有利于自己的条款的，那么投资者将如何进行维权应对呢？本文从侵权责任之诉角度为投资者分析一条靠谱的维权路。

二、侵权责任之诉与其他维权路径的比较

案例检索结果显示，各地法院将金融资管类案由分散在了金融委托理财合同纠纷、私募基金合同纠纷、财产损害赔偿纠纷等案由中。在各类资管纠纷案件中，整体包含缔约过失之诉、违约之诉、侵权之诉三类诉讼，以下通过比较上述三类不同诉讼路径，从适用条件、适用情形、举证重点等方面进行探究，为资管产品投资者维权提供实践路径。

（一）侵权责任的构成要件

侵权责任的构成要件，根据我国司法实践普遍观点，包括行为人的过错、行为与损害结果的因果关系、存在损害结果、行为的违法性四项。其中，管理人、托管人承担侵权责任的举证重点是违反当事人之间的相关合同约定或者法律法规的相关规定，因过错存在侵权行为并与投资者的财产损失存在因果关系。如（2017）最高法民终880号案件中所示，法院认为上诉人G联社不仅未举证证明损失的具体情况，而且未证明S证券、S信托在履行委托合同、信托合同中的过失情形，以及该过失与所造成损失之间的因果关系，因此对上诉理由不予支持。

（二）缔约过失责任、违约责任和侵权责任的选择

从法律体系角度来看，《中华人民共和国民法典》（以下简称《民法典》）合同编第二章规定了缔约过失责任，第八章规定了违约责任，属于同一法律关系的不同阶段责任；而侵权责任编规定了所有侵害民事权利而产生的民事关系内容，并不局限于合同法律关系。因此，违约责任和缔约过失责

任不存在竞合，而二者和侵权责任均可能存在竞合。

典型的资管产品交易结构为投资者委托管理人投资目标资管产品，通过该资管产品投资底层资产（如债权、股份等），由托管人负责资金保管，到期后对标的资产进行处置（见图1）。

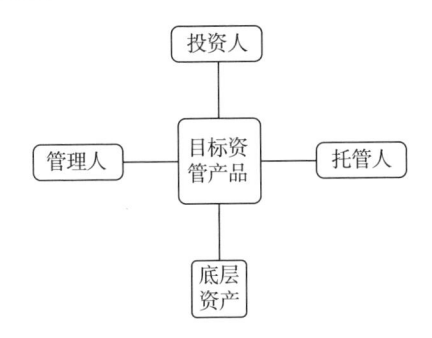

图1 资管产品交易架构

缔约过失责任出现于投资者购买资管产品（签订合约）阶段，而违约责任及侵权责任出现在合同成立后的投资管理阶段。

表1 缔约过失、违约、侵权责任的区别

请求权基础	举证重点	责任主体	合同效力	损失范围	是否以清算为前提
缔约过失	适当性义务	管理人、销售机构	有效无效均可	信赖利益损失	否
违约责任	违反合同约定	管理人、托管人	有效	实际损失	是
侵权责任	过错、侵权行为、损害结果、因果关系	管理人、托管人	有效无效均可	实际损失	是

根据民法规定，主张缔约过失责任仅需存在信赖利益损失即可，而主张违约责任和侵权责任均要求存在实际损失（见表1）。因此无论投资者向管理人、托管人主张违约责任还是侵权责任，原则上必须以资管产品到期并经过清算程序，确定投资者损失已发生为前提；例外地，如资管计划未经清算完毕，但存在各种证据证明投资者损失的发生具有高度盖然性，同时等待清算完成，再行确认当事人损失不具有现实可行性的情况下（如

（2021）沪74民终1743号案件[①]），也可以推定存在损失。

对于投资者能否突破资管合同相对性，向底层交易对手方/发行方主张权利的问题，有观点认为，如认定为委托关系，根据《民法典》第九百二十五条和第九百二十六条的规定，可以直接起诉底层交易对手方/发行方；如认定为信托关系，则较难提起违约之诉或侵权之诉[②]。但在目前"资管新规"的环境下，监管机构的态度更加倾向于将资管基础法律关系界定为信托法律关系，投资者较难向第三人主张权利。如《九民纪要》第88条明确规定了金融机构开展的其他资产管理类业务构成信托关系的，该业务纠纷适用信托法处理。

从侵权责任的角度来看，有观点认为在资管合同或类似协议中未明确约定托管机构权利义务的情况下，投资者还可以共同侵权为由同步追究托管人的连带责任[③]。

三、侵权责任之诉的适用情形

（一）违反适当性义务的侵权责任

适当性义务在"资管新规"第六条表述为："金融机构发行和销售资产管理产品，应坚持'了解产品'和'了解客户'的经营理念，加强投资者适当性管理，向投资者销售与其风险识别、风险承担能力相适应的资产管理产品。禁止欺诈或者误导投资者购买与其风险承担能力不匹配的资产管理产品。"因此，资管产品在募集、销售过程中，销售机构有了解客户、了解产品、风险匹配和告知说明的义务。如果销售机构违反适当性义务，投资者可能因此起诉销售机构或同时起诉销售机构和管理人，要求承担单

---

① 本案中法院认为，基金的清算结果是认定投资损失的重要依据而非唯一依据，有其他证据足以证明投资损失情况的，人民法院可以依法认定损失。
② 张晟杰，储灿林.资管纠纷：产品清算与投资者损失的关系之探讨[EB/OL]（2021-10-18）[2023-09-14].https://www.zhonglun.com/research/articles/8687.html.
③ 张忠钢，马杰.资管领域管理人的信义义务及法律纠纷处理要点[EB/OL]（2023-08-09）[2023-09-14].https://www.dehenglaw.com/CN/tansuocontent/0008/089131/7.aspx?MID=0902.

独或共同/连带的赔偿责任。

例如，徐某与P银行财产损害赔偿纠纷一案[①]中，2015年3月，P银行作为代理销售机构，其理财经理马某向徐某（时年61岁）推介了案涉理财产品——"甲资产管理计划"并提供了客户风险等级评估等服务，徐某据此购买了案涉理财产品，认购金额为3535000元。徐某的《客户风险承受能力调查表》中其风险偏好勾选为稳健型，《客户风险承受度评估报告》评估结果为平衡型。但P银行向其推介的案涉理财产品为高风险，风险等级远高于徐某的风险承受能力评级。2016年1—3月，甲资产管理计划回款共计2798825.36元，亏损736174.64元。基于此，徐某向人民法院提起诉讼，要求P银行承担赔偿责任。

对此，法院认为P银行向徐某推介该理财产品与徐某经济损失的发生存在法律上的因果关系。主要依据为：一是徐某签字同意并填写《客户风险承受能力表》的行为与P银行充分履行风险提示义务并不等同，双方签署相关表格仅构成一种"形式化的合意"；二是金融机构主张徐某拥有理财产品购买经验，属于专业投资者的观点，法院则认为徐某之前购买的理财产品类型与案涉理财产品的运作机制和风险特点明显不同，支持了徐某主张的其为非专业的普通投资者，不了解熟悉案涉理财产品特殊风险结构的观点。据此，法院认为P银行未以充分、必要、显著的方式向徐某揭示案涉理财产品本身所具有的高风险，不适当地向徐某进行推介，违反了适当性义务。

对于徐某经济损失和P银行过错之间的因果关系，法院认为其不适当的推介"极大地增加了徐某经济损失发生的客观可能性，且案涉理财产品的高风险随后被现实化"，因此该推介行为与徐某的经济损失之间构成法律上的因果关系。最终法院酌定P银行对徐某的财产损失承担20%的赔偿责任。

《最高人民法院关于当前商事审判工作中的若干具体问题》中指出，

---

① 北京市第二中级人民法院(2018)京02民终7731号案件。

告知说明义务是适当性义务的核心，是金融消费者能够真正了解产品和服务，或者投资风险和收益的关键。《九民纪要》第76条规定，告知说明义务的判断标准要综合理性人的客观标准和金融消费者理解的主观标准综合确定。

实践中普遍认为，告知说明义务并非一成不变。如从事金融投资交易的投资者，相比于缺乏投资经验的普通投资者和高龄投资者，适当性义务的标准要更低；对风险系数较高的金融产品，应向金融消费者进行更细致的解释说明和风险提示。该案中的"专业投资者"之争，《证券期货投资者适当性管理办法》第八条第五款规定，同时满足"金融资产500万元以上或3年内年均收入50万元以上"以及"具有2年以上投资经历"的投资者为专业投资者。该案中徐某因对案涉理财产品并不了解，未被认定为专业投资者也是案件胜诉的关键。

然而，违反适当性义务并不必然导致侵权责任。相反地，《九民纪要》征求意见稿中曾将违反适当性义务定性为违反先合同义务，认为适当性义务的本质为诚信义务在金融产品销售领域的具体化，主要体现为先合同阶段的诚信义务。因此，违反适当性义务承担的民事责任为缔约过失责任。[①] 如王某与某网络科技股份有限公司、某股权交易中心有限责任公司一案[②] 中，法院认为原告认为两被告的行为违反了适当性义务，主张权利是基于侵权民事法律关系的选择请求权基础错误，直接裁定驳回起诉。对此，可以认为在司法实践中法院倾向于将此类行为定性为缔约过失。

（二）金融机构员工私售，机构承担侵权责任

金融机构的工作人员涉嫌非法吸收公众存款罪或集资诈骗罪，通过虚构或违规推销资管产品，使投资者产生错误认识进行购买，造成财产损失。在该情形下，如果金融机构在内部管理上存在疏漏，违反审慎经营规则，

---

① 最高人民法院民事审判第二庭《全国法院民商事审判工作会议纪要》理解与适用[M].北京：人民法院出版社，2019.
② 上海市静安区人民法院(2020)沪0106民初31198号之一案件。

未发现其员工私售基金等资管产品的情形下，需要向投资者在一定比例的过错范围内承担赔偿责任。

如 H 银行与朱某侵权责任纠纷一案①中，作为 H 银行客户经理的申某（犯非法吸收公众存款罪，已另案处理）向朱某私售"Z 基金"理财产品，H 银行应当能够预见并采取相应措施避免其员工私售行为所带来的风险，但客观上该行却未能通过有效的内部控制措施及时发现申某的私售行为。对此，法院判决 H 银行在 20% 的过错程度范围内先行承担赔偿责任。

在某些情况下，金融机构甚至可能因员工私售行为符合表见代理的构成要件，被法院判决承担全部赔偿责任。在牟某与 Z 银行 B 支行、C 支行侵权责任纠纷一案②中，刘某（时任 Z 银行 B 支行人力资源部员工）向牟某推荐并购买了由甲信托公司投资发行的乙信托理财产品，将牟某 Z 银行账户中的 800000 元通过网银支付至甲信托公司投资在 L 银行的账户。截至 2015 年 11 月 6 日，牟某始终未收回投资本金。2016 年 1 月 26 日，该省银监局给牟某出具的书面答复材料表示："Z 银行 B 支行未代销'乙信托'产品，与该产品的销售公司无业务合作关系。"嗣后，牟某多次与 Z 银行 B 支行、Z 银行 C 支行、刘某协商索赔未果，遂请求法院追究 Z 银行 B 支行、C 支行的侵权责任。

对此，法院认为该案件争议焦点是刘某的行为是否构成表见代理。本案的特殊之处在于，刘某以 Z 银行员工身份在 C 支行的工作场所、工作时间向牟某推荐并操作该行设备售卖案涉所谓"理财产品"，其银行工作人员的身份增加了侵权的可能性与危险性。考虑到刘某作为前经理在 Z 银行的职位和业务范围，牟某尚难以其他更为便捷的手段核实刘某的代理权限和理财产品的真伪。Z 银行未提交证据证明刘某的工作职务为大众所知，法院认为要求牟某自身有能力发现刘某存在无权代理行为是"未免过苛"的。

此外，法院认为 C 支行"作为专业金融机构，对员工利用特殊身份

---

① 北京市第一中级人民法院 (2023) 京 01 民终 3920 号案件。
② 甘肃省高级人民法院 (2021) 甘民再 31 号案件。

进行侵权应具有更高的风险防范意识与能力"。因C支行内部管理不善，未发现员工的违规操作行为，造成牟某利益受损。牟某出于对Z银行管理经营状况的信任，有理由相信刘某属于有权代理，相信刘某代表Z银行与其达成的合约意思表示真实有效。据此，刘某的行为构成表见代理，其法律责任应由C支行承担。

因此，尽管表见代理的认定条件相对严苛，行为人无代理权、有使相对人相信行为人具有代理权的权利外观、相对人为善意的条件缺一不可，但法院认为专业金融机构对员工利用特殊身份进行侵权应具有更高的风险防范意识与能力，对于投资者应当熟知金融机构内部人员变动、理财产品真伪等持否定态度。此时法院更加倾向于在不存在投资者明显恶意的情形下，推定投资者的善意购买行为，金融机构因此承担过错承担侵权责任的可能性不可忽视。

从举证责任的角度来看，金融机构如果不能够举证自身对员工活动场所的管理、使用金融机构设备进行操作的监控等尽到了完善的管理义务和审慎义务，则应当承担相应的赔偿责任。尽管机构并非因资管合同承担侵权责任，但法院的态度倾向于参照《九民纪要》第94条对受托人举证责任倒置，即"由受托人举证证明其已经履行了义务"的规定要求金融机构承担举证不能的后果。

（三）违反信义义务的侵权责任

《中华人民共和国信托法》第二十五条规定了受托人的信义义务，包括为受益人的最大利益处理信托事务，恪尽职守，履行诚实、信用、谨慎、有效管理的义务。信义义务又包括忠实义务（诚实信用）和勤勉义务（注意义务）两项基本义务。通常认为在资管业务中，管理人的忠实义务包括禁止谋取私利、避免利益冲突、公平交易、信息披露义务；勤勉义务包括投资前的尽职调查、谨慎投资义务，管理产品时的审慎运营和风险管控义务。

在违反信义义务案件的举证过程中，举证投资者实际损失相对而言较为明确，而举证管理人、托管人存在过错，并且该过错与实际损失存在因果关系则较为困难。即使《九民纪要》将履行信义义务的举证责任归于受托人，但因果关系的认定更加取决于法院的自由裁量权。如江某与M银行财产损害赔偿纠纷一案[①]中，法院认为："仅因购买*ST股票的行为，不足以造成信托单位净值低于止损线被强制平仓的整体投资后果，即上述各方虽有过错，但与信托单位净值低于止损线之间不存在法律上的因果关系，故江某的上述主张不予支持。"

在刘某与L证券公司等财产损害赔偿纠纷一案[②]中，L证券作为委托人与K信托作为受托人签订信托合同，该信托计划的目的是K信托以信托资金受让D公司子公司深圳D公司100%股权的股权收益权，向L证券分配信托利益。刘某签订的《丁资管合同》约定其为委托人，L证券为管理人，认购该资管计划600万元。然而，D公司和担保人多次违反回购合同的规定，违规质押融资，持有股票被冻结，偿债能力下降。担保人担保能力下降后资管计划和信托计划均提前终止，刘某的委托资金到期未获得兑付。据此，刘某将L证券公司起诉至法院，要求承担赔偿责任。

法院认为，该案的争议焦点在于侵权责任的构成要件是否满足。关于过错，L证券公司作为受托人应当履行诚实信用和勤勉义务。在D公司和担保人多次违反回购合同的规定的情形下，L证券公司作为专业金融投资机构，对于案涉资管计划的风险控制未尽专业审慎的注意义务，对D公司等违反合同的行为没有及时披露、控制风险，也未采取积极有效的措施维护原告合法利益。同时，根据中国证监会出具的《行政监管措施决定书》，被告L证券公司存在"部分资管计划信息披露不及时、销售不规范、份额种类划分不当、合同条款缺失、资管业务内部控制不到位、部分资管计划投资比例超标"具体违规行为，存在一定过错。

关于因果关系，法院认为原告"基于信赖被告L证券公司的资产管理能力而投资涉案资管计划"，但L证券公司在履行丁资管合同的过程中

---

① 北京市第二中级人民法院（2018）京02民终6942号案件。
② 上海金融法院(2022)沪74民终491号案件。

未严格按照法律和行政法规谨慎、严格地进行，同时存在信息披露不及时、风险控制措施不完善的问题，故 L 证券公司的侵权行为和原告的财产损失之间存在因果关系。法院最终酌定被告对原告本金 30% 的范围承担赔偿责任。

针对过错责任的司法审查要点，有法官对此表示："管理人是否采取妥善的投后管理措施往往成为司法审查的重点，包括投资项目运作的持续性跟进、坚持有效的风控手段以及在识别违约风险后是否采取相关措施保证资金安全。"①

在张某、Z 资本管理有限公司与某证券公司、王某等财产损害赔偿纠纷一案②中，Z 资本管理有限公司对申请撤销基金备案等属于明显影响投资者合法权益的重大信息尽到告知义务。对此，法院认为基金管理人未履行诚实信用、谨慎勤勉义务，具有重大过错。而对于因果关系，法院认为"如果 Z 资本管理有限公司于撤销案涉基金备案后至暂停交易前履行信息披露义务、终止基金合同、成立清算小组进行清算，也不至于导致目前基金无法结算的后果"，从而认定过错行为损失之间具有因果关系。

证明管理人存在过错，须证明管理人违反信义义务中的某一项或几项，如信息披露、审慎运营义务等；而证明该过错与损失结果具有因果关系，须证明如果管理人遵守信义义务、履行过程中不存在过错，则财产损失、无法清算等负面后果不会发生。根据民法理论，如果该违反信义义务的行为和投资者损失之间具有相当的因果关系，即作为损失发生的不可欠缺的条件和增加了损失发生的"客观可能性"，则可以认为存在因果关系。

（四）通道业务受托人承担侵权责任

通道业务，《九民纪要》第 93 条规定为由双方在信托文件中约定委托人自主决定信托各类事宜，自行承担信托资产风险，受托人仅提供必要的事务协助或者服务，不承担主动管理职责的，属于通道业务。

---

① 孔燕萍，钱雨伶. 资管产品清算与管理人过错赔偿关系如何认定？[G]. 上海市高级人民法院.
② 江苏省南京市中级人民法院 (2020) 苏 01 民终 5949 号案件。

2018年"资管新规"发布之前,信托公司的通道业务并不违反监管规定。而"资管新规"第二十二条规定金融机构不得为其他金融机构的资产管理产品"提供规避投资范围、杠杆约束等监管要求的通道服务"原则上禁止了金融机构开展通道业务。根据"新老划断"的原则和《九民纪要》的规定,过渡期截至2020年末。过渡期后,违反该监管条例的通道业务将无效,此类纠纷案件将仅限于2020年末之前开展的存量通道业务。

"2020年全国法院十大商事案例"中的H信托有限公司、吴某财产损害赔偿纠纷一案[①],又被称为"通道业务判赔第一案"。该案法院认为通道业务中信托公司仍应当履行最低限度的审慎义务,否则应当承担侵权责任。

在该案中,Y公司(委托人)与H信托签订《单一资金信托合同》。吴某提供的《某投资基金项目募集文件》载明产品类型为"H信托单一资金信托贷款有限合伙基金",吴某向Y公司的账户汇款100万元购买基金。在信托项目进行期间,H信托出具《项目风险排查报告》,载明Z公司"财务状况良好,由建设的多项目保障营收稳定;保证人L公司的现金流充足,项目去化速度令人满意,担保意愿正常,担保实力佳。项目风险可控,未发现重大风险事项"。然而,中国银监会出具的《行政复议决定书》中表示:"H信托在管理上述信托计划时存在对机构委托人未作充分调查,对其委托资金来源的调查流于形式,对该信托计划的委托资金来源未尽到合规审查义务,违反审慎经营规则……"同年,Z公司实际控制人、法定代表人涉嫌犯集资诈骗罪、非法吸收公众存款罪被判处有期徒刑五年至十五年不等,上述投资基金项目实为伪造。据此,吴某向法院起诉要求H信托有限公司承担赔偿责任。

法院认为,根据合同约定,《单一资金信托合同》属于通道业务。按照"资管新规"发布之前的法律法规,信托公司对委托人自主提供信托资金来源的业务,不存在审查和管理的义务,但信托公司仍有"审慎管理的

[①] 上海金融法院(2020)沪74民终29号判决书,入选"2020年全国法院十大商事案例"。

内部要求"和"审查委托人资金的规范要求"。H信托因对于资金来源和信托业务未尽到必要的注意义务，对吴某等投资者投资被骗受损负有一定责任。而且H信托虽无义务对项目开展尽职调查，但信托关系存续期间，H信托在未尽到尽职调查义务的情况下就违规出具了事后证明内容明显虚假的《项目风险排查报告》。法院认为，H信托出具虚假调查报告的行为属于独立从事信托管理，未尽到合理注意义务，客观上对投资者造成了蒙骗和误导，因此应对投资者损失负有一定责任。H信托在开展信托业务中确实存在违反审慎经营原则的情况，存在一定程度上的管理业务过错，以及与投资者吴某的损失存在因果关系，最终法院酌情认定H信托对吴某的损失承担20%的补充赔偿责任。

然而，法院并未对通道业务的合同效力进行否认。二审法院对于信托公司是否有义务进行项目合规性审查、开展尽职调查，以及对信托财产的监管方面，纠正了一审法院的观点。一审法院对于案件的因果关系的表述为："若H信托能够按照相关信托法律和规定，对信托资金来源进行认真审查，对信托项目进行尽职调查……原告的资金也不会因此受到损失。"对于主观过错，法院认为："即使本案的信托履行属于被动事务管理型信托，H信托也应当审慎尽职地履行受托业务的法定责任。"二审法院对此则认为：一是依照当时的法律法规，信托公司对委托人提供的信托资金来源并无核查的义务；二是根据信托合同约定，H信托在系争信托产品运行过程中确实无义务对项目开展尽职调查；三是根据信托合同约定，H信托……不负有主动管理的职责，也不承担贷款风险。

从法院上述观点可以看出，2020年末前的通道业务合同效力在不违反法律强制性规定和当事人约定的情况下，应属有效。但该类通道业务中委托人和受托人之间的权利义务关系，应依据信托文件的约定加以确定，受托人在通道业务中如违反审慎经营原则，仍应承担相应的赔偿责任。

四、总结

目前在金融资管纠纷中，侵权责任纠纷从数量上看虽然不属于资管产品纠纷的主要维权路径，但是其贯穿金融资管"募、投、管、退"全流程，以及其与缔约过失、违约责任存在竞合的特点，应引起投资者、金融机构的重视。

对于金融机构而言，应当在发行及销售过程中严格履行适当性义务，禁止向投资者推荐与风险承受能力不相匹配的资管产品；尤其应当做好员工管理和风险防范，防止员工因私售资管产品或涉嫌犯罪承担过错责任。在投资及管理过程中，应当严格履行诚实信用、谨慎勤勉的信义义务，对于应当披露的信息应及时披露，做好尽职调查，禁止违规出具项目风险报告等文书。

对于投资者而言，应当理性认识资管产品自身存在的市场风险，对目前"资管新规"环境下禁止刚性兑付和"卖者尽责、买者自负"的原则有所认知，根据自身情况选择合适的金融产品。在管理人等可能存在侵权行为后，应当及时收集管理人等存在过错的证据，并证明自身损失与其过错具有因果关系，保障自身的财产权益。

房地产领域的金融治理

吴俊洋

房地产产业链条长、涉及面广，事关人民群众切身利益，事关经济社会发展大局。近年来，社会公众对房地产领域出现的各种问题非常关注和担忧。主要体现在房地产企业债务危机、保交楼、地方债等。危机背后，需要及时采取各类有效措施，避免发生更大的危机，建立长效机制，促进房地产市场平稳健康发展。

一、房地产企业债务危机

"三道红线"是房地产企业"爆雷"的诱因，本质是"高杠杆、高周转、高负债"的模式难以为继。一幢幢烂尾楼、空置房耗费了巨量社会财富和积累。我们都在思考，房地产企业的借款套路如何突破金融机构风控？房地产产能过剩为何未能提前预判和防控？房地产宏观调控缘何缺位？房地产领域是金融资本输出的重要方向，给金融机构带来了巨大的收益和回报，并形成很大程度上的依赖。金融资本被房地产企业裹挟，搀扶绑定，一步步走向深渊。房地产企业债务危机，不仅是房地产企业自身的问题，还是深层次涉及金融治理问题。金融治理，根本还是制度设计、机制运行。金融法治在其中至关重要。国务院常务会议指出，要进一步优化房地产政策，系统谋划相关支持政策。我们需要如何界定房地产企业的合理融资需求？如何评价房地产企业融资信用？如何防范系统性债务风险？贷款授信模式下如何践行科技金融？笔者认为，虽然房地产供求关系发生重大变化，但是房地产仍存在刚需。房地产企业资金链断裂引发的一系列连锁反应，应当予以充分预判，以时间换空间，避免发生系统性重大风险。在此情况下，根据房地产企业融资信用不同，进行合理融资保障，对于房地产平稳发展尤为重要。

国务院常务会议指出，建设融资信用服务平台意义重大。不仅是房地产企业，各类市场主体的信用评价体系对市场经济发展都起到至关重要的作用。当前，市场主体评价体系亟待完善，国内评级机构公信力不高，严重影响市场主体的商业机会、交易效率。企业在拓展业务过程中，会涉及不同地域、不同类型、不同所有制形式、不同规模的潜在合作对象。合作对象的资信情况，往往只能通过公开信息查询、访谈等初步判断。对合作伙伴资信的调查往往耗费大量的时间和精力，且不能得出有效结论。有些企业基于谨慎性考虑选择放弃。企业评价体系，需要专业的、独立的机构介入，需要制定详尽的配套规定，以构建客观、公正、高效的信用评价体系。

二、保交楼

房地产建设资金主要来源是房地产企业自有资金、贷款、预售资金。房地产企业长期高举债、高分红，自有资金短缺。"三道红线"出台后，房地产企业贷款融资通道受阻。预售资金成为最主要的建设资金来源。预售资金的监管使用成为保交楼的关键。保交楼是各级政府的优先工作方向。

商品房预售资金的监管力度加大。监管资金的申请、审批、拨付、使用等行政监管措施应当纳入法治化轨道，遵循行政比例原则、公开原则。在房地产企业涉诉案件中，涉及监管资金账户的冻结及扣划，也应当妥善平衡行政监管与司法措施之间的冲突和矛盾。巨额监管资金与资金使用效率之间的矛盾突出。《关于商业银行出具保函置换预售监管资金有关工作的通知》规定，允许商业银行按市场化、法治化原则，在充分评估房地产企业信用风险、财务状况、声誉风险等的基础上进行自主决策，与优质房地产企业开展保函置换预售监管资金业务。对于巨额预售资金，应当创新金融工具，有效盘活监管账户存量资金。金融机构应当设计金融产品。监管部门应当支持金融工具创新。金融机构开展保函业务，首先考虑自身的经营安全。金融机构同时需要考虑自身的监督能力和水平，确保置换资金不被挪用，避免履约垫付风险，以及垫付后无法清偿风险。相关制度应当首先确保金融机构的经营安全，才能普遍推广置换保函业务，放宽置换保函的范围和置换额度。笔者认为，应当允许房地产企业将部分监管资金或应收购房款质押给金融机构用以提供担保的方式，以激发金融机构开展保函业务的积极性。

监管资金置换保函对于保交楼目标实现具备保障功能。监管部门应当权衡利弊，积极作为，根据比例原则，为盘活监管资金作出努力。房地产企业及工程建设参与方，应当为保函业务创造条件。金融监管部门可以有针对性地开展置换保函的研究，制定业务规则，与监管部门、司法部门形成协调机制，落实好相关制度。

三、地方债

地方债的主要方向是在基建领域。地方为拉动经济，具有持续发债动力。地方债的化解，首先需要解决增量问题，其次解决存量问题，统筹好地方债务风险化解和稳定发展的关系。管控好增量，需要建立有效的政府债务管理机制，做到投效比的动态平衡，对偿债能力进行充分评估，完善全口径地方债务监测监管体系，分类推进地方融资平台转型。

地方债的化解是长期过程，需要地方财政长期消化，地方债化解中最为重要的是不能发生系统性风险，需要用时间换空间。政府有强大的金融工具应对系统性危机。面向未来，最主要的是经济发展带来的政府财政改善，危机也将逐步化解。

综上所述，针对房地产领域出现的危机，需要审视我们金融治理的能力和水平。只有认识到成因，才能在将来有的放矢，维护房地产的平稳健康发展。

金融商事争议解决机制 保 障 篇

推动复议诉讼"紧"衔接
开创诉源治理"新"局面

董海峰

诉源治理是新时代"枫桥经验"的深化和发展，是正确处理新形势下人民内部矛盾的有效机制。近年来，上海市各级行政复议机关深入学习贯彻习近平法治思想，积极践行"公正高效、复议为民"理念，持续发挥行政复议的制度优势和作为化解行政争议的主渠道功能，从个案调处、类案总结、机制建设等方面，深化行政与司法良性互动，推动诉源治理工作取得实效。

一、推动诉源治理合力的主要做法及成效

（一）探索新型诉调对接模式，大力化解个案争议

2020年5月，在上海市司法局行政复议应诉部门的积极推动下，上海市司法局与上海市第一、第二、第三中级人民法院共同成立行政争议多元调解联合中心，主要针对符合各中级人民法院行政诉讼受案范围的行政争议，兼顾当事人自愿调处的其他行政争议，开展联合调解工作。联合中心有效整合司法调解、人民调解、行政调解、律师调解等调解力量，必要时，还可以邀请人大代表、政协委员、社会团体、社会工作者及心理医生等作为特邀调解员参与调处工作，极大地调动调解资源，形成调解合力。

该中心自成立以来，调处的案件成功化解率达50%以上。同时，各区行政复议机构也开展积极探索，如静安区司法局联合闵行法院，对经复议后起诉的交通行政处罚、国有土地房屋征收补偿协议等类型案件开展诉前调解，超过20%的案件在诉前调解阶段得到有效化解。奉贤区司法局则成立全市首个区级行政争议联合调处中心，并与闵行区人民法院和奉贤区人民法院签署《奉贤区行政争议联合调处中心合作框架协议》，在联合管辖法院的基础上，引入属地基层法院的调解力量，进一步增强属地化解行政争议的能力。

（二）加大问题总结研判，合力开展诉源治理

一是加强类案办理的总结提升。上海市司法局在制定公安交通处罚类、土地征收与补偿类信息公开等复议类案办理工作指引的过程中，主动向法院征求意见，吸收、借鉴法院审判经验，完善审理要点，规范类案审理思路和标准。二是加强对面上问题的发现和通报。近年来，法院、行政复议机关常常以制发行政复议白皮书的形式，反映行政诉讼、行政复议年度工作情况，二者相互邀请参加白皮书发布活动，共同研讨行政执法及诉源治理存在的难点、堵点，推动工作改进。三是加强对执法行为的指导和规范。针对案件量大、纠错多发的重点执法领域，加强对面上共性问题研究，统一依法行政、依法裁判的尺度，规范类案行政行为，从源头减少纠纷。2023年，上海市司法局行政复议部门召开多场研讨会，分别以"非现场执法"治理货车超限的合法性、行政机关内部协查行为的性质、非法客运行政处罚的法律适用、政府信息公开工作中的疑难问题等为主题，邀请法院等相关部门参加研讨交流。

（三）建立沟通联络机制，有效推动工作衔接

一是建立联络员制度。在行政复议应诉部门中确定相关联络员，负责与法院的日常工作联系，对于工作中涉及管辖、材料移送、情况研判等问题，进行联系和协商。二是建立工作会商机制。通过开展顺畅、高效的会商，

及时研究解决工作中出现的新问题、新情况,如围绕新修订的《行政复议法》的贯彻实施,上海市司法局与上海市高级人民法院进行磋商,在统一法律条款理解、规范诉权告知、畅通案件转送、合力化解争议、加强数据交换、联合开展培训、提升应诉质量等方面形成初步共识,推动工作有序衔接。三是建立重点工作领域协作机制,上海市司法局连续两年邀请法院行政审判专家共同参与年度行政复议"十大典型案例"的评选,提升案例评选质量;在复议应诉办案人员培训中,邀请资深法官就案件审理中发现的常见问题给予指导。特别是在上海市创新开展的行政机关负责人出庭、旁听、讲评"三合一"活动中,各级行政复议机构与法院充分合作,在推动行政机关负责人出庭应诉、促进行政争议有效化解等方面实现良好效果,打响行政应诉的"上海品牌"。

二、下一步工作打算

下一步,上海市各级行政复议机关将继续深入贯彻习近平法治思想,坚持和发展新时代"枫桥经验",加强行政复议与行政诉讼的衔接配合,共同深化诉源治理。一是要持续健全完善常态化沟通机制。在已有的联席会议、工作会商等机制的基础上,从加强信息共享、进行联合调研、选树典型案例、开展同堂培训等方面进一步拓宽沟通协作的领域和范围。特别是在行政机关负责人出庭等工作上,进一步与法院做好沟通配合,推动更多分管业务的负责人出庭应诉,切实提升出庭实效。二是要继续深化专业领域的合作交流。针对案件数量多、专业程度高、审理难度大的案件领域,深入开展研究,加强与法院、相关业务主管部门的沟通,强化执法共性问题的源头防范和前端治理,携手行政诉讼、行政执法,将诉源治理一体落到实处。三是要积极推动形成行政争议多元化解格局。提高行政复议基层服务点从个案中发现源头问题和参与化解行政争议的能力,并对接法治观察点、公共法律服务平台、法律援助中心等平台资源,提升基层行政争议吸附力、化解力。在更多的行政争议领域开展与人民调解、行政调解、司法调解等多元联调,进一步探索建立行政争议从行政诉讼向行政复议的引流机制,形成诉源治理合力。四是要强化科技支撑实现数字赋能。积极运用法律科技手段,提升行政复议数字治理效能,探索行政复议与行政诉讼、行政执法等系统数据共享、互联互通,更好地实现对行政争议的发现和化解,努力把行政争议化解在基层、化解在初期、化解在行政系统内部。

(董海峰系上海市司法局党委委员、副局长)

行政公益诉讼嵌入金融治理构造路径拓扑

陆在春　曾　瑞

一、行政公益诉讼介入金融治理可行性考量

（一）现代金融治理呼唤司法介入

信息时代人类不断开拓着社会生活新领域，传统业态也借着技术发展的东风不断自我革新。现代金融业凭借互联网技术运用高歌猛进的背景下，几乎同步衍生出的金融领域公共利益保护乏力、政府系统性金融监管缺位及金融消费者权利救济机制单一成为新时代金融治理中面临的难题与困境。在实践中，伴随全球范围内的经济下行压力，金融系统出现显著的顺周期效应、金融风险呈现加速暴露的状态，金融领域出现大量的金融消费纠纷和金融监管事故，其生成原因主要在于金融业正处于传统金融业态向互联网金融、数字金融等新业态的快速迭变之中，金融领域矛盾鸿沟逐渐形成，而金融秩序体系和金融矛盾治理体系的制度现状仍难以与之相匹配。在这一特殊转型期内，金融领域乱象频仍，金融治理秩序从失衡达到新的平衡难以一蹴而就，虽然现行强监管模式正在加大金融乱象整治力度，但是探索建立一个路径选择与目标匹配更均衡的系统治理框架仍是金融治理刚需。国内的金融治理模式强调构建具有中国特色的金融市场法治体系，对资本市场中活跃的现代各类金融活动进行合作式、包容式、规范式管理，

其本质是国家治理体系的重要组成部分。① 金融领域治理成效关系国家治理的体系化和法治化构建，在国家统一治理、系统治理这一大背景下，既往体系机制中的职权分割、单打独斗、独善其身理念已经不足以应对金融领域多元风险，系统观念和体系思维得到认可并逐渐深入人心。在这一科学方法论指导之下，金融领域政府监管与金融领域司法监督的治理协同与密切合作开始演化成型，展现出从金融领域个案调整到监管司法协调常态化机制发展的总体趋势。② 金融领域政府监管与金融司法治理的职能定位不同而各有侧重，但根本目标是一致的，即有效防范和化解金融领域系统风险，推动国家治理体系和治理能力现代化。面对金融领域监管和治理的复杂性、不确定性和非线性矛盾呈现，除了传统金融治理监管内控和科层解纷方式，还可以通过司法协作和司法一体化解决，③ 公益诉讼为金融治理提供了一项新范式。

伴随着金融领域资本无序扩张和系统风险集中爆发，近年来金融领域市场秩序和公共利益受到严重威胁。仅 2018 年末就有 5542 家网络借贷平台倒闭，造成社会各类损失约达 468 亿元；互联网金融领域负面新闻频出，大量企业负债"跑路"；P2P 平台连续"爆雷"，无数百姓一生血汗钱付之东流……现代金融业旋起旋落，进一步发展陷入瓶颈。同时，金融秩序稳定性也受到冲击。股票交易、债券发行、民间借贷等金融领域中心环节因为受国际国内各项风险冲击而波动频繁；垄断、不正当竞争等行为开始冒头，试探金融监管底线；金融监管机构处处救火而分身乏术……更令人担忧的是金融市场具有极其强大的溢出效应，伴随着互联网金融、数字金融等金融新业态发展，万物互联，万物互通特性扩散，金融领域起落荣枯逐渐与社会公共利益强势挂钩。作为以维护公共利益为己任的检察公益诉讼应当充分发挥其制度优势，在证券发行等治理矛盾最突出的领域发挥功效，打击证券犯罪与监管错位，维护金融领域公开、公平、公正的生态环

---

① 丁宇翔.习近平法治思想中的金融法治观解读［N］.人民法院报，2021-09-10（005）.
② 李忠鲜，丁俊峰.金融治理协同理念的司法实践［J］.人民司法，2023（25）：4-8.
③ 杨力.论数字金融司法一体化［J］.政法论丛，2022（4）：50-60.

境,[1]进而吸取经验,统筹推进国有金融资产保护、个人金融账户敏感信息、证券安全、反垄断和反不正当竞争等涉金融领域检察公益诉讼,在金融市场诸多领域,行政公益诉讼都大有可为。

(二)行政公益诉讼积极扩展新领域

2017年,我国通过修改《中华人民共和国行政诉讼法》正式在法律上设定行政公益诉讼制度。作为近年来检察机关主导推动的新兴司法制度,行政公益诉讼在传统四大重点领域取得较大制度成效,成为全面深化改革的典型样本,逐渐走出一条具有中国特色的公益司法保护道路。现如今行政公益诉讼在公共利益受损的重点领域取得理想成绩并正在积极探索新领域的司法适用。行政公益诉讼在不少新领域得到了法律认可,完成了实际上的拓展并且呈现多角度共同推进局势。[2]行政公益诉讼发展极快、辐射面极广,对行政行为纠偏与公共利益维护影响程度极深,是应对新场域公共治理难题的重要抓手。现代金融领域的问题呈现出交叉性、公共性和不确定性特征,金融领域的产业发展和市场交易更加迅速和无规可循,利益和风险波及个人、社会、国家等不同层面,出现的新情况、新议题、新矛盾俨然纠缠整合成一根巨大的杠杆,坚定地撬动着原有金融监督管理的旧体制、旧习惯、旧思路,激励学界和实务界探索行政公益诉讼本土化以及现代金融治理新领域适用。[3]金融检察公益诉讼为大局服务、为人民司法、为法治担当,现代金融治理迎来了新机遇。

"公益之所在,检察之所及"[4]。2023年末,最高人民检察院针对金融安全作出新的举措,发布《最高人民检察院关于充分发挥检察职能作用依法服务保障金融高质量发展的意见》(以下简称《意见》),《意见》以政治高站位、检察高质效为目标,明确今后一个长效时间段内金融检察

---

[1] 张守慧.证券领域开展检察公益诉讼的定位和路径[N].检察日报,2021-07-26(3).
[2] 张琦.检察行政公益诉讼案件范围拓展的现状、问题及进路[J].新疆大学学报(哲学社会科学版),2022,50(3):27-35.
[3] 练育强.争论与共识:中国行政公益诉讼本土化探索[J].政治与法律,2019(7):136-149.
[4] 薛永毅.公益之所在检察之所及[N].检察日报,2022-04-28(3).

工作的目标任务和方法措施。①《意见》明确提出要对现有的金融检察体制机制做体系优化，探索开展金融领域公益诉讼，充分发挥检察职能作用，依法服务保障金融高质量发展，以检察工作现代化助力推进金融强国建设。近年来，最高人民检察院稳步探索涉金融领域公益诉讼适用规则与内在规律，采取诸多有力举措。一是加强金融账户敏感个人信息保护，结合《中华人民共和国个人信息保护法》对金融领域个人敏感信息进行加强保护；二是加强涉电信网络诈骗金融领域治理，严厉打击网络犯罪；三是加强预付卡消费领域金融乱象整治，治理成效斐然。②行政公益诉讼介入金融领域是国家治理和社会治理的重要一环，维护社会公益，守护公平正义是司法机关新的职责与使命。现有司法实践中，金融领域民事公益诉讼多有探索且有所成效，③但是金融行政公益诉讼却仍在理论讨论之中，还未形成足够研究成果，需要着重加强。

二、行政公益诉讼介入金融治理必要性分析

（一）金融监管乱象导致公共利益明显受损

行政公益诉讼建立的核心目标之一是维护国家和社会公共利益。公共利益作为一个内涵和外延是十分开放而富有争议的概念，学术界和实务界不乏理论与实践研究，但仍然难以完全阐述。要使行政公益诉讼能在现代金融领域实现有效介入，就必须先释明现代金融领域存在金融公益，且该公益受到较为紧迫的威胁。互联网金融、数字金融等新业态之所以被称为新业态就是因为该经济形式存在新特点，是因存在新矛盾而产生的，其中涉及的金融法律关系较之以往传统金融领域具有相当程度上的不同。对于

---

① 马憨.最高检发布服务保障金融高质量发展意见［N］.上海证券报，2023-12-29（2）.
② 蔡姝越，王峰，王海晴.绝不让披着"金融创新"外衣、实为金融违法犯罪的行为逍遥法外［N］.21世纪经济报道，2024-03-08（3）.
③ 赵德金，常永鹏.完善金融消费者权益保护民事公益诉讼制度的构想［J］.人民检察，2021（18）：71-72.

这样的现代经济新业态，其法律关系必然是极其复杂的，可能存在多种利益诉求相互纠缠，法律关系因此变得错综复杂，牵一发而动全身。原本的金融市场主体之间私益开始纠缠牵动金融公益。虽然现行金融立法繁多，但是仍可抽象出其中所欲表达的金融公益，概括地说，我国现行法律所肯定和保护的金融领域公共利益主要分为纯粹性公益和集合性公益两种，其中纯粹性公益往往表现为法律条文中的"社会经济秩序""国家经济安全""金融市场秩序"等；而集合性公益则通常泛指金融消费者、金融投资者和金融活动相关当事人的利益集合。① 可见金融公益真实存在且隐藏在现代金融市场诸多金融活动中，引而不发却对金融市场秩序产生重大影响。面对新金融业态这一新领域，行政公益诉讼的适用就需要十分慎重。金融法律关系和金融领域公共利益的复杂性是行政公益诉讼稳妥推行必须考虑的因素。

  伴随社会经济欣欣向荣的发展，金融市场也日趋活跃，但金融市场的"活跃"往往是一把"双刃剑"，运作良好能为资本市场提供强劲动力，成为新的经济增长点；运作受阻，资本无序扩张则将导致市场失灵和资源配置错乱，引发金融风暴，进而容易诱发经济危机。金融治理领域制度固有缺陷和政府监管不当缺位极易导致金融乱象丛生，诸如虚假上市、内幕交易、信息欺诈、市场操纵等违法违规行为大量出现。随着新兴金融互联网技术的发展，金融风险较之过去也具有新的特点：第一，隐蔽性增强，金融活动更趋专业，风险更趋隐蔽；第二，跨界性增强，金融风险不再仅仅发生在传统的银行、保险领域，危害也更具牵连性，借助互联网系统实现万界融通，金融产品交易与影响范围已突破原有属地限制，"监管真空"频频出现，"监管洼地"时有发生，金融领域公共利益受到较大威胁。金融领域公共利益含摄复杂，不仅汇聚了金融消费者和金融投资人的个人私益，同时还包括金融市场交易秩序和金融市场监管秩序的和谐稳定。金融市场监管秩序更是重中之重，因为金融市场交易秩序的维护更有赖于金融

---

① 夏戴乐.检察公益诉讼在金融领域的拓展与边界［J］.法学，2023（9）：177–192.

市场监管秩序的维护。①行政公益诉讼通过检察院积极作为，监督金融监管机构行政行为不跑偏就是抓住金融治理监管的"牛鼻子"，有利于盘活整个金融治理格局。行政机关金融监管和司法层面的公益诉讼并不是对立、冲突关系，而是可以通过结合与互补共同为资本市场稳健运行保驾护航。监管在前，检察机关在后提起金融行政公益诉讼有利于填补规则漏洞，对金融领域公共利益通过司法路径获得最大保障。②拓展行政公益诉讼在金融治理这一新领域的合法合理适用，既符合公益诉讼制度发展司法规律，又有利于回应金融治理现实需要。

（二）现有监管模式无法高效化解金融风险

在国际上各类金融危机时有发生且危害巨大的背景下，为了遏制国际金融危机的传染性，坚守住金融风险不发生系统性危害的防线，中国在国际金融危机爆发之后不断出台针对线下线上金融产品，尤其是互联网金融的严监管政策。加强金融监管成为全球性趋势，金融领域"严监管"成为近年来我国金融领域的热门话题。③面对着正在与中国经济乃至世界经济发生剧烈"化学反应"的金融领域，本身正在适应市场经济深入发展与法治政府建设双重任务的政府，及时调整监管政策是应时之举。我国的金融监管体制从未停止完善演进的步伐：1978年中国人民银行职权扩大，开启金融"大一统"局面；随后时代风云激荡，金融监管机制变动频频，中国现代金融业一步一步走过了集中统一监管—分业监管—协同监管的历程，金融监管体制机制在维护金融稳定、促进金融业发展中逐渐走向完善。④现阶段强监管成为官方主流话语，但若政府一味强调严监管也不利于金融发展乃至中国经济发展。在强监管模式下，金融监管机构容易走向两种

---

① 张萌萌.金融产品僵局复合利益保护视角下公益诉讼实施权主体辅助参诉机制构建[J].法律适用，2023（4）：118-127.
② 张仪昭.检察机关提起证券行政公益诉讼：法理基础与制度建构[J].社会科学动态，2021（3）：91-98.
③ 刘生福，韩雍.严监管背景下的银行资本调整与风险承担行为——兼论防范和化解金融风险的思路[J].南开经济研究，2020（2）：68-91.
④ 李成斌.金融消费者公益诉讼问题探究[J].法律适用，2022（3）：35-47.

极端。

第一种极端是金融监管不作为。长期以来，秉持着传统风险管理的单线思路，传统监管思维和体制被机械复制到金融监管和治理领域，金融领域监管体系的科层制特征十分明显。层层审批、手续烦琐皆是金融监管科层制体系的重要标志。走程序、等审批等一连串的因果纠缠之下，互联网金融和数字金融业都难以迅速发展起来，对于实体经济助力乏善可陈。在风险管理系统中引入司法模式，对监管机构质效不强是重塑金融治理和风险管理的一种模式选择。

第二种极端是金融监管乱作为，即金融监管领域权力寻租，导致监管腐败大量出现。近几年来，金融监管领域反腐力度前所未有，2023年以来，金融业有十几位干部被执纪审查，其中不乏中管、省管干部等高级干部，国有大行及大型政策性银行均有官员涉及。金融反腐是反腐败斗争的重要领域，金融监管人员违纪违法，则是金融反腐风暴的显著特征。金融监管人员行使金融监管重要职权，却以权谋私，谋取腐败租金，带头违法乱纪，致使金融监管底线失守，形成了各式各样的监管腐败行为。[1] 金融监管工作人员一旦守不住底线，金融公益维护与市场秩序矫正也就成了水中月、镜中花，对金融监管的司法监督成为应有之义。

三、行政公益诉讼在金融治理中的制度优势

金融治理要回归本源，其中重点需要把握平衡三对特殊关系：一是平衡金融创新与金融安全的关系；二是平衡金融发展与产业升级的关系；三是平衡金融风险与金融监管的关系。[2] 其中最重要也是最复杂的是第三对关系，金融风险依然叠加，而政府金融监管已显乏力，金融司法应当有所作为。推动实现金融风险与监管的动态平衡，行政公益诉讼存在明显制度

---

[1] 武长海.当前资本领域反腐败的推进策略［J］.人民论坛，2023（4）：44-47.
[2] 王学凯，石涛.中国共产党百年金融风险治理的演变与启示［J］.金融理论与实践，2021（11）：1-7.

优势。

(一)检察机关具有独立的监督地位与使命

在传统金融领域监管与被监管的构造中,一旦处于监管地位的政府机关稍有松懈,被监管的金融巨头往往会借机迅速扩张。金融消费者和投资者因地位不平等而血本无归,金融市场秩序因垄断和不正当竞争而荡然无存。此时引进检察机关作为争议解决第三方具有重大作用。检察机关身处原有金融监管和金融治理构造第三方,具有明显超然地位。

首先,检察机关与金融监管机构互不隶属、各有分工而共同致力于国家治理目标实现。检察机关具有法律监督职权,对于金融监管机构在金融市场中的监管执法行为享有监督权,这对于金融监管机构等行政机关无疑成了悬在头顶的"达摩克利斯之剑",足以构成对金融监管机构的有效外部监督,打破了金融监管部门既往监管因为缺乏主动司法监督而质效不高的实践困境。

其次,伴随着检察机关职能拓展与转型,四大检察布局完成,检察机关开始具有公共利益守护人的角色,成为处在"公地悲剧"尴尬境地的公共利益代言人。[①]在金融治理过程中,逐步演变扩大的金融公益受损已经成为不可忽视的巨大风险,然而公共利益的特殊属性往往使很少有个人、社会组织乃至国家机关为其张目,检察机关在近年来不断强化公益守护人的职能,对于很少有人关心而又对社会和国家治理极其重要的公共利益进行强力维护,有利于履行新时代检察机关新的职责和使命,不使职能虚设,充分保障社会和国家利益免遭威胁。

最后,检察机关作为国家法定的法律监督机关,享有国家法律规定的且具有国家强制力保证实施的调查监督权,在金融领域公共利益受损举证、调查方面有明显优势地位。由于资源、技术和认知等方面存在的巨大差异,社会群众乃至社会组织都与现代金融公司、大型金融平台这类金融市场强

[①] 张建兵,杨建新,顾豪.当好公共利益"守护人"打造"民生检察"品牌——江苏省南通市通州区检察院创新方式推进公益诉讼[J].人民检察,2019(11):2.

势主体之间地位十分不对等,处于弱势地位的广大人民群众虽然能切身感受到自身利益受损,但难以发掘金融市场内部运行逻辑与自身利益损失存在的现实关联性,因此极难依据现有法律规则维护自身合法权益。伴随着利益叠加和不满积聚,广大人民群众的利益往往汇聚为社会公共利益,对金融市场乱象的强烈谴责成为难以忽视的社会矛盾,金融治理难题也就成了亟须解决的社会性问题。检察机关凭借其法定的调查处理职权,享有与普通群众所不同的优势地位进而可以顺利开展调查监督,维护社会公共利益,解决社会矛盾。

（二）公益诉讼制度有效化解"公地悲剧"

金融治理领域权利救济制度往往因为当事人陷入集体行动困境而导致制度空转,纠纷化解机制不畅。集体行动困境是指享有共同利益的集体成员,人人都具有理性利己的本能,如果人们认为自己的付出不会对自己产生利益,即便有着利他动机,他也不会作出任何付出,因为这种付出是无效率的。另外,即便明确知晓自己如果采取一定行动实现利益共同体的共同利益或目标后自身和整个共同体都能够获利,但仍不会自愿地采取行动以实现共同体利益。[1] 集体行动困境生成逻辑是,在信息充分透明的情况下,每个人都具有个人理性,理性人为维护集体利益而参与集体行动需要花费私人成本,而收益却是集体共享,个人的理性会排斥这样的行为。社会公共利益的特性激励着理性个人采取坐享其成的"搭便车"策略。而如果人们习惯地、普遍地采取机会主义的"搭便车"策略,让别人承担集体物品的生产成本,自己坐享其成,其结果只会导致人数众多的潜在利益集团无一例外地出现集体行动困境,导致集体行动意愿和集体利益难以达成。[2] 金融治理领域存在较为明显的集体行动困境。

现代金融市场已经与社会生活高度嵌合,互联网技术的飞速发展使违规金融陷阱高度隐蔽,侵权查证和举证成为难以承受的负担,并且无良金

---

[1] 洪名勇.制度经济学[M].北京:中国社会科学出版社,2022.
[2] 曼瑟尔·奥尔森.集体行动的逻辑[M].上海:上海人民出版社,2011.

融平台的虚假宣传和恶意钓鱼行为往往会损害无数金融领域消费者的合法权益，但是吊诡的是，这样的侵害又不足以对特定个体造成难以忍受的后果。因此在很多时候，因为涉及人数极其广大，是否存在破坏金融秩序、损害金融公共利益的可能均不确定。金融消费者利益受损不自知，个人不知也不会主动提起诉讼，金融集体行动困境由此生成。在金融治理构造中嵌入行政公益诉讼，则将有效解决集体行动困境。既然金融市场利益集体不愿提起私益诉讼或者集体诉讼，那么就由检察机关代表社会公共利益对不作为乱作为的金融监管机构提起诉讼成为相关诉讼主体，个体起诉原有成本过高模式被转化为诉讼成本由公共资源承担，[1]检察机关可以公共利益受损提起行政公益诉讼，要求金融监管机构依法履行监管职责，实现司法监督和金融监管协同式治理，维护社会公共利益和市场监管秩序。

（三）检察建议积极预防补强救济迟滞

金融治理领域的现有权利救济模式仍然偏爱于事后救济模式，这也是传统社会治理思维和传统司法运作规律的固有表现。但现实生活中，很多利益受损是不可逆的，守株待兔式的司法被动开始凸显不足，事后救济难以恢复到权利原有状态。出于全面保障金融市场秩序和金融领域公共利益的需要，金融治理规范构造的功能不应止步于救济金融侵权产生的事实损害，而应当演进为能够预防化解可能产生的重大系统性金融风险。维护金融秩序的第一责任人在行政机关，因此更好地扎牢金融风险第一道防线，加强对行政机关的过程性监督成为应有之义。任何一个行政结果的出现，背后都有多重主体争锋、多重利益博弈及多元的互动关联，彼此相互妥协后组成最终的行政结果。传统监督聚焦于行政过程末端已经定型的、实质化的行政行为，既不能作出合理判断，又无法实施有效监督。具有更加主动干预性质的针对金融监管不作为或乱作为行为的检察建议监督模式可以成为一把楔子，深入金融治理行政裁量。

---

[1] 夏戴乐.检察公益诉讼在金融领域的拓展与边界［J］.法学，2023（9）：177-192.

检察建议作为我国在行政公益诉讼检察实践过程中的重大原创制度成果，立足于法律监督这一宪法规定属性，与检察机关新时代实践进行相互融通，已经具有法律守护人、公益维护人、社会治理人三重属性。[①] 与传统治理和诉讼手段相比，检察机关对金融监管部门发出有效检察建议有着主动司法、事前预防的特点。这是现有诸多治理手段所不具备的重要特质。其事前预防目标实现依赖于检察机关深入金融监管行政过程，在金融监管机构明显不合理决策，有危害金融市场秩序时及时予以提醒纠正，其实质在于化解金融系统性风险、消除金融领域潜在隐患，从而实现更高质量、更高水平地维护金融公共利益。检察建议既具有刚性监督效力又具有柔性监督效力，刚性以法律为基本保证，而柔性监督效力通过开放型检察建议予以实现，重预防性、说理性、共商性，以协同机制推进建议落实。[②] 基于金融领域损害后果往往具有不可逆性，检察机关在提起公益诉讼前先行运行检察建议监督有利于实现金融秩序维护和金融消费者权益保护从下游向中上游拓展。

四、行政公益诉讼在金融监管中的合理边界

2022年以来，金融资产脱实向虚、盲目扩张势头得到扭转，存量信用风险得到有效缓释，金融体系抵御外部冲击风险能力明显增强，中国金融风险整体可控。因此提倡行政公益诉讼在金融治理领域的司法适用绝不是没有任何边界限制的，作为一种非常规手段，行政公益诉讼有其自身运作规律，金融治理也有其特殊的专业性，因此仍有必要强调行政公益诉讼在金融治理中的适用边界以廓明理论与实践、司法监督与行政监督的辩证统一。

---

① 张薰尹.检察建议的谱系脉络及分类发展构想［J］.政治与法律，2024（3）：56-68.
② 秦前红，王雨亭.检察建议类型的制度反思及功能性重构［J］.中南民族大学学报（人文社会科学版），2023，43（6）：90-101+184-185.

（一）保持金融行政公益诉讼司法谦抑

司法谦抑性是司法机关和司法职权最重要的特性之一，如果一切纠纷和事务都由司法程序进行解决和救济，就会落入"司法中心主义"的窠臼之中，这不符合现代司法规律及法治建设要求。金融领域纠纷治理具有极强专业性，而行政公益诉讼制度新设，虽然在试点和地方探索期间都对诸多新领域进行适用探索与制度实践，但是最终行政诉讼法所列举的只有现有的四个领域，这四个领域是问题最为严重的领域，从很宽泛的范围之内单单圈定这四个领域，表明立法者极其严谨审慎，由此我们在对金融新领域的适用进行积极探索时，要使金融领域符合"等"字要求，对于"等"字的扩展与解释必须在遵循司法制度规律的同时满足人民群众的期待与认知。行政公益诉讼在金融治理领域的适用同样要适度，制度启动条件要符合公共利益与前几个领域受损程度大致相当的程度，行政机关不作为乱作为的危险程度也要与之相当，绝对不能做类推解释。将金融治理中一切领域都纳入行政公益诉讼的视野范围只会使行政公益诉讼失去应有之能。

检察机关参与现代金融治理中所扮演的基本角色是监督者。相较于金融监管机构所享有的积极主动的金融管理权而言，检察机关享有的权力整体上仍属于消极的判断权。因此，检察机关在金融治理领域就不能强势介入，行使权力应当理性克制。具体而言，检察院在金融领域提起行政公益诉讼时要将司法谦抑理念贯穿始终，金融监管机构对金融治理矛盾问题的初次判断权要得到尊重、风险社会中行政规制手段方式的局限性要得到理解、正式诉前要进行充分的沟通。[①] 当然，这种谦抑并不是绝对的，为有效发挥行政公益诉讼的功能，应当把握好这种谦抑性的限度，对金融领域中人民群众反映呼声强烈的问题及时予以关注，对于在给行政监管机关发出整改检察建议后不尊重检察机关诉前检察建议、不积极整改的金融监管机构积极提起诉讼。通过这些方式将有利于处理好司法谦抑与司法监督的关系。

---

① 张敏.论行政公益诉讼中的司法谦抑性[J].昆明学院学报，2022，44（4）：18-27.

（二）尊重金融监管机构优先处理权和自由裁量权

行政监管权与司法检察权的关系既非对抗式，也非同盟式，而是处于动态平衡之中的分工合作式。尽管其中必然存在权力监督与制约因素，然而"向心点"始终存在并发挥主导作用，即公共秩序的协商论证与合力共建。司法检察权可以监督行政监管权，但是在金融治理领域错综复杂的情况下，行政监管机关的行政监管权需要谨慎行使，检察院应当尊重行政监管机关对金融乱象的行政自由裁量，行政监管权行使的目的也是为了维护社会公共利益，根本目的是一致的，检察权越过行政权强调对金融秩序的巩固和公共利益的维护容易使行政监管程序空转、权力运行受阻，因此需要尊重行政监管权的发挥，正确行使检察监督职能。检察机关与金融行政监管机关需要加强金融领域治理监督与沟通，但是不能奢望只有行政公益诉讼才能实现金融治理中行政行为纠偏。系统论的自创生理论为两权的分工合作提供了逻辑原理与改良指引，行政权居于第一性的决策者地位，检察权居于第二性的监督者地位。[1] 保持金融治理具有规范性的预期目标需要检察权与行政权各自做好本职工作。

尊重金融监管机构的优先处理权和自由裁量权要求检察院针对金融市场秩序破坏和金融公益受损等矛盾预备提起行政公益诉讼制度运行之前，在诉前程序运行过程中可以适当引入诸如磋商、圆桌会议等制度，设置磋商程序，既可以有效提高金融领域公益的保护力度、体现行政权优先、检察权谦抑等法理基础，又有利于实现双赢多赢共赢的国家治理经验和理念、行政机关和检察机关合作形成金融治理公益合力，同时节约司法资源。[2] 检察机关作为宪法规定的国家法律监督机关，通过行政公益诉讼路径介入金融治理主要发挥间接治理效能；同时作为一股特殊的、经过法律程序授权的公共利益保护力量，对金融公益进行特殊的司法保护。我国作

---

[1] 秦天宝，杨茹凯. 系统论视角下检察权与行政权良性互动的实现——以行政公益诉讼诉前程序为场域［J］. 学术研究，2023（6）：60-67+177.
[2] 杨惠嘉. 行政公益诉讼中的磋商程序研究［J］. 暨南学报（哲学社会科学版），2021，43（9）：101-116.

为行政管理大国，司法治理绝不可能替代行政管制，司法裁量不能代替行政自由裁量，司法监督只是行政管制的辅助机制。[①] 现阶段金融治理构造中引入司法模式是要引导金融监管机构依法进行金融秩序矫正和金融乱象裁量。行政公益诉讼介入金融治理仍需尊重金融领域监管治理的基本规律，金融监管机构始终处于金融治理构造主导地位。

五、结语

党的十八大以来，党和国家领导人就高度关注金融领域发展，着重强调金融发展和安全是事关国家利益和社会稳定的重中之重。面对新时期、新形势下金融风险越发突出的复杂性、传染性、突发性等特点，防范化解系统性金融风险、维护金融市场秩序的稳定上升到国家战略高度，金融领域公共利益的保护和监管机关行政行为纠偏至关重要。如何切实把控现代金融领域制度优化中的创新和风险动态平衡，实现金融业新质生产力高质量发展，传统思维中单纯依靠政府强力监管已经略显后劲乏力，现代金融治理亟须寻找新的可行路径。虽然金融行政公益诉讼还处在试行探索阶段，没有太多实践案例支撑，相关理论建构和程序设计都还在雏形阶段，但是随着制度优势的凸显，可以预料，未来行政公益诉讼必将在金融治理中占据一席之地，与现有诸多金融治理体系机制形成制度合力，为金融领域新质生产力发展提供司法支持。

（陆在春，法学博士，安徽师范大学法学院副教授、硕士生导师；曾瑞，安徽师范大学法学院硕士研究生）

---

① 刘艺.论国家治理体系下的检察公益诉讼［J］.中国法学，2020（2）：149-167.

金融商事争议解决保障的非诉思维

李 建

一、传统非诉法律文化

习近平总书记强调:"中华法系凝聚了中华民族的精神和智慧,有很多优秀的思想和理念值得我们传承。"天下无讼、以和为贵的价值追求等,彰显了中华优秀传统法律文化的智慧。子曰:"听讼,吾犹人也。必也使无讼乎!"其意思是"审理诉讼案件,我同别人一样(没有什么高明之处)。重要的是必须使诉讼的案件根本不发生!"这是我国关于争议"无"的最初探讨和追求。这体现着中华传统法律文化的一种价值取向。"明德慎罚""德主刑辅""大德而小刑""礼法结合"这些都体现了"礼""德"在劝民止诉方面的指导思想。

二、多元化纠纷解决之金融调解分析

除了"礼""德",还存在其他的争议解决方式,如"宗族调解""邻里调解""官府调解"和"官批民调"。

社会的发展需要多元化的纠纷解决机制。矛盾纠纷主体的多元化、类型的多元化、诉求的多元化的出现,要求化解矛盾纠纷的思路、方法、措施、途径等也应多元化。

金融纠纷调解机制。金融纠纷多元化解机制是指通过第三方机构调解、仲裁、中立评估等非诉讼方式处理金融消费纠纷的机制。金融纠纷调解有何优点？一是中立性。调解机构由金融监管部门管理，调解工作在第三方调解员组织下开展，可以保证调解工作的中立性。二是时间短。相比较诉讼动辄数月的纠纷处理时效而言，调解的办结时限一般为受理后的一个月，具有时间短的优势。三是无费用。调解不收取费用，相比较诉讼方式（存在诉讼费用、律师服务费用等），具有较高的经济性。四是参与方式灵活。调解可采取线上线下方式开展，具有较高的灵活性。五是调解不成可继续维权。调解不成的，消费者仍然可以采取其他维权方式。当然，如调解成功的，双方对其签署的调解协议均负有履行义务。

金融纠纷调解机构有哪些？金融纠纷调解机构由各地人民银行或各地银保监局组织设立。以上海为例，金融纠纷调解机构有上海市金融消费纠纷调解中心和上海银行业保险业纠纷调解中心两家。如何申请金融纠纷调解？可直接向调解机构提出申请。调解机构原则上应该是金融机构所在地的调解机构。向金融机构提出调解要求，由金融机构向调解机构发起调解申请。金融机构无正当理由不得拒绝。

金融纠纷调解过程是怎样的？第一，调解机构指定调解员，与纠纷双方电话联系确认调解意向。第二，调解机构组织调解。调解员根据双方意愿组织线上调解或线下调解，线下调解的地点可为调解机构或客户及金融机构指定地点。第三，调解员出具调解方案。如纠纷双方认可调解方案，则由调解机构出具调解协议，由双方与调解员共同签署；如双方不认可，则调解失败，消费者可采取其他维权方式。

纠纷多元化解决机制包括诉讼和非诉讼两大类。诉讼即法院判决；非诉讼是指不通过诉讼方式解决纠纷和矛盾，主要表现为调解、和解及仲裁等方式，即无须经过法院审理对矛盾进行化解。所以多元化纠纷解决机制是指在社会中由诉讼和非诉讼纠纷解决方式各自以其特点和方式结合成的一种互补、满足社会主体多样化需求的程序体系和动态的运作调整系统。

三、案例分析

2020年以来，金融消费者李某通过B银行柜台、B银行手机银行等渠道购买了多只基金产品。后因国内资本市场波动，其中一只基金出现较大幅度亏损。2022年3月，李某多次向B银行及当地银保监局投诉，要求B银行补偿其购买的该只亏损基金产生的损失。B银行与李某多次沟通无果，向天津市金融消费纠纷人民调解委员会（以下简称"金调委"）申请调解。

金调委接到申请后，分派专业调解员核实了相关情况，与双方进行了深入沟通。李某认为B银行在基金销售过程中有诱导其购买高风险产品并违规办理风险评估等违规行为，应对其基金损失承担责任；B银行则表示李某有多年基金投资经验，对购买基金自担风险有着充分的认知，且其购买的多只基金盈亏不一，单独对亏损产品进行索赔缺乏依据，李某应自行承担损失。调解员指出，因双方针对是否存在诱导销售、违规风评等焦点问题均无法举证，不能对双方责任进行准确划分；且李某购买的多只基金有盈有亏，仅就亏损基金进行索赔缺乏依据，希望双方能够各退一步达成和解。后经调解员调解，双方达成以下协议：B银行综合李某在该行购买的多只基金的总体盈亏情况，给予李某一次性现金补偿53000元，李某不再就此事件进行追究。

在该案中，李某购买基金发生亏损，认为银行方面存在违规行为，银行则予以否认，双方各执一词，分歧较大。该案焦点在于，消费者在购买基金时，银行业务人员是否进行了诱导、推荐；消费者进行风险评估时，银行业务人员是否进行了错误指导。李某已经63岁，既往投资经历较为保守。理论上，存在银行业务人员违规营销产品和指导客户风险评估的可能，但李某作为具有完全民事行为能力的自然人，需要对自己的行为负责。在调解过程中，调解员运用丰富的调解经验，引导双方当事人理性看待问题，顺利促成了双方和解。

多措并举提升中国仲裁公信力竞争力建设

——以开展仲裁员履职管理为切入点

李志强　杨子安

2023年11月，香港高等法院拒绝执行一起内地仲裁裁决，理由是以视频方式参与该案审理的一位仲裁员在庭审中不断移动位置，与无关人员交流，甚至外出乘车并频繁掉线，未能认真听取当事人陈述。法院指出，仲裁员未能认真听取各方的陈述和论点，不仅违反审判的公正公平原则，还损害审理程序的完整和有效。因此，以违背公正和公平审判原则、公共政策为由作出不予执行的决定。这一事件不仅对仲裁当事人权益造成巨大影响，更为整个仲裁圈敲响了一记警钟。无论该法院的决定是否充分合理，但证据中暴露出的部分仲裁员履职水平低下的问题，无疑正在严重损害仲裁的公信力。归根结底，一国仲裁竞争力的核心就在于其公信力，而如何作出令人信服的裁决，则在于该国仲裁员的履职水平。因此，保障我国仲裁员高质量履职，就是切实开展我国仲裁公信力、竞争力建设的核心要义。

一、奖惩并行，以规则建设强化仲裁员履职事前、事中监管力度

众所周知，仲裁案件具有一裁终裁的特性，如果案件因仲裁员不尽责甚至违反职业道德的行为产生不公正裁决，客观上很难及时弥补当事人的

实体利益损失，尤其是为此耗费的大量时间精力成本。尽管我们早已普遍实施诸如庭审前仲裁员指定机制、法院对执行仲裁裁决时的审查机制等，仲裁案件的事前、事中监管力度仍然有待加强，应防患于未然，而非反复亡羊补牢。各仲裁机构可以考虑进一步完善自身仲裁规则体系。首先，应进一步加强对仲裁员玩忽职守、徇私枉法的惩处措施，视情节轻重分层分级实施包括但不限于警告、公示谴责乃至取消仲裁员资质等。对于特别严重的渎职行为，例如，明显丧失遵守仲裁程序规范意识和职业操守的行为，不应拘泥于多次违规、经警告不予纠正等前置条件，可考虑直接撤销仲裁员资质，并要求其赔偿因其不当行为对仲裁委员会造成的实际损失，以起到充分的警示作用。其次，应当进一步打开当事人对仲裁员不当行为的事前、事中反馈渠道。仲裁机构应在庭审前向双方当事人明示对仲裁员的检举方式，对上报的检举应当委派专人予以及时核实处理，对经查证确有不当行为的仲裁员，无论行为情节是否轻微，原则上都应予以更换，以保障当事人对仲裁的信赖维持在最佳水平。最后，应当设立以办案质量为先的评价奖励体系，对零违规率、低投诉率的仲裁员给予充分表彰和经济奖励，正向引导仲裁员规范履职、尽责履职。

二、频繁回顾，以复查工作保障仲裁员履职事后监管不缺位

案件裁决完毕，当事人未提异议并不等于万事大吉。不公正的仲裁裁决，除去部分易浮出水面的程序违法，更多的是仲裁员在适用法律法规裁决实体问题过程中的有失偏颇。这其中既有能力问题，恐怕也有更深层次的态度问题、立场问题。仲裁机构作为对仲裁裁决直接负责的裁判机构，同样应当注意避免仲裁员案结事了、事后监管缺位的问题，应当定期组织专业人士，在保证保密性的情况下对已决案件进行查档复审工作。对案件裁决中暴露出的明显不合理、不公允的情况，应当约谈仲裁员认真听取其裁决思路和依据，并制作询问笔录归档。对于多次出现此类情形的同一仲

裁员，仲裁委员会应提醒或组织其提高专业技能水平，并公示该类仲裁员名单。经提示或组织再教育后，复查中仍暴露大量不公允裁决的仲裁员，应当考虑予以劝退，以保障仲裁裁决质量的基本底线。

三、树立目标，以评级体系激励仲裁员自觉提升履职水平

提升仲裁员履职水平，一方面是提升履职态度，另一方面是提升专业素养。仅仅依赖外部监管、惩处措施，可能处理履职态度不佳，徇私枉法的乱象容易，却很难督促仲裁员保持高度专业水平，最后可能陷入"不求有功 但求无过"的消极局面。对一国的仲裁公信力而言，乱作为和不作为都是巨大的伤害。因此，应当持续深入建立丰富多样的仲裁员评级体系，其中既包括总体上的层级资质，如一级、二级、三级仲裁员，也应包括各个细分专业领域的专家仲裁员头衔，并对高等级的仲裁员专家作为仲裁委员会重点推荐和指定的对象，帮助其获得处理更多高标的、大体量的疑难仲裁案件的机会。以此为广大仲裁员树立职业发展目标，进一步增强其职业的获得感、荣誉感，促使其自发、自觉、自省地学习提升专业素养，实现顶尖人才处理疑难案件与普通仲裁员自觉向上攀登的双赢局面。

根据《中国国际商事仲裁年度报告》，2022年全国277家仲裁机构共办理案件475173件，比2021年增加59284件，同比增长14.25%；全国仲裁案件标的总额为9860亿元，比2021年增加1267亿元，同比增长14.74%。其中，传统商事仲裁案件共320262件，同比增长19.11%；有89家仲裁机构运用网上仲裁方式办理案件154911件，同比增长5.40%。在我们为中国仲裁处理的案件数量、案件标的日益增长、案件办理方式不断革新而欣慰时，应意识到中国仲裁员队伍也正日新月异面临着履职挑战，加强仲裁员履职管理已经刻不容缓。期盼中国仲裁员队伍的履职水平保持提升态势，完成筑牢中国仲裁国内外公信力、争取国际法治话语权的使命。

（本文是环太平洋律师协会第30届会长、仲裁员李志强在中国仲裁法学研究会2023年昆明年会上的演讲文稿，本文合作者为杨子安律师）

金融法治 国本篇

比较法视角下我国数据出境安全评估机制的完善

李 本 刘 郁

随着互联网的深入发展，数据越来越被视为一国经济和社会发展的基础战略性资源，数据出境既关涉国家安全，又和经济往来密切相关，还关乎国家在数字领域的全球站位和部署，存在多重价值考量因素，如何加强出境数据的保护同时制衡数字经济的发展需求是我国亟须面对的问题。建立数据出境安全评估机制，将之作为数据出境的安全阀门，完善数据出境安全评估机制首当其冲，我国需要在充分借鉴其他数据大国治理方案的基础上，丰富我国相应细则，并在实践中动态调整我国的数据出境安全评估机制。

一、数据安全问题的各国规制现状

综观全球，大部分国家已将数据安全上升为国家安全，各国根据本国国情构建了数据出境安全监管机制。欧盟建立了严格的充分性评估制度，同时，还通过与美国签订《隐私盾框架》和《安全港协议》确保数据安全流入美国。2024年2月28日，美国拜登政府发布了《国际紧急经济权力法》(*The International Emergency Economic Powers Act, IEEPA*)，同时，美国司法部发布了执行该行政命令的《拟议规则预先通知》(*Advance Notice of Proposed Rulemaking, ANPRM*)，旨在保护美国人的敏感个人数据和敏感政府数据免遭"受关注国家"利用,这是史上第一次美国总统为了保护该类敏感数据安全所采取的最重要的行政行动。

根据中国电信研究院的数据,2021年,47个被测量的国家数字经济增加值总额达到了38.1万亿美元,比上年增加了5.1亿美元,数字经济继续恢复活力。同年,发达国家数字经济规模已经达27.6万亿美元,在47个国家中占据72.5%的比重。美国数字经济规模居全球首位,中国位居第二。企业作为数据出境的主力军,在享受经济红利的同时,也会面临诸多数据出境合规挑战,从而增加合规成本。尤其企业海外上市过程中,通常会面临数据传输方对数据保护水平的差异性,此时,企业数据出境安全评估尤为重要,完善的评估合规机制,有利于减少企业出境面临的数据合规成本,提升合规效率,减少数据出境面临的风险,从而促进企业的技术发展、资源共享、人才流动。数据出境有序流动是以保障数据出境安全为基础的,只有保障数据出境安全流动,才能促进数据出境有序流动。

中国在2014年提出了总体国家安全观,其中包括数据安全,成为指导数据安全立法体系的核心思想。《中华人民共和国网络安全法》《中华人民共和国数据安全法》《中华人民共和国个人信息保护法》等法律规定了数据本地化和出境安全评估,而《数据出境安全评估办法》则是对这一评估制度的具体落实。中国当前初步形成数据出境安全立法体系,构筑了数据出境的安全网,但具体评估细则还有待进一步借鉴其他数据大国治理方案,综合博弈和包容性发展,并进行实践中的修正完善。

二、欧盟、美国、日本、澳大利亚数据出境安全评估机制的比较及评析

各国为了应对数据出境带来的风险,形成了各自的数据出境评估监管模式。欧盟基于人权保障理念,采取充分性原则为主的事前监管模式;美国则以市场自由和商业利益至上,采用行业自律和问责制为主的事后评估监管模式。欧盟模式和美国模式占据当前国际主流地位,影响着其他国家

的制度发展。日本和澳大利亚在借鉴欧盟和美国的基础上,分别发展了多元兼容评估模式和数据分类分级多元评估模式。不同模式都需要在数据出境自由和安全之间作出选择,研究这些典型国家的数据出境安全评估机制对完善我国制度具有重要意义。

(一)欧盟:GDPR专门机构第三方评估

欧盟严格贯彻对内构建单一的欧盟数字化市场,对外保护基本人权的价值理念,形成了集中统一的个人数据保护立法体系。欧盟以《通用数据保护条例》(*General Data Protection Regulation*,GDPR)为代表,对个人数据和隐私进行保护,建立了以充分性认定为主、其他保障措施为辅的多元数据出境安全评估制度,在此框架下确立了欧盟专门机构统一评估,各成员国专门机构协调推进的数据出境安全评估机制。

1. 欧盟专门机构统一评估监管。

欧盟委员会、欧盟数据保护委员会(European Data Protection Board,EDPB)构成了欧盟层面的数据出境评估监管机构。欧盟委员会是数据出境评估的统领性监管机构。关于其职责,在纵向层面,根据GDPR第45条,欧盟委员会有权制定并实施充分性评估机制,包括白名单机制与充分性保障措施,可以决定第三方是否通过充分性评估,以及通过评估后的一系列持续监督,若第三方不再符合欧盟同等保护水平的标准,欧盟委员会有权决定废止、修改该决定。欧盟委员会不仅统筹数据出境评估,同时还负责协调各成员国的数据保护机构。在横向层面,根据GDPR第50条,欧盟委员会有权与国家和国际组织开展国际合作,以加强充分性评估机制的有效落实。EDPB是欧盟独立的数据保护机构,由欧盟数据保护监督员、欧盟各国数据监管机构的代表组成。主要任务是确保GDPR在欧盟各成员国统一适用,其职责包括协助欧盟委员会评估,监督各成员国数据监管机构的数据保护影响评估;向欧盟委员会提出有关欧盟数据保护的事项建议;发布关于数据出境保护的指导方针、建议和最佳操作规则;发布约束性决议,对各监管机构有争议的事项作出决定性决策,以协调各监管机构的数据保护工作[①]。

2. 成员国专门机构共同协调推进。

GDPR规定，各成员国专设数据保护机构，并保持独立性。机构的职责包括受理数据主体的私人诉讼或申诉、制定和实施个人数据保护影响评估机制、评估标准合同条款与有约束力的公司规则等。同时，还需要与其他监管机构合作监管，以确保GDPR在各国实施的一致性。由于GDPR具备的域外效力，导致数据处理行为可能涉及多个成员国数据监管机构管辖，为了防止数据保护机构重复、权责或职能冲突，GDPR以数据控制者或处理者的机构设立地为标准，确定牵头的数据保护机构，履行协调职责。同时，各监管机构还要受到EDPB的监管与协调。

欧盟和各成员国的数据保护机构和监管机构都是独立、专业和全面的。独立性是GDPR最基本的要求，其目的是保障各机构评估监管中立、公正，保护数据主体的权益。独立性体现在：各监管机构独立行使权力，不受干涉；任职期间不得担任与本职工作相冲突的职务；任何监管机构都要具备确保行使权力的人力、物力、技术性资源。专业性体现在欧盟层面评估机构内部组织是来自不同背景的专家和律师、学者组成，以最大限度保障评估的专业性和可操作性。综合性主要是各监管机构之间的合作协调，有利于促进GDPR第三方评估制度的统一适用。

（二）美国：CPBR问责代理机构评估

美国基于自由主义与商业利益的价值理念，注重数据跨境流动带来的经济效益。但涉及本国数据出境，则针对不同类型的数据出境采取不同的政策，对于敏感个人数据和政府数据，优先考虑国家安全，限制该数据传输，加强数据安全保护。而一般个人数据出境，主要通过跨境隐私规则体系（Cross-Border Privacy Rules，CBPRs）规范，要求数据出境以企业合规性评估、行业自律为前置性条件，在此基础上由问责代理机构评估和监督、

---

① 参见欧盟《通用数据保护条例》（GDPR）第7章第3节。

事后问责[1]，以确保数据出境活动的高效与自由。

CBPRs体系延续了《亚太经合组织隐私框架》（*APEC Privacy Framework*）九大隐私保护理念，主要倾向于实现美国利益。美国正是借助该体系，将各经济体的个人数据汇聚至本国或本国企业，为本土企业打开了国际贸易市场，从而实现全球经济运营。

CBPRs体系由亚太经合组织（APEC）成员国、问责代理机构、成员国企业三个主体构成。加入该体系需要满足一定条件，包括成立符合CBPRs要求的跨境隐私当局和推选问责代理机构对符合要求的企业进行评估认证及持续监督。因此，在CBPRs体系下，企业间的数据出境的开展也包括企业和问责代理机构的评估两个方面。

1. 企业自评估。

首先，企业加入CBPRs前可以自行制定数据传输规则与隐私保护政策并应当根据CBPRs标准化问卷进行自我评估，同时可以对不符合CBPRs体系的个人隐私保护水平的个人信息跨境规则作出调整，进一步达到标准。实际上，CBPRs跨境隐私规则要求的保护水平与欧盟充分性保护水平相差甚远。CBPRs的主旨在于最大化地促进成员国企业数据出入境流动自由，通过建立较低标准的个人数据出境流动秩序，确保加入的成员国不得以国内存在高水平数据保护规则为由抗辩，禁止个人信息自由流动，与美国国际层面推动数据跨境自由流动理念一脉相承。

2. 问责代理机构合规性评估与监管。

当企业完成自评估后，由问责代理机构根据CBPRs的要求对企业提交的标准化问卷和跨境隐私保护证明文件对企业展开合规性评估，经过评估后，企业跨境隐私保护水平只要不低于CBPRs标准的，企业可以通过合规性认证，经过认证的企业可被认定为符合跨境隐私保护标准[2]，之后

---

[1] 金幼芳，王凯莉，张汀菡.《个人信息保护法》视角下"大数据杀熟"的法律规制[J].浙江理工大学学报，2021，6（46）：693-701.

[2] 许多奇.个人数据跨境流动规制的国际格局及中国应对[J].法学论坛，2018，33（3）：130-137.

由问责代理机构统一发布通过认证的企业名单。通过认证的企业应当遵守CBPRs个人信息跨境规则，问责代理机构将对企业的数据传输行为持续性监督。对于不合规的企业，由问责代理机构问责处罚，若无法执行处罚措施的，可以由本国跨境隐私当局通过与其他成员国的相应机构间的执法合作对企业加以惩罚。

综上所述，事前评估与事后问责是CBPRs体系的特点，但由于设置较低要求的保护水平，企业轻而易举就能通过评估，无法有效预防数据出入境的安全风险。实际上这种行业自律机制只能依赖于事后规制，虽然减轻了成员国企业间的数据出入境自由流动的限制，但事后问责制对企业的自律性提出了较高要求，一旦企业为了降低成本而忽视自身合规监督，政府或行业对企业事后问责与监督将会不可控。

（三）日本：PPC独立第三方机构评估

随着欧盟与美国的《隐私盾框架》和《安全港协议》的无效，全球数据出境监管规制格局发生变化。日本瞄准这一契机，自2019年起在国际会议上倡导可信数据自由流动理念（Data Free Flow With Trust，DFFT），强调保障隐私安全和国家安全为前提，增强各国对数据跨境流动的信赖，构建安全与信任为基础的数据自由流动。日本通过双边协定或多边协定，建立数据联盟，积极输出DFFT理念和规则，体现了日本积极参与全球数据跨境流动规则，以争夺"数字主权"的决心和意愿。为了加强与欧盟和美国的数据个人数据保护体系的融合，日本在2015年对《个人信息保护法》进行了修改，构建个人数据出境安全评估机制，明确数据出境的同等保护要求，并设立个人信息保护委员会（Personal Information Protection Commission，PPC）以履行数据出境监管职责。PPC独立于政府和企业，表明日本一元监管体制的正式形成。

日本在2019年通过了欧盟的充分性评估，成为白名单国家，当前日本的监管机构满足欧盟独立性的标准。2016年PPC经过改组，委员会由委员长和委员组成，人员设置避免与政府或公共团体牵扯关系，主要来自个人信息保护专家、学者，以及对企业数据出境合规具有经验的专家、组织，经过"两院"同意，由内阁总理大臣任命。在监管职责方面，PPC负责监管所有的数据跨境活动，评估数据出境接收的国家或地区是否符合日本标准，数据出境后持续性监督，不受任何组织、个人的干涉。日本独立第三方机构评估机制有利于明确第三方评估的责任主体，减少了政府的干预[1]。由于判断第三方是否符合同等保护水平是一项非常艰巨的任务，如果都将权力集中于政府机构，将会对政府的评估能力带来极大的考验，可能无法确保同等数据保护水平判断的准确性。而立法人员设置高度的专业化、精细化，能够确保评估机制实施的专业性、可操作性，从而促进数据出境流动的安全性。

日本监管机构的独立性是其成功加入CBPRs体系的重要因素。CBPRs体系要求成员国具有独立评估监管机构作为问责代理机构，负责企业数据出境合规评估及事后持续监督与问责。日本PPC发挥问责代理机构的作用，促进数据出境在美国数字圈中自由流动，扩大了日本数据治理规则的影响力。

（四）澳大利亚：数据分类分级评估

澳大利亚与美国、欧盟、日本不同，对数据分级分类保护有更完善的规定。特别是对政府数据的出境管理，制定了数据安全分类系统和政府安全分类系统，形成了一套政府数据出境的框架体系。这些系统根据数据的安全风险程度分为一般政府数据、非机密数据和机密数据三类。一般政府数据不限制出境流动，主要以促进国际政府信息互通为目的，不需要额外保护。针对非机密的政府数据出境，《澳大利亚数据安全管理指南——ICT安排（包括云服务）外包风险管理》（以下简称ICT外包指南）创设了风险评估机制，[2]旨在确保数据外包的安全性和完整性。

---

[1] 陈海彬，王诺亚.日本跨境数据流动治理研究［J］.情报理论与实践，2021，12（44），197-204.
[2] 伦一.澳大利亚跨境数据流动实践及启示［J］.信息安全与通信保密，2017（5）：25-32.

ICT外包指南规定了非机密的政府数据外包评估制度的具体内容，目的在于管理政府数据在外包过程中出现的安全风险，规制供应商或承包商对外包的离岸数据的处理和存储活动。该指南为机构制定了一套系统而又全面的风险评估体系框架。在数据出境前，机构需要考虑内部和外部影响，评估人员安排、资产情况、数据整合风险等，以及防范化解风险的能力和水平。① 同时，还需要考量域外国家数据安全环境，其中包括域外立法是否允许或限制他国政府数据入境、数据出境面临的法律冲突的复杂性、政府执法的透明与公开、公众对政府机构贪污腐败的容忍度等因素。这与欧盟第三方充分性评估类似，但澳大利亚政府数据外包评估制度侧重于政治环境及域外制度对本国数据的约束力，这是因为政府决策能力、透明度、公民对政府的信任会影响供应商对外包数据处理的安全性，从而危及国家安全和个人隐私安全。澳大利亚机构自评估与第三方评估的单一模式，与我国的企业自评估和政府安全评估的两级模式不同。前者更能提高评估效率和政府数据外包的成功率，但对机构自身的评估能力和自律性提出了更高要求。

该指南建立了全方位的评估流程，企业需要考虑数据外包产生的内部和外部安全风险，制定风险列表并采取有针对性的预防策略，最后对ICT外包的数据持续监管。综观典型国家数据出境安全评估流程化管理，欧盟侧重于事前风险识别预防；美国侧重于事后问责监督；而澳大利亚全方位评估流程符合数据生命周期理论，风险预防和损害恢复的数据外包安全管理逻辑不仅有利于识别风险来源，而且能将风险控制在可控范围内。澳大利亚在数据分类分级保护基础上，创设了较为完善的政府数据外包风险评估机制，兼顾了数据出境自由流动与安全保护，具有一定的国际影响力。

---

① 黄鹂.澳大利亚个人数据跨境流动监管经验及启示[J].征信，2019，11（37）：72-76.

三、我国数据出境安全评估机制的完善建言

当前，我国数据出境安全评估机制整体已有初步立法，迈入数据大国立法规制的新阶段，其中龙头立法是国家互联网信息办公室于2022年7月7日公布的《数据出境安全评估办法》，2024年3月22日国家互联网信息办公室又公布了《促进和规范数据跨境流动规定》（以下简称《规定》），明确了重要数据和特定条件下个人信息出境需经过企业自评估及网信部门安全评估。同时为了提高数据出境安全评估制度的可操作性，全国网络安全标准化技术委员会于2024年3月15日公布了《数据安全技术 数据分类分级规则》（GB/T 43697—2024）（以下简称《数据分类分级规则》），该规则覆盖了数据分类分级方法、重要数据识别等内容。但从许多细则性规定来看，体系还不完整，还存在一些不足之处，如国家安全评估主体权责分配欠缺明确、协调，企业等自评估主体内部评估合规机制不完善，数据分类分级欠缺可操作性等。通过对上述典型国家数据出境安全评估机制的梳理，也可为我国评估制度的完善提供一些相应建议。

（一）完善数据分类分级体系

1. 数据分类分级。

在数据分类方面，根据《数据分类分级规则》提供的分类原则和方法，各行业主管部门及数据处理者按照行业领域、业务性质的顺序进行数据分类，不宜完全交由中央统一分类。数据分级则基于数据的重要性及安全属性受破坏后对国家安全和公共安全的影响程度，分为一般数据、重要数据和核心数据三个级别。《数据分类分级规则》规定了数据分类的四个步骤：确定分级对象、识别分级要素、分析数据受破坏后可能影响的对象和程度、综合确定数据级别。结合《中华人民共和国数据安全法》和《中华人民共和国网络安全法》对数据等级的划分，数据等级划分的要素包括影响对象、影响程度和影响等级数量，构成了数据分级的框架体系。

数据可以细分为一级数据（一般数据）、二级数据（敏感数据）、三级数据（一般重要数据）、四级数据（关键重要数据）、五级数据（国家核心数据）[1]。影响程度从低到高为一般损坏、严重损害、特别严重损害。其中，重要数据根据重要性和风险程度可以归类为三级和四级数据，不包括五级数据，后者为国家核心数据，属于单独的等级设定。四级数据是指数据安全受破坏后影响程度特别严重的数据，如关键信息基础设施运营者处理的数据，此类数据出境除了遵循一般重要数据出境评估的制度，还应当严格遵循《中华人民共和国数据安全法》规定的定期风险评估等管理制度。个人数据根据重要性和敏感性程度可以划定为一级、二级、三级，其中二级数据为敏感个人数据，原则上不限制数据自由流动。三级数据因规模扩大后影响国家安全等，视为重要数据，适用重要数据管控措施，如个人信息中医疗、健康、银行账户密码等涉及个人人身财产安全的信息。在政府数据的分级管控中，一般数据由于影响程度轻微，以促进数据自由流通为基本理念；敏感数据通过标准合同有条件限制数据出境流动；三类和四类数据需先评估后出境管控；涉密政府数据严格禁止数据流动。

2. 重要数据的界定和识别。

《规定》第二条明确，未被相关部门、地区告知或者公开发布为重要数据的，数据处理者不需要作为重要数据申报数据出境安全评估。重要数据的识别和界定责任在各领域主管部门，但这并不意味着豁免了数据处理者识别重要数据的义务，因为即便该领域公布了重要数据目录清单，也可能存在个案裁量的空间，因此，数据处理者不仅要遵照本领域主管部门的规定，还要根据业务类型、数据资源的实际情况作出判断。《数据分类分级规则》在附录G部分提供了"重要数据识别指南"，供行业主管部门和企业参考。全国信息安全标准化技术委员会发布的国家标准《信息安全技术 数据出境安全评估指南（草案）》附录A及工业和信息化部发布的《基础电信企业重要数据识别指南》进一步细化了重要数据识别的框架，重要

---

[1] 洪延青.国家安全视野中的数据分类分级保护[J].中国法律评论，2021（5）：71-78.

数据的定义与识别应当采取定性和定量相结合的方式[1]。定性识别是指评估数据的重要程度及其安全性受到损害后的影响价值是否涉及国家主权、安全与发展利益、社会公共利益等整体利益，以此来判断是否纳入重要数据范围。[2] 无论是企业数据还是个人数据，只要其影响价值涉及国家整体利益，就应当归类于重要数据。仅凭定性识别不足以应对数据汇聚后分析产生的新型数据风险，还应当结合定量识别，评估大规模数据汇聚分析后可能产生的数据流动风险。一般而言，掌握大规模个人数据的企业，其所控制的数据量堪比公安部系统，一旦遭受损害、泄露，将严重威胁国家和公共利益，这些数据处理者应采取与重要数据同等的保护措施。定量与定性识别相结合有助于平衡数据自身安全风险和数据流通风险。

（二）国家安全评估监管机构职责厘清

当前，我国的评估监管职责权责分配呈现具备双线多头的特征，即专门机构统筹监管，行业主管部门分散监管的治理模式。我国数据出境安全评估监管模式应基于本国国情，借鉴欧盟和美国模式，完善专门机构统筹评估与行业主管部门协调评估体系。

1. 明确网信部门的统筹协调职能。

目前，安全评估工作主要集中在网信部门，评估压力过大。与此同时，各领域的评估机构数量繁多，如何明确网信部门的统筹职能，进一步发挥协调各方的作用，应当注重对各机构的监管地位和职责设定。[3]

完善网信部门职能的前提是明确其自身的定位，根据现行立法的规定，国家网信部门负责对网络领域的数据安全与监督工作，统筹与协调各行业主管部门的数据出境安全评估监管工作。国家网信部门应负责网络、信息化领域的数据安全评估顶层设计和宏观指导，而不是包揽所有评估

---

[1] 袁康,鄢浩宇.数据分类分级保护的逻辑厘定与制度构建——以重要数据识别和管控为中心[J].中国科技论坛,2022（7）：167-177.
[2] 洪延青.国家安全视野中的数据分类分级保护[J].中国法律评论,2021（5）：71-78.
[3] 胡珍.数据跨境流动规制范式解析及中国路径探究——以维护本国产业利益为本位[J].新经济,2022（8）：96-101.

任务。

数据类型多样、领域跨度大，因此网信部门只能在宏观评估上有所作为，微观监管应由各领域主管机构负责，以减轻中央监管压力并提高监管效率。同时，数据出境评估的跨领域特征也决定了中央网信部门的综合性，此外，网信部门应定期与其他行业部门共享资源、合作共赢，听取其他监管机构的建议，这有利于优化协调职能，减少冲突和重复，避免各自为政。

中央网信部门虽然是统领机构，但是也不能脱离实际，对于重大问题应有最终决定权。其综合性决定了评估的专业性，包括专业知识和专业人员的配备。其内部人员设置需要进行适当调整，吸纳不同行业的专家学者和精英人士，既保证评估的专业性，也减轻网信部门处理跨领域评估任务的负担。这样的调整有助于构建一个高效、专业、协调一致的数据出境安全监管体系。

2. 完善行业主管部门的微观职能。

在微观监管层面，为加强统一监管，解决多头管理问题，应明确各行业主管部门的职能，加强部门间的协调合作，共同负责数据出境安全评估与监管工作。各行业主管部门需遵守国家互联网信息办公室发布的《数据出境安全评估办法》的原则、理念和制度，细化本行业或本地区数据出境评估规则，并报网信部门备案。

微观主导机构的人员设置和组织结构应与网信部门保持一致。由于数据复杂多样，单一数据机构难以有效监管所有数据出境情况。因此，内部组织应由不同背景、领域的专家组成，确保评估工作的专业性。为了避免与国家网信部门的监管冲突，各行业主管部门应定期与网信部门沟通，提出规则冲突问题，寻求意见和建议，加强与网信部门的协调与合作。

数据监管是跨机构、跨领域的事项，各主管部门需对所有相关数据进行评估监管，并与其他行业主管机构共享资源、共商共治，避免监管重复和竞争。监管机构层级应按省部级、市级、县级设置，中央与地方机构、上级与下级机构之间要相互配合，无论是地方网信部门还是其他主管机构。

（三）企业自评估合规引导

单纯依靠政府监管已经不能适应数据出境安全评估监管的需求。当前，各国在政府监管的同时，正在积极引导企业自律，极大地促进了数据自由流动。我国可以通过引导企业完善数据出境自评估合规体系的基础上，立足于基本国情，借鉴美国事后问责制为核心的自律机制，保障数据出境安全流动的同时，兼顾数据自由流通。当前，企业内部合规有法难依，缺乏强有力的外部监督结构，进而导致合规意识不强、内部合规管理体系不完善或流于形式等问题。为此，应当从内外两个方面共同推进企业内部评估合规机制的完善。

第一，加强企业外部监督。首先，鉴于评估制度的相关法律法规有待进一步明确具体，应当尽快出台相应的配套实施细则，对于非强制性的操作指南应当尽快上升为国家强制性标准，促使企业有法可依、有法必依、违法必究，增强企业数据出境安全合规评估的确定性和强制性，提升企业自律意识。[①] 其次，建立专门的数据合规监督机构，可以通过清单式列举的方式，定期对企业自我监管的数据出境安全保障措施及风险预防机制进行考核，并设立奖惩制度，提升企业自律意识。

第二，增强企业内部合规。随着美国对个人隐私和数据安全的重视程度不断提升，美国拜登政府首次发布行政命令限制中国等访问敏感个人数据和政府数据，这对中国在美国的企业、在美国的跨国公司、关联公司等提出了较高的数据合规标准。中国出海企业更应当加强数据合规建设。同时，企业内部合规评估体系事关企业能否顺利通过数据出境安全评估及出境数据的安全保障程度，因此，需要构建系统的内部合规评估体系。一是数据分类分级管理。企业应当根据本行业主管部门发布的数据分类分级目录，结合企业经营业务的性质、数据资源的特性，及时调整企业数据分类分级管理体系。在美国的中国企业，尤其注意掌握的数据是否涉及美国的敏感个人数据及敏感政府数据，应当定期审查企业数据处理情况，尽量避

[①] 陈兵. 数字企业数据跨境流动合规治理法治化进路［J］. 法治研究，2023（2）：34-44.

免收集、储存、访问上述敏感数据，以避免违反美国相关法律规定，必要时可以转为收集处理其他被豁免或者不受限制的数据。二是构建全过程数据风险预防与控制体系。数据出境前，应当评估出境的数据是否属于申报数据出境安全评估的范围，全方位评估数据出境可能带来的风险，制定风险列表并采取有针对性的预防策略，对出境的数据持续监督，若存在数据被破坏的情形，应当及时采取救济措施，避免损失的扩大。① 三是企业应当根据最新公布的《数据出境安全评估申报指南（第二版）》及时调整申报数据出境安全评估的材料、流程，提高申报效率。第四，企业应当配备专业的数据合规队伍，应当掌握法学、金融、计算机、网络等多方面、跨领域的专业知识，便于灵活应对数据出境法律风险。

四、结语

中国数据出境安全立法起步较晚，需要吸取他国数据出境监管的有益经验，形成系统完善的数据出境评估体系，为国家安全评估和企业合规减少成本和负担，提高评估效率和主动性。在完善国内规则的同时，未来还应当积极推动区域和国际合作，形成中国的数字利益共享机制，推进数据出境评估规则，保障数据在安全的基础上自由流动。

---

① 赵精武. 论数据出境评估、合同与认证规则的体系化［J］. 行政法学研究，2023（1）78-94.

《促进和规范数据跨境流动规定》后金融机构数据出境路径与尚存难点问题

江翔宇　管心竹

2024年3月22日，国家互联网信息办公室在2023年9月28日公布《规范和促进数据跨境流动规定（征求意见稿）》半年后，发布了《促进和规范数据跨境流动规定》（以下简称新规）。新规对个人信息跨境流动的监管做了大量豁免，极大地减轻了相关企业的合规成本。相较于此前已经出台的《个人信息出境标准合同办法》和《数据出境安全评估办法》，整体呈放宽趋势，对数据跨境的各类具体场景提供了较为明确的指引，具体如下：明确未被相关部门、地区告知或者公开发布为重要数据的，不需要作为重要数据申报数据出境安全评估；明确免予申报数据出境安全评估、订立个人信息出境标准合同、通过个人信息保护认证的数据出境活动条件；放宽了申报数据出境安全评估、订立个人信息出境标准合同、通过个人信息保护认证的数据出境活动条件；提出自由贸易试验区负面清单制度；优化了申报程序规定，延长数据出境安全评估结果有效期。目前，就数据出境新规已经有较多综合性的解读，本文主要就金融特定领域的数据出境尚存在的问题进行研究。

一、现行法律法规下数据出境的三种路径

目前，我国境内企业个人信息和重要数据的出境受到重点监管。数据跨境流动安全管理制度，底层逻辑上是只规范个人信息和重要数据（国家秘密信息、核心数据不在讨论之列）。如果不含个人信息及重要数据，就不在数据跨境流动安全管理制度的监管范围内，即无论何种数据出境场景和原因，企业无须去申报数据出境安全评估、订立标准合同及通过认证。

对于重要数据出境，《中华人民共和国数据安全法》（以下简称《数据安全法》）第三十一条规定，关键信息基础设施的运营者在中华人民共和国境内运营中收集和产生的重要数据的出境安全管理，适用《中华人民共和国网络安全法》（以下简称《网络安全法》）的规定；其他数据处理者在中华人民共和国境内运营中收集和产生的重要数据的出境安全管理办法，由国家网信部门会同国务院有关部门制定。2022年7月7日，国家互联网信息办公室公布的《数据出境安全评估办法》全面和系统地提出了我国数据出境"安检"的具体要求。其中第二条明确，在出境数据涉及重要数据的情况下，安全评估是强制性的，包括关键信息基础设施的运行者和其他数据处理者。因此，目前重要数据只能通过安全评估出境。但需注意重要数据的目录在多数行业尚未公布和确定。

对于个人信息出境，根据《中华人民共和国个人信息保护法》（以下简称《个人信息保护法》）第三十九条的规定，个人信息处理者向中华人民共和国境外提供个人信息的，应告知个人信息主体境外接收方的名称或者姓名、联系方式、处理目的、处理方式、个人信息的种类及个人向境外接收方行使本法规定权利的方式和程序等事项，并取得个人的单独同意。同时需遵守《个人信息保护法》第三十八条及第五十五条的规定，达到一定标准的个人信息出境可以通过标准合同、安全评估、个人信息保护认证三种方式出境，并进行个人信息出境的个人信息保护影响评估。

对于涉及重要数据和个人信息出境的情况，有三种数据出境路径，具

体要求与流程简要分析如下。

(一) 通过国家网信部门组织的安全评估

2024年3月22日，国家互联网信息办公室发布《数据出境安全评估申报指南（第二版）》，对申报数据出境安全评估、备案个人信息出境标准合同的方式、流程和材料等具体要求作出了说明，对数据处理者需要提交的相关材料进行了优化简化。

1. 具体要求。数据出境安全评估申报的具体要求如表1所示。

表1 数据出境安全评估申报的具体要求

事项	具体要求
适用范围	1. 关键信息基础设施运营者向境外提供个人信息或者重要数据； 2. 关键信息基础设施运营者以外的数据处理者向境外提供重要数据； 3. 关键信息基础设施运营者以外的数据处理者自当年1月1日起累计向境外提供100万人以上个人信息（不含敏感个人信息）或者1万人以上敏感个人信息； 属于《促进和规范数据跨境流动规定》第三条（不含个人信息或重要数据）、第四条（来数加工）、第五条（豁免场景）、第六条（自由贸易试验区）规定情形的，从其规定
数据出境行为	1. 数据处理者将在境内运营中收集和产生的数据传输至境外； 2. 数据处理者收集和产生的数据存储在境内，境外的机构、组织或者个人可以查询、调取、下载、导出； 3. 符合《个人信息保护法》第三条第二款情形，在境外处理境内自然人个人信息等其他数据处理活动
数据出境风险自评估事项	1. 数据出境和境外接收方处理数据的目的、范围、方式等的合法性、正当性、必要性； 2. 出境数据的规模、范围、种类、敏感程度，数据出境可能对国家安全、公共利益、个人或者组织合法权益带来的风险； 3. 境外接收方承诺承担的责任义务，以及履行责任义务的管理和技术措施、能力等能否保障出境数据的安全； 4. 数据出境中和出境后遭到篡改、破坏、泄露、丢失、转移或者被非法获取、非法利用等的风险，个人信息权益维护的渠道是否通畅等； 5. 与境外接收方拟订立的数据出境相关合同或者其他具有法律效力的文件等是否充分约定了数据安全保护责任义务； 6. 其他可能影响数据出境安全的事项

续表

事项	具体要求
数据出境安全评估重点评估事项	1. 数据出境的目的、范围、方式等的合法性、正当性、必要性； 2. 境外接收方所在国家或者地区的数据安全保护政策法规和网络安全环境对出境数据安全的影响；境外接收方的数据保护水平是否达到中华人民共和国法律、行政法规的规定和强制性国家标准的要求； 3. 出境数据的规模、范围、种类、敏感程度，出境中和出境后遭到篡改、破坏、泄露、丢失、转移或者被非法获取、非法利用等的风险； 4. 数据安全和个人信息权益是否能够得到充分有效保障； 5. 数据处理者与境外接收方拟订立的法律文件中是否充分约定了数据安全保护责任义务； 6. 遵守中国法律、行政法规、部门规章情况； 7. 国家网信部门认为需要评估的其他事项
与境外接收方订立的法律文件中的内容	1. 数据出境的目的、方式和数据范围，境外接收方处理数据的用途、方式等； 2. 数据在境外保存地点、期限，以及达到保存期限、完成约定目的或者法律文件终止后出境数据的处理措施； 3. 对于境外接收方将出境数据再转移给其他组织、个人的约束性要求； 4. 境外接收方在实际控制权或者经营范围发生实质性变化，或者所在国家、地区数据安全保护政策法规和网络安全环境发生变化及发生其他不可抗力情形导致难以保障数据安全时，应当采取的安全措施； 5. 违反法律文件约定的数据安全保护义务的补救措施、违约责任和争议解决方式； 6. 出境数据遭到篡改、破坏、泄露、丢失、转移或者被非法获取、非法利用等风险时，妥善开展应急处置的要求和保障个人维护其个人信息权益的途径和方式

2. 具体流程。数据出境安全评估申报的具体流程如图1所示。

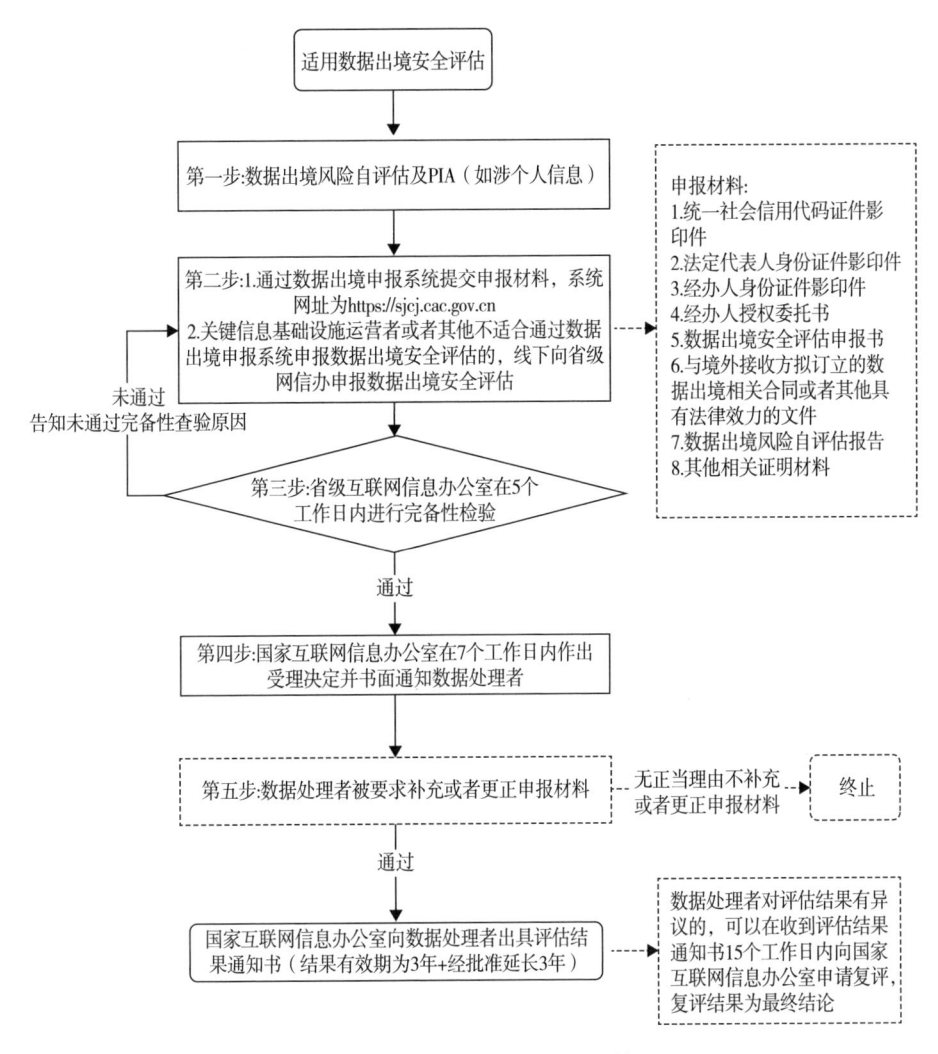

```
                    适用数据出境安全评估
                              │
                              ▼
              第一步:数据出境风险自评估及PIA(如涉个人信息)
                              │
                              ▼
              第二步:1.通过数据出境申报系统提交申报材料,系统         申报材料:
              网址为https://sjcj.cac.gov.cn                      1.统一社会信用代
              2.关键信息基础设施运营者或者其他不适合通过数据        码证件影印件
              出境申报系统申报数据出境安全评估的,线下向省级        2.法定代表人身份证件影印件
              网信办申报数据出境安全评估                          3.经办人身份证件影印件
                              │                                4.经办人授权委托书
    未通过                    ▼                                5.数据出境安全评估申报书
  告知未通过完备性查验原因  第三步:省级互联网信息办公室在5个         6.与境外接收方拟订立的数
                          工作日内进行完备性检验                   据出境相关合同或者其他具
                                                                有法律效力的文件
                              │通过                             7.数据出境风险自评估报告
                              ▼                                8.其他相关证明材料
              第四步:国家互联网信息办公室在7个工作日内作出
              受理决定并书面通知数据处理者
                              │
                              ▼
              第五步:数据处理者被要求补充或者更正申报材料 ──► 无正当理由不补充 ──► 终止
                                                         或者更正申报材料
                              │通过
                              ▼                                数据处理者对评估结果有异
              国家互联网信息办公室向数据处理者出具评估结         议的,可以在收到评估结果
              果通知书(结果有效期为3年+经批准延长3年) ──►   通知书15个工作日内向国家
                                                             互联网信息办公室申请复评,
                                                             复评结果为最终结论
```

图 1　数据出境安全评估申报的具体流程

(二)经专业机构进行个人信息保护认证

经专业机构进行个人信息保护认证是《个人信息保护法》第三十八条规定的个人信息跨境提供的合规方式之一。2022年11月4日,国家市场监督管理总局、国家互联网信息办公室联合发布《关于实施个人信息安全保护认证的公告》(2022年第37号),决定实施个人信息保护认证,

鼓励个人信息处理者通过认证方式提升个人信息保护能力,由经批准的从事个人信息保护认证工作的认证机构按照《个人信息保护认证实施规则》实施认证。2022年12月16日,全国信息安全标准化技术委员会(现已更名为全国网络安全标准化技术委员会)秘书处发布《网络安全标准实践指南——个人信息跨境处理活动安全认证规范V2.0》(以下简称《认证规范》),规定了跨境处理个人信息应遵循的基本原则、个人信息处理者和境外接收方在个人信息跨境处理活动的个人信息保护及个人信息主体权益保障等方面内容。

根据《认证规范》,个人信息保护认证应当具备以下条件(见表2)。

表2　个人信息保护认证应具备的条件

事项	具体要求
认证主体	1. 申请认证的个人信息处理者应取得合法的法人资格,正常经营且具有良好的信誉、商誉; 2. 跨国公司或者同一经济、事业实体下属子公司或关联公司之间的个人信息跨境处理活动可由境内一方申请认证,并承担法律责任; 3.《个人信息保护法》第三条第二款规定的境外个人信息处理者,可由其在境内设置的专门机构或指定代表申请认证,并承担法律责任
适用情形	仅针对个人信息
基本原则	1. 合法、正当、必要和诚信原则; 2. 公开、透明原则; 3. 信息质量保障原则; 4. 同等保护原则; 5. 责任明确原则; 6. 自愿认证原则
基本要求	1. 具有法律约束力的文件; 2. 具有相应的组织管理(个人信息保护负责人与个人信息保护机构); 3. 境内外各方应约定并遵守个人信息跨境处理规则; 4. 开展个人信息保护影响评估
个人信息主体权益保障要求	1. 个人信息主体权利; 2. 个人信息处理者和境外接收方的责任义务

（三）与境外接收方订立标准合同

2023年2月24日，国家互联网信息办公室发布了《个人信息出境标准合同办法》，落实了《个人信息保护法》关于个人信息出境规则中标准合同制度的举措，与《数据出境安全评估办法》《个人信息保护认证实施规则》共同组成了我国个人信息出境的完整监管体系。

根据《个人信息出境标准合同办法》第四条的规定，向境外提供个人信息的主体，需要同时满足四个条件（2024年3月22日《个人信息出境标准合同备案指南（第二版）》出台后，相关条件已变更，具体要求详见表3"1.具体要求"），才能采取订立《个人信息出境标准合同办法》的方式进行个人信息出境活动，否则需按照《数据出境安全评估办法》的要求通过所在地省级网信部门向国家网信部门申报数据出境安全评估。

1.具体要求。依据2024年3月22日国家互联网信息办公室发布的《个人信息出境标准合同备案指南（第二版）》，个人信息出境标准合同备案应当具备以下条件（见表3）。

表3　个人信息出境标准合同备案应具备的条件

事项	具体要求
适用范围	个人信息处理者通过订立标准合同的方式向境外提供个人信息，同时符合下列情形的应当向所在地省级网信部门备案： 1.关键信息基础设施运营者以外的数据处理者； 2.自当年1月1日起，累计向境外提供10万人以上、不满100万人个人信息（不含敏感个人信息）的； 3.自当年1月1日起，累计向境外提供不满1万人敏感个人信息的； 属于《促进和规范数据跨境流动规定》第三条、第四条、第五条、第六条规定情形的，从其规定。 个人信息处理者不得采取数量拆分等手段，将依法应当通过出境安全评估的个人信息通过订立标准合同的方式向境外提供
适用情形	仅针对个人信息
备案方式	个人信息处理者应当在标准合同生效之日起10个工作日内，通过数据出境申报系统备案，系统网址为https://sjcj.cac.gov.cn

2. 具体流程。个人信息出境标准合同备案具体流程如图 2 所示。

```
标准合同备案流程
    ↓
第一步:开展个人信息保护影响评估
    ↓
第二步:与境外接收方签订标准合同
    ↓                                     申报材料:
第三步:标准合同生效之日起10个工作日内,通过数据      1.统一社会信用代码证件影印件
出境申报系统备案,系统网址为https://sjcj.cac.gov.cn    2.法定代表人身份证件影印件
    ↓                                     3.经办人身份证件影印件
第四步:省级网信办15个工作日内完成材料查验,并向     4.经办人授权委托书
符合备案要求的个人信息处理者发放备案编号            5.承诺书
    ↓                                     6.标准合同
第五步:需要补充完善材料的在10个工作日内提交  ——逾期未补充完善材料的——→  终止
         补充完善材料                     7.《个人信息保护影响评估报
    ↓                                        告》
  完成  ——→ 在标准合同有效期内出现规定
              情形的,应重新开展个人信息
              保护影响评估,补充或者重新
              订立标准合同,并履行相应备
              案手续
```

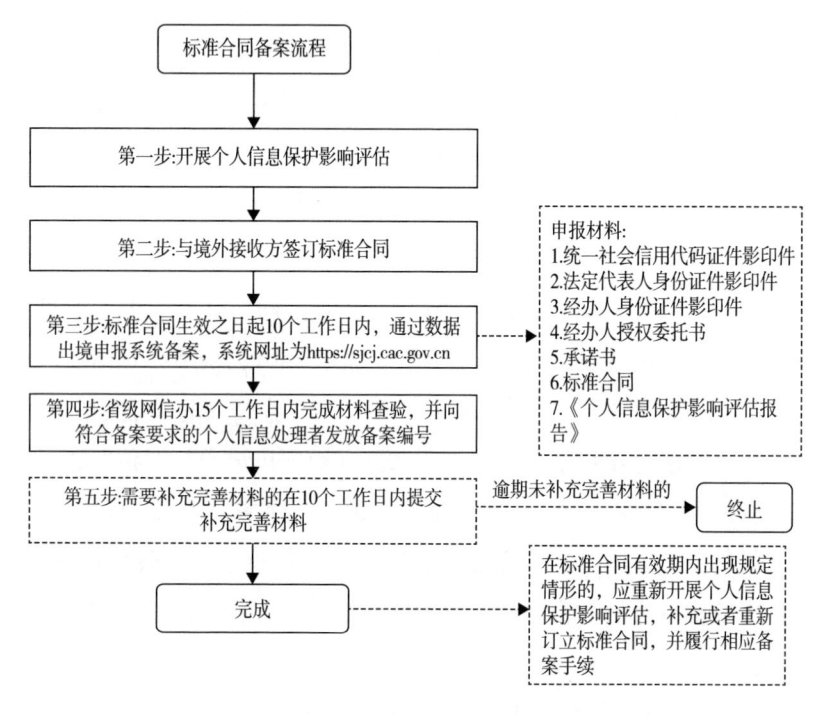

图 2　个人信息出境标准合同备案具体流程

二、新规发布后金融机构数据出境路径示意与详解

新规发布后数据出境的路径与之前有了较多的变化,新规个别的表述也存在一定理解的差异,本文对数据出境路径做了一个初步的梳理,具体如图 3 和表 4 所示。

```
                                    ┌─────────────┐    ┌─────────────────────────────────────┐
                                    │  企业数据出境  │    │ 1.新规第四条:数据处理者在境外收集和产生  │
                                    └──────┬──────┘    │ 的个人信息传输至境内处理后向境外提供,    │
                                           │           │ 处理过程中没有引入境内个人信息或者重要    │
                                           ▼           │ 数据的;                              │
┌──────────────────┐   是   ◇是否属于豁免场景◇ ─ ─ ─ ─ ─▶│ 2.新规第五条向境外提供个人信息:        │
│ 无须评估/认证/备案 │◀──────                             │ (1)订立、履行个人作为一方当事人的合    │
└──────────────────┘                                    │ 同确需;                              │
                                           │否          │ (2)按照依法制定的劳动规章制度和依法签  │
                                           ▼           │ 订的集体合同实施跨境人力资源管理确需;    │
┌──────────────┐    是  ◇企业是否属于      ◇            │ (3)紧急情况下为保护自然人的生命健康和  │
│   安全评估    │◀───── ◇关键基础设施运营者◇            │ 财产安全确需;                         │
└──────────────┘                                        │ (4)关键信息基础设施运营者以外的数据    │
                                           │否          │ 处理者自当年1月1日起累计向境外提供不满  │
                                           ▼           │ 10万人个人信息(不含敏感个人信息)的)    │
┌──────────────┐    是  ◇是否属于重要数据◇              │ 3.新规第六条:自由贸易试验区内数据处理   │
│   安全评估    │◀─────                                 │ 者向境外提供负面清单外的数据             │
└──────────────┘                                        └─────────────────────────────────────┘
                                           │否
                                           ▼
┌──────────────────┐   否   ◇是否属于个人信息◇
│ 无须评估/认证/备案 │◀──────
└──────────────────┘
                                           │是
                                           ▼
                              ┌──────────────────────┐
                              │   计算拟出境数据数量   │
                              │  (不包括豁免场景数量)  │
                              └──────────┬───────────┘
              ┌──────────────────────────┼──────────────────────────┐
              ▼                          ▼                          ▼
┌──────────────────┐      ┌──────────────────────┐     ┌──────────────────┐
│ 自当年1月1日起累计 │      │ 自当年1月1日起累计向境外│     │ 自当年1月1日起累计 │
│ 向境外提供不满10万 │      │ 提供10万人以上、不满100 │     │ 向境外提供100万人 │
│ 人个人信息        │      │ 万人个人信息(不含敏感个 │     │ 以上个人信息(不含  │
│ (不含敏感个人信息) │      │ 人信息)或者不满1万人敏  │     │ 敏感个人信息)或者 │
│                  │      │ 感个人信息            │     │ 1万人以上敏感个人  │
│                  │      │                      │     │ 信息             │
└─────────┬────────┘      └───────────┬──────────┘     └─────────┬────────┘
          ▼                           ▼                          ▼
┌──────────────────┐           ┌─────────────┐            ┌─────────────┐
│ 无须评估/认证/备案 │           │  认证/备案   │            │   安全评估   │
└──────────────────┘           └─────────────┘            └─────────────┘
```

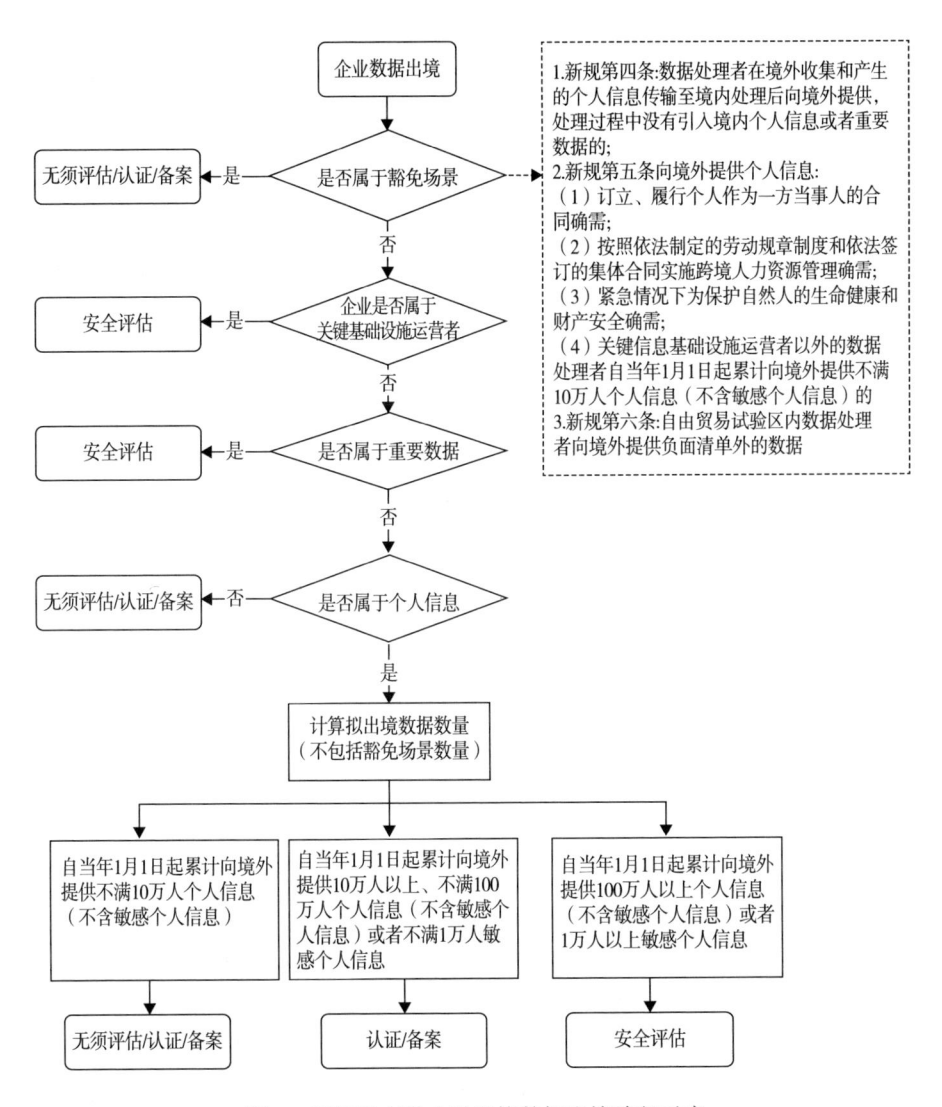

图3 新规发布后金融机构数据出境路径示意

表4 新规发布后金融机构数据出境路径详解

无须受到数据跨境监管	不包含个人信息或者重要数据
无须履行前置审批程序，但需具备《个人信息保护法》的合法性基础	1. 境外收集和产生的个人信息过境的； 2. 为订立、履行个人作为一方当事人的合同，确需向境外提供个人信息的； 3. 按照依法制定的劳动规章制度和依法签订的集体合同实施跨境人力资源管理，确需向境外提供员工个人信息的； 4. 紧急情况下为保护自然人的生命健康和财产安全，确需向境外提供个人信息的； 5. CIIO以外的数据处理者自当年1月1日起累计向境外提供不满10万人个人信息（不含敏感个人信息）的； 6. 自由贸易试验区负面清单外的数据出境的
应当申报数据出境安全评估	1. CIIO向境外提供个人信息或者重要数据； 2. CIIO以外的数据处理者向境外提供重要数据； 3. CIIO以外的数据处理者自当年1月1日起累计向境外提供100万人以上个人信息（不含敏感个人信息）； 4. CIIO以外的数据处理者自当年1月1日起累计向境外提供1万人以上敏感个人信息
应当订立个人信息出境标准合同或者通过个人信息保护认证	1. CIIO以外的数据处理者自当年1月1日起累计向境外提供10万人以上、不满100万人个人信息（不含敏感个人信息）； 2. CIIO以外的数据处理者自当年1月1日起累计向境外提供不满1万人敏感个人信息

名称	特殊情况	个人信息	敏感个人信息	重要数据	其他数据
CIIO	1. 境外收集和产生的个人信息过境的； 2. 为订立、履行个人作为一方当事人的合同，确需向境外提供个人信息的； 3. 按照依法制定的劳动规章制度和依法签订的集体合同实施跨境人力资源管理，确需向境外提供员工个人信息的； 4. 紧急情况下为保护自然人的生命健康和财产安全，确需向境外提供个人信息的； 5. 自由贸易试验区负面清单外的数据出境的	无论数量或周期	无论数量或周期	无论数量或周期	无论数量或周期
非CIIO		自当年1月1日起累计向境外提供100万人	自当年1月1日起累计向境外提供1万人以上		
		累计向境外提供10万人以上、不满100万人	自当年1月1日起累计向境外提供不满1万人		

注：浅灰色为无前置评估/无须受到跨境监管；中灰色为需进行个人信息保护认证或标准合同备案；深灰色为需经安全评估。

三、新规发布后金融机构数据出境依然存在的难点问题

毋庸置疑，在新规发布后，金融领域之前在数据出境问题上遇到的难题多数已经解决，现实意义巨大，但是根据作者与行业内人士的交流，依然存在一些问题，有些问题与其他行业有共性，有些问题则是个性化。此外，特别是外资金融机构，叠加境外金融监管的要求，数据出境方面依然存在不少难题。

（一）金融机构数据出境共性化的遗留问题

1. 敏感个人信息的判断标准有待明确。根据新规第八条，关键信息基础设施运营者以外的数据处理者自当年1月1日起累计向境外提供10万人以上、不满100万人个人信息（不含敏感个人信息）或者不满1万人敏感个人信息的，应当依法与境外接收方订立个人信息出境标准合同或者通过个人信息保护认证。即除豁免场景外，敏感个人信息出境即使一条，也要通过标准合同或个人信息保护认证方式，而个人敏感信息的范围根据国家标准《信息安全技术——个人信息安全规范》（GB/T 35273—2020）涉及很广，如表5所示。

表5 个人敏感信息举例

个人财产信息	银行账户、鉴别信息(口令)、存款信息(包括资金数量、支付收款记录等)、房产信息、信贷记录、征信信息、交易和消费记录、流水记录等，以及虚拟货币、虚拟交易、游戏类兑换码等虚拟财产信息
个人健康生理信息	个人因生病医治等产生的相关记录,如病症、住院志、医嘱单、检验报告、手术及麻醉记录、护理记录、用药记录、药物食物过敏信息、生育信息、以往病史、诊治情况、家族病史、现病史、传染病史等
个人生物识别信息	个人基因、指纹、声纹、掌纹、耳廓、虹膜、面部识别特征等
个人身份信息	身份证、军官证、护照、驾驶证、工作证、社保卡、居住证等
其他信息	性取向、婚史、宗教信仰、未公开的违法犯罪记录、通信记录和内容、通讯录、好友列表、群组列表、行踪轨迹、网页浏览记录、住宿信息、精准定位信息等

2. 重要数据的范围问题。新规第二条规定，数据处理者应当按照相关规定识别、申报重要数据。未被相关部门、地区告知或者公开发布为重要数据的，数据处理者不需要作为重要数据申报数据出境安全评估。目前，大多数行业的重要数据目录尚未公布，包括银行和证券行业。实践中，在金融行业，虽然金融机构未被告知重要数据目录，理论上可以将数据作为一般数据出境，但是由于金融数据的敏感性，显然不可能如此操作，同时金融行业监管基于业务监管角度也有单独的视角和口径，导致实际操作中金融机构对何种数据可以出境依然问题很多。2024年3月15日，国家标准化管理委员会发布国家标准《数据安全技术 数据分类分级规则》（GB/T 43697—2024），原《重要数据识别指南》为现标准的附录G。建议金融监管机构尽快制定和公布重要数据目录，同时鉴于可操作性是目前被诟病较多的问题，未来各部门的重要数据识别规范应当是尽可能详细的，不能过于原则。

3. 关键信息基础设施问题。对于境内的外资金融机构，笔者理解应均不符合认定为关键信息基础设施的标准，故外资金融机构主要的问题还是在于一些个性化问题；而对于内资金融机构，绝大多数的数据出境问题已经被解决，反而是一些规模较大的银行及证券公司被认定为关键信息基础设施，需要按照《数据安全法》《网络安全法》《个人信息保护法》等的规定履行数据出境合规义务，这对于此类金融机构具有很大影响（见表6）。

表6 关键信息基础设施数据出境规定

法规名称	法律规定
《数据安全法》	第三十一条 关键信息基础设施的运营者在中华人民共和国境内运营中收集和产生的重要数据的出境安全管理，适用《中华人民共和国网络安全法》的规定
《网络安全法》	第三十七条 关键信息基础设施的运营者在中华人民共和国境内运营中收集和产生的个人信息和重要数据应当在境内存储。因业务需要，确需向境外提供的，应当按照国家网信部门会同国务院有关部门制定的办法进行安全评估；法律、行政法规另有规定的，依照其规定

续表

法规名称	法律规定
《个人信息保护法》	第四十条 关键信息基础设施运营者和处理个人信息达到国家网信部门规定数量的个人信息处理者，应当将在中华人民共和国境内收集和产生的个人信息存储在境内。确需向境外提供的，应当通过国家网信部门组织的安全评估；法律、行政法规和国家网信部门规定可以不进行安全评估的，从其规定

4. 各地自由贸易试验区数据的负面清单的制定有待讨论。新规第六条规定，自由贸易试验区在国家数据分类分级保护制度框架下，可以自行制定区内需要纳入数据出境安全评估、个人信息出境标准合同、个人信息保护认证管理范围的数据清单（以下简称负面清单），经省级网络安全和信息化委员会批准后，报国家网信部门、国家数据管理部门备案。自由贸易试验区内数据处理者向境外提供负面清单外的数据，可以免予申报数据出境安全评估、订立个人信息出境标准合同、通过个人信息保护认证。

在新规前，2024年2月5日及2月8日，《中国（天津）自由贸易试验区企业数据分类分级标准规范》及《中国（上海）自由贸易试验区临港新片区数据跨境流动分类分级管理办法（试行）》相继印发，指引相关辖区内数据处理者的数据分类分级工作，以促进数据依法依规、安全有序流动。据报道，上海自由贸易试验区临港新片区在智能网联汽车车辆远程诊断、公募基金市场投研信息、跨国公司集团管理、生物医药临床试验和研发等20个场景的跨境流动分级分类的首批清单目录已基本编制完成，在完成论证后将于近期对外发布。

在新规后，可能之前很多自由贸易试验区原来拟放宽出境的数据都已经被新规所豁免，原本拟定的负面清单或正面清单面临根据新规重新审视必要性和范围的问题。预计各地自由贸易试验区包括上海临港新片区将根据新规编制自由贸易试验区负面清单并逐步公布。笔者理解，如不与新规冲突，制定正面清单也并非不可，制定负面清单相对可能更加困难。总体上，笔者认为，政策洼地对于特定领域营商环境、数据出境在法律法规操作细节不明确的背景下先行试点具有重要意义,但是也要注意出现之前自由贸易试验区建设中政策突然放宽却导致入驻自由贸易试验区企业成本无谓增加的情况。

(二)金融机构数据出境个性化的遗留问题

1. 跨国金融机构和境外金融监管部门往往有数据统一处理的要求,因此其全球数据的境外处理就成为必然要求。如果数据不能出境就无法统一处理;而目前数据出境,在金融领域受限于重要数据的标准尚不清晰,金融机构在实际落地时如何评估以避免潜在风险尚存有较多实际困难。

2. 数据出境安全评估、个人信息出境标准合同、认证等方式在金融领域落地需要金融细分领域的监管规则出台,否则具体实施困难。正如前面重要数据问题分析中所述,金融是强监管领域,有自身的金融行业监管视角,很多数据类型是否构成行业敏感性,甚至达到重要数据范畴,监管部门也难以确定明确的标准并加以公布,相应地,金融机构也仍然存在操作困难的问题。

3. 以机构客户为主的金融机构如果涉及机构客户的个人信息出境问题的,如何取得个人的同意?此种情况下的个人信息的数量未必很大,但是个人授权同意依法是必须取得的,即使不涉及个人敏感信息或数量不满10万人的,而金融机构较难直接触达具体的个人获得授权同意。对于此种情况,金融机构尤其是外资,会趋严判断,合规成本较高。

4. 数据出境后的管理风险问题。对金融行业数据的出境安全问题,笔者理解,国家互联网信息办公室新规只规定到数据从境内到境外的合规,而数据出境后在境外是否会再被传输到其他主体,这其中的金融领域数据的特殊性是金融监管部门或有顾虑的问题,担心此类数据可能产生金融安全问题,因此金融机构数据出境的限制并非仅仅是新规下的限制,也有金融监管部门从金融行业自身监管角度作出的限制。

5. 一些金融机构出于合规目的可能会自己制定数据出境的白名单规则,但是实际操作非常复杂。外资金融机构往往会根据监管的指导制定数据出境的白名单，名单一般都比较复杂，在执行过程中很难把握尺度，且需要所有员工都要非常了解白名单。

6. 信息出境的合法性、正当性和必要性标准问题。《数据出境安全评估办法》第八条规定"数据出境的目的、范围、方式等的合法性、正当性、必要性"是数据出境安全评估重点评估事项之一；新规第五条也规定了合同履行"确需"、人力资源管理"确需"、人身财产"确需"三种"确需"向境外提供的豁免情形。截至目前，暂无法律法规或国家标准对数据出境行为合法性、正当性、必要性及确需向境外提供的内涵进行解释，也无相关评判标准。对于金融机构来说，需综合考虑合规成本、业务要求、风险程度、法律规定等多个角度，综合评估论述数据出境的必要性，以获得监管部门的认可，但是证明"确需"则较难把握清晰尺度。

7. 新规规定出于跨国人力资源管理目的，员工敏感个人信息出境可以豁免，但是跨国金融机构管理中可能要求收集员工近亲属的敏感个人信息（如身份信息、14岁以下未成年人信息、个人财产信息等）。从合理性上，是否可以将豁免放宽至员工近亲属。

总体来看，毋庸置疑，新规的出台对对外开放的营商环境的改善具有重大意义，同时在金融行业也确实还存在一些遗留难点问题，有待于未来的逐步解决。

（江翔宇系上海市协力律师事务所高级合伙人，法学博士，上海市法学会金融法研究会副秘书长；管心竹系协力律师事务所律师。本文系根据作者在2024年3月27日中英资本市场工作组第八次会议上主旨演讲内容中的数据跨境部分整理，数据出境的三种路径系新增）

资产管理的法理基础：信托财产所有权的定性及其在《中华人民共和国民法典》中的位置

高凌云

资产管理可能涉及两种法律关系，其一是传统民法中的委托管理关系，其二是源自英美衡平法中的信托法律关系。如果资产管理的目标中包含使所管理的资产独立于资产所有人和资产管理人的资产，并与其债务隔离；资产管理的受益人不仅存在于不同的空间，也存在于不同的时间跨度内；或者资产管理不受限于资产所有人与资产管理人的自然人寿命或者组织存续期等目的，则资产管理只能通过信托来实现。现实中资产管理的目的一般都会包括上述目的之一，大部分都需要通过信托来进行。因此，本文的分析范围限定于以信托方式进行的资产管理的法理基础。

笔者认为，狭义的信托可能是一种商业组织形式，而广义的信托则是一种民事法律关系，存在于信托或非以信托为名的其他关系中。因此，信托关系不仅应受《中华人民共和国信托法》（以下简称《信托法》）的规范，还应受《中华人民共和国民法典》（以下简称《民法典》）的制约。具体而言，我国的信托制度应当是在《民法典》统领下，以《信托法》为主、以其他相关民事法律为辅而构成的一个完整体系。包括家族财富管理在内的通过信托方式进行的资产管理，必须在这一法律体系内才具备合法性与生命力。然而，我国《民法典》并没有明确规范信托制度，《信托法》

也没有明确信托关系是一种民事法律关系这一本质，因此信托关系中的财产权一直没有明确的定性，导致信托一直游离于《民法典》之外，而资产管理行业也在相当长时间内一直游离于《信托法》之外。本文旨在探讨信托财产所有权的定性问题，并尝试为信托制度在《民法典》中找到合适的位置，供立法者未来修法时参考，也为资产管理的规范提供法律依据。

一、信托财产所有权的定性

信托财产的权利性质极为特殊，表现为所有权与利益相分离。一方面，受托人享有信托财产的所有权，他可以像真正的所有权人一样，管理和处分信托财产，第三人也都以受托人为信托财产的权利主体和法律行为的当事人，而与其从事各种交易行为；另一方面，受托人的这种所有权又不同于我们非常熟悉的大陆法系民法上的所有权观念。受托人不能为自己的利益而使用信托财产，其处分权也不包括从物质上毁坏信托财产的自由，更不能将管理处分信托财产所生的利益归于自己享受。相反，受托人必须妥善地管理和处分信托财产，并将信托财产的利益交给委托人指定的受益人，在一定时候将信托财产的本金也交给受益人。[1]信托财产的这种特殊性给信托财产所有权的定性带来了不小的困难。

（一）有关信托财产所有权的学说与处理方式

很多大陆法系的国家和地区，虽然引进了英美信托法要求信托财产转移的做法，但是认为这种情况涉及双重所有权，因此难以接受，更容易认为只有受托人享有信托财产的所有权，受益人只持有债权。比如，日本新井诚教授认为日本信托法学界对信托财产归属的通说是债权说，[2]即信托财产权完全转移给受托人，然而，受托人的这种所有权受受益人的债权请

---

[1] 勒内·达维德.当代主要法律体系[M]//周小明.信托制度比较法研究.北京：法律出版社，1996：12.
[2] 日本法务大臣在审议新信托法时提到，新信托法的立法是基于债权说。新井诚.信托法：第四版[M].刘华，译.北京：中国政法大学出版社，2017：50.

求权限制。换言之，信托财产转移给受托人是一种物权层面的完全所有权的转移，受益人对受托人有债权限制，这种物权效果和债权效果相结合的架构就形成债权说。学者们认为这种理论的始祖也许可以追溯到罗马法，或者承继了德国法中关于 Treuhand 的通说解释。①事实上法国信托法也采纳了这种理论。

然而，这种债权说受到了实质性法主体说的批判。后者的代表学者为日本学者四宫和夫，他认为信托制度起源于并无物权、债权区别理念的英美法系，援引物权、债权区别为前提的大陆法体系的法律，这本身就有问题。他认为正确的做法是以英美法体系作为理解信托的基本依据。②可见，很多大陆法系国家和地区即便承认信托财产的移转，也对信托财产的权属性质予以回避，而是单纯强调受托人对信托财产的实际控制权。③对此，德国海因·克茨教授提出的观点笔者认为较为合理：……如果按照我们建议的方向进一步发展罗马法式管理信托，则只有在对受托人和受益人的法律地位采取能够从中看到被统称为"所有权"的权限在功能上的区分的体系性分类时，才能最终理解此种信托的意义。因此，我们建议，在罗马法管理信托存续期间内，应将受托人和受益人视为并列所有权人，他们的法律地位相互补充以形成完整的所有权。与此同时，受托人有权行使由所有权产生的权利，只要这样做符合将信托财产转让给他的目的，即对信托财产进行适当的管理，通常包括根据实际需要对财产的处分。另外，受益人是所有权权能的持有人，只要他需要这些权能来确保信托财产得到适当的管理，以及确保其获得信托财产收益的权利不会削减。④

当然，也有学者认为，这一问题具有重大的理论意义，但是在实践中却不一定很重要，⑤这种观点也有一定道理。有时，的确无须用一种权利

---

① 新井诚.信托法：第四版［M］.刘华，译.北京：中国政法大学出版社，2017：35-36.
② 四宫和夫.信托法［M］//新井诚.信托法：第四版.北京：中国政法大学出版社，2017：38.
③ 徐孟洲.信托法［M］.北京：法律出版社，2006：135-136.
④ 海因·克茨.英美信托与德国信托的比较法研究［M］.白媛媛，译.北京：法律出版社，2021：181.
⑤ 何宝玉.信托法原理研究［M］.北京：中国政法大学出版社，2005：143-144.

去解释另一种权利；需要搞清楚的是，这些权利是怎么来的，内容是什么，应当如何行使。①

在全球范围内，采纳信托制度的大陆法系国家和地区对于信托设立后信托财产的所有权问题大致有四种不同的做法。②一是信托人将信托财产的所有权全部转移给受托人，但是受托人的权利受限于受益人的权利；二是信托人将信托财产的所有权全部转移给受益人，然后由受托人为其管理；三是信托人将信托财产转移到一个独立的财团中，其所有权不属于任何一方；四是我国独特的做法，即信托人不转移信托财产，只将信托财产委托给受托人，并与受托人订立财产管理协议。

其中第一种方式，即把信托财产的所有权全部转移给受托人的方式，最接近英美法的实践，日本、韩国及中国台湾即采纳了这种方式，通过立法要求信托人将信托财产转移给受托人。比如，日本信托法规定，除非是宣言信托，信托财产应当转移给受托人。韩国效仿日本信托法，也对英美信托法中的信托财产的移转要求全盘吸收，规定如果信托财产包含需要登记的财产权，则该财产不仅需要登记在受托人的名下，还需要在登记簿中显示出该财产权为信托所持有。③中国台湾的"信托法"也采取了类似的制度，④规定"受托人因信托行为取得之财产权为信托财产。"⑤受托人不仅名义上持有信托财产，而且实际上也被当作信托财产的法律所有人，尽

---

① 施天涛，余文然. 信托法［M］// 何宝玉. 信托法原理研究. 北京：中国政法大学出版社，2005：53. 有关信托财产的权利，还有很多文章和专著对此进行分析，例如，唐义虎. 信托财产权利研究［M］. 北京：中国政法大学出版社，2005.
② Lusina Ho. Trust Law in China 37–40 (Sweet & Maxwell Asia, 2003).
③ 韩国《信托法》第4条。
④ 参见中国台湾"信托法"第1条。李智仁，张大为. 信托法制案例研习［M］. 台北：台湾元照出版有限公司，2015：2. 然而有趣的是，台湾地区的法院并不把名义所有权归类为信托。例如，甲将财产转移给乙作为名义所有人消极持有，如果该安排非为非法目的，则法院承认其合法性，但是仅作为一个名义上的所有权合同安排，并非为信托。因为信托法对信托的定义是受托人需要对信托财产负有管理和处分的责任。参见 WANG WEN-YEU, WANG CHIH-CHENG, and SHIEH JER-SHENQ, Trust Law in Taiwan: History, Current Features and Future Prospects［M］. in Lusina Ho & Rebecca Lee, Trust Law in Asian Civil Law Jurisdictions – A Comparative Analysis 75, Cambridge University Press, 2013.
⑤ 参见中国台湾的"信托法"第9条。

管受益人享有实质性的利益。

采取第二种方式,即将信托财产的所有权全部转移给受益人,或者第三种方式,即将信托财产的所有权转移给一个独立的财团的国家和地区,主要是因为无法解决信托财产转移后的所有权归属问题。其实这一问题也并非大陆法系国家和地区所独有,在信托的起源地英国,也曾发生过对信托财产所有权转移给受托人的敌视,英国议会于1535年曾颁布《用益法》(The Statute of Uses)对此进行限制,规定信托财产的所有人为受益人而非受托人。后来该法逐渐被历史淘汰,这才出现了现代信托。[①]

上述的第四种方式是我国大陆地区独有,信托人不转移信托财产,只将信托财产委托给受托人。下面对此方式进行进一步分析。

(二)我国独特的处理方式

我国《信托法》回避了信托财产的归属和受益权的性质之类的问题,而采取了"就事论事的立法方式,直接明确规定了当事人各方的权利义务关系,以及信托财产的独立性等特殊事宜",[②] 最终采取了一种信托财产的所有权可能仍属于信托人的做法。支持这种做法的理由是:信托的实质是"受人之托,代人理财",委托人将一定的财产委托给受托人管理、运用、处分,是否将财产的所有权转移给受托人,应由委托人决定。委托人如不愿出让财产的所有权,可以继续享有信托财产的所有权。这样便于与民法上的委托代理制度相衔接,并且有利于防止委托人利用信托制度逃避税收和债务,从而保护委托人的债权人的利益和国家税收。[③] 这种观点把信托制度与民法中的委托代理制度等同,希冀利用一个类似于委托代理的制度,来达到委托代理制度所不能达到的目的。事实上,信托制度如果真有"受人之托,代人理财"的功能,也应理解为"受信托人之托,代受益

---

① SCOTT, FRANTCHER & ASCHER. 1 Scott And Ascher on Trusts(5ᵀᴴ ED.)[M].(Aspen Publishers, 2006: 11–12.
② 何宝玉. 信托法原理研究:第1版[M]. 北京:中国政法大学出版社,2005:53.
③ 何宝玉. 信托法原理研究[M]. 北京:中国政法大学出版社,2005:142.(系作者列举的四种观点之一)。

人理财",而非"受信托人之托,代信托人理财",后者不是信托而是委托代理。另外,就上述观点中认为需要防止信托人利用信托制度逃避税收和债务这一点而论,信托财产所有权不明,恰恰能给信托人避税逃债提供机会。信托的主要目的一直包括合法地避税以及破产隔离或者债务隔离,但这个前提是信托人完全放弃对信托财产的所有权;如果信托人仍然持有信托财产的所有权,却可以通过信托架构将信托财产做成破产隔离的资产,那才会真正损害信托制度的原意。

对于我国《信托法》立法中的模糊处理,学界有不同的看法。即便《信托法》并未要求信托财产权转移,仍有学者坚持认为信托必须存在财产权的移转,认为《信托法》中要求信托财产权"委托给"受托人其实就是要求财产权转移,即信托中,由拥有财产权的信托人将其财产权中的财产管理权和处分权转移给受托人。因此,受托人享有信托财产的处分权却不享有收益权,而且必须按信托人的意愿以自己的名义行使处分权;信托人的财产权中的所有权通过信托关系将其中财产收益权转移给受益人,使受益人享有信托财产的收益权,也就是说,受益人可以从信托财产上获取一定的经济利益。[1]这种观点非常接近信托本旨。

也有民法学者认为,财产的处分权是财产所有人最基本的权利,也是财产所有权的核心内容。处分权作为所有权的一项权能,也可以与所有权分离,且不一定导致所有权的丧失。[2]因此,英美法系的双重所有权实质是所有权中的管理权与其他三项权能发生分离的结果。……受益人享有的受益权是所有权的一个权能,并基于该权能衍生出其他一些权利,如撤销权、追及权等;受托人享有所有权的其他三项权能,对信托财产享有不完整的所有权,可以占有并以自己的名义管理信托财产,但使受益人获得信托利益。在受托人与受益人之间只存在信赖关系,而非财产关系。[3]这一

---

[1] 徐孟洲.信托法:第1版[M].北京:法律出版社,2006:4.
[2] 王利明.民法[M]//徐孟洲.信托法:第1版.北京:法律出版社,2006:4.
[3] 孙秀娟.对信托财产法律性质的浅析[J]//何宝玉.信托法原理研究:第1版.北京:中国政法大学出版社,2005:142-143.

观点也有其可取之处。

虽然学者们一般认同信托的特征是信托人的财产所有权转化为信托财产所有权，在受托人与受益人之间进行分离，[1]却没有进一步分析谁是这种所有权的所有人，似乎是受托人与受益人共同所有。也有学者认为，信托作为英美法的产物，其性质上不能单纯地划为物权或者债权性质，而是二者兼具。[2]

我国司法实践中对于信托财产所有权归属的观点也并不统一。有的法院认为，即便信托财产所有权已经转移给受托人，信托财产真正的所有人也应该是信托人或者受益人，而非受托人，[3]这正是前述第二、第三种观点的体现。也有学者认为，我国信托法不要求信托财产转移也没有关系，主要是看中国的法律是否也像加拿大《魁北克民法典》中所规定的，受托人有权针对信托财产行使所有的相关权利。然而，我国信托法并没有授权受托人行使所有权人的权利。另外，《魁北克民法典》规定信托财产不属于任何人，因此不用担心信托人控制受托人；而我国信托法只要求信托人将信托财产委托给受托人，这样信托人始终持有信托财产的所有权，对于受托人的控制就不可避免，从而受托人无法享有管理和处分信托财产的基本权力。[4]

（三）信托财产所有权：以新型共有为基础

笔者认为，所有权权能分割理论可能会有助于理解信托财产的性质与归属。虽然所有权本身不可分割，但是所有权的几项权能却可以从中分离出来，即所有权中的占有、使用和处分信托财产的权能均由受托人行使，而收益的权能则由受益人享有，因此，无论受托人或者受益人都不享有完

---

[1] 徐孟洲.信托法：第1版[M].北京：法律出版社，2006：6.
[2] 江平，周小明.论中国的信托立法[J].中国法学，1994（6）：55.
[3] 例如，北京海淀科技发展有限公司诉深圳市新华锦源投资发展有限公司等财产权属纠纷案（（2006）渝高法民初字第14号）.
[4] LUSINA HO AND REBECCA LEE. Emerging Principles of Asian Trust Law [M]. in Lusina Ho & Rebecca Lee, Trust Law in Asian Civil Law Jurisdictions – A Comparative Analysis 263, Cambridge University Press, 2013.

整的所有权,二者之和才是完整意义上的所有权。也因此,英美信托法中有关"法律上的"与"衡平法上的""Ownership"并非等同于大陆法系民法中的所有权。并且二者的区分主要是因为普通法与衡平法的请求权二分所致,并非所有权双重。这样一来,与大陆法系的一物一权原则并无冲突。

因此,笔者认为,信托财产完整的所有权由受托人和受益人共同持有。这与前面引用的德国海因·克茨教授的观点也不谋而合:……我们建议,在罗马法管理信托存续期间内,应将受托人和受益人视为并列所有权人,他们的法律地位相互补充以形成完整的所有权。与此同时,受托人有权行使由所有权产生的权利,只要这样做符合将信托财产转让给他的目的,即对信托财产进行适当的管理,通常包括根据实际需要对财产的处分。另外,受益人是所有权权能的持有人,只要他需要这些权能来确保信托财产得到适当的管理,以及确保其获得信托财产收益的权利不会削减。[1]

目前,《民法典》中没有任何一条可以明确援引用以规范信托财产的所有权,即便第一千一百三十三条第三款有关遗嘱信托的规定对此也毫无帮助。因此,必须在《民法典》中明确信托财产的所有权形态。这种由受托人和受益人共同持有信托财产的完整所有权的形态显然应当属于共有的一个类型,然而目前《民法典》中规定的共同共有和按份共有均无法将信托财产的共有情况涵盖进去,因为信托关系中的共有是一种特殊的共有,共有人(受托人和受益人)对共有物(信托财产)享有不同的权能,而非不同的份额。所幸这种共有形态并不需要从无到有地创造,因为大陆法系的传统民法中的多人共有产权理论中就有这样一种特殊的共有制度——总有(Gesamteigentum, propriété collectire)。[2]

从仅有的几篇有关总有的中文文献中可以看出,一般认为总有是古代日耳曼法村落共同体的所有形态,在总有制度下,财产的管理、处分权能

---

[1] 海因·克茨,英美信托与德国信托的比较法研究[M].白媛媛,译.北京:法律出版社,2021:181.
[2] 笔者于2023年12月2日参加上海财经大学法学院与上海市法学会金融法研究会联合主办的"第六届两岸信托法治学术研讨会",在发言中第一次公开在信托关系中应引入总有的观点。

全部归属于集体（村落），收益权能分属于各集体成员（村落住民），所有权包含的管理权能和收益权能是完全相分离的，各共同所有人并不具有共有中的份额权。[1]从这个定义来看，的确，信托中的所有权关系与总有关系高度相似，这种所有形态"团体性最强，是对集体产权的各项权能进行了纵向的、质的分割，成员个人的权利要受到集体的规制和制约"。[2]

我国学者对日耳曼法的总有制度总结出了以下几个特点。第一，总有将所有权分割，其管理、处分等支配权能属于团体，而收益权能分别属于团体的成员。第二，团体成员的收益权与其团体成员的身份有密切关系，因团体成员身份的取得和丧失而取得和丧失，不得脱离其身份而取得财产权。第三，总有团体的成员人数很多，团体性比较浓厚。[3]第四，总有并未对团体赋予法律人格，因此总有是不具有民事主体资格的团体。[4]

信托财产基本上符合上述特点。第一，信托财产的所有权在受托人和受益人之间分割，其管理、处分等支配权属于受托人，而收益权属于受益人。第二，受益人之所以享有收益权，是因为他们具有受益人的身份，或可认为是"受益人团体成员"的身份，不得脱离其身份而取得财产权利，也即非受益人无权取得信托利益。第三，关于总有的"成员人数很多"这个特点不能一概而论，因为信托的受益人有时较多，有时较少，比如，公益信托的受益人可能非常多，家族信托的受益人相对较少，但这不影响受益人整体作为一个团体享有信托财产的收益权的情况。第四，有关信托的民事主体资格，传统的英美法信托也不具有民事主体资格，因此信托以受托人名义行事。后来由于商事信托和税法的发展，现代英美法已逐渐承认信托的民事主体地位，然而受托人仍然是信托的代表。

学者们认为，随着社会经济的发展，总有权形式已经转化为法人的独立财产权，在当代各国民法中，已基本上不存在作为一项独立的财产权的

---

[1] 崔建远.物权法：第5版[M].北京：中国人民大学出版社，2021：248-249.
[2] 肖盼晴.从总有到共有：集体产权权能重构及治理效应[J].财经问题研究，2020（2）：22.
[3] 王利明.物权法研究：第2版[M].修订版·上卷.北京：中国人民大学出版社，2007：681-682.
[4] 王铁雄，王琳.农民集体所有的民法典解释论[J].河北法学，2021，39（11）：39-40.

总有权制度。[1]然而，认为总有权已经转化为法人的独立财产权这一点并不确切，例如，在《中华人民共和国物权法》（现已废止）的立法讨论中，学者们认为我国集体土地所有制度面临着两种选择：一种是将其视为"总有"的所有权特殊形态，另一种是将其视为法人所有的特殊形态[2]。这从侧面说明，总有制度并未完全"转化为法人财产形态"，而是可以与法人制度并存，否则学者们也不会将上述二者作为并列选项。

对总有制度的研究目前仅存在于我国集体土地所有制领域，研究者发现，日本在20世纪初引入日耳曼法系中的总有权理论，设立了农村集体产权制度[3]，并以此作为比较对象对我国的集体所有制进行比较。据说2000年后，认为我国的集体所有权形态为总有或者新型总有的观点曾"日渐成为学界的有力学说"[4]，不过最终在《民法典》中我国农村集体经济组织被认定为法人，总有学说未被采纳。

总有制度虽然长期以来处于休眠状态，"已基本上不存在作为一项独立的财产权的总有权制度"，且其"目前已经转化为法人财产形态"，但这并不意味着总有制度就不可能继续发挥作用。正如德国和法国的信托制度是"挖掘"了古罗马信托才形成的，我们也可以"复活"古日耳曼法中的总有制度来为信托找到安身之地。[5]

综上所述，我国《信托法》对英美法系的信托制度大胆引进，然而又与大陆法系的物权原则深度妥协，因此存在一定法理上的矛盾，没能在一开始就明确其在民法体系中的地位，这也直接限制了信托理论与实务的深化。笔者认为，信托应该回归《民法典》的怀抱，通过《民法典》调整信托关系的路径应当是在《民法典》中增加有关信托的内容，明确信托财产

---

[1] 王利明.物权法研究：第2版[M].修订版·上卷.北京：中国人民大学出版社，2007：681-682.
[2] 江平，木拉提.中国民法典集体所有权的理解与适用[J].政法论坛，2021，39（2）：3.
[3] 曹斌.日本农村集体产权制度的演进、特征与构成[J].中国农村经济，2020，134.
[4] 肖盼晴.从总有到共有：集体产权权能重构及治理效应[J].财经问题研究，2020（2）：22. 王利明，周友军.论我国农村土地权利制度的完善[J].中国法学，2012（1）：49.
[5] 笔者在与复旦大学李世刚教授探讨信托财产的所有权形态时受其启发，初步形成了这一不成熟的观点。

所有权的性质，同时修订《信托法》及其他相关法律，共同形成信托法律规范。基于上述分析，本文试图为信托在《民法典》中找到合适的位置，至于有关《信托法》的修法建议将在其他文章中探讨。[①]

二、《民法典》总则编和物权编中的信托

笔者建议在《民法典》总则编为信托留出位置，将信托财产权作为民事主体的民事权利之一，将商业信托作为民事主体纳入非法人组织之中，并明确商业信托的受托人为其代表。同时，在物权编中规定信托财产由受托人和受益人以总有方式共有。

（一）有关信托财产所有权

如前所述，有关信托财产所有权的归属在大陆法系国家和地区一直难以确定，因此信托受益权的性质也难以确定。在这种背景下，相当多的学者认为信托受益权的实质既是债权性物权，又是物权性债权，是一种新型的财产权，难以纳入大陆法系的民法体系中。然而笔者认为，受托人与受益人对信托财产各自拥有不同权利的架构正好符合传统大陆法的"总有"制度，因此建议在《民法典》总则编增加一条有关信托财产权的规定，在物权编第二分编"所有权"的第八章"共有"中增加有关承认信托关系为传统总有关系的规定。需要注意的是，笔者暂时尚未发现目前存在需要总有制度的其他法律关系，因此，以下对总有制度的立法建议仅限于信托关系的场景。

第一，建议在第一百二十五条与第一百二十六条之间插入有关信托财产权的规定：

第×××条【信托财产权】

民事主体依法享有信托财产权。

[①] 限于篇幅，本文仅就通过《民法典》调整信托关系进行简要介绍，更多分析（包括对《信托法》的修订建议等）详见复旦大学出版社即将出版的拙著《中国信托法重述》。

信托财产包括信托人用以设立信托并依法转移或处分给受托人的财产及其收益。信托关系中的受托人和受益人以总有方式享有对信托财产的权益，信托财产的占有、使用和处分权由受托人享有，信托财产的收益权由受益人享有。

符合法律规定的信托财产独立于信托人、受托人和受益人的个人或者固有财产。信托财产权的设立、变更、转让和终止，以及信托财产权的行使应当符合本法和《中华人民共和国信托法》的规定。

这里第一款与前后法条比较协调，第二款和第三款就法条的上下文来看可能有些突兀；然而考虑到信托财产权的特殊性，且在总则编的其他地方没有任何有关信托的专门规定，因此建议增加这两款，一款说明信托财产包括原物和收益，并由受托人和受益人以总有的方式共有，且受托人和受益人的信托财产权内容并不相同，以此为在物权编的所有权分编中增加有关总有的内容提供原则基础；另一款明确信托财产的独立性，且信托财产权的变动等需遵守《民法典》和《信托法》的规定。

第二，建议在物权编第一分编"通则"的第二章第三节中第二百三十一条与第二百三十二条之间插入具体规定"因信托发生物权变动"的条款，进一步明确信托设立后，信托财产应转移给受托人和受益人共有：

第×××条【因信托发生物权变动】

因权利人设立信托将其合法所有的财产或财产权转移或处分给受托人的，其物权由受托人和受益人以总有方式持有，自相关财产或财产权转移或处分完成时发生效力。

第三，关于总有制度，则建议规定在物权编的第二分编"所有权"中的第八章"共有"中，具体建议在第二百九十七条中增加总有作为共有的类型之一，然后在第三百一十条之后增加四款条文，对总有制度进行规范：

第二百九十七条【共有及其类型】

不动产或者动产可以由两个以上组织、个人共有。共有包括按份共有、共同共有和总有。

第三百一十一条【总有】

总有关系中的受托人按照法律和信托文件享有对共有的不动产或者动产的占有、使用和处分权，总有关系中的受益人享有对共有的不动产或者动产的收益权。

第三百一十二条【总有关系的设立与终止】

权利人可以依法通过信托书、信托宣言、信托合同、信托遗嘱或者其他《中华人民共和国信托法》允许的信托条款设立信托，为受托人和受益人创设总有关系。

在总有关系结束时，共有的动产或者不动产按照信托条款的规定确定归属。信托条款没有规定的，共有的动产或者不动产归属于剩余利益受益人；没有剩余利益受益人的，归属于信托人或者信托人的继承人。法律另有规定的，依照其规定。

第三百一十三条【总有的特别规定】

总有关系中的受托人在对共有的不动产或者动产进行占有、使用和处分时，对受益人负有信义义务，并依法接受监督。总有关系中的受益人有权按照信托文件的规定以及《中华人民共和国信托法》的规定，对共有的不动产或者动产享有取得其收益利益和原物利益的权利。

第三百一十四条【总有须遵守信托法要求】

总有权的设立、登记、行使、转让、继承、终止，以及对共有物的管理、分割、处分及因共有物产生的其他债权债务关系等应依照《中华人民共和国信托法》和本法的有关规定。

在《民法典》没有对信托制度进行专章规定的背景下，可以通过上述新增条文为信托制度提供一般性规范。首先，对总有关系中的受托人和受益人各自不同的权利加以界定，以与其他共有人的权利相区别；其次，对总有关系的设立与终止方式与后果进行规范，与《信托法》统一；再次，对受托人的信义义务及受益人的收益权指向的对象作特殊规定，以示信托关系的特殊性；最后，在规定总有权的设立、终止与变动等事项应同时遵守《信托法》的规定。

（二）有关商业信托的民事主体地位

商事信托中具有商业组织特点的商业信托具备民事主体的特征，建议纳入非法人组织的范围。具体建议在《民法典》总则编中的第四章"非法人组织"的第一百零二条中增加"为特定目的设立的商业信托"作为非法人组织的一种形态，并在第一百零五条中明确商业信托的受托人为其代表。具体建议如下：

第一百零二条【非法人组织的定义】

非法人组织是不具有法人资格，但是能够依法以自己的名义从事民事活动的组织。

非法人组织包括个人独资企业、合伙企业、为特定目的设立的商业信托、不具有法人资格的专业服务机构等。

第一百零五条【非法人组织代表】

非法人组织可以确定一人或者数人代表该组织从事民事活动。

商业信托的受托人代表商业信托从事民事活动。

三、《民法典》合同编中的信托

在英美法系国家和地区，信托与合同是两个完全不同的法域，尽管近年来也有学者提出信托具有契约的特点，但是主流信托法学家们还是认为合同法不能约束信托，即便认为信托具有契约属性的美国学者，也强调信托不是合同，而是一种与财产相关的制度。[1] 我国的情况与英美法系国家和地区的情况不同，我们的信托是晚近才引入，信托法更是直到 2001 年才颁布，此时我国的合同法已经非常完善，在人们头脑中还没有信托的概念之时，用合同法来理解和约束信托顺理成章。所以，根据我国信托法，

---

[1] 笔者于 2019 年春天在耶鲁法学院与 Langbein 教授会面时，Langbein 教授几次强调：信托事关财产（"Trust is a property thing."），并赞同笔者"信托有契约基础，但是信托并非契约"的观点。

信托合同一经成立，就有效设立了信托，[①]因此造成信托合同等同于信托的假象。这种情况在吸收信托法的其他大陆法系国家和地区也存在。例如，在法国修订民法典的议案中，把信托界定为一种"合同，通过该合同，委托人将其全部或部分财产转移给受托人，由其单独持有这些财产，将其与他自己的其他财产相隔离，并根据合同中的条款和条件，为了一个或多个受益人的利益采取行动，以圆满地完成具体的目标"。[②]中国台湾"信托法"颁布之前，台湾地区的法院认为信托关系于信托人与受托人订立信托合同后成立，所以以信托人与受托人有信托契约的合意为其成立要件。而信托合同被视为与委托代理合同类似的合同，可以类推适用民法的规定。[③]在我国台湾地区"信托法"颁布后，法律规定信托行为在性质上属于要物行为，没有信托财产的移转信托不成立。即便信托人与受托人签订了信托合同，只要未将信托财产权转移给受托人，信托仍不成立。因此，虽然在台湾地区信托与合同被等同对待，但是信托物权的移转为信托合同成立的特别要件。[④]日本法律通说对信托行为性质的理解是"诺成合同说"，认为信托人和受托人之间就信托合同的性质达成一致，信托即成立，然而信托可能尚未生效。信托合同的生效时点是信托人根据信托合同的内容，对要成为信托财产的财产权进行转移及其他处分的时点。也有日本学者，如青木博士持"要物合同说"，认为只有已经进行了信托财产的转让和其他处理行为，才承认信托关系成立。理由是信托原则上是无偿合同，类似于赠与，应于目的物移交之后才成立并生效。[⑤]新井诚教授认为要物说更具合理性。他认为必须坚持以信托的要物合同性为原则，承认诺成合同性为例外。后者应只限定于证券化等结构性融资交易中的商事信托，不代表整个信托领

[①] 参见《信托法》第八条。
[②] FRANCOIS BARRIERE. 法国信托业和信托法概述[M]//朱少平，葛毅. 中国信托法——起草资料汇编：第1版. 北京：中国检察出版社，2002：81、388.
[③] 王志诚. 信托法：第4版[M]. 台北：台湾五南图书出版股份有限公司，2015：14-15.
[④] 王志诚. 信托法：第4版[M]. 台北：台湾五南图书出版股份有限公司，2015：40.
[⑤] 新井诚. 信托法：第4版[M]. 刘华，译. 北京：中国政法大学出版社，2017：99.

域。[1] 韩国法也把信托作为一种合同来对待。[2]

然而，把信托作为合同会产生一些严重的问题。例如，如果受托人违背了信托义务，受托人根据信托"合同"对受益人负有责任，其责任的性质是债权。然而，如果同样的违背义务的行为发生在不涉及合同的遗嘱信托或者宣言信托的情况下，受托人的责任不可能是合同责任。如果后者的责任不是合同责任，那么是否产生合同责任只能取决于设立信托的模式，即使受托人违背信托的性质相同。这些结果很难调和，也对那些采取合同路径来概念化信托性质的大陆法系国家和地区提出了理论上的挑战。

即便在我国，信托和合同仍然不能同日而语。信托合同是信托成立的方式之一，而信托合同作为一份合同，当然需要由合同法来规制。因此，凡涉及信托合同的成立与效力问题，可以依照合同法的规定来解决；凡涉及信托的成立与效力问题，则只能依据《信托法》的规定来解决。

对信托的成立与信托合同的成立予以甄别，对司法部门判定信托纠纷意义重大。以上海市中级和高级人民法院审理的安信信托诉昆山纯高一案为例，该案中的当事人把信托合同的有效性与信托的有效性混为一谈，法院判决书也只粗略地分析了信托合同的有效性，对于信托是否成立未置一字。在分析信托合同的有效性时，法院只是根据合同法中的规定，认为该合同是双方当事人的真实意思表示，且未违反法律法规的强制性规定，因而有效，[3] 并未根据《信托法》分析信托是否合法成立。作为我国信托纠纷第一案而言，不能不说是一大缺憾。

信托不是合同。信托可以通过单方法律行为设立，也可以通过双方契约行为成立。通过契约方式成立的信托可以称之为合同信托（或者契约信托），而据以设立该信托的合同可以称之为信托合同。信托合同是设立合同信托的基本法律文件，它由信托人与受托人签订，以受托人同意接受信

---

[1] 新井诚. 信托法：第4版 [M]. 刘华，译. 北京：中国政法大学出版社，2017：103.
[2] Wu Ying-Chieh, *Trust Law in South Korea: developments and challenges*, in Lusina Ho & Rebecca Lee, Trust Law in Asian Civil Law Jurisdictions – A Comparative Analysis 49–50, Cambridge University Press（2013）.
[3] 参见上海市第二中级人民法院（2012）沪二中民六（商）初字第7号民事判决书。

托财产并为受益人的利益对其进行管理和分配为内容。从性质上看，信托合同是平等主体之间设立、变更、终止民事权利义务关系的协议，既与赠与合同、买卖合同、委托合同、行纪合同等有相似之处，又有其独特的特点，因此，信托合同应当作为一种典型合同规定在《民法典》合同编的分则中。建议在合同编的第二分编"典型合同"中增加以下一章：

第×章　信托合同

第一条　【信托合同的定义】

信托合同是信托人基于对受托人的信任，与受托人约定设立信托的合同。

信托人应当依照约定向受托人交付信托财产，受托人应当依照约定接受信托财产，并按照信托人的意愿，以自己的名义，为受益人的利益或者特定目的，持有、管理信托财产并向受益人分配信托利益。

第二条　【信托条款的定义】

信托条款是有关受托人管理信托财产、分配信托利益、履行受托人义务等有关信托实体内容的书面或口头条款。订立信托条款是设立信托的必备要件之一。

信托人可以单独订立信托条款，也可以将信托条款纳入信托合同中，供受托人遵守。

依据信托合同有效成立的信托，信托合同终止的，信托条款根据《中华人民共和国信托法》有效的，仍然有效。

第三条　【信托的成立】

信托合同成立后，信托人没有依照约定交付信托财产，或者受托人不接受信托财产、拒绝担任受托人的，信托是否成立须根据《中华人民共和国信托法》确定。

第四条　【受托人、受益人、信托人的请求权】

信托人不交付信托财产的，受托人和支付了合理价款的、信托人之外的其他受益人有权请求信托人交付信托财产。信托人拒不交付的，应当赔偿受托人和该受益人因其违约遭受的直接损失。

受托人不接受信托财产或者拒绝担任受托人的，应当赔偿信托人因其违约造成的直接损失。

民事信托的信托人在信托财产转移之前可以撤销信托合同。

第五条 【受托人义务】

受托人负有信义义务，应当遵守信托条款和《中华人民共和国信托法》的规定，为受益人的最大利益处理信托事务。受托人除依信托合同、信托条款和法律规定取得报酬外，不得利用信托财产为自己谋取利益。

第六条 【受托人严格遵守信托条款】

受托人应当严格按照信托条款和《中华人民共和国信托法》的规定履行其信托职责。受托人在管理信托财产和分配信托利益时可以根据信托条款的授权行使裁量权。

第七条 【信托合同的终止】

信托人死亡、丧失民事行为能力、终止，或者信托的唯一受托人死亡、丧失民事行为能力、终止的，信托合同终止，但构成信托条款的内容依然有效。信托合同终止不影响已经合法成立的信托的运行。

因唯一受托人死亡、丧失民事行为能力或者被宣告破产、解散，致使信托合同终止的，受托人的继承人、遗产管理人、法定代理人或者清算人应当及时通知信托人和受益人。因信托合同终止将损害信托人或者受益人利益的，在新受托人就任之前，受托人的继承人、遗产管理人、法定代理人或者清算人应当采取必要措施保护信托财产。

第八条 【信托实体内容适用信托法】

在通过合同设立信托阶段，信托合同当事人的行为应当遵守本法的规定。

信托成立后，信托人和受托人的权利义务、受托人处理信托事务的费用支出、信托财产的登记以及其他与信托的管理、分配相关的权利、义务受信托条款、《中华人民共和国信托法》、本法及其他相关法律的约束。

第一，信托合同是信托人与受托人之间订立的约定设立信托的合同，据此双方当事人享有不同的权利，负有不同的义务。第二，信托合同与信托文件（条款）不同，信托文件可能是一份单独的文件，也可能被包含在信托合同之中；即便被包含在信托合同之中，信托文件也仍然独立于信托合同，二者不能混为一谈。另外，由于信托既可以通过书面形式，也可以通过口头形式成立，信托文件有强调书面文件的感觉，因此称之为信托条款更为合适。信托条款既包括书面信托合同的条款，又包括口头信托合同的条款。由于信托与信托合同不同，因此在信托合同终止后，信托条款可能继续有效。第三，把信托的成立与信托合同的成立区分开来，信托合同成立后，信托可能并未成立；要判断信托是否成立，需依照《信托法》来确定，主要看信托财产是否转移给受托人，以及其他信托成立的要件是否得到满足。第四，需要确定信托合同成立、而信托未成立的后果。信托合同成立后，如果信托因一方违约导致信托未成立，则违约方应承担损害赔偿。信托人不交付信托财产导致信托不成立的，请求权人包括受托人和受益人，但不包括在自益信托中同时作为受益人的信托人；受托人不接受信托财产或者拒绝担任受托人导致信托不成立的，请求权人包括信托人。同时，因为信托人可以撤销信托，因此允许民事信托的信托人在转移信托财产之前可以撤销信托合同。第五，由于信托关系中的受托人义务非常重要，建议增加一条有关受托人义务的条款，与《信托法》衔接。第六，明确受托人在执行管理信托财产和分配信托利益这两大信托职责时应严格遵守信托条款，并根据信托条款的授权可以行使自由裁量权。第七，规定信托合同终止不影响信托的运行，再次明确信托合同与信托不能等同。信托合同根据《民法典》合同编的规定成立、终止，而信托根据《信托法》的规定成立、终止，二者不应混淆。第八，再次强调信托合同受《民法典》制约，而信托的实体内容则应适用《信托法》的规定。

四、《民法典》婚姻家庭编中的信托

信托作为一种以财产为中心的制度，可能会影响家庭财产的归属与分配。建议在《民法典》婚姻家庭编的第三章第一节"夫妻关系"部分增加相关内容。

首先,建议在第一千零六十二条的"夫妻共同财产"中增加有关信托受益权的内容。如果夫妻一方设立以自己为受益人的自益信托,无论设立信托的信托财产是个人财产还是夫妻共同财产,其基于信托受益权取得的信托利益均归属于夫妻共同财产。这与最高人民法院对婚姻家庭编的解释精神相符,即"一方以个人财产投资取得的收益"归"共同所有的财产"[①]。具体修订建议如下:

第一千零六十二条 【夫妻共同财产】

夫妻在婚姻关系存续期间所得的下列财产,为夫妻的共同财产,归夫妻共同所有:

(一)工资、奖金和其他劳务报酬;

(二)生产、经营、投资的收益;

(三)知识产权的收益;

(四)继承或者受赠的财产,但是本法第一千零六十三条第三项规定的除外;

(五)基于自益信托的信托受益权所取得的信托利益;

(六)其他应当归共同所有的财产。

夫妻对共同财产,有平等的处理权。

其次,建议在第一千零六十三条的"夫妻个人财产"中也增加有关信托受益权的内容。如果夫妻一方作为他人设立的信托的受益人,其取得的信托利益归属于其个人财产。一般指夫妻一方的家人设立家族信托,并指定该方为受益人的情形,应理解为信托设立人的意图是由受益人本人享有信托利益,至于取得该信托利益之后如何享用、是否作为家庭财产使用,除非信托文件另有规定,一般由受益人决定。具体修订建议如下:

第一千零六十三条 【夫妻个人财产】

下列财产为夫妻一方的个人财产:

[①] 参见《最高人民法院关于适用〈中华人民共和国民法典〉婚姻家庭编的解释(一)》第二十五条。

（一）一方的婚前财产；

（二）一方因受到人身损害获得的赔偿和补偿；

（三）遗嘱或者赠与合同中确定只归一方的财产；

（四）基于他益信托的信托受益权所取得的信托利益；

（五）一方专用的生活用品；

（六）其他应当归一方的财产。

最后，建议增加第一千零六十七条，针对夫妻共同设立信托的情形加以规范。一方面，夫妻一方可以利用其个人财产设立以他人为受益人的信托，这种信托既可以是可撤销信托，也可以是不可撤销信托。如果是不可撤销的他益信托，一旦该信托成立，这部分信托财产转移给信托受托人，独立于该方的其他个人财产，在符合法律要求的情况下，其个人债务人也没有请求权。另一方面，夫妻双方可以设立共同信托，共同指定受托人和受益人。信托财产既可以是夫妻共同财产，也可以是夫妻各方的个人财产，还可以既包含共同财产又包含个人财产。这种信托既可以是自益信托，也可以是他益信托；既可以是可撤销信托，也可以是不可撤销信托。如果是自益信托，受益人为夫妻双方，信托利益属于夫妻共同财产；如果是他益信托，则受益人是夫妻双方之外的第三人。如果是不可撤销的他益信托，则信托财产独立于夫妻双方的其他共同财产及个人财产，在符合法律条件的情况下，夫妻共同债权人及个人债权人均对其无请求权。最后一个问题是夫妻共同信托设立后的撤销问题。谁能撤销，撤销后果及于整个信托的财产，还是只及于撤销一方的财产，要区分信托财产的来源及信托撤销的时点来具体规定。具体修订建议如下：

第一千零六十七条　【夫妻设立个人信托、共同信托】

夫妻一方可以将其个人财产设立他益信托；设立不可撤销的他益信托的，信托财产转移给信托受托人后独立于该方的其他个人财产。夫妻双方可以共同设立信托。可撤销信托的信托财产是夫妻共同财产的，夫妻一方有权撤销信托，信托撤销后，信托财产仍归属于夫妻共同财产；可撤销信托的信托财产是夫妻个人财产的，夫妻一方只有权撤销信托财产中自己出资部分，撤销后信托存续。夫妻一方在未行使信托撤销权前死亡，该方出资部分的信托转为不可撤销信托，另一方仍对其出资部分保留撤销权。

此外，为了发挥信托对有特殊需求的家庭成员的保护作用，建议在《民法典》婚姻家庭编的第三章第二节"父母子女关系和其他近亲属关系"部分增加以下相关内容：

第一千零七十六条　【父母子女互设保护信托】

父母可以为未成年子女或者不能独立生活的成年子女设立保护信托，由父母或者其他自然人、法人、非法人组织作为受托人，为子女的日常生活或者医疗需要管理信托财产并分配信托利益。

成年子女可以为缺乏劳动能力、重病或者生活困难的父母设立保护信托，由子女或者其他自然人、法人、非法人组织作为受托人，为父母的日常生活或者医疗需要管理信托财产并分配信托利益。

依照前两款规定设立的保护信托，在满足受益人的日常生活或者医疗需要的范围内，信托财产独立于设立信托的父母或者子女的其他财产。

本条规定可以适用于其他家庭成员之间设立的保护信托，且应当符合《中华人民共和国信托法》的规定。

增加这一条的目的是为了保护有特殊需求的家庭成员，保证保护信托财产独立于设立信托的父母或者子女的其他财产。

五、《民法典》继承编中的信托

遗嘱信托是信托人通过遗嘱安排在其死后设立的信托。[1]具体而言，信托人通过遗嘱，将遗产处分至信托，由信托的受托人持有、管理和分配。含有设立遗嘱信托内容的遗嘱可以叫做"信托遗嘱"。显然，遗嘱信托是

---

[1] 我国《信托法》没有明确写明生前信托和遗嘱信托这两种信托的名称，只是在第八条规定设立信托应采取的书面形式包括信托合同、遗嘱或者法律、行政法规规定的其他书面文件等。因此，我国学者把这两种信托叫做合同信托与遗嘱信托。何宝玉.信托法原理研究［M］.北京：中国政法大学出版社，2005：27.赵廉慧.信托法解释论［M］.北京：中国法制出版社，2015：100.

一种信托，而信托遗嘱是一种遗嘱，二者性质不同，适用的法律也不同。遗嘱信托在英美法中是一种常见的家族信托，受普通法规范；信托遗嘱则需要符合当地的继承法或者遗嘱法的要求，这些要求一般出现在制定法中，而制定法往往对遗嘱规定了非常严格的形式要求。

我国《信托法》规定，设立遗嘱信托，应遵守《继承法》中关于遗嘱的规定。[①]《民法典》第一千一百三十三条第四款规定："自然人可以依法设立遗嘱信托"。然而，从上述两部法律的规定中可以看出，我国法律对于遗嘱信托和信托遗嘱没有明确加以区分，按说在《信托法》中应当对遗嘱信托有所规定，在《民法典》的继承编中应当对信托遗嘱有所规定，然而在《民法典》的继承编中却只提到遗嘱信托。或许是因为《民法典》第一千一百三十三条第四款是在《民法典草案》审议通过之前匆忙增加，因此来不及细化。正如《信托法》虽然不够完美，但是其通过为我国信托制度的确立作出了巨大贡献一样，《民法典》中有关信托遗嘱的规定虽然相对粗糙，但这一款的增加也为把信托制度正式融入我国的民事法律制度作出了重大贡献，对于家族信托的发展起到了里程碑式的作用。

为完善信托制度，需要在《民法典》和《信托法》中增加进一步规范信托遗嘱的相关内容，使之协调统一。

第一，建议在《民法典》继承编的第一章"一般规定"的第一千一百二十二条中增加信托财产不属于被继承人遗产的规定，体现信托财产的独立性：

第一千一百二十二条　【遗产的范围】

遗产是自然人死亡时遗留的个人合法财产。

自然人生前或者通过遗嘱设立信托的，已经转移给信托受托人的财产不属于其遗产。信托条款或者法律另有规定的，从其规定。

依照法律规定或者根据其性质不得继承的遗产，不得继承。

需要注意的是，具备独立性的信托财产必须是已经转移给信托受托人

[①] 参见《信托法》第十三条。

的财产，否则仍然属于其遗产的一部分。

第二，建议在第一千一百二十三条中增加存在遗嘱信托时的继承形式，强调按照遗嘱信托继承的前提是遗嘱生效：

第一千一百二十三条　【继承的不同形式】

继承开始后，按照法定继承办理；有遗嘱的，按照遗嘱继承或者遗赠办理；有遗赠扶养协议的，按照协议办理；有遗嘱信托的，在遗嘱依据本法生效后，按照信托条款办理。

第三，建议在第一千一百二十四条中将信托受托人与其他受遗赠人区别对待，规定遗嘱信托自信托遗嘱生效后成立，不因受托人不做表示或者表示拒绝的影响；另外增加一款有关受托人拒绝接受遗产的不影响信托的成立，与《信托法》统一：

第一千一百二十四条　【继承人、受遗赠人和受托人接受遗嘱、遗赠】

继承开始后，继承人放弃继承的，应当在遗产处理前，以书面形式作出放弃继承的表示。没有表示的，视为接受继承。

受遗赠人应当在知道受遗赠后六十日内，作出接受或者放弃受遗赠的表示。到期没有表示的，视为放弃受遗赠，但信托受托人除外。

遗嘱信托自遗嘱生效后成立，受托人拒绝接受信托财产的，视为该受托人拒绝承担受托人职责，受托人另行选任，不影响信托的成立与效力。受托人的选任应遵守信托条款和《中华人民共和国信托法》的规定。

第四，建议把继承编第三章的标题"遗嘱继承和遗赠"改为"遗嘱继承、遗嘱信托和遗赠"，并在第一千一百三十三条的第四款中增加"立遗嘱"三字，区别遗嘱信托与信托遗嘱不同，继承编主要针对有设立信托内容的遗嘱，而遗嘱信托应受《信托法》规范：

第三章　遗嘱继承、遗嘱信托和遗赠

第一千一百三十三条　【遗嘱继承】

自然人可以依照本法规定立遗嘱处分个人财产，并可以指定遗嘱执行人。

自然人可以立遗嘱将个人财产指定由法定继承人中的一人或者数人

继承。

自然人可以立遗嘱将个人财产赠与国家、集体或者法定继承人以外的组织、个人。

自然人可以立遗嘱依法设立遗嘱信托,将个人财产指定由受托人为受益人利益管理和分配。遗嘱信托应符合《信托法》的规定。

第五,建议在第一千一百四十条中增加遗嘱信托的受托人、受益人及其他利害关系人不能作为遗嘱见证人的内容:

第一千一百四十条 【遗嘱见证人】

下列人员不能作为遗嘱见证人:

(一)无民事行为能力人、限制民事行为能力人及其他不具有见证能力的人;

(二)继承人、受遗赠人、遗嘱信托的受托人和受益人;

(三)与继承人、受遗赠人、遗嘱信托的受托人和受益人及其他利害关系人。

第六,建议在第一千一百四十一条中增加一款,保障缺乏劳动能力有没有生活来源的继承人的继承权:

第一千一百四十一条 【特留份】

遗嘱应当为缺乏劳动能力又没有生活来源的继承人保留必要的遗产份额。

被继承人将其部分或者全部遗产设立遗嘱信托,若上述继承人不在受益人范围内,导致无法满足前款要求的,应当先从将要转移给信托受托人的财产中为其保留必要的份额后,其余财产才可以转移给信托受托人。

第七,建议在继承编第四章"遗产的处理"中的第一千一百四十七条中增加一条遗产管理人的职责,即根据遗嘱中的信托条款将相关遗产转移给受托人,同时也避免了将遗产管理人与受托人混同:

第一千一百四十七条 【遗产管理人的职责】

遗产管理人应当履行下列职责:

(一)清理遗产并制作遗产清单;

（二）根据遗嘱中的信托条款将部分或全部遗产转移给受托人；

（三）向继承人报告遗产情况；

（四）采取必要措施防止遗产毁损、灭失；

（五）处理被继承人的债权债务；

（六）按照遗嘱或者依照法律规定分割遗产；

（七）实施与管理遗产有关的其他必要行为。

第八，在第一千一百四十八条中有关遗产管理人的责任中，建议也相应增加其造成遗嘱信托财产损害的责任：

第一千一百四十八条 【遗产管理人的责任】

遗产管理人应当依法履行职责，因故意或者重大过失造成继承人、受遗赠人、债权人或者遗嘱信托财产损害的，应当承担民事责任。

第九，建议增加一条有关受托人缺位时，对遗嘱信托财产的处理方式，与《信托法》一致：

第 × 条 【受托人缺位】

遗嘱信托的受托人不能或拒绝担任受托人职责的，遗产管理人应当妥善保管信托财产，待新受托人选任后，将信托财产转移给新受托人。

第十，建议在第一千一百五十四条有关有遗嘱时的法定继承条文中增加遗嘱信托不成立时相关遗产的处置办法：

第一千一百五十四条 【有遗嘱时的法定继承】

有下列情形之一的，遗产中的有关部分按照法定继承办理：

（一）遗嘱继承人放弃继承或者受遗赠人放弃受遗赠；

（二）遗嘱继承人丧失继承权或者受遗赠人丧失受遗赠权；

（三）遗嘱继承人、受遗赠人先于遗嘱人死亡或者终止；

（四）遗嘱信托不合法、没有受益人或者所有受益人放弃受益权且依据信托条款信托财产应归复于被继承人；

（五）遗嘱无效部分所涉及的遗产；

（六）遗嘱未处分的遗产。

第十一，建议在第一千一百五十八条中增加一款遗赠扶养信托的规定：

第一千一百五十八条　【遗赠扶养协议和遗赠扶养信托】

自然人可以与继承人以外的组织或者个人签订遗赠扶养协议。按照协议，该组织或者个人承担该自然人生养死葬的义务，享有受遗赠的权利。

自然人可以设立遗赠扶养信托，将信托财产转移给受托人由其管理，并将信托财产的收益或原物按照信托条款的规定分配给受益人。该自然人死亡后，信托终止，所有信托财产及其收益归属于受益人。承担该自然人生养死葬义务的个人或者组织是遗赠扶养信托的受益人。

第十二，建议在第一千一百六十二条和第一千一百六十三条有关债务与税务清偿的规定中增加遗嘱信托相关内容：

第一千一百六十二条　【执行遗赠或遗嘱信托】

执行遗赠或者遗嘱信托不得妨碍清偿遗赠人依法应当缴纳的税款和债务。

第一千一百六十三条　【遗产的税务与债务责任】

既有法定继承又有遗嘱继承、遗赠、遗嘱信托的，由法定继承人清偿被继承人依法应当缴纳的税款和债务；超过法定继承遗产实际价值部分，由遗嘱继承人和受遗赠人按比例以所得遗产清偿；仍不足以清偿的，超过部分从遗嘱信托财产中清偿。

六、结语

综上所述，本文认为资产管理为了达到使所管理的资产独立于资产所有人和资产管理人的资产，并与其债务隔离；资产管理的受益人不仅存在于不同的空间，也存在于不同的时间跨度内，或者资产管理不受限于资产所有人与资产管理人的自然人寿命或者组织存续期等目的时，委托代理型的资产管理对此无能为力，这些目的只能通过信托来实现。通过信托实现的资产管理所涉及的信托关系应受民事法律规范，而信托财产的所有权问题对于厘清法律关系、解决法律纠纷至关重要。《民法典》与《信托法》

均未对此作出明确规定。本文尝试提出以传统大陆法中的总有理论来解释信托财产所有权,认为受托人和受益人以总有方式共有信托财产的所有权,但各方所享权利不同。在此基础之上,本文尝试对《民法典》总则编、物权编、合同编、婚姻家庭编和继承编的条文提出补充或修订建议,并给出解释,旨在抛砖引玉,期待与同仁共同努力,为完善我国信托法律制度及相关的资产管理、金融制度添砖加瓦。

(高凌云系复旦大学法学院教授、博士生导师,全国人民代表大会常务委员会法制工作委员会法律英文译审专家委员会委员,上海法院特聘教授,上海市"涉外法律人才",上海国际商务法律研究会副会长,中国商业法研究会常务理事)

无锡 QFLP 试点制度研究

陈易平

境外 PE/VC 基金的常见商业模式是在开曼群岛等地设立基金,在境外募集资金,投资于中国 VIE 境外公司,通过在境外上市,最终在境外退出。这种模式近来遇到越来越多的监管障碍。投资型外商投资企业(FIVCE)可以在中国境内从事投资业务,但 FIVCE 的设立要求很高。在这个背景下,QFLP 试点制度应运而生。2021 年 6 月,无锡市地方金融管理局等部门制定了《无锡市外商投资股权投资企业试点办法》(以下简称《办法》),无锡成为江苏省首个覆盖全域的 QFLP 试点城市。

一、QFLP 概念

QFLP(Qualified Foreign Limited Partner),即合格境外有限合伙人,是指境外投资者在通过境内地方政府核准和外汇监管程序后,将境外资本汇入境内托管账户,投资于国内股权市场的制度。QFLP 除了受地方政府相关部门监管,还应接受中国证券投资基金业协会(以下简称中基协)的备案监管。

二、无锡 QFLP 政策主要内容

2019 年 10 月,国家外汇管理局发布《国家外汇管理局关于进一步促进跨境贸易投资便利化的通知》(汇发〔2019〕28号),原则上放开限制,允许非投资性外商投资企业在不违反负面清单的条件下,可依法以资本金进行境内股权投资。

(一)目前QFLP政策基本上属于各自制定,一城一策

无锡QFLP基金的具体设立条件如表1所示。

表1 无锡QFLP基金的具体设立条件

条件	具体要求
注册地	原则上注册在无锡
出资额及方式	注册资本应不低于1000万美元等值货币,出资方式限于货币资金
运作模式	可以"外资管外资",也可以"外资管内资"
LP(境内外投资人)应当具备的条件	(1)具备相应的风险识别能力、风险承担能力的机构或个人。(2)机构投资者需具有健全的治理结构和完善的内控制度,近三年内未受到所在国家、地区司法机关和相关监管机构的处罚。境外机构投资者自有净资产不低于150万美元等值货币,单笔投资金额不低于100万美元等值货币;境内机构投资者净资产不低于1000万元人民币,单笔投资金额不低于100万元人民币。(3)个人投资者需签署股权投资企业(基金)风险揭示书;境内外个人投资者金融资产不低于300万元人民币等值货币或近三年年均收入不低于50万元人民币等值货币,单笔投资金额不低于100万元人民币等值货币
业务范围	(1)投资非上市公司股权;(2)投资上市公司非公开发行和交易的普通股,包括定向发行新股、大宗交易、协议转让等;(3)可作为上市公司原始股东参与配股;(4)为所投资企业提供管理咨询;(5)经审批或登记机关许可的其他相关业务

(二)明确相关外资股权类企业的基本概念

《办法》对"股权投资企业"和"股权投资管理企业"的概念进行了分别定义。股权投资管理企业是指管理运作股权基金的企业。外商投资股权投资类企业包含外商投资股权投资管理企业和外商投资股权投资企业,可以采用合伙制、公司制等组织形式,一般按照外商投资企业进行管理;《办法》所称的外商投资股权投资企业是指经无锡市有关部门会商认定的,在无锡市依法由外国的自然人或企业参与投资设立的,以非公开方式向境

内外投资者募集资金，为投资者的利益进行股权投资活动的企业。

（三）QFLP只能依法以非公开方式向境内外合格投资者募集资金

此类资金募集行为是《私募投资基金监督管理条例》等中国监管法规中定义的私募行为。QFLP试点企业，都应向中基协依照相关法规登记备案成为私募投资基金，按照相关要求履行投资者适当性管理、定期信息披露等职责。外商投资股权投资类企业应当按照中国公司法、外商投资企业法等法律法规发起设立，注册登记。

（四）外商投资股权投资类企业出资额及注册资本

管理企业实缴出资额不低于100万美元等值货币，可以发起设立或受托管理外商投资股权投资企业及境内PE/VC，但不能直接投资于项目。投资企业注册资本应不低于1000万美元等值货币。《办法》没有对管理企业和投资企业实缴资金的出资期限作出要求。

（五）申请试点的流程

申请设立试点企业，可通过拟设立股权投资企业的管理人向无锡市地方金融监管局提出申请，由无锡市地方金融监管局会同有关部门集中会商审定，经认定符合条件的，由无锡市地方金融监管局出具试点资格文件，企业凭试点资格文件六个月内办理相关企业登记手续。

（六）监督管理

试点企业应当办理资金托管。《办法》规定无锡市地方金融监管局负责对试点企业实行备案管理。《办法》还规定了年度报告制度。

三、QFLP 涉及的外汇监管问题及解决操作

各地方外管局分支机构监管跨境资金进出、汇兑、结汇及外汇账户等。QFLP 制度下大部分外资 PE 都采用了合伙企业（有限合伙）的架构，下述问题以有限合伙企业 LP、GP 入境资金为例。

（一）外资 PE 的合伙方式

以合伙人是否是境外机构可分三种合伙方式，即境内 GP 管境外 LP、境外 GP 管境外 LP 和境外 GP 管境内 LP（见图 1）。

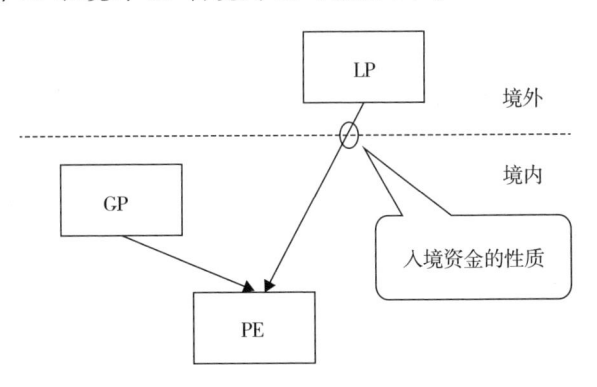

图 1 "境内管境外"类

"境内管境外"类的基金可能最常见，因为项目标的是非公开交易的境内股权，境内管理人有更丰富的投资经验和资源。

"境外管境外"类是管理人 GP 和投资人 LP 都来自境外；此种方式涉及两种不同合伙人的出资，其出资性质是否一致，各地观点不一（见图 2）。

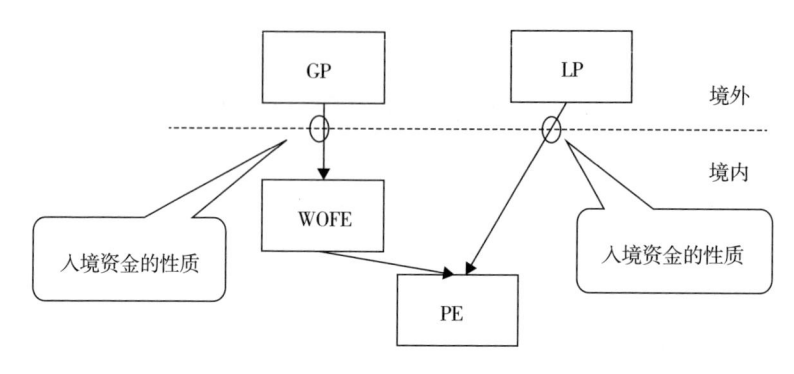

图 2 "境外管境外"类

"境外管境内"类是管理人 GP 来自境外，而投资人 LP 来自境内，这类基金便于境内 LP 以基金方式投资在境外的境内外资企业，目前此类基金不多见（见图 3）。

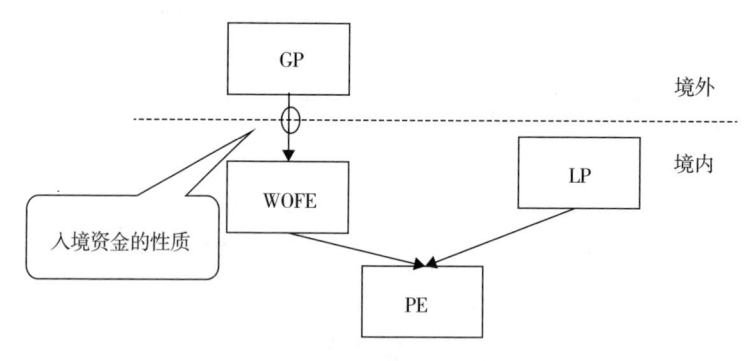

图 3 "境外管境内"类

（二）合伙人入境资金的性质

从私募基金资金募集的角度，GP 的资金类似于 FDI 资本金，而 LP 资金类似于证券投资。外汇管理部门有必要对境外 GP 出资和 LP 出资采取不同的外汇监管方式。

（三）合伙人资金入境

境外 GP 外汇通过 WOFE 的入境后（见图 2、图 3），进行 WOFE 外汇登记，通过外汇资本金账户或跨境人民币账户汇入投资款。现行法规对境外 LP 资金入境（见图 1、图 2）资金性质和登记等规定不明确。

（四）结汇

《办法》规定，试点企业可按照公司章程或合伙协议的约定进行利润分配或清算撤资。试点企业进行利润、股息、红利汇出，需向托管银行提交投资者相关完税证明或税务备案表，经审核通过后可汇出境外。

四、QFLP 涉及的工商注册

一般而言，私募股权投资基金属于金融业中的非公开募集证券投资基金，其经营范围是非公开交易的股权投资。而股权投资基金管理企业的经营范围定为"接受其他股权投资基金委托，从事非证券类的股权投资管理、咨询"。

五、QFLP 基金层面的纳税问题

（一）QFLP 基金的结构是有限合伙企业，基金层面无须纳税

依据《财政部国家税务总局关于合伙企业合伙人所得税问题的通知》（财税〔2008〕159 号）第三条，QFLP 基金层面无须直接缴纳企业所得税，GP 和 LP 只有在收到利润时才有缴税义务。

（二）多项目合并纳税

QFLP 基金一般有多个投资项目，依法可以合并作纳税申报，多个项目之间可以抵扣盈亏，合并损益后再纳税，减少纳税金额。建议 QFLP 基金事先与税务部门进行沟通。

（三）GP 层面的纳税问题

目前大部分 QFLP 的结构是境外基金管理人在境内设立 WOFE 并由

WOFE 作为 GP，GP 本身可能更多地希望以有限合伙的形式设立，因为后者在税收层面能得到更多的优惠和便利。

结语

《办法》迈出了促进无锡股权投资持续高质量发展的坚实的一步。《办法》的实施为境外资金进入中国市场提供了新路径，也对境外机构和高净值人士进行境内资产管理提供了机遇和提出了挑战。本文不构成任何法律意见或咨询意见。

（陈易平系无锡市律师协会副会长，江苏瑞莱律师事务所主任）

信托法中受托人的谨慎义务研究

刘　洋　应　洁

　　《中华人民共和国信托法》（以下简称《信托法》）自2001年颁布以来，因其灵活性被广泛应用于社会生活的各个领域。根据中国信托业协会2022年发展评析报告，截至2022年第四季度末，我国信托资产规模为21.14万亿元，增幅为2.87%。一如四宫和夫教授所言："除了不能用于非法和无法实现目的，信托可以实现各种各样的目的。"[1]信托可以提供其他财产法律制度（如合同法、公司法等）无法提供的独特功能，如财产所有权与控制权相分离、受益人连续和受益权分层及财产的长期管理等。

　　信托是基于当事人之间的信赖关系而产生的财产管理制度，因而其不可避免地存在如下三个特点：（1）委托方因信息不对称对受托方的依赖；（2）受托方就事务处理享有较大的自由裁量权；（3）受托方违反信义关系产生的责任具有特殊性。信托业快速发展的同时信托纠纷也随之而来，受托人的谨慎义务成为信托法领域一个重要命题。因为受托人如何管理信托财产会因为具体环境的不同有所差异，难以通过立法和当事人的约定对受托人行为进行事无巨细的约定。因此对于受托人的义务《信托法》只能抽象规定受托人的信义义务。信义义务是以事后惩戒的方式对受托人的行为进行规制，要求其在事前自觉地维护委托人的利益，进而解决委托人和受益人无法完全地掌握信托财产而产生的受托人怠于履职的问题。信义义务作为一项非约定义务，能节省监测受托人行为的监督成本，为受益人

---

[1] 赵廉慧.信托法解释论[M].北京：中国法制出版社，2015：22.

的最佳利益服务。信义义务的内涵十分丰富，可以包括十多种具体的义务[①]。但是从传统的二分法角度来看，信托关系使受益人或委托人面临两种不同类型的不法行为：第一，受托人可能挪用主要资产或其部分价值（渎职行为），即存在冲突时的自利问题；第二，受托人可能忽视资产管理（不作为行为），即无冲突时的懈怠问题。每一种不法行为都是通过对受托人施加法律责任来控制的。前者的挪用是由忠诚义务支配的，而后者的疏忽性管理不善则是由谨慎义务支配的。受托人的懈怠问题会导致信托财产管理的决策水平下降，影响受益人的利益；而自利行为会直接导致信托财产的减损。因此，对于受托人的懈怠问题更难规制。其主要难点在于如何判断懈怠，同时商业社会的复杂多变更是增加判断难度。目前，谨慎义务是最为常见的解决懈怠问题的法律机制，英美法系国家对于如何解决受托人懈怠问题，其提出的相对完善和细致的谨慎义务的内涵。

我国无论是立法还是具体的实践中对于受托人谨慎义务一直无一个明确可供操作的标准，谨慎义务履行行为的范围和程度需要法官根据具体案件的情况酌情裁量，这就导致一方面信托司法实践中法官裁判不一对于受托人滥用权利违背谨慎义务因而欠缺明确标准追究责任困难，另一方面受托人缺乏具体明确的行为指引，从而使受托人对其行为预期处于一种不确定的状态。与此同时，我国的信托业发展迅速，尤其是商业信托，各类信托机构管理着数量庞大的信托资产并进行投资等业务。在对受托人谨慎义务领域必要研究之后，现在也是评估中国对谨慎义务规范的现实效果的有利时机。二十多年来的实践可以为我们提供宝贵的信息和证据，以观察立法方式和司法执行方面的轨迹和问题。基于司法实践的研究对于确保既定的法律原则能够应对和适应现实是必不可少的。在中国的背景下探究受托人谨慎义务从比较法视角出发，以期从国外法律规范中寻找到完善我国信托法的有益经验并结合我国司法裁判为受托人的受托行为提供切实可行的具体操作路径。

---

① 赵廉慧.信托法解释论[M].北京：中国法制出版社，2015：283.

一、信托受托人谨慎义务的立法现状与实践困境

谨慎义务的存在可以约束受托人的行为,确保为了委托人的利益从事信托管理工作,受托人谨慎义务标准的明确程度影响司法实践中的具体运用。我国信托法作为移植的产物,其顺利运作必然要经历一个本土化的过程,本文主要从受托人义务的现有法律规制及裁判案例出发,从立法和司法两个方面,分析我国在信托受托人谨慎义务方面主要存在的问题。

（一）受托人谨慎义务的立法现状及制度价值

与忠实义务的规定相比,我国《信托法》等相关法规关于谨慎义务的规定过于原则化,谨慎义务的法律内涵并不明确使受托人在具体操作中无法认识到谨慎义务的所在。同时,由于立法的缺失,导致司法裁判性并不强。鉴于此,本文立足于我国审判实践,发现我国谨慎义务规定的司法裁判困境,引出明确谨慎义务裁判标准的必要性探讨。

1. 受托人谨慎义务的立法现状。

《信托法》第二十五条从行为和结果两个维度对谨慎义务进行了规定[1]。第三十条[2]对亲自处理信托事务进行规定,第三十三条[3]对于受托人的报告义务及记录义务进行规定。除此之外,2006 年修正的《中华人民共和国银行业监督管理法》[4]及 2015 年修正的《中华人民共和国证券投资

---

[1]《信托法》第二十五条:受托人应当遵守信托文件的规定,为受益人的最大利益处理信托事务。受托人管理信托财产,必须恪尽职守,履行诚实、信用、谨慎、有效管理的义务。

[2]《信托法》第三十条:受托人应当自己处理信托事务,但信托文件另有规定或者有不得已事由的,可以委托他人代为处理。

[3]《信托法》第三十三条:受托人必须保存处理信托事务的完整记录。受托人应当每年定期将信托财产的管理运用、处分及收支情况,报告委托人和受益人。受托人对委托人、受益人以及处理信托事务的情况和资料负有依法保密的义务。

[4]《中华人民共和国银行业监督管理法》第二十一条:银行业金融机构的审慎经营规则,由法律、行政法规规定,也可以由国务院银行业监督管理机构依照法律、行政法规制定。前款规定的审慎经营规则,包括风险管理、内部控制、资本充足率、资产质量、损失准备金、风险集中、关联交易、资产流动性等内容。银行业金融机构应当严格遵守审慎经营规则。

基金法》(以下简称《证券投资基金法》)①以法律的形式对此进行相关规定。

除了法律,我国的部门规章及其他规范性文件对谨慎义务也有相关规定,如《信托公司管理办法》②及《信托公司集合资金信托计划管理办法》(以下简称《管理办法》)③以专章的形式规定了信息披露等方面内容。

上述法律法规对于谨慎义务的表述并不明确,只能找到"谨慎""勤勉"的字样,不同于英美法系国家对谨慎勤勉作出规定,要求受托人尽到理性谨慎商人或者专家管理自己事务的谨慎程度要管理信托财产,其提出注意、技能与谨慎三个方面的具体要求④,既可以约束受托人的行为,又能确保为了委托人的利益从事信托管理工作。目前的《信托法》及相关法律法规并没有提供谨慎的评判标准,这对于受托人决策的时候审查应当采取何种判断标准来保证对于专业决断的必要尊重?⑤同时,过于原则化的谨慎义务使法官拥有更大的自由裁量权易出现同案不同判的情形,破坏法律的安定性。

2. 受托人谨慎义务的实践价值。

第一,在信托发展的过程中,因为社会经济制度的变迁及信托财产的类型的扩张,其功能从原先为了脱法设计的转移财产的方法转向为受益人提供专业的财产管理服务,充分体现了信托的灵活性。其特征与金融市场

---

① 《中华人民共和国证券投资基金法》第九条:基金管理人、基金托管人管理、运用基金财产,基金服务机构从事基金服务活动,应当恪尽职守,履行诚实信用、谨慎勤勉的义务。
② 2007年1月23日中国银行业监督管理委员会(已撤销)发布的《信托公司管理办法》第二十四条:信托公司管理运用或者处分信托财产,必须恪尽职守,履行诚实、信用、谨慎、有效管理的义务,维护受益人的最大利益。
③ 2009年2月4日中国银行业监督管理委员会(已撤销)发布的《管理办法》第九条:信托公司设立信托计划,事前应进行尽职调查,就可行性分析、合法性、风险评估、有无关联方交易等事项出具尽职调查报告。第十四条:信托合同应当在首页右上方用醒目字体载明下列文字:信托公司管理信托财产应恪尽职守,履行诚实、信用、谨慎、有效管理的义务。信托公司依据本信托合同约定管理信托财产所产生的风险,由信托财产承担。信托公司因违背本信托合同、处理信托事务不当而造成信托财产损失的,由信托公司以固有财产赔偿;不足赔偿时,由投资者自担。
④ 赵廉慧.信托法解释论[M].北京:中国法制出版社,2015:331-332. 所谓注意是指在管理信托的时候,勤勉地、积极地尽到合理的努力,为此有时候需要请外部的专家。所谓技能是指全部尽到对这种受托人所要求的能力水平。所谓谨慎是指不仅注意信托财产的安全,同时还要注意信托财产的合理收益。
⑤ 翁小川.董事注意义务标准之厘定[J].财经法学,2021(6):48-66.

自由发展的趋势相顺应,这也是大陆法系国家广泛借鉴和移植的原因所在。信托之间的信任关系起初仅作为一种财富转移或财富保管的工具,受托人仅需要消极地管理财产行为即履行自己的义务,但是随着市场的变迁,受托人除了消极保管财产,还应该利用自己的专业知识或技能尽可能地提高受益人的利益,从消极管理转向为积极财富管理。

第二,一个国家的法律发展通常与其政策要求同步。这一立法举措将吸引外国和私人投资,受托人谨慎义务将推动投资方式的多元化,有助于降低机构成本和构建一个运作良好的投资者保护机制,促进中国资本市场发展。

第三,谨慎义务有助于信托受托人提升资金的管理水平。例如,结构化融资信托的出现,使信托公司可以根据不同委托人的风险承受能力为其制定不同类型的信托,从而更大限度地实现资金的融通。同时,受托人谨慎义务有助于保障受益人的利益,要遵循较高的受信人标准,建立更为科学合理的投资准则及更为健全的信息披露机制,以更好地保障受益人的利益。

第四,谨慎义务有利于减少沟通成本,提振经济效益。谨慎义务作为信义义务的一种,对其的规范和监督成本很高,谨慎义务的出现可以代替一些详细的合同文本,法院通过规定当事人自己更愿意采取的行动来充实谨慎义务,其采取行动的时候,商业荣誉的高标准和贸易的公正和平等原则高于单纯的金钱利益的考虑。这种快速抉择的过程节约了双方当事人的沟通成本,更好地提升双方的利益。

(二)受托人谨慎义务规制的司法实践及典型问题

从审判实践来看,我国受托人被诉赔偿责任案的结案已有不少,根据北大法宝数据库,检索因受托人违反谨慎义务被追究责任的相关裁判文书,通过裁判文书分析谨慎义务条款在司法适用中存在的问题。

1. 谨慎义务在司法裁判中的实证分析。

笔者以前述提及的规范为裁判依据,通过北大法宝数据库检索,在排除并未将谨慎义务作为说理依据的判决、同一案件的上诉或再审的判决、并未进行详细说理的判决后，所收集汇总的案例如表1所示。

表1 受托人谨慎义务典型案例

序号	案例名称	案由分类	裁判理由	适用条款
1	北京中金信融资产管理中心与光大兴陇信托有限责任公司合同纠纷	其他合同、准合同纠纷	被动管理型信托模式下，受托人仅需按照合同约定进行独立尽职调查即视为尽到谨慎义务	《信托法》第二十五条第二款、第三十条
2	曹某与吉林省信托有限责任公司、中国建设银行股份有限公司山西省分行合同纠纷	其他合同、准合同纠纷	受托人在信托设立、签订和履行环节，均按照相关法律法规规定进行尽职调查、提示风险及按照规定进行风险提示，其行为并无不当	《管理办法》第九条、第三十四条
3	胡某华与华澳国际信托有限公司财产损害赔偿纠纷/顾某群与华澳国际信托有限公司财产损害赔偿纠纷	财产损害赔偿纠纷	受托人从法律规范层面无须对资金来源进行核查，但是从内部管理角度有审查资金是否为自有资金的必要。虽是被动管理型信托无主动调查义务，但是不能未经调查出具不合事实的报告	《中华人民共和国侵权责任法》第二条、第三条、第六条第一款、第二十六条
4	孙某聪与中融国际信托有限公司营业信托纠纷	民事	由受托人提供证据证明保障委托人的知情权，另外委托人知情权的范围具有限度以了解信托财产的管理处分及受托人实际掌握的文件为限	《信托法》第二十条，《管理办法》第三十五条
5	湖北银行股份有限公司等与四川信托有限公司等合同纠纷	其他合同、准合同纠纷	委托人未证明受托人由违反信托目的处分信托财产或者其他违约行为，其诉讼请求不予支持。另受托人依约管理和运用信托财产已尽到合同约定的忠实、谨慎义务	—
6	淮南市诚信隆淮南商贸中心与长安国际信托股份有限公司等信托合同纠纷	其他合同、准合同纠纷	委托人对受托人未对资金运用进行监管、拒绝履行信托财产原状分配协议提供证据证明的，法院不予支持。二审法院认为合同中未约定受托人负有资金监管义务，因此受托人未能履行法定和约定管理义务的上诉理由证据不足	《信托法》第二十五条

续表

序号	案例名称	案由分类	裁判理由	适用条款
7	中国建设银行股份有限公司北京恩济支行与王某财产损害赔偿纠纷	财产损害纠纷	应当由卖方机构证明履行了解客户、告知说明、按照客户的风险偏好和承受能力推介投资产品等适当性审查义务。在对委托人评估后对其推介风险较大与其投资风格和承受能力不符的理财产品，行为具有重大过错	《商业银行个人理财业务管理暂行办法（已废止）》第三十七条
8	陈某斌与林某合同纠纷	其他合同、准合同纠纷	陈某斌不符合私募基金对合格投资者的要求，其与林某的合同因违反法律禁止性规定无效	《证券投资基金法》第九十一条、第九十二条
9	龚某平诉浙江金观诚财富管理有限公司财产损害赔偿纠纷	财产损害赔偿纠纷	专业理财机构未对客户进行风险评估情况下对客户推介产品存在过错，但是作为一个完全民事行为能力人龚某平在进行投资决策的时候也应当考虑自身状况，对于合同文本和风险提示函中的内容未提出异议对自身损失发生也存在过错	《证券投资基金销售管理办法》第五十九条，《证券投资基金法》第九十九条《私募投资基金监督管理暂行办法》第四章
10	刘某超与广东粤财信托有限公司信托纠纷	信托纠纷	第一，对于信托公司只寄送材料的行为不能证明对刘某超的投资风险能力进行评估及阐述了相关投资风险，对损失的发生存在一定过错。同时，刘某超作为完全民事行为能力人，签署的投资风险评估文件及信托计划说明书均是其独立的意思表示，受托人无明显损害其权益的事项时对投资损失应当承担主要责任 第二，在信托财产进行信息披露时，除了应当按约定的方式披露相关报告，对原告要求且属于信托财产的管理运用情况的相关信息也应当进行披露，不然就构成披露不完全	《管理办法》第六条，《信托法》第二十条

续表

序号	案例名称	案由分类	裁判理由	适用条款
11	山东省国际信托股份有限公司与王某云等信托纠纷	其他与公司、证券、保险、票据等有关的民事纠纷	信托公司仅依约在网站公告相关信息，并未证明依约向委托人/受益人寄送相关材料具有一定过错，对于信托公司未强制投资人如实填写联系方式的行为未尽到有效管理的义务，因此山东信托就信息披露义务存在违约行为。但无其他证据证明该义务的违反并未对信托财产造成损失	《管理办法》第三十四条、《信托法》第三十三条
12	李某诉中泰信托有限责任公司信托合同纠纷	其他纠纷、准合同纠纷	受托人在考虑议价能力、信托产品存续风险等因素后根据合同专用条款约定提前终止信托计划并不构成违约，也尽到了勤勉义务	《信托法》第二十五条
13	卢某与山西信托股份有限公司营业信托纠	营业信托纠纷	《信托合同》对信托计划中可能出现的风险进行提示，并且管理人提供证据证明其完全按照合同履行信托计划成立、发行及管理期间的义务，同时卢某未提供证据证明管理人存在履职不当的违约行为，因此管理人无须承担赔偿责任	《信托法》第二条、第十四条、第三十四条
14	张某昊与银河期货有限公司委托理财合同纠纷	委托理财合同纠纷	受托人在进行投资管理的时候应保障账户和资金的安全有效控制风险是勤勉尽职的应有之义，不因是否属于通过信托有所区别。管理人允许投资顾问直接下单及对投资顾问直接下单行为带来的风险未进行防控对信托财产损失应承担60%的赔偿责任	—
15	中国民生信托有限公司与韩某茜营业信托纠纷	营业信托纠纷	受托人未按照合同约定的投资方向进行投资，投资债权类比例不满足监管机构的要求；也未按照信托合同的约定披露应当披露的事项构成违约。管理人无法证明自己的投资行为符合合同约定的投资方式、限制等，应当承担不利后果	《中华人民共和国民法典》（以下简称《民法典》）第五百零九条、第五百七十七条、《信托法》第二条
16	梁某厚等与昆仑信托有限责任公司财产损害赔偿纠纷	财产损害纠纷	根据梁某厚的风险评估结果为其适配中高风险的理财产品并无不当，但是管理人对于融资人及保证人的违约行为未及时披露和采取积极措施未履行谨慎勤勉的管理义务应当承担违约责任	《证券投资基金法》第九条

我国司法实践中虽然存在以《信托法》第二十五条作为裁判依据的情形，但是未对谨慎义务与忠实义务进行区分。此外，实践中往往会通过第二十五条进而援引更为细化的规定。此外，信托引入我国的时候《中华人民共和国合同法》相对完善，同时谨慎义务的规定过于原则化，法院在司法判决的时候，往往援引《民法典》合同编、侵权编或是《管理办法》更为具体规范。因此，上述案件的案由并非皆为信托纠纷，部分案由是合同纠纷、财产损害赔偿纠纷等。

管见以为，谨慎义务在司法实践中被束之高阁，其原因主要有以下三个方面：首先，在法律适用过程中容易将合同的规定和谨慎义务的规定混为一谈，对于虽然未违反合同规定，但是违反谨慎义务的情形并未重视，此外以结果为导向来认定受托人责任，不区分受托人的主观要件导致认定标准过于严格；其次，我国实践中，由于管理者和所有者的强弱地位不对等，导致委托人或者受益人因为信息不对称原因很难举证证明受托人违反谨慎义务。同时，法官由于专业知识的受限在处理此类纠纷时容易陷入困境。最后，我国有关谨慎义务的规定过于模糊。

2. 受托人承担谨慎义务的界定标准不明确。

如前文所述，我国对谨慎义务立法规范条款的阐述，对于谨慎义务的规定都过于泛化且法律规定的碎片化，没有一个统一的文件对谨慎义务规定一个具体、统一的判断规则，这些过于原则化的表述及不完善的立法导致受托人的管理、处分行为是否谨慎主要是依据受托人自己理解的受托人尽职标准去管理信托产品，当发生纠纷诉至法院时，司法实践中认定谨慎义务的标准并不统一。如在被动管理型信托中，北京中金信融资产管理中心与光大兴陇信托有限责任公司合同纠纷案[①]，法院认为，在被动管理型信托中，受托人依据委托的指令行事即尽到谨慎义务，其所负有的是有限

---

① 北京中金信融资产管理中心与光大兴陇信托有限责任公司合同纠纷案：最高人民法院（2020）最高法民终 488 号终民事判决书。

义务。在（2021）沪 0115 民初 26844 号[①]中，浦东法院认为即使是被动管理型信托，也应履行其法定责任，从而认为受托人不核查项目资金的来源违反谨慎义务。

委托人和受托人之间通常是通过签订信托合同或者法律的规定来构建信托法律关系，从而对受益人负有义务。[②]有学者指出，信托是合同的创造物，受托人义务的本质是合同义务，法定义务不过是默认的条款。在司法实践中，不少法院单纯将合同约定作为受托人是否履行义务的依据是错误的，未将合同约定与信义义务进行考察和辨析。例如，在（2008）豫法民二终字第 120 号中，法院认定省农业银行即受托人履行合同约定的通知义务就尽到了谨慎义务，但二审法院却认为其私自改动了清偿责任方式行为，在没有获得事先同意的情况下提高了投资风险不认为其履行了谨慎义务。

上述案例反映在同一情况下，不同法院认定受托人是否违反谨慎义务并没有统一的标准。因此，对于谨慎义务规则的不清晰，导致法律在适用规则的时候按照自己的理解，造成裁判的标准尺度不统一。

3. 受托人违反谨慎义务的责任承担不合理。

因受托人的不当行为造成财产损失的，应当承担赔偿损失等责任这一规定贯穿于处理信托事务的全过程。学术界对于违反谨慎义务的行为性质存在争议，若观点被司法机关所采纳，对于此类纠纷在法律适用上产生重大影响。此外，关于证明责任分配方面，在（2018）吉民初 2 号[③]中，按照谁主张谁举证的规定，曹某主张吉林信托在设立和履行案涉信托计划过程中存在违反《信托法》及合同约定行为，因此曹某应当提出相应的证据来证明。在孙某聪与中融国际营业信托纠纷案[④]中，与吉林省高级人民法

[①] 胡某华与华澳国际信托有限公司财产损害赔偿纠纷案：上海市浦东新区人民法院（2021）沪 0115 民初 26844 号民事判决书。
[②] 李宇. 商业信托法［M］. 北京：法律出版社，2021：846.
[③] 曹某与吉林省信托有限责任公司、中国建设银行股份有限公司山西省分行合同纠纷案：吉林省高级人民法院（2018）吉民初 2 号民事判决书。
[④] 孙某聪与中融国际营业信托纠纷案：北京市第二中级人民法院（2020）京 02 民终 7486 号民事判决书。

院做法不同，北京第二中级人民法院认为，应当由中融国际营业信托来举证证明自己在处理信托事务的时候无不当行为，否则就要承担举证不能的不利后果。因此，就信托纠纷案件中，究竟是由哪一方承担举证责任，目前司法实践并没有形成统一的裁判。关于违反谨慎义务的赔偿范围，实践中大多赔偿受托人的直接损失，对于其间接损失法院并不予以认可，这对于受益人的利益保护存在不当。

4. 委托人权利保留对受托人谨慎投资权的架空。

我国的委托人享有一系列权利，[①]例如，《信托法》第二十一条规定，受托人具有对管理方法的直接调整权，相比英美法系国家，其受托人在信托成立后一般不享有该种权利，除非在信托文件中另有约定的除外。我国台湾地区将调整权赋予法院，该权利的行使需要经过司法程序，对权利的行使施加限制；《信托法》第二十三条解任受托人的权利也直接赋予委托人。笔者认为，赋予委托人过大的权利，会干涉受托人对于信托财产的管理，在这种情况下受托人的独立地位如何体现，其专业优势如何发挥？[②]信托中名为受托人管理，但实际上受委托人支配和控制的信托[③]发生损失的时候，受托人对此是否有赔偿责任？对事务管理型受托人而言，其并不需要主动承担管理职责，只需要按照法律规定及信托合同或文件的约定履行职责，其所需要履行的义务就少得多。在这种情况下，要求其对实际受委托人或者第三方决定资金的使用对象，甚至控制着资金使用时流转的信托，因为委托人或第三人指示行为承担损害赔偿责任未免过重。在事务管理型信托合同中，合同双方往往约定按照委托人的指令行事，受托人即尽

[①]《信托法》为委托人保留权利总结如下：知情权（第二十条）、调整信托财产管理方法的权利（第二十一条）、撤销受托人权限外行为的权利（第二十二条）、解任受托人的权利（第二十三条）、变更受益人和处分受益权的权利［（第五十一条第一款）、解除和终止信托的权利（第五十条、第五十一条第二款、第五十三条第四款）］、受托人辞任的同意权（第三十八条）、新受托人的选任权（第四十条）。

[②] 张敏.信托受托人的谨慎投资义务研究［M］.北京：中国法制出版社，2011：157.

[③]《全国法院民商事审判工作会议纪要》第93条：当事人在信托文件中约定，委托人自主决定信托设立、信托财产运用对象、信托财产管理运用处分方式等事宜，自行承担信托资产的风险管理责任和相应风险损失，受托人仅提供必要的事务协助或者服务，不承担主动管理职责的，应当认定为通道业务。

到了谨慎管理的义务,属于以约定义务排除主动管理的法定义务,该减免受托人有关谨慎义务和亲自管理义务条款的效力在法律上具有相当的不确定性。在此情况下,如何在受益人最大利益与受托人有效行使管理信托财产之间达成协调?

二、明晰信托受托人谨慎义务标准

在信托法律关系中,信托财产的管理权和受益权相分离,委托人和受益人不参与信托财产的管理运用过程中,如何对受托人的行为进行有效监管成了一个亟待解决的重要议题。对于受托人管理行为进行监督的主要手段就是受托人的谨慎义务,其中最为核心的内容就是谨慎义务标准的设定。各国对于谨慎义务的标准经历了一系列演变,形成了许多行之有效的做法。本部分主要介绍比较法上谨慎义务标准,给我国确立谨慎义务标准提供参考,从而参考我国司法实践提出根据信托的不同环节确立谨慎义务的具体规则。

(一)谨慎义务行为标准的参考

英国信托法的立法并未采取法典化的方式,其关于信托法的规定散见于多部单行法中,主要包括《公共受托人法》《受托人法》《信托变更法》《受托人投资法》等。此外,受托人谨慎义务也经历过内涵上的流变,起初仅作为一种财产转移手段,而产业革命之后,英国民众开始将目标转向了利润丰厚的欧美地区,由于规模小及自身条件的限制,选择汇集资金统一交由受托人代为管理,因此受托人谨慎义务开始出现新的内涵。英国刚开始以法定名录方式限制受托人投资标的的范围,在《1961年受托人投资法》颁布之前,仅允许投资风险极低的证券,此限制遭到了批评,认为这仅能维持信托财产的账面价值,却无法应对通货膨胀等对信托财产实际购买力的损害。因此,修改后的法律虽然扩大了受托人的投资权,但实质上仍然是法定名录,该法案的基本精神仍是尽量避免风险,受托人仍然是

"戴着沉重的枷锁跳舞",随着社会经济发展和投资工具的多元化,该法案逐渐不适应当前形势的需要。2000年以法律条文的形式在《受托人法》这部法律中提及要尽到谨慎义务,以及适用范围进行了列举。①

在1995年颁布《谨慎投资人法》之前,美国主要是通过各州的判例来规制受托人的行为。《谨慎投资人法》确立该受托人应当比普通的受托人尽到合理的注意,同时充分发挥技能和关注安全②,对于技能的规定,实际上为担任受托人增设了新的条件。③《统一信托法典》在《谨慎投资人法》《信托法重述》④基础之上提出第804条和第806条⑤对受托人的谨慎义务及其管理信托事务时应具备的专业技能进行规定。

1. 善良管理人的注意义务。

大陆法系国家往往将受托人谨慎义务规定援引民法上"善良管理人的注意义务",例如,《日本信托法(2006)》第29条⑥、中国台湾"信托法"

---

① 英国《2000年受托人法》第1条规定:本款项下的义务无论何时适用于受托人,其必须请示合理的注意和技能,特别是顾及其具有或自认为具有的任何特殊指示或经验,以及如果其在经营或从业过程中行事的人被合理期望的任何特殊知识或经验。同时,在其附件中列明谨慎义务适用范围包括投资、土地的取得、代理、保管等信托事务的处理。同时,对投资权限作出专章规定,其在第3条规定了一般投资权利,如果受托人对信托资产享有绝对的权利,其可以作出被允许的任何种类的投资。在第4条规定了标准投资准则:受托人在行使投资权力的同时必须顾及标准投资准则,与信托有关的投资准则包括该特定投资对信托的实行,以及是否满足信托投资多元化的需要。
② 《谨慎投资人法》第2条:(a)受托人应当像一个谨慎的投资人那样,综合考量信托目的、信托条款、分配要求及其他与信托相关的情形对信托财产进行投资和管理。为了满足这些标准,受托人应当尽到合理注意、充分发挥技能及关注安全。……(f)具有特殊技能或专门知识的受托人,或根据受托人声称其具有特殊技能或专门知识而被任命为受托人的人,有义务使用这些特殊技能或专门知识。
③ 张淳.《美国统一谨慎投资人法》评析[J].法学杂志,2003(5).
④ 美国《信托法重述(三)》第77条:受托人有义务根据信托目的、信托文件及其他情况,像一个谨慎的人一样管理信托;谨慎义务要求合理的注意、技能和小心。如果受托人拥有或取得任命是因为其比一般的谨慎人拥有特殊的便利或更大的技能,受托人有义务使用这些便利和技能。
⑤ 美国《统一信托法典》第804条规定:受托人应像一个谨慎的人那样管理信托,考虑信托的目的、条例、分配要求和其他相关情况,为达到此标准,委托人应履行合理的注意、技能和小心。第806条规定:拥有专业技能或专门技术的受托人,或者因表明其拥有专业技能或专门技术而被称为受托人的受托人,应当适用上述专业技能或者专门技术。
⑥ 《日本信托法(2006)》第29条:受托人应当以善良管理人的谨慎管理信托事务,但是信托条款另有规定的,受托人应当按照信托条款的要求管理信托事务。

第22条。①善良管理人的注意义务的标准王泽鉴②曾进行较为清晰的界定，将具体地加害人履职的"现实行为"与善良管理人在同等情况下"应为行为"的结果进行对比，若二者之间结果存在差异，即可以推定受托人的履职行为存在过失。

善良管理人的注意义务在罗马法上被称为"善良家父"。所谓善良管理人的注意义务是采用客观标准，不考虑管理人个人、具体能力上的差异，要求管理人具有从事与其职业或者社会地位通常应当具备的注意。"善良家父"判断注意义务的标准主要采用轻过失标准，包括抽象的轻过失即未尽处理普通事务的一般人的注意义务，具体的轻过失是指未尽到像当事人处理自己事务时应当尽到的注意标准，更多考虑具体行为的状况。③法国法对善良管理人的注意义务进行修正，不再采用轻过失标准而是采用一般过失。④

2. 商业判断规则。

商业判断规则起源于美国法，最初是用于对董事和高级管理人员的决策是否合理、正当的司法裁量。商业判断规则的表述参考1984年RMBCA的8.30（a），（1）善意；（2）如何一般的谨慎之人在相类似的职位上，在相同的情形下的小心行使职权；（3）以他所理性的确信处于公司最佳利益的考量方式。⑤普通法系国家对于商业判断规则主要是依赖于法官的解释，1984年的Aronson v. Lewis⑥中，法官认为商业判断规则是一个推定，公司董事建立在获取信息基础之上的善意地作出业务决策的时候，并且诚实地相信所采取的行动处于公司最佳利益的考虑。那么要推翻这一推定，

---

① 徐化耿.信义义务的一般理论及其在中国法上的展开［J］.中外法学，2020（6）.
② 王泽鉴先生认为，善良管理人的注意，乃通常合理人的注意，属一种客观化或类型化的过失标准，即行为人应具其所属职业、某种社会活动的成员或某年龄阶层通常所具有的智识能力。
③ 美国《信托法重述（三）》第77条：受托人有义务根据信托目的、信托文件及其他情况，像一个谨慎的人一样管理信托；谨慎义务要求合理的注意、技能和小心。如果受托人拥有或取得任命是因为其比一般的谨慎人拥有特殊的便利或更大的技能，受托人有义务使用这些便利和技能。
④ 韩中炎.罗马契约法上的过错责任原则及其意义［J］.甘肃社会科学，2006（6）.
⑤ D.GORDON SMITH. A Proposal to Eliminate Director Standards from the Model Business Corporation Act［J］. University of Cincinnati Law Review，1999：1201-1228.
⑥ Aronson v.Lewis，473 A.2d 805，1984：812.

就需要原告证明在作出相应决策的时候，（1）董事没有作出决策；（2）作出决策没有建立在相应信息基础之上；（3）存在有利益关系或者不是处于独立关系；（4）决策构成重大过失。总结而言，关于商业判断规则需要具备以下要素：善意、建立在相关信息基础之上、不具有利害关系、合理谨慎。

对于商业判断规则，有学者认为这是因为法官欠缺商业知识，出于对商业实践的尊重，是司法不介入商业的体现。[1]而叶金强学者认为，商业判断规则的重点并不在于法官不介入，其作为一种法律规则，更多的是要求法官在裁判的时候，充分考虑受托人决策的商业背景。法官作为法律人，其对于商业知识欠缺了解，但是其需要对不同领域的案件作出裁判，因此对于具体案件作出裁判的时候，需要尊重不同领域的事理逻辑，必要时需要借助专家的意见。专家意见的存在可以弥补法官由于自身知识体现带来的局限性，但是商业判断规则并没有包含引入专家意见的要求。商业判断规则的重点在于法官需要在具体商业背景下判断行为的合理性。商业判断规则所体现出来不以结果作为评判是否勤勉尽职的标准，鼓励受托人大胆决策为委托人的最大利益服务。

那么谨慎义务与商业判断规则之间的关系如何？美国学者指出，商业判断规则与谨慎义务的关系是相伴发展的，如果践行了商业判断规则，法官会推定在决策过程中也尽到了合理注意和谨慎义务。[2]对于法官而言，其所要回答的问题只有一个，即受托人的行为是否合理。因此，对于是否引入商业判断规则而言，叶金强认为没有必要。谨慎义务和商业判断规则是一体两面的关系，商业判断规则从正面规定了符合要求者无须承担责任，而谨慎义务则从反面规定违反者承担责任。实际上，谨慎行事会符合商业判断规则，未勤勉尽责则应承担责任。因此，我国完全没有必要亦步亦趋，

---

[1] RYAN SCARBOROUGH, RICHARD OLDERMAN.Why does the FDIC Sue Bank Officers? Exploring the Boundaries of the Business Judgment Rule in the Wake of the Great Recession [J]. 20 Fordham J. Corp. & Fin. L. 2015, 367, 374.
[2] MARCIA M. MCMURRAY. An Historical Perspective on the Duty of Care, the Duty of Loyalty, and the Business Judgment Rule [J]. 40 Vand. L. Rev. 1987, 605, 613.

径直走向谨慎义务本身，没有必要再叠床架屋引入商业判断规则，应回到问题本身，即受托人行为妥当与否的判断标准及具体化问题。

3. 人格化的判断标准。

受托人的行为是否存在过失，是判断受托人行为是否符合谨慎义务的实质标准。关于过失的判断标准实质上是以一个理性的标准的人作为一个参照物对受托人的行为作出评价，只是主观标准中更多考虑行为人具体的状况，其成本过高，根本不可能实现。实践中一般采用客观标准即脱离行为人本人的状况，更多考虑一般人的状况。

采用人格化的判断标准，首先，需要建构理性人的形象，其次，法官在判断该等理性人在具体的背景下所作出的行为是否存在过失。作为信托法律关系中的受托人的理性人需要具备能力，这取决于相应的领域所需要实现的法律价值。正如前述所说，如果详细规定受托人的谨慎义务的具体内容，对受托人的行为施加过多限制会影响受托人行使职权的热情；反之，对于受托人的谨慎义务若规定得过于宽松，可能会使受托人怠于履行职权。法官往往根据社会生活的经验，形成具体的人格形象，如商人、儿童、专家等，个案中根据案情来选择合适的人格形象，然后再进行细化调整，最终确定理性人的标准。[1]

（1）普通的谨慎商人标准。

以商人作为基础的人格形象，来作为评价受托人谨慎义务的标准。早在1883年的Speight v. Gaunt中主审法官George[2]就曾提出，受托人应当按照一位普通谨慎的商人处理自己的事务一样来管理信托财产、处理信托事务。如果受托人承担更高要求的义务或责任，对受托人来说是不公平的，其享有的收益和承担的责任之间不对等会导致无人愿意成为受托人。另外，在Re Luckings Will trust v[1968]1 W.L.R.案中，[3]委托人将其在公司中的大部分股权设立信托交由公司的董事L持有，L为信托财产的唯一受托人。

---

[1] 叶金强. 私法中理性人标准之建构 [J]. 法学研究，2015（1）.
[2] 钟向春. 我国营业信托受托人谨慎义务研究 [M]. 北京：中国政法大学出版社，2015：65.
[3] Re Lucking's Will trust v [1968] 1 W.L.R. 866 [1967] 3 All E. R. 726.

1954年，在D受雇于公司并且担任职位为董事，公司在银行设立账户的时候，对于支取支票作了一些特殊规定，即必须有两个董事的亲笔签名才能在银行账户支取支票。D以对一个董事的贷款为由以公司银行账户发出空白支票，透支该账户并交由L签字，导致D在任职期间透支金额居然高达15000多英镑，随后D破产，该笔债务没有偿还。信托财产的受益人以委托人违反信托为由提起诉讼。法院认为受托人在知道D存在透支行为后对D的行为并不进行监督的，其违反了作为一个谨慎的商人在经营自己业务的时候应当尽到的勤勉义务。据此，对于信托持有遭受的损失，L对其他受益人负有责任。以这两个案例为起点，逐步确立了谨慎商人标准。

（2）专家标准。

随着信托的发展，受托人的谨慎义务的标准也出现了变化。为了保护委托人和受益人的合法信赖，理性人的标准并不会因为具体受托人的情况有所调低，但是当受托人拥有更高的能力或者更高的技能时，其标准会被相应地提高，超出普通的受托人所拥有的技能或知识，也会被纳入理性人的标准之中。在 Bartlett v Barclays Bank Trust Co. Ltd.[1] 案确立了一种专家标准，信托公司相较于普通的受托人而言，其作为专业机构具有专业的知识和技能，自然其标准也会相应提高。根据受托人具体情形调整理性人的标准，是因为若受托人标准不提高的话会出现受托人实际上违反谨慎义务具有过错但是并不承担责任的行为。另一方提高标准可以使受托人在行使职权的时候更为谨慎避免责任的发生。当受托人的具体水准低于理性人标准的时候，并不因此调低理性人的标准则是出于委托人的合理信赖，另一方受托人接受委托的时候，应当充分考虑自己是否有足够的能力胜任该职位，同时商业信托的受托人往往会收取一定的报酬，此时以高水准要求其不存在不公平。例如，德国法中也提出类似观点，担任董事职务的人，有义务具备其履行职责所必要的知识与能力，不能因为其能力的欠缺产生免责的

---

[1] Bartlett v Barclays Bank Trust Co. Ltd.（Nos. 1and 2）［1980］Ch. 515［1980］2 W.L.R. 430.

法律效果。① 此外，受托人除了具体的人格形象所应当具备的知识、能力，还应当将其事实上掌握的其他信息纳入判断标准的范畴，这是因为在具体情形下，将对于个案有重大影响的情形吸纳其中，来判定受托人是否拥有或者推定拥有相关的知识。

综上所述，受托人的能力水平是建立在基础人格形象之上的，根据具体情况进行调整，一方面使其更好地贴合受托人的个体情况，另一方面也符合委托人、受益人的合理期待，以一个谨慎的商人作为标准。在个案中，当受托人拥有更高的知识和技能的时候会相应调高其标准，但当其能力水准低于一般的理性人标准的时候，基于信赖利益保护等原因并不调低其标准。

4. 谨慎投资人规则。

美国初期对受托人权利的制约主要是参考英国的方法，将受托人的权利以清单的形式列明。后续又提出了谨慎人规则、谨慎投资人规则。以法定名单的方式将投资的种类进行区分，一种是只要受托人投资种类是名单上所列明的即认为是违反谨慎义务，另一种则是投资种类虽然是名单列明，但是受托人举证证明自己尽到谨慎义务就不认为是违反义务。② 用这种方法区分是否尽职尽责过于僵化，不利于投资的灵活性。

Harvard College V. Amory 案中，③ 法院观点开始转变，不再单以是否列入法定名录作为裁判依据，法官开始考虑受托人的主观要件，认为受托人出于是善于投资，受托人在履行管理义务时也应具有一定的自由裁量权，只要其不投机，按照一个谨慎、诚信的人处理自己事务一般的注意义务，不管投资是否是法定名单所规定的种类也应当是合法的。④ 该判例有两个要点：其一，安全投资的实际标准，既要保证投资收益又要保证投资安全；

---

① 陈霄.论经营判断规则在我国的引入及相关问题[J].财经法学，2015（4）.
② 方嘉麟.信托法之理论与实务[M].台北：月旦出版社，1994：181.
③ JEFFERY N. GORDON. The Puzzling Persistence of the Constrained Prudent Man Rule [J]. N. Y. U. L. Rev. Vol.62，1987.
④ ROBERT J. AALBERTS，PERCY S. POON, The New Prudent Investor Rule and the Modern Portfolio Theory：A New Direction for Fiduciaries [J]. American Business Law Journal，1996（34）.

其二，投资程序标准，通过程序的正规来确保结果的实现，受托人应当以一个谨慎的人处理自己事务的标准来进行投资选择。

1995年美国《谨慎投资人法》颁布，对受托人从事信托投资行为进行统一规制。在受托人进行信托投资行为时需要考虑与信托及受益人有关的因素，如整体经济环境、预期回报等[1]，这在一定程度上细化了谨慎义务的具体内容，为司法裁判提供了可操作性的标准。同时，规定对于受托人是否履行谨慎义务应当从其采取行动的当时进行判断而非对其进行事后判断，这一规定为法院判断受托人是否履行谨慎义务指明了着眼点，避免主观臆断影响裁判的准确性。

（二）谨慎义务的行为标准确定

早期的信托主要基于规避不合理的封建负担及作为对抗债权人的工具应运而生，随着时代的发展，信托的功能也发展成促进财产增值的积极功能。受托人谨慎义务的内涵也随着功能的变化发生改变。各国的司法实践为我国谨慎义务的行为标准提供诸多参考，本部分主要是为我国明确受托人在特定的背景下是否尽到了应有的谨慎、勤勉义务的行为标准提供一些参考。

1. 谨慎义务标准的客观化。

根据是否考虑行为人的主观状态将谨慎义务标准分为客观标准和主观标准。所谓客观标准正如前述所说的理性人的标准，即不考虑行为人个人主观上存在的具体差异，判断受托人行为是否达到应有谨慎程度适用同一标准。主观标准与之相反，在判定受托人的履职行为时，要充分考虑受托人的个人情况，根据其具体情况采用不同的标准。采用主观标准在司法

---

[1] 《谨慎投资人法》第2条：……（c）在所有的情形下，受托人在投资和管理信托财产时都应考虑下列和信托及其受益人相关的情况：（1）一般经济状况；（2）通货膨胀和通货紧缩的可能影响；（3）投资决策或者策略的预期税收后果；（4）每项投资或行动在整个信托资产组合——可能包括金融资产、在封闭持股企业中的权益、有形和无形的个人财产及不动产中所起的作用；（5）预期从收益和资本增值中获得的总收入；（6）受益人的其他收入来源；（7）对流动性、收入的规律性及资本的保全或增值的需求；（8）某项资产对信托目的或对一个或多个受益人而言的特殊关系或特殊价值（如果有）。

裁判时会极大地增加法院负担，要求法院对受托人过往的履职经历进行仔细分析，从而确定其行为标准欠缺的实际可执行性，不同层次的受托人的履职能力的差异，会产生能力越差的受托人适用的标准越低，不利于受益人利益的保护。我国有学者支持谨慎义务标准应采用客观标准，但是其观点不考虑受托人所拥有的职业技能甚至无须考虑受托人的主观状态，其实质上对所有受托人采用完全相同的谨慎义务行为标准。① 还有学者提出综合客观说和主观说来避免单一的标准带来的弊端。② 笔者认为，无须综合采用两种学说观点，否则可能会带来谨慎义务行为标准适用上的混乱，不如将客观标准进行修正，此处的客观可以根据受托人的具体类型分为一般受托人和专业受托人，或者根据信托类型分为商事信托和民事信托来类型化谨慎义务行为标准的客观性。

2. 谨慎义务行为标准的比例化。

将行政法上的基本原则运用在受托人谨慎义务的具体化中具有一定的可行性，因为狭义的比例原则要求采取的手段与达成的结果要相称，这与谨慎义务所要求的受托人的谨慎程度达到一个合理的程度本质上是一样的。对于具体个案中应当适用的谨慎程度，可以根据不同的谨慎水平，由低到高进行排列，第一层为一般人处理自己事务的谨慎水平；第二层是一般商人的谨慎水平；第三层是所处行业的专家谨慎水平，法官在进行个案裁判时，可以从最低水平开始，向最高水平滑动由此确定个案应当适用的谨慎水平。基本情况如图 1 所示。

---

① 何宝玉. 信托法原理研究 [M]. 北京：中国政法大学出版社，2015：289.
② 钟向春. 我国营业信托受托人谨慎义务研究 [M]. 北京：中国政法大学出版社，2015：76.

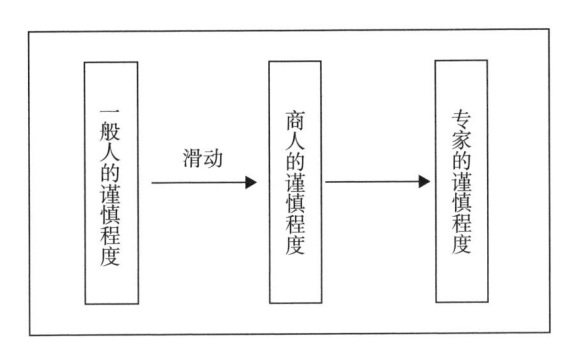

图1 比例原则在谨慎义务中的适用

以（2016）京01民终5551号为例，第一层次将何某作为一个一般人，其在看到与上级头像、名称一致的手机号后，按照上级指示将钱汇入他人银行账户不存在过失；第二层次，何某作为公司财务总监应当遵守公司的财务制度，公司要求付款的前提是用款申请人和部门负责人出具用款申请表，但唐某既是用款申请人又是部门负责人，还是最终的审批人，按照其指示进行汇款也不存在违反谨慎义务；第三层次，原告认为何某未尽核实义务而汇款的行为存在不当，但是鉴于此前有先例，因此该程序并非必经程序，所以也无从认定何某违反谨慎义务。

3. 谨慎义务行为标准——经济学分析。

限制交易的成本应当属于是谨慎义务的应有之义，受托人在管理和处分信托财产的过程中应当避免不必要的支出，追求受益人利益的最大化。美国《第三次信托法重述》规定受托人的履职成本应当与其职责相称。[①]《统一谨慎人投资法》评论更是明确指出，涉及信托财产的管理和处分的时候受托人具有使成本最小化的义务，若受托人浪费受益人的财产就未尽到谨慎义务。[②] 基于成本控制的需要，现代投资组合理论引入谨慎投资人规则，一方面，其分散化投资理念从整体上降低了投资风险；另一方面，基于分散化投资的现实需要受托人在种类众多的信托产品进行选择这意味着成本的增加，同时在选择合适的信托产品的时候也需要在预期收益与成本之间

---

① 《第三次信托法重述》第90条第（c）受托人必须仅产生数量合理且与受托人的投资义务相称的成本。
② 姚朝兵.美国信托法中的谨慎投资人规则研究［M］.北京：法律出版社，2016：173.

进行衡量来作出合理的投资决策。

借助经济学上的边际分析方法可以使受托人在追求最小成本和争取最大收益之间寻求合适的位置。这个合适的位置就是受托人为受益人的利益服务时付出的努力成本不超过由此给委托人带来的利益即可认为是尽到了谨慎义务。

在此用图2描述了这种收益和成本的平衡。横轴和纵轴分别代表成本和收益。随着成本的增加，委托人的总收益以递减的速度增加，委托人的边际收益曲线向下倾斜。这两条曲线相交于边际成本等于边际收益即边际利润为0的X^*点，此时总利润最大。超过X^*的额外劳动的收益小于其成本，在$X2$水平的劳动是无效率的此时成本增加但并没有带来额外利润。因此，受托人应当将自己的交易成本控制在小于或等于$X2$范围内，在此区间内总利润还是增加。为了避免激励低效和不合理的努力这个模型展示的是一个理想状态，即由于法院往往将委托人或受益人置于受托人没有任何外界不利因素影响的情况下，因此，其赔偿的责任往往会带有一些惩罚的因素。[①]

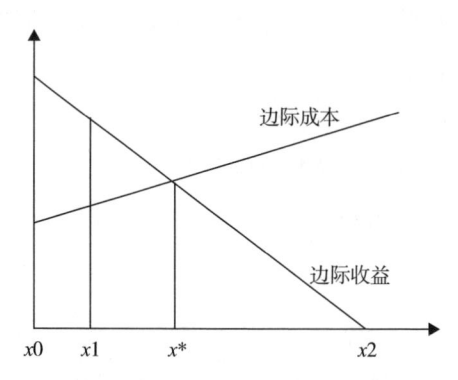

图2 边际分析法在谨慎义务中的适用

综上所述，笔者认为，参考大陆法系的善良管理人的注意义务及英美法系国家的谨慎商人标准或者专家标准对于谨慎义务的行为标准的判定应当采用修正的客观说，即区分不同类型的受托人或者信托，对其适用同行

---

① ROBERT COOTER & BRADLEY J. FREEDMAN. The Fiduciary Relationship: Its Economic Character and Legal Consequences [J]. 66 NYU L Rev, 1991: 1045.

业一般的受托人应当尽到的注意、技能和小心，在具体适用谨慎义务行为标准的选择的时候。

（三）谨慎义务的具体适用分析

在判定受托人的行为是否违反谨慎义务的除上述的行为标准外，还应当结合受托人的行为特点看受托人是否具有超越上述一般行为标准的特别要求。[1]从我国司法实践中多发商事信托纠纷以及法院裁判的出发，总结在信托纠纷多发环节中谨慎义务的具体适用。

1. 信托设立阶段。

在信托设立阶段，因为委托人和受托人信息的不对称性，委托人往往选择能获得全面、真实信息的专业人士作为受托人为其管理信托财产或信托事务。受托人承担信义义务的时间，一般认为是在信托设立之后，笔者认为，信托设立是整个流程的第一步，其设立的好坏对于信托后续发展有关键性影响。虽然在信托设立阶段还未形成，信托关系只有受托人在处理事务，但是此时抽象的受益人已经出现。因此，在信托设立阶段，受托人就应当承担信义义务。

（1）尽职调查。

尽职调查也被称为审慎调查，尽职调查的目的应当服务于其具体的需要，不同的需求导致尽职调查的对象、内容、程度等也会不尽相同。司法实践中关于受托人的尽职调查是否尽到谨慎义务经历了一个裁判观点的转变。在《关于规范金融机构资产管理业务的指导意见》出台之前，法院认为这种义务是一种约定的义务，纯粹从合同的约定出发来判断受托人谨慎义务的内容。例如，（2017）鄂民终2301号[2]及（2016）陕民终179号[3]中，两地高级人民法院均认为，只要管理人依约履行合同没有违法违约行

---

[1] 赵廉慧.信托法解释论［M］.北京：中国法制出版社，2015：339.
[2] 湖北银行股份有限公司等与四川信托有限公司等合同纠纷上诉案：湖北省高级人民法院（2017）鄂民终2301号民事判决书.
[3] 淮南市诚信隆淮南商贸中心与长安国际信托股份有限公司等信托合同纠纷上诉案：陕西省高级人民法院（2016）陕民终179号民事判决书.

为，即认定履行了谨慎义务。有些法院会进一步审查管理人的法定勤勉尽责义务，不单纯以合同约定的通道业务予以免责。如（2018）沪 0115 民初 89276 号[①]反映了谨慎义务从约定义务到法定义务这种司法裁判的变化。

根据《信托公司集合资金信托计划管理办法》第九条[②]及《中国银监会办公厅关于信托公司风险监管的指导意见》[③]均明确受托人应当进行尽职调查。笔者认为，尽职调查义务应当是受托人谨慎义务中重要的组成部分，除上述法律规范外，更重要的是基于信托设立阶段对信托财产适格性的判断的需要，只有事前进行详细的调查才能确定财产是否合法、是否可以当做信托财产。此外，免除受托人的尽职调查义务其实质是免去了受托人在行政监管下的法定职责，在发生纠纷的时候法院可能不会认可该条款的效力。

（2）投资者适当性审查。

金融机构一般还负有适当性义务。适当性义务是指作为中介机构的信托公司需要将其信托产品卖给合适的投资者。合适的投资者是指该信托产品的风险与具体投资者所具有的风险承受能力相匹配，该投资者就是

[①] 顾某群与华澳国际信托有限公司财产损害赔偿纠纷案：上海市浦东新区人民法院 (2018) 沪 0115 民初 89276 号一审民事判决书。在该案中，法院认为即使该案的信托履行属于被动事务管理型信托，根据我国《信托法》第二十五条的规定，被告也应当审慎尽职地履行受托业务的法定责任，把控业务准入标准，完善项目尽职调查，同时认真做好事中、事后管理，严格资金支付，严格贷（投）后管理，还应特别关注信托项目背景及委托资金和项目用途合规性的审查，不得向委托人转移信托计划合规风险管理责任。
[②]《信托公司集合资金信托计划管理办法》第九条：信托公司设立信托计划，事前应进行尽职调查，就可行性分析、合法性、风险评估、有无关联方交易等事项出具尽职调查报告。
[③]《中国银监会办公厅关于信托公司风险监管的指导意见》（银监办发〔2014〕99 号）规定：加强尽职管理。信托公司应切实履行受托人职责，从产品设计、尽职调查、风险管控、产品营销、后续管理、信息披露和风险处置等环节入手，全方位、全过程、动态化加强尽职管理，做到勤勉尽责，降低合规、法律及操作风险。提升对基础资产的动态估值能力和对资金使用的监控能力，严防资金挪用。

这个信托产品的合格投资者。[1] 这是金融机构应尽的法定义务。[2] 我国法律法规[3]对合格投资者进行了明确的约定，若受托人无视委托人或者受益人的风险匹配能力，盲目或者疏忽大意推介不匹配的信托产品，将会受到行政处罚或者承担损害赔偿责任。例如，中融国际信托有限公司投资者适当性审查不到位遭受行政处罚、中国建设银行股份有限公司[4]明知委托人不希望本金损失并且要求资产增值的情况下推荐风险较高的产品承担赔偿责任。

此外，针对基金类业务，法院可能会结合《证券投资基金法》及《民法典》规定，认定向非合格投资者投资的合同无效。例如，陈某斌与林某合同纠纷案[5]，法院裁判原告、被告应该将无效协议取得的财产应予返还，

---

[1] 朱慈蕴.金融中介机构在金融活动中的说明义务与社会责任之探讨［D］//王保树.商事法论集：第18、19合卷.北京：法律出版社，2010：231.
[2]《信托公司集合资金信托计划管理办法》第六条：前条所称合格投资者，是指符合下列条件之一，能够识别、判断和承担信托计划相应风险的人：（一）投资一个信托计划的最低金额不少于100万元人民币的自然人、法人或者依法成立的其他组织；（二）个人或家庭金融资产总计在其认购时超过100万元人民币，且能提供相关财产证明的自然人；（三）个人收入在最近三年内每年收入超过20万元人民币或者夫妻双方合计收入在最近三年内每年收入超过30万元人民币，且能提供相关收入证明的自然人。2018年中国人民银行、中国银保监会、中国证监会、国家外汇管理局联合发布的《关于规范金融机构资产管理业务的指导意见》第五条中的合格投资者是指具备相应风险识别能力和风险承担能力，投资于单只资产管理产品不低于一定金额且符合一定条件的自然人和法人或其他组织。中国信托业协会发布的《信托公司受托责任尽职指引》第十五条进一步细化了标准，首次明确信托公司向自然人委托人的风险评估结论有效期不得超过两年，并明确在对自然人委托人的调查问卷中应包括年龄、学历、职业、投资目的、资金来源、对产品了解等内容。但高标准的《关于规范金融机构资产管理业务的指导意见》目前只是指导意见，《信托公司受托责任尽职指引》也不具有法律约束力。因此，目前法院认定信托受托人是否履行合格投资人审查义务，仍然主要参照的是《信托公司集合资金信托计划管理办法》第六条的规定。
[3] 根据《证券投资基金法》第八十七条、《私募投资基金监督管理暂行办法》第十一条及第十四条，非公开募集资金应当向合格投资者募集。《证券公司及基金管理公司子公司资产证券化业务管理规定》《公司债券发行与交易管理办法》也分别规定资产支持证券、非公开发行的公司债券应面向合格投资者发行。受托人未尽审慎调查义务向非合格投资者募集基金，或通过收益权拆分转让的形式间接向非合格投资者开展私募业务的案例，这种情况下，受托人可能因此被追究相应民事责任。
[4] 中国建设银行股份有限公司北京恩济支行与王某财产损害赔偿纠纷二审民事判决书案：北京市第一中级人民法院（2018）京01民终8761号民事判决书。
[5] 陈某斌与林某合同纠纷案：福建省福清市人民法院（2016）闽0181民初7097号民事判决书。

原告、被告应根据各自过错程度承担相应的责任。部分案例[①]并未将"未满足合格投资者的要求"作为合同无效事由，但是认为存在过错应当根据其过错程度承担责任。还有刘某超与广东粤财信托有限公司信托纠纷[②]，受托人只寄送资料而未对其中的重要条款进行释明，未充分履行告知说明义务，具有一定过错，但委托人为完全民事行为能力人，过去投资理财的经历应使其具有合理的预判与防范能力，故针对委托人投资损失，自己承担主要责任。

综上所述，笔者认为，受托人在推介销售环节时，应注重对合格投资者适当性审核，不能仅流于形式的签订合同就认为尽到了谨慎义务，需要在全面了解客户风险承受能力的情况下为其推介与其能力相适应的产品。

2. 信托管理阶段。

（1）亲自管理事务。

依据信托成立的基础是基于委托人和受托人之间信赖关系具有很强的人身专属性，因此原则上应当由本人亲自处理信托事务。随着信托功能的扩张及管理的信托财产范围的扩大，完全由受托人来处理信托事务出现困难。亲自管理义务出现了例外的规定。[③]英美法系和大陆法系国家均认可不能"一刀切"，认定信托事务都必须由受托人本人亲自完成，允许转委托的原因大体上包括：第一，发生紧急情况或者有不得已的事由，不转委托会损害受益人利益；第二，符合信托目的或者信托文件的规定；第三，专业的事务性代理，如聘请会计师、审计师管理信托账目等；第四，受托人为个人的时候，因其正常生活的需要。英美法系国家赋予受托人转委托

[①] 龚某平诉浙江金观诚财富管理有限公司财产损害赔偿纠纷案：浙江省杭州市拱墅区人民法院（2016）浙0105民初5924号民事判决书。法院认为，被告在销售产品过程中，其工作人员未要求原告填写风险识别能力和承受能力调查问卷，存在过错，被告对此应承担相应赔偿责任。原告作为一个完全民事行为能力的成年人，应充分了解自身的风险承受能力，且签署了《风险提示函》，在长时间内未提出任何异议，故原告对其自身损失的发生也具有相当过错。最终，法院根据过错程度并兼顾公平合理原则，同时也考虑到投资基金行为受多方面因素影响，还考虑到被告对损失不存在主观恶意，从而酌情判定被告承担10%的责任。

[②] 刘某超与广东粤财信托有限公司信托纠纷案：广东省广州市越秀区人民法院（2021）粤0104民初2676号民事判决书。

[③] 何宝玉.信托法原理研究[M].北京：中国法制出版社，2015：308.

的自由裁量权无须符合法定情形，大陆法系国家则采用列举式规定在信托文件有规定或者不得已的事由，但是何为不得已的事由也存在自由裁量的空间。

《信托法》第三十条对转委托也有相关规定，司法实践中也认可转委托的效力。例如，在（2020）最高法民终488号中，法院认为在合同约定的情形下可以例外，根据双方合同的约定及事实表明委托人明知受托人委托他人办理抵押登记的情况下，未提出异议，因此受托人委托他人办理抵押事务不违反信托的相关规定，也不违背信托当事人的意思表示。但就责任承担而言，有学者指出，我国采用严格责任要求受托人对代理人的行为承担责任，该规定加重受托人的责任，会打击受托人接受信托的积极性，在迫不得已的情况下，由他人代理仍然要承担责任不符合情理。[1] 我国的转委托相较大陆法系国家及我国民法中代理制度相比更为严格，其没有对受托人对代理人尽到选任、监督之责的免责事由的规定，受托人需要对代理人过错导致的损失承担责任。基于上述笔者认为，亲自管理义务并不意味着受托人在管理信托事务时必须亲自履行每一件事，而是受托人需要亲自履行信托管理中必要的事务，其他的事务可以允许委托其他人履行受托人不宜或不能亲自处理的事情。转委托制度从信托财产管理的整体角度出发，其还是和外国立法一样采用过错责任原则，该原则将在下文详细解释。

（2）信息披露义务。

信息披露贯穿于信托设立的始终，此处将其放在事务中的管理阶段主要是基于管理阶段披露义务的纠纷频发。及时的信息披露可以让投资者对于受托人的履职情况有所了解，并对其行为进行监督。[2] 信息披露义务是对委托人、受益人知情权的保障，我国在《信托法》基础之上建立信息披

---

[1] 徐卫,查达来.论受托人的委托权——兼评我国《信托法》第三十条[J].福建金融管理干部学院学报,2003（3）.
[2] 许可.私募基金管理人义务统合论[J].北方法学,2016（2）。

露义务体系包括受托人的记录和报告义务[①]、说明义务等[②]。在管理信托财产过程中，受托人应当保证信息披露的真实、准确和完整，例如，在缔约阶段的如实告知风险、专业条款的解释说明、管理过程中的如实记录、建立档案等。在司法实践中，受托人是否会因为违反信息披露义务而承担责任，法院主要考虑以下两个因素：第一，是否履行相关义务或者履行相关义务是否完全，第二，义务的不履行与损失之间是否存在因果关系。是否已经充分履行信息披露义务，（2018）吉民初 2 号民事判决书[③]受托人可以通过举证证明其披露方式不违反信托合同的约定免责。而在（2020）鲁 01 民终 543 号案件中[④]，法院认为有关信息披露事项的报告、报表或通知制作完成后虽然其信息披露义务已通过公告方式履行，但是双方在签订信托合同时，受托人未强制要求委托人填写联系方式，认为受托人未依约履行披露义务。此外，（2021）粤 0104 民初 2676 号案[⑤]，法院认为虽然受托人在合同约定的网站上按期每周公告披露信托计划的净值及相关管理报告，但是委托人有权要求受托人披露与信托财产管理的其他情况，从而认定受托人披露不完整。

鉴于上述，笔者认为，受托人若要证明自己充分履行信息披露义务除了严格按照信托合同的约定，在指定的官方网站或者当事人约定的指定披露方式披露相关内容。同时，对委托人或受益人提出的披露其他信息的，综合考虑是否与信托财产有关，个别进行披露。除此之外，从效率角度为

---

① 《信托法》第三十三条：受托人必须保存处理信托事务的完整记录。受托人应当每年定期将信托财产的管理运用、处分及收支情况，报告委托人和受益人。受托人对委托人、受益人以及处理信托事务的情况和资料负有依法保密的义务。
② 《信托公司管理办法》第二十八条：信托公司应当妥善保存处理信托事务的完整记录，定期向委托人、受益人报告信托财产及其管理运用、处分及收支的情况。委托人、受益人有权向信托公司了解对其信托财产的管理运用、处分及收支情况，并要求信托公司作出说明。《信托公司集合资金信托计划管理办法》转章规定信息披露的义务。
③ 曹某与吉林省信托有限责任公司、中国建设银行股份有限公司山西省分行合同纠纷案：吉林省高级人民法院（2018）吉民初 2 号民事判决书。
④ 山东省国际信托股份有限公司与王某云等信托纠纷案：山东省济南市中级人民法院(2020)鲁 01 民终 543 号民事判决书。
⑤ 刘某超、广东粤财信托有限公司信托纠纷案：广东省广州市越秀区人民法院（2021）粤 0104 民初 2676 号民事判决书。

避免委托人、受益人过度干预信托也必须赋予受托人抗辩的权利，例如，在请求时间不当、请求人具有不正当目的及请求人所请求披露的事项已经公开发布等情况下，受托人享有抗辩权。

3. 终止阶段受托人的谨慎义务。

《信托法》规定在信托终止的时候委托人负有清算报告的义务。[①] 但实践中受托人是否有权提前终止信托的纠纷时有发生。例如，在（2016）沪 0101 民初 23030 号案[②]中，原告依据信托合同约定认为提前终止信托合同应召开受益人大会并经全体受益人同意方可，受托人自行提前终止信托的行为导致信托财产损失。但合同专用条款中约定受托人具有提前终止信托的权利，法院以专用条款效力高于通用条款为由不认可受托人提前终止信托存在不妥。在（2020）京 02 民终 7486 号案中，二审法院更是结合当时的现实情况，以及经过严格的审批程序，综合认定提前终止信托不违反谨慎义务。

笔者认为，法律法规对于提前终止信托应当属于任意性规范，因此当事人可以在信托文件对提前终止事项作出具体安排，如信托终止后的剩余财产分配方式、分配顺序等，但提前终止信托涉及受益人的利益，因此需要双方当事人在信托设立的时候提前达成一致的意思表示。[③]

三、厘清谨慎义务的责任承担

（一）违反谨慎义务的民事责任的性质

信托设立之后，受托人即受到信托各种条款的约束，无论其行为是作

[①] 《信托法》第五十八条：信托终止的，受托人应当作出处理信托事务的清算报告。受益人或者信托财产的权利归属人对清算报告无异议的，受托人就清算报告所列事项解除责任。但受托人有不正当行为的除外。
[②] 中泰信托有限责任公司其他信托纠纷案：上海市黄浦区人民法院（2016）沪 0101 民初 23030 号民事判决书。
[③] 赵廉慧. 信托法案例简评：受托人是否有权提前终止信托？［EB/OL］（2018-04-24）［2022-12-11］. https://www.sohu.com/a/229345930_690952.

为或是不作为，也不管主观心态如何，都是违反信托要承担赔偿责任。[1]理论上而言，不同民事责任在归责原则、举证责任及诉讼实现等方面存在较大区别，那么受托人违反谨慎义务的法律责任应当属于哪种类型？或者我们是否应当为了配合信托制度而创立一种新的责任形态？

1. 债务不履行和侵权的复合性质。

台湾学者指出，信托行为的违反一方面表现为其违反信托合同或者文件所约定的受托人为实现受益人最大利益所必须尽到的谨慎义务，另一方面其违约行为可能表现为作为，即故意超出信托文件或者合同事先约定好的权限从事信托管理，侵害受益人或者委托人甚至是其他受托人的权利，从而得出受托人违反谨慎义务的行为认为是侵权行为和债务不履行的双重性质。[2]对此史尚宽先生也提出过相同的看法，认为就受托人债务不履行及侵权行为为由提出损害赔偿，自不待言。[3]张里安也提出相关观点，认为在委托人和受托人之间既有债权关系又有物权法律关系，受托人一方面可能因为消极不履行信托目的要求其履行的管理及处分信托财产的行为具有债务不履行的性质，另一方面可能因为其积极地实施违反信托目的损害受益人权益的行为具有侵权性质。[4]

大陆学者余卫明[5]提出，从我国实际出发认为受托人的民事责任采取双重性质最为合适，主要原因如下：一是我国主要采取以信托合同或者文件的形式设立[6]，即使是遗嘱信托，遗嘱也可以视为一种特殊的合同形式，据此在大多数情况下，依照违约责任即可以维护受益人的利益；二是信托又具有其特殊性，当受托人不当处分信托财产时，依照信托合同，委托人或者受益人难以向第三人主张权利。

---

[1] 张敏.信托投资人的谨慎义务研究[M].北京：中国法制出版社，2011：121.
[2] 赖河源，王志诚.现代信托法论[M].北京：中国政法大学出版社，2002：148.
[3] 史尚宽.信托法论[M].台北：台湾商务印书馆，1972：48.
[4] 张里安，符琪.论违反信托义务的民事责任[J].法学评论，2006（3）.
[5] 余卫明.论信托受托人的民事责任[J].中南大学学报（社会科学版），2007（4）.
[6]《信托法》第八条：设立信托，应当采取书面形式。书面形式包括信托合同、遗嘱或者法律、行政法规规定的其他书面文件等。采取信托合同形式设立信托的，信托合同签订时，信托成立。采取其他书面形式设立信托的，受托人承诺信托时，信托成立。

2. 独立责任。

张淳指出，受托人违反信托的赔偿责任并不属于债务不履行或者二者兼具的复合性质，因为债务不履行的性质是由于债务的不履行行为导致的。所谓的债务是以债权人为履行对象的，而违反谨慎义务的行为不是以受托人或者受益人为履行对象，而是以信托财产为履行对象的，这不属于债务不履行行为。同样，这也不属于侵权行为，侵权行为的对象是受害人的人身或财产，但是违反谨慎义务的行为的受害人仅受益人一人，同时其侵害的对象也并非受益人而是信托财产，但是信托财产的所有权并不归属于受益人。[①]因此，提出该行为属于一种独立责任。

3. 侵权责任。

文杰学者认为，该行为的性质是一种侵权责任。首先，其不满足违约责任的构成要件。违约行为的构成要件需要合同一方当事人有违约行为，另一方或者特定第三人受到损害。信托的设立方式常见的为合同，也可以通过遗嘱、宣言等其他方式设立，在以遗嘱形式设立的信托情形下，当事人之间不存在合同关系，自然也不构成违约责任。以合同形式设立的信托，受益人也并非合同当事人，信托受益人也不是第三人利益合同的第三人[②]，合同中信托财产的所有权也不在委托人处[③]，因此其违约行为对合同当事人并无影响，受托人无须就此向委托人承担赔偿责任。另外，就受托人为法人机关的时候，如果采用违约责任说无法解释为何法人受托人违反信托义务的行为，就需要法人机关的成员（董事、经理等）对受托人违

[①] 张淳.试论受托人违反信托的赔偿责任——来自信托法适用角度的审视[J].华东政法学院学报，2005（5）.

[②] 周小明.信托制度比较法研究[M].北京：法律出版社，1996：24.
陈雪萍.信托与第三人利益契约的比较研究[J].政治与法律，2005（6）.

[③] 英美法系和大陆法系国家、地区信托法和有关规定都约定，当委托人一旦将财产交给信托的时候，其就丧失对该财产的所有权。我国《信托法》第二条规定，委托人将信托财产委托给受托人，不能认为使用委托一词，信托财产的所有权仍旧归属于委托人.第十五条规定，信托财产与委托人未设立信托的其他财产相区别。设立信托后，委托人死亡或者依法解散、被依法撤销、被宣告破产时，委托人不是唯一受益人的，信托存续，信托财产不作为其遗产或者清算财产；但作为共同受益人的委托人死亡或者依法解散、被依法撤销、被宣告破产时，其信托受益权作为其遗产或者清算财产。若是委托人享有信托财产的所有权，无须写信托受益权作为遗产或者清算财产。

反信托的行为承担连带赔偿责任。①其次，民事义务和民事责任的概念都是以人为义务主体或者责任主体，信托财产无法作为一个权利主体。②因此，独立责任说要求受托人向信托财产履行义务和承担责任的要求无法实现。其他国家所说的赔偿信托财产的损失，并不是将信托财产作为赔偿对象，而是因为受托人的不当行为导致信托财产损失的，受害人仅为受益人，但是直接向受害人赔偿的话，会使信托财产的总额减少，从而影响信托目的实现，因此受托人应将对受益人的赔偿归入信托财产的范畴，使信托财产恢复原状。另外，采用侵权责任说可以克服违约责任局限性，解释为何遗嘱信托或宣言信托等当事人并未订立合同的情况下，受托人因其违约行为承担赔偿责任的原因，以及解释法人受托人的成员是作为受托人违反信托行为的具体实施者需要对其侵权行为承担责任。③

针对信托财产不能作为义务主体的观点，笔者认为信托财产不能成为一种完全意义上的法主体，但是其可以成为一种实质性法主体。第一，基于信托财产的独立性，信托财产与信托法律关系中的当事人是独立存在的，其虽然源自委托人，但是当信托设立后，委托人原则上丧失对信托财产的控制。此外，《信托法》④中确定信托财产不属于遗产、清算财产，也不能强制执行，体现了信托财产的独立性。第二，从承担责任的角度来说，对于受托人在管理处分信托过程中支出的费用、造成他人的财产损失除非是受托人失职，均是由信托财产承担。⑤第三，从传统民法理论来论述，财产难以作为法主体，从而将信托财产从主体类型中予以排除，但是信托财产的实质性法主体恰好是一种突破原有法主体范围的新理论，这种突破

---

① 参见日本《信托法》第34条、韩国《信托法》第40条、我国台湾地区"信托法"第35条。
② 文杰，尹娜.受托人违反信托的民事赔偿责任比较研究［J］.科学·经济·社会，2008（2）.
③ 文杰.信托公司法研究［M］.武汉：华中科技大学出版社，2010：180.
④ 《信托法》第十五条：信托财产与委托人未设立信托的其他财产相区别。设立信托后，委托人死亡或者依法解散、被依法撤销、被宣告破产时，委托人是唯一受益人的，信托终止，信托财产作为其遗产或者清算财产；委托人不是唯一受益人的，信托存续，信托财产不作为其遗产或者清算财产；但作为共同受益人的委托人死亡或者依法解散、被依法撤销、被宣告破产时，其信托受益权作为其遗产或者清算财产。
⑤ 张淳.信托法哲学初论［M］.北京：法律出版社，2014：231-234.

原有法主体范围的立法安排在加拿大《魁北克民法典》中已有体现，不过其是将信托界定为具有独立法律人格[①]。我国周小明和耿利航学者均认为信托财产主体性主要是因为信托财产的独立性导致，此外就受托人处理信托事务所生损益均有信托财产承担是独立性的体现。耿利航学者还进一步提出，就信托当事人对外的有限责任也是独立性的标志之一。[②]如果将违反谨慎义务的行为规定为一种侵权责任，其要求委托人承担举证责任，这对委托人来说未免要求过高，这将在下文详细论述。基于上述，笔者认为对于受托人违反谨慎义务采用独立责任说更为合理。

（二）确立受托人违反谨慎义务的归责原则及举证责任

1. 区分归责原则。

归责原则是在社会生活条件基础之上确定行为人承担不利法律后果的根据。我国民商事法律中对于归责原则主要包括过错责任原则（含过错推定）和无过错责任原则两大类。大部分国家或地区信托立法中均采用过错责任原则，例如，英国《受托人法》明文规定只有受托人在执行信托事务中存在故意或过失的才承担责任[③]，并且就受托人责任而言其专属于个人不得替代。美国《统一信托法典》从反面论述受托人承担责任应采用过错原则。[④]日本《2006年信托法》并没有明确指出受托人在故意或者过失的情形下才承担赔偿责任，但是其第四十一条规定法人受托人承担连带责任，撤销权的行使仅限于故意或重大过失的情形。信托中所体现的谨慎义务不言自明地指出，在履行管理行为时受托人失职未采取必要的谨慎态度才应当对财产损失的情况承担责任[⑤]。我国对于归责原则同日本一样并无

---

① 何宝玉.信托法原理研究[M].北京：中国法制出版社，2015：191.
② 耿利航.信托财产与中国信托法[J].政法论坛，2004（1）.
③ 潘杨华.信托受托人法律责任比较研究[J].洛阳大学学报，2004（3）.
④ 美国《统一信托法典》规定：只要受托人在执行信托过程中具备善意或者合理谨慎，其就不应当对违反信托承担责任，因为受托人不应当就其不能预见和无法阻止发生的结果承担责任。莫凌侠，肖敏娟.论信托受托人民事责任的归责原则[J].学术论坛，2006（8）.
⑤ 张淳.试论受托人违反信托的赔偿责任——来自信托法适用角度的审视[J].华东政法学院学报，2005（5）.

明文规定，但从违反信托目的、处理信托事务不当[①]等词语中同样要求对受托人采用过错归责原则。与其说，违反谨慎义务的行为的归责原则采用的是过错责任，不如说违反谨慎义务的行为本身就是过错的体现。将受托人违反谨慎义务的归责原则确定为过错原则更符合实际，在受托人享有广泛自由裁量权基础上对其施加谨慎义务来限制其行为，其主要是规范受托人自由裁量权应当是为受益人的最大利益服务。若受托人履职行为并无不当仍要求其对信托财产损失承担责任，未免过于严苛。采用过错原则能更好地发挥受托人的主观能动性，动辄要求受托人承担责任会影响受托人履职行为的积极性，受托人往往会避免承担责任选择放弃进行一些具有风险性的行为，但风险与收益往往是并存的，这更不利于信托财产的增加。

基于委托人和受托人之间的信赖关系，受托人负有亲自管理信托的义务，囿于现实条件存在受托人不能或者不适当亲自履行的情况，对于亲自管理事务出现变通规定，允许在信托文件另有约定或者不得已的时候可以委托他人代理。在转委托的情况下，对于受托人的代理人的行为不当造成的信托财产损失，《信托法》似乎是采用无过错原则[②]，但是将受托人与转委托的代理人的行为作为一个整体来看，其行为目的都是为受益人的最大利益服务而代为管理信托财产。因此，代理人的行为可以视为是受托人行为的延伸。[③]最初受托人对后续的代理人的不当行为承担责任从整体上来说归责原则并未发生变化，仍是过错责任原则。同理，对于共同受托人之一的违反谨慎义务行为从整体来说仍是过错责任原则，当然对其内部责任的承担按照过错的大小或有无原则分摊。

此外，对于一般的民事信托，受托人可能并不是专业的机构仅是基于委托人的信任为其管理信托事务的自然人，一般也不收取报酬，在管理的

[①] 《信托法》第三十六条：受托人违反信托目的处分信托财产或者因违背管理职责、处理信托事务不当致使信托财产受到损失的，在未恢复信托财产的原状或者未予赔偿前，不得请求给付报酬。

[②] 《信托法》第三十条：受托人应当自己处理信托事务，但信托文件另有规定或者有不得已事由的，可以委托他人代为处理。受托人依法将信托事务委托他人代理的，应当对他人处理信托事务的行为承担责任。

[③] 莫凌侠，肖敏娟.论信托受托人民事责任的归责原则[J].学术论坛，2006（8）.

事项也相对简单的情况下，对其适用过错归责原则比较合适。对于商事信托而言，一方面，一般是具有专业知识通过专业考试的以此为职业的专门人士或者专门机构，拥有更全面、更真实的相关市场信息；另一方面，管理信托事务更多地涉及投资理财等专业事项并且收取一定费用，如果对商事信托也采用过错原则，委托人或者受益人因为双方信息并不对称等原因很难举证证明受托人存在过错。① 在证券市场上，已有相关法律对于该类专门机构中的归责原则作出了明确的规定，规定专业服务机构或人员应当采用过错推定原则，促使其更加谨慎地从事相关业务。

2. 过错程度适用重大过失标准。

对于谨慎义务的违反，需要受托人达到一般过失的程度即可还是重大过失的程度方可，存在不同观点。美国法上认为，应当达到重大过失程度，基于商业判断规则的要求，只有在受托人以疏忽大意的方式或者存在欺诈、利益冲突或者是不合法情况下，才需要对此造成的损失承担责任。例如，在 Smith v. Van Gorkom 案子中，法官认为董事没有阅读书面文件仅仅依靠总经理的口头陈述草率地作出决定存在重大过失需要承担责任。德国的公司法对此有不同的标准，认为只需要达到一般过失即应当承担责任。因为德国学者认为，采用重大过失的场合一般是基于行为的无偿性或者其他特殊理由，但就《信托法》上受托人的注意义务标准原则上和是否有偿没有必然的关联，这是受托人义务的显著特征②，因此没有足够合理的理由可以减轻管理者的责任，如果将其责任限定为重大过失，属于给予其不公平的优待。③

我国《民法典》中根据受托人是否有偿区分注意义务的不同程度，例如，无偿的委托合同、保管合同，在此情形下受托人或者保管人只需要在其主观心态是故意或者重大过失的情形下承担责任。因此，若采用重大过失的标准，需要特殊理由，可以是无偿行为或者是因为劳动者解放法理。

---

① 余卫明. 论信托受托人的民事责任［J］. 中南大学学报，2007（2）.
② 赵廉慧. 信托法解释论［M］. 北京：中国法制出版社，2015：334.
③ 陈霄. 经营判断规则在我国的引入及相关问题［J］. 财经法学，2015（4）.

此外，就受托人的谨慎义务场合其过错标准也可参照《中华人民共和国公司法》中董事的谨慎义务标准。和董事一样，受托人在复杂多样的现实社会中进行决策，尤其是商业信托的受托人需要处理的工作难度更高，如果仅是一般过失受托人就需要对此承担责任的话，使受托人往往会因为行为是否被判定存在过失的不确定性而过于保守不愿意采用积极行为，这更不利于受益人利益的最大化。

3. 确立举证责任倒置分配规则。

《中华人民共和国民事诉讼法》①及《最高人民法院关于适用〈中华人民共和国民事诉讼法〉的解释》②确立了一般的举证责任原则，即谁主张，谁举证，例如，曹某与某信托公司合同纠纷③中，法院认为应当由原告提交相关证据，否则应当承担不利后果。但是我国司法审判实践却有不一致的裁判，在卢某江、山西信托股份有限公司营业信托纠纷案④中，对于一审、二审是否存在举证责任分配不当的情形，最高人民法院认为，一审、二审过程中山西信托股份有限公司提交的71份证据，可以认定山西信托股份有限公司就履行信托合同及管理义务进行了较为充分的举证。最终该案认定山西信托股份有限公司并不存在未尽管理义务的情形，无须承担赔偿责任。

正如前述所说，对于商业信托而言，委托人和受托人的法律地位并不对等，其信息更是处于不对称状态，举证责任不能按照一般原则规定。对

---

① 《中华人民共和国民事诉讼法》第六十七条：当事人对自己提出的主张，有责任提供证据。
② 《最高人民法院关于适用〈中华人民共和国民事诉讼法〉的解释》第九十条：当事人对自己提出的诉讼请求所依据的事实或者反驳对方诉讼请求所依据的事实，应当提供证据加以证明，但法律另有规定的除外。在作出判决前，当事人未能提供证据或者证据不足以证明其事实主张的，由负有举证证明责任的当事人承担不利的后果。
第九十一条规定："人民法院应当依照下列原则确定举证证明责任的承担，但法律另有规定的除外：（一）主张法律关系存在的当事人，应当对产生该法律关系的基本事实承担举证证明责任；（二）主张法律关系变更、消灭或者权利受到妨害的当事人，应当对该法律关系变更、消灭或者权利受到妨害的基本事实承担举证证明责任。"
③ 曹某与吉林省信托有限责任公司、中国建设银行股份有限公司山西省分行合同纠纷案：吉林省高级人民法院 (2018) 吉民初2号民事判决书。
④ 卢某江、山西信托股份有限公司营业信托纠纷案：最高人民法院（2019）最高法民申6857号民事判决书。

此，最高人民法院也提出相同观点，认为从商业实践来看，双方签订的是由受托人事先准备好的格式合同，并且受托人即专业的信托机构来证明自己达到谨慎义务更为容易且合理。[1]

综上所述，笔者认为，对于信托纠纷应当适用举证责任倒置的规则，但这并不意味着委托人无须提供任何证据材料。在司法实践中，当受托人提供证据材料证明其忠实履行受托职责后，举证责任就会转移到委托人一边，如果委托人不能举证证明受托人存在过错，则很难要求受托人承担赔偿责任。归根结底，法院基于对整体案件材料的把握进行判断，无论委托人还是受托人，都应尽可能提供于己有利的证据材料，以影响法官心证。此外，对于受托人而言，应当注重保存执行信托事务过程中形成的重要文件与资料，避免在产生纠纷时，因缺乏证据材料而无法证明己方忠实履行受托职责。对于委托人而言，也应当充分收集与保存受托人存在过错、给己方造成损失的证据材料，只有充分举证，要求受托人承担损害赔偿责任的要求才能得到支持。

（三）违反谨慎义务的赔偿责任

英美法系中关于违反谨慎义务的法律后果存在衡平法和普通法的二元救济模式。普通法主要是损害赔偿，衡平法主要是非金钱性质的救济方式，如返还获利[2]及拟制信托[3]等。本文在此仅讨论作为最常用的救济手段的赔偿损失。赔偿损失是信托财产在没有恢复原状的可能性之后，可以采

---

[1] 最高人民法院民事审判第二庭.《全国法院民商事审判工作会议纪要》理解与适用[M].北京：人民法院出版社，2019：492.
[2] 返还获利是指受托人利用其在信托中的法律地位获得的利益或者剥夺的属于受益人的利益，就这部分获利应当归属于受益人所有。也就是说，返还获利并不以受益人受有损失为前提，即使受益人的利益未受到损害，受托人为此付出相应的时间、精力，该部分利益也要全归受益人所有。这也体现了谨慎义务的惩罚和威慑功能。《信托法》第二十六条、《证券投资基金法》第一百二十三条中的归入就是借鉴英美法系的返还获利。
[3] 拟制信托，从其字面意思上可以看出，其并非当事人创设的信托，而是法院基于特殊目的拟制的产物。在并非信托的信义法律关系的基础之上，受托人违反谨慎义务对另一方当事人的财产进行侵占或者非法处分的时候，法院拟定该财产上存在信托，即该财产和其上的一切权利属于另一方当事人。《信托法》第十四条对此也有类似规定。

取的一项救济措施。

1. 损害赔偿计算的时间点。

损害赔偿是通过金钱赔偿的方式来弥补受益人因为受托人不当行为造成的损失，其时间点的确定对于损害赔偿金额的计算至关重要。损害计算并非一个单纯的数学问题。损害赔偿时间点的确定要考虑以下三个方面：第一，确保信托财产尽可能恢复到未受到损害行为之前的状态；第二，受托人不应当从其不当行为中获利，如果行为人因其不当行为获得利益的，这相当于变相对其不当行为的鼓励，在社会上容易造成不良影响，也不符合公平原则；第三，损害赔偿要体现对受托人的制裁，损害赔偿的目的除了是对受害人损失的弥补，还需要体现对该行为的制裁和惩罚功能。①

关于损害赔偿计算的时间点，损害发生之时起至损害赔偿实现之日中关于行为的时间点有以下四种观点：一是以损害发生时的市场价格作为计算依据，二是以实际获利的价格作为计算依据，三是以起诉时候的价格作为计算依据，四是以判决时候的价格作为计算依据。从国外的立法来看，一般而言对于侵权损害赔偿的时间点规定为损害发生之时，例如，美国《侵权法重述》规定确定受损物品价值的时间为"侵占、毁损或损坏的时间"。我国《民法典》第一千一百八十四条②也确立了以损害发生时的时间作为计算时间点。在（2020）鲁01民终543号中③，法院在计算王某损失的时候，按照信托协议约定的基金单位净值低于警戒线的时间点作为损害发生的时点来计算损失。

笔者认为，以损害发生之时作为计算损害的时间点具有合理性，以此作为计算的时间点可以使受害人的财产恢复到原有状态符合损害赔偿的立法本意。

---

① 付春杰.侵权损害赔偿计算时间点与范围的确定［J］.人民司法，2014（4）.
② 《民法典》第一千一百八十四条：侵害他人财产的，财产损失按照损失发生时的市场价格或者其他合理方式计算。
③ 山东省国际信托股份有限公司与王某云等信托纠纷案：山东省济南市中级人民法院（2020）鲁01民终543号民事判决书。

2. 损害赔偿的考量因素。

损害赔偿需要在受托人行为自由与受益人权益保护之间寻求平衡，因此损害赔偿的范围需要考量影响自由和权益的各项影响因素，违反谨慎义务导致损害赔偿范围是一个多种因素综合作用的结果。

（1）受托人的类型。公司中对于具有丰富经验或者具有专门知识的董事，基于专门知识和特定履职的需要，人们往往期待对其适用更高的标准。但是该等更高标准必须在具体案件中具体适用。[1] 同样在信托领域存在专业和非专业受托人，对于专业受托人相较于非专业的受托人具有从事相关职业所必备的技能和专业知识，对专业受托人适用谨慎义务标准越高，其损害赔偿的范围就会越大。

（2）信托协议的约定。鉴于当事人往往通过信托协议的方式建立信托关系，遗嘱也可以看作是一种特殊的信托协议，信托协议往往是合同双方当事人的具体情况，如当事人地位的强弱、具体所处的行业等制定。基于信托协议的任意性规范的特征，在信托协议与法律规定相互冲突的情形下，对于免除受托人谨慎义务责任的条款产生争议。笔者认为，谨慎义务条款属于默示规则条款的属性，其可以通过约定的形式加以减轻或加重，但是其减轻是有限度的。

（3）行为人的可归责程度。过错程度是损害赔偿范围确定的重要考量因素之一。《瑞士债法典》第43条规定，法官确定所发生损害的赔偿方式和范围时，应考虑过错的状况和程度。对此，瑞士学者的解释是，微小的原因也可导致巨大的损害，而轻过失和无过失之间的边界通常是流动的，法官认定过失与否，或者使侵害人承担沉重的赔偿负担，或者使受害人自己承受全部损害。就信托法律关系中，受托人仅对因故意或重大过失导致的损害承担责任，在上文已有论述此处不再展开。

---

[1] 张红，石一峰.上市公司董事勤勉义务的司法裁判标准［J］.东方法学，2013（1）.

3. 损害赔偿范围的确定。

理论上关于损害赔偿的范围，美国《第三次信托法重述》[①]明确规定，应当在信托财产恢复到如果被适当管理时应当具备的价值或者受托人因违约行为获得个人利益之间选择对受托人更有利的赔偿范围。《统一信托法典》对此有同样的规定。[②]信托财产恢复到如果被适当管理时应当具备的价值属于直接和间接损失并存的范畴，受托人违约行为获得个人利益属于间接损失。我国学者张淳也认为受托人的赔偿范围包括直接损失即信托财产本身的毁灭损失和间接损失即信托财产的预期收益[③]。美国信托法还提出增值损害赔偿即受托人在违反信托义务的时候，应当对没有违反义务情形下财产本应当增加的利益承担责任。其损失的计算规则是以（用于不适当管理信托财产后现存的价值）+（如果适当投资获得预期收益）-判决时的投资价值或者收益。此处的预计收益可以参考涉诉信托的其他投资的历史收益、相同或相似情形的信托的投资组合的平均收益率或者市场指数的收益率。

（1）承担损害赔偿责任不应当以其他程序的终结为前提。

（2018）吉民初2号案[④]中，法院基于信托计划未经清算程序而认为对于信托计划尚未终止，受托人的财产损失尚不确定而不能支持原告的诉讼请求。（2019）晋民终182号[⑤]中，卢某主张损失为本金及按照约定的年化标准自签订至实际履行之日止的收益，但法院以破产重整程序尚未

[①]《第三次信托法重述》第100条规定："受托人违反信托应就下列事项承担责任：（a）恢复信托财产及其收益的价值至如果受到违反信托影响的那部分被适当管理时的数额；或者（b）受托人违反信托所获得的任何个人利益。"

[②]《统一信托法典》第1002条（a）款规定："违反信托的受托人对受影响的受益人所承担的责任为下列项目中金额较大者：（1）恢复信托财产及其收益的价值至如果未发生违反信托时其所应处于的状态；或者（2）受托人因违反信托所获得的利益。"

[③] 张淳. 论受托人违反信托的赔偿责任——来自信托法适用角度的审视[J]. 华东政法学院学报，2005（5）.

[④] 曹某与吉林省信托有限责任公司、中国建设银行股份有限公司山西省分行合同纠纷案：吉林省高级人民法院（2018）吉民初2号民事判决书。

[⑤] 卢某与山西信托股份有限公司营业信托纠纷案：山西省高级人民法院（2019）晋民终182号民事判决书。

结束为由认定损失不能确定。此外，对于卢某主张的年化率9%的收益，其属于信托产品的预期收益忽视了信托产品的风险性，法院也不能支持。在（2020）沪74民终1045号案[1]中，在合同已经终止的情况下，基金公司以未经清算为由推脱返还投资款的行为应当属于重大违约事由，除应当返还本金外，还应当按照银行同期贷款利率赔偿相应资金占用损失。对于主张按照年利率11.5%计算的收益款，法院认为11.5%应当是一种预期收益"并不意味着投资人一定取得相应数额的投资收益，也不意味着管理人保证基金本金不受损失。

我国司法实践中存在两种观点：一种是未经清算或破产程序投资人的损失尚未确定，诉讼请求难以得到支持；另一种是即使未经上述程序，根据信托协议的约定及现实情况信托财产损失已经实际发生。笔者认为，受托人损失的确定不需要其他程序的终结作为前置程序，在行为和损失之间的因果关系明确的情况下，先行综合行为人过错程度、市场等因素确定分担投资损失的比例。如果对于清算或者其他程序存在着实质障碍无法进行并且受托人发生损失具有高度的盖然性的，如果继续坚持必须经过相关程序才能确认损失不符合实际。

（2）损失应当包含预期收益。

在（2016）浙0105民初5924号案[2]中，因原告要求被告赔偿的损失为1019721.14元，其是依据原告向被告支付基金购买合同的总价减去基金产品赎回款项和清盘款的差额，法院认为基于原告作为一个理性的投资者，其对于购买与自己能力不相适应的基金产品存在一定的过错，据此法院综合双方过错程度、受托人的主观并非故意及证券市场原因，判决原告对实际损失1019721.14元（包含申购费）承担90%的责任。（2020）鲁01民终543号案[3]中，在委托人并无过错的情况下，法院根据基金单

---

[1] 上海新耒股权投资基金管理有限公司、上海通则久文化发展有限公司等与王某景其他合同纠纷案：上海金融法院（2020）沪74民终1045号民事判决书。
[2] 龚某平诉浙江金观诚财富管理有限公司财产损害赔偿纠纷案：浙江省杭州市拱墅区人民法院（2016）浙0105民初5924号民事判决书。
[3] 山东省国际信托股份有限公司与王某云等信托纠纷案：山东省济南市中级人民法院（2020）鲁01民终543号民事判决书。

位净值低于警戒线的时间点全部变现受托人应得到的现金与委托人怠于变卖实际获得的金额乘以委托人持有的份数计算损害赔偿金额。（2016）沪0101民初23030号案①原告认为其损失应当为信托计划预期收益率与实际收益率之间的差额乘以持有的天数与份额。法律根据信托计划终止时实际年化收益率达到合同约定的预期收益率，同时受托人依据当时环境背景下面临银行贷款利率下行压力在内的金融风险及潍坊市投资公司的追索成功率的风险作出提前终止信托的行为履行其谨慎义务驳回原告的诉讼请求。

（2016）浙0105民初5924号案，以本金的损失来计算损害赔偿范围；（2016）沪0101民初23030号案，法院基于刚性兑付的考虑不认可合同中约定的预期收益率，仅认可同期LPR利率作为计算投资者利息损失。据此，法院所用的赔偿规则仅是受益人信托财产本身的损失加上利息损失的赔偿。对于间接损失并未得到司法实践的认可，这显然存在不妥，仅恢复该信托财产本身应当具有的价值，对于其适当管理状态下应当获得的收益并未涵盖。信托财产损失赔偿数额应当是财产被适当管理状态下的数额与受托人现实获得财产收益的差额，此处的预期收益并非合同中约定的预期收益率带来的收益，而是可以参考同行业类似信托组合结构在同一时期的平均收益率等来确定。据此可以参考美国法上的增值损害赔偿规则，但对于损失的判定时间点应当以损害发生时为准而非判决时。

四、委托人权利边界和受托人谨慎义务的协调

（一）我国委托人权利边界的解析

1. 法定限定与意定许可相结合模式。

传统上，信托关系中不强调委托人的地位及权利，因为信托一经设立，委托人即成为外部人，财产转移给受托人，委托人自此不再享有权益及各

---

① 李某诉中泰信托有限责任公司信托合同纠纷案：上海市黄浦区人民法院（2016）沪0101民初23030号民事判决书。

项权利，完全失去财产的控制权和管理权。即使对于自益信托而言，委托人和受益人均为一人，其享有权利并不是基于委托人的身份地位。因此立法规范、司法裁判都呈现出严格限制委托人权利范围的现象，委托人在定位为监督者和协调者而非控制者或所有者，主要享有监督性、消极性、防御性的权利，部分国家或地区在立法层面直接否认了委托人保留权利的信托效力。[①] 现代信托法在进行修法过程中，允许委托人在其设立信托之后通过信托合同或者文件等享有权利，此称之为权利保留。[②] 但是其权利保留也不是毫无限制的，将其限定在一定范围内且附着条件，超出该范围面临权利无效风险，甚至引发信托无效后果。

关于权利保留的模式，各国立法产生意定保留模式和法定保留模式。采取意定保留模式的国家或地区主要是通过承认信托文件的形式为委托人保留权利，并不直接通过立法规定委托人应当享有的权利。意定保留模式的权利内容广泛，可以充分发挥信托的灵活性和自由性。[③] 法定模式权利保留是指直接在信托法中明定委托人享有何种权利，即便信托文件中无约定，也可依据立法而行使特定权利。其权利并不是单独规定，大部分权利与受益人共享。法定模式权利保留的立法趋势呈现出简化模式，避免复杂化信托关系，让当事人有更多的选择权。

我国引进信托制度时，合同法已经发展得相对成熟，虽然信托设立的方式除合同外还有遗嘱、宣言等形式，但信托一般采用合同的形式设立，这使信托合同不仅受合同法律关系的一般规则调整，也同时适用信托法规范。在我国司法实践中，法院在审判相关案件时，在案由选择上往往不采

[①] 2013年修正前的香港《受托人条例》只允许设立受托人（信托服务提供者）全权信托，即受托人享有作出负担受托责任的所有投资决定的权利。日本《商事信托法》第311条规定，委托人在信托合同中没有进行特别规定的情况下，信托成立后不享有任何与信托相关的权利义务。

[②] 2006年泽西岛修订1984年《泽西岛信托法》时，为了保证信托在竞争激烈的市场环境下更为灵活，该法第9条A款规定委托人保留权利不影响信托效力，允许委托人保留一定权利或授予保护人一定权利。

[③] 2006年泽西岛修订了1984年《泽西岛信托法》。该法第9条A款（2）项列举了限定范围内的可保留权利，包括撤销、修改信托权，预支指定支付信托财产权，委任或解聘权，信托全资或部分出资的公司高管指示信托财产的投资管理权，变更受益人或受托人等相关人士、修订该信托准据法、任免投资经理顾问、限制受托人行使任何权利或自由裁量权。

用信托纠纷或分类至合同纠纷或财产损害赔偿,即使法院承认案涉法律关系属于信托关系,在具体裁判的时候,往往会引用《民法典》合同编内容,将信托法律规范适用劣后。此外,意思自治原则作为契约法律关系的原则性规定,在信托法领域仍然适用。①

我国《信托法》采用法定模式与意定允许的方式对委托人权利边界加以确定。一方面,通过专章形式对委托人享有的权利进行约定;另一方面,通过合同的形式设立信托,合同双方可以就与信托有关的事项进行约定,包括信托财产的范围、信托财产的管理方法等,信托合同也成为当事人行使职权或履行职责的依据之一。

2. 我国委托人的权利扩大化。

英美法系国家的委托人通常不享有权利和职责,相应也不承担义务。其在信托设立完成后就基本退出信托关系,除非信托文件有明文规定。可能基于信托设立之初就是为了缓和僵化的法律规定和逃避赋税,信托设立完毕信托财产就移转给受托人,即使受托人行为存在不当,损害的也是受益人的利益与委托人无关,虽然信托设立的原始财产来自委托人,但是委托人对于该信托财产难以主张权利。另外,对委托人保留过多的权利可能会导致信托制度的滥用及虚假信托的出现。我国与英美法系国家相比有一个更加强调委托人的权利,主要原因有三点:第一,我国立法者在信托生效的时候回避使用信托财产转让的字眼,"委托给"一词所隐藏着寻求替代"受托人所有"的可能方案,②信托财产并未完全移转给受托人,委托人应当享有一定权利;第二,在信托法律关系中,信义义务占据重要地位。信义义务的功能之一就是可以起到一种预防性的作用,威慑一些不诚信的行为的发生。人际交往中讲究利润的最大化等经济准则,必然导致诚信的缺失。赋予委托人权利特别是监督信托的权利,有利于鼓励公众设立信托,有利于信托的发展。第三,相较于《信托法》中对于不能表达意见的受托人如何作出决定未作出规定,英美法系国家可以申请法院来代替,大陆法

---

① 何宝玉. 信托法原理研究[M]. 北京:中国政法大学出版社,2006:3.
② 张天民. 失去平衡的信托法[M]. 北京:中信出版社,2004:341.

系国家可以由信托管理人代表代替。在此背景下，赋予受托人相应的权利也是有必要的。

信托作为民商事法律制度的一员，意思自治是其基本原则，同时正如上文所述《信托法》对委托人权利兼采法定模式和意定模式。但是委托人也不能据此设立虚假信托，即拥有对于信托财产的管理、处分完全权限，受托人仅是指令执行者。基于此我国《信托法》中与受托人义务密切相关的委托人的权利，主要包括知情权、调整财产管理方法的权利、撤销权和解任权等。

第一，赋予委托人知情权是发挥监督功能的前提。委托人只有在充分了解相关信息的基础上才能更好地对信托进行监督，我国商事信托发达，受托人往往是专业机构，其往往会收集、整理和制作大量与信托事务相关的资料或者文件来满足委托人知情权的实现。

第二，撤销及变更信托的权利。基于信托设立目的出发，原则上对于撤销和变更信托需要经信托全体受益人的同意或者向法院申请作出，除非信托文件事先有明确规定。加入该条款可以在一定程度上保证信托的灵活性，否则在市场环境发生重大变化仍按照预先规定的管理办法行事会给受益人的利益造成损失，若不能变更会显得过于僵化，我国将撤销及变更权利直接赋予委托人，委托人无须在信托文件中事先约定、取得法院认可或者经全体受益人同意。

第三，信托关系的设立以信任作为基础。英美法系中委托人通常退出信托关系因此不会赋予其随意接任受托人的权利，实践中出于对受托人的高度信任，一般也不会出现由委托人解任受托人的行为。即使受托人的行为存在不当，通常也是申请法院来解任。我国关于解任权的规定不同于其他国家将其赋予法院来决定，《信托法》中增加委托人可以直接行使该权利。有学者指出，将"重大过失"交由委托人来判断决定是否解任受托人会引起纠纷，为了避免可预见的纠纷，将"重大过失"的判定交由法院落实更为合适。

3. 我国委托人权利界定的意义及存在的问题。

（1）我国《信托法》对委托人权利界定的意义。

首先，我国目前信托业比较繁荣的是商业信托，这类型信托计划的设定者为信托公司，信托公司作为受托人其居于强势地位，往往与委托人签订的信托合同是其事先拟定的不排除免除自己义务的情况，因此法定化赋予委托人权利使其更好地维护自身合法权益，同时也降低缔约成本。

其次，我国社会与英美国家相比整体缺乏诚信氛围，在这种社会背景下，将信托财产转移控制，会引起委托人的不适感，为了实现信托财产的转移，委托人必须保留一部分权利以缓解此种不适感。考察我国法定保留中规定的委托人权利内容会发现，大部分都是作为受托人违反信义义务的预防工具或补救工具，例如，委托人保留罢免受托人的权利，也将提供一种"威慑"。

最后，权利设计与立法体系关涉，我国信托制度建立在我国契约法律关系相对完善的基础之上，因此除法定化赋予委托人权利外，根据意思自治原则在信托合同中当事人可以约定委托人权利的范围，这体现了我国法律对个体自由的尊重。

（2）我国《信托法》对委托人权利界定存在问题。

首先，欠缺诚实信用信托法律关系中，信义义务占据重要地位。信义义务的功能之一就是它可以起到一种预防性的作用，威慑一些不诚信的行为的发生。正如 Hardwicke 法官所说，如果受托人诚信地履行职责，那么他无须为此烦恼和焦虑。我国《信托法》赋予委托人如此之多的权利从侧面反映这种信任基础的不牢靠。

其次，干扰受托人对于信托财产的管理，信托一旦设立其应当独立于委托人和受益人，由当时选定的受托人对信托财产进行管理，将对管理信托财产的较大的自主权限赋予受托人，如果同时给予委托人过多的权利会削弱受托人的自由裁量权，影响其管理信托财产的积极性。

最后，如果赋予委托人过多权利导致其实质上可以控制信托，信托的独立性就无从体现，受托人实质上是委托人的傀儡，听从委托人的指示行事，容易被当作虚假信托被击穿。此外，如果委托人实质上控制信托，完全按照委托人指令行事导致信托财产受有损失，若此时要求受托人对此承担责任，未免有些不妥。

（二）谨慎义务的排除的限度

在被动管理型信托中，受托人往往是消极地履行其职责。因此在信托合同中往往设计排除谨慎义务的条款，但是谨慎义务作为信义义务的一种法定义务，这种排除条款的效力司法实践并没有形成统一的裁判规则。本部分从谨慎义务的性质出发进行探讨，以期明确谨慎义务排除条款排除的边界。

1. 谨慎义务的排除的司法裁判。

在当事人通过约定排除谨慎义务条款的适用，其效力如何，我国司法实践存在以下两种不同的观点。

（1）约定条款无效。

在（2017）京0105民初53439号[1]判决书中，北京市朝阳区人民法院并不否定合同的整体效力，认为合同双方成立委托合同关系，被告负有勤勉尽责地保障账户和资金安全的义务。双方在合同中也明确约定被告不得从事的违规行为等，法院认为被告作为受托人有义务确保资金安全免遭非正常操作带来的风险，并不因其是否存在通道性质有所不同。从该裁判可以看出，勤勉义务属法定义务，不得通过约定进行排除。在（2017）最高法民终880号[2]判决书中，法院虽然判决受托人无须承担赔偿责任，是基于委托人并未提出证据证明损失的具体情况、受托人在履职过程中的过错行为及二者之间的因果关系。从裁判理由可以看出即使在当事人的合同中对受托人的行为未作约定，但是属于《民法典》合同编、《信托法》及金融监管部门法规中规定的受托人应当承担的法定履职和尽职义务的，受托人仍因其违约行为给信托财产造成损失的，仍应当承担赔偿责任。上述

---

[1] 张某昊与银河期货有限公司委托理财合同纠纷案：北京市朝阳区人民法院（2017）京0105民初53439号民事判决书。
[2] 甘孜州农村信用联社股份有限公司、四川科亨矿业（集团）有限公司合同纠纷案：最高人民法院（2017）最高法民终880号民事判决书。

案例及（2021）沪 0115 民初 26844 号判决书[①]法院均认为受托人的信托资金来源审查义务、投资项目尽职调查义务、信托财产监管义务不可被当事人协议排除，表现出了对受托人信义义务排除限制甚至是否定的立场。

（2）约定条款有效。

在（2018）甘民初 269 号[②]判决书中，甘肃省高级人民法院认为仅被通知债权移转事项的债务人存在欺诈情形不能导致案涉协议被撤销，因为其不影响原告权利，另外作为被动管理型信托，受托人承担的谨慎义务是有限度的，其仅需按照合同约定进行独立的尽职调查即可，原告认为受托人在信托管理中存在过错的主张不能得到支持。法院据此裁判可能是因为过渡期间在（2018 年 4 月 27 日前）的业务效力不受影响有关，法院通常会维护其效力。在（2020）最高法民终 488 号[③]判决书中，最高人民法院对此持相同观点，委托人并未指令受托人进行考察、监督等要求，受托人按照委托人的指令行事，尽到了谨慎义务。类似的判决还有（2017）鄂民终 2301 号[④]判决书。上述法院倾向于认可排除受托人尽职调查、事先投资审核义务的条款效力，表明不过多地干预信托合同安排的裁判立场。

2. 谨慎义务排除的正当性。

从谨慎条款的性质出发，通常将法律规范分为任意性规范和强制性规范，判断其是属于任意性规范还是强制性规范的意义在于不同法律规范的范畴将会根本性地影响谨慎义务的标准和具体要求。如果谨慎义务属于前者，那么可以通过合同当事人之间直接进行磋商来降低或者提高标准而不受限制；如果属于后者，那么受托人必须严格按照法律的规定来履行自己的职责，即便是当事人之间达成了合意，受托人并不能够依据该约定主张

[①] 胡某华与华澳国际信托有限公司财产损害赔偿纠纷案：上海市浦东新区人民法院（2021）沪 0115 民初 26844 号民事判决书。
[②] 北京中金信融资产管理中心与光大兴陇信托有限责任公司合同纠纷案：甘肃省高级人民法院（2018）甘民初 269 号一审民事判决书。
[③] 北京中金信融资产管理中心、光大兴陇信托有限责任公司合同纠纷案：最高人民法院（2020）最高法民终 488 号民事判决书。
[④] 湖北银行股份有限公司等与四川信托有限公司等合同纠纷上诉案：湖北省高级人民法院（2017）鄂民终 2301 号民事判决书。

对其违反谨慎义务规则的行为免责。

（1）谨慎义务的默认条款属性。

Lan Ayres 和 Robert Gertner 从公司法和合同法的角度将法律条文分为两类：一类规则其可以填补合同中的空白，除非当事人通过事先约定予以改变，否则其具有法律约束力，这类条款通常数量很多被称之为默认规则，相当于任意性规范；另一类条款是不能通过协议予以改变被称之为不可改规则，相当于强制性规范。默认规则的适用基于确定协商假设不测事件的交易成本大于收益，这些交易成本可能包括律师费用、谈判费用、研究不测事件的影响与可能性的费用等，将这些费用与明确解决特定不测事件的收益加以权衡。大多数学者认为，默认规则即任意性规范通过提供合同双方本来会以明确约定采纳的标准合同条款来节省交易成本。①

笔者认为，谨慎义务是否属于默认规则，从法经济学角度对其性质分析即从成本和收益角度的规范分析。谨慎义务关系在经济学理论中属于代理关系，而代理关系将产生代理成本。②但是除谨慎义务外，其他的机制也在发挥着同样的作用，例如，可以通过在信托中设立监察人的角色来约束受托人的行为。基于此，委托人不愿意重复支付对于发挥同样功能的谨慎义务的对价，因此谨慎义务中体现一种默认规则的属性，即可以通过约定予以排除。

此外，信托制度作为民商事法律的一种，属于私法自治的范畴，任意性规范占据主要位置，传统或近代信托法中谨慎义务以隐含方式体现在信托协议中。③例如，在美国信托法中的谨慎投资人相关规定的法律评论中

---

① 伊恩·艾尔斯，罗伯特·格特纳，李清池.填补不完全合同的空白：默认规则的一个经济学理论［J］.北大法律评论，2005（2）.
② 代理成本理论最初是学者对公司法进行经济分析时提出的，该理论建立在委托人与代理人利益不一致的预设之上。依据该理论，由于公司所有权与经营权分离，代理人不会为了委托人的最大利益行动，甚至可能为了自身利益而采取机会主义行为，引发道德风险。为了最大限度地使代理人的利益不与委托人的利益发生偏离，保证代理人为委托人最大利益付出努力，委托人必须承担成本。有学者将代理成本主要界定为委托人的监督费用、代理人的保证费用和剩余损失。罗伯塔·罗曼诺.公司法基础：第2版［M］.罗培新，译.北京：北京大学出版社，2013：5.
③ 张天民.失去衡平法的信托——信托观念的扩张与中国《信托法》的机遇与挑战［M］.北京：中信出版社，2004：89.

提及信托法作为不履行规则委托人可以变更或废除相关规则。我国《信托法》要求信托必须采用书面形式，现实生活中绝大多数的信托采用合同的形式订立，市场复杂多变导致受托人的行为不能被完美预设，因此完全合同不可能存在，往往会赋予受托人较大的自主裁量权限以保证信托适用的灵活性，建立在双方交易成本为零的重要经济学假设基础之上，当双方当事人协商不足的情况下会将信托法所提供的普遍使用的规范推定为默认规则予以适用，从这个角度将谨慎义务作为默示条款予以适用也更为合适。[①]

（2）谨慎义务的分配规则。

在信托设立时，为了避免委托人对信托事务的干涉，委托人需要在信托设立时确定自己的意愿随即退出信托关系，根据《信托法》第二条赋予委托人就处理信托事务广泛的自由裁量权是必要的，虽然当事人可以在信托协议中对自由裁量权进行限制，但是从现实角度其无法对将来发生的事务进行先知似的考量。此外，在委托人设定信托目的与客观现实相冲突的情况下，若受托人的自由裁量空间过小，更不符合委托人的意愿也不利于社会财富的创造。因此，为充分发挥信托制度的优点，赋予受托人广泛的自由裁量权是必要的。更为核心的问题是如何避免受托人滥用自由裁量权，基于此谨慎义务对受托人的行为施加限制，确保受托人仅为受益人利益行使这种裁量权。

在事务管理型的信托中，委托人并未丧失对信托财产的控制，其通过对受托人下达指令的方式参与信托管理。此时要求受托人对其执行委托人指令导致信托财产损失的行为承担赔偿责任未免不公平。

从比较法角度来看，日本委托人可以指示受托人进行投资，根据日本《商事信托法纲要》第461条[②]的规定，信托指示人与受托人一样承担相关的信义义务。日本学界同样认为信托指示人负有信义义务。须田力哉认为，从信托本质出发，为受益人利益服务的人应当准用受托人的标准，即

---

① 钟向春.我国营业信托受托人谨慎义务研究［M］.北京：中国政法大学出版社，2015：97.
② 《商事信托法纲要》第461条规定："对受托人行使信托财产指示权之人，指示信托财产的运用，对受益人承担与受托人相同的义务"。

要求指示人承担忠实义务及善良管理人的注意义务，以便更好地为受益人的利益服务。中田直茂认为，指示人之所以承担信义务在于根据指示人的意思行事所产生的结果对他人造成影响，要求指示人承担信义义务从信托行为角度解释是合理的。①美国信托指示人享有除投资外更为广泛的权利，包括管理、分配信托财产等。美国第二次《信托法重述》②和第三次《信托法重述》③及美国《统一信托法典》④均规定信托指示人负有信义义务。

我国《信托法》对于指示人是否负有信义义务并未作出明确法律规定，参照民事法律规范中的代理理论，其限制范围过窄，仅禁止信托指示人实施自我代理和双方代理行为类似忠实义务的禁止利益冲突内容，但未涉及谨慎义务内容。不过《证券投资基金法》中规定契约型基金托管人与基金管理人共同向投资人承担受托人义务。⑤就我国事务管理型信托的结构而言，基于委托人的指示导致的信托财产的损失要求委托人负有信义义务具有公平性，因此信托法有必要将信义义务在受托人和其他享有信托权力的主体之间进行分配。⑥另外，《全国法院民商事审判工作会议纪要》（以下简称《九民纪要》第93条体现了这种信义义务的分配原理。

综上所述，笔者认为谨慎义务条款应当属于任意性规范。第一，基于信托作为一种民商事法律制度，体现当事人的意思自治是其主要的精神原则；第二，从成本收益角度来说，在双方当事人协商不足的情况下，会将《信托法》所提供的普遍使用的规范推定为默认规则予以适用节约双方交易成本，因此对于谨慎义务其义务内容可以根据当事人之间协商进行加重

---

① 姜雪莲.信托指示人的法律地位探析［J］.中国政法大学学报，2021（1）.
② 第二次《信托法重述》第185条规定，指示权人的指示权限为了他自己以外的人行使时，负有信义义务。
③ 第三次《信托法重述》第75条规定，信托文件中委托人保留权限或赋予其他人指示权限或控制受托人的一定行为，受托人有义务服从信托文件保留的条件或服从该权限的行使，除非欲行使的权限与信托文件或权限相悖，或受托人知道或应该知道欲行使的权限违反权限持有人对受益人的信义义务。
④ 美国《统一信托法典》第808条（d）规定，当单独受益人以外的人为指示人的，推定信托指示人负有信义义务，当信托指示人不是唯一受益人时，应对受益人承担信义义务。
⑤ 刘燊.论投资基金托管人制度的完善［J］.政治与法律，2009（7）.
⑥ 熊敬.受托人信义义务排除的限度［J］.湖南科技大学学报（社会科学版），2022（6）.

或减轻。另外，对于事务管理型信托中基于权利与义务相统一的原则，委托人也应当对基于其指示导致信托财产损失的情况承担信托项下的受托人的信义义务，而不能仅单纯要求受托人承担。

3. 谨慎义务的排除限制。

鉴于谨慎义务默认条款的属性，对于事务管理型信托中当事人通过协议予以排除的效力如前所述我国司法裁判不一，部分法院认可当事人通过协议排除受托人的信托资金来源审查义务、投资项目尽职调查义务等谨慎义务体现法院不干涉信托协议安排的裁判立场，另一部分法院对其持否定立场。

参考域外的指示权信托，熊敬教授认为，指示受托人遵循指示便视为履行谨慎义务。道垣内教授进一步指出，指示受托人原则上应当遵循指示行事，但是对于指示权人的行为明显违反义务的，在征询受益人同意的前提下有权拒绝履行。[①] 日本司法实践也认可该种观点，在 "AIJ 年金案"中，法院认为一般情况下没有投资判断权限的受托人服从指示权人对财产管理的指示即可，但是受托人意识到指示权人的不当指示对信托财产产生损失的风险较高的或者轻易可以意识到该种情况发生的时候，不能仅认定受托人遵循指示就履行了谨慎义务。美国《统一信托法典》的观点与道垣内教授观点类似，原则上对于受托人遵循指示的行为应当认定为尽到谨慎义务，另外，受托人存在故意或重大过失的情况下，应当承担责任。该理由在于，作为信托法律关系核心的受托人也应当承担最低限度的义务，为此美国特拉华州确立了故意责任标准，受托人在具有故意、重大过失的情况下，即使遵循指示也不免除受托人责任。

基于上述，笔者认为在事务管理型信托中，谨慎义务的强弱应当与其享有的信托权利的大小相适应，双方当事人可以协商将谨慎义务予以部分排除。该排除也是具有限度的，被动管理型信托中受托人虽然依据委托人指示行事，但是其也应当和主动管理型信托中受托人一样承担谨慎义务，

---

① 姜雪莲.信托指示人的法律地位探析[J].中国政法大学学报，2021（1）.

只是承担的量上有所区别。在（2017）京 0105 民初 53439 号 117 民事判决书中，该案中管理人在无其他风险辅助控制的情况下允许投资顾问直接下单的行为，对委托人资金损失后果具有源头性作用，其责任不在于违约与否而在于对风险的放任与扩大。因此，该案法院认为其谨慎义务的最低限度是确保委托人账户资金安全免遭非正常操作带来的风险，即不得放任和扩大委托人的资金风险。笔者认为，关于谨慎义务排除的限度，目前尚无统一确定的标准，需要结合个案实际予以判断。

五、结论

通过对我国有关谨慎义务纠纷的司法案件进行分析，可梳理出我国谨慎义务条款的适用可能存在的三个问题，从运用比较分析方法提出相应的对策。具体而言，第一，就谨慎义务行为判断标准而言，构建一个理性谨慎的人在具体情形下根据该类型的人所应当具备的注意、小心和技能为标准。同时，从控制交易成本角度采用经济学分析方法量化受托人的行为是否存在不当。第二，提出对于民事信托采用过错责任原则、商事信托采用过错推定原则更有利于实现"最大利益"督促受托人勤勉履职。同时，赔偿的范围可以参考同时期类似信托组合的平均收益率等计算预期收益而非仅计算信托财产的直接损失。第三，谨慎义务条款的默认条款属性、权利和义务对等原则为谨慎义务排除提供适用的空间，但是应当将其限制在一定范围内。

本文的司法实践案例多为商事信托，对于民事信托还有待于进一步观察，此外运用经济学分析方法来判定受托人是否适当履职的分析必然涉及大量金融市场的数据计算，对于在计算过程中变量的选择、变量的相关性有待进一步研究确定。

（刘洋，上海财经大学法学院副教授、法学博士、博士生导师，外滩金融创新试验区法律研究中心研究员；应洁，法律硕士、北京国枫（杭州）律师事务所律师）

侵财型刑事案件被害人财产求偿权保护的探讨

刘慧景

在侵财型刑事案件中,多数案件受害人损失无法追回,究其原因,除了被告人故意损毁被害人财物或挥霍、隐匿财产导致被害人无法追回损失,还有一个非常重要的原因就是《中华人民共和国刑事诉讼法》(以下简称《刑事诉讼法》)对于被害人如何实现财产求偿权并没有详细的可操作程序的规定。虽然在贯彻《中华人民共和国刑法》(以下简称《刑法》)第六十四条过程中最高人民法院陆续出台了相关的批复和司法解释,但在司法实践中对该条的理解和实际操作,各地法院均有疑虑和争议。本文将对现行法律体系下被害人财产求偿权的保护现状、如何实现财产求偿权及对被害人财产求偿权法律体系的完善提出笔者的观点,以供大家参考。

一、侵财型刑事案件被害人财产求偿权的范围和法律依据

(一)侵财型刑事案件被害人财产求偿权的范围

《刑法》第六十四条规定:"犯罪分子违法所得的一切财物,应当予以追缴或者责令退赔;对被害人的合法财产,应当及时返还;违禁品和供犯罪所用的本人财物,应当予以没收。没收的财物和罚金,一律上缴国库,不得挪用和自行处理。"这一规定基本上规定了被害人财产求偿权的大致

范围。在实践中，具体到被害人财产求偿权的金额，可能又会引发争议。有的观点认为，被告人使用违法所得置业、投资，违法所得对应的升值部分也应当属于被害人财产求偿权的范围。对此观点，笔者并不认同，依据《最高人民法院关于刑事裁判涉财产部分执行的若干规定》第十条"对赃款赃物及其收益，人民法院应当一并追缴。被执行人将赃款赃物投资或者置业，对因此形成的财产及其收益，人民法院应予追缴。被执行人将赃款赃物与其他合法财产共同投资或者置业，对因此形成的财产中与赃款赃物对应的份额及其收益，人民法院应予追缴。对于被害人的损失，应当按照刑事裁判认定的实际损失予以发还或者赔偿。"依据该条规定可知，对于被害人的损失，应当按照刑事裁判认定的实际损失予以发还或者赔偿，而实际损失笔者认为不应当包括受害人预期收益的损失，因此，即使被告人将违法所得投资、置业产生了收益，该收益应被法院追缴但不属于退赔受害人范畴。

（二）侵财型刑事案件被害人财产求偿权的保障现状

近年来，侵财型刑事犯罪在各类刑事案件中所占比重有逐步增长趋势，甚至有些地区的侵财型刑事案件在各类刑事案件中占比过半。那么在这类刑事案件中，被害人财产被侵犯后损失是否能够被追回呢？实践中只有少部分受害人能够通过被告人及家属主动退赔得到赔偿，而该部分受害人经济损失能够得到全部赔偿的更是少之又少。而在2014年最高人民法院出台《关于刑事裁判涉财产部分执行的若干规定》之前，由于刑事案件涉财产部分的执行没有切实可行的操作程序规定，受害人大多无法通过执行程序弥补损失。2014年之后刑事裁判涉财产部分的执行有了初步的程序可依，但是执行中仍然会遇到裁判文书虽然写明受害人实际损失，但是未写明继续追缴和退赔内容，给执行工作带来不少障碍，也导致了侵财型刑事案件被害人求偿权无法得到落实的尴尬局面。

二、侵财型刑事案件被害人求偿权的立法现状

（一）《刑法》和《刑事诉讼法》层面的法律规定

《刑法》第六十四条原则上确定了被害人求偿权的范围，但并不细化，因此审判实践中各级法院对该条的具体实施争议较多。而《刑事诉讼法》附带民事诉讼章节中仅有四条规定了被害人遭受物质损失的可提出附带民事诉讼。规定均较为笼统不具备可操作性。

（二）最高人民法院司法解释层面的规定

随着侵财型刑事犯罪在各类刑事案件中占比日益增大，实践中被害人财产损失如何得到赔偿的问题日益增多。2014年最高人民法院出台《关于刑事裁判涉财产部分执行的若干规定》，2018年最高人民法院修订《最高人民法院关于适用〈中华人民共和国刑事诉讼法〉的解释》，两份司法解释均明确规定关于刑事裁判涉财产部分执行问题。

（三）最高人民法院批复等司法解释性文件

虽然2013年1月1日《最高人民法院关于适用〈中华人民共和国刑事诉讼法〉的解释》生效，但是对于刑事案件涉财产部分的诸多问题并未得到全部厘清。2013年4月1日，河南省高级人民法院就《刑法》第六十四条适用中的有关问题请示最高人民法院。河南省高级人民法院反映具体存在的问题如下：一是侵财类犯罪是否应依照《刑法》第六十四条的规定，在判决主文中判决"继续追缴违法所得的财物"。二是如果判决追缴违法所得的财物，判决生效后，被害人能否向人民法院申请执行；如移交公安机关执行，有无法律依据。三是如追缴不能，被害人能否向有管辖权的法院另行提起民事诉讼。最高人民法院于2013年10月21日作出《关于适用刑法第六十四条有关问题的批复》，批复明确了侵财类案件受害人即使不能通过追缴和退赔弥补损失，也不能另行提出民事诉讼。这一批复

可以说是明确了侵财型案件受害人的损失只能予以追缴或退赔，而不能另行提起民事诉讼。

三、侵财型刑事案件被害人财产求偿权保护亟待解决的几个问题

（一）裁判文书主文未写明继续追缴或退赔的情况下，被害人如何行使求偿权的问题

实践中，仍然有部分法官在写裁判文书正文时并未写入继续追缴或退赔损失，或写了退赔损失未写明退赔金额，导致法院执行部门无从执行，没有依据。这些问题无法解决，被害人的求偿权的实现仍将无法顺利实施。笔者就曾亲历一起诈骗案件。被告人在监狱服刑期间，原一审法院启动追缴退赔程序，但这一程序既非执行程序，因其是由审判庭继续进行审理；但又不是审判监督程序，因为该案是再一次由原一审法院同一合议庭再次审理，审理内容就是将罪犯的一处房产重新认定为是由诈骗所得赃款购置，原一审法院顺利作出了认定该处房产是由赃款购置的裁定书。当然，这一裁定书因其由原合议庭成员进行审理，违反法定程序而被二审法院撤销。此后，该一审法院再次启动程序更换合议庭成员，且有检察官出庭支持公诉，完全走了一个审判监督程序的流程，再次作出追缴的裁定书，最后二审法院予以维持该刑事裁定书。笔者认为，之所以在新一线城市仍然会出现这种追缴退赔程序的混乱问题，究其根本原因仍然是现行的法律规定或司法解释并没有明确在裁判文书主文未写明继续追缴或退赔的情况下，被害人如何行使求偿权的程序。

（二）裁判文书中未写明追缴数额，执行机关可否直接作出裁定的问题

笔者认为，在通常情况下，受害人的财产损失数额会在裁判文书中有

明确的记载，即使裁判事项中未明确数额，执行机关可直接引用该院认为部分的数额来确定受害人的实际损失。但如果被告人将赃款投资后增值，那么执行机关追缴的金额应当是受害人损失的数额还是赃款增值后的数额呢？依据《最高人民法院关于刑事裁判涉财产部分执行的若干规定》第十条的规定，如果刑事裁判中认定了赃款赃物被用于投资置业，则应当一并追缴。但如果刑事裁判中未能明确载明赃款赃物去向，如执行中发现可供执行财产是由赃款赃物投资所得，笔者认为可以尝试由执行部门参照民事执行中的听证程序来予以认定甄别并出具执行裁定文书。

四、侵财型刑事案件被害人财产求偿权保护制度的完善途径设想

社会经济日益发展，侵财型刑事案件受害人实际损失数额也日益走高，如不完善细化财产求偿权途径，则可能让受害人认为诉诸刑事报案途径却并不如私下和解实现经济利益更为便捷的看法，再次给了犯罪分子可乘之机。笔者认为，完善被害人的财产求偿权保护，首先，刑事案件各个阶段的办案人员应当从长期以来的"重罚不重赔"改变思路为"罚赔并重"；其次，在刑罚执行过程中对有能力退赔而隐匿财产的罪犯限制减刑、假释。最后，在既有罚金又有退赔等财产性判项时，应优先履行退赔判项，以最大限度地保障受害人财产求偿权的实现。

金融和法治人才 培育篇

金融支持绿色发展的新思考

郑 杨

党的十八大以来，以习近平同志为核心的党中央引领我国生态文明建设不断开创新局面，"美丽中国"建设迈出重大步伐。从理念到实践，绿色发展深入人心，"双碳"目标加快推进，生产生活方式深刻变革，经济社会发展与生态环境改善实现良性互动。金融是推动绿色发展的关键力量，绿色发展离不开金融的有效支持。金融业需要深刻认识绿色发展的重大意义，坚定践行新发展理念，以更优质的金融服务助力低碳转型与绿色发展。

一、"双碳"目标下坚持绿色发展意义重大

坚持绿色发展是深入践行习近平生态文明思想的必然要求。生态文明是人类生存最为基础的条件。习近平总书记在长期实践探索和理论思考的基础上，科学把握世界文明走向，形成了习近平生态文明思想，深刻回答了"为什么建设生态文明""建设什么样的生态文明""怎么建设生态文明"等一系列重大理论和实践问题，把生态文明建设推向了新阶段、新高度、新境界，我国生态环境保护也发生了历史性、转折性、全局性变化。其中，树立和践行绿色发展理念、形成绿色发展方式和生活方式是习近平生态文明思想的核心内容之一。因此，在当前我国坚定推进"双碳"目标的背景下，深入践行习近平生态文明思想，就必须坚持绿色发展，从根本上解决人与自然的和谐共生问题，筑牢人类生存根基，铺好绿色发展底色，

促进经济社会更好发展。

　　坚持绿色发展是我国实现高质量发展的必由之路。高质量发展是经济、社会、环境、治理等方面的全方位发展，是我国开启全面建设社会主义现代化国家新征程、实现第二个百年奋斗目标的根本路径，而绿色是高质量发展的底色，绿色发展是高质量发展的动力源泉。一方面，绿色发展通过倒逼传统经济转型升级，培育壮大经济新动能，助力构建高质量现代化经济体系；另一方面，绿色发展推动人民践行绿色生活方式，改善生态环境，在生产与生活之间建立起完整畅通的新循环体系，实现经济社会和生态环境的协调发展。只有抓好绿色发展，我们才能打赢蓝天、碧水、净土保卫战，实现全方位高质量发展。

　　坚持绿色发展是坚持以人民为中心发展理念的应有之义。习近平总书记指出，"我们要顺应人民群众对美好生活的向往，坚持以人民为中心的发展思想"。随着我国经济发展，人们的收入水平和生活条件不断提升，人民对美好生活的向往不仅对物质文化生活提出了更高要求，同时也对优质绿色产品、宜居生态环境等提出了更高需求。绿色发展和绿色生活成为新时代人民群众美好生活的重要组成部分。绿色发展通过变革生产生活方式，不断满足人民日益增长的绿色产品、绿色服务等需求，能够更好地顺应人民群众对美好生活的向往，是以人民为中心发展理念的应有之义。

　　坚持绿色发展是我国展现大国担当的应势之举。习近平总书记指出，面对生态环境挑战，人类是一荣俱荣、一损俱损的命运共同体。目前，资源约束趋紧、环境污染严重及生态系统退化等问题，已成为全人类共同面临的问题。作为少数可以全面达成共识的议程，保护环境和推动绿色可持续发展已成全球治理体系的核心内涵。在当今世界正值百年大变局之际，我国作为全球第二大经济体、第一大碳排放国，深入参与全球治理，坚持共谋全球生态文明建设，共建地球生命共同体，推动完善《生物多样性公约》，提出碳达峰、碳中和"3060"目标，构建保障"双碳"目标实现的"1+N"政策体系等一系列举措，直接展现了我国的大国担当。

二、金融业服务绿色发展成效初显

近年来，我国金融业服务绿色发展取得一定成效，主要表现在以下三个方面。

一是绿色信贷规模较大、质量较好、结构较优。截至 2021 年第三季度末，国内 21 家主要银行机构绿色信贷余额超过 14 万亿元[①]，较 2020 年末增长 21%，规模稳居世界第一。绿色信贷资产质量整体良好，近 5 年不良贷款率均保持在 0.7% 以下，远低于同期各项贷款整体不良水平。绿色信贷每年支持绿色项目节约标准煤超过 4 亿吨，减排二氧化碳当量超过 7 亿吨。从投向来看，投向具有碳减排效益项目的贷款占整体绿色信贷余额的 66% 以上。在传统产业中绿色交通、可再生能源及清洁能源领域的投资规模最大，在战略性新兴产业中新能源、节能环保领域的投资规模最大。

二是绿色债券存量较大、增长迅速、评级较高。绿色债券已成为支撑我国金融机构绿色投放的重要金融工具。2016 年以来，国内绿色债券每年发行量均在 2000 亿元以上，发行规模稳步扩大，截至 2021 年第三季度末，绿色债券存量金额已超过 1 万亿元，位居世界前列，累计发行规模超过 1.9 万亿元，成为推动世界绿色债券增长的中坚力量。从质量来看，我国 88% 的绿色债券获得了 A 级以上评级，73% 的绿色债券获 AAA 级评级，发行主体质量优于债券市场整体水平。同时，发行利率稳步下降，融资期限逐步拉长，有力支持了绿色产业发展。

三是绿色金融创新产品种类多、效能强。中国银行间市场交易商协会推出了碳中和债、可持续发展挂钩债等品种。各金融机构围绕绿色产业特点，积极探索新型融资担保方式，先后推出了一系列绿色金融创新产品。商业银行绿色金融创新更是走在前列，成为金融业服务绿色发展的排头兵。如工商银行、中国银行等推出碳金融合约业务，较早进入了碳交易市场；

[①] 本文使用的绿色信贷、绿色债券等数据均为中国银保监会披露数据。

上海浦东发展银行绿色金融覆盖六大领域场景，包含十余种特色产品，形成了立体式、全流程、广覆盖的绿色金融服务体系。

根据清华大学气候变化与可持续发展研究院估算，预计按我国《绿色产业目录》口径的绿色低碳投资累计需求将达487万亿元，每年绿色投资需求超过4万亿元，占GDP的比重超过2%。展望未来，我国将加快推进"双碳"目标，低碳转型将全过程改造国民经济各领域，同时也将会产生巨大的融资需求，为金融业更好服务绿色发展提供更大的发展空间。

三、金融业服务绿色发展面临一系列挑战

尽管金融业服务绿色发展取得了积极成效，但相比发达国家，我国实现碳中和的时间更短、困难更多、任务更重[1]。我国绿色发展还面临不少问题和困难，金融业服务绿色发展也存在诸多挑战。

一是绿色金融标准界定不统一，制度法规不完善。我国绿色金融发展起步较晚，标准不统一，信息披露制度不健全，增加了金融机构的管理难度和成本，限制了绿色金融产品的流通。比如，在标准界定方面，有人民银行发布的《绿色债券支持项目目录》和国家发展改革委发布的《绿色债券发行指引》，但两者界定范围存在差异，易造成发行人及投资者的困惑，甚至引发监管套利行为。在绿色评级方面，也缺乏统一标准，导致各机构采集、计算和评估碳排放、碳足迹等信息存在偏差，在一定程度上阻碍了绿色发展领域投融资效率的提升。

二是绿色金融市场的主体参与度总体较低，发展不平衡问题较为突出。目前，我国绿色金融的市场主体主要是银行机构，其中六家大型国有银行的绿色信贷余额达6.27万亿元，占国内存量的一半以上，而大量中小金融机构参与度普遍较低。这也导致我国绿色金融产品的市场结构不尽

---

[1] 从减排量来看，根据丁仲礼院士的研究，如果将2060年"不得不排放"的二氧化碳设定为25亿~30亿吨，则需要在目前100亿吨的基础上减排70%~75%，挑战巨大；从减排时间来看，我国承诺从碳达峰到碳中和仅有30年时间，远低于欧美发达国家的50~70年。

合理，绿色信贷独大，绿色债券、绿色保险、绿色基金、碳金融等市场份额长期偏低。此外，我国绿色金融仍处于区域试点发展阶段，仅在浙江、江西、广东、贵州、甘肃和新疆六省（自治区）九地开展了改革尝试，其他地区的政策配套、宣传引导和绿色产业发展均存在不同程度的差异。

三是绿色金融在与国际对接方面面临挑战。当前，我国绿色金融标准与国际标准差异较大。波士顿咨询报告显示，我国绿色债券发行规模中不符合国际标准的高达43.9%。在金融业不断开放的背景下，我国绿色金融标准必将与国际标准加快对接，这将对国内金融机构快速理解和执行更高标准的国际绿色金融准则提出挑战。同时，经济结构特征也决定了当前我国金融机构发展绿色金融尚处于绿色资产积累和绿色业务能力提升的初期阶段，绿色金融在国际竞争中的优势并不明显。

四是绿色金融风险管理能力面临考验。从宏观经济角度看，绿色转型发展可能导致相关商品价格阶段性上升，推高通货膨胀水平，对经济潜在增长率也有一定影响，进而影响金融业经营环境。从金融市场角度来看，实体经济在加速绿色低碳转型的同时有可能形成规模较大的"搁浅资产"，进而导致金融机构不良资产增加，金融风险防控压力或将进一步加大。此外，农林牧渔、以生态环境为支撑的旅游，以及与这类旅游相关的零售、地产、交通等不少行业高度依赖生物多样性，因此金融业不仅面临生物多样性下降带来的物理风险，同时还面临保护生物多样性政策出台导致的转型风险，投资生物多样性相关行业的部分金融资产存在成为坏账或估值下降的风险。

四、金融业支持绿色发展的相关思考

（一）加强法治建设，为金融服务绿色提供良好的发展环境

一是立法先行，为金融业服务绿色发展提供有力的法律保障。建议在国家层面制定《绿色发展促进法》，明确绿色发展的基本概念、发展目标、

内容范畴、保障措施等，将绿色基建、绿色能源、绿色交通、生物多样性保护等重要关键领域纳入其中，并对现行法律法规中与绿色低碳发展不相适应的内容进行全面清理，加强现有法律法规间的衔接协调，更好推动绿色发展战略。同时，加快制定全国性的《绿色金融条例》，更好助力金融业服务绿色发展。目前，深圳已出台我国首部地方性专门法规，即《深圳经济特区绿色金融条例》，但全国性绿色金融法规尚处于探索阶段，建议进一步加快推进立法工作。此外，建议建立明确的责任追究机制，严惩"洗绿"等行为，提高绿色金融违法违规成本。

二是借鉴欧盟等国际先进经验，加快推动绿色金融标准体系建设。建议借鉴发达经济体先进经验，重点关注欧盟提出的"无重大损害"原则，构建统一、接轨国际的中国绿色金融标准体系，并在标准体系中强化与生物多样性相关的标准制定，更好推动金融机构开展绿色金融业务；也可学习新加坡金融管理局开发的绿色和转型活动分类目录，采用"红绿灯"系统，帮助市场参与者识别"绿色""黄色"（或过渡）和"红色"活动。同时，加快研究出台强制性的环境信息披露制度，建立完善的绿色核算和账户体系，进一步强化碳数据信息管理，明晰每笔绿色融资的碳足迹。另外，建议国家生态环境部专门设立碳监测局，健全电力、钢铁、建筑等行业领域碳排放统计监测和计量体系，构建全面系统的开放性碳排放数据库，更好支撑金融机构利用大数据支持各类绿色项目融资。

（二）加强政策激励，激发金融服务绿色发展的潜力

一是在中央和地方政府层面，建议尽早规划出台重点产业领域的长期减排路径和政策。根据减排目标任务，编制绿色产业和重点项目投融资规划，充分发挥政府投资引导作用，组织各金融单位及其他配套资源协同支持减排行动；持续完善担保、减税、贴息等方面的激励机制，推动降低绿色项目融资成本，积极调动社会资本参与绿色投资，进一步提升绿色融资的可获得性；探索构建以环保税、资源税和碳税为基础的绿税体系，利用绿税收入设立绿色补偿基金，对生态环境保护、企业绿色转型等行为进行

奖励和补偿；持续深化绿色金融改革创新示范区建设，进一步强化金融支持绿色低碳发展的资源配置、市场定价及风险管理，并逐步向全国推广；按照金融市场规律清晰安排碳排放总量目标、强度目标及碳中和实施路径，尽早实现能耗"双控"向碳排放总量和强度"双控"转变，深入推进碳金融市场建设；建立并不断完善全国碳金融市场服务网络，统筹处理好全国与地方碳金融市场的联动，推进全国与地方碳金融市场的融合；推动长三角地区成为碳金融发展引领示范区，有效发挥碳金融对低碳转型的促进作用。

二是在金融管理层面，建议将更多绿色产品纳入中央银行贷款便利的合格抵押品范围，并创设碳减排支持工具，激励金融机构为碳减排及低碳技术发展提供资金支持；通过做好机构评级、宏观审慎评估等加大对绿色金融和碳减排的支持力度，并持续完善金融机构绿色金融评价方案，以提升金融机构绿色金融绩效；研究降低绿色资产的风险权重，允许按照较低系数计算风险资产和计提风险准备；构建并持续完善ESG投融资指数，完善ESG评级和ESG信息披露，引导各类主体开展ESG投资，推动更多资金流向环境友好型企业，让金融成为助力可持续发展的关键要素；鼓励金融机构降低绿色消费信贷成本，引导居民绿色出行、绿色消费，推动居民生活向绿色低碳转变；积极引领金融机构加强对未来全球碳价机制、碳金融市场发展趋势的研究，为后续我国扩大参与国际碳市场积累经验。

(三) 树牢绿色发展理念，提升金融机构绿色金融服务能力

一是将绿色发展理念融入金融机构发展战略，提升服务绿色发展的意识。建议金融机构积极践行ESG理念，在总部层面设立绿色金融推进机制，董事会设立ESG专业委员会，并设立专门负责"可持续金融、绿色金融或ESG"的部门，将ESG及绿色发展理念全面融入企业发展战略和公司治理，推动形成绿色金融发展共识。在投融资决策中把环境保护摆到更为重要的位置，并将其作为自身履行社会责任的基本政策和评价经营绩效的重要标准，把握好经济利益和社会责任之间的平衡。同时，实行差异化考

核和激励政策，鼓励业务部门加强绿色金融供给，发挥金融对社会资源的引导和调配作用。此外，建议金融机构加强绿色金融与普惠金融的协同发展，探索建立碳减排风险共担机制和小微企业绿色发展基金，推进绿色供应链融资，支持小微企业发行绿色债券。

二是加大绿色产业支持力度，提高绿色资产占比，创新满足绿色融资的差异化需求。在扩大绿色资产规模方面，建议金融机构加快布局新能源、绿色建筑、低碳运输、节能环保等绿色产业，提高绿色资产比重；加大对石化化工、电力、钢铁等高碳行业绿色改造的金融支持力度，加快发展转型金融，优化资产结构。在此过程中，建议金融机构设立绿色资产规模的具体增长目标，坚持目标导向推动绿色资产规模扩张。此外，在数据成为生产要素的背景下，建议金融机构在加快自身数字化转型的同时，支持互联网、大数据等数字技术与各行业深度融合，提高各行业生产效率，降低能源消耗，推动经济绿色低碳发展。在产品创新方面，建议在继续大力发展绿色信贷、绿色债券的基础上，探索绿色保单、绿色基金、绿色信托等绿色金融创新产品。创新发展节能减排项目应收账款证券化、绿色资产支持票据等产品；研究推动绿色金融资产跨境交易，提高国内绿色金融产品流动性；丰富绿色保险产品，鼓励保险资金投资绿色领域；关注绿色消费领域的短板，强化对绿色消费金融产品的研发，从民生角度推动绿色发展。

三是积极跟进参与碳市场建设，大力发展碳金融。建议金融机构加大以碳排放权为基础的场内外衍生品创新开发力度，构建包括碳基金、碳信托、碳指数、碳远期、碳质押、碳回购等在内的碳金融产品体系，提高相关市场主体的融资可得性和风险管理工具的多样性；积极培育碳资产管理机构和专业投资者，帮助各类市场主体构建碳资产负债表，引导开展碳核算，更好推动碳市场交易，助力降低"绿色溢价"。部分绿色金融改革创新试点地区的机构可以尝试以中欧可持续金融分类共同标准作为产品贴标的基础，推出面向全球市场的中国碳金融产品。

(四）进一步推动国际合作，持续提升绿色金融风险管理能力

一是持续加强多边框架下的国际合作，推动形成更加开放务实的绿色发展。未来，可在中央银行与监管机构绿色金融系统网络(NGFS)、中欧可持续金融分类共同标准等绿色金融国际合作成果基础上，继续加强多边框架下的国际合作，共同探索建立具有更高国际认可度的绿色金融统一标准体系。加快推动金融业双向开放，畅通国际资金投资我国绿色金融市场的渠道，引导国际长期资金进入我国绿色金融市场，扩大我国金融业服务绿色发展的国际影响力；坚持落实习近平总书记提出的"开放、绿色、廉洁"三大理念，在开放中持续推动绿色技术、绿色装备、绿色服务、绿色基础设施建设等优质绿色低碳项目的国际合作，加快推动"一带一路"投资合作绿色转型，让绿色成为"一带一路"倡议的底色。同时，上海作为全球领先的国际金融中心，应发挥既有优势，积极打造全球绿色金融中心，吸引全球金融机构组建或扩大其在上海的绿色金融团队，助力上海加快打造成为连接国内国际的绿色金融枢纽，做全球绿色金融发展的积极参与者、突出贡献者，推动我国更好参与国际合作。

二是在开放环境中持续提升风险管理能力，处理好绿色金融发展与风险防控的关系。建议在推动绿色发展接轨国际的同时，更加关注金融机构向绿色资产和业务转型过程中的机构风险、技术风险、市场风险和国别风险，积极探索完备有效的绿色风险防控机制和体系。建议金融管理部门加快健全相关监管机制，形成宏观审慎评估和微观运营监管的协调，统一并完善有关监管规则和标准；及时评估环境变化对金融稳定和货币政策的影响，对金融机构定期开展气候压力测试和情景分析并系统分析环境变化影响，统筹好整体和局部、短期和中长期的关系，推动绿色转型建立在经济可承受的范围内；健全完善绿色担保机制和绿色金融动态跟踪监测机制，成立专业绿色担保机构，建立绿色项目风险补偿基金，分担绿色项目的部分风险损失。金融机构要加快提升识别绿色发展风险的能力，稳妥有序推动经济社会及自身的低碳转型；进一步加强绿色信贷和绿色债券违约风险

防范，充分发挥绿色股权融资作用，防止绿色项目杠杆率过高，确保项目资金可平衡、长期可持续；同时从区域、行业、企业和产品等多个角度把握好资产的风险分布，充分利用专业服务能力帮助受"3060"目标影响较大的企业及时转型，与客户一起提高风险隐患处置效率。此外，要高度重视国际沟通，加强国别风险管理。特别是要加强碳边境调节税、碳市场连通等问题的沟通协调，推动碳中和平稳发展，为金融业更好服务绿色发展营造稳定的外部环境。

（五）加强人才储备，为金融更好服务绿色发展提供强大的专业化人才保障

绿色人才在绿色发展中具有基础性、战略性和决定性作用，是最活跃、最能动的生产要素，对于绿色发展的顺利推进具有重要作用。为此，一方面，建议各级政府、各类企事业单位加快培养和引进推动绿色发展的专业人才，加大对研究型、应用型、技术型绿色人才的培养力度；在经济社会的能源与产业结构转型、消费和生活方式变革、绿色技术创新等领域的投融资方面，要更好地促进各类主体与金融机构的沟通对接，提升绿色发展与金融服务之间顺畅高效的联动能力。另一方面，金融机构要尽快推进绿色金融人才储备工作，创新绿色金融人才队伍建设机制，不断提升绿色金融专业人才的服务能力，稳固绿色金融发展根基，为服务绿色发展提供人才保障；在总部及分支机构组建专职绿色金融团队，负责绿色环保项目的市场分析、产品和服务方案的制定，以有效支撑绿色金融业务快速健康发展。

（郑杨系上海市政协常委、民商法学博士、上海国有资本投资有限公司副董事长、上海市地方金融监督管理局及上海市金融工作局原局长、上海浦东发展银行股份有限公司原董事长）

仲裁员提升国际化视野和素养的途径探究

陈易平

谈及仲裁员提升国际化视野和素养的途径，就要提及对于仲裁员资格的确定，无论是中国国际经济贸易仲裁委员会，还是广州仲裁委员会或是北京仲裁委员会，在评选仲裁员时，都有一定标准，在笔者看来，这些标准可总结为以下三个方面。

一是仲裁员要有专业能力。在金融、地产、国际贸易、货物贸易等不同的行业，仲裁员要对自己的专业及行业领域有所研究和掌握。

二是国际仲裁领域需要有国际视野。在国际仲裁的相关领域中，案件的当事人、案件的事实很可能来自不同的法域，适用的规则也是不同国家的规则，如果没有一定的国际视野，在沟通和文化交流上，不一定能准确地掌握案件的细节。

三是要有经验。在中国商事仲裁领域里，律师没有仲裁员强势，仲裁员对案件的主导性是很强的，这就更需要仲裁员具有一定的经验。

仲裁的好坏取决于仲裁员的好坏。在国际仲裁领域，仲裁员的国际视野，有可能会决定一个案件审理的好坏。一名仲裁员国际视野的养成需要很长的时间。有人说仲裁机构不是建成的，是养成的，笔者认为仲裁员也是养成的过程。

既然仲裁员是养成的，笔者就从养成开始分析。下面笔者将中国和美国主流法学院做对比，以纽约大学和中山大学为例，看他们的学历教育是怎么要求及课程是如何设置的。

纽约大学在国际仲裁方面设立了专业硕士,课程内容大部分集中在仲裁领域的各个细分学科,学制一年,还有一个专门的图书馆中心——国际仲裁资料中心。除了常规的课程,还鼓励学生选修商业课程。

我们再看一下中山大学。2021年初,教育部和司法部发布了一个新的硕士学位的种类,叫作涉外律师的专业硕士。以前法学院一般是国际司法、国际公法的专业硕士,从2021年开始,全国有十几个大学允许增设涉外律师专业硕士,其中中山大学是第一批,有30个名额。专业有必修课,必修课里是没有国际仲裁这门课的,但在选修课里找到了相应的模块,有一个指定选修课程,还有一个推荐选修课程。指定的选修课程包括国际投资、国际仲裁、国际民事诉讼、国际商事仲裁和调解。

2017年,江苏省律师协会做了一个调研,调研数据发现,涉外律师存在断层。什么叫断层?从年龄上来看,要么是"70后",要么是"90后","80后"是很少的,即使有也是1988年、1989年出生的。为什么会发生断层?笔者发现与有组织的培训有一定的关联性,因为江苏省律师协会从2006年开始,连续三年选拔部分优秀律师分批赴马里兰大学培训,每期培训为期3个月。所谓"70后"的涉外律师,基本上是这几年培训出来的。"马里兰项目"在2008年结束。一直到2015年,江苏省律师协会没有组织过类似的涉外律师培训。从2015年开始,项目培训出来的都是"90后"。因此,"80后"是断层的。由此可以发现,有组织的涉外法律培训对涉外律师人才和涉外仲裁人才的养成都是非常重要的。

除了培训,还有参加活动,这也是笔者积极参与各类相关活动的原因。要在这个"圈子"里工作,就要经常参加活动。笔者浏览了个别比较知名的涉外律师的微信公众号,把他2021年参加过的活动整理了一下,最近一次活动是11月12日,最早的一次活动是3月5日,他参加了很多的活动。想要不断地与时俱进,就要不断地参加活动。

无锡的地理位置是不太容易接触那么多的涉外业务的。即使这样,笔者早就意识到这个问题,大约从2015年开始,笔者就在这方面投入了很多。

在实践方面，国际仲裁的胜少败多，交易过程中90%是选择仲裁，仲裁中90%是选择外国仲裁机构，外国仲裁机构90%是败诉的，三个90%，这是一个现状。造成这个现状有两个原因：一是历史原因，仲裁制度和律师制度恢复至今已有42年；二是法律制度原因，我们都是大陆法系，仲裁往往依据的是普通法系，全球60%使用英国法，主要是英格兰和威尔士法。现在从政府到机构，律师协会都在强调这个问题，笔者认为这也是推动涉外仲裁的重大突破。

如果我们能不断地提升专业能力，特别是提升国际视野，相信中国仲裁员能将国际仲裁案件做得越来越好！

金融风险 防 范 篇

资管业务托管人法律责任研究报告

申 黎　闵人瑞　张宇涵

在资管产品的运作中，投资人、管理人与托管人构成了最为重要的参与主体。近年来，除了投资人以管理人违反合同或法定义务频繁起诉管理人要求其担责的案例，托管人作为资管业务中的重要参与者，其权责边界也逐渐在经受司法实践的考验。不同的行业自律机构对于托管人责任的界定是否属于共同受托责任也曾存在不同的意见。随着《全国法院民商事审判工作会议纪要》出台，对这一问题的认知逐渐趋于统一，即托管人与管理人均为资管合同中的受托人并对投资人承担勤勉、忠实义务，但基于托管人与管理人在资管产品运作中的地位、职责、担责方式的不同，二者分别承担了不同类别的受托人职责，不构成《中华人民共和国信托法》（以下简称《信托法》）意义上的共同受托人。尽管如此，实践中对于托管人的权责边界、担责尺度和赔偿比例等问题仍存在模糊。本文旨在从司法审判实践出发并结合案例，从资管产品的"募、投、管、退"四个方面分析托管人权责范围，进一步厘清托管人可能承担责任的类型、比例及考虑因素。

一、概　述

（一）托管人的定义

资管产品托管人，一般指具有托管资格的商业银行或其他金融机构作为独立的第三方，在资管产品服务过程中，履行法律规定和合同约定的托管职责，包括安全保管委托财产、根据管理人指令办理资金划转和清算交割、开展投资监督、履行信息披露义务等；在私募基金、信托集合计划、证券资管产品、保险资管产品等领域，托管人通常被赋予补充管理人信用和制衡管理人权力的功能。[①]

在分业经营、分业监管为主的架构下，因资管产品种类划分和监管规则的不同，托管人的称谓存在一定差异。例如，根据《信托公司集合资金信托计划管理办法》第二十一条规定，托管人在信托计划项下被称为保管人；根据《证券期货经营机构私募资产管理业务管理办法》第十三条规定，托管人又被称为托管机构；而根据《中华人民共和国证券投资基金法》（以下简称《证券投资基金法》）第三十六条规定，则又被称为托管人。因此，为行文方便，下文中将此类从事托管业务的机构统称为托管人。

（二）托管人的法定职责

在资管业务中，管理人往往为资管产品运作过程中的主角，而托管人相对来说较为"默默无闻"，但持有托管人牌照的通常是大型的商业银行及其他非银行金融机构，资金实力雄厚。因此在出现管理人失联等情况下，投资者可能会将目光转向托管人，要求托管人承担相应的责任。根据公开途径检索，近五年（2017年8月至2022年8月），托管人作为被告的案件数量（除了系列案）为113件，也确实印证了这一趋势。当下时点，恰好是对托管人权责边界内容予以厘清的合适时点。

在分业监管体系下，针对托管人职责的规定，往往散见于各类资管产品所各自适用的法律、部门规章、地方规范性文件及行业自律规则中，并无层级较高的法律法规文件统一规定，笔者将关于托管人职责的相关规定列举如下（见表1）。

---

① 洪艳蓉.论基金托管人的治理功能与独立责任［J］.中国法学，2019（6）.

表1 托管人职责的相关规定

文件名	发布机构及时间	效力层级	内　容
《证券投资基金法》（2015年修正）	全国人民代表大会常务委员会2015年4月24日发布	法律	第三十六条[①]：基金托管人应当履行下列职责： （一）安全保管基金财产； （二）按照规定开设基金财产的资金账户和证券账户； （三）对所托管的不同基金财产分别设置账户，确保基金财产的完整与独立； （四）保存基金托管业务活动的记录、账册、报表和其他相关资料； （五）按照基金合同的约定，根据基金管理人的投资指令，及时办理清算、交割事宜； （六）办理与基金托管业务活动有关的信息披露事项； （七）对基金财务会计报告、中期和年度基金报告出具意见； （八）复核、审查基金管理人计算的基金资产净值和基金份额申购、赎回价格； （九）按照规定召集基金份额持有人大会； （十）按照规定监督基金管理人的投资运作； （十一）国务院证券监督管理机构规定的其他职责。 第三十七条[②]：基金托管人发现基金管理人的投资指令违反法律、行政法规和其他有关规定，或者违反基金合同约定的，应当拒绝执行，立即通知基金管理人，并及时向国务院证券监督管理机构报告。 基金托管人发现基金管理人依据交易程序已经生效的投资指令违反法律、行政法规和其他有关规定，或者违反基金合同约定的，应当立即通知基金管理人，并及时向国务院证券监督管理机构报告。

[①] 《证券投资基金法》第三十六条。
[②] 《证券投资基金法》第三十七条。

续表

文件名	发布机构及时间	效力层级	内　容
《保险资产管理产品管理暂行办法》	中国银行保险监督管理委员会 2020年3月18日发布	部门规章	第十六条[①]：托管人应当履行下列职责： （一）忠实履行托管职责，妥善保管产品财产； （二）根据不同产品，分别设置专门账户，保证产品财产独立和安全完整； （三）根据保险资产管理机构指令，及时办理资金划转和清算交割； （四）复核、审查保险资产管理机构计算的产品财产价值； （五）了解并获取产品管理运营的有关信息，办理出具托管报告等与托管业务活动有关的信息披露事项； （六）监督保险资产管理机构的投资运作，对托管产品财产的投资范围、投资品种等进行监督，发现保险资产管理机构的投资或者清算指令违反法律、行政法规、银保监会规定或者产品合同约定的，应当拒绝执行，并及时向银保监会报告； （七）保存产品托管业务活动的记录、账册、报表和其他相关资料； （八）主动接受投资者和银保监会的监督，对产品投资信息和相关资料承担保密责任，除法律、行政法规、规章规定或者审计要求、合同约定外，不得向任何机构或者个人提供相关信息和资料； （九）法律、行政法规、银保监会规定以及产品合同约定的其他职责。

---

① 《保险资产管理产品管理暂行办法》第十六条。

续表

文件名	发布机构及时间	效力层级	内 容
《证券期货经营机构私募资产管理业务管理办法》（2018）	中国证券监督管理委员会 2018年10月22日发布	部门规章	第十三条[①]：证券期货经营机构应当将受托财产交由依法取得基金托管资格的托管机构实施独立托管。法律、行政法规和中国证监会另有规定的除外。 托管人应当履行下列职责： （一）安全保管资产管理计划财产； （二）按照规定开设资产管理计划的托管账户，不同托管账户中的财产应当相互独立； （三）按照资产管理合同约定，根据管理人的投资指令，及时办理清算、交割事宜； （四）建立与管理人的对账机制，复核、审查管理人计算的资产管理计划资产净值和资产管理计划参与、退出价格； （五）监督管理人的投资运作，发现管理人的投资或清算指令违反法律、行政法规、中国证监会的规定或者资产管理合同约定的，应当拒绝执行，并向中国证监会相关派出机构和证券投资基金业协会报告； （六）办理与资产管理计划托管业务活动有关的信息披露事项； （七）对资产管理计划财务会计报告、年度报告出具意见； （八）保存资产管理计划托管业务活动的记录、账册、报表和其他相关资料； （九）对资产管理计划投资信息和相关资料承担保密责任，除法律、行政法规、规章规定或者审计要求、合同约定外，不得向任何机构或者个人提供相关信息和资料； （十）法律、行政法规和中国证监会规定的其他职责。

[①] 《证券期货经营机构私募资产管理业务管理办法》（2018）第十三条。

续表

文件名	发布机构及时间	效力层级	内　容
《商业银行理财业务监督管理办法》	中国银行保险监督管理委员会2018年9月26日发布	部门规章	第五十一条[①]：从事理财产品托管业务的机构应当履行下列职责,确保实现实质性独立托管： （一）安全保管理财产品财产； （二）为每只理财产品开设独立的托管账户,不同托管账户中的资产应当相互独立； （三）按照托管协议约定和理财产品发行银行的投资指令,及时办理清算、交割事宜； （四）建立与理财产品发行银行的对账机制,复核、审查理财产品资金头寸、资产账目、资产净值、认购和赎回价格等数据,及时核查认购、赎回以及投资资金的支付和到账情况； （五）监督理财产品投资运作,发现理财产品违反法律、行政法规、规章规定或合同约定进行投资的,应当拒绝执行,及时通知理财产品发行银行并报告银行业监督管理机构； （六）办理与理财产品托管业务活动相关的信息披露事项,包括披露理财产品托管协议、对理财产品信息披露文件中的理财产品财务会计报告等出具意见,以及在公募理财产品半年度和年度报告中出具理财托管机构报告等； （七）理财托管业务活动的记录、账册、报表和其他相关资料保存15年以上； （八）对理财产品投资信息和相关资料承担保密责任,除法律、行政法规、规章规定、审计要求或者合同约定外,不得向任何机构或者个人提供相关信息和资料； （九）国务院银行业监督管理机构规定的其他职责。

---

① 《商业银行理财业务监督管理办法》第五十一条。

续表

文件名	发布机构及时间	效力层级	内　　容
《商业银行资产托管业务指引》	中国银行业协会2019年3月18日发布	行业规范	第十二条[1]：托管银行开展资产托管业务，应当根据法律法规规定和托管合同约定，承担下述全部或部分职责： （一）开立并管理托管账户； （二）安全保管资产； （三）执行资金划拨指令，办理托管资产的资金清算及证券交收事宜； （四）对托管资产的资产、负债等会计要素进行确认、计量，复核受托人或管理人计算的托管资产财务数据； （五）履行投资监督和信息披露职责； （六）保管托管业务活动的记录、账册、报表等相关资料； （七）法律法规明确规定的其他托管职责。 第十五条[2]：托管银行承担的托管职责仅限于法律法规规定和托管合同约定，对实际管控的托管资金账户及证券账户内资产承担保管职责。托管银行的托管职责不包含以下内容，法律法规另有规定或托管合同另有约定的除外： （一）投资者的适当性管理； （二）审核项目及交易信息真实性； （三）审查托管产品以及托管产品资金来源的合法合规性； （四）对托管产品本金及收益提供保证或承诺； （五）对已划出托管账户以及处于托管银行实际控制之外的资产的保管责任； （六）对未兑付托管产品后续资金的追偿； （七）主会计方未接受托管银行的复核意见进行信息披露产生的相应责任； （八）因不可抗力，以及由于第三方（包括但不限于证券交易所、期货交易所、中国证券登记结算公司、中国期货市场监控中心等）发送或提供的数据错误及合理信赖上述信息操作给托管资产造成的损失； （九）提供保证或其他形式的担保； （十）自身应尽职责之外的连带责任。

[1] 《商业银行资产托管业务指引》第十二条。
[2] 《商业银行资产托管业务指引》第十五条。

结合前述条文，托管人的职责分为积极义务和消极义务两大方面。所谓积极义务是托管人必须主动承担的义务，而消极义务意味着托管人不得从事的行为。

积极义务主要集中在产品的募集、投资、管理和退出四个阶段。其中，募集阶段的义务是开立托管账户，确保财产的独立与完整；投资阶段的义务包括监督管理人的投资行为是否符合合同约定或法律规定、根据管理人的指令进行交割等事宜；在管理阶段，托管人应履行安全保管、复核资产财务数据，履行相应的信息披露及严格按照法规、资管合同及托管协议的约定对投资行为的监督标准与流程进行制定，进而对资管合同生效后产品的投资限制、投资品类、投资范围、投资比例等进行严格监督；在退出阶段，托管人应参与清算，并且保存托管业务资料。

消极义务主要是指托管人不得进行利益输送、不得进行不正当竞争、不得挪用侵占资产、不得混同管理不同的托管资产、不得混同管理托管资产与托管人自有资产、不得参与托管资产的投资决策，以及其他法律法规及合同禁止的行为。

综合上述规定，在资管计划运作过程中从"募、投、管、退"四个阶段来看，托管人的核心义务主要集中在安全保管、投资监督两大方面，银行理财、信托计划、保险资管计划等其他资管产品项下托管人的职责略有差异，但通常不会有实质性区别。

（三）托管人的约定职责

除法律规定所赋予托管人的义务之外，资管合同或托管合同中对于托管人义务的约定也不容忽视。以资管产品中的私募基金为例，该类托管合同或托管条款通常参照《私募投资基金合同指引1号（契约型私募基金合同内容与格式指引）》进行拟定，我们注意到其具体的责任范围往往与托管人的法定义务较为相近。

需要注意的是，实践中如果管理人和托管人试图通过以合同约定的方式排除托管人的法定义务通常不会被支持。例如，在范某建、中国建设银行股份有限公司株洲湘江支行等合同纠纷一案中[①]，中信银行长沙分行作为托管人与华泰合伙企业签订《财产保管合同》约定"中信银行长沙分行作为合伙企业的财产保管人；由合伙企业的执行事务合伙人华泰基金公司进行本财产的投资运作，中信银行长沙分行负责财产的保管"。后查明，华泰基金公司以华泰合伙企业的名义非法吸收公众存款。投资人收到刑事退赔款后，认为其经济损失并未得到足额赔偿，故诉至法院，要求华泰基金公司赔偿其损失，并要求中信银行长沙分行承担连带责任。中信银行长沙分行辩称"我行与华泰合伙企业签订的是财产保管协议，且保管申明第三条已明确我行仅对其保管的合伙企业现金财产承担保管责任……"对此，湖南省株洲市中级人民法院认为，因为华泰基金公司募集基金向中信银行长沙分行提出申请时提交的申请表名为"中信银行长沙分行资产托管业务申请表"，故中信银行长沙分行是案涉基金的托管人，虽然双方签订的合同名为《财产保管协议》，只约定了中信银行长沙分行对现金财产承担保管责任，但"中信银行长沙分行应当依照法律法规的规定和托管协议的约定履行托管义务"。因此，托管人仍应按照法律规定履行相应的职责。

二、司法实践中托管人的涉诉情况

（一）托管人涉诉的基本情况

笔者分别以"托管机构""托管人""托管银行""托管行""保管行""托管"等为关键词，在威科先行数据库检索了2017年8月至2022年8月的民事判决书，托管人为案件当事人的案件共234件，其中系列案共121件，存在系列案最多的是中国建设银行股份有限公司株洲市分行、中信银行股份有限公司长沙分行等与郴州汉红股权投资基金管理有限公司、唐某平等侵权责任纠纷案[②]，共存在30个系列案。

---

① 详见（2021）湘02民终2127号，湖南省株洲市中级人民法院判决书。
② 详见（2019）湘02民终2404号，湖南省株洲市中级人民法院判决书。

此类资管争议中普遍存在投资人众多的现象，一旦出现纠纷，极可能引发群体性案件，这就导致涉托管人的案件存在大量的系列案。监管层面和司法实践中对于托管人的责任边界问题存在一定的争议，因此对于托管人责任边界的厘清是一个重要且急切的命题。

系列案经过滤后，剩余的113件案件的标的额整体较高。标的额在100万元以下的案件共计16件，占比为15%；标的额在100万~1000万元的案件共63件，占比为57%；标的额在1000万~1亿元的案件共23件，占比为21%；标的额在1亿元以上的案件共8件，占比为7%。由于资管产品纠纷中大多对投资人具有合格投资者的要求，故案件标的金额大多在100万~1000万元，要求管理人、托管人赔偿损失对本息进行兑付的案件数量较多。还有部分案件中，原告的诉讼请求为要求管理人、托管人履行信息披露义务，暂未将该类案件计入其中。

对于相关案件审理法院的级别，有13件案件的审级是高级人民法院，有49件案件的审级是中级人民法院，有51件案件的审级是基层人民法院。

对于相关案件的地域分布情况，收集到的113个案件分布在19个省（自治区、直辖市）。其中在广东审理的案件为25件，在北京审理的案件为22件，在山东审理的案件为21件，在上海审理的案件为9件，在浙江审理的案件为7件，在四川审理的案件为4件，在湖南、陕西、安徽、江苏审理的案件各3件，在天津、河南、吉林、甘肃审理的案件各2件，在江西、河北、福建、重庆、山西审理的案件各1件，相关案件主要集中在北京、上海、广州及东部经济发达地区。

（二）托管人参与案件的情况

在相关的113件案件中，托管人作为被告的案件共81件，占比为72%；托管人作为第三人的案件共26件，占比为23%；托管人作为原告的案件共6件，占比为5%。

托管人在资管产品运作的过程中，通常根据管理人的投资指令进行相关的行动，因此在托管人无明确违约行为的情况下可能会将其列为第三人帮助查明案件事实，故部分案件中投资人仅将托管人列为第三人，如上海长典资产管理有限公司等金融委托理财合同纠纷①，吉林郭尔罗斯农村商业银行股份有限公司与吉林众鑫化工集团有限公司、吉林省城市建设控股集团有限公司等合同纠纷②，山东天业国际能源有限公司、山东天业恒基股份有限公司与上海幽谷资产管理有限公司、山东天业房地产开发集团有限公司等民间借贷纠纷③等案件。

在托管人作为原告的案件中，通常托管人既是托管方也是投资方，例如，上海浦东发展银行股份有限公司合肥分行与上海华信国际集团有限公司合同纠纷案④，恒丰银行股份有限公司与山东泰山阳光集团有限公司等合同纠纷案⑤，广发银行股份有限公司、中山证券有限责任公司等与中国城市建设控股集团安徽有限公司等金融借款合同纠纷案⑥。

在托管人作为被告的81个案件中，47个案件的托管人为商业银行，占比为58%；34个案件的托管人为证券公司，占比为42%。综合来看，资管纠纷中作为被告的托管人通常为商业银行和证券公司。

（三）涉托管人案件的案由、责任承担情况及请求权基础

在相关案件中，案由为合同纠纷的案件最多，共35件；其次为委托理财合同纠纷，共19件；再次为金融委托理财合同纠纷，共15件；案由为财产损害赔偿纠纷的，共7件；案由为侵权责任纠纷的，共5件；案由为民间委托理财合同纠纷、借款合同纠纷、证券投资基金交易纠纷、民间借贷纠纷的，各4件；案由为债权人代位权纠纷，共3件；案由为营业信托纠纷、证券纠纷、信托纠纷的，各2件；案由为质押式证券回购纠纷、证券交易合同纠纷、委托合同纠纷、储蓄存款合同纠纷、票据纠纷、合伙

---

① 详见（2022）鲁民终305号，山东省高级人民法院判决书。
② 详见（2018）吉民初79号，吉林省高级人民法院判决书。
③ 详见（2019）沪74民终920号，上海金融法院判决书。
④ 详见（2019）皖01民初1717号，安徽省合肥市中级人民法院判决书。
⑤ 详见（2017）鲁01民初1368号，山东省济南市中级人民法院判决书。
⑥ 详见（2018）皖民初35号，安徽省高级人民法院判决书。

企业纠纷及损害赔偿纠纷的,各1件。

在托管人作为被告的81个案件中,仅有6个案件法院判决托管人承担一定的责任,而在剩余的75个案件中,托管人并未承担任何责任,比例高达93%;在部分案件中,法院认为投资人并未提供证据证明托管人存在任何违约或侵权行为;还有部分案件,法院判定托管人在"募投管退"四个阶段已经合理地尽到了自己的义务,不应承担责任(见图1)。

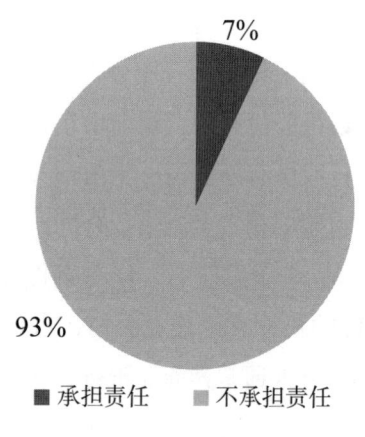

图1 托管人作为被告案件的担责比例

在托管人承担责任的6个案件中,其中法院判决托管人就投资者的损失承担补充赔偿责任的有4件,法院判决托管人就投资者的全部损失与管理人承担连带责任的有1件,另有1件是由管理人起诉要求托管人承担委托合同项下的违约责任。

在托管人作为被告的81个案件中,原告的请求权基础为侵权的共28件,占比为35%;原告的请求权基础为违约的共53件,占比为65%,由于对托管人存在违约行为的举证较存在侵权行为相对简单,故实践中大多数投资人选择以托管人违约作为请求权基础提起诉讼(见图2)。

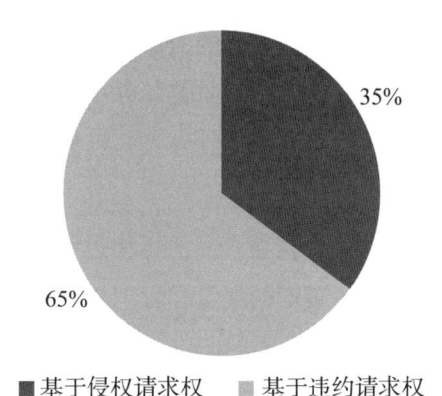

图 2 托管人作为被告案件的请求权基础

三、托管人法律责任认定的相关问题分析

（一）托管人是否属于《信托法》项下的共同受托人

《信托法》第三十一条对共同受托人的定义作出了规定：同一信托的受托人有两个以上的，为共同受托人。共同受托人应当共同处理信托事务，但信托文件规定对某些具体事务由受托人分别处理的，从其规定。《信托法》第三十二条对共同受托人的担责方式作出了规定：共同受托人处理信托事务对第三人所负债务，应当承担连带清偿责任。第三人对共同受托人之一所作的意思表示，对其他受托人同样有效。共同受托人之一违反信托目的处分信托财产或因违背管理职责、处理信托事务不当致使信托财产受到损失的，其他受托人应当承担连带赔偿责任。

因此，倘若托管人被认定为与管理人构成共同受托人，则存在与管理人承担连带责任的风险。管理人和托管人是否构成共同受托人是认定司法实践中托管人应当承担何种责任的关键。根据《信托法》第三十一条所述，管理人与托管人构成共同受托人的前提是共同处理信托事务。笔者理解，共同受托义务的确定，应首先建立于共同处理之上，即使在具体事务的分配上数个共同受托人之间义务不同，但相关义务的分配仍应满足共同的方向一致原则，即多数义务类型及内容的内部制约关系及重叠[①]。

基于上述理解，笔者认为从资管产品运作中管理人和托管人的职责范围、运作地位及担责方式综合考量，托管人与管理人尚不构成《信托法》项下的共同受托人。

首先，管理人和托管人在资管产品的运作过程中承担的职责不同。从资管产品的运作方式来看，资产的托管和管理相分离是资产管理的一项基本原则[②]，明确了托管人和管理人的职责分离、相互独立，且形成一定的相互制衡及监督的运作机制，该原则已经得到了法律的确认和广泛实践。根据《证券投资基金法》《信托法》等法律法规的相关规定，托管人作为资管财产的保管者和监督者，在资管产品运作中的义务主要集中在安全保管、投资监督两大方面；而管理人的核心义务则集中在依法募集、作出投资决策并全程勤勉尽责管理运作等几个方面[③]，因此管理人和托管人应当分别履行各自的职责，显然与共同受托人共同处理信托事务的原则不同。

其次，管理人和托管人在资管产品运作中的地位不同。从《信托法》第三十一条的条文释义对共同受托人的阐释来看，共同受托人应当平等、共同享有受托人权利，共同受托人之间没有先后顺序、没有主从关系、没有份额关系。而从托管制度的起源来看，托管业务是为了解决基金投资人与管理人之间的"非对称信息"及可能的利益冲突而诞生，托管业务诞生之初就是为投资人监督管理人而设置的制衡机制，而非与管理人平等、共同行使受托人职责。在"管理—托管"的结构设计下，托管人与管理人依据各自的分工行使不同的职责，管理人在资管活动中居于核心地位，托管人居于辅助地位，二者不构成平等、共同的受托人地位。

最后，二者的担责方式不同。《信托法》第三十二条明确规定，共同

[①] 马琳，王靓. 私募基金托管人如何在风险事件中确定责任边界.[EB/OL]（2019-09-12），虹桥正瀚律师微信公众号.

[②] 王悦，赵久光，张昕，杨诗翰. 私募基金托管人法律责任系列之二：托管人和管理人是共同受托人么？[J/OL]. 环球研究，2020-08-05.

[③] 王囡囡，李欣怡，徐丹妮.《九民纪要》语境下谈资管业务之五：托管法律地图及托管人责任边界解析（下）[J/OL]. 金杜研究院，2019-12-16.

受托人应当对违反信托义务的行为承担连带责任。但我国无论从立法层面或是司法层面，都认为管理人和托管人应当对其各自的行为负责，只有其实施了共同侵害的行为，基于《中华人民共和国侵权责任法》（已废止）的基本原理，管理人和托管人才应承担连带责任。例如，《证券投资基金法》第一百四十五条规定："基金管理人、基金托管人在履行各自职责的过程中，违反本法规定或者基金合同约定，给基金财产或者基金份额持有人造成损害的，应当分别对各自的行为依法承担赔偿责任；因共同行为给基金财产或者基金份额持有人造成损害的，应当承担连带赔偿责任。"在司法实践中，法院也较少地判决管理人和托管人承担连带责任。

综上所述，由于管理人和托管人承担的职责不同、所处的法律地位不同及责任承担方式不同等原因，二者不当然地构成共同受托关系。

该观点在司法实践中也得到证实。例如，在曹某与吉林省信托有限责任公司（以下简称吉林信托）、中国建设银行股份有限公司山西省分行（以下简称建行山西分行）合同纠纷一案[①]中，原告曹某称其母亲代其认购吉林信托设立的信托计划，而吉林信托销售信托计划时未对投资人的资质进行适当的审核，违背了专业金融机构应有的职业道德。而该信托计划的托管人建行山西分行作为共同受托人应当共同承担连带赔偿责任。

对此，吉林省高级人民法院认为，本案中吉林信托与原告曹某是案涉信托合同的双方当事人，吉林信托是信托计划的受托人，建行山西分行是资管计划的资金代收付行和保管行。根据《信托公司集合资金信托计划管理办法》第十六条"信托公司委托商业银行办理信托计划收付业务时，应明确界定双方的权利义务关系，商业银行只承担代理资金收付责任，不承担信托计划的投资风险"的规定及其与吉林信托之间的约定，不足以认定建设银行山西分行是案涉信托计划的共同受托人。故对于原告主张建行山西分行作为共同受托人从而应当承担赔偿责任法院不予支持。因此，在实践中，资管产品的管理人和托管人并不会当然地被认定为共同受托人从而

---

① 详见（2018）吉民初2号，吉林省高级人民法院判决书。

承担连带责任。

（二）托管人在募集阶段的责任

资管产品管理人开展募集活动时多为管理人自行募集或管理人委托募集。除非托管人兼任代销机构的情况下，托管人一般不参与募集阶段的工作。管理人通过募集账户将所募集的资金转入专门设立的托管账户，并向托管人提交份额确认书等文件，由托管人进行核实。托管协议或托管条款通常会约定，托管人履职的前提是上述开户、核实等步骤已经完成。但是在司法实践中，已经形成倾向性观点认定基金托管人对于基金设立前的募集工作仍具有一定程度的监督与审核义务，违反相应法定或约定的监督职责应承担赔偿责任。在募集阶段，托管人因违反法定或约定义务而担责的情形分析如下。

1.托管人因未审查资管产品是否成立而承担补充赔偿责任。

实践中，资管合同往往对资管产品的成立条件予以约定，例如，"投资者达到约定人数"或"募集财产达到一定规模"等。一般情况下，如果资管产品无法达到成立条件，管理人需将已募集的资金及时退还至投资人名下。因此，托管人应当根据资管合同审查资管产品成立的条件，避免在产品未成立的情况下执行管理人的投资指令，影响资金的正常退还。

在中国民生银行股份有限公司与李某洁合同纠纷一案中[1]，原告李凌洁诉称"按照合同约定，基金若要成立，投资者交付的认购金额合计不得低于3500万元，并约定对目标公司投资的总额度为5600万元，资金的存续期限为基金成立之日起18个月。截至2018年3月30日，基金投资者交付的认购金额仍然没有达到3500万元的标准，且基金的存续期限已经到期……中泰富公司在基金本来不能成立的情况下用未足额募集的认购资金投资至目标公司……在此情况下，中泰富公司作为基金管理人，应当按照合同约定向原告返还投资本金100万元，并向原告支付相应的利息""民

---

[1] 详见（2018）粤03民终16126号，深圳市中级人民法院判决书。

生银行是基金的托管银行,理应对基金的设立和运营承担监管责任,但其在明知基金设立条件未达到的情况下仍配合中泰富公司将300万元转给被投资方,构成共同侵权,也应承担连带赔偿责任。"

对此,深圳市中级人民法院认为:"在基金存续期已到期的情况下,基金投资者交付的认购金额合计仍远低于3500万元的标准,按照上述合同约定,涉案基金的成立条件并未成就,基金托管人不能履行职责,且基金管理人应当依约返还投资者已缴纳的款项。但是,民生银行作为基金托管人,明知或应当知道基金成立条件远未成就,却未能按照上述法律、部门规章的规定及合同约定履行监督职责,及时提示基金管理人违规风险,依法履行通知基金管理人等程序,也未跟进基金管理人的后续处理,仍然按照基金已正常成立的情况执行基金管理人的投资指令。"因此,法院认为托管银行作为托管人,已经与案涉基金在法律及合同层面存在监督管理关系,对主责任人即管理人的债务不履行行为具有一定的过错,酌定托管人对投资者的损失承担15%的补充责任。

2.托管人因未审查资管产品是否备案而承担连带赔偿责任。

在中国光大银行股份有限公司北京分行(以下简称光大北京分行)等与陈某萍委托理财合同纠纷案中[①],原告陈某萍与被告启明乐投公司、光大北京分行签订了《启明乐投—光大银行—酉晨3号专项资产管理计划资产管理合同》,该合同明确约定"自中国证监会书面确认之日起,资产管理计划备案手续办理完毕,资产管理合同生效",但案涉私募基金募集完毕后,管理人启明乐投公司"未向中国证券监督管理委员会备案,也未向中国证券投资基金业协会备案"。在案涉资管计划未备案的情况下,启明乐投公司与五矿国际信托有限公司签订《五矿信托—睿智进取证券投资集合资金信托计划资金信托合同》,认购1200万元份额,后启明乐投公司向光大北京分行发出电子指令信息,要求光大北京分行将1200万元划入五矿国际信托有限公司的账户。对此原告陈某萍主张光大北京分行应当"审

---

① 详见(2019)京02民终8082号,北京市第二中级人民法院判决书。

查启明乐投公司业务资质与备案情况,在发现启明乐投公司的投资指令违反法律、行政法规的有关规定,或者违反基金合同的约定时,应当拒绝执行",但光大北京分行在基金没有成立的情况下执行了管理人的投资指令,给原告造成了损失,因此托管人光大北京分行应当与管理人承担连带赔偿责任。

对此,北京市第二中级人民法院认为"资产托管人应当掌握备案情况,并在未备案时,拒绝执行指令。此外,光大北京分行关于安全保管资产管理计划财产的义务贯穿于整个合同始终,该义务不应仅局限于对启明乐投公司发生的指令进行审查,还须包括对启明乐投公司是否已获得独立管理和运用资产管理计划财产的权利、是否获得向光大北京分行发生指令的权利进行审查",北京二中院认为"托管人在资产管理计划未备案的情况下依据管理人的指令将所监管的资金汇出,须承担一定的违约责任"。因此,法院认为托管人有义务对基金是否符合成立要件进行审核。

3.托管人因未审查资管产品管理人是否备案而承担补充赔偿责任。

在中国建设银行股份有限公司株洲市分行、中信银行股份有限公司长沙分行等与郴州汉红股权投资基金管理有限公司、唐某平等侵权责任纠纷一案中[①],经法院审理查明"被告汉红基金公司在未经有关部门依法批准,也未经有关部门依法备案的情况下,违反政策规定,未实际确定投资项目,对投资者不经审查……在被告建设银行株洲分行下属支行客户经理的推介下,该案原告唐某平于2013年11月11日在建设银行株洲分行营业厅与被告汉红基金公司签署《优先级有限合伙人入伙协议》。该协议主要约定:原告自愿成为湖南汉红弘新投资管理中心(有限合伙)的优先级有限合伙人。普通合伙人为汉红基金公司,执行合伙人为汉红基金公司……此后,湖南汉红弘新投资管理中心(甲方)与光大银行股份有限公司长沙分行(乙方)签订《投资基金托管协议》。约定:甲方委托乙方担任基金托管人……"后发现汉红基金公司利用合伙企业非法吸收公众存款。对此,投资人主张

---

① 详见(2019)湘02民终2404号,湖南省株洲市中级人民法院判决书。

光大银行作为托管人应当与汉红基金公司承担连带责任。

对此，一审法院湖南省株洲市天元区人民法院判决认为"被告光大银行长沙分行未提供充分证据证明其在与湖南汉红弘新投资管理中心（有限合伙）签订基金托管协议时对汉红基金公司及湖南汉红弘新投资管理中心（有限合伙）的运作是否合法合规进行了合理审查"。二审法院湖南省株洲市中级人民法院进一步补充"卖者尽责、买者自负的适当性义务给予托管人非常严格的法定责任，金融消费者的投资资金一旦进入了金融管道，金融产品的销售者和服务者的风险责任便已存在"。在该案中，法院认为托管人首先应负有保障基金财产安全性的义务，其次对基金管理人的投资运作行为也负有监督的义务。案涉基金托管协议签订之后，托管人未妥善履行上述监督管理义务，因此认定托管人在对该基金资金托管过程中存在过失。法院最终认定托管人对投资人的损失存在过失，需要承担40%的补充赔偿责任。

但也有观点认为，现行法律法规并没有设定托管人在募集阶段的审查义务。通常地，托管人在签署托管文件并取得托管资金时往往会对相关文件进行形式审查，而不会进入实质审查的范畴。故在托管人妥善履行了形式审查义务，且没有存在明显违反法律规定及合同约定的情形时，裁判机构往往不会要求托管人对管理人的违规募集等行为承担责任。

持此观点的判决，例如，在孙某园与中国农业银行股份有限公司绍兴越城支行侵权责任纠纷一案中[1]，原告孙某园认为中国农业银行股份有限公司绍兴越城支行在绍兴百泰投资基金的募集过程中存在重大过错，其中一方面在于"绍兴百泰投资基金未经备案，中国农业银行股份有限公司绍兴越城支行明知其违规，但仍继续托管"，对此绍兴市中级人民法院认为"对于绍兴百泰投资基金未经备案的事实及违法募集的行为，因被上诉人为绍兴百泰股权投资合伙企业托管账户的托管人，其义务仅依据托管协议对合伙企业托管账户进行审慎托管，而对绍兴百泰投资基金的资质并无审

---

[1] 详见（2016）浙06民终4190号，绍兴市中级人民法院判决书。

查义务，对绍兴百泰投资基金的募集行为也无监管义务"。因此，该案中法院认为如没有特别的约定，托管人对资管产品的相关资质、募集行为并不负有法定的审查、监管义务。

在叶某明与恒丰银行股份有限公司财产损害赔偿纠纷一案中[①]，投资人主张根据《基金合同》的约定"基金财产可以开始托管运作的前提是募集期届满，基金符合成立条件且恒丰银行（托管人）确认资金到账。"现案涉基金募集期尚未届满，基金尚未成立之时，托管人便对基金账户中的资金进行了划转，因此要求托管人恒丰银行对此承担责任。对此山东省高级人民法院认为"依据现有合同签订情况，恒丰银行与案涉基金产生的权利义务，是通过案涉托管协议确定。托管协议并未对基金成立的条件进行过约定。而恒丰银行与富隆公司签订的基金合同，在内容上缺失作为重要合同当事人的投资人的相关信息，在合同生效条件上也因缺少投资人订立而不可能生效，该基金合同不能作为恒丰银行权利义务的依据"，因此《基金合同》约定的基金运作条件不对恒丰银行生效，故恒丰银行不存在侵害投资人利益的行为。

在杭州中观投资管理有限公司、恒丰银行股份有限公司委托合同纠纷一案中[②]，管理人作为原告，以托管人拒绝在需由投资人、管理人和托管人三方签字盖章才能生效的合同上盖章为由要求托管人承担责任。托管人辩称其拒绝盖章的原因是"因发现原告合同管理混乱，从而拒绝盖章"。对此，烟台市中级人民法院认为，根据相关法律规定及案涉《托管协议》的约定，被告恒丰银行作为托管人包含的职能主要包括"审核管理人指令的形式有效性、审核指令要素的形式齐备性及审核指令载明的投资用途是否符合合同约定的投资范围，但托管人对基金的相关资质、募集行为并不负有法定或约定的审查、监管义务。""托管人的职责范围应当以相关法律的明确规定及基金合同、托管合同的具体约定为限……法律法规并未设定托管人在募集阶段的审查义务……"，因此法院认为虽然从忠于投资人

---

① 详见（2020）鲁民终2775号，山东省高级人民法院判决书。
② 详见（2020）鲁06民终2522号，烟台市中级人民法院判决书。

的角度托管人对加盖其印章的合同进行管理具有合理性,但是托管银行不能以此为由拒绝加盖印章。

因此,司法实践中针对募集阶段托管人的责任问题存在争议,但法院通常认为如果案涉资管合同中明确约定了合同成立或基金成立的条件及托管人对于资管产品的成立、备案等相关的募集行为具有审查的义务等内容,托管人未履行该义务时将承担一定的责任。

(三)托管人在投资阶段的责任

在投资阶段,托管人的主要义务包括:一是安全保管托管账户内的财产,确保资管产品的财产与管理人、托管人的固有财产相互隔离;二是审核资金投向是否符合合同约定,同时划转相应资金;三是按照合同约定对资管产品的资产进行估值核算,并形成托管报告。托管人可以要求管理人提供相关投资指令,以及涉及的交易凭证或其他会计资料,来判断投资指令的合规性和有效性。

1. 对于投资指令的审查标准。

根据《商业银行资产托管业务指引》第二十二条规定:"……相关当事人应当提供监督所必需的交易材料等信息,并确保所提供的业务材料完整、准确、真实、有效,托管银行对提供材料是否与合同约定的监督事项相符进行表面一致性审查。"除此之外,托管人还应当对投资指令是否符合法律法规等相关规定进行审核。根据《证券投资基金法》第三十七条的规定:"基金托管人发现基金管理人的投资指令违反法律、行政法规和其他有关规定,或者违反基金合同约定的,应当拒绝执行,立即通知基金管理人,并及时向国务院证券监督管理机构报告。"

在杭州中观投资管理有限公司、恒丰银行股份有限公司委托合同纠纷一案中[①],烟台市中级人民法院认为"被告恒丰银行作为基金托管人,其职权包含三大部分内容:一是审核管理人指令的形式有效性,包括核对指

---

① 详见(2020)鲁06民终2522号,烟台市中级人民法院判决书。

令加盖印鉴与预留的授权人员印鉴的形式一致性,以确保指令是管理人发出;二是审核指令要素的形式齐备性,包括划款资金数额、账号信息、用途等,以确保指令可执行;三是审核指令载明的投资用途是否符合合同约定的投资范围"。

在杜某与深圳市金色木棉投资管理有限公司等金融委托理财合同纠纷一案中①,因案涉私募基金的投资标的出现兑付困难导致私募基金多次延期,投资人主张托管人未尽到投资监督的义务,对管理人的投资指令未进行审核,导致投资人损失。对此济南铁路运输中级人民法院认为"恒丰银行监督金色木棉公司的投资运作,但并不负责委托资产的投资管理和风险管理,不承担对委托资产所投资项目(或标的)的审核义务",只要管理人的投资指令符合合同的约定且不存在违法违规的行为,则托管人应当执行,由此造成的损失不应由托管人承担责任。

根据上述规定及笔者检索的现有司法案例来看,托管人对于投资指令的审查范围目前限于是否符合基金合同的约定及相关法律法规的规定,但不及于投资标的及项目的真实性,仍然属于形式审查的范围。

2.对托管财产的安全保障义务。

托管人仅在其可控范围内对投资事项进行监督。托管人对于已从托管账户划转出去的财产,或处于托管人实际控制之外的财产均不负有妥善保管的义务。从《证券投资基金法》第三十六条第一项"安全保管基金财产"和第二项"按照规定开设基金财产的资金账户和证券账户"的托管职责来看,也可以认为二者在逻辑上存在补充关系,而结合实践中基金托管人履行托管义务的运作模式(通过银行托管账户监督管理人的投资运作),可以得出基金托管人妥当保管基金财产的义务仅针对其实际控制的账户的结论。

在陈某与上海云枫股权投资基金管理有限公司、华泰证券股份有限公司财产损害赔偿纠纷一案中②,深圳市福田区人民法院认为投资人的投资

---

① 详见(2021)鲁71民初62号,济南铁路运输中级人民法院判决书。
② 详见(2018)粤0304民初31073号,深圳市福田区人民法院判决书。

款由外包机构的募集专户转向投资标的,并未进入托管账户,故该笔款项"不属于托管人的监管范围",从而判决托管人无须承担责任。

(四)托管人在管理阶段的责任

1.托管人因未履行基金报告复核、信息披露义务而承担连带赔偿责任。

在投后管理阶段,由于托管人已经按照管理人的指示将财产从托管账户中转出,资管财产已经脱离了托管人的控制,托管人不再是资管财产的保管者,也无法控制资金的流向,故托管协议一般会约定此时托管人不再承担安全保管职责。但是在该阶段,并不意味着托管人可以脱离法律规定及合同约定的职责,包括但不限于信息披露、对于财务会计报告等出具意见、复核资管财产净值等职责。

在宋某晶、杨某兰与国泰君安证券股份有限公司委托理财合同一案中[1],基金托管人接收了投资人交付的投资款后,未能提供尽到托管人勤勉义务的相关证据,也未对托管基金的投资记录、收益分配、赎回情况作出说明,没有相应证据能够证明其已经按照法律规定及合同约定向投资人履行了基金报告的信息披露、复核等义务,特别是在中国证券投资基金业协会公告基金管理人失联(异常)状态、案涉基金未披露月报的情况下,仍未能尽到审查基金资产净值,监督投资运作,召集投资者代表大会等义务,因此山东省临沂市罗庄区人民法院认为"托管人未履行基金托管人的任何重要义务,属于严重失职或者积极帮助行为,造成投资者投资款损失,依法应承担民事赔偿责任",最终法院判决托管人对投资人的损失承担连带赔偿责任。

2.托管人未及时进行止损操作不必然承担责任。

对于止损操作,根据《证券投资基金托管业务管理办法》的规定,托管人需承担的是在管理人违规情况下的风险揭示义务,如果托管人已经尽到了该等义务,对于管理人的止损操作本身导致的损失,托管人并不必然

---

[1] 详见(2020)鲁1311民初180号,山东省临沂市罗庄区人民法院判决书。

承担责任。

在程某民与中信建投证券股份有限公司委托理财合同纠纷一案中[①]，投资者认为托管人在知晓基金净值跌破止损线的时候应当制止管理人继续投资，而且应该进行平仓处理，因托管人未实施这些行为给投资者造成的损失，托管人应当承担责任。对此，法院认为相关法律法规并未赋予托管人"主动进行止损操作的义务，且基金合同也未约定托管人有督促管理人进行止损操作或托管人可以主动止损操作的义务。且托管人在知晓基金净值跌破止损线时也履行了相应的通知行为"，因此北京市东城区人民法院认为托管人并不存在违规行为，不应因此承担责任。

在陈某称与深圳市润沣投资管理有限公司、华泰证券股份有限公司合同纠纷一案中[②]，深圳市龙岗区人民法院认为托管人对于案涉基金的监督限于法律规定及合同约定的范围，其在案涉基金份额净值跌破止损线后无权代理管理人作出基金资产变现等实际操作基金的行为。并且托管人仅负有在基金份额净值跌破止损线后对管理人的提示义务，在托管人已经妥善履行该通知义务的前提下，投资人无权要求托管人承担未进行止损操作的责任。

（五）托管人在清算退出阶段的责任

目前，相关法律法规并未规定托管人在资管产品退出阶段有召集或组织清算的义务，而根据《证券投资基金法》第八十三条第一款和《证券投资基金托管业务管理办法》第二十三条规定，托管人负有的是在管理人缺位的情况下召集份额持有人大会的义务。通常地，基金合同中会明确约定托管人是否负责组织并开展清算工作，倘若资管合同中没有明确约定托管人负有清算义务时，实践中托管人往往无须为未组织清算而承担责任。

在莫某东与深圳市金色木棉投资管理有限公司、恒丰银行股份有限公

---

① 详见（2021）京 0101 民初 15068 号，北京市东城区人民法院判决书。
② 详见（2019）粤 0307 民初 13462 号，深圳市龙岗区人民法院判决书。

司民间委托理财合同纠纷一案中[1]，济南铁路运输中级法院认为，基金合同中倘若约定的是由管理人承担组建清算组的责任、托管人仅为清算组成员时，投资人无权以托管人应履行组建清算组义务而未履行为由，主张其承担违约责任。

在马某宏与江苏壹泽资本投资管理有限公司、杨某等金融委托理财合同纠纷一案中[2]，扬州市邗江区人民法院认为，虽然该案出现了基金份额净值低于止损线从而导致案涉基金应当提前终止清算的情形，但基金合同中并未约定在此情况下被告东海证券公司作为托管人负有发起设立清算组的义务，故托管人无须因未发起设立清算组而向投资人承担赔偿责任。

（六）托管人的责任承担

1. 投资人请求托管人承担责任的请求权基础及责任形态。

如果托管人承担责任的基础源于合同，从合同关系的视角来看，资管合同中通常对于管理人和托管人各自享有的权利及分别应当履行的职责和义务作出明确的约定，投资人可依据合同向管理人和托管人主张权利。此时，由于管理人和托管人之间不存在共同的权利义务，因此投资人若以违约作为请求权基础时，难以要求管理人和托管人承担连带责任。

如果托管人承担责任的基础为侵权，从侵权关系的视角来看，将管理人、托管人各自或者共同实施的行为视为侵权行为，由于侵权责任的承担不以是否具备共同权利义务为基础，投资人既可以主张管理人和托管人就各自实施的侵权行为各自承担责任，也可主张管理人和托管人就共同实施的侵权行为承担连带责任。

2. 托管人承担补充赔偿责任的司法实践。

通过梳理公开裁判案例并结合笔者的实务经验，在投资人同时向托管人和管理人主张权利时，除了部分案件中认定托管人与管理人承担连带责任，司法实践中也已出现了由托管人对投资人因管理人不能清偿债务所受

---

[1] 详见（2020）鲁71民初147号，济南铁路运输中级法院判决书。
[2] 详见（2018）苏1003民初2116号，扬州市邗江区人民法院判决书。

损失承担补充责任的司法裁判观点。

如在前文提及的光大北京分行等与陈某萍委托理财合同纠纷一案中，北京市第二中级人民法院认为托管人提交的证据材料不足以证明其履行了对资金的监管义务，因此应当承担一定的违约责任。根据《最高人民法院关于适用〈中华人民共和国担保法〉若干问题的解释》（已废止）第二十六条规定："第三人向债权人保证监督支付专款专用的，在履行了监督支付专款专用的义务后，不再承担责任。未尽监督义务造成资金流失的，应当对流失的资金承担补充赔偿责任。"托管人在合同中负有的安全保管资产管理计划财产的义务，类似于该条款中第三人向债权人所承担监督支付专款专用的义务，故法院参照适用该条款，认定托管人向投资人承担补充赔偿责任。

在中国民生银行股份有限公司与李某洁合同纠纷一案中，深圳市中级人民法院认为"民生银行作为基金托管人，明知或应当知道基金成立条件远未成就，却未能按照上述法律、部门规章的规定及合同约定履行监督职责，及时提示基金管理人违规风险，依法履行通知基金管理人等程序，也未跟进基金管理人的后续处理，仍然按照基金已正常成立的情况执行基金管理人的投资指令"，因此法院认为托管银行作为基金托管人，与涉案基金的运行存在法律上和合同上的监督管理关系，对主责任人基金管理人的债务不履行行为具有一定的过错，因此判决托管人对投资者的损失承担15%的补充责任。

3. 托管人承担补充赔偿责任的考量因素。

结合既有的司法案例及笔者的实务经验，笔者发现即便将案件定性为合同纠纷，裁判机构往往仍会将过错作为托管人责任承担的考量因素之一。在认定托管人是否承担补充责任时，通常考虑的因素包括：第一，托管人是否存在违约、侵权行为，是否已经按照合同约定及法律规定履行了保管基金财产、监督基金管理人的投资运作等义务；第二，托管人在履职过程中是否存在过错及具体过错程度；第三，托管人相关行为与投资人的损失之间是否存在因果关系；第四，在发现管理人违规违约时，托管人是否已经尽到通知提示义务，并采取合理的措施防止损失进一步扩大等。在确定具体的补充责任范围时，裁判机构也会基于公平原则，综合考虑托管人与管理人承担的权责范围相互独立，过错与责任相适应，不过分加重托管人的责任。

四、结语

综上所述，在资管争议中托管人是否按照合同约定、法律规定合法合规履行托管职责，是裁判机构认定托管人责任的基础。尽管目前司法实践中判令托管人不承担责任的案件比例仍占多数，但应注意到近年来托管人越来越多地作为被告出现，对此应予高度重视。托管人在履行托管职责的过程中不仅需要勤勉尽职、审慎监督，而且应避免消极不作为，在发现投资人利益可能受损或已经受损时，及时采取措施避免损失扩大。若托管人未妥善履行托管人义务，可能会被法院判决对投资者的损失承担补充赔偿责任或与管理人承担连带赔偿责任。

《外国政府补贴条例》的实施及其对中国企业赴欧洲投资的影响

李　雯　刘　珍

2023年1月12日，欧盟出台的《关于扭曲欧盟内部市场的外国政府补贴条例》（以下简称《外国政府补贴条例》）正式生效，《外国政府补贴条例》授权欧盟委员会调查第三国对在欧盟单一市场内运营的公司提供财政资助所产生的扭曲性影响，并在必要时采取救济措施。而后2023年7月10日，欧盟又公布了《外国政府补贴条例》的最终实施细则（以下简称《实施细则》），《实施细则》详细规定了其程序方面的内容，如调查过程、各方权利及申报和提交文件的过程。

正如欧洲议会在其发布的关于《外国政府补贴条例》立法官方新闻中所称：中国在全球经济中扮演越来越重要的角色，全球范围内政府对企业的支持持续增长，为了应对外国政府补贴对内部市场的扭曲，欧洲议会希望欧盟委员会有权力来调查和反制扭曲内部市场的外国政府补贴。由此可见《外国政府补贴条例》及其《实施细则》的发布必将对中国企业的欧洲并购投资产生直接的全面冲击，也将会给未来中国企业的海外并购带来重大的法律挑战。

一、《外国政府补贴条例》中所指的"外国补贴"及其认定

根据《外国政府补贴条例》第 3 条规定，如果第三国直接或间接提供财政资助，使欧盟内部市场上从事经济活动的企业受益，并且这种受益在法律上或事实上限于特定的单个或多个企业或行业，则应视为存在外国补贴。

作为《外国政府补贴条例》的规制对象，欧盟对外国补贴的认定不再采用通过主体性质进行确定的做法，而是以是否产生扭曲市场的结果作为判断标准，这种认定方式客观上扩大了外国补贴的适用范围。一方面，外国补贴的提供者不限于各级政府，还包括其行为可归因于第三国的外国公共实体和私营实体；另一方面，将外国补贴的提供与财政资助挂钩，涵盖宽泛的财政资源转移和使用形式，据此《外国政府补贴条例》罗列了三类财政资助，分别为：资金或债务的转移（如注资、贷款、债务豁免）、放弃本应得到的收入（如税收优惠）、提供或购买货物或服务。

二、违反《外国政府补贴条例》的法律后果

《外国政府补贴条例》确立了事前申报与事后依职权审查相结合的新审查工具，分别是依职权审查机制、集中行为审查机制（投资并购交易）、公共采购程序审查机制。其中，依职权审查机制属于事后申报，而集中行为审查机制和公共采购程序审查机制属于事前申报。

根据规定，若经营者出现故意或因过失未履行申报义务、提供不正确或误导性信息、不配合调查、未遵守承诺和补救措施等情况，欧盟委员会有权对涉案经营者处以最高达其上一年度总营业额 10% 的罚款。进入审查程序后，欧盟委员会可根据审查结果作出无异议、附加限制性承诺、禁止交易/投标三种决定。若欧盟委员会认定外国补贴已经或可能造成内部

市场扭曲，可采取补救措施：一类是结构性补救，如剥离资产、撤销并购；另一类是行为性补救，如公平和非歧视地开放获得或支持的基础设施、减少产能或市场参与、避免特定投资行为、公布研发成果、偿还外国补贴并支付利息、调整企业治理结构。

三、中国企业可能面临的风险与挑战

《外国政府补贴条例》强化了欧盟委员会对投资并购、公共采购、货物贸易等领域内的反补贴规制，使欧盟对外国投资合作的审查对象和审查内容更加宽泛。《外国政府补贴条例》的实施使有意赴欧洲投资或已在欧洲经营的中国企业面临更为复杂的监管环境。

（一）提高企业赴欧洲投资的准入壁垒并降低企业投资合作的积极性

欧盟新的外国补贴审查机制与现行的反垄断审查机制、外国投资审查机制并行，或使企业赴欧洲投资面临"三重"审查，加大了外国企业进入欧盟内部市场的交易成本，以投资并购交易的申报为例，申报方需要在交易协议签署后、交割前向欧盟委员会申报，并需等到欧盟委员会作出审查决定后方可继续实施或交割，进一步增加了投资合作的不确定性和风险，也使欧盟当地其他国家的企业在与中国企业进行投资合作时可能变得更为谨慎。

（二）增加企业在欧洲经营的合规成本和申报负担

《外国政府补贴条例》中的诸多关键概念，如财政资助、扭曲效应、平衡测试等仍较为模糊，并赋予执行机构宽泛的自由裁量权，为赴欧洲企业在欧经营带来诸多不确定性，与此同时企业负担了更多的申报义务和审查要求，需要付出更多的时间成本和资金成本，增加了企业在欧洲经营发展的不稳定性因素。同时可见，欧盟的该项外国补贴立法也有可能刺激其他发达国家跟进设立相关补贴审查机制，中国企业的投资监管压力将可能与日俱增。

（三）处于与欧盟本土企业竞争的不利地位并引致巨大资金损失

由于《外国政府补贴条例》适用于欧盟境内所有经济活动，并仅适用于包括中国企业在内的外国企业，从而使中国企业在与欧盟本土企业竞争时处于明显不利地位。一旦需要进行申报，除了惯常的交易方情况、交易情况等信息，说明申报方所获得的外国财务支持情况及提供支持材料将是最关键和最繁重的环节，若未能妥善进行评估判断及相应开展申报或声明工作，或所提交资料存在缺漏，都可能会因为资料的补充提交而耽误投标或投资项目的推进，从而导致投标或投资失败甚至承担巨额罚款。

（李雯系中华全国律师协会理事、天津市律师协会副会长、环太平洋律师协会APEC委员会联席主席、北京观韬中茂律师事务所合伙人；刘珍系北京观韬中茂律师事务所律师）

从供应链存货业务角度谈法律风险及防控措施

姜奇卓　丁洪霞

一、概述

所谓存货业务，是针对生产周期不断缩短、需求市场波动频繁、缺乏融资渠道的企业，该类企业面临两个方面的冲突：一方面需要大量库存保障生产稳定性，另一方面又希望尽快将库存变为现金流进而维持自身运营的持续性。为了解决两个方面的冲突，企业选择供应链企业介入其采购、经营等两个阶段，以预付款加库存货物作为其履约的一种商业意义上的担保，吸收供应链企业的资金，以化解冲突，同时满足两个方面的需求。

总的来说，供应链存货业务中涉及的风险主要是由无货空转、控货失败等原因引发的。风险后果来自三个方向：第一，违反监管机构规定，如融资性贸易的相关规定、中央银行《贷款通则》禁止从事金融所导致的风险；第二，上下游客户的违约行为；第三，民事侵权行为或者刑事犯罪行为所导致的风险。

二、常见交易模式

供应链企业通常采取以销定采的方式，根据下游拟采购货物明细及其信用额度，先行与下游企业签订销售合同，再行与上游企业签订与交货内容（规格型号重量体积）相同的采购合同，约定在指定仓库以原地货转的方式完成交付，供应链企业从采购与销售价格差额中获得利润。

根据下游企业付款方式的不同，大致分为以下两种模式。

一是先款后货。下游应在签订买卖合同时向供应链企业支付一定比例的预付款，并在约定期限内分批次完成全部提货，提货前应支付当期批次货物的全部货款，预付款在最后一批次提货时予以抵销。或者将入库拟提货价值所对应的特别倍比（如130%）的成品质押，合作周期结束前付清全款赎回质押成品。

二是先货后款。收到货物后在一定期限内一次性支付全部货款。

本文笔者分别针对上述两种下游付款的方式识别风险点。

三、法律分析

（一）存货业务涉及的法律关系

存货业务涉及两种法律关系：一是与上游或下游企业之间的买卖合同法律关系；二是供应链企业与仓管企业（含监管单位，合称为仓管企业）的仓储合同法律关系。在发生纠纷的供应链案例中，往往是两种法律关系都出现了问题。因为，如上下游企业有承担违约责任的能力，则即便无货也可通过主体的责任能力实现风险控制；反之，如仓管企业如约履行其仓储监管合同义务，则上下游企业即便有串通欺诈或者诈骗的动机，也因仓管单位的不予配合而无法实施。

（二）风控工作的两个中心

围绕着存货业务的主体和业务流程，风控工作有两个中心：一是主体防控。通过业务中对各主体防控，对业务中涉及各方的主体资信的调查和监控，识别可能的通谋欺诈或者串通诈骗行为，并且由于业务中的核心企业的出现，降低了风险系数。所谓核心企业，是指上游或者下游企业是行业内的知名企业，由于其良好的商业信誉、担责能力和严格管理而提升了整个交易真实性、安全性，若其为下游企业则可能会发生一种与存货业务不同的形式，就是账期模式。二是货权控制。通过对交易过程中货物的全程控制，即控货，我们称之为货物保。

（三）货权控制的关键：交付

目前，存货业务的交易标的都是法律意义上的动产，《中华人民共和国民法典》第二百二十四条规定：动产物权的设立和转让，自交付时发生效力，但法律另有规定的除外。对我们来说，这就是整个存货业务中的帝王条款，抛开主体资信不谈，货在安全在。以货防控，就是要实施货权控制，分为两个步骤，对上游来讲，就是要清清楚楚地受领交付；对下游来说，就是要明明白白地交付。

交付分为现实交付和观念交付两种方式。在现实交付中，标的物具有确定性和唯一性，是最安全的交易方式，也是日常生活或者商业行为中最常见的交付方式。在该方式下，纠纷情形多为上游没有及时交货或者下游没有及时买货，以及货物质量方面的问题，或者是仓管单位保管不当造成的损失赔偿问题。这些风险可以通过对上游要求先货后款、入库前下游先行验货并出具验货证明等交易结构设计加以规避，对下游逾期未能出库货物、仓储单位保管不当造成的损失等风险，均可以通过违约金或者赔偿实际损失等加以主张。因为现实交付所发生的风险，相对来说损失都是较小的。

交付主要的风险出现在观念交付上，目前笔者团队代理和调研的多起供应链业务纠纷中采取的都是观念交付方式。所谓观念交付，是指动产在观念上的移转而非现实上的移转，比如，中秋节朋友在你车上塞了一盒月饼，这是现实交付；送你一张月饼券，可以去蛋糕店自行领取，这是观念交付。观念交付中与存货义务相关度最高的是指示交付、拟制交付。

这两类交付的共同特点是交付发生时，标的物没有发生位置变化，原地货转，指示交付的形式一般是货转证明、货转通知、出库通知等；拟制交付是指通过仓单、提货单等单据及文件实现动产的交付，而非因货物地理位置的变化而发生的交付。

与现实交付中货物的确定性和唯一性不同，由于仓单、库存单、货转证明的可伪造、可复制等特点，所以往往会发生"走单、走票、不走货"、融资性贸易、一物多卖、重复质押、既卖又押等情形。这些情形往往导致同时行政法、民法典和刑法意义上的多种后果。

四、从业务环节实施风险防控

笔者总结出供应链业务风险防控的两个内部防控重点：一是主体资信调查；二是货权控制。前者，我们称为以人防控；后者，我们称为以物防控。主要有以下几个方面。

（一）尽职调查

1. 调查下游客户利润率，如果明显高于或者等于其资金成本，那么要慎重考虑该业务的真实目的。

2. 调查业务发起人包括个人征信情况、健康情况、家庭成员情况、与上下游是否有关联关系。

3. 调查上下游企业之间是否有关联关系，初步识别通谋虚伪或者诈骗预备。向上游企业索要其采购合同，确定上游供货商的资信及上游公司从事业务的真实度。

应当注意的是，在调查过程中要做到全程留证，包括现场考察拍照录像、与高管洽谈时拍照录像、举办签约会拍照录像、在上下游企业办公地点拍照录像等，留证留痕工作应当展开在整个业务过程的每个环节中。尽调工作应持续到交易结束的整个过程。在单票交易结束后，同时双方又处在框架合同约定的合作期内，就有必要通过上述措施再次尽调，以确认主体资信是否发生变化。如有不利情况发生，应当及时终止合作。

（二）合同条款及交易结构设计

合同条款约定，主要进行管辖约定和设计交易结构，一个安全的交易结构加上正确适用法律的法院，可以极大增加案件的胜率。

1. 管辖约定。在发生地方保护主义风格的裁定事件后，管辖约定条款尤为重要，建议约定那些企业具有优势的法院。所谓有优势，一是地缘优势，如集团本部住所地的区法院，这样可以节省很多人力、证据的在途时间。二是有类案胜诉的法院，如广州市天河区人民法院，就有类案胜诉的判例。法院管辖可以通过载明合同签订地的方式来实现，当合同约定的签订地与实际签订地不符时，应以约定签订地为准。此外，仲裁机构也可以研究考虑。

2. 履约担保。通过保证人或者担保财产，予以增信。（1）下游企业的法定代表人及其配偶，或者任何有资信的单位或者个人提供的保证，以及用不动产进行抵押等。（2）约定上游企业的回购义务，即如果下游未能如约履行销售合同，则上游应当按照约定价格回购全部货物。（3）保函。（4）可以与保险机构合作，购买信用保险，比如，笔者团队在做供应链业务时，建议客户选择某国内短期贸易信用保险业务模式，约定在达到保险理赔条件时，保险公司就交易对手的违约行为进行赔付。

3. 安全占有。既然交付是物权设立和转让的生效要件，那么对上游，必须实现清晰的受领交付，对下游要实现清晰的交付。交付就是移转占有，是交付或者受领交付完成的外观标识，所谓占有是指对货物具有有效的管控力，它分为直接占有和间接占有两种类型，前者指的是自行占有，例如，自己租赁仓库、安排人员直接管理货物出入库；后者是指通过其他企业直接占有货物，而供应链企业基于仓管合同、监管合同、仓单、存货单、盘库明细表进行间接占有。

不同的占有形式的安全系数排序如下：自行占有、直接管理＞通过关联仓储企业占有和管理＞通过无关联关系的仓储企业占有并管理＞通过下游客户占有并管理。

4. 仓储费计价方式。以货物重量或者体积作为仓储费的计费单位，通过保管人开票收款行为，注意，发票备注栏应对特定日期的货物的规格、型号、数量进行仔细的备注，直接确定保管单位对案涉货物的数量、重量知情，以此杜绝保管人否认货物实际入库，或者将无货和货物短少的原因推诿于双方经办人员的情况。

5. 对上游先货后款，对下游先款后货，且不设账期。如果下游承诺短期内一次性付款提货的，要警惕其真实交易目的，在正常的供应链存货业务中，下游通过供应链企业所要实现的是批量低价采买或者淡季低价采买，并通过分批提货控制库存成本。如果下游企业放弃了这个目标，那么其目的就颇为可疑了，业务人员可以在前期尽调中设问，询问其是否能够实现短期内一次性付款提货，如果下游答应得很爽快，笔者认为这票交易就要慎重考虑了。

6. 仓储合同、监管合同中必须指定仓管人员，姓名、身份证号、职权范围要写清楚，如果写不清楚，就要笼统而概括，如办理出入库及盘库、对账开票等事宜。必须问清楚现场到底有几位人员参加管理，这些人都要出现在合同的授权条款上。关于要不要预留签名或者印鉴用以比对的问题，笔者的建议是不要留，一旦留了，就意味着多了一个比对印鉴及签名的义务，实践中，都是通过肉眼比对的，预留反而导致承担了一种风险，所以笔者认为还是不留好，只要是对方指定的员工、对方的印鉴，对方就有义务证明这些都不构成职务代理或者表见代理，这就是举证责任的分配问题。

7. 单方面解除权。在框架合同周期内，经过尽调发现了异常情况，需要终止后续合作，此时要有一个约款作为权利基础。

（三）履约阶段

如果占有的前提是货物真实存在，那么如何确定货物确实存在呢？如何证实对上游受领交付或者对下游完成交付呢？

1. "四流"文件及凭据，重点是物流，基于一个上手交易情况的简要说明，调查上游与其供货商的交易凭据，包括合同、报关单、入境货物检验检疫证明、运输单、计量单、磅单、运输合同、付款记录、发票、物流路径等。

在笔者团队代理的一起伪装某油品交易发生的合同诈骗案中，犯罪嫌疑人供述原话是："如果有真正的货物交易，必须有货物的物流交接相关单据，但我们之间没有货物的物流交接相关单据。"相关单据必须证实上游企业为货物占有人。从客观上讲，我们无法核实上游企业对货物拥有的是货权还是质权，甚至上游只是暂时保管货物。法律也没有强加给我们查实货物所有权是否成立的义务，因为如果有该义务，就意味着假如我们去菜市场买菜，也要菜商提供货权证明文件，以证明菜商不是作为保管人或者质权人占有蔬菜，否则就要面临纠纷。这显然有悖于正常的交易规则。

根据占有权利推定效力，如果占有人对占有物有占有的事实，则其在占有物上所行使的权利应推定其为合法而有此权利。也就是说，在存货交易中，确定交易对手占有即推定其拥有合法的权益。

因此，我们只要确定上游企业实际占有货物，并且我们支付了合理对价并受领了交付，那么根据《中华人民共和国民法典》第二百二十四条的规定，我们就取得了货权。关键点在于何为受领交付？如果通过对前手系列交易的调查，无法确定上游拥有货权的话，有个简单的方法来清除或屏蔽上游交易中可能存在的货权瑕疵，就是移库。从甲仓储公司移库到乙仓储公司，或者从甲仓储公司的A库移库到B库，当然，B库最好是独立空间的仓库，不要和其他货物混同，如果是自管库则更佳。货物的位移，伴随着仓库的变化，一道出库手续和一道入库手续，这就是现实交付，明明白白、清清楚楚地进行了移转占有。

2. 物联网技术的应用：入库、出库实时监控（留证），过磅单，抽检录视频，体积测量。如果仓库没有这样的条件，我们可以考虑要求仓库分别提供入库视频、过磅单或者签收物流的相关单据，或者通过自行设置视频录像、现场直播等方式确认货物的出入库，或在各个仓库安装自己的设备，以实现货物的实时监控。

3. 从入库—在库—出库三个节点可以考虑与仓库的联合盘库。定期或者不定期与仓储单位联合盘库（存证）并要求其单位出具证明，如盘库明细表、库存货物清单。这种抽盘或者全盘，通过现场进行或者网络进行的差别并不大。但是，无论是现场还是网络视频直播的方式进行盘库，都可以证实我们履行了注意义务，可以证实我们对无货空转等融资性贸易是不知情的。同时，由于仓库单位出具盘库证明，再一次地确定了仓库对货物数量变化是知悉的，应当承担仓储责任。

4. 中登网。涉及拟制交付的仓单、提单等，要检索中登网是否存在权利质押的情况。

（四）应急处理机制

1. 付款迟延后 24 个小时内完成风险衡量，并激活维权机制。

2. 立刻核查货物安全，实施控制，抢货。所谓抢货是指对货物的纷争刚起，仓储单位尚模模糊糊不知如何处理的时候，火速采取措施将我们的货物运走。

3. 尽快起诉并采取保全措施。在笔者处理的某案中，首封和二封相隔仅 4 个小时，二封和三封相隔仅 4 个小时。但被保全人的财产尚不够首封申请人诉请金额，这说明保全的紧要性，同时也说明管辖约定的重要性。

4. 控制幕后黑手，考虑是否报案。

五、总结

综上所述，在供应链的存货业务中，当对主体审查尽调工作没有发现问题后，风控关键在于控货，控货的前提是有货，控货的重点是清晰占有。

全面注册制下沪深市场 IPO 参与战略配售的投资者资格认定若干法律问题的再思考

张博文

随着 2023 年 2 月全面注册制的正式实施及相关配套制度的落地，沪深市场 IPO 战略配售迎来了新的发展。《证券发行与承销管理办法》《首次公开发行股票注册管理办法》《首次公开发行证券承销业务规则》等一批制度的完善落地，为 IPO 战略配售制度确定了较为明确的框架指引，笔者已就沪深市场 IPO 参与战略配售的投资者认定领域的部分法律问题撰写了《全面注册制下沪深市场 IPO 参与战略配售的投资者资格认定若干法律问题研究》一文。然而，随着全面注册制的进一步发展及 IPO 的强监管趋势，在参与战略配售的投资者认定领域，又产生了部分需要进一步明确与讨论的法律问题，本文将继续结合上述市场实践的变化，就该等法律问题进行分析，并给予一定的实践化思考，以求继续起到抛砖引玉的作用。

一、关于"大型企业或其下属企业"认定领域中的新趋势

2023 年 2 月发布的《上海证券交易所首次公开发行证券发行与承销业务实施细则》（以下简称《上交所实施细则》）、《深圳证券交易所首次公开发行证券发行与承销业务实施细则》（以下简称《深交所实施细则》）

均明确提及参与战略配售的投资者中包含"与发行人经营业务具有战略合作关系或者长期合作愿景的大型企业或者其下属企业"。随着IPO强监管及"严把发行上市准入关"等政策的不断深化,在"大型企业或其下属企业"认定问题上,实践中又显示出一些新的趋势。

(一)"战略合作关系或长期合作愿景"的细化与落地

"战略合作关系或长期合作愿景"是认定"大型企业或其下属企业"的必要条件之一,就其基本的两层次判断与认定,笔者已作出相关论述,此处不赘。随着监管的进一步加强,"战略合作关系或长期合作愿景"在实践中更加集中于细化与落地两个层次。

所谓的细化,是指合作关系、合作内容及合作愿景的细化。长期以来,就参与战略配售的投资者与发行人之间的合作,市场中更倾向于较为概括化的表述。该种方式既能够确定双方的合作关系,又能够为未来双方的合作调整留出一定空间,不失为一种折中且具有较高操作度的方式。但从目前实践来看,监管口径更趋于严格,更倾向于明确具体的合作关系、合作内容及合作愿景。笔者认为,可以从确定战略合作方地位、结合双方主营业务明确合作具体内容及详细的合作计划三个维度展开。

确定战略合作方地位无须进一步解释,即要在战略合作文件中明确参与战略配售的投资者拥有基于共同利益的长期共赢战略合作方的地位。结合双方主营业务明确合作具体内容则为"细化"的核心,即需要发行人与参与战略配售的投资者之间结合双方的实际情况,确定在某一具体的领域内展开合作。从目前监管实践出发,笔者认为,该等领域需要具体到发行人主营业务的产品生产、制造、销售的某一环节,即在发行人生产、制造、销售中的某一环节进行具体展开,确定参与战略配售的投资者能够在该等环节中提供何等资源以达成双方的合作。详细的合作计划顾名思义,需要在确定合作领域的基础上,制定明确的合作计划与时间安排,即从"长期合作愿景"角度细化相关安排。

除细化外,在强监管趋势下,落地措施也较为受到关注。与详细的合作计划对应，战略合作文件中需要加强对计划落地的保障措施。在此方面，笔者认为，如参与战略配售的投资者已是发行人供应商或客户，则可延续双方的合作方式与合作内容，落地是双方已有合作方式与合作内容的延续。而如双方在 IPO 战略配售之前，未有相关合作，则笔者认为，需要保荐人及保荐人律师配合发行人与投资者进一步磋商，确定较为明确的落地计划，该等落地计划，笔者认为需要落实到具体的计划实施措施及配套的保障措施。

结合目前市场实践，细化与落地并不是突然产生的新标准或所谓新的"窗口指导意见"，而是 IPO 强监管的政策延续。战略投资者的核心在于现在或未来与发行人具有同行业或相关行业较强的重要战略性资源，并在未来向发行人提供该等资源，愿意长期持有发行人股份的投资人，与财务投资者具有极大区别。从此角度出发，监管部门的监管趋势都是围绕区别财务投资者角度展开的，保荐人及保荐人律师在制定方案及实施核查时，都应围绕这个原则进行。

（二）战略合作文件的签署主体的明确

在《上交所实施细则》《深交所实施细则》等相关法规中，并未明确战略合作文件的内容与签署方。一般来说，IPO 战略配售中，体现"战略合作关系或长期合作愿景"的文件主要集中于《战略合作备忘录》或相关对应文件。而对于大型企业的下属企业作为投资主体参与发行人战略配售的情形中，《战略合作备忘录》等相关体现上述"战略合作关系或长期合作愿景"的文件，签署方的确定在实践中存在一定的争议。从投资行为的合同相对性角度出发，实践中存在发行人只与投资主体（即大型企业的下属企业）签署文件的情况，此种进路是参照签署《配售协议》的规定，认为《战略合作备忘录》或相关对应文件是《配售协议》的"一揽子协议"中的一部分，签署主体应保持一致。

然而，笔者认为，《战略合作备忘录》或对应文件与《配售协议》理论上可构成"一揽子协议"，但不同的是，《战略合作备忘录》或对应文件中的合作内容构成《配售协议》生效的前置条件，签署主体可以不同并独立于《配售协议》。同时，从法规的立法目的出发，下属公司的投资资格依赖于大型企业本身，相应的"战略合作关系或长期合作愿景"全部依赖于大型公司母公司本身的资源进行实施，加之下属公司相应的投资风险归于大型企业母公司本身，因此，《战略合作备忘录》或对应文件应由大型企业、下属子公司及发行人三方进行签署，目前市场实践也较为契合以上观点。

（三）关于外资企业的资格认定

在《上交所实施细则》《深交所实施细则》等相关法规中，并未禁止外资企业参与 IPO 战配。随着资本市场的不断开放，外资企业参与 IPO 战略配售也成为一种新的趋势。相比于境内公司直投，外资公司介于其境外主体的身份，在核查方面，与境内公司存在一定差异。

关于投资主体的选择，境外主体可以直接参与 IPO 战略配售，例如，新加坡政府投资有限公司（GIC）及阿布达比投资局（ADIA）作为大型企业直接参与中芯国际（688981）的战略配售（需要说明的是，上述主体均以获得 QFII 资质为前置条件）。也可以通过其境内子公司间接参与，例如，英特尔资本公司（Intel Capital Corporation）通过其境内的子公司英特尔半导体（大连）有限公司参与澜起科技（688008）的战略配售。

相比于境内公司，境外主体无论是其直投还是通过境内子公司间接投资，根据相关法规，均要对境外主体的战配资格进行核查认定。认定维度参照《上交所实施细则》第三十九条及《深交所实施细则》第三十七条的规定，即进行"良好的市场声誉和影响力"及"较强资金实力"的二维考察。较境内核查来看，笔者认为，介于 IPO 强监管的背景下，相关核查的展开不仅依赖于参与战略配售的投资者本身所提供的材料，保荐人及保荐人律师也要进行公开渠道核查，尤其对于境外已上市主体，需要对其财务数据进行公开渠道核查，同时也可在核查文件中引用国外交易所披露的该等投资主体的相关数据。

二、关于"国家级大型投资基金或其下属企业"认定的新发展

《上交所实施细则》《深交所实施细则》中对于国家级大型投资基金的规定为"具有长期投资意愿的大型保险公司或其下属企业、国家级大型投资基金或其下属企业"。该项规定可以分为以下三个层次：一是具有长期投资意愿；二是国家级大型投资基金；三是除国家级大型投资基金本身外，战略投资者的投资主体还可以为国家级大型投资基金的下属企业。其中对于"下属企业"在实践认定中存在一些新的发展。

之前笔者已明确国家级大型投资基金主要包括以下几类：一是国务院国资委发起基金，包括国企改革两大基金、协同创新四大基金等；二是国务院各部委主导基金，包括发展改革委、财政部、工业和信息化部、科技部、商务部等部委发起设立的各投资性基金；三是各大中央企业主导基金，包括招商局资本、中国国新、国投集团、国开金融等企业发起设立的各基金。

国家级大型投资基金的下属企业参与 IPO 战略配售，很多主体是该等大基金下属的子基金。与"大型企业的下属子公司"相似，子基金关于"国家级大型投资基金的下属企业"的认定核心在于"控制"，而"控制"的认定从实践来看，存在普通合伙人（GP）与有限合伙人（LP）份额两个维度。GP 维度即国家级大型投资基金应为该子基金的 GP，而 LP 份额即考察国家级大型投资基金占资金的 LP 份额。有观点认为，任职 GP 即构成"控制"，此种观点基于《中华人民共和国合伙企业法》等规制规则来看，可以认定为"控制"。但在 IPO 战配领域，笔者认为需要明确的是，从法律目的解释出发，法规此处规定的目的在于投资主体、资金来源及相应的投资风险是否可以归于国家级大型投资基金本身，资金来源是判断的主要依据，如国家级大基金仅作为 GP 而不进行出资或小比例出资，那么该等子基金仅从形式上满足条件，而无法将相应的资金来源及投资风险归于国家级大基金。因此，国家级大基金也应取得较高的 LP 份额，而该等

份额，参考笔者关于"大型企业的下属子公司"条件的描述，应至少达到相对多数的 LP 份额。

结合目前市场实践，GP 与 LP 份额两个维度的满足，是基于 IPO 强监管下"控制"的进一步深化表现，IPO 强监管的本质在于严格执行法规规定从而避免相关风险的产生，以此思路出发，就需要多维度均满足"控制"的标准。

综上所述，笔者认为，在国家级大型投资基金的子基金参与 IPO 战略配售过程中，在该等子基金中，国家级大型投资基金不仅需要任职 GP，同时 LP 份额也应至少达到相对多数。

三、关于核心员工的细化认定

在 IPO 战略配售领域，公司高级管理人员和核心员工可成立专项资产管理计划参与 IPO 战略配售。《上交所实施细则》《深交所实施细则》中就专项资产管理计划的规定为"发行人的高级管理人员与核心员工参与本次战略配售设立的专项资产管理计划"。而在目前市场实践及近期项目反馈来看，关于专项资产管理计划的问题集中于核心员工的认定。

（一）核心性与重要性核查

目前，对于专项资产管理计划中的核心员工认定进路更倾向于上市公司股权激励的核查，当然专项资产管理计划可以看做是拟上市公司股权激励的一种方式。相比于之前的市场实践，从目前窗口指导意见来看，监管更注重于员工本身的资格性审查，即集中于员工核心性与重要性的核查。

核心性顾名思义就是员工对于发行人的内部地位，可以从公司内部的决策层与执行条线进行考察，一般可以通过其职位进行确认。同时，重要性则作为核心性的补充，二者之间存在"且"的关系，即该等员工不仅要具有核心性，还要对发行人本身具有重要性，即从实践来看，一般处于中层及以上（包括但不限于部门主管及副职、党内管理班子成员及核心技术人员）等处于决策层与执行层的主要人员较为符合上述两个维度的要求。

这里需要提醒两点，在专项资产管理计划人员的选取中，一是如认定为核心技术人员，则注意保持与IPO审核阶段披露文件表述的一致性（包括人员数量、职位及受教育程度等基本信息）；二是处于谨慎性原则，建议对拟选取人员先行进行"是否存在证监会系统离职人员核查"。

（二）核心员工与劳务合同的二元张力

根据《首发业务若干问题解答》等IPO审核规制体系，劳务合同所代表的是劳务合同工，基于劳务合同工只能从事涉及发行人非核心的、技术含量较低的、简单的劳务工作，笔者已明确"掌握发行人核心技术、管理等相关资源的员工，介于其工作年限或年龄的关系，即已事实成为退休人员，再行通过退休返聘形式继续向发行人提供劳务服务的人员可被认定为核心员工"。

但基于目前的市场实践，上述描述的范围需要进一步明确缩小，即该等退休人员应仅包含公司的高级管理人员及核心技术人员，同时，该等人员应在IPO审核阶段披露文件（包括招股说明书、反馈回复等）中已明确披露。

四、结语

2024年4月12日，国务院印发了《关于加强监管防范风险推动资本市场高质量发展的若干意见》（以下简称"新国九条"），是继2004年、2014年两个"国九条"之后，时隔10年，国务院再次专门出台的资本市场指导性文件。"新国九条"中提及"强化发行上市全链条责任"及"加大发行承销监管力度"，明确"强化新股发行询价定价配售各环节监管"。IPO战略配售作为发行阶段重要的组成环节，也真正迎来的强监管、严审查时代，从而在各个问题上的核查与认定也将采取更为保守的进路，以求避免风险的产生。笔者也将持续观察IPO战略配售中的相关问题，并进行分析与讨论，以求继续起到抛砖引玉的作用。

数字经济时代下的平台封禁：
新型垄断行为的挑战与应对

王先超

一、数字经济时代下的平台封禁概述

（一）平台封禁的定义与背景

在数字经济时代，平台封禁作为一种新型垄断行为，逐渐引起广泛关注。平台封禁是指数字企业利用技术手段关闭面向特定经营者的应用程序接口，致使特定经营者无法使用平台设施的竞争行为，具体表现为屏蔽用户跳转、禁止外部链接直连或禁止接入某项业务等。由于平台封禁行为复杂且动态多变，兼具垄断行为和不正当竞争行为的属性，若一概而论，难免挂一漏万，故本文仅讨论平台封禁行为的垄断属性。

平台封禁的背景在于数字经济的迅猛发展和平台经济的崛起。随着互联网的普及和技术的不断进步，数字经济已成为全球经济增长的重要引擎。平台经济作为数字经济的重要组成部分，通过提供便捷、高效的服务，吸引了大量用户和企业参与。然而，随着平台经济的壮大，一些平台运营者开始利用市场优势地位，通过平台封禁等手段，限制竞争，维护自身利益。

（二）平台封禁在数字经济中的地位

平台封禁的垄断行为对数字经济的影响不容忽视。一方面，平台封禁限制了市场竞争，削弱了市场的活力和创新力；另一方面，平台封禁损害了消费者权益，降低了市场的公平性和透明度。因此，加强对平台封禁的监管和应对，对于维护市场竞争和消费者权益具有重要意义。

正如著名经济学家约瑟夫·斯蒂格利茨所言："在数字经济时代，平台的力量日益强大，但这也带来了垄断和不平等的风险。我们需要更加关注平台的行为，确保它们不会滥用市场地位，损害竞争和消费者利益。"因此，我们需要加强对平台封禁的监管和应对，推动数字经济健康发展。

二、平台封禁的垄断行为分析

（一）平台封禁的垄断行为特征

在数字经济时代，平台封禁作为一种新型的垄断行为，其特征表现为对市场竞争的扭曲和对消费者权益的损害。平台通过封禁竞争对手或限制用户选择，达到排除竞争、维护自身市场地位的目的。这种行为不仅破坏了市场的公平竞争环境，还限制了消费者的选择权，对数字经济的健康发展构成了严重威胁。

平台封禁的垄断行为特征还表现在其对市场创新的抑制上。在缺乏竞争的环境下，平台往往缺乏创新的动力，导致市场产品和服务的质量得不到提升。这种抑制创新的行为不仅损害了消费者的利益，还阻碍了数字经济的持续发展。

因此，对于平台封禁的垄断行为，我们需要加强监管和法规的完善，推动市场的公平竞争和消费者的权益保护，同时也需要加强行业协作和自律，推动数字经济的健康发展。只有这样，我们才能在数字经济时代中充分发挥市场的活力和创新潜力，为消费者提供更好的产品和服务。

（二）平台封禁对市场竞争的影响

平台封禁作为一种新型垄断行为，对市场竞争产生了深远的影响。

首先，平台封禁限制了市场竞争的多样性，导致市场中的竞争者数量减少。例如，当一家大型平台对竞争对手进行封禁时，这些竞争对手可能无法获得足够的曝光和用户流量，从而被迫退出市场。这种现象在数字经济时代尤为明显，因为数字平台的规模效应和网络效应使市场中的领先者更容易通过封禁手段来巩固其市场地位。

其次，平台封禁还可能导致市场中的创新受到抑制。创新是推动市场竞争的重要动力，但在平台封禁的情况下，创新者可能面临被封禁的风险，从而不敢轻易尝试新的商业模式或技术。这种创新抑制不仅损害了消费者的利益，也阻碍了整个行业的进步和发展。

最后，平台封禁还可能引发市场中的不公平竞争。一些大型平台可能利用其市场地位和技术优势，对竞争对手进行不公平的封禁，从而排挤竞争对手，维护自己的垄断地位。这种不公平竞争不仅破坏了市场的公平竞争环境，还损害了消费者的权益。

（三）平台封禁对消费者权益的损害

在数字经济时代，平台封禁作为一种新型垄断行为，对消费者权益造成了严重损害。平台封禁往往导致消费者无法访问被封禁的平台或服务，从而限制了消费者的选择权。这种限制不仅影响了消费者的日常生活和工作，还可能对消费者的经济利益造成直接损失。

平台封禁对消费者权益的损害还体现在信息获取的不平等上。平台作为信息传播的重要渠道，封禁可能导致消费者无法获取关键信息，从而影响其决策和判断。例如，在新冠疫情期间，一些平台因发布不实信息或违反相关规定被封禁，导致消费者无法及时获取准确的疫情动态和防控措施。这不仅增加了消费者的风险，还加剧了社会的恐慌情绪。

此外，平台封禁还可能引发消费者权益的连锁反应。一旦平台被封禁，消费者的个人信息、交易记录等数据可能面临泄露的风险。这些数据的泄露不仅侵犯了消费者的隐私权，还可能导致消费者遭受诈骗、盗窃等犯罪行为的侵害。因此，平台封禁对消费者权益的损害是全方位的、深层次的。

三、平台封禁的监管与法规

（一）国内外平台封禁监管现状

在数字经济时代，平台封禁作为一种新型垄断行为，已经引起了全球范围的关注。国内外在平台封禁监管方面呈现出不同的现状。

在国内，随着数字经济的蓬勃发展，平台封禁问题日益凸显。近年来，我国政府对平台封禁的监管力度不断加强。例如，2021年，国务院反垄断委员会印发了《关于平台经济领域的反垄断指南》，明确将平台封禁等限制竞争行为纳入反垄断监管范围。此外，国内还出台了一系列相关法律法规，如《中华人民共和国电子商务法》《中华人民共和国网络安全法》等，对平台封禁行为进行了规范和制约。然而，由于数字经济的复杂性和快速变化性，国内在平台封禁监管方面仍面临诸多挑战，如监管手段不足、监管标准不统一等。

相比之下，国外在平台封禁监管方面有着更为丰富的经验和做法。以美国为例，美国政府通过制定一系列法律法规，如《计算机欺诈和滥用法》《数字千年版权法案》等，对平台封禁行为进行了严格规范。此外，美国还设立了专门的监管机构，如美国联邦贸易委员会（FTC），负责监督平台企业的行为，保护消费者权益。这些举措有效地遏制了平台封禁等垄断行为的发生，促进了数字经济的健康发展。

综上所述，国内外在平台封禁监管方面呈现出不同的现状。未来，随着数字经济的不断发展，平台封禁监管将面临更多挑战和机遇。我们需要在借鉴国内外成功经验的基础上，不断创新监管手段和标准，推动数字经济健康、可持续发展。

（二）平台封禁法规的完善与改进

随着数字经济的蓬勃发展，平台封禁作为一种新型垄断行为，日益引起社会各界的关注。平台封禁不仅限制了市场竞争，损害了消费者权益，还对整个数字经济的健康发展造成了不良影响。因此，完善与改进平台封禁法规显得尤为迫切。

在完善平台封禁法规的过程中，首先，我们需要明确平台封禁的认定标准。这包括封禁行为的性质、持续时间、影响范围等因素。通过制定明确的认定标准，可以有效避免法规执行的模糊性和不确定性，为监管提供明确的指导。

其次，平台封禁法规的完善还需要加强监管力度。这包括建立专门的监管机构、加强监管人员的培训、提高监管效率等方面。通过加强监管，可以及时发现和制止平台封禁行为，保护消费者权益和市场公平竞争。

最后，引入数据分析模型也是完善平台封禁法规的重要手段。通过对平台封禁行为的数据进行分析，可以深入了解其行为特征、影响范围等，为制定更加精准的法规提供有力支持。例如，可以利用大数据分析平台封禁行为的频率、持续时间等因素，从而制定更加合理的监管措施。

同时，我们还需要借鉴国内外成功的监管经验。例如，一些发达国家在平台封禁监管方面已经积累了丰富的经验，我们可以借鉴其成功做法，结合本国实际情况进行改进和完善。此外，还可以加强国际合作，共同应对平台封禁等新型垄断行为。

总之，完善与改进平台封禁法规是数字经济健康发展的必然要求。通过明确认定标准、加强监管力度、引入数据分析模型及借鉴国内外成功经验等措施，我们可以有效应对平台封禁等新型垄断行为，保护消费者权益和市场公平竞争，推动数字经济持续健康发展。

四、平台封禁的应对策略

（一）加强平台自律与社会监督

在数字经济时代，平台封禁作为一种新型垄断行为，对市场竞争和消费者权益造成了严重损害。为了应对这一挑战，加强平台自律与社会监督显得至关重要。平台自律是防止滥用市场优势地位、维护公平竞争的关键。平台企业应当自觉遵守法律法规，建立健全内部监管机制，确保自身行为符合市场规则。例如，平台可以通过设立独立的监管机构、制定严格的自律准则和处罚措施来规范内部行为，防止滥用市场地位。

社会监督则是保障平台自律有效实施的重要力量。公众、媒体和第三方机构应当积极参与监督，揭露平台的不当行为，推动平台改进。例如，媒体可以通过报道平台封禁事件，揭示其背后的垄断行为，引起社会关注；消费者可以通过投诉、举报等方式，维护自身权益，推动平台改进服务。此外，第三方机构也可以开展独立调查，评估平台的合规性和社会责任，为公众提供客观、公正的信息。

加强平台自律与社会监督，需要建立有效的合作机制。平台企业、政府部门、社会组织和消费者应共同参与，形成合力。政府部门应制定完善的法律法规，明确平台企业的责任和义务；社会组织可以发挥桥梁作用，促进各方沟通与合作；消费者则应积极参与监督，提高自我保护意识。通过多方共同努力，才能有效应对平台封禁等新型垄断行为，推动数字经济健康发展。

正如著名经济学家约瑟夫·斯蒂格利茨所言："市场经济需要竞争，但竞争必须公平。"加强平台自律与社会监督，正是为了维护这种公平的竞争环境。通过强化自律和监督，我们可以确保平台企业在追求经济利益的同时，也能兼顾社会责任和公共利益，为数字经济的可持续发展贡献力量。

（二）推动行业协作与公平竞争

在数字经济时代，平台封禁作为一种新型垄断行为，对市场竞争和消费者权益造成了严重损害。为了应对这一挑战，推动行业协作与公平竞争显得尤为重要。行业协作不仅有助于形成共同的市场规则和标准，还能促进技术创新和资源共享，从而推动整个行业的健康发展。

以电商行业为例，各大电商平台通过协作，可以共同制定公平竞争规则，防止恶意竞争和价格战。同时，通过共享用户数据和购物行为分析，电商平台可以更加精准地推荐商品，提高用户体验和购物效率。这种协作不仅有助于提升整个行业的竞争力，还能为消费者带来更加优质、便捷的购物体验。

此外，推动公平竞争也是应对平台封禁的重要手段。在数字经济时代，数据资源成为了一种新型的生产要素，而平台封禁往往通过控制数据资源来限制竞争。因此，加强数据资源的开放和共享，打破数据壁垒，是推动公平竞争的关键。例如，通过制定数据共享标准和规范，鼓励企业之间进行数据交换和合作，可以有效防止数据垄断和平台封禁行为的发生。

综上所述，推动行业协作与公平竞争是应对数字经济时代下平台封禁等新型垄断行为的重要途径。通过加强行业协作、促进数据资源开放共享及完善监管机制等措施，可以有效维护市场竞争秩序和消费者权益，推动数字经济持续健康发展。

（三）加强政策引导与监管力度

在数字经济时代，平台封禁作为一种新型垄断行为，对市场竞争和消费者权益造成了严重损害。为了应对这一挑战，加强政策引导与监管力度显得尤为重要。

在政策引导方面，政府应明确平台封禁行为的法律边界，制定相关政策和法规，鼓励平台企业自觉遵守市场规则，维护公平竞争的市场环境。同时，政府还可以通过税收优惠、资金扶持等措施，引导平台企业加大技术创新和研发投入，提高产品和服务质量，增强市场竞争力。

在监管力度方面，政府应建立健全平台封禁的监管机制，加强对平台企业的日常监管和执法力度。例如，可以建立平台封禁行为的举报和投诉机制，鼓励社会各界积极参与监督，及时发现和纠正平台封禁行为。同时，政府还可以引入第三方监管机构，对平台企业进行定期评估和审计，确保其合规经营。

此外，在加强政策引导与监管力度的同时，还需要注重数据分析和技术应用。政府可以利用大数据、人工智能等技术手段，对平台封禁行为进行实时监测和分析，及时发现风险和问题。同时，政府还可以推动平台企业加强数据共享和合作，共同构建数字经济的生态系统，促进市场健康发展。

综上所述，加强政策引导与监管力度是应对平台封禁这一新型垄断行为的关键举措。政府应综合运用政策引导、监管执法、数据分析和技术应用等手段，推动数字经济健康发展，为经济社会发展注入新的动力。

五、推动数字经济健康发展的展望

在推动数字经济健康发展的展望中，平台封禁的监管与应对策略显得尤为重要。随着数字技术的不断发展和普及，平台经济已经成为推动经济增长的重要力量。然而，平台封禁作为一种新型垄断行为，对市场竞争和消费者权益造成了严重损害。因此，加强平台封禁的监管和制定有效的应对策略，对于促进数字经济的健康发展具有重要意义。

首先，加强平台封禁的监管是保障数字经济健康发展的关键。政府应加强对平台的监管力度，完善相关政策和法规，明确平台封禁的界限和条件，防止滥用封禁权力。同时，建立健全的监管机制，加强对平台行为的监测和评估，及时发现和处理平台封禁行为，确保市场的公平竞争和消费者的合法权益。

其次，推动行业协作和公平竞争是促进数字经济健康发展的重要途径。平台之间应加强合作，共同制定行业标准和规范，推动行业的健康发展。同时，政府应鼓励和支持平台之间的公平竞争，打破垄断格局，促进市场的多元化和活力。通过加强行业协作和公平竞争，可以推动平台经济的持续创新和健康发展。

最后，加强政策引导和监管力度也是推动数字经济健康发展的重要手段。政府应制定科学合理的政策，引导平台经济向高质量发展。同时，加强对平台的监管力度，确保平台遵守相关法规和政策，维护市场的秩序和稳定。通过政策引导和监管力度的加强，可以为数字经济的健康发展提供有力保障。

展望未来，平台封禁的监管和应对策略将面临更多的挑战和机遇。随着数字技术的不断发展和应用，平台经济将继续保持快速增长的态势。然而，平台封禁等新型垄断行为也可能随之增多。因此，政府、企业和社会各界需要共同努力，加强合作和协调，共同推动数字经济的健康发展。

总之，推动数字经济健康发展需要政府、企业和社会各界的共同努力。加强平台封禁的监管和制定有效的应对策略是其中的重要一环。只有通过加强监管、推动行业协作、加强政策引导和监管力度等手段，才能为数字经济的健康发展提供有力保障。

ns《公司法》探究 运 用 篇

新《公司法》加强对虚假出资、抽逃出资的规制

庄慧鑫

虚假出资与空壳公司的大量存在，是我国市场经济中的乱象之一。例如，某些工商代理机构名义上帮助发起人设立公司，实际却为其提供虚假垫资服务，导致虚增公司注册资本的现象在实践中越发普遍。这些行为不仅破坏了市场经济的公平诚信原则，扰乱了社会经济秩序，还影响了我国的投资环境、经济发展质量和社会稳定与和谐。更有一些不法分子利用空壳公司从事诈骗等各类违法犯罪活动，涉及领域广泛，扰乱了经济秩序，严重危害到经济整体安全。但随着经济和社会的发展，我国对虚假出资、抽逃出资的法律规制也在不断调整和完善中。

一、公司法的修改历程

2005年修订后的《中华人民共和国公司法》（以下简称《公司法》），大幅下调了公司注册资本的最低限额，降低了公司设立的门槛。2013年《公司法》的修改放宽了注册资本的登记条件，实行了认缴登记制，这一制度变化虽然降低了投资创业者的门槛，放松了市场主体的准入管制，但是也为虚假出资提供了诸多可乘之机。

随着《公司法》的修改，特别是认缴资本制的采用，虽然未否定公司资本真实的基本要求，但是虚报注册资本、虚假出资和抽逃出资仍然是《公

司法》禁止的违法行为，除刑事责任外，行为人还须承担民事责任或行政责任。在一定程度上，虚假出资行为的刑事责任有所限制，更多地依赖于民事手段或行政手段进行规制。

2023年修订后的《公司法》则设置了股东实缴出资的最长期限，股份有限公司增加注册资本的，应当在公司股东全额缴足股款后办理注册资本变更登记。对于有限公司，其股东应按照公司章程的规定在公司设立起五年内完成实缴出资。有限责任公司的新增认缴注册资本应当在五年内缴足。该变化提高了法律责任的门槛，解决了刑法与公司法之间的衔接问题，并对公司治理提出了更高的要求。

二、虚假出资、抽逃出资之概述

新《公司法》修订中涉及的刑事问题主要包括虚假出资、抽逃出资罪。这两种犯罪均为公司发起人、股东在违反《公司法》的规定下，未交付货币、实物或者未转移财产权进行虚假出资，或者在公司成立后又抽逃其出资的行为。

虚假出资罪是未交付货币、实物或者未转移财产权，却以虚假手段充作已出资的行为。虚假出资的本质特征是股东未支付相应对价或未足额支付对价而取得公司股权。法院通常会根据股东是否实际履行了出资义务来判断。如果股东以公司资金收入作为个人出资，未实际履行出资义务，这种行为明显违反了法律规定，可被认定为虚假出资。

现实中虚假出资的方式多样，包括但不限于股东在公司设立或增资时，故意夸大其出资额，使公司的注册资本高于实际的出资额。或通过与中介机构合作，使用中介提供的资金作为虚假出资，待公司登记完成后，再将这些资金抽走。这种方式涉及的主体包括全体股东和中介机构，是一种更为隐蔽的虚假出资手段。也有股东通过向他人借款的方式，看似表面上完成了出资义务，但实际上并未真正将资金注入公司。这种行为虽然短期内满足了公司的注册资本要求，但会使公司的财务负担加重，进而导致公司无法偿还债务。较为常见的是一些工商代理机构为了帮助客户快速完成公司设立或增资手续，提供虚假垫资服务。这种服务虽然短期内帮助客户解决了问题，但实际上是建立在虚假出资的事实上，对社会经济秩序造成了危害和破坏。

抽逃出资罪中的缴纳出资行为，其本质上是为了回避法律、骗取设立登记的暂时出资，行为人自始没有真实出资的意思。这包括但不限于通过虚构交易、虚增收入等方式来掩盖真实出资情况，或者直接从公司账户中提取资金等行为。抽逃出资罪与虚假出资罪的最大区别在于犯罪的客观方面，即抽逃出资罪的典型特征是它在设立程序上完全合法，公司成立后再抽走出资。

现实中出资人经常采用的抽逃出资方式包括故意提供虚假证明材料或其他欺诈行为，虚构公司的销售额和利润，制作不符合实际、不真实的财务会计报表，以虚增利润进行分配的方式抽逃出资；通过虚构债权债务关系，以公司名义将出资金额转入私人账户，或先转入第三人、关联公司账户再转入私人账户的方式抽逃出资。

抽逃出资罪的犯罪客体是国家的工商管理制度，以及债权人、其他发起人、股东的合法权益。抽逃出资行为不仅损害了公司的利益，还可能侵犯了公司以外的第三人的利益，如公司的债权人。为了保障企业的正常经营，维持市场秩序，法律对此类犯罪行为持严厉打击态度。在实践中，虽然现行法律针对抽逃出资行为规定了行政责任和刑事责任，但在司法实践中，这些法条往往难以得到有效执行。

三、法律后果的变化

新《公司法》明确了股东抽逃出资的行为需要返还抽逃资金，并对抽逃出资的认定作了进一步规定，包括制作虚假财务会计报表虚增利润进行分配、通过虚构债权债务关系将其出资转出、利用关联交易将出资资金转出、其他未经法定程序将出资抽回的行为。这都表明现行法律对于股东的出资义务有了更明确的界定和要求。

有限责任公司的注册资本必须是全体股东认缴的出资额，且这些出资额需要按照公司章程的规定自公司成立之日起五年内缴足。这一变化意味着公司在设立时就必须准备好足够的注册资本，以满足公司成立后的运营需求。由此可见，立法本意就在于避免不法分子利用认缴制进行拖延出资等不当行为，加大对皮包公司、空壳公司的防控力度，以此提高公众对公司的信任度。

对于法律、行政法规和国务院规定实行注册资本实缴登记制的公司，《中华人民共和国刑法》第一百五十八条、第一百五十九条的规定仍然适用。这意味着，即使是实缴登记制公司，只要存在虚假出资、抽逃出资等行为，仍然可以依法追究刑事责任。

修订后的新《公司法》明确了董事、监事、高级管理人员负有防范股东抽逃出资的义务，如果股东表面上出资而实际上抽逃出资，则负有责任的董事、高级管理人员均应承担连带责任。此外，新《公司法》第二百五十三条关于抽逃出资的法律责任规定，新增对直接负责的主管人员和其他直接责任人员的处罚。这就意味着对于抽逃出资行为，不仅股东本人需要承担责任，其直接负责的主管人员和其他直接责任人员也面临相应处罚。

四、对抽逃出资罪、虚假出资罪刑事风险的防范建议

（一）明确股东的责任

根据新修订的《公司法》，股东的出资责任得到了强化，尤其是对于抽逃出资和虚假出资的行为有了更明确的规定。股东不得抽逃出资，违反规定的股东应当返还抽逃的出资，并且给公司造成损失的，负有责任的董事、监事、高级管理人员应当与该股东承担连带赔偿责任。此外，公司登记机关应对抽逃出资的股东处以罚款。

在此基础上，进一步明确董事、监事、高级管理人员忠实、勤勉义务的原则和标准，可将监事纳入关联交易和同业竞争的监管范围，重点关注董事、监事、高级管理人员的近亲属及其直接或间接控制的企业和其他关联方的行为。这也有助于提高公司治理结构的透明度和效率，防止内部人控制，避免利益冲突。

（二）加强背景调查

在社会诚信体系的建立和大数据时代的到来，可以更有效地监控和识别股东的出资行为。在大数据环境下，证券市场上产生了大量关于股东投资行为的数据信息。这类信息公布在上市公司的年度报告、季度报告中，不涉及隐私安全等问题。在此基础上，通过充分利用这些投资行为信息进行分析，对外围投资者的投资决策有一定的指导作用。另外，大数据分析方法已经在信用识别等领域也显示出其独特的优势，在对股东出资行为的监控和识别中也具有应用价值。

企业股东出资信息 API 的应用，极大地提高了公司股东出资信息的透明度。这不仅有助于投资者作出更明智的投资选择，还有助于监管机构加强监管，同时为企业提供了一个优化治理结构的工具。通过这种方式，可以实时、准确地获取企业的股东出资数据，包括股东名称、出资比例、出资金额及股东总数等关键数据，从而预防和减少虚假出资和抽逃出资的行为。

（三）完善公司章程和出资协议

通过制定详细的公司章程和出资协议，将股东的出资方式、出资时间、出资金额及违约责任等内容在公司章程中加以明确。还可以在公司设立协议中约定瑕疵出资、股东抽逃出资及股东向公司赔偿数额的计算方法，股东间的违约责任和违约金的计算，可以为后续可能出现的纠纷提供法律依据，同时也增加了股东履行出资义务的动力。

健全控股股东、实际控制人信息披露制度的完善，特别是对资本金的使用和变动情况进行定期检查，确保信息的透明度和准确性，可以及时发现并纠正虚假出资和抽逃出资的行为。同时，加强对企业的监管和审计，对于在明知或应当知道情况下仍出具虚假验资报告的会计师事务所，应当追究其民事责任。

（四）提高股东法律意识和自我保护能力

一是可以定期举办法律知识讲座和培训，尤其是针对新《公司法》下的风险及防范对策，要使股东明白在签订合同、参加诉讼等重大事项时，必须进行全面的法律审查与风险评价。在此基础上，也可以邀请法律专家就股东权益保护与公司治理的相关法律框架、监管机构及其角色、法律责任和补救措施等方面进行深入探讨，提供有效的解决方案。

二是通过公司内部会议、社交媒体、官方网站等多种途径，普及股东权利内容及其行使条件的知识，让股东明白在享有权利的同时也必须承担相应的义务，不得损害公司或其他股东的利益。尤其是对于中小股东，强调其知情权的重要性，以及如何合理运用公司治理原则来保护自己的权益。

要促进股东之间的沟通和协调，鼓励大股东更加注重与小股东的沟通和协调，尊重小股东的权益，在行使股东权利时考虑到所有股东的利益平衡。通过宣传教育等方式，提高股东的责任意识和法律意识，使其充分认识到虚假出资、抽逃出资的严重性和后果，从而自觉遵守《公司法》的规定，维护公司及其债权人的合法权益。

五、结语

新《公司法》对于虚假出资、抽逃出资等行为的规制，旨在维护公平竞争的市场环境，而实践中准确识别和证明虚假出资行为需要多方面的努力，包括但不限于对公司的银行账户、现金流量等财务记录进行详细审查，以确定是否存在无实际现金或高于实际现金的虚假银行进账单、对账单等情况。审查财务记录，核实非货币出资的真实性及会计师事务所是否出具虚假验资证明。对于以实物、工业产权、非专利技术等形式出资的情况，应进行严格的实物盘点或权利评估，以确认其真实性和价值等合法手段来维护公司的合法权益。

可以预见的是，集全社会之合力来打造健全的社会信用体系，规制虚假出资、抽逃出资的不法行为是不可或缺的一环，新《公司法》的这一重大修订也必然会反映在刑事司法实践上，刑法的威慑与预防功能会有力地敦促民事主体的诚实守信，乃至从根本上缓解"执行难"等顽疾。

（庄慧鑫系刑法学硕士，青岛仲裁委员会仲裁员）

浅析不良资产出资的利与弊

庄慧鑫

公司是现代经济社会的主要组织形式之一，为了促进公司的发展，无论是股东还是债权人，都会积极地寻找各种方式，增强公司的竞争力。股东出资是公司设立和发展的重要前提，股东出资方式主要包括货币出资、实物出资、知识产权出资和土地使用权出资。根据《中华人民共和国公司法》（以下简称《公司法》）的规定，股东应当按期足额缴纳公司章程中规定的各自所认缴的出资额。股东以货币出资的，应当将货币出资足额存入有限责任公司在银行开设的账户；以非货币财产出资的，应当依法办理其财产权的转移手续。随着社会的发展和市场经济的需求，非货币出资形式正在不断扩展，以适应新的经济环境。

近年来，我国金融机构不良资产规模不断增加，如何处置这些不良资产已成为一个热门话题。不良资产是指商业银行或其他金融机构在经营过程中产生的不能按期收回的贷款、票据贴现、透支、债券投资、非标准化债权投资和表外项目等表内业务形成的，应计提、未计提而作为坏账准备的各项资产，以及逾期90天以上的贷款。在这些不良资产中，有相当部分是企业或个人因各种原因而形成的不良债权，如将其作为股东出资，既可以盘活资产，又能减少银行坏账损失，对促进经济发展具有重要意义。

一、出资方式

2023年修订的《公司法》中扩大了股东可以向公司出资的财产范围，这包括了非货币财产的出资。对于不良资产而言，这可能包括应收账款、存货、知识产权等，股权与债权也被认为是可接受的非货币出资形式。这种多样化的出资方式为不良资产的处置和利用提供了更多的灵活性，但是需要进行价值评估。

评估机构根据被评价的无形资产的特点和种类，选用不同的评价方法，主要包括市场法、收益能力法等。比如，对于具有明确市场需求和收益预测能力的无形资产，收益能力法可能更为适用。目前，在实际操作中对于不良资产的评估，假设清算法是最常用的方法之一。

假设清算法是以成本法为基础的不良资产估值方法。该方法是假设清算中的债务人公司存在管理问题，以债务人公司的总资产为基础，通过确定债务人公司的应收账款评估情况，最后分析得到可收回的债务价值的一种评估方法。此方法适用于非持续经营条件的企业；或不良债权在债务公司总资产中占比较大的情况下，债务人公司持续经营但是未来现金流不稳定并不足以支撑偿还债务的情况。

二、法律依据

2011年11月23日，国家工商行政管理总局发布的《公司债权转股权登记管理办法》（现已废止）第二条规定，本办法所称债权转股权，是指债权人以其依法享有的对在中国境内设立的有限责任公司或者股份有限公司的债权，转为公司股权，增加公司注册资本的行为。

该办法第三条规定，债权转股权的登记管理，属于下列情形之一的，适用本办法：（一）公司经营中债权人与公司之间产生的合同之债转为公司股权，债权人已经履行债权所对应的合同义务，且不违反法律、行政法规、国务院决定或者公司章程的禁止性规定；（二）人民法院生效裁判确认的债权转为公司股权；（三）公司破产重整或者和解期间，列入经人民法院批准的重整计划或者裁定认可的和解协议的债权转为公司股权。

该办法规定的债权出资，仅限于"转为公司股权，增加公司注册资本"，即债转股的方式，并不包含债权人以对第三人的债权出资。

自2014年3月1日起施行的《公司注册资本登记管理规定》（现已废止）第七条沿续了《公司债权转股权登记管理办法》（现已废止）第三条的规定。

2016年国务院关于新一轮债转股问题举办的新闻发布会上提到，债转股企业的选择、债权转让价格、股权退出的方式都应体现市场化。这意味着工商机关需要在市场化债转股的过程中提供指导和支持，确保债转股的实施既符合市场化原则，又能有效解决企业债务问题。

2022年3月1日施行的国家市场监督管理总局令第52号《中华人民共和国市场主体登记管理条例实施细则》第十三条规定，依法以境内公司股权或者债权出资的，应当权属清楚、权能完整，依法可以评估、转让，符合公司章程规定。从这条规定可以看出，债权出资不再区分对目标公司的债权与对第三方的债权。

《最高人民法院关于审理与企业改制相关的民事纠纷案件若干问题的规定》第十四条规定，债权人与债务人自愿达成债权转股权协议，且不违反法律和行政法规强制性规定的，人民法院在审理相关的民事纠纷案件中，应当确认债权转股权协议有效。

2023年修订后的《公司法》第四十八条规定，股东可以用货币出资，也可以用实物、知识产权、土地使用权、股权、债权等可以用货币估价并可以依法转让的非货币财产作价出资；但法律、行政法规规定不得作为出资的财产除外。对作为出资的非货币财产应当评估作价，核实财产，不得高估或者低估作价。法律、行政法规对评估作价有规定的，从其规定。这意味着债权出资被现行法律所接受。

三、不良资产的出资效果

（一）有利于盘活企业或个人持有的不良资产

根据《公司法》第二百二十七条的规定，股东有权优先按照实缴的出资比例认缴出资。但如果股东之间约定或者公司章程规定了股东可以优先认缴的情形，则应当按照其约定或者公司章程的规定认缴。

将不良资产作为股东出资，可以使股东对不良资产享有合法的处置权利，这就为公司盘活不良资产创造了有利的条件。另外，将不良资产作为股东出资还可以使公司获得其他投资者的青睐，从而吸引更多的资本进入公司。不良资产的妥善处理有助于改善企业资产结构，优化国民经济布局，有效减少国有资产损失，减轻企业负担，激活企业潜力，推动企业可持续发展。

（二）有利于促进社会经济发展，保护股东利益

利用不良资产作为股东出资，一方面，可以通过债权形式，将不良资产转化为可供使用的生产要素，实现资源优化配置，推动社会生产力的发展；另一方面，可以实现国有企业内部的改革，提高企业的经营效益。如果将不良资产作为股东出资，可以使企业中的不良资产得到有效的利用，也使企业的闲置资产得到有效的利用，增加企业的营运资本，推动了企业的发展，进而对整个社会的经济发展起到了积极的推动作用。因此，利用不良资产作为出资，可以有效降低各经济主体损失，在一定程度上有利于促进社会经济发展。

（三）有利于防范金融风险，降低杠杆率

通过对不良资产的有效处置，如采用资产重组的方式，就能把企业的不良资产变成优质的资产，从而提高资本运营质量，实现对国有资产的保

值和增值。同时，探索招标转让、竞价转让、市场化债转股，以及不良资产重组和资产证券化等新型处置方式，也是优化经济结构、促进经济健康发展的有效途径。这既可以消除不良资产对企业财务状况的影响，又能提高企业财务状况的质量，降低企业负债率，使企业以最低的资本成本获得足够的流动性，帮助企业解决流动性短缺问题，缓解其财务压力。

四、不良资产的出资风险

（一）法律风险

不良资产债权是否真实有效，以及对价的支付与处置程序都需要符合法律规定，包括合同签订的真实性、受让人的适格性、转让的公正性和合法性、以及催收和公告等程序的合法性，这些都要有事实依据且合法合规，否则可能影响出资的有效性和合法性。

出资不到位可能导致追究股东补缴责任及发起人的连带责任。根据《公司法》第四十八条规定，股东可以用货币或非货币财产作价出资，但法律和行政法规规定不得作为出资的财产除外。对作为出资的非货币财产应进行评估作价，核实财产，不得高估或低价作价。《公司法》第四十九条规定，股东应当按期足额缴纳出资额。以货币出资的，应当将货币出资足额存入公司账户，以非货币财产出资的，应依法办理财产转移手续。

如果债权未到期或不符合法律规定，则不能认定股东已履行出资义务。这就存在着一定的法律风险，因为一旦债权未能到期，股东可能需要承担额外的责任。

债务人进入破产程序时，如果出资人尚未完全履行出资义务，管理人应要求其缴纳所认缴的出资。根据《中华人民共和国企业破产法》第三十五条的规定，在人民法院受理破产申请后，债务人的出资人尚未完全履行出资义务的情况下，管理人应要求该出资人缴纳所认缴的出资，而不受出资期限的限制。这表明即使出资人已破产，其出资义务仍然存在。在无法清偿债务或资产不足以清偿全部债务的情况下，以债权抵销出资可能损害其他债权人的利益。

（二）评估程序要求

用于出资的非货币财产必须具备确定性、现存性、可评估性和可转让性四个条件，这表明以非货币财产进行评估作价是必要的，而债权需要通过合法评估程序确定公平价格，没有经过评估的不良资产作为出资可能存在合规性问题。

当前，我国的评估行业准入门槛较低，导致国内评估行业鱼龙混杂，各个评估机构水平参差不齐，造成了行业内的恶性竞争。无形资产具有特殊性，如其无形性、垄断性、交易中所有权与使用权可分离性及未来收益的不确定性等特点，这给无形资产价值评估带来了很大的难度。若评估公司采用了不合理的评估方法可能导致评估结果失真。比如，收益法在无形资产评估中的应用要综合各种不确定性因素，如果评估人员未能充分考虑这些因素，就可能产生较大的评估误差。由于对评估对象的理解和认识存在偏差，导致评估结果与实际价值严重偏离的风险。这种风险可能源于对无形资产特性的不准确理解或对其市场价值的错误估计，如果交易双方基于错误的评估结果作出决策，可能会对交易结果产生不利影响。评估过程若缺乏有效的管理和监督，则可能会增加评估错误的风险，从而引发法律风险。每一种方法都有其适用范围和局限性，选择不恰当的评估方法会导致评估结果不真实，也会增加评估机构和人员参与诉讼或仲裁的风险，或者在败诉的情况下，还要承担相应的法律责任。

因此，无形资产的评估给评估公司带来的风险是多方面的，包括但不限于评估对象风险、评估方法风险、评估机构和人员的执业风险、评估结果使用风险、评估管理风险、外部环境变化风险及法律体系不完善风险。特别在出具报告时未能严格遵守相关法律法规和标准，可能会面临法律责任或被追究责任的风险。如果评估结果失真或不准确，会造成对投资人及市场的误导，还可能损害评估公司的专业声誉，导致客户信任度下降。对此有关部门和评估协会应该提高行业门槛，设立严格的评估标准，形成健康的行业环境。同时，评估机构需要加强自身建设，增强专业能力和风险意识，不断提高评估人才的专业性，使评估行业更具有权威性和客观性，从而保证评估质量和合规性。

五、结语

在公司设立和发展的过程中，股东以其持有的其他公司股权或投资权益等非货币性资产出资，可以扩大公司资本规模，增强公司实力。但是，由于不良资产的出资具有复杂性、多变性等特点，需要出资主体充分了解相关法律法规，加以规范和控制，防止非货币资产出资行为带来的不良后果。只有这样，才能最大限度降低风险，实现预期的投资效果。

近年来，国家出台了一系列的政策，以推动不良资产管理产业的规范发展。例如，2022年7月，财政部发布的《关于进一步加强国有金融企业财务管理的通知》明确提出，要加强对不良资产核销和处置管理，以防出现道德风险和国有资产流失。湖南省地方金融监督管理局强调，地方资产管理公司应坚持依法合规、稳健经营，以市场化方式、法治化原则开展不良资产收购处置业务。上海市地方金融监督管理局规定，地方资产管理公司应以专业化手段开展不良资产收购、处置业务。这些措施体现了市场监管部门在处理不良资产出资时，主要围绕市场化、法治化原则，采用专业化手段，旨在防范和化解区域金融风险，既注重利用市场机制优化资源配置，又强调依法行事，确保不良资产处置过程的公正性和有效性。

［庄慧鑫系刑法学硕士，金茂凯德（青岛）律师事务所合伙人律师］

公司破产重整 研 究 篇

企业破产重整中重整模式的比较分析

陈 枫

与破产清算不同,企业重整除了要解决债权清偿问题,更重要的是要帮助破产企业走出困境,重新恢复其社会价值。而要实现前述目标,选择何种重整模式既是一项基础工作,也是一项核心工作。

一、重整模式的整体分类

从各国立法和实践情况来看,重整主要分为三种模式或者类型:一是企业存续型,由债务人与债权人等协议减免或犹豫债务的额度或期限,以谋求企业之重建;二是企业清算型,将债务人的财产个别变价,而以所得对价(清算价值)分配于诸债权人等;三是营业让与型,也称出售式重整,将债务人营业的全部或主要部分让与他人,而以所得对价(继续企业价值)分配于诸债权人[①]。

(一)存续型重整

存续型重整是企业重整的主流模式,也是包括法院、债权人、管理人等各方主体认可度最高的一种模式。一般只有当存续型重整存在障碍时,管理人才会选择采取其他重整模式。

企业存续型重整是通过债务减免、延期清偿及债转股等方式解决债务

[①] 许士宦.债务清理法之基本构造[M].台北:元照出版公司,2009:115.

负担，并辅之以企业法人治理结构、经营管理的改善，注册资本的核减或增加，乃至营业的转变或资产的置换等措施，达到企业重建再生的目的。其标志性的特点是保持原企业的法人资格存续，在原企业的外壳之内进行重整，企业的主人——股东可能会发生变更[①]。

（二）清算式重整

《中华人民共和国企业破产法》和相关司法解释均未有关于清算式重整的规定，只是规定在重整出现特定情形时，[②]破产企业由重整程序转为清算程序。在部分国家的立法中对于清算式重整作出了明确规定，例如，日本《公司更生法》（1997年法案）第191条规定，更生程序开始后，以公司的延续合并、新公司的设立或营业的转让等为内容的计划草案的制订有明显困难时，法院可根据计划草案制订人的申请，许可制订以清算为内容的计划草案[③]；又如，美国破产法下，企业除了直接适用清算程序，还可以在破产重整程序中选择对企业进行清算，如果重整计划含有出卖全部或者实质上全部破产财产的内容且将出卖所得进行分配，则构成清算计划。[④]

此外，关于清算式重整，理论界和实务界也未有确切定义。有法官认为，清算式重整即以清偿债务为目的，在重整程序中制定对债务人财产优

---

① 王欣新.重整制度理论与实务新论[J].法律适用，2012（11）.
② 《中华人民共和国企业破产法》第七十八条规定：在重整期间，有下列情形之一的，经管理人或者利害关系人请求，人民法院应当裁定终止重整程序，并宣告债务人破产：
（一）债务人的经营状况和财产状况继续恶化，缺乏挽救的可能性；
（二）债务人有欺诈、恶意减少债务人财产或者其他显著不利于债权人的行为；
（三）由于债务人的行为致使管理人无法执行职务。
第七十九条第三款规定：债务人或者管理人未按期提出重整计划草案的，人民法院应当裁定终止重整程序，并宣告债务人破产。
第八十八条规定：重整计划草案未获得通过且未依照本法第八十七条的规定获得批准，或者已通过的重整计划未获得批准的，人民法院应当裁定终止重整程序，并宣告债务人破产。
第九十三条规定：债务人不能执行或者不执行重整计划的，人民法院经管理人或者利害关系人请求，应当裁定终止重整计划的执行，并宣告债务人破产。
③ 王欣新.重整制度理论与实务新论[J].法律适用，2012（11）.
④ 尹正友，张兴祥.中美破产法律制度比较研究[M].北京：法律出版社，2009：178.

于破产清算时的清算、变现、分配的清算计划，无害化调整债务，保留企业优质资源，保持原企业的法人资格存续，最大限度地减少重整人负担（尤其是在有新投资人情况下），最便捷地清偿债权人债权。[1]有学者认为，清算式重整一般是指债务人主体资格要消灭的重整模式，只不过在重整程序中避免了程序的转换，直接完成了清算的任务，且借用了重整的表决规则。[2]

依笔者理解，清算式重整是在破产企业重整过程中参照清算程序对破产财产进行拍卖、变现、分配等，而不再转为清算程序；或者将破产财产清算方案作为重整计划的一部分。但在破产财产清算后，并不必然导致破产企业主体资格消灭或者不消灭。

（三）出售式重整

出售式重整，又称事业让与型重整，是将债务人具有活力的营业事业的全部或主要部分出售让与他人，使之在新的企业中得以继续经营存续，而以转让所得对价即继续企业价值，以及企业未转让遗留财产（如有）的清算所得即清算价值，清偿债权人。其标志性的特点，是不保留原债务人企业的存续，在事业转让之后将债务人企业清算注销，事业的重整是以在原企业之外继续经营的方式进行。[3]

笔者认为，与存续型重整相比，出售式重整具有以下明显优势。

1. 由于破产企业在重整完毕后清算注销，未及时申报债权的债权人将丧失求偿权，可以有效解决存续型重整中的破产企业或有负债问题。

在苏州凹凸控股集团有限公司等5家债务人（以下简称凹凸系企业）合并重整案件中，因其中一家债务人为个人独资企业，若实施传统存续型重整，存在或有负债风险，因而投资人不愿接受。通过磋商，拟定由相关债务人出资成立苏州新凹凸食品供应链管理有限公司，将凹凸系企业财产

---

[1] 李冠颖. "清算式"破产重整相关问题的思考与探索 [EB/OL]. [2020-09-09]. http://xzzy.chinacourt.gov.cn/article/detail/2017/11/id/3067555.shtml.
[2] 徐阳光，叶希希. 论建筑业企业破产重整的特性与模式选择 [J]. 法律适用，2016（3）：14.
[3] 王欣新. 重整制度理论与实务新论 [J]. 法律适用，2012（11）：10.

中与生产经营有关的财产以出资或转让的方式（或部分出资部分转让）注入苏州新凹凸食品供应链管理有限公司，最终投资人购买苏州新凹凸食品供应链管理有限公司全部股权，凹凸系企业以获得的股权转让价款清偿债务。与生产经营无关的财产通过变价的形式进行变现，所得的变价款另行分配给债权人。重整计划执行完毕后，凹凸系五企业依法进行注销。凹凸系五企业合并重整案的上述操作有效处理了存续型重整中或有负债风险问题，消除了重整投资人对企业负债不确定性的担忧。

2. 破产企业整体资产负债情况较为复杂无法全面重整，但其核心业务具备重整价值。

在河北某新材料公司重整案中，管理人即对破产企业实施了分拆出售式重整，将破产企业分拆为"运营板块"和"非运营板块"两个部分。

（1）"运营板块"。破产企业与运营有关的土地厂房、设施设备、专利、商标等非流动资产与存货、现有员工等从破产企业中分拆出来，组成"运营板块"，并以该板块通过公开竞价的方式，引入战略投资人，设立新运营平台。通过战略投资人的引入，债权人的债权将通过现金、留债、向新运营平台债转股等方式获得有效清偿。通过将"运营板块"从破产企业中分拆、剥离，使新运营平台保住实体产业、减轻负担、轻装上阵，有利于战略投资人的决策投资，也有利于资产估值的提升。

（2）"非运营板块"。破产企业资产中的流动资产中货币资金依照《中华人民共和国企业破产法》规定优先清偿破产费用和共益债务，应收类账款等归入"非运营板块"，保留在破产企业中，由管理人具体继续核查清收，并以核查清收的款项清偿债权人，以充分保障全体债权人的利益。管理人核查清收并依法分配后，破产企业予以注销。

3. 可以有效化解破产企业股东不同意出资人权益调整方案，或者因破产企业股权存在质押或查封等造成的出资人权益调整方案实际执行困难的问题。

4. 可以有效化解破产企业重整中债务豁免可能导致的巨额所得税风险。

此外,在出售式重整中还有一类特殊重整模式,即破产企业"壳"公司具备一定价值且为重整投资人所需要,但重整投资人并不需要破产企业现有资产因此将其全部剥离。有学者将此类重整定义为"反向出售式重整"。[①]

例如,在江苏舜天船舶股份有限公司重整案中,由于其现有资产和业务已不符合公司未来发展预期,债务人第一次债权人会议审议通过了《财产管理及变价方案》,对公司除货币资金外的整体资产进行了拍卖处置。前述资产剥离后,由于债务人作为上市公司"壳"资源具备一定价值,重整方江苏省国信集团有限公司对债务人实施了重大资产重组。

又如,在宿迁市建设工程(集团)有限公司(以下简称宿迁建设集团)重整案中,重整计划设计为:(1)将宿迁建设集团名下的商业字号、各类资质、企业荣誉、知识产权、行政许可等无形资产,以及处于保修期的项目维修义务(以管理人与投资人另行书面确认为限)留在重整后的宿迁建设集团,此即重整范围。(2)对于不在重整范围内的所有财产和财产性权利、已有债务,以及因重整前(法院裁定批准重整计划之日以前为重整前,批准之次日以后为重整后)的行为而在重整后产生的债务或责任,均与重整后的宿迁建设集团剥离,与关联企业宿迁市振苏建设工程有限公司进行实质合并破产清算,即以该企业名义行使权利、承担义务,权利义务具体包括:①现有货币、实物;②应收工程款及其他应收款债权;③对于重整前发生的股东欠缴出资、管理人员责任等(如有)享有的债权;④对分公司、分支机构、对外投资企业享有的权利及承担的义务;⑤重整前已经发生的债务,以及行为实施在重整前但结果发生在重整后的债务或责任(如工程质量责任);⑥重整前宿迁建设集团享有的其他权利和承担的其他义务。(3)管理人以宿迁建设集团100%股权为标的向社会公开拍卖,通过公开招募确定重整投资人,经营重整后的宿迁建设集团。

---

① 王欣新.重整制度理论与实务新论[J].法律适用,2012(11);徐阳光,叶希希.论建筑业企业破产重整的特性与模式选择[J].法律适用,2016(3).

二、重整模式选择需重点关注事项

（一）债务人经营事业的维系

相比于清算程序，重整的实质作用和目的是挽救债务人所经营的事业，以及维持企业营运价值，该点不仅在最高人民法院印发的《全国法院破产审判工作会议纪要》通知中得以明确，[1]也被理论界所认可。[2]因此，重整模式的选择应重点关注债务人经营事业能否得到维系和挽救。

需要特别说明的是，上述原则的例外情形为债务人是上市公司或特殊行业、具备特殊资质等优质"壳资源"的企业，此类情况下即便债务人自身经营事业已无继续营运价值，该等"壳资源"仍然可以吸引重整方将优质资产和业务予以注入。

（二）债权人权益维护

《中华人民共和国企业破产法》设置并规范了债权人分组表决机制，债权人享有对重整计划的表决权，而重整模式是重整计划的重要组成部分。债权人对于重整模式的选择原则上是基于"债权人利益最大化"的判断，具体体现在重整程序中，债权人通常以"债权受偿率"高低作为比较及选择不同重整模式的标准，即何种模式更有助于提高"债权受尝率"，该模式便更能获得债权人的青睐，相对应的重整计划通过的概率即更大。

（三）原出资人利益平衡

作为重整企业利益关联方，原出资人利益也是重整模式选择的重要参考因素，尤其是在重整企业是上市公司或重整企业原出资人股权被质押、查封等特殊情况下。如重整模式能够平衡原出资人（包括质押、查封股权

---

[1]《全国法院破产审判工作会议纪要》第17条规定：重整计划的审查与批准。重整不限于债务减免和财务调整，重整的重点是维持企业的营运价值。
[2] 王欣新. 重整制度理论与实务新论［J］. 法律适用，2012（11）.

对应的债权人）在重整程序中的利益并作出相应安排，让原出资人（包括质押、查封股权对应的债权人）能够积极参与并配合重整程序，则能够更加顺利地推进重整程序的进行。

（四）重整方参与需求

当重整企业难以通过自救完成重整时，能否成功引入重整方变得至关重要。重整方作为重整企业的资金或资产注入方，其核心考量标准通常落脚在重整企业的重整价值（投资回报等），具体体现在重整企业核心业务的持续经营及盈利能力、"壳资源"价值等方面。

在重整模式选择过程中，应主动关注重整方参与需求，在结合重整企业实际情况的基础上，通过有效保障重整方资金安全、重塑和优化重整企业治理结构、有效剥离重整企业无效低效资产、提高重整方投资回报等方式"吸引"重整方。

（五）社会其他要素

随着企业规模的不断扩大，对应企业重整也会关乎整体社会利益，如当地就业情况、融资环境、社会稳定等，这些因素都是重整模式选择需要关注的事项。即重整模式的选择不仅要考虑单体企业，也要考虑整体社会影响及多方利益的平衡，实现企业重整综合价值最大化。

三、重整模式的具体选择

以上对重整模式的整体分类及模式选择中需要重点关注的事项进行了简要介绍，但无论最终选择何种重整模式，都需要有效处理重整过程中的几项核心问题，即债务如何处理？资产如何处置？出资人权益如何调整？企业后续经营如何维系？

（一）债务处理模式

在企业重整中，债务如何处理是最为核心的部分；从大的方向来看，债务处理主要包括以下几条路径。

1. 减免。

在企业破产重整中，由于大多数破产企业已资不抵债，债务减免是较为常见的处理方式。如在重庆大唐科技股份有限公司重整案中，债权金额在10万元以下（含10万元）按60%清偿，债权金额超过10万元部分统一按22%清偿。

2. 调整债务偿还期限、利率等后留债。

在一些大型企业重整项目中，由于涉及偿债资金金额较大，对于担保物能够覆盖的担保债权，为减轻重整方短期资金压力，通常会选择调整债务偿还期限、利率等后留债。

以庞大汽贸集团股份有限公司重整案为例，在其重整计划中，有财产担保债权在对应担保财产评估价值范围内，由债务人留债展期清偿。以该部分留债金额为本金，前三年只付息不还本，第四年清偿本金的30%，第五年清偿本金的30%，第六年清偿本金的40%，还本金日分别为每年最末一个月的第二十日；清偿期间由债务人按照2.94%的年利率支付利息，清偿期间从重整计划执行完毕之日的次月1日起算，每个自然季度最末一个月的第二十日支付本季度产生的利息。上述债权在清偿期间仍然由相关主体以对应的担保财产提供抵押、质押担保。

此外，在部分重整案例中，对于非担保债权也有留债的情形。如在厦门厦工机械股份有限公司重整案中，对于普通债权（包括金融类普通债权及经营类普通债权）：50万元以下的部分全额现金清偿；超过50万元的部分，32%的部分留债处理并在6年内清偿完毕，68%的部分以资本公积定向转赠股票以股抵债。

3. 清偿（包括减免、留债后清偿）。

在企业破产重整中，清偿无疑是最为直接、便捷的债务处理方式，但核心问题是清偿资金从哪里来？如果没有足够资金来源，是否有其他替代清偿方式？

（1）现金清偿。

现金清偿是债务清偿的主要方式之一，而清偿资金来源通常包括以下方面。

① 账面余留资金及追收的应收款项等。部分破产企业虽已进入破产程序，但不排除账面还有部分余留资金，例如，在苏州市长城房地产开发有限公司重整案中，偿债资金即包括债务人现有账面资金余额；再如在长航凤凰股份有限公司重整案中，执行重整计划所需资金将通过债务人账面的货币资金、处置资产的变现资金及追收的应收款项等方式筹集。

② 资产变现款。破产企业资产变现详见下文"（二）资产处置模式"部分。

③ 破产企业自行融资。以莲花健康产业集团股份有限公司重整案为例，该案中偿债资金包括重整投资人之一协助破产企业筹措融资贷款合计2.6亿元。

④ 未来收入。以重庆大丰房地产开发有限公司重整案为例，该案中对破产企业资产享有财产担保的债权按照年利率2%计息，自法院裁定批准重整计划之日起五年内以破产企业酒店运营收入对有财产担保债权人本金进行清偿。

⑤ 重整投资人/财务投资人投入资金。在企业破产重整中，投资人投入资金是较为主要的偿债资金来源，而投资人投资模式主要包括权益型投资（以取得破产企业股权为前提）和债务型投资（共益债务）。

在庞大汽贸集团股份有限公司重整案中，重整计划以债务人现有总股本653847.84万股为基数，按每10股转增5.641598股的比例实施资本公积金转增股票，共计转增约368874.67万股。上述转增股票不向原股东分配，其中70000万股由重整投资人及其引进的财务投资人受让，并提供70000万元用于支付重整费用、清偿债务及补充公司流动资金。

在大连机床集团有限责任公司重整案中，债务人、管理人与中国信达资产管理股份有限公司旗下专项投资危困企业基金——宁波梅山保税港区信达润泽投资合伙企业（有限合伙）（以下简称信达润泽）共同签署了共益债务融资借款协议，由信达润泽向债务人提供共益债务融资，专门用于重整期间债务人整体生产经营。

此外，在部分重整案件中还存在权益型投资和债务型投资相结合的情况，如在亿阳集团股份有限公司（以下简称亿阳集团）重整案中，债务人全体出资人无偿让渡其持有的债务人100%股份，其中60%用于清偿债务，40%由重整投资人有条件受让。而重整投资人受让债务人40%股份的条件：一是向债务人提供不低于7.5亿元借款，该笔借款作为共益债务；二是重整投资人无偿让渡其获得债务人40%股份的25%（即债务人10%的股份），用于补偿有债务人下属上市公司亿阳信通股份有限公司提供担保（或有）的债权人（不含上市公司已确定无须承担责任的债权人）。

⑥其他。例如，在长航凤凰股份有限公司重整案中，在重整计划执行完毕前收到有关政府部门发放的拆船补贴，由重整计划执行人向普通债权人同比例追加清偿；再如，在莲花健康产业集团股份有限公司重整案中，偿债资金来源包括配合政府落实"退城入园"政策，完成土地收储工作获得的土地收储收益。

（2）以股抵债。

在上市公司重整案件中，以股抵债是较为常见的偿债方式之一。在部分非上市公司重整案件中，也存在以股抵债的情形。以股抵债主要包括以存量股抵债和以增量股抵债两种方式。

在前述亿阳集团重整案中，债务人全体出资人无偿让渡其持有的债务人100%股份，其中60%用于清偿债务。除部分特定普通债权外，其余普通债权以每100元普通债权分得约6.883642股债务人股份方式予以清偿，股份抵债价格按14.53元/股计算，该部分普通债权的清偿比例为100%（转股价格根据评估机构出具的《业务板块市场价值咨询报告》、亿阳集团重整后的发展及用以清偿债权股份总数和转股债权总额综合确定）。

在宁夏中银绒业股份有限公司重整案中，普通债权以债权人为单位，超过50万元的部分,以债务人资本公积金转增的股票抵偿,每股抵债价格为5.87元,每100元债权可分得约17.035775股债务人股票。

(3)以资产抵债。

在企业破产重整中,以资产抵债也是较为常见的偿债方式,而抵债资产通常包括房地产、子公司股权、应收账款等。

在四川正坤房地产开发有限公司重整案中,经裁定确认的普通债权,债权本金在20万元以内(含本数)部分,由债务人在重整计划裁定批准之日起30日内以现金100%清偿;债权本金超过20万元部分,按照33%的比例受偿,以"丹凤朝阳"一期竣工验收后的房产以房抵债(以房抵债计价标准:按照《评估报告》记载的各套房屋续建竣工后的市场单价计价)。

在广西合山煤业有限公司重整案中,债务人以持有的兴仁县诚光能源开发有限公司51%的股权及债权、贵州三联煤矿有限公司100%的股权及债权,清偿对重庆国际信托股份有限公司等4家债权人的债权。该4家债权人以其偿付债权额的权重比例分别对应获得上述股权及债权。

在前述凹凸系企业重整案中,债务人持有的部分应收款项均在正常账期内滚动回款,但因回款周期较长,最长账期达4个月,因而管理人建议将应收账款作为偿债资金分配给债权人或者拍卖给第三方。同时考虑到催收成本、因催收而产生的诉讼费用、律师费用等各项支出,将相关应收款项作价9.5折作为偿债资金分配给债权人或拍卖给意向第三人。分配条件具体如下:第一,先到先得,债权人或意向第三人应于重整计划草案通过之日起5日内向管理人报名。第二,整体分配,应收账款整体打包进行分配,分配额高于应收账款价值可直接报名,分配额低于应收账款价值可与其他债权人联合报名。第三,若同时有其他意向第三人和债权人报名,则债权人优先于第三人;若无债权人报名,则管理人有权向社会公开拍卖该应收账款,拍卖方式包括但不限于网上拍卖或线下拍卖等方式。

4. 给予债权人清偿和留债选择权。

在抚顺特殊钢股份有限公司重整案中,经营类普通债权以债权人为单位，每家债权人 50 万元以下（含 50 万元）的债权部分，以现金方式一次性全额清偿；超过 50 万元的债权部分，可以选择以下三种清偿方式之一：（1）全额保留，7 年内清偿完毕，从第五年起至第七年，每年分别清偿 30%、30% 和 40%；（2）每 100 元普通债权分得 12.626263 股转增股票，以分得的转增股票抵偿债务，股票的抵债价格按 7.92 元/股计算，该部分普通债权的清偿比例为 100%；（3）按照 70% 的清偿率一次性现金清偿，剩余未获清偿部分债务人不再承担清偿责任。

（二）资产处置模式

1. 整体保留。

在嘉粤集团有限公司及其关联企业等 34 家公司合并重整案中，中国信达资产管理股份有限公司广东省分公司按照经湛江中级人民法院裁定批准的重整计划规定的清偿金额代破产企业向债权人清偿债务，重整方据此对债务人形成相应代偿金额的债权。根据以上重整方案，债务人偿债资金主要来源于重整投资人，因此对债务人资产基本上予以了整体保留。

2. 部分保留部分处置。

在阳信欧亚集团有限公司等 23 家公司合并重整案中，根据评估机构出具的《清算价值评估报告》《市场价值评估报告》，截至评估基准日，在破产清算前提下，债务人清算价值为 47464.23 万元；在持续经营前提下，债务人市场价值为 71589.24 万元。根据债务人资产构成的特殊性，经管理人提议，债权人委员会决议并报人民法院批准，确定以评估价值为 32145.18 万元的资产作为招募投资人的财产基础进行投资人招募，其余评估价值为 39444.05 万元的资产另行处置（其余重整期间价值无法确定、难以实际追缴到位或者存在权属争议及其他权利负担的资产，在导致上述情形的事件或诉讼处理完毕后，如果存在归属于债务人的权益，上述权益变现所得款项在扣除必要的费用后用于对普通债权人未获清偿部分债权同比例追加分配并保障相关担保物权人权利的实现）。

在长航凤凰股份有限公司重整案中，重整计划将现有资产中部分与主营业务关联性较低、盈利能力较弱或长期闲置的低效资产进行剥离，改善现有资产结构和状况。债务人除保留部分核心的营运船舶资产及4家子公司股权以维持公司持续经营外，其他资产由管理人按照债权人会议通过或经法院裁定的财产处置方案予以处置变现。

3. 整体处置。

破产企业整体资产全部处置的情况多发生在清算式重整或反向出售式重整中，具体可参见上文"一、重整模式的整体分类"部分。

（三）出资人权益调整模式

出资人权益调整模式主要取决于偿债方案的设计（详见上文"（一）债务处理模式"中的"3.清偿中的（2）以股抵债"部分），此处不再赘述。

（四）企业后续经营模式

破产企业可以通过多种重整模式改善经营、实现重生。在实务中，常见的有以下几种模式。

1. 不改变原主业并且出资人权益不作调整，通过债务重组、引入共益债务投资人、处置部分资产等方式完成重整。

以重庆大丰房地产开发有限公司重整案为例，该案根据破产企业实际情况，其后续经营方案主要包括以下三个部分：一是继续履行已售房屋购房合同，追收销售尾款；二是加大存量资产的销售力度；三是启动酒店部分的复工续建并正式投入运营。鉴于破产企业存量资产中的酒店部分主体工程已完工，只剩余室内装饰装修工程未完成，破产企业将通过使用商业资产的销售回款完成酒店部分的装饰装修工作。此外，破产企业酒店部分已完工竣备，尚需装修、装饰之后才能投入经营，预计工期为6个月，预计投入1亿元。为此，管理人通过公开招募装修、装饰公司对酒店部分进行装修、装饰。投资人需投入6000万元启动资金，该笔资金将作为共益债务，自法院裁定批准重整计划之日起1年内以酒店运营收入对债务本息进行清偿。

2. 不改变原主业但对出资人权益进行部分或全部调整，同时通过债务重组、引入重整投资人、剥离低效资产等方式改善公司经营。

以重庆钢铁股份有限公司重整案为例，该案中破产企业控股股东重庆钢铁（集团）有限责任公司让渡其持有的破产企业 2096981600 股股票作为引入重组方的条件，而重组方需承诺：（1）向破产企业提供 1 亿元流动资金；（2）以不低于 39 亿元资金用于购买管理人通过公开程序拍卖处置的破产企业低效资产；（3）提出经营方案，对破产企业实施生产技术改造升级，提升破产企业管理水平及产品价值，确保破产企业恢复持续盈利能力；（4）在重整计划执行期间，向破产企业提供年利率不超过 6% 的借款，以供破产企业执行重整计划。

3. 将破产企业优质业务通过新平台实现重生，破产企业后期清算注销。

如前述河北某新材料公司破产重整案中，管理人将破产企业优质业务通过新运营平台实现重生，而非优质业务则留存于破产企业后期清算注销。

4. 将破产企业现有资产全部剥离，同时引入重组方彻底改变破产企业主营业务。

如前述的江苏舜天船舶股份有限公司重整案中，管理人对破产企业除货币资金外的整体资产予以拍卖，并在重整过程中通过发行股份方式购买江苏省国信集团有限公司持有的江苏省国际信托有限公司 81.49% 的股权等优质资产，实现了破产企业主业彻底变更。

四、结语

在企业重整实践中，如何实现重整综合价值的最大化是重整模式选择的标准与核心目的。而在重整模式的具体选择过程中，既要做到依法合规，不能逾越法律底线，又要做到灵活、变通、有针对性，能够切实解决破产企业存在的实际问题，真正实现困境企业重生。正如有学者所言，只要有利于破产重整程序的顺利进行，且不为法律所禁止，就可以在债务人重整程序中适用，从而成为债务人进行破产重整的措施。[1]

[陈枫系国浩律师（上海）事务所管理合伙人]

---

[1] 贺小电.破产法原理与适用[M].北京：人民法院出版社，2012：112.

浅析双务合同管理人的解除权

胡志鹏

根据《中华人民共和国企业破产法》（以下简称《企业破产法》）第十八条规定："人民法院受理破产申请后，管理人对破产申请受理前成立而债务人和对方当事人均未履行完毕的合同有权决定解除或者继续履行，并通知对方当事人。管理人自破产申请受理之日起二个月内未通知对方当事人，或者自收到对方当事人催告之日起三十日内未答复的，视为解除合同。管理人决定继续履行合同的，对方当事人应当履行；但是，对方当事人有权要求管理人提供担保。管理人不提供担保的，视为解除合同。"

一、管理人解除权行使的条件

首先，解除权行使的前提是合同于破产申请受理前已经成立并对双方当事人具有拘束力，合同具有拘束力并不一定当然生效，但合同不成立、未生效且对双方无拘束力，则无须也无法行使解除权。

关于已成立但未生效的合同是否能够行使解除权？如《中华人民共和国民法典》（以下简称《民法典》）第五百零二条第二款规定："依照法律、行政法规的规定，合同应当办理批准等手续的，依照其规定。未办理批准等手续影响合同生效的，不影响合同中履行报批等义务条款以及相关条款的效力。应当办理申请批准等手续的当事人未履行义务的，对方可以请求其承担违反该义务的责任。"虽然需要报批的合同已成立未生效，但是事实上已经对双方当事人形成了拘束力,若一方拒绝履行报批义务,根据《全国法院民商事审判工作会议纪要》的规定"38.报批义务及相关违约条款独立生效"仍应当承担"合同约定的相应违约责任"而非缔约过失责任,因此应当赋予合同相对方的解除权[①],以避免后续承担违约责任的风险。

其次,债务人和对方当事人均未履行完毕合同义务,即双务合同,一方的权利即为另一方的义务,反之亦然,如,所有权保留合同、买卖合同、租赁合同、有偿委托合同。

最后,表示履行的意思表示必须明示并通知合同相对方,并自破产受理之日起两个月内作出。为保障合同相对方的合法权益,管理人要求对方当事人履行合同时必须满足对方当事人的担保请求。

二、合同解除后的法律效果

根据《企业破产法》第五十三条规定,管理人根据法律规定行使解除权解除合同的,对方当事人可以就合同解除所产生的损害赔偿请求权申报债权。

关于对方当事人申报"损害赔偿请求权"债权的范围如何确定?《民法典》第五百六十六条第一款和第二款规定:"合同解除后,尚未履行的,终止履行;已经履行的,根据履行情况和合同性质,当事人可以请求恢复原状或者采取其他补救措施,并有权请求赔偿损失。合同因违约解除的,解除权人可以请求违约方承担违约责任,但是当事人另有约定的除外。"《民法典》第五百八十四条规定:"当事人一方不履行合同义务或者履行合同义务不符合约定,造成对方损失的,损失赔偿额应当相当于因违约所造成的损失,包括合同履行后可以获得的利益;但是,不得超过违约一方订立合同时预见到或者应当预见到的因违约可能造成的损失。"对违约损

---

① 如最高人民法院在国轩控股集团有限公司、北京巨浪时代投资管理有限公司股权转让纠纷一案中认为:"成立未生效的合同对双方当事人具有一定的约束力,即履行报批手续的义务,应当解除。国轩控股集团有限公司关于成立未生效合同不需要再解除的上诉理由不能成立。"

害赔偿作出了具体规定,包括可得利益损失。

笔者认为,管理人依据《企业破产法》第十八条解除合同,解除权的行使具有合法性,可以阻断因债务人不履行合同义务的违约责任,故《企业破产法》第五十三条规定的损害赔偿并非违约产生的损失赔偿。《最高人民法院关于审理企业破产案件若干问题的规定》第五十五条规定:"下列债权属于破产债权:(五)清算组解除合同,对方当事人依法或者依照合同约定产生的对债务人可以用货币计算的债权。以上第(五)项债权以实际损失为计算原则。违约金不作为破产债权,定金不再适用定金罚则。"也采取了此种态度。

同时根据《民法典》规定只有在合同违约的情况下被解除,才可以主张可得利益的损失,故损害赔偿也不包括可得利益的损失,而仅应该是实际损失,即非过错方因恢复原状而发生的损害赔偿。

三、关于所有权保留买卖合同

(一)基本概念

《民法典》第六百四十一条规定:"当事人可以在买卖合同中约定买受人未履行支付价款或者其他义务的,标的物的所有权属于出卖人。出卖人对标的物保留的所有权,未经登记,不得对抗善意第三人。"《最高人民法院关于审理买卖合同纠纷案件适用法律问题的解释》第二十五条规定:"买卖合同当事人主张民法典第六百四十一条关于标的物所有权保留的规定适用于不动产的,人民法院不予支持。"

约定所有权保留的买卖合同,简称所有权保留合同,是指在转移动产所有权的买卖中,根据当事人约定,出卖人将标的物的占有转移至买受人,但仍保留出卖人对该动产的所有权,在买受人完成特定条件后,该动产的所有权才发生转移的一种合同。所有权保留合同突破了民法上动产以交付转移所有权的规定,买受人无须支付全部价款就可以占有、使用标的物,实际上是以卖方给予信用形式上的融资，这样买受人的购买力就大大提高，从而在一定程度上刺激了消费，而对于出卖人来讲，不仅通过保留所有权而获得了商品价款的担保，而且可以通过此种方式增加商品的销售量。①所有权保留之所以为诸多国家或者地区的法律所确认，究其原因是由于其特有的经济担保功能，即保留所有权的分期付款买卖方式可以防备买受人在支付全部价款之前支付能力恶化。

（二）出卖人的取回权

《民法典》第六百四十二条规定："当事人约定出卖人保留合同标的物的所有权，在标的物所有权转移前，买受人有下列情形之一，造成出卖人损害的，除当事人另有约定外，出卖人有权取回标的物：（一）未按照约定支付价款，经催告后在合理期限内仍未支付；（二）未按照约定完成特定条件；（三）将标的物出卖、出质或者作出其他不当处分。出卖人可以与买受人协商取回标的物；协商不成的，可以参照适用担保物权的实现程序。"对取回权行使作出了相应规定。

《最高人民法院关于审理买卖合同纠纷案件适用法律问题的解释》第二十六条规定："买受人已经支付标的物总价款的百分之七十五以上，出卖人主张取回标的物的，人民法院不予支持。在民法典第六百四十二条第一款第三项情形下，第三人依据民法典第三百一十一条的规定已经善意取得标的物所有权或者其他物权，出卖人主张取回标的物的，人民法院不予支持。"对取回权的限制作出了相关规定。

（三）参照担保制度救济

取回权受限后，出卖人可参照担保制度的进行救济，《最高人民法院关于适用〈中华人民共和国民法典〉有关担保制度的解释》（以下简称《民法典担保制度解释》）第一条规定："因抵押、质押、留置、保证等担保

---

① 最高人民法院民事审判第二庭. 最高人民法院关于企业破产法司法解释理解与适用 破产法解释（一）·破产法解释（二）[M]. 北京：人民法院出版社，2017：388.

发生的纠纷，适用本解释。所有权保留买卖、融资租赁、保理等涉及担保功能发生的纠纷，适用本解释的有关规定。"根据《民法典担保制度解释》第六十四条规定："在所有权保留买卖中，出卖人依法有权取回标的物，但是与买受人协商不成，当事人请求参照民事诉讼法"实现担保物权案件"的有关规定，拍卖、变卖标的物的，人民法院应予准许。出卖人请求取回标的物，符合民法典第六百四十二条规定的，人民法院应予支持；买受人以抗辩或者反诉的方式主张拍卖、变卖标的物，并在扣除买受人未支付的价款以及必要费用后返还剩余款项的，人民法院应当一并处理。"由此可得，在符合其他要件的前提下，已经登记的所有权保留合同，权利人可向任何实际占有物的人主张实现担保物权，未经登记的所有权保留合同，无法向取得物权的善意第三人主张实现。

四、管理人对所有权保留合同选择的后果

《最高人民法院关于适用〈中华人民共和国企业破产法〉若干问题的规定（二）》第三十四条（所有权保留买卖合同的挑拣履行）规定："买卖合同双方当事人在合同中约定标的物所有权保留，在标的物所有权未依法转移给买受人前，一方当事人破产的，该买卖合同属于双方均未履行完毕的合同，管理人有权依据企业破产法第十八条的规定决定解除或者继续履行合同。"在实务中，管理人通常是根据与债务人的访谈决定合同的履行和解除，但管理人负有勤勉尽责，忠实执行职务的义务，应当基于债务人财产最大化、公平清偿债权的原则决定是否解除合同，同时也应当对合同相对方的债权进行公平对待。

（一）出卖人破产决定继续履行合同时出卖人取回权的行使

《最高人民法院关于适用〈中华人民共和国企业破产法〉若干问题的规定（二）》第三十五条规定："出卖人破产，其管理人决定继续履行所有权保留买卖合同的，买受人应当按照原买卖合同的约定支付价款或者履

行其他义务。买受人未依约支付价款或者履行完毕其他义务，或者将标的物出卖、出质或者作出其他不当处分，给出卖人造成损害，出卖人管理人依法主张取回标的物的，人民法院应予支持。但是，买受人已经支付标的物总价款百分之七十五以上或者第三人善意取得标的物所有权或者其他物权的除外。因本条第二款规定未能取回标的物，出卖人管理人依法主张买受人继续支付价款、履行完毕其他义务，以及承担相应赔偿责任的，人民法院应予支持。"

出卖人破产，管理人决定继续履行合同是基于"履行优于取回"，也可理解为"债权优于物权"。

1. 买受人按约履行义务。债务人破产申请被受理，产生"未到期的债权在破产申请受理时视为到期"的法律效果，此处是指相对人对债务人享有的债权到期，但相对人对债务人的债务享有期限利益，尤其是在重整程序中。在出卖人管理人要求继续履行所有权保留合同后，买受人可以继续按照之前的约定履行义务，而无须提前全部履行。

2. 买受人不履行或瑕疵履行义务。《民法典》第六百四十二条规定的"（一）未按照约定支付价款，经催告后在合理期限内仍未支付；（二）未按照约定完成特定条件；（三）将标的物出卖、出质或者作出其他不当处分"。即买受人不履行或瑕疵履行的情形，此时出卖人的管理人依法享有取回权，管理人行使取回权会产生如下法律效果。

效果一：管理人取回物，约定或指定回赎期限，期限经过，按照评估价值扣除买受人未支付价款及必要费用后仍有剩余的，应当返还买受人，不足部分由买受人清偿。

效果二：买受人已经支付 75% 以上价款（期待权）或者第三人已经善意取得，阻碍取回权行使。对于第一种阻碍事由，管理人可以按照"实现担保物权案件"的规定拍卖、变卖标的物，扣除买受人未支付价款及必要费用后仍有剩余的，应当返还买受人。对于第二种阻碍事由，管理人只能"依法主张买受人继续支付价款、履行完毕其他义务，以及承担相应赔偿责任的"。

（二）出卖人破产决定解除合同时出卖人追回权的行使

《最高人民法院关于适用〈中华人民共和国企业破产法〉若干问题的规定（二）》第三十六条规定："出卖人破产，其管理人决定解除所有权保留买卖合同，并依据企业破产法第十七条的规定要求买受人向其交付买卖标的物的，人民法院应予支持。买受人以其不存在未依约支付价款或者履行完毕其他义务，或者将标的物出卖、出质或者作出其他不当处分情形抗辩的，人民法院不予支持。买受人依法履行合同义务并依据本条第一款将买卖标的物交付出卖人管理人后，买受人已支付价款损失形成的债权作为共益债务清偿。但是，买受人违反合同约定，出卖人管理人主张上述债权作为普通破产债权清偿的，人民法院应予支持。"

出卖人破产，管理人决定解除合同是基于"取回优于履行"，也可理解为"物权优于债权"。

1. 买受人向管理人交付财产。出卖人管理人决定解除合同的，双方之间的买卖合同不再履行，已经履行的恢复原状或采取其他补救措施，管理人可基于标的物所有权尚未转移的事实，依据《企业破产法》第十七条规定，将属于出卖人的财产追回后作为债务人财产。此时出卖人管理人行使的权利非合同法上的取回权，而是追回权，不以买受人违约为权利行使的前提条件。

2. 管理人向买受人返还价款。出卖人破产，管理人决定解除所有权保留合同，对于买受人价款的保护分为两种情形，若买受人存在违约，按普通债权清偿；非买受人存在违约，按共益债务清偿。

非买受人违约，按共益债务清偿的法理在于以下几点：应与买受人违约在处理上有所区分；合同解除后，出卖人获取的价款已经丧失合法基础，构成不当得利，应当依据《企业破产法》第四十二条规定作为共益债务进行清偿；能够促进买受人履行合同义务和依法向出卖人管理人交付标的物，从而降低成本和高效追收债务人财产，并有利于促进社会信用的发展。①

3.债权人损害赔偿的申报。合同因出卖人管理人解除，对买受人造成的损失，买受人可以因合同解除所产生的损害赔偿请求权申报债权。司法解释仅规定"买受人已支付价款损失形成的债权作为共益债务清偿"，如何理解"已支付价款损失"？若买受人已支付大部分价款，出卖人管理人基于标的物增值解除合同，要求买受人返还标的物，买受人能否就增值部分申报债权？如果可以申报，按照什么性质的债权进行申报？能否按照不当得利主张共益债权？

笔者认为，如果不能就增值部分申报或按照普通债权进行清偿，将极大影响买受人返还标的物的积极性，或者允许债务人提前清偿全部债务而阻止出卖人管理人的解除权行使。

（三）买受人破产决定继续履行合同时出卖人取回权的行使

《最高人民法院关于适用〈中华人民共和国企业破产法〉若干问题的规定（二）》第三十七条规定："买受人破产，其管理人决定继续履行所有权保留买卖合同的，原买卖合同中约定的买受人支付价款或者履行其他义务的期限在破产申请受理时视为到期，买受人管理人应当及时向出卖人支付价款或者履行其他义务。买受人管理人无正当理由未及时支付价款或者履行完毕其他义务，或者将标的物出卖、出质或者作出其他不当处分，给出卖人造成损害，出卖人依据民法典第六百四十一条等规定主张取回标的物的，人民法院应予支持。但是，买受人已支付标的物总价款百分之七十五以上或者第三人善意取得标的物所有权或者其他物权的除外。因本条第二款规定未能取回标的物，出卖人依法主张买受人继续支付价款、履行完毕其他义务，以及承担相应赔偿责任的，人民法院应予支持。对因买受人未支付价款或者未履行完毕其他义务，以及买受人管理人将标的物出卖、出质或者作出其他不当处分导致出卖人损害产生的债务，出卖人主张

---

① 最高人民法院民事审判第二庭.最高人民法院关于企业破产法司法解释理解与适用 破产法解释（一）·破产法解释（二）[M].北京：人民法院出版社，2017：411.

作为共益债务清偿的，人民法院应予支持。"

买受人破产，管理人决定继续履行合同是基于"履行优于返还"，也可理解为"物权优于债权"。

1. 买受人管理人及时履行义务以取得所有权。根据《企业破产法》规定，未到期债权在破产申请受理时视为到期，买受人管理人决定履行所有权保留买卖合同的，出卖人的债权视为到期，因此买受人管理人应当向出卖人支付价款或者履行其他义务以取得标的物的所有权。同时根据《企业破产法》第四十二条规定"因管理人或者债务人请求对方当事人履行双方均未履行完毕的合同所产生的债务"，买受人支付对价属于共益债务。

2. 买受人管理人不履行义务时出卖人的救济。买受人管理人不履行义务时，出卖人可以根据取回权向管理人主张取回标的物，但买受人已支付标的物总价款75%以上或者第三人善意取得标的物所有权或者其他物权的除外。因取回权受阻无法取回的，出卖人依法主张买受人继续支付价款、履行完毕其他义务，以及承担相应赔偿责任的，人民法院应予支持。对因买受人导致出卖人损害产生的债务，出卖人可以主张作为共益债务清偿。

如果所有权保留买卖合同已经进行过登记，出卖人是否就该标的物享有优先受偿权？笔者认为，根据《民法典》第四百一十四条规定，所有权保留买卖合同属于其他可以登记的担保物权，具有优先受偿性。根据《担保制度解释》第六十四条规定，若出卖人未能取回标的物，当事人可以参照实现担保物权的案件有关规定，拍卖、变卖标的物。若买受人财产不足以覆盖共益债权，出卖人就登记所有权保留合同中的标的物价值优先受偿更能符合当前担保制度的精神，对于标的物价值不能覆盖的部分再作为共益债务清偿。

（四）买受人破产决定解除合同时出卖人取回权的行使

《最高人民法院关于适用〈中华人民共和国企业破产法〉若干问题的规定（二）》第三十八条规定："买受人破产，其管理人决定解除所有权保留买卖合同，出卖人依据《企业破产法》第三十八条的规定，主张取回买卖标的物的，人民法院应予支持。出卖人取回买卖标的物，买受人管理人主张出卖人返还已支付价款的，人民法院应予支持。取回的标的物价值明显减少给出卖人造成损失的，出卖人可从买受人已支付价款中优先予以抵扣后，将剩余部分返还给买受人；对买受人已支付价款不足以弥补出卖人标的物价值减损损失形成的债权，出卖人主张作为共益债务清偿的，人民法院应予支持。"

买受人破产，管理人决定解除合同是基于"返还优于履行"，也可理解为"债权优于物权"。

1. 出卖人的取回权及损害赔偿请求权。此时出卖人的取回权是依据《企业破产法》第三十八条而行使的，而非所有权保留买卖合同中的取回权。同时，出卖人有实际损失的，可以从买受人已支付价款中优先予以抵扣后，再将剩余部分返还给买受人，买受人已经支付价款不足以弥补出卖人标的物价值减损损失形成的债权，作为共益债务清偿。

2. 作为共益债务清偿的原因。前文提到，买受人管理人之所以选择解除合同是基于"返还优于履行"，即不再支付余款更有益于返还原物，同时也有利于增加债务人财产，此时将出卖人损失作为共益债务予以清偿符合共益债务法理。除此之外，合同解除后的法律效果之一是恢复原状，买受人管理人占有标的物不再具有法律基础，应当予以返还，基于该占有所导致的标的物价值减损也属于不当得利。

五、结语

所有权保留制度作为非典型担保之一，在破产程序中往往更具有难度，管理人在决定继续履行或解除时，要综合考量债务人与相对人的利益，避免机械决定。

浅谈破产程序中的建设工程优先受偿权

迟 冰

我国房地产市场历经 20 多年的蓬勃发展，市场已逐渐趋于饱和。近两年，受国内经济大环境的影响，很多房地产公司"爆雷"，出现资不抵债的情形，被动或主动进入破产程序。本文结合实践经验，针对破产程序中的建设工程优先受偿权进行分析。

一、行使的主体

《中华人民共和国民法典》第八百零七条规定："发包人未按照约定支付价款的，承包人可以催告发包人在合理期限内支付价款。发包人逾期不支付的，除根据建设工程的性质不宜折价、拍卖外，承包人可以与发包人协议将该工程折价，也可以请求人民法院将该工程依法拍卖。建设工程的价款就该工程折价或者拍卖的价款优先受偿。"根据上述规定，建设工程价款优先受偿权的行使主体是承包人，且一般仅限于建设工程施工合同中的承包人，不包括勘察合同、设计合同等其他类建设工程合同的承包人。《最高人民法院关于审理建设工程施工合同纠纷案件适用法律问题的解释（一）》（法释〔2020〕25号，以下简称《最高院建工合同解释（一）》）第三十七条规定："装饰装修工程具备折价或者拍卖条件，装饰装修工程的承包人请求工程价款就该装饰装修工程折价或者拍卖的价款优先受偿的，人民法院应予支持。"将行使主体扩大至装饰装修工程的承包人。但是对于实际施工人能否行使建设工程优先权这一问题却没有明文规定,司法实践中对此存在争议。

在实践中,实际施工人的合同存在无效的可能性,在合同无效的情况下,是否还享有建设工程优先受偿权存在一定的争议。但笔者认为,即使合同无效,实际施工人也应享有建设工程优先权,理由是:实践中的实际施工人大多为包工头或农民工,而建设工程优先权制度设立的目的便在于保障农民工的利益、保证施工人能够及时取得工程款,故只要实际施工人施工的工程质量验收合格,承包人或非法转包人应向其支付工程款,其也应相应地享有建设工程优先受偿权。对此观点,最高人民法院有案例予以支持,例如,(2019)最高法民终134号案,一审法院认为施工合同虽然无效且工程未竣工验收,但建设工程款中工作人员的报酬、材料款等均已经发生并已经物化在在建工程中,在发包人欠付工程款的情况下,施工人对其完成的部分享有优先受偿权。此观点最高人民法院予以认可,维持原判。

二、债权申报

《中华人民共和国企业破产法》(以下简称《企业破产法》)第四十四条规定:"人民法院受理破产申请时对债务人享有债权的债权人,依照本法规定的程序行使权利。"第四十九条规定:"债权人申报债权时,应当书面说明债权的数额和有无财产担保,并提交有关证据。申报的债权是连带债权的,应当说明。"

从上述法律规定来看,需债权人自行主动联系管理人对债权进行申报,并提交相关证据对申报的债权进行举证。实践中的债权申报方式通常由管理人决定,但申报的具体流程大抵相同,通常如下。

1. 联系管理人,了解债权申报的方式和所需要的证明材料。

2. 按管理人的要求,对申报债权的资料进行整理。申报资料通常有债权申报表、营业执照复印件、法定代表人身份证明、法定代表人身份证复印件、授权委托书（委托律师的还需律师事务所的介绍信、律师执业证复印件）、送达地址确认书及证明债权的相关证据，证据资料通常有建设工程施工合同、竣工验收报告、结算书、工程款项的支付凭证、已开具的发票等。所有资料均由债权人签字或盖章，并明确签署时间。

另外，根据最高人民法院《关于对人民法院调解书中未写明建设工程款有优先受偿权应如何适用法律问题的请示的复函》（〔2007〕执他字第11号）指出，"建设工程款优先受偿权是一种法定优先权，无须当事人另外予以明示"，虽然即使债权人不明确主张，其法定优先权也不能丧失，但是不能排除管理人审查债权不严谨，而在债权人不明确主张时，未予确认优先权的可能性，故建议在破产实践中，承包人作为债权人填写债权申报的申报表中一定要明确申报的债权享有建设工程优先受偿权，且积极主张。

3. 与管理人对接，通过现场申报或邮寄申报的方式将申报资料提交至管理人，并且尽量索要申报债权的回执。

三、债权审查

《企业破产法》第五十七条规定："管理人收到债权申报材料后，应当登记造册，对申报的债权进行审查，并编制债权表。"

根据上述法律规定，管理人收到债权人申报的债权资料后，应当对申报的债权进行审查，其中建设工程款债权主要从诉讼时效、主体、合同效力、权利义务、合同履行情况、债权金额、建设工程优先受偿权是否超期、质保金是否具备付款条件等方面进行审查。下面重点陈述破产程序实践中对于建设工程优先受偿权影响较大的三个审查点。

（一）行权期间起算点的认定

《最高院建工合同解释（一）》第四十一条规定："承包人应当在合理期限内行使建设工程价款优先受偿权，但最长不得超过十八个月，自发包人应当给付建设工程价款之日起算。"第二十七条规定："利息从应付工程价款之日开始计付。当事人对付款时间没有约定或者约定不明的，下列时间视为应付款时间：（一）建设工程已实际交付的，为交付之日；（二）建设工程没有交付的，为提交竣工结算文件之日；（三）建设工程未交付，工程价款也未结算的，为当事人起诉之日。"根据上述规定，建设工程优先受偿权的行权存有一定的期限限制，自发包人应当给付建设工程价款之日起算最长不超过十八个月，且此期间性质为除斥期间，不适用时效中止、中断与延长的规定。管理人审查建设工程优先受偿权时，应着重注意行权期限是否超期的问题，一旦超期，则该债权只能确认为普通债权，而不再确认为建设工程优先受偿权债权。

司法实践中，很多合同中对于付款时间没有约定或约定不明，从而建设工程优先受偿权的行权起算点易产生争议。在该种情况下，管理人审查债权时还应综合注意审查工程的交付日期、提交竣工结算文件的日期、债权人起诉主张工程款之日，从该日期推断工程款的应付款时间，根据该日期往后推最长十八个月来判断是否超出建设工程优先受偿权的行权期限。

（二）建设工程优先受偿权的范围

《最高院建工合同解释（一）》第四十条规定："承包人建设工程价款优先受偿的范围依照国务院有关行政主管部门关于建设工程价款范围的规定确定。承包人就逾期支付建设工程价款的利息、违约金、损害赔偿金等主张优先受偿的，人民法院不予支持。"

《建设部办公厅关于转发〈最高人民法院关于建设工程价款优先受偿权问题的批复〉的通知》（建办市〔2002〕51号）第三条规定："建筑工程价款包括承包人为建设工程应当支付的工作人员报酬、材料款等实际支出的费用，不包括承包人因发包人违约所造成的损失。"

从上述规定中可得，建设工程的工作人员报酬、材料款等实际支出的费用属于工程价款的范围，享有优先受偿权，但逾期付款的违约金、利息、损害赔偿金、诉讼费、律师费、保全费等不应确认为建设工程优先受偿权债权，而应该确认为普通债权。在实践中，管理人审查建设工程优先受偿权债权时，应特别注意债权人申报债权的组成明细，将申报债权金额中的违约金、利息、损害赔偿金、诉讼费、律师费、保全费等债权与建设工程优先受偿权债权分开，予以分别确认。

（三）放弃优先受偿权是否有效

在实践中，承包人作为债权人申报债权时主张建设工程优先受偿权，但管理人审查债权时，身为发包人的债务人举证承包人曾放弃建设工程优先受偿权的承诺函，认为该债权只能确认为普通债权，对此管理人应如何确认该债权的类型？

《最高院建工合同解释（一）》第四十二条规定："发包人与承包人约定放弃或者限制建设工程价款优先受偿权，损害建筑工人利益，发包人根据该约定主张承包人不享有建设工程价款优先受偿权的，人民法院不予支持。"建设工程优先受偿权的设立初衷是为保障农民工的利益，确保建筑工人能够及时取得工资，所以一旦承包人自行签署放弃建设工程优先受偿权的书面材料，则无法确保工程款的支付问题，会损害实际施工人的权益，导致后续实际施工人领不到工资而引发投诉、信访等群体性事件。故而管理人对于该种情况，即使承包人对于该优先权承诺放弃，管理人也不能随便确认为普通债权，防止引发群体讨薪事件，增加破产案件的复杂程度。

四、清偿顺序

在房地产企业的破产案件中，常见的债权类型一般有共益债权、消费者购房户债权、拆迁债权（一二级联动开发的企业会涉及）、建设工程优先受偿权债权、抵押债权、税款债权、职工债权、普通债权、劣后债权等。笔者主要针对建设工程优先受偿权债权与消费者购房户债权、有特定财产担保债权（抵押债权）的先后受偿顺位问题进行分析。

（一）消费者购房户债权

《最高人民法院关于建设工程价款优先受偿权问题的批复》第二条规定："消费者交付购买商品房的全部或者大部分款项后，承包人就该商品房享有的工程价款优先受偿权不得对抗买受人。"该条文明确了消费者权利更优先的观点，但为了平衡买受人和承包人优先权之间的冲突，又对买受人优先权利的条件进行了限制，买受人购买的是商品房，且已交付全部或大部分款项。《最高人民法院关于人民法院办理执行异议和复议案件若干问题的规定》第二十九条规定："金钱债权执行中，买受人对登记在被执行的房地产开发企业名下的商品房提出异议，符合下列情形且其权利能够排除执行的，人民法院应予支持：（一）在人民法院查封之前已签订合法有效的书面买卖合同；（二）所购商品房系用于居住且买受人名下无其他用于居住的房屋；（三）已支付的价款超过合同约定总价款的百分之五十。"实践认定中，商业用房是否可纳入商品房的范围？企业法人作为房屋买受人是否享有买受人优先权利？大部分款项是要求达到什么付款比例？没有网签的商品房是否还能适用？这几个问题往往存有一定的争议。

1. 根据法院审判案例可见，法院的观点是商品房仅指生活居住用房，商业及门头房不能适用该条的规定，破产实践中管理人对商品房的认定通常仅限于用于生活居住的住宅。

2. 买受人也不是一般意义上的房屋买受人，而更接近《中华人民共和国消费者权益保护法》中所称的消费者，"消费者为生活消费需要购买、使用商品或者接受服务，其权益受本法保护"。房屋买受人买房的目的是为了生活、居住，该条款有两层潜在的含义：一是房屋买受人应为自然人，法人不符合本条意义上的买受人；二是自然人买房的用途是生活居住，如存在投资或其他经营用途的，则不符合本条买受人的含义。

3. 在实践中，开发商作为债务人，为了逃避资产被纳入破产范围，被低价处置，会故意找人串通签订买卖合同，不交付或交付较小的购房款比例则容易使债务人转移资产，损害债权人的合法权益，也使建设工程价款优先受偿权被架空，故破产管理人审查债权时，买受人实际交付的购房款能达到总房价款的 50% 以上，则会视为已交大部分款项。

4. 买受人已缴纳大部分购房款，且已办理网签等过户手续，则房屋的所有权已从开发商转移至消费者，买受人享有的是物权所有权，而承包人的建设工程价款优先受偿权是担保物权，根据自物权优先于他物权的原则，承包人不能再对该房屋行使建设工程价款优先受偿权。但如果房屋尚未办理网签过户手续，则需根据房屋是否具备后续交付条件来具体判断：一是房屋已具备或后续具备交付条件，则此时建设工程价款优先受偿权仍不能对抗买受人的优先权利，房屋归买受人所有，承包人对于该房屋的建设工程价款优先受偿权无法实现；二是房屋因烂尾、损毁灭失等原因后续无法交付的，则买受人权利优先则体现在房屋折价后优先返还买受人的购房价款，尚有剩余价值的，承包人就剩余价值行使优先受偿权。

另外，破产实践中消费者购房户除主张房屋所有权外，还有很多申报违约金、房屋差价款等债权。鉴于该群体人数较多、债权金额相对较小，且债权款项大多影响老百姓的生存权益，故而为稳定购房户的群体情绪，管理人在制定重整计划草案或财产分配方案时，往往会将该类债权的清偿顺位置于建设工程价款优先受偿权之前，并经债权人会议审议通过。

（二）有特定财产担保债权

《最高院建工合同解释（一）》第三十六条规定："承包人根据民法典第八百零七条规定享有的建设工程价款优先受偿权优于抵押权和其他债权。"从立法本意上来看，建设工程价款优先受偿权是为保障建筑工人的工资及劳务费用，属于保护基本人权的范畴，是法定的优先权利。而有特定财产担保债权（通常是抵押债权）则是债权人与债务人基于合作形成合意而设立的约定债权，根据法定优先权利优先于约定产生权利的原则，建设工程价款优先受偿权应优先于有特定财产担保债权（通常是抵押债权）受偿。

综上可知，破产实践中这三种债权的清偿顺位一般为消费者购房户债权优先于建设工程价款优先受偿权债权，建设工程价款优先受偿权债权优先于有特定财产担保债权（抵押债权）。

五、救济途径

《最高人民法院关于适用〈中华人民共和国企业破产法〉若干问题的规定（三）》第八条规定："债务人、债权人对债权表记载的债权有异议的，应当说明理由和法律依据。经管理人解释或调整后，异议人仍然不服的，或者管理人不予解释或调整的，异议人应当在债权人会议核查结束后十五日内向人民法院提起债权确认的诉讼。当事人之间在破产申请受理前订立有仲裁条款或仲裁协议的，应当向选定的仲裁机构申请确认债权债务关系。"

破产程序中由管理人对债权人申报的债权进行审查、确认，管理人对于债权审查的结果债权人有权利知晓，在债权人会议上表决确认。如债权人对于管理人审查债权的确认结果有异议，则根据上述规定，债权人可在债权人会议核查结束后 15 日内提起诉讼。债权人应重点注意提起诉讼的期限，实践中对于该期限的把握，不同法院的把握程度不同，为了防止权益得不到保障，建议有异议的债权人在法律规定的期限内维权。

法治文明 互鉴 篇

法治文明互鉴篇

遵守国际规则　共创美好未来

潘基文

尊敬的来宾，女士们，先生们，上午好！

我很荣幸通过线上的方式欢迎各位嘉宾来到美丽的城市上海，参加环太平洋律师协会第30届年会，聚焦国际规则的变革和法律行业的机遇和挑战这一富有深意的主题。

八年前，中国国家主席习近平提出"一带一路"倡议，这一由中国提出的国际倡议写入了联合国的法律文件。我在联合国任职的10年期间，目睹中国对国际社会的巨大贡献和中国智慧的巨大力量。我赞同习近平主席提出的"当今世界正在面临百年未有之大变局"，我也赞同习近平主席倡导多边主义和经济全球化、改革世界贸易组织规则和构建人类命运共同体的理念。

中国改革开放40年来的突出成就表现在中国在国际社会中扮演着越来越重要的角色。中国已经成为联合国维和行动第二大出资国，在全球执行维和任务上发挥了积极作用。中国在气候变化、社会发展等全球性问题上作出了突出贡献并兑现了承诺。与此同时，中国在减贫领域成就显著，促进了联合国可持续发展倡议的成功。

在巨大的法治进步推动下，中国社会在过去的40年里发生了巨大的变化。1978年，中国国内生产总值占世界经济比重不到2%，而现在，中国已经成为世界第二大经济体，对世界经济的累计贡献率超过30%。中国取得的发展成就离不开改革开放和依法治国的国策，也取决于中国面向未来的领导决策。

尊敬的来宾，女士们，先生们！法治是人类文明的重要成果和共同语言。诞生在亚洲的环太平洋律师协会成立30年来，致力于团结全球顶尖商业律师，扩大对环太平洋地区的关注，以便在许多关键领域开展法律研究和提供法律服务。这些领域包括但不限于跨境投资、争议解决与仲裁、金融和资本市场、能源与自然资源、知识产权、国际贸易、海商和航空。这使这一出色的国际组织在全球法律实践中发挥重要作用。

金融危机过后，由此带来的一系列金融市场动荡、通货膨胀、国际"货币战"，以及与其关联的风险转嫁等后遗症，都对世界经济带来复杂和深刻影响。面对这些问题和挑战，国际社会应该在相互尊重、相互信任的基础上，加强对话合作。与此同时，共同构建和平、安全、开放、合作的强大平台，以期建立多边、民主、透明的全球治理体系和法治交流平台。

以联合国为主体，包括国际货币基金组织、世界银行、世界贸易组织等机制的全球治理框架，为全球治理、金融和贸易活动等提供了规则保障。我认为，全球经济治理体系应与时俱进，并且完善规则，以确保更加有效。合作还是对抗、开放还是封闭、互利共赢还是零和博弈等问题关乎各国利益和人类前途命运。

坚持规则导向，保障稳定发展，意味着在全球治理的国际框架内要尊重世界各国的平等权利，坚持多元主体共同参与制定规则、遵守规则、共同推动规则发展完善。以规则为基础加强全球治理实现稳定发展，需要遵守以下原则。

首先是共同参与制定规则。全球治理的理想目标是全人类共同发展，该目标的实现需要共同的规则来引导、规范和保障。在"地球村"内，各国参与国际活动、维护国际秩序的能力可能有差别，规则导向的核心要求就是坚持规则应该由国际社会共同制定。

其次是共同遵守规则。支撑社会秩序得以存在的是社会成员对于规则相互期待的认同意识，以及在此认同理念下对规则的共同遵守和维护，国际秩序亦然。没有规矩，不成方圆，规则本身就是规定出来供大家共同遵守的制度或章程，一旦无视规则、践踏规则，秩序有可能崩溃，危害后果可能是多方面的。

最后，我们应共同推动、促进规则的发展和完善。规则是经验的累积，规则的制定可以有超前性，但规则一旦制定出来就必然会落后于社会现实。今天的国际环境更是如此，既有的规则很容易为技术变革所挑战，很容易为国际经济贸易及政治环境变化所挑战。坚持遵守规则导向的结果，也意味着世界各国要共同参与推动对规则的调整和完善，推动用以调节国际关系和规范国际秩序的所有跨国性的原则、规范、标准、政策、协议、程序等规则体系逐步现代化。

在这方面，我们应努力促进贸易和投资自由化便利化。同时，推动经济全球化朝着更加开放、包容、平衡、共赢的方向发展。

尊敬的来宾，女士们，先生们！

让我们携起手来，一起播撒合作的种子，共同收获发展的果实。让所有人民和国家团结起来应对固有的全球挑战，包括气候变化和健康危机。让我们确保所有人、社区和国家都能过更好的生活，让世界更加美好！

在环太平洋律师协会第30届年会召开之际，我谨向大家表示衷心的祝贺。我相信环太平洋律师协会第30届年会一定会取得巨大成功！谢谢大家。

（本文是联合国第八任秘书长、博鳌亚洲论坛理事长潘基文先生2021年4月19日在环太平洋律师协会第30届年会开幕式上的致辞）

英文讲话原稿如下：

涌浦江 Surging Huangpu River

Abide by the International Rules and Create a Better Future

Ban Ki-moon

Distinguished guests, ladies and gentlemen, good morning!

I'm honoured to welcome you, virtually, to the beautiful city of Shanghai to attend the 30th Annual Meeting and Conference of the Inter-Pacific Bar Association. We are in Shanghai today to focus on the meaningful theme of international rule reform as well as opportunities and challenges for the legal industry.

Eight years ago, Chinese President Xi Jinping introduced the *Belt and Road initiative*. This international proposal has been written into the United Nations legal documents. During my 10-year tenure at the United Nations, I witnessed China's great contributions to the international community and the power of Chinese wisdom. I agree with what President Xi Jinping said, "The world today is facing the greatest change in a century". I also agree with President Xi's prioritisation of multilateralism and economic globalisation, as well as the reform of the World Trade Rules and the construction of a community with a shared future.

Over the four decades of reform and opening-up policy in China, this country has played an increasingly important role in the international community. China has become the second largest contributor to the United Nations peacekeeping operations and has elevated its active role. China has also made important contributions and strong commitments on global climate change and social development. At the same time, China's remarkable success in extreme poverty reduction has gone a long way in facilitating the success of key UN sustainable development initiatives.

Under the great improvement of the rule of law, Chinese society has experienced significant changes over the past 40 years. In 1978, China only contributed less than two per cent of the world economy. However, today this country occupies the second position in the world. With a cumulative contribution of more than 30 percent to the global economy, the development and achievements made by China are a result of the reform and opening-up policy, the governance of rule of law and the future-oriented policy making.

Distinguished guests, ladies and gentlemen, the rule of law is a common language of human civilisation. In the 30 years of the IPBA's history, it has strived to unite the excellent commercial lawyers around the globe with the scaled focus on the Inter-Pacific region in order to carry out legal research and provide legal services in many key areas. This includes, but is not limited to, cross-border investment, dispute resolution and arbitration, finance and capital markets, energy and natural resources, intellectual property rights, international trade and maritime and aviation. This has made this impressive organisation notable in global legal practice.

The financial crisis and the financial market turmoil, inflation and the international "currency war" as a result of the crisis, have left a complex and profound impact on the world economy. Facing these problems and challenges, the international community should strengthen dialogues and cooperation on the basis of mutual respect and trust. At the same time, it should at the end of it all to jointly build a robust platform. That is being peaceful, secure, open and cooperative with the view towards establishing a multilateral, democratic and transparent system of global governance and an exchange platform for the rule of law.

The global governance framework of the United Nations, including the International Monetary Fund, the World Bank and the World Trade Organization, has provided rules and a mechanism for global governance, finance and trade. I am of the view that the global economic system should keep up with the times to improve its rules so as to ensure that the system becomes even more effective. The choice of cooperation or confrontation, open-up or close, mutual benefiting or zero-sum game are closely related to the interests of different countries and the fate of mankind.

Adhering to the rule of law and ensuring stable development means respecting the equal rights of all countries within the international framework of global governance. It also means insisting on the participation of multiple subjects in making rules, abiding by rules and jointly promoting the development and perfection of such rules. Strengthening global governance based on rules for stable development requires the following principles.

The first is to ensure participation in rule-making. An important goal of global governance is the common development of all mankind, the realisation of which needs common rules to guide, standardise and guarantee. In the "global village", the ability of countries to participate in international activities and maintain the international order may be different. The core requirement of rule orientation is to insist that the rules should be formulated jointly by the international community.

The second is to abide by the rules together. What supports the social order is the recognition of consciousness of the social members to the mutual expectation of the rules, the common observance and maintenance of the rules under the concept of identity, as well as the international order. Once the rules are ignored and trampled upon, order has the potential to collapse and harmful consequences could transpire in many aspects.

Finally, we should promote the rules jointly. The rule is the accumulation of experience and legislation can be advanced. However, once the rules are made, they will inevitably lag behind social change. This is even true for today's international environment, where existing rules are easily challenged by technological changes and economic and political environmental changes. Insisting on adherence to rule-oriented outcomes means that different countries shall participate in the legislation and improvement of the rules and gradually modernise the principles, norms, standards, policies and agreements, procedures, etc., in regulating international relations and order.

In this regard, we should strive to promote the liberalisation and facilitation of trade and investment. At the same time, we should advance economic globalisation towards a more open, inclusive, balanced and mutual-benefiting direction.

Distinguished guests, ladies and gentlemen. Let us join our hands to sow the seeds of cooperation and harvest the fruits of development. Let all peoples and nations come together to address inherently global challenges, including climate change and health crises. Let us ensure that all people, communities and countries can live better lives and make the world a better place for all people and the planet!

My sincere congratulations go to you all on the occasion of the 30th Annual Meeting and Conference of the Inter-Pacific Bar Association. I am confident that it will be crowned a great success! I thank you for your attention. Thank you.

新时代中国对外关系的基本法律遵循

黄惠康

2023年6月28日，全国人大常委会表决通过《中华人民共和国对外关系法》（以下简称《对外关系法》）。这是中华人民共和国历史上第一部专门调整国家对外关系的法律，为新时代中国发展对外关系提供了基本法律遵循，具有重要的里程碑意义。

《对外关系法》的制定，具有鲜明的中国特色和时代特征。既从宏观层面进行顶层设计，形成中国特色社会主义对外关系法律体系"一体两翼"的基本格局，又从微观层面，构筑起"四梁八柱"的法律支撑。

一、"一体两翼"的基本格局

《对外关系法》以中国特色社会主义对外关系法律体系的系统集成为"一体"，以对外关系基本准则和对外关系职权配置为"两翼"，形成"一体两翼"的基本格局。

该法第一章总则以法律形式落实宪法和中共党章关于对外关系的指导思想、基本原则和集中统一领导的精神与规定，为对外工作提供方向和道路指引，构成《对外关系法》基本格局的重要一翼。其中包括三项重要内容。

一是明确发展对外关系的指导思想。中华人民共和国坚持以马克思列宁主义、毛泽东思想、邓小平理论、"三个代表"重要思想、科学发展观、习近平新时代中国特色社会主义思想为指导，发展对外关系，促进友好交往。

二是明确发展对外关系的基本原则。坚持独立自主的和平外交政策，坚持和平共处五项原则；坚持和平发展道路，坚持对外开放基本国策，奉行互利共赢开放战略；遵守联合国宪章宗旨和原则，维护世界和平与安全，促进全球共同发展，推动构建新型国际关系；主张以和平方式解决国际争端，反对在国际关系中使用武力或者以武力相威胁，反对霸权主义和强权政治；坚持国家不分大小、强弱、贫富一律平等，尊重各国人民自主选择的发展道路和社会制度。

三是明确中华人民共和国对外工作坚持中国共产党的集中统一领导。

该法第二章对外关系的职权，依据宪法及相关法律规定，规范了党和国家机构、驻外外交机构、省级行政区在对外关系中的职权、相互关系和基本管理体制，构成对外关系法律体系"一体两翼"基本格局中的另一重要侧翼。

中央外事工作领导机构负责对外工作的决策和议事协调，研究制定、指导实施国家对外战略和有关重大方针政策，负责对外工作的顶层设计、统筹协调、整体推进、督促落实。全国人大及其常委会、国家主席、国务院、中央军委、中央和国家机关各部门，行使宪法和法律规定的对外关系职权。外交部依法办理外交事务，承办党和国家领导人同外国领导人的外交往来事务，加强对国家机关各部门、各地区对外交流合作的指导、协调、管理、服务。

中国驻外外交机构对外代表中华人民共和国。外交部统一领导驻外外交机构的工作。

省、自治区、直辖市根据中央授权在特定范围内开展对外交流合作。省、自治区、直辖市人民政府依职权处理本行政区域的对外交流合作事务。

二、对外关系法律体系支撑之"四梁"

该法第三章对外关系的目标任务,构成对外关系法律体系基本支撑中的"四梁"。

一是明确发展对外关系的目标,将中华人民共和国长期奉行的外交政策目标以法律形式固定下来,包括坚持维护中国特色社会主义制度,维护国家主权、统一和领土完整,服务国家经济社会发展。

二是明确对外工作的总体布局,强调中国推进全方位、多层次、宽领域、立体化的对外工作布局,包括促进大国协调和良性互动,按照亲诚惠容理念和与邻为善、以邻为伴方针发展同周边国家关系,秉持真实亲诚理念和正确义利观同发展中国家团结合作,维护和践行多边主义,参与全球治理体系改革和建设。

三是明确中国的全球治理观,强调推动践行全球发展倡议、全球安全倡议、全球文明倡议,包括国际秩序观、全球安全观、全球发展观、人权价值观和文明观。中国维护以联合国为核心的国际体系,维护以国际法为基础的国际秩序,维护以联合国宪章宗旨和原则为基础的国际关系基本准则;坚持共商共建共享的全球治理观;坚持共同、综合、合作、可持续的全球安全观;坚持公平普惠、开放合作、全面协调、创新联动的全球发展观;尊重和保障人权,坚持人权的普遍性原则同本国实际相结合,促进人权全面协调发展;坚持平等、互鉴、对话、包容的文明观,尊重文明多样性,推动不同文明交流对话。

四是明确领域合作的基本原则。对我国积极参与全球环境气候治理,开展对外经济合作,开展对外援助及教育、科技、文化、卫生、体育、社会、生态、军事、安全、法治等领域交流合作作了原则规定。

三、对外关系法律体系之支柱

《对外关系法》第四章和第五章，在确立统筹推进国内法治和涉外法治，加强涉外领域立法，加强涉外法治体系建设总要求的基础上，构筑起支撑对外关系法律体系的"制度性支柱"。

条约的缔结与适用制度。国家依照宪法和法律缔结或者参加条约和协定，善意履行有关条约和协定规定的义务；国家缔结或者参加的条约和协定不得同宪法相抵触；国家采取适当措施实施和适用条约和协定；条约和协定的实施和适用不得损害国家主权、安全和社会公共利益。

反制和限制措施制度。对于违反国际法和国际关系基本准则，危害中华人民共和国主权、安全、发展利益的行为，中华人民共和国有权采取相应反制和限制措施；国务院及其部门制定必要的行政法规、部门规章，建立相应工作制度和机制，加强部门协同配合，确定和实施有关反制和限制措施。

联合国安理会制裁决议的执行制度。国家采取措施执行联合国安理会根据《联合国宪章》第七章作出的具有约束力的制裁决议和相关措施。上述制裁决议和措施的执行，由外交部发出通知并予公告。国家有关部门、省级人民政府在各自职权范围内采取措施予以执行。在中国境内的组织和个人应当遵守外交部公告内容和各部门、各地区有关措施，不得从事违反上述制裁决议和措施的行为。

豁免制度。中华人民共和国依据有关法律和缔结或者参加的条约和协定，给予外国外交机构、外国国家官员、国际组织及其官员相应的特权与豁免。中华人民共和国依据有关法律和缔结或者参加的条约和协定，给予外国国家及其财产豁免。此项规定为《中华人民共和国外国国家豁免法》的出台预留了接口。

海外利益保护制度。国家依法采取必要措施，保护中国公民和组织在海外的安全和正当权益，保护国家的海外利益不受威胁和侵害。国家加强海外利益保护体系、工作机制和能力建设。与此同时，在中国境内的外国人和外国组织的合法权利和利益也将依法受到保护。

对外法治交流合作制度。中华人民共和国加强多边双边法治对话，推进对外法治交流合作；根据缔结或者参加的条约和协定，或者按照平等互惠原则，同外国、国际组织在执法、司法领域开展国际合作；国家深化拓展对外执法合作工作机制，完善司法协助体制机制，推进执法、司法领域国际合作；加强打击跨国犯罪、反腐败等国际合作。

发展对外关系的保障制度。国家健全对外工作综合保障体系，增强发展对外关系、维护国家利益的能力；保障对外工作所需经费，建立与发展对外关系需求和国民经济发展水平相适应的经费保障机制；加强对外工作人才队伍建设，采取措施推动做好人才培养、使用、管理、服务、保障等工作；通过多种形式促进社会公众理解和支持对外工作；推进国际传播能力建设，推动世界更好地了解和认识中国，促进人类文明交流互鉴。

对外工作是以中国式现代化实现中华民族伟大复兴的关键领域。《对外关系法》深入贯彻习近平新时代中国特色社会主义思想，统筹推进国内法治和涉外法治，为对外工作提供了根本法律遵循和坚强法治保障。

（黄惠康系联合国国际法委员会委员、国家高端智库武汉大学国际法治研究院特聘教授）

2019 年我在日本跨年迎春

李志强

2024 年 2 月 10 日零时，甲辰龙年大年初一的新年钟声如约而至，手机一刻不停的新年问候接踵而至，我不禁想起 5 年前在日本跨年迎春的日子。

一、相约一起赴日推介

2018 年 12 月 18 日，我在京陪同时任环太平洋律师协会候任会长、新加坡著名律师 Francis Xavier 一早启程拜访国际仲裁机构、中华全国律师协会和司法部，车路过天安门广场时，我告诉 Francis，今天上午纪念中国改革开放 40 周年大会将在人民大会堂举行。Francis 微笑着回应，我今天会和中国的法学法律家呼吁我们环太平洋律师协会第 30 届年会在上海举办的重大意义。

紧锣密鼓的会见和会谈圆满结束，我和 Francis 当日下午登临了长城，他和我相约 2019 年 2 月初去日本推介 2019 年新加坡年会，"我想 2 月 4 日和 5 日去大阪和东京，我们一起吧。" "Ok!"

当我安排行程订票时，忽然发现 2 月 4 日是除夕，2 月 5 日是大年初一。一言已出，驷马难追。择日不如撞日。我和 Francis 如约莅临东瀛。

二、大阪东京其乐融融

2019年2月4日下午，在大阪辩护士协会自有大厦内，环太平洋律师协会2019年新加坡年会大阪推介会在轻松祥和的气氛中成功举行，Francis介绍了新加坡国际商事仲裁的最新资讯和环太平洋律师协会新加坡年会的具体安排，我简要介绍了上海涉外法律服务市场和外国律师在华展业的最新信息。大阪律师对日本律师事务所驻上海代表处对接日本企业法律事务的案例很感兴趣，提出了不少问题，我一一解答。出席推介活动的青年律师占据大头，看得出日本法律服务市场后继有人。当日的晚宴美酒加佳肴，其乐融融。

2019年2月5日，Francis和我搭乘新干线前往东京。当日下午，在东京市中心一幢写字楼的会议厅，日本环太平洋律师协会主要会员与多位前会长、秘书长和官员悉数出席。在Francis发表演讲和推介致辞后，我登台脱稿致辞。20世纪90年代初期，我担任多例上海浦东新区陆家嘴、金桥和外高桥美元银团贷款项目银团法律顾问，银团成员中有诸多日本著名银行，如第一劝业银行、兴业银行、樱花银行等。我向与会的所有日本友人说道："在中国改革开放的历程中，我作为一名中国律师亲身经历了中日经贸金融合作的经典案例，深感中日合作市场广阔，前景美好，中日律师合作明天会更好。"在场日本友人报以热烈掌声，大家相聚在一起合影留念。

事后我从其他渠道了解到，2019年大年初一这场东京推介活动在日本同行中产生了不小反响。2021年4月，在上海举行的环太平洋律师协会第30届年会开启了全球新冠疫情背景下首场也是唯一一场成功举行的线下为主结合线上的国际法治盛会，除中国律师外，日本律师参与的比例位列全球30个国家和地区之首。

国之交在于民相亲。弹指一挥间，5年过去了。2024年环太平洋律师协会年会将于2024年4月24日至27日在东京盛大开启，期盼中外法治文明交流互鉴年年有盛事。

龙年新春美国见闻一二

李志强

2024年甲辰龙年新春正月，我时隔5年再次来到美国，访老友，见同窗，会新朋，开新站，展服贸。从东海岸到西海岸，与企业家、金融家交流，与学者和法学法律家探讨，留下难忘记忆。

2023年11月，中美元首成功实现旧金山会晤。从官方到民间，互动增多，交流升温。

一、31年后老友重逢

1993年秋，我随中国律师代表团首访美国，20世纪80年代留学美国取得法学博士学位的Brian Jiang先生热情接待我们，陪同访问美国法院、参观议会，与法律服务机构交流，研习普通法，开阔了眼界，增长了见识。回国后我的硕士研究生导师李昌道教授和我说，别看你这次到处看看，好像蜻蜓点水，但是收获是很大的。

当我再次来到"阳光之城"洛杉矶，与蒋先生再次联络，电话里我们好像又回到31年前的岁月。我们相约在圣地亚哥的海边餐厅小聚，白浪滔天，激情似火，岁月带走了年轮，但抹不去情感。我们伤感当年的团长高前和主任不久前辞世，畅叙三十载人世间的沧海桑田，2个多小时的时光匆匆从指尖划过。

二、50 年餐馆破纪录

在美国前五大城市的一家中餐馆，位于唐人街中心，干净整洁的店面，热情温馨的招呼，让我毫不犹豫走进店家。我见到 1975 年从中国台北来美国创业的 W 先生，他今年本命年 84 岁，思路清晰，谈吐优雅。经营这家餐厅已达半个世纪。餐馆的电视里时时播放来自中国台北的资讯。这家店的招牌卤肉饭量超大，菜圃煎蛋等美食也别有风味。老先生围坐在我桌边，聊了许久，"疫情三年幸亏有附近大学的学生照顾我，才维持到现在，在这个城市一代人创业开店 50 年我算破了一个纪录。"

走出餐厅，我体味到一个人一辈子钟情一件事情，做好并做到极致，人生就是成功的。

三、33 年组织展新貌

在纽约和洛杉矶，我见到全球首家诞生在亚洲的国际律师组织——环太平洋律师协会的最早一批会员 Ken 和 Libby，他们先后担任过官员和会长，也是第 30 届上海年会最早注册报名的外国律师之一。

"上海年会恰逢疫情，但在极其困难的情形下成功举办，可以说创造了奇迹。""'We are Together' 的会歌原创中国，唱响世界，中国人了不起，亚洲人了不起。"

面对面听到两位前辈和长者的点评，我心潮澎湃。文化的力量穿越时空，跨越国界。我们相约下月东京再聚首。

短暂的美国之行，在满员的东航 586 航班落地浦东机场后画上句号。

我的脑海里不时回响中国国家元首在美国演讲的金句：两国曾经隔绝对立 22 年，是时代潮流让我们走向彼此，是共同利益让中美超越分歧，是人民愿望让两国打破坚冰。中美关系的根基是由人民浇筑的，中美关系的大门是由人民打开的，中美关系的故事是由人民书写的，中美关系的未来是由人民创造的。期待两国人民多走动、多来往、多交流，共同续写新时代两国人民友好的故事。

简约　精彩　难忘
——环太平洋律师协会第 30 届上海年会开幕三周年回眸

李志强

2024 年 4 月 19 日是环太平洋律师协会第 30 届上海年会开幕三周年的纪念日。

2023 年 3 月 8 日，在阿拉伯联合酋长国名城迪拜举行的第 31 届环太平洋律师协会年会上，迪拜的宣传片开宗明义将首创于上海的会歌 "We are Together" 元素嵌入其中，《三十而立》立体报道第 30 届上海年会的公开出版物在迪拜一抢而空。

回眸三年前在中国举办的这一法治文明交流互鉴的盛事，回想开埠 178 年来在中国最大的城市上海首次举办的国际主要律师组织的盛会，不禁让人浮想联翩。

一、盛世开盛会，全球独领风骚

2021 年 4 月 19 日，以"世界经济贸易规则变革与法律行业的机遇和挑战"为主题的环太平洋律师协会第 30 届年会在上海开幕。时任全国人大宪法和法律委员会主任委员李飞，上海市市长龚正，时任上海市人大常委会副主任莫负春，第十一届、第十二届、第十三届上海市政协副主席周汉民，联合国第八任秘书长潘基文等 600 多名来自 30 多个国家和地区的中外嘉宾出席开幕式。

李飞在致辞中表示，党的十八大以来，以宪法为核心的中国特色社会主义法律体系得以发展和健全，立法体制机制不断完善，科学立法、民主立法、依法立法深入推进，法治建设取得巨大进步。今后，中国将加强涉外法治工作，适应高水平对外开放工作需要，完善涉外法律和规则体系，为全球法治建设贡献"中国方案"和"中国智慧"。

龚正在致辞时指出，上海已成为中国法律服务市场开放程度最高、境外律所驻华代表机构和代表聚集度最高的地区之一。我们要全面贯彻习近平法治思想，加快把上海打造成为全球法律服务资源集聚高地、国际商事争议解决高地和法治化营商环境建设高地。我们将全面推进涉外法律服务业发展和体系化建设，依法平等保护各类市场主体合法权益，为推动亚太地区律师行业创新发展作出更大贡献。

我主持了年会开幕式和主旨演讲等全体会议。

二、简约　精彩　难忘

时光倒流到 2017 年 11 月 12 日，初冬的国际名城伦敦晴空万里、阳光明媚，环太平洋律师协会在这里举行 2017 年中理事会会议。

伦敦时间 11 月 12 日上午 11 时许，会议进入表决 2020 年年会举办城市的关键议题，当与会理事全票通过 2020 年环太平洋律师协会第 30 届年会举办城市花落上海时，全场响起雷鸣般的热烈掌声。

2018 年 3 月 16 日，在菲律宾首都马尼拉举行的环太平洋律师协会第 28 届年会闭幕日会员大会上，与会全体会员一致同意第 30 届年会在中国上海举行。

2020 年新春，一场突如其来的新冠疫情席卷全球，原定 2020 年 4 月举行的环太平洋律师协会第 30 届年会不得不推迟一年举行。

2021 年 4 月 19 日，环太平洋律师协会第 30 届年会在黄浦江畔拉开帷幕，疫情下久违的人们面对面相会相聚，难以言表的喜悦写在人们的笑脸，难得多日的艳阳照在上海国际会议中心的四周。简约、精彩、难忘成为本届年会的关键词。

三、多个第一载入史册

全球首例新冠疫情背景下成功举办的国际律师和法治盛会；首支环太平洋律师协会会歌"*We are Together*"唱响会场并在全球传播；首次年会演讲人和主持人超过200人覆盖30个国家和地区；中国籍专家演讲人人数创历史之最中文首次成为主要语言；"90后"法学宗师李昌道教授演讲创30年来环太平洋律师协会历届年会之最；30年来首次举办早间论坛发布北京仲裁委员会"一带一路"专题调研报告；数十家中外产学研知名机构全力支持年会创多重溢出效益。

日出江花红胜火，浦江两岸尽朝晖。

2021年4月在黄浦江畔隆重举办的环太平洋律师协会第30届年会已成历史。

2021年10月13日在人民大会堂举行的第十次全国律师代表大会开幕式上，中华全国律师协会第九届理事会工作报告这样评价：这次会议的成功举办对宣传习近平法治思想和我国法治建设成就、推动我国涉外法律服务品牌建设、推动法治文明交流互鉴、推动构建人类命运共同体具有重要意义。

此届年会得到无数关爱支持和参加参与的中外专家和环太平洋律师协会会员的无私帮助，功德无量。作为年会举办的一名参与者和亲历者，我感恩所有贵人、亲人、友人，感恩伟大的党和祖国，感恩伟大的新时代。

这次年会成功举办的溢出效应显著：环太平洋律师协会2021东亚区域会议、2021仲裁日活动等高规格法治论坛相继在中国天津、广州举办，环太平洋律师协会首次走进苏州河畔的百年校园——华东政法大学，顺利举行资本市场法治国际论坛，上海市领导等中外嘉宾共同见证环太平洋律师协会首份与亚洲有重要影响力的综合性法科大学签署《合作备忘录》。环太平洋律师协会支持的2022首届长三角金融法治论坛、2023长三角金融法治论坛和 2024 长三角金融法治论坛先后在安徽省芜湖市、江苏省镇江市和上海市成功举行，令人难忘。《三十而立》《智荟天津》《情满羊城》《漫步芜湖》等传播弘扬法治文明交流互鉴的成果在五洲四海受到广泛赞誉。

历史是最好的教科书，历史是最佳的留声机。

2024 年是上海开埠 181 年，期盼未来有更精彩的风云际会在浦江两岸呈现。

立法建言篇

涉外法治保障的若干建议

李志强

党的十八大以来，在习近平新时代中国特色社会主义思想的引领下，特别是2020年习近平法治思想提出以来，党中央提出了一系列创新性理论成果并取得了一系列标志性成就，如提出统筹推进国内法治和涉外法治，维护我国公民和企业"走出去"合法权益，构建人类命运共同体和践行全球发展倡议、全球安全倡议和全球文明倡议等。为全面加强涉外法治工作，我国先后制定和修订了《中华人民共和国国家安全法》《中华人民共和国香港特别行政区维护国家安全法》《中华人民共和国出口管制法》《中华人民共和国反外国制裁法》《中华人民共和国对外贸易法》《中华人民共和国对外关系法》《中华人民共和国国家豁免法》等多部涉外法律。行政法规和部门规章层面，2016年5月司法部等多部委联合发布《关于发展涉外法律服务业的意见》，2020年9月商务部发布《不可靠实体清单规定》，2021年1月商务部发布《阻断外国法律与措施不当域外适用办法》，2023年12月商务部、科技部的2023年第57号公告公布了经调整后的《中国禁止出口限制出口技术目录》等。

上述立法工作凸显了涉外法治工作与时俱进保障安全与构建国际化、法治化营商环境的两大核心需求，涉外法治工作的重视程度前所未有，关注程度史无前例。我国国际法学界在国际法研究和运用方面也取得了很大的成绩，但正如中国国际法学会会长黄进教授所言，我们在国际法理念、思想、理论、规则、制度和运行机制的创新方面乏善可陈，还缺少创造性的贡献。

作为一名从业 33 年的涉外律师和仲裁员，就涉外法治保障提出若干建议，供领导和专家参考。

一、对标国际高标准金融规则体系

建议密切关注国际金融市场的发展趋势和国际监管体系的最新要求，以确保本地金融市场与国际接轨。

一是制定和执行金融规则时，要紧密对标国际高标准，确保本地金融市场符合国际惯例和规范。这包括规范金融产品设计、信息披露、风险管理等方面，以增强国际投资者对中国金融市场的信心。进一步深化境内外金融市场互联互通，促进国内外金融机构更加便捷地开展业务，减少准入限制、简化审批程序等，吸引更多国际知名的金融机构在我国设立总部或分支机构。

二是借鉴成熟市场规则，完善退市制度。通过建立透明的标准和程序，强化风险提示和预警机制，减少不良企业进入市场。关注投资者保护，尤其是小股东的权益，提升市场的公平性和透明度。通过加强市场监管，打击违规行为，建立更稳健、透明、公正的金融市场环境。

二、立法规制创新跨境破产司法制度

2022 年 2 月 4 日，世界银行发布的《宜商环境评估体系》已明确将"办理破产"作为评估指标。而上海及其自由贸易试验区作为国际经贸合作中心，更面临着跨境企业破产工作的特殊考验。因此，借力上海自由贸易试验区，开展中国跨境破产司法制度试点，完善本土营商环境，展示中国司法智慧，争取国际法治话语权。建议如下。

（一）明确债务人主要利益所在地，分层分级实施境外破产程序的境内保障

各国跨境破产协作的特点在于面对资产分布在各国的跨境企业破产案件，要确定哪一个国家或地区，尤其是本国是否属于债务人的主要利益所在地，从而确定向本国提出承认与实施申请的境外破产程序能否公允涵盖破产企业的核心利益、是否属于外国主要破产程序。

我国法院应当审慎但充分地运用自由裁量的权力，从债务人主要利益中心的视角出发，结合本国情况，对外国破产程序进行分析研判，确定其在跨境破产案件中是否属于主要程序。同时，应当注意到，对于外国主要和非主要破产程序给予的救济，不仅要继续坚持当前《中华人民共和国企业破产法》第五条强调的先行审查原则，还可以考虑借鉴美国等国家的经验，按照外国程序在该跨境企业破产框架内的重要性、主导性，在持续时间、救济措施强制力等方面分层分级实施保障。对于收到外国破产程序承认及实施管理申请后，发现境内是破产企业主要利益中心的，应对外国破产程序的境内实施予以充分控制，避免境内资产主导权向境外流失，避免出现主次不分、本末倒置的情形。

（二）持续增强企业境内外经营资产通盘核查，严禁境内企业以境外破产方式逃废债务

就恒大集团在美国破产事件而言，其申请破产保护的本身目的固然是为了避免境外债券持有人提起诉讼对该集团已经获得批准的境外债务重组计划的影响，但其中潜藏的风险仍然值得关注。如果境内企业在查知破产风险时就向其控制的境外实体转移资产，在境外申请外国主要破产程序，实现对境内债权人的财产隔离，则仍可能引发对市场秩序、经济秩序的消极影响。因此，在境内企业存在破产事由又进行境外破产申请的，可考虑由法院会同有关部门对企业境内外历史资产沿革进行核查，判断其是否涉嫌逃废债务。如情况属实的，应考虑将破产企业境内外实体进行合并破产

处理，利用《中华人民共和国企业破产法》第五条的规定，将境内破产程序的效力触及海外，借助司法渠道与境外法院开展沟通说明相关具体情况。同时，对实施该等行为的主要责任人员追究民事及刑事责任。

（三）借力自贸区开展境内外破产程序专项合作机制，建立涉外破产协作白名单

当前，我国直接全面放开对境外破产程序的全面承认与执行可能的时机尚不成熟，但这并不妨碍继续坚持与境外地区司法机关达成点对点的专项合作协调机制。《最高人民法院与香港特别行政区政府关于内地与香港特别行政区法院相互认可和协助破产程序的会谈纪要》正是这一思路的重要成果。

可考虑从自由贸易试验区内外资企业破产事务处置入手，通过与其他具有成熟规范司法环境、充分尊重我国司法主权利益的地区或国家达成专门合作，视情况形成自由贸易试验区内破产协作领域的跨国"绿色通道"，试点先行进一步提升跨境破产合作的诸多措施。同时，建立自由贸易试验区跨境破产合作白名单，吸引与上海自由贸易试验区有密切经贸往来，可能面临重大跨境债务重组问题的国家与地区进一步了解、对接我国破产司法制度体系。

三、加强涉外法律服务领域的立法

面对涉外律师人才仍不能满足涉外法治需求的现状，建议如下。

其一，完善具有中国国籍的取得境外律师资格的专业人士自动获得中国律师执业资格的准入机制，设立专门的程序和标准，明确认定条件、资格要求和申请程序，确保合格的中国国籍境外律师可以更加顺畅地参与中国法律服务市场，增加涉外律师供给。

其二，服务"走出去"，修订《中华人民共和国律师法》，制定鼓励我国律师服务机构"走出去"的政策举措。

其三，鼓励中外法治文明交流互学互鉴。修订《中华人民共和国律师法》专条鼓励律师和律师事务所开展国际交流，促进国际合作，践行全球文明倡议。

四、制定我国人工智能领域的立法

对我国而言，人工智能立法迫在眉睫，应当确立发展与安全并重、以监管保障发展的思路，定位为保障性立法，而非限制性立法。这是基于人工智能作为维护国家安全、提高国家竞争力的重要战略，以及有关各方正在争夺领导地位这一基本态势而确立的务实的立法思路，更为根本的考量在于，有发展才有安全，不发展才是最大的不安全，所以应当秉持更加积极的立法思路。我们应当摒弃零风险的理想主义倾向，对于日新月异的人工智能技术，要求零风险既不可能也无必要，为了防范风险而遏制发展更非明智之举。确立保障性立法定位，意味着我国的人工智能法重在为人工智能创新发展提供法治保障，而非以条条框框进行事无巨细的限制。

建议尽快制定一部我国人工智能领域的法律，主要考虑如下：第一，国际上关于人工智能的竞争不仅是技术之争，而且是标准之争、规则之争、话语体系之争，而首发者或先发者一般会有更大的影响力。第二，人工智能的迅速发展和广泛应用需要在法律上及时作出回应。第三，人工智能技术的演化速度决定了不可能等到完全成熟定型之后再制定，既然如此，立法宜早不宜迟。

建议积极参与人工智能领域规则的制定，加强与其他国家的司法交流与合作，推动国际规则与国内立法衔接，提倡全球数据安全，制定可移植的中国示范规则。在司法执法方面，深化国际司法交流，加强数字技术与司法工作的融合，提高涉外数字纠纷解决机制的国际认可度。综合协调守法环节与法治人才队伍，统筹规划数字涉外法治的完整体系，培养熟悉数字法律领域的专业人才。

五、完善外籍人来华工作、旅游及引进高端人才的立法

吸引更多外籍专家和优秀人才来华，不仅有助于我国经济的发展，更表明中国是一个越来越开放、宜居、具有全球吸引力的国家。建议完善外籍人士来华工作、旅游及引进外国高端人才的立法。

首先，进一步缩短审批时间，简化手续，为外国高端人才提供更加灵活的签证政策。

其次，多语言服务的供给是增强外籍人才生活便利度的重要途径。通过在国内设施、交通、医疗等领域增加多语言服务，包括英文标识、官方文件提供多语言版本等，能够有效提高外籍人才在中国的适应性和融入感。

最后，一流的国际教育与社会保障是吸引外籍人才的重要考量。建议通过立法建立更完善的国际化教育体系，为外籍高端人才的子女提供高水平的教育资源。同时，健全外籍人才的社会保障体系，确保其定居后在医疗、养老等方面享有与我国居民相似或相近的待遇。

此外，统筹制定人才认定标准、税收政策等系列立法，鼓励各类涉外领域的高端人才来华工作，推动涉外领域的人才队伍建设。

六、进一步提升我国涉外法治影响力和吸引力

2021年4月18日至21日，国际主要律师组织——环太平洋律师协会第30届年会在中国上海成功举办，这是三年新冠疫情背景下全球首例也是唯一一例以线下为主结合线上成功举办的国际律师和法治盛会，吸引了全球600多名资深律师、仲裁员和法学法律专家参与，意义非凡，影响深远。

环太平洋律师协会第30届上海年会的成功召开首次向世界传播了习近平法治思想，宣传了我国涉外立法、司法、执法、法律服务等涉外法治工作的巨大成就，展现了日益走进世界舞台中央的中国及其法律人可信、

可爱、可敬的形象，极大地提升了我国涉外法治的影响力和吸引力，为中外法治文明互学互鉴提供了典范。

建议在我国多举办旨在提升涉外法治影响力和吸引力的高级别法治论坛，法律外交和民间外交齐头并进，国内法治和涉外法治相得益彰，定期向世界发布中国涉外法治的成果。

（本文系环太平洋律师协会第 30 届会长、最高人民法院和司法部聘任的全国首批行政审判行政复议专家李志强同志在全国人大法工委专题调研座谈会上的发言文稿）

先贤名师 铭记篇

司法先贤　山高水长

阮忠良

今天，我们相聚在复旦大学法学院，深切缅怀我国著名法学家、法学教育家李昌道先生，研学先生的学术思想。我谨代表上海市高级人民法院向李昌道先生家属表示诚挚的慰问，向出席今天活动的专家学者表示崇高的敬意！

李昌道先生是中华人民共和国成立后培养的最早一批法律人才和第一代法学家，是海派法学家的杰出代表。李昌道先生自20世纪50年代起投身中华人民共和国的社会主义法治事业长达六十余年，被誉为我国法学法律界的"国之瑰宝""法学宗师"。

李昌道先生是一位具有卓越学术成就和崇高人格魅力的法学学者。先生的学术研究涉猎广泛，学术思想深邃务实，研究成果丰富了中国法学理论宝库，为中国法治事业作出了不凡贡献。先生始终秉持学术研究服务于国家社会需求的理念，在香港基本法、"一国两制"等领域取得重要研究成果，为"一国两制"伟大构想的具体实施提供了学术支持，彰显了一名学者在国家和人民需要他发挥专长时义无反顾的投入与付出。

李昌道先生不仅是一位杰出的法学研究者，更是一位充满爱心和智慧的教育家。先生始终心系高等教育事业，关注法官职业化的体系建设，实践法官职业素养的培植提升，兢兢业业，辛勤耕耘，育人不辍，诲人不倦，为国家培养出了大批优秀法律人才。先生不仅将自己的知识和经验传授给学生和法院干警，更注重培养学生和法官的独立思考能力和创新精神，是教书育人的典范。

李昌道先生还是一位优秀的领导者和实践者。先生具有远见卓识，敢于创新、勇于担当，为人民法院建设和人民司法进步作出了巨大的努力。在担任上海市高级人民法院副院长的七年期间，先生积极参与司法政策制定，推动法律实施。先生立足中国国情，兼容并蓄，理论联系实际，大胆探索具有中国特色的庭审方式改革。先生提出的"提高法官素质是司法公正的根本，完善法律法规是司法公正的关键，改革庭审方式是司法公正的途径，社会关心支持是司法公正的基础"的真知灼见，影响和推动了人民法院司法改革的进程，为依法治国、实现法治国家作出了理论贡献和实践努力。

李昌道先生虽然离开我们已经两年，但先生的音容笑貌依然浮现在我们眼前，先生的崇高品格永远留在我们心间。先生的卓越成就和无私奉献的精神将激励着我们不断前行，为中国特色社会主义法治事业不断贡献力量。最后，再次向李昌道先生表示最崇高的敬意和最深切的缅怀。

（本文系上海市高级人民法院巡视员阮忠良在2023年11月24日复旦大学举办的李昌道教授学术思想讨论会上的主旨发言文稿）

九三先贤　风范长存

周　锋

今天，我们齐聚复旦大学，怀着沉痛的心情，追忆著名法学家和法学教育家、九三学社上海市委原副主委李昌道先生，缅怀其高尚精神和道德文章！在此，我也代表九三学社上海市委向李昌道先生家属表示亲切的问候。

李昌道先生长期从事法学相关领域的教学和科研工作，曾任复旦大学法学院院长、教授，上海市高级人民法院副院长，上海市政府参事室主任等职。他于1987年3月加入九三学社，是九三学社上海市第十二、第十三届委员会副主任委员。第八届、第九届全国政协委员，第七届上海市政协委员。

他深耕法学领域，是卓有建树的治学大家。作为中华人民共和国第一代法学大学生和研究生，李昌道先生的一生与祖国发展紧密相连，为我国改革开放、"一国两制"和法治中国事业等作出了杰出贡献。他历任复旦大学法律系主任和法学院首任院长，擅长外国法律制度，在比较法、美国宪法领域造诣深厚，为学界所景仰。他将理论与实践相结合，在制定和普及香港基本法的过程中贡献卓越。李昌道先生执教数十载，桃李满天下，他培养的众多学生都已成为司法领域和法学教育的中坚力量。

他勇立时代潮头，是勇担使命的司法先锋。1991年，由九三学社上海市委推荐，经中共上海市委统战部、组织部考察，根据多党合作的政治需要，李昌道先生被任命为上海市高级人民法院副院长，成为我国民主党派人士担任省级司法领导的第一人。这一任命是多党合作事业蓬勃发展的重要体现，具有特殊意义。面对这一重任，李昌道先生坚持中国共产党领导，摆正自身位置，快速适应角色，本着"参政党的目标不是从狭隘的小团体的利己主义出发，而是从中华民族的整体利益、长远利益和根本利益出发"的信念，不负执政党的期望，不负参政党的委托，不负人民群众的期许，圆满完成了各项工作，实现了教学、科研与司法实践的有机融合。

他投身参政议政，是一心为民的履职楷模。饱经风雨的人生经历让李昌道先生常怀悲天悯人之心，他竭尽全力为民服务。他深感"从政是议政的深厚基础，议政是从政的重要体现"，不断将其所精通的法学知识和在司法实践中总结出的宝贵经验运用到参政履职中。在担任全国政协委员和上海市政协委员期间，他结合实际工作，聚焦社会热点，每年递交提案或书面发言，社会影响深远，部分提案被上海市政协评为优秀提案。在全国政协八届一次会议上，李昌道先生的《请严格按照现行宪法第64条规定的修宪程序修宪》建议案被全国人大采纳，得到九三学社中央、全国政协、中共中央统战部的充分肯定。1994年，《人民日报》专门对李昌道先生提案做专题报道。此后，作为上海市政府参事室主任，他每年向上海市领导呈交数十份报告或建议，充分展现了他履职为国、一心为民的担当和追求。

他心系"九三"社务，是当之无愧的"九三先贤"。1990年，李昌道先生当选九三学社复旦大学委员会首任主委，1992年当选九三学社上海市委副主委。他与中国共产党同心同德，团结和带领广大社员积极履职，为上海改革开放和现代化建设、为九三学社上海组织发展作出重要贡献。他充分利用专长做好学习引领，香港回归前，坚持每年为社员做关于香港问题和香港基本法的专题报告，为各民主党派市委领导、有关人士等作"澳门基本法与澳门回归"主题讲座。他还结合自身经历，为九三学社上海市委口述历史系列丛书、为《我与九三》等精心撰文，讲述其履职的感悟和体会；他还热心开展法律咨询服务社会，以一点一滴的行动践行九三学社爱国、民主、科学精神。

哲人其萎，风范长存！我们深切怀念李昌道先生，怀念这位具有崇高威望的卓越"九三人"！他的光辉业绩、他的高尚情操、他的优秀品质永在我们心中，他的功绩、思想、风范也将激励着我们，为九三学社上海组织的蓬勃发展，为全面建设社会主义现代化国家、全面推进中华民族伟大复兴不懈奋斗！

（本文系九三学社上海市委员会专职副主委周锋先生在2023年11月24日复旦大学主办的著名法学家李昌道教授追思会暨学术思想讨论会上的致辞文稿）

九三先贤李昌道先生九十载璀璨人生

《九三先贤李昌道人物研究》课题组

李昌道先生，1931年6月出生于上海，自幼生活在一个温馨且富足的家庭，然而1941年的变故犹如晴天霹雳，其父在抗日战争中英勇牺牲，家庭由此陷入困境。尽管家境中落，其母坚韧不拔，辛勤工作，抚养四个孩子成人，即使生活困苦，仍坚持将李昌道送入费用高昂的教会学校求学。

1950年，李昌道从中学毕业后，凭借优异表现通过保送考试进入北京燕京大学法学院政治系外交组学习。次年，他参加了"中央土改工作团"前往广西工作长达9个月，这段经历对其人生产生了决定性影响，其间，他加入了共青团。随后，在全国高校院系调整中，李昌道转入北京政法学院就读。1953年完成学业后，他被分配至中国人民大学法律系研究生班，专攻法律史。在中国人民大学的3年时光，为他日后开展教学与科研打下了坚实的基础。彼时，中国人民大学重视原著研读，李昌道秉持刻苦钻研的精神，扎实积累专业知识。

1956年李昌道在中国人民大学毕业后，被分配至华东政法学院法律史教研室执教，他在工作中严格遵守规章制度，勤恳教学并潜心科研。其间，他撰写了《大冒险家哈同》小册子，并在报纸杂志上发表了一系列短文，这一成就在当时实属不易。

1961年，李昌道结婚，次年诞下一女李芮，原本平静安稳的生活因"文化大革命"的到来遭受剧变，他遭受了不公正的迫害与冤枉。直到1978年彻底平反后，随着国家路线调整和改革开放政策的推行，李昌道的人生也随之迎来了新的转机。1985年，53岁的他借助福特中美法律教育基金的资助赴美国明尼苏达大学法学院进修美国宪法，回国后又被借调至新华社香港分社参与香港基本法的制定和香港法制研究工作。这些国内外的经历极大地拓宽了他的视野，丰富了他的学术和人生阅历。

自1991年以来，李昌道虽已迈入花甲，但他依然活跃在社会工作的各个领域，不仅担任上海市高级人民法院副院长，还先后负责上海市政府参事室、复旦大学新法学院的工作，并在上海市法学会、上海市仲裁委员会等多个社会组织中担任重要职务。他的九十载法治生涯经历了曲折起伏，从青年时期的勤奋努力，在中国人民大学学习时始终保持优异成绩，到中年时遭受坎坷，在"文化大革命"中受尽磨难，再到壮年时期的转折人生，成为一代法学宗师，被誉为我国法学法律界的"国之瑰宝"。

一、三尺讲台　天大的事

教学和科研被李昌道认为是"天大的事"，教书育人是天底下最神圣的职业，教师不能永远拿一本不变的讲稿，要与时俱进，要推陈出新。李昌道在20世纪90年代初先后于北京政法学院和中国人民大学法律系研究生毕业，长期在华东政法大学、上海社会科学院政法所、复旦大学任教，他从事法学教学、科研、立法、司法、执法、法律宣传和法律服务长达66年，是中华人民共和国法治事业沧海桑田、波澜壮阔发展历程的亲历者、参与者和贡献者。李昌道与法结缘，爱法、护法、与法同行，尤爱宪法。学生时代就研究孙中山先生"临时约法"论文突出获得第一名。

李昌道教授于1972年调入复旦大学国政系，历任助教、讲师；1982年进入复旦法律系，历任副教授、教授；1990年担任复旦大学法律系主任；2000年担任了单一学科法学院的首任院长。李昌道教授始终心怀教育、心怀中国，他为学术研究上下求索，为教育事业鞠躬尽瘁，为学科建设呕心沥血，为法治实践竭忠尽智。李昌道教授是我国美国宪法和香港法治研究领域的巨匠，著述等身，发表了包括专著、论文、研究报告、教材、法律工具书和案例汇编等在内的大量研究成果。其学术研究一直坚守维护人民利益、国家利益的政治立场，坚持求真务实、不断创新的科学精神，既关注宏大的基础理论问题，也关注具体的现实问题，可谓高瞻远瞩、脚踏实地。他于1986年出版的专著《美国宪法史稿》是我国第一部用马克思主义观点来解释、总结和研究美国宪法的专著，又是中华人民共和国成立后大陆学术界首部关于美国宪法的重量级学术成果。这本书曾在20世纪90年代初获得上海市社科优秀著作奖，成为获奖作品中为数不多的法学研究方面的成果。李昌道教授还参与了司法部组织的《外国法制史》这本教材的编写工作，其关于美国法的研究，对于我国在改革开放以后创立和发展法制史学科、宪法学学科的过程中起到了重要的影响。李昌道教授在香港法研究上也取得了斐然的成就。1987年，李昌道教授经过时任复旦大学校长谢希德的推荐，被借调到新华社香港分社担任高级研究员，参与香港基本法起草这一重要工作。香港回归前十年就去胜任这一工作了。1990年李昌道教授所著的《香港基本法透视》一书发行，成为最早在香港出版的推广香港基本法的专著，之后他又陆续发表关于香港法律研究的著作、论文和提案若干篇。这些成果不仅对香港基本法学和澳门基本法学的形成和发展有奠基性的作用，也是今天研究香港法律问题的重要参考。

  李昌道教授还始终站在法学学科发展的第一线，为复旦大学法学院乃至整个复旦大学的学科建设潜心贯注、不吝心力。1990年，在当时复旦大学法律系主要领导缺位、教师队伍多人离职出国的特殊历史时期，已经将近退休年龄的李昌道教授临危受命出任法律系的主任，为稳定法律法学方面的教师队伍、正常开展各项教学和培养工作作出了重大的贡献。在李昌道教授的亲自组织下，复旦大学以外国法制史研究生班的方式，承担了上海法院系统部分骨干人才的培养工作，既为司法机关培养了一批高级人才，又为复旦法学教育开辟了与实务界合作的新途径，为后来开启的法律硕士教育打下了坚实的基础。2000年，复旦大学单一学科的法学院成立，已近古稀之年的李昌道教授出任法学院院长，在李昌道先生的组织下复旦大学法学院国际法专业和民商法专业先后于2002年和2004年获得博士学位授予权，实现了单一法学院成立后，自己培养的法学博士零的突破。

在李昌道教授的带领下，复旦大学法学学科在2004年教育部第一次学科评估中一跃成为全国前十位。

李昌道教授诲人不倦，用自己的光芒为后人点灯照路。毕业生在回忆起李昌道教授时都盛赞其教学逻辑清晰、趣味盎然，对待学生耐心仔细，提携后辈不辞辛劳。2008年，李昌道教授从复旦大学退休后，希望以设立奖学金的方式来鼓励学生钻研学术。2018年，李昌道教授的学生秉承其志愿，发起设立了复旦大学李昌道学术基金，下设了复旦大学法学院本科生李昌道宪法学奖学金，这是我国首个面向本科生设立的宪法学的奖学金，传承了李昌道教授对学生学术探索和发展的支持和关注。李昌道教授的学术成就和社会影响力不仅为中国法学事业和民主政治建设作出了重要贡献，也为后人树立了榜样和典范。

二、一代宗师　　与时俱进

李昌道教授从事法学研究活动持续时间长，既关注宏大的基础理论问题，也关注具体的现实问题，能很好地将理论探索与现实问题的解决相结合。其研究成果所包含的学术思想，既能高瞻远瞩，领法学学术之先，又能脚踏实地，针对性地解决实际问题。

以对香港基本法和澳门基本法的研究为例，李昌道教授于1998年就在复旦学报发表题为《实事求是是实施"一国两制"的灵魂》的论文，他提出邓小平理论的精髓是解放思想、实事求是，这是我们党永葆旺盛生机和创造力的法宝，也是"一国两制"基本方针的哲学基础和理论基点。2004年又在复旦学报上发表题为《"一国两制"是香港基本法的法理核心》的论文，着重阐释"一国两制"的科学内涵，强调"一国"是"两制"的前提和基础，是实践香港基本法的根本原则，并从香港特别行政区权力的来源、国家制度体系的构成、香港兴旺发达的基础三个方面展开论证。李昌道教授坚决反对有意曲解"一国两制"的言论，明确指出，香港政制发展的主导权在中央。李昌道教授在当时关于香港基本法法理的阐述，与多年后，国务院新闻办于2014年发表的《"一国两制"在香港特别行政区的实践》白皮书及中央领导同志近几年在涉港问题的几次重要讲话中，所阐述的香港基本法法理是完全一致的。此外，李昌道教授还就香港的双语立法、香港人权法案、香港无证儿童居留权案、香港基本法解释机制、香港与内地的司法协助等问题进行研究，发表过多篇论文，就香港特别行政区基本法、香港特别行政区政治制度进行系统研究，出版学术专著。上述研究成果及相关学术思想，不仅对香港基本法学和澳门基本法学的形成具有重要的奠基作用，而且对于今天解决纷繁复杂的香港问题，依然有重要的参考价值。

再以对司法制度及司法改革的研究为例，李昌道教授在20世纪90年代中期，曾主持研究教育部规划课题"民事审判方式研究"。他明确提出，我们应立足本国国情、兼容并蓄，走中国特色的审判方式改革之路。李昌道教授是改革开放后最早进行我国司法改革研究的国内学者之一。李昌道教授于1995年在《民主》一刊上发表题为《保障司法公正的四个要件》的论文，提出要实现司法公正，要从四个方面入手，这包括提高法官素质是司法公正的根本、完善法律法规是司法公正的关键、改革庭审方式是司法公正的途径、各方关心支持是司法公正的基础。2003年又在《中国法学》上发表题为《司法公正与法官职业化》的论文，他提出，建构专门的司法组织制度，是实现司法公正的前提性措施。这种专门的司法组织制度的一个核心，就是法官职业化，即法官工作的严格控制化、集中化与统一化。李昌道教授提出，法官在司法程序中扮演的角色最为关键，法官职业化要求显然高于律师职业化与检察官职业化。李昌道教授在该论文中提出了法官职业化的实体要求及程序制度的建构要求。此外，李昌道教授还就陪审制度、沉默权制度、司法调解与和谐社会的问题进行研究，发表过多篇学术论文，这些论文着力解决我国司法改革中的具体实际问题，提出了许多引人深思的见解及一些有操作性的建议。李昌道教授还就比较司法制度进行系统研究，出版过学术专著。李昌道教授的上述研究成果及其包含的学术思想，对于我国近 20 多年来的司法改革，特别是前 10 年的司法改革，作出了重要的理论贡献。

三、七年院长　开创先河

1991 年 4 月 12 日，上海市九届人大常委会第二十六次会议通过李昌道为上海市高级人民法院副院长的任命。李昌道是九三学社社员，由民主人士出任省级高级人民法院副院长，在全国尚属首例。1991—1998 年，李昌道担任了上海市高级人民法院副院长，长达 7 年，用李昌道本人的话来说"是对法律体验最深的七年"。7 年间，每次中共党组召开会议，李昌道先生都会被邀请列席。无论是讨论党内还是党外的问题，他都可以参加并提出见解，即使是诸如人事调动，中共上海市高级人民法院党组也会听取李昌道先生的意见。李昌道先生曾回忆说："中共党员在与非中共人士共事时，态度谦和，言语诚恳，敢于放权，经常听取非中共人士的意见和建议。"

任职期间，李昌道对于司法公正及律师制度的发展方面进行了深入研究。其在任期内先后发表了《保障司法公正的四个要件》《从一位中国法官的角度观察中国律师》等文章。《保障司法公正的四个要件》文章明确提及从四个方面着手真正做到司法公正："一是提高法官素质是司法公正的根本，二是完善法律法规是司法公正的关键，三是改革庭审方式是司法公正的途径，四是各方关心支持是司法公正的基础。"而"从一位中国法官的角度观察中国律师"一文中，则从正视基本国情、迈向现代律师、改善法律训练及引进先进管理等角度阐述律师制度及行业的发展。上述文章也引起了司法学界的广泛关注与讨论。

在任职期间的司法实践方面，李昌道则为司法改革作出了极大的贡献，尤其集中于法院庭审方式的改革。此前，法院的庭审方式主要沿用老的模式，开庭不公开，庭审是"纠问式"，有些证据还要法官亲自出去调查。随着我国改革开放的深入和国际化速度的加快，这种方式已越来越不适应形势的发展，亟待更新。李昌道先生曾有过留学美国的经历，在外国法制史、美国宪法、西方法律制度等方面都有很深的学术造诣，在大家提出改革方案时，他就毫无保留地把更合理的庭审方式作了详尽的介绍，并提出自己的建议，这部分建议很快被吸收和运用在了改革中。经过改革，法院开庭可以公开和旁听，侦查和审判分离，举证由当事人来完成，法官判案更加民主和公开。同时，新的庭审方式能与当代的律师制度更好地结合起来，也促进了律师行业在我国茁壮发展，庭审方式的改革取得了极大成功。

四、申城智囊　杰出代表

1998年4月，李昌道教授从任职7年的上海市高级人民法院副院长卸任后，收到了由时任上海市市长徐匡迪签发的任命书，任命他为上海市人民政府参事室主任。2002年2月，李昌道教授又从时任上海市市长徐匡迪手中接过了上海市政府参事的聘书，直到2008年离任。李昌道参事前后在参事室工作共10年的时间，他以自己的实际行动，践行了他对参政咨询工作的理念。李昌道参事善于洞察、勤于思索、乐于奉献，既发现问题，又解决问题，提出了多份事关千家万户和社会治理的建言，具有深远的现实意义。

21世纪初，关注到国内艾滋病蔓延的趋势，经多年深入调查研究，2004年3月，李昌道参事与杨绍刚、胡锦华等参事和三位国务院参事共同撰写的《关于加强艾滋病防治立法及相关工作的建议》，由国务院参事室呈报时任国务院副总理吴仪，建议得到充分重视，有力推动了我国艾滋病防治立法。

2002年9月，李昌道参事提出《处理"激访"的三点建议》，即越是"激访"，越要依法；越是"激访"，越要冷静；越是"激访"，越要疏导。时任上海市副市长冯国勤将这份建议批转上海市信访办，信访办负责人后来专程上门听取李昌道参事意见。2006年6月，李昌道参事主笔撰写了《关于人民陪审员的调研报告》。时任上海市委副书记刘云耕在批示中指出，调研中的一些意见，对进一步做好人民陪审员工作很有价值。谨向参事表示衷心感谢，并建议将报告印发给法院各位领导和陪审员们参阅。

此外，李昌道参事围绕"完善刑事审判简易程序改革""医患关系中有关法律问题""涉法上访问题""依法保障法警执行职务""转变解毒工作的理念和体制""化解香港事态""开展文化产权交易"等问题，共撰写了近20份调研报告和建议，多份建议得到上海市领导重视和关注。担任参事期间，李昌道教授还参与修改了近30份法规，提出的修改意见受到上海市政府法制部门的重视。在一年一度的修改《政府工作报告》中也提出了许多真知灼见，并被采纳。

2001年4月18日，上海市人民政府参事室成立50周年纪念大会在上海市政府会议厅隆重举行，上海市委、上海市人大、上海市政府和上海市政协主要领导都发来贺信，上海市长出席会议并讲话，会议取得了圆满成功。李昌道主任在大会讲话中指出，50年的参事工作证明，党的统一战线政策贯彻得好，参事工作就蓬勃发展；参事工作越贴近政府中心工作，参政咨询的效果就越显著。参事的参政咨询必须适应政府工作的新要求和新发展，要立足当前、放眼未来，以更宏观的视野为政府"深谋远虑"，竭诚献策。

五、一国两制　功在千秋

1984年，中英两国签署关于香港问题的联合声明。随后，李昌道先生接受重任，赴新华社香港分社参与《中华人民共和国香港特别行政区基本法》制定和研究工作。在香港期间，李昌道先生结交港人，研究港情，很快融入香港社会，在香港报刊上发表了多篇文章，其犀利的分析、精辟的观点，震动了香港法律界。他在香港短短几年时间，先后出版了《香港法制漫谈》《30常用香港法例新解》《香港基本法透视》等多部作品。

1990年香港基本法颁布后，李昌道先生从香港回来，立即投入了迎接香港回归的法制准备工作。李昌道先生组织和带领上海中青年学者，先后出版了《香港政制和法制》《香港法律实用全书》《香港政治体制研究》等，在相当程度上为填补国内对香港法治研究的空白作出了贡献。在香港回归前后，李昌道先生主要开展了两方面工作：一方面，深入推进香港基本法的理论研究，先后发表并出版了《教师认识基本法》（香港特别行政区预委会委托香港浸会大学的项目）、《创造性的杰作——解读中华人民共和国香港特别行政区基本法》等，为基本法教学和研究提供了扎实的文献资料；另一方面，为上海"四套班子"和驻港部队等各界宣讲和普及"一国两制"与香港基本法，影响深远。

1997年7月15日，时任上海市高级人民法院副院长的李昌道受邀赴港参加回归后首次"一国两制"研讨会并发表演讲，时任香港特别行政区首任行政长官董建华出席研讨会。香港知名人士李鹏飞、梁定邦等邀请李昌道宣讲"基本法下香港原居民的权利"等法律问题，交流香港回归后发展路径等，受到广泛好评。

六、律师文化　执业之本

李昌道教授从事法学教学科研、立法司法、法治宣传和法律服务长达66年，他耕耘法学教学和科研长日如一，参加了香港特别行政区基本法的制定工作，担任过上海市高级人民法院副院长，上海仲裁委员会副主任和委员，上海市人民政府参事室主任和参事，出任过复旦大学单一法学院首任院长，长期担任上海市法学会副会长，受聘担任上海市律师协会专家顾问等。

2008年秋，李昌道教授从复旦大学办理退休手续后，出任了全国优秀律师事务所——上海金茂凯德律师事务所主任，长达13年。他为推动中国特色律师制度建设和律师业发展提出了宝贵思想。他认为，律师不仅是拥有深厚知识积累的文化人，更是承载社会意识形态和人类精神财富的重要群体。

2012年12月8日，上海律师公会成立100周年纪念大会在上海举行，时任上海市委常委、政法委书记丁薛祥出席大会并致辞。李昌道教授受邀发表《律师文化，执业之本》文章，他提出，律师文化并非简单的等同于知识积累，而是一种更为深刻和广泛的概念。它涵盖了人文素质、专业水平、共同信仰、价值追求及职业素质等多个方面，这些元素共同构成了律师文化的丰富内涵。他认为，当代律师文化与昔日相比，在具体行为方式、思维模式等方面存在差异。但无论时代如何变迁，律师文化的主旨精神始终如一，包括法律至上的信仰、抗争精神、独立精神、人文精神、自律精神、诚信精神及公平竞争精神等。这些精神不仅指引着律师们的职业行为，更对社会起着导向、示范、激励、凝聚和约束作用。

从资深法官的角度观察，李昌道教授认为，律师是为社会提供法律服务的专业人员，产生于法治社会对法律服务的需求，在现今社会司法制度民主化的进程中发挥着极其重要的作用，它的发展状况是一个国家文明程度和法治程度的重要标志。随着我国社会主义市场经济体制的逐步确立，民主法治观念的日益增强，时至今日，我国律师已经成为一种不可或缺的社会主体，融入社会。社会也在逐步认可律师及律师提供的法律服务：律师业的生命力在于作为团体被社会承认和支持。李昌道教授认为，律师是实施依法治国的因素，是推进司法改革的动力，也是遏制司法腐败的力量。

七、人生绝唱　涉外法治

2021年4月19日，国际主要律师组织——环太平洋律师协会第30届年会在黄浦江畔隆重举行，第十三届全国人大宪法和法律委员会主任委员李飞、上海市市长龚正、联合国第八任秘书长潘基文等来自30多个国家和地区的600多名中外嘉宾出席开幕式。这次年会，恰逢上海开埠178周年，不仅是对世界法治的一次盛大展示，更是首次向世界传播习近平法治思想和党的十八大以来法治建设的伟大成就。本次年会的筹备和举办得到了李昌道教授的大力支持，申办前他专门出具"支持函"支持上海承办环太平洋律师协会第30届年会，并以90岁高龄著名法学家的身份在年会发表视频演讲，强调以习近平法治思想统领涉外法治，强调中国法律应当"走出去"，在有中国人和中国企业的地方，就应当有中国法治的声音和涉外法律服务的身影。这一观点不仅展示了中国法治的自信和开放，也为中国法律在国际舞台上发挥更大作用提供了有力支持，为新时代推动我国涉外法治工作产生了巨大影响。

李昌道教授以其深厚的学术底蕴和丰富的实践经验，为涉外法治工作提供了宝贵的思考和建议。他的演讲不仅展示了中国法学界的智慧和力量，还为全球法治的发展贡献了中国智慧和中国方案。

2021年9月10日，中华人民共和国培养的著名法学家和法学教育家李昌道学术思想研讨会在上海举行，第十三届全国人大宪法和法律委员会主任委员李飞致辞，盛赞李昌道先生为国家经济建设和改革开放、"一国两制"和法治中国伟大事业作出了杰出贡献。上海市政协副主席、九三学社上海市委主委钱锋代表九三学社上海市委发来贺信。上海市法学会也发来贺信。研讨会由环太平洋律师协会会长、李昌道硕士研究生李志强主持，中国证监会上海监管局原局长、上海仲裁委员会原委员张宁，上海市高级人民法院原审判委员会委员宋学东，复旦大学法学院原副院长董茂云，港澳法专家、上海市政府原参事徐静琳等，从李昌道不同历史时期的学术思想展开研讨。《新民晚报》等主流媒体作了报道。李昌道先生发表答谢致辞。

李昌道先生的一生是爱国爱社的一生，是为国为民的一生，是无私奉献的一生。2021年11月20日他辞世后，党和国家领导人、九三学社中央领导人、九三学社上海市委主要领导人，以及法学法律界知名人士、知名港澳同胞、台湾同胞、海外侨胞和国际友人高度评价他的光辉一生和留给世人的宝贵思想财富。

作为九三先贤，李昌道先生的功绩将永载史册，他的风范、品格、精神和思想将传承给一代又一代九三社员，世世代代受人尊敬和怀念。

追忆中国证监会前主席周道炯先生二三事

李志强

中国证监会第二任主席周道炯先生于 2024 年 1 月 11 日腊月初一 3 时 38 分在北京辞世，享年 90 岁。我正在机场准备起飞，忽闻噩耗，十分难过。

周道炯先生曾任国务院证券委员会常务副主任、中国证监会原主席、中国建设银行原行长。1995 年 3 月至 1997 年 6 月，周道炯先生出任中国证监会主席，曾处置 "327 国债期货事件" "琼民源事件"，在证券市场有"救火队长"之称。周道炯主席卸任中国证监会第二任主席时曾说："我一辈子都是搞财政金融，证券委、证监会这前前后后六年的时间，对我一生来讲是难忘的岁月，资本市场在金融市场中是最前端、风险最大的一个领域。"

我与周道炯主席结缘源于我们任职上海一家知名金融机构董事会董事的经历。

一、长者风范　平易近人

初识周道炯主席的那天，我们一起参加董事会一个专业委员会的工作会议，考虑到我是体制外的市场专业人士，董事长安排我担任委员会主任一职。看到委员会里有周道炯主席和另外两位曾任职市管干部的专家，我心有疑虑，担心干不好工作。周道炯主席察觉到我的表情，以长者的风范，平易近人地对我说，"志强主任，你大胆工作，我们都支持你。"周道炯主席如沐春风的话语，让我瞬间如释重负。

以后每次董事会和委员会会议，周道炯主席都认真听取每位与会者的意见，并发表自己的看法，他渊博的学识和敏锐的洞察力都让人受益匪浅。

二、证券轶事　发人深思

近日在央视和东方卫视热播的电视连续剧《繁花》，让人情不自禁联想到20世纪90年代初期资本市场的起起伏伏和花开花落。周道炯主席履职中国证监会第二任主席期间，坐在"火山口"，如履薄冰。

每次周道炯主席来上海参加会议，只要有机会，大家都围拢在他周围，问这问那，往事如烟，周道炯主席也像打开回忆录一样，娓娓道来。股市高位运行，众人关注。一次周道炯主席去医院体检，护士看到周道炯主席的大名，追上来打听股票行情，令人哭笑不得。

股市是经济的"晴雨表"，还是居民财产性收入的重要来源，发人深思。

三、证券律师　大有可为

有一次，公司董事会讨论与全球一家著名投资银行合资设立子公司的议案，董事长提出让我从专业涉外律师的视角多提意见。外方起草的文件将中方国有企业的责任与地方政府的责任混同，我仔细翻阅厚厚一大本双语文本，提出了不少实质性的修改意见。上海市国资委一位领导也列席会议。

会后，周道炯主席走到我面前，笑眯眯地说："志强大律师提出的意见很重要，我完全赞成。"当周道炯主席得知我是中华人民共和国第一批证券律师时，鼓励我"证券律师，大有可为！"

中华人民共和国证券市场大门打开，历经三十余载筚路蓝缕的发展历程，惊天动地，华章篇篇。一位位开路人和开拓者的名字都将镌刻在时代的华表上，镌刻在历史的丰碑上。

周道炯主席，您一路走好！

我眼中的法学泰斗江平教授印象

李志强

还有 2 天，法学泰斗江平教授离开我们整整一个月了。

2023 年 12 月 19 日 12 时 28 分，我国著名法学家和法学教育家、中华人民共和国民商法学的主要奠基人之一江平教授在京仙逝，享年 94 岁。

江平教授是中华人民共和国首批留学生，曾任第七届全国人大常委会委员、全国人大法律委员会副主任委员、全国人大法工委行政立法研究组组长、中国法学会副会长、中国政法大学校长、北京仲裁委员会主任等重要职务。江平教授仙逝后，多位曾担任过中华人民共和国政府首脑、最高立法机构主要领导人和社会各界人士通过各种方式表达哀思，江平教授生前居功至伟，生后可谓哀荣空前。

江平教授作为法学家和法律专家，曾牵头组织了《中华人民共和国行政诉讼法》《中华人民共和国信托法》的起草工作；作为主要专家参与了《中华人民共和国民法通则》《中华人民共和国合同法》《中华人民共和国物权法》《中华人民共和国民法典》等诸多重要法律的立法工作。他躬耕教坛 60 余年，培养了一大批杰出人才，把毕生的精力奉献给了我国法学教育事业，是万众敬仰的"全国优秀教师"和"全国杰出资深法学家"。

一、谦谦君子　长者风范

1998 年，北洋咨询集团主办第二届律师国际论坛，法学大家江平教授和执业8年的我受邀参会并作分享。江平教授笑容可掬，思维缜密，京腔京味，他的演讲宛如一池清水滋润听众的心灵。论坛的主持人许征女士热情好客，她是主办单位的中流砥柱，多次助力成功举办有影响力的论坛，既盛邀著名法学教授江平、周汉民等名师，又请来朱树英、刘大力等知名专业律师。

论坛进入尾声，许征邀请江平教授和我一起合影，我们都拉着江平教授居中合影，但江平教授坚持让许征女士站立在C位，说"女士优先"。学富五车的法学大家就是这样一位谦谦君子，他的长者风范令众人终身难忘。

二、关爱律师　尊重律师

在我的记忆中，江平老师一生关爱律师、尊重律师，他多次强调：律师兴，则国家兴。

2000年12月18日，中国律师2000年大会在北京隆重举行，时任中共中央政治局常委、书记处书记尉健行和中共中央政治局委员、中央政法委书记罗干等出席大会。江平教授受邀向千余名中国律师发表主旨报告，我和来自五湖四海的各地律师聆听了江平教授慷慨激昂且极富感染力的演讲。他在演讲中分析了律师工作的现状，指出律师工作应从低水平走向高水平，律师应具有使命感，律师工作包含服务之道及治国之道，律师在办案时要注重研究政治、社会的有关问题，出色地服务于社会，积极参与立法活动、参与社会监督。江平教授还从成败、苦乐、善恶、兴衰等多个方面剖析律师工作，着重指出，律师制度是民主制度不可或缺的一部分，关系到国家和民族的兴衰。21世纪的成功律师，必定是那些有社会责任心、脉搏与人民群众一起跳动的高品位、高素质、高水平的律师。

尊重律师的大家，必然受到律师的敬重；关爱律师的大家，必然为律师所铭记。我的恩师李昌道教授、"燃灯者"邹碧华院长和江平教授等都在有生之年对律师倾注大爱，对律师业充满期盼，对法治中国满怀憧憬。

今天可以告慰江平教授等法学大家的是，在习近平法治思想的科学指引下，2021年4月中国主场成功举办了国际主要律师组织的三十而立盛会，影响深远；2023年11月27日，中共中央政治局第十次集体学习聚焦加强涉外法制建设，谋局布篇；2024年新年伊始，上海市出台《发挥城市功能优势　做强律师事务所品牌　加快推动上海国际法律服务中心建设的若干措施》，首次提出上海建设国际法律服务中心，令人向往。江平教授倡导的铸造公信力越来越成为仲裁机构和法律职业共同体的共识。

一代宗师江平教授，您永远活在热爱您的人心中！

我眼中的国际法学家陈治东教授

李志强

2024年1月31日，阴雨绵绵。当晚，我从正在飞往大洋彼岸参加哈佛国际仲裁盛会的华东政法大学国际法系师弟金立宇律师微信中获悉，我十分敬仰的恩师陈治东教授因病医治无效，与世长辞。瞬间，不敢相信这是真的。脑海里不断闪现和陈治东教授相识38年的一幅幅画面。

2024年2月1日上午10时许，上海交通大学的沈伟教授在上海市法学会国际法研究会的大群中发布了这一噩耗，从上午到下午，满屏悲伤。周汉民、董世忠、丁伟、刘晓红、孙南申、高永富、陈晶莹、徐冬根、陈力、龚柏华、黄爱武、周杰普、李本、卢正、李伟芳、贺小勇、高凌云等专家学者和律师纷纷致哀。

一、一身正气　造诣深厚

陈治东教授从1978年至1984年，先后毕业于河海大学和华东政法大学，获得教育学学士学位和国际法硕士学位，是改革开放后华东政法大学乃至全国最早一批国际法知名学者。

1984年12月至2001年1月，陈治东教授一直在华东政法大学国际法系任教，其间1985年至1995年任华东政法大学国际法系副主任，1995年至1999年任系主任。1994年，国际法系被上海市人民政府授予"上海市模范集体"称号，同年，被司法部授予"司法部先进集体"称号，国际法系党总支被上海市教卫党委确定为基层组织建设"凝聚力工程"试点工作单位之一，并获得"上海市委组织部党建工作创新二等奖"。1996年，国际法专业被司法部确定为司法部重点学科，1998年，华东地区第一个法学博士点启航于国际法系。陈治东教授作为国际法系主要领导功不可没！

陈治东教授长期从事国际法教学和科研，曾担任中国国际经济法学会副会长、上海市法学会国际法研究会总干事等。2004年起至2016年5月，陈治东教授由中国政府指派担任世界银行解决投资争端国际中心（ICSID）仲裁员。陈治东教授著有《国际贸易法》《国际商事仲裁法》等多部有影响的论著，并在德国马克斯—普朗克国际私法研究所、美国伯克利加州大学法学院和美国威斯康星大学法学院担任访问教授。

2001年2月起，陈治东教授在复旦大学担任教授和国际法博士研究生导师。我曾多次从我硕士研究生导师李昌道教授口中听到对陈治东教授的高度评价。谦谦君子，为人师表，堪称楷模！

陈治东教授曾荣获上海市优秀教育工作者、全国优秀教师和国务院政府特殊津贴专家。陈治东教授理论联系实际，作为享有盛誉的国际法学家，他深耕国际仲裁实践，裁决一大批涉外案件和疑难商事仲裁案件。我担任律师后第一例国际贸易仲裁案件，就是指定陈治东教授担任仲裁员，他谦逊儒雅的学者风范和极富逻辑和感染力的言谈举止给中外当事人留下深刻印象。

二、崎岖小路　指点迷津

1986年9月报到的第一天，在圣约翰大学旧址韬奋楼二楼紧邻钟楼的转角教室，我和其他来自华东六省一市及广东、福建、湖北、海南等地的莘莘学子聆听一位风华正茂的系领导讲话。他时年36岁，消瘦俊朗，目光如炬，登着一双跑鞋，浑身洋溢着阳光和青春的气息。"国际法系的同学们，你们未来会大有作为的！"

作为华东政法大学国际法系建系后招生的第二届本科生，我们目睹了多位奋发有为的讲师风采，如曹建明、陈治东、周洪钧、丁伟等，他们钟爱事业，乐于奉献，团结互助，是国际法系的中流砥柱。当时，我们的系主任是胡文治教授，我们入学后他出任中国驻印度使馆参赞和亚非法律协商委员会副秘书长。陈治东教授等系副主任担当了国际法系的大梁。

1990年6月29日，我即将从华东政法大学毕业，选择了一家民办合作制律师机构从事律师工作。陈治东教授闻讯，为我鼓劲，写下赠言：你选择了一条崎岖的小路，而攀登小路的勇士往往比别人更早登上峰顶。

刚工作不久，陈治东教授的父亲，著名医师和上海科技报社被一位患者告上法庭，该名患者主张擅长诊治眼科重症肌无力症的陈医生将其幼儿时对比照片刊登在《上海科技报》上的行为构成侵犯肖像权，要求医师和报社共同承担民事责任。一审法院判决侵权成立。陈治东教授代理其老父亲，我所在执业机构代理科技报社，向上海市中级人民法院提出了上诉。那段时间，我和陈治东教授经常在一起研究案件，我们既是师生，又是战友。法庭上，陈治东教授铿锵有力的代理意见令法官动容。最终，二审法院认为，医生为了医疗之需提供患者诊治前后对比照片，虽未经肖像权人同意，但没有以盈利为目的，不构成法定的侵权要件。

今天，我仍然在崎岖的小路攀登，陈治东教授的赠言我将受用终身，我会一直攀登，无怨无悔。

我尊敬的陈治东教授，您铮铮铁骨，潜心治学，山高水长！

我尊敬的陈治东教授，您教书育人，为国履职，功德无量！

我尊敬的陈治东教授，您的精神和品格永远活在我们心中！

三宅能生先生永远活在我心中

李志强

从环太平洋律师协会（IPBA）东京秘书处获悉，IPBA第一任秘书长三宅能生（Nobuo Miyake）先生不幸于2023年10月仙逝，十分难过。三宅能生先生多次访华，对推动2007年北京年会举办作出巨大贡献。他是我们协会的灵魂人物，创始会员。

记得2005年印度尼西亚年会时，我和他第一次见面，我和中华全国律师协会于宁先生、冯秀梅女士、蓝红女士、宋芮女士及张宏久律师等和三宅能生先生欢聚饮酒，他情绪激昂、振臂高呼，相约2007年北京见！2007年，IPBA如期在北京首次第17届年会，我再次见到他，喜悦之情无法用语言表达。

三宅能生先生作为我们协会的创办人，他多次表示，成立IPBA就是要在亚洲建立一个国际律师组织，亚洲的法律事务亚洲律师要有话语权。这是他的理想，也是IPBA创会32年来的生动实践写照。

今天，我们可以告慰三宅能生先生的是，IPBA的藤浦精神越来越受到世界各国各地区律师的认同。注入藤浦元素的会歌"*We are Together*"不仅在新冠疫情肆虐的2021年4月在上海黄浦江畔全球首例也是唯一一例以线下为主结合线上600多名来自30个国家和地区律师参与的"三十而立"盛会上唱响，而且在世界传播。我们协会2023年首次在迪拜举办年会后，2024年4月将再度在东京盛大举办第32届年会。

三宅能生先生，您永远活在我心中！

媒体报道篇

2024长三角金融法治论坛 | 赵红：携手打造全球金融法治最佳样本

上海金融法院公众号（2024-03-30）

2024年3月30日，2024长三角金融法治论坛在上海举行。本次论坛由上海财经大学、上海股权投资协会、上海市国际服务贸易行业协会主办，上海财经大学法学院承办，环太平洋律师协会特别支持，以金融商事争议解决为主题，来自国内金融法律实务界、理论界的专家和学者汇聚一堂，围绕金融商事领域的适法疑难问题，展开深入交流和思想碰撞，为长三角金融高质量发展汇聚法治合力。

第十三届全国人大宪法和法律委员会主任委员李飞、上海市人民政府参事室主任莫负春、上海财经大学校长刘元春、上海金融法院院长赵红、环太平洋律师协会会长李志强出席论坛并致辞。

"今天的论坛是一场春天里的学术盛会，相信在建设金融强国的战略背景下，这个春天也必然是金融高质量发展的春天，是金融法治阔步向前的春天。"赵红在致辞中提出以下三个期待。

一、期待通过本次论坛，进一步凝聚共识共信

"建立统一开放、竞争有序的市场体系，营造市场化、法治化、国际化一流营商环境，离不开审理公正、程序高效、服务便捷、裁判可预期的解纷体系。"期待大家在交流中凝聚法律共识，聚焦金融纠纷中的适法疑

难问题，增加研讨产出和学术成果，为国内外金融市场发展提供科学参考和理论支撑；在交流中凝聚治理共识，有效运用纠纷数据研判金融风险、分析矛盾问题、梳理法治建议，辅助金融决策更精准、谋划更长远、部署更全面；在交流中凝聚奋进共识，在长三角一体化高质量发展的新篇章里，助力金融"五篇大文章"在长三角起笔造势，支撑"金融+"新质生产力在长三角加速奔涌。

二、期待通过本次论坛，进一步强化协作共赢

"上海金融法院自建院以来，始终坚持汇聚法治合力，助力长三角裁判规则统一，能动参与金融市场治理。"上海金融法院致力于以金融审判促进立法完善，在办首案、办难案中创设规则、树立标准、积累经验，为立法决策提供参考；致力于以金融审判促进监管优化，创新金融司法与金融监管协同机制，打造信息共享、工作共商、问题共研、风险共防、人才共育的协作格局；致力于以司法合作促进区域发展，建立长三角金融司法合作机制，形成从统一裁判尺度到加强司法协作、从深化课题研究到实现资源共享的全方位合作体系；致力于以司法实践促进理论创新，与上海财经大学、复旦大学等高校合作，为金融法治研究提供案例素材和实践场景。

三、期待通过本次论坛，进一步创新务实举措

"在金融商事争议解决方面，长三角有能力也有责任作出更多创新举措。"争议解决的规则要更统一，上海金融法院创建金融市场案例测试机制，为上海金融创新开放提供更具示范性的规则创设、更具前瞻性的风险防范和更具专业性的诉源治理，着力提升中国金融司法国际竞争力和影响力；争议解决的路径要更多元，着力满足中外当事人纠纷多元化解需求，健全调解、仲裁、诉讼相衔接的金融纠纷"一站式"化解大格局；争议解决的方式要更高效，上海金融法院建立庭审语音实时传译、国际金融专家

参与、域外当事人在线参与庭审的涉外诉讼模式，打破地域阻隔和语言障碍，为中外当事人参与诉讼和境外市场主体了解中国金融司法提供便利。期待以本次论坛为契机，与各位国内外专家学者深入交流，共同推动长三角成为国际金融纠纷解决优选地，携手打造全球金融法治的最佳样本。

论坛举行《外滩金融创新试验区法律研究（2024年版）》首发式暨经典案例得主颁奖仪式，并聘任外滩金融创新法律研究中心研究员。

本次论坛设两个分论坛，分别以"长三角金融商事争议解决""金融商事争议解决的保障机制"为主题展开研讨。

来自全国人大，上海市人民政府，金融司法机关和仲裁机构，金融监管部门，上海市法学会、律师协会和仲裁协会，各大高校的专家学者等近60人参加会议。

会议回顾 2024长三角金融法治论坛（金融商事争议解决）成功举办

上海财经大学法学院公众号（2024-04-01）

2024年3月30日，"长三角金融法治论坛：金融商事争议解决"会议在上海财经大学科研实验大楼会议厅成功举办。本次论坛由上海财经大学、上海股权投资协会、上海市国际服务贸易行业协会主办，上海财经大学法学院（地方立法研究基地）承办，环太平洋律师协会支持。

一、开幕式

论坛开幕式由上海财经大学法学院院长、上海仲裁协会副会长宋晓燕教授主持。宋晓燕教授隆重介绍主要参会嘉宾，对参会嘉宾的到来表示热烈欢迎，对与会专家齐聚上海财经大学见证2024金融法治论坛的盛大开幕表示衷心感谢，并预祝本次论坛取得圆满成功！

第十三届全国人大宪法和法律委员会主任委员李飞先生向参会人员表示欢迎并发表致辞。李飞主任委员指出，长三角地区是我国经济发展中最活跃、开放程度最高、创新能力最强的区域之一，在国家现代化建设大局和全方位开放格局中具有举足轻重的战略地位。法治和金融是孪生兄弟，相伴而生，加强金融法治建设具有相当重要的意义。本次论坛围绕金融争议解决的立法前瞻、司法实务、法律服务和金融争议解决的人才培养，以及金融争议案件的公众普及等分享智慧经验，对相关立法完善很有价值。

希望长三角金融法治论坛继续以习近平新时代中国特色社会主义思想为指引，积极探索，不断总结，大胆实践，越办越好。

上海市人民政府参事室主任莫负春先生在致辞中提到，解决金融争议需要法治保障、需要与时俱进。本次论坛聚焦金融商事争议解决，富有现实意义。长三角一体化背景下的金融法治建设，离不开各位与会专家集思广益提出真知灼见，他还对各位专家长久以来对上海金融法治建设给予的支持表示感谢。他指出，人才培养在金融法治建设当中具有非常重要的地位和作用，希望国内外机构协同开展多种形式的合作交流，共同为上海经济社会发展作出贡献。

上海金融法院院长赵红发表致辞，对本次论坛的召开表示祝贺，对长期在金融法治领域深耕、热忱付出的专家表示诚挚敬意。赵红院长指出，本次论坛是一场"春天里的学术盛会"，在建设金融法治强国的战略背景下，这个春天也必然是金融高质量发展的春天，也是金融法治阔步向前的春天。长三角地区是全国经济的领军地，是统一大市场的先行者，更是金融创新的试验田。本次论坛恰逢其机、正当其时。金融司法是金融纠纷化解的重要方式，期待以本次论坛为契机进一步凝聚法律共识，聚焦金融纠纷疑难问题，把智慧发挥到金融争议解决上，辅助金融法治决策，为国内外金融市场发展提供科学参考和理论支撑。

环太平洋律师协会第 30 届会长李志强律师在致辞中回顾了长三角金融法治快速发展的历程，提到 2022 年 3 月 12 日在安徽芜湖隆重启幕的首届长三角金融法治论坛、2023 年 2 月 19 日于江苏镇江成功举办的 2023 长三角金融法治论坛，对投身金融法治实践、为助力长三角一体化国家战略伟大事业作出贡献的专家致以崇高敬意。李志强会长重温了 2017 年 11 月 12 日在英国伦敦举行的环太平洋律师协会理事会，认为中外法律人合作共赢、互利发展的道路是光明宽广、世代绵延的，人类法治文明交流互鉴的长河是生生不息、源远流长的。最后，李志强会长预祝本次论坛圆满成功。

上海财经大学校长刘元春教授在致辞中表达了对各界专家朋友的感

谢。刘元春校长指出，金融是国民经济的血脉，是国家核心竞争力的重要组成部分，我国金融建设呈现法治化保障的新动向。本次论坛的具体议题紧紧抓住当下各方面都较为关注的金融法治问题，特别是如何进一步优化金融商事争议解决机制、促进长三角合作发展，与国家战略高度契合。他希望本届论坛能够汇众智、建良言、聚合力、谋发展，共同为中国金融法治建设建言献策。

二、《外滩金融创新试验区法律研究（2024年版）》首发式暨经典案例得主颁奖仪式

颁奖仪式由环太平洋律师协会第30届会长李志强先生主持。

（一）2023金融市场经典案例点评

中国证监会上海监管局原局长、上海证券交易所原监事长张宁女士介绍了2023金融市场主要经典案例并作出点评，表示在风云变幻的资本市场中，这些平凡又非凡的案例中蕴藏的重要启示值得研究、借鉴和推广。

（二）2023金融市场经典案例得主颁奖仪式

张宁女士、宋晓燕教授为2023金融市场经典案例得主东方证券股份有限公司、国泰君安证券股份有限公司、上海建工集团股份有限公司、上海汉得信息技术股份有限公司、上海申通地铁股份有限公司、大众交通集团股份有限公司颁发奖杯并表示热烈祝贺。6位企业代表登台领奖。

（三）《外滩金融创新试验区法律研究（2024年版）》首发式

首发式上，张宁女士，上海淮海商业（集团）有限公司董事长张敏女士，著名法学家李昌道教授女儿李芮女士，环太平洋律师协会中国司法管辖区候任理事、上海市政协常委陆敬波先生，芜湖市律师协会常务理事吴俊洋先生，杭州市律师协会金融专业委员会副主任陆原先生向长三角地区

的10位法学法律工作者和20位上海财经大学研究生代表赠予新书。

（四）外滩金融创新试验区法律研究中心研究员聘任仪式

聘任仪式上，张宁女士、李志强会长为受聘研究员周海晨、欧龙、樊健、何佳馨、刘洋颁发证书。

三、主旨演讲

主旨演讲环节由环太平洋律师协会中国司法管辖区候任理事、上海市政协常委陆敬波先生主持。

上海仲裁委员会主任、上海政法学院校长刘晓红教授发表题为"全球化背景下金融争议解决的趋势展望"的主旨演讲。首先，刘晓红教授归纳出金融争议发展演进的三个方面的深度观察：一是金融纠纷数量随普惠金融、互联网金融的快速发展爆发式增长；二是金融争议的类型随金融产品与服务多样化日益复杂；三是金融与科技进一步深度融合发展为金融争议带来了新的挑战。其次，她以迪拜为例介绍了世界范围内金融争议解决的创新实践，点明仲裁因其灵活、高效和保密的特性而在金融领域广泛运用，并且随着替代性纠纷解决机制（ADR）运动的兴起，其他非诉讼争议解决途径也在金融争议解决中发挥着重要作用。再次，她总结了中国仲裁机构在金融仲裁领域的积极探索，主要体现为：以专业化助力金融争议的准确化解、以多元化助力金融争议的灵活化解、以数字化助力金融争议的高效化解。最后，她提倡在裁判理念和具体机制层面，建立金融监管与争议解决机构的协同善治，借此对金融市场的高质量健康发展筑起坚固法治屏障。

中国国际经济贸易仲裁委员会副主任兼秘书长王承杰先生以"拥抱金融改革创新，助力金融法治国际化发展"为题发表主旨演讲。他深入阐释了金融法治国际化发展的三个方面认识：一是全方位推进金融法治国际化创新化发展，是新时代赋予的历史使命。只有实现金融法治化，发挥法治固根本、稳预期、利长远的功能，才能牢牢守住不发生系统性金融风险的底线，创造公平有序运行和竞争的金融市场，切实提高金融治理体系和治理能力的现代化水平。二是全方位推进金融法治国际化是当下金融市场发展形势的本质要求。金融法治也必须主动拥抱和迎接新机遇和新挑战，兼顾"促进创新"与"维护稳定"两个目标协同发展。三是"一带一路"建设也要求全方位推进金融法治国际化发展。以维护国家金融安全为底线，建立有效的国际化金融市场风险防范法律机制，才能保障金融市场服务"一带一路"建设行稳致远。

上海市国际贸易促进委员会副会长、上海国际经济贸易仲裁委员会（上海国际仲裁中心）副主任马屹先生以"同向而行：金融赋能长三角一体化背景下的仲裁发展展望"为题发表主旨演讲。他对如下三个方面作了详细分析：一是金融争议解决法律服务是金融中心建设不可或缺的法治保障，金融法律服务的核心是争议解决法律服务。二是仲裁在金融争议解决机制中具有独特功能作用。仲裁的保密性、仲裁协议相对性、规则适用开放性等特点在助力解决典型、新型、涉外金融纠纷方面还有很大发展空间。三是对仲裁推动金融赋能长三角一体化提升予以展望。他建议进一步发挥仲裁在提供专业性、国际性和商事性争议解决法律服务方面的优势，与法院的裁判形成有益互补。

上海政法学院副校长郑少华教授围绕"寻找金融商事争议解决的共同机理"发表主旨演讲。他从六个方面展开系统翔实的分析：一是金融商事争议的界分，包括金融纠纷与金融商事争议的界分、金融商事争议与金融消费争议的界分，探讨此等范畴有无共同机理。二是商事争议解决与国际商事争议解决的界分。他提出商事争议解决在调解、仲裁、司法三个渠道之外，还遗忘了磋商这一争议解决方式。三是商事争议解决的三个维度，即以磋商为基点展开的市场维度、以调解与仲裁展开的社会维度和以行政介入展开的行政维度，这代表了商事司法的三个面向，即市场、社会和行政。四是重塑金融商事争议解决的底层逻辑。他对金融是否依附于"商事争议解决"、金融商事争议解决能否独立的问题进行了深入讲解。五是纳入长三角因素，对于文化或地理及由此衍生的社会导向或市场导向加以释论。六是金融商事争议解决的想象与行动。他提倡在地区共同立法、地区司法、临时仲裁、商事争议解决方面展开具体而卓有成效的行动。

上海财经大学法学院商法研究中心主任李宇教授围绕"在金融商事争议解决中如何尊重意思自治"的题目展开主旨演讲，讨论意思自治理念如何在商事金融争议解决中得以贯彻。李宇教授认为，需要更加尊重契约并允许当事人在契约之外创设其他法律关系。他列举如下三例加以阐释：其一，上市公司股权代持问题。"无效"的认定既不利于尊重当事人意思自治，又不利于其权利义务的公平分配，对于金融监管秩序的维持也于事无补；而"有效"的处理模式在合同解除清算结果上更容易贯彻意思自治理念，实现损失的公平分担。其二，资管和信托领域越发强烈的主体化需求。《中华人民共和国信托法》未明确承认信托具有主体资格，导致交易实务上和司法争议解决上的诸多困难。当事人创设主体的意愿在现行民法典开放式定义下可通过解释为非法人组织得以实现。其三，不动产信托领域的法律发展。可通过各机关联动，在不动产登记机构率先开展地方性试点，由下至上推动国家法律变革。这是金融创新时代更需要重视的一种法律发展方式。

国际御准仲裁员协会前主席弗朗西斯·沙勿略以"全球条约框架面临的最大挑战"为题作视频主旨演讲，探讨什么才是解决投资者和东道国争端的最适当方法。他指出，传统解决投资者和东道国争端的方式是临时仲裁、选择适用联合国国际贸易法委员会（UNCITRAL）规则，或者适用仲裁机构规则。近年来，世界范围内对争端解决机制（ISDS）普遍抵触，投资者经常在和发展中国家的东道国的仲裁中以大额裁决获胜，这遭到不少批评。但是这实际上可以通过起草详细的条约来解决，并且传统的私人临时仲裁机制并不适用于解决投资者与东道国的争端。他认为，唯一可能的解决方案是成立一个常设多边投资法庭，合格独立的法官基于规则的透明程序参与，配合适当的上诉机制，有望实现裁决的一致性和可预测性。

（一）论坛一：长三角金融商事争议解决

论坛一由上海市司法局副局长刘言浩先生主持。

浙江大学光华法学院研究员黄韬老师就"普惠金融的司法成本"这一主题展开分享。他分析了普惠金融给金融司法带来的挑战。金融案件审判呈现小额化的趋势，"立案难"问题反映强烈，而法院并不想成为金融机构的"催收"部门，这背离法院作为公共司法机构的功能。由此带来有限的司法资源如何分配、司法成本应由谁承担、如何为司法"定价"等问题。法院如何"减负"在理论上有内部方案和外部方案两条路径。内部方案是指司法制度的变革与创新，通过简易程序、小额诉讼程序、督促程序、速裁机制、金融案件专门化审判机制、"预查废"机制，以及以保促调、赋权公证、支付令等方式化解。外部方案是指诉源治理和健康的金融市场风险防控制度环境构建，前者包括案件分流、专业化的金融纠纷调解、金融监管与金融司法的协同；后者涉及个人征信服务市场、基于区块链技术的智能合约等。

华东政法大学经济法学院贾希凌教授作"基金托管人的法律地位与纠纷解决"的主题演讲。贾教授指出，随着金融监管加强和经济环境的下行，资管行业出现越来越多的私募基金"爆雷"事件。问题焦点在于托管人应当承担什么样的责任、管理人与托管人是否共同受托人。《中华人民共和国信托法》规定共同受托人应当承担连带责任，不分先后、轻重和主从。若要改变共同受托人的地位，就涉及一些基本理论争议。在证券投资基金结构上，主要有日本的一元信托模式和德国的二元信托论两种模式，日本的一元信托模式不会涉及共同受托人地位的问题。中国基金结构则有自身特色，包括组织型和契约型基金。贾教授认为，在金融商事纠纷解决中，特别是在涉及信托的情况下，应当关注意思自治的边界、约定和法定义务的区分及相应的职责范围的划定等问题。

上海财经大学法学院副院长郝振江教授就"商事调解协议效力的认识问题"发表演讲。郝振江教授梳理了我国将调解纳入争议解决框架的历史过程,他指出,调解协议在我国起初没有任何法律效力,后来被赋予合同效力,但此种调整机制存在法理上的不足。自2011年开始,经司法确认调解协议具有强制执行力,但此制度施行效果很差。域外法上,经过正式组织达成的调解协议和法院达成的调解协议在效力上完全相同。针对虚假调解问题,郝振江教授指出,是否承认调解协议的效力及如何预防虚假调解是两条不同的路径。调解协议形成之后,一方若对调解协议效力有异议可在法定期间内请求法院否认其效力;在调解协议的执行阶段,如果当事人有证据证明调解协议违反自愿原则、违反公共利益或者当事人不具有行为能力,可主张调解协议无效。可见,这样的制度设计不仅通过事前的诉权赋予,还通过执行阶段的不予执行来防范虚假调解问题的出现。故司法应当正式承认调解的法律效力,将其作为执行根据在法律上确认下来。

芜湖市律师协会常务理事吴俊洋律师以"房地产领域金融治理"为题发表演讲。他认为房地产领域具有很强的金融属性,需要采取有效的金融治理措施促进房地产市场平稳健康发展。

房地产领域是金融资本输出的重要方向,房地产企业债务危机深层次涉及金融治理,其根本是制度运行问题,金融法治在其中至关重要。须以适当的机制界定房地产企业合理的融资需求,评价房地产企业的融资信用,防范系统性的债务风险。就预售资金的监管而言,监管部门的烦琐审批程序导致预售资金拨付不及时、使用效率降低,可采取以下措施应对:一是将预售资金纳入法治化的轨道,遵循行政比例原则及公开原则,提高使用效率,提高预售资金监管的治理能力和水平;二是引导、支持金融创新,允许商业银行按市场化、法治化原则,在充分评估风险、财务状况的基础上进行自主决策,与优质房地产企业开展保函置换、预售业务;三是统筹好地方债务风险化解和稳定发展关系,管控好增量,建立有效的政府债务管理机制,制定可靠的发展规划并有效执行。

杭州市律师协会金融专业委员会副主任陆原律师作题为"资管产品纠纷投资者维权路径研究"的演讲。他认为,应以诉讼与非诉手段相结合的方式为信托类资管产品投资者确立维权路径。就思路而言,资管类的业务分诉前调查、非诉服务、诉讼服务三个部分处理。投资者通过对资管机构、资管产品及底层资产等环节的调查，基本上可以判断出一个资管产品是否具有刑事风险或者能否进行兑付，以较小花费决定是否进行下一步维权。法院在信托产品纠纷的实务操作中，存在将监管机关的产品定性作为诉讼前置程序的现象。若未经过行政机关的投诉程序，可能影响案件的下一步处理。资管产品纠纷如果可以吸取人民法院在审理证券虚假陈述索赔类案件中的经验，示范判决加上平行调解，将对法院处理积压的私募类、信托类的资管产品纠纷大有裨益。对于资管类案件，法律共同体需要有整体的认识和安排，提倡通过非诉讼方式化解此类纠纷。

上海国际仲裁中心研究部徐之和部长进行与谈，对五位嘉宾的发言予以高度肯定。关于黄韬教授的演讲，徐之和部长指出，所有的争议解决机制都有成本，仲裁的成本甚至更高，发挥多元纠纷解决机制可能会让仲裁机构等产生额外成本的支出，这是一个值得深思和探讨的问题。发挥多元纠纷解决机制各自的功能是期望预先形成的共识。关于贾希凌教授的发言，徐之和部长从仲裁实践出发加以分析，他认为托管人的责任停留在保管和监督义务，保管义务争议较少，监督义务有很多值得探讨的空间，特别是投资人对于基金指令的划付及划付指令所对应的投资的合理性问题。从证券法和信托法整体的认定来看，托管人承担责任的边界应当独立，不能混淆。对于郝振江教授的演讲，徐之和部长认同应当赋予调解协议法律上的强制力，在中国现有的争议解决机制下，更应当推动仲裁与调解相结合以加强商事调解的功能。对于两位律师谈及的房地产和资管问题，徐之和部长指出，这是金融商事争议解决中两类比较常见的案件，其中还有很多问题亟待裁判者和专业律师解决，形成更加有利于投资者、市场主体及市场秩序的有效争议解决机制。

江苏大学法学院副院长牛玉兵教授在与谈中指出，近年来，随着对纠纷解决越来越被重视，争议解决机制有逐渐精细的趋向，人民调解的数据自2002年回升，2010年人民调解处理的案件数量超过800万件。但需注意的是，调解数量处于高位状态，调解员数量却下降，这种变化背后隐含的整体性变化可以概括为精细化。专业性的调解组织在金融争议的纠纷化解中发挥着重要作用,金融调解的特性如何重视、金融调解的机制如何加强,都是未来我们需要面对的问题。将金融纠纷的调解放入整个调解机制观察,在金融纠纷解决机制的建构方面引入精细化理念。但同时应当思考精细化发展的限度。

(二)论坛二:金融商事争议解决的保障机制

论坛二由上海财经大学法学院副院长朱晓喆教授主持。

上海交通大学凯原法学院沈伟教授以"当仲裁遇见制裁:冲突与协调"为题作演讲。沈伟教授提出两个重要问题:其一,一国制裁引发的商事纠纷是否属于可仲裁事项;其二,我国法院能否以公共政策为由拒绝承认和执行涉及制裁的国际商事仲裁裁决。通过考察与经济制裁相关的商事仲裁法律问题、经济制裁与国际商事仲裁之间在冲突、制裁和投资仲裁之间的冲突和协调三个议题,可总结出两大难点:一是法院面临公法(反制裁)和私法(商事仲裁)解释和适用两难的问题;二是国际仲裁机构面临经济制裁规范和国家保护投资义务之间的潜在冲突。对此,沈伟教授分别从仲裁机构主体视角、立法者视角、司法者视角寻求解决思路。他认为,需要完善制裁法律,避免对商事仲裁造成过分冲击;以把握商事秩序稳定性与制裁法律安全性的价值取舍为前提;保障我国企业在商事仲裁中得到公平公正的审理,维护我国企业的合法利益;通过制定、修改相关法律和仲裁机构仲裁规则,以及颁布法院司法解释等方法,妥善处理制裁对仲裁程序可能造成的负面影响;努力形成国际商事仲裁和制裁冲突协调的"中国方案"。

南京大学法学院缪因知教授以"比例连带责任的叠加责任属性与追偿规则设置"为题进行演讲。他指出,随着证券虚假赔偿诉讼接连出现以亿元乃至十亿元为单位的天价判决,多主体侵权人的比例/部分连带责任已经成为一种司法现实。缪因知教授通过梳理学说和界定概念,指出虚假陈述的分别侵权人的行为不具有共同故意或共同过失,但其行为紧密关联,故而对同一损害结果的责任承担形成牵连或叠加关系。当比例连带责任的正当性受到诘难时,"半叠加"的分别侵权理论可以提供一种法理基础。叠加的对外责任比例在制度设计上不是最终的、必然的比例,任何已经担责的债务人因此均有权对其他债务人提出追偿。追偿可以分为"转嫁式"追偿和"分摊式"追偿两种模式。在追偿启动点上,可以区分两种分摊模式:一是不与转嫁模式兼容的"单层分摊"模式;二是与转嫁模式兼容的"多层分摊"模式。与有顺位主义的立场一致,缪因知教授主张一种更精细、更契合实质正义的多层分摊模式。此时债务人必须有追偿顺位。后位债务人对外担责后,可以先主张向责任更重的层次的债务人转嫁;如果前位债务人无力担责、无法被转嫁,则其可以要求本层次的其他债务人分摊。被转嫁人同理也可以主张转嫁债务到前位债务人或要求本层次的其他债务人分摊。

国浩律师事务所高级合伙人申黎律师以"跨境金融争议解决的管辖困境及仲裁机制的优势"为题,分析近年来跨境金融业务的蓬勃发展及趋势,总结出跨境金融争议在管辖中存在诉讼成本增加、诉讼风险凸显、执行障碍三个方面困境。困境发生的原因包括主合同常适用境外法或由境外司法机关管辖;从合同方面所涉增信措施却往往因标的位于中国境内而适用中国法,由此导致从合同管辖机构与境外主合同管辖机构不一致。对此,申律师认为,仲裁可以作为有效解决跨境金融争议的对策方案。不仅因为仲裁在跨境执行层面、案件统一协调方面有其天然优势,而且在于选择境内的国际商事仲裁机构管辖可便于财产和行为保全。而在选择境外国际商事仲裁机构时需要注意,财产保全不能当然适用《纽约公约》,境外机构的临时措施在中国境内很可能无法得到法院的有效执行,此时可以将仲裁地约定在境内,理论上可以识别为中国的涉外仲裁从而可能得到法院协助的保全,但在实践中仍然存在一定风险。

环太平洋律师协会候任官员李建律师围绕"金融商事争议解决保障问题"展开演讲。李律师从争议解决的无讼和非讼两个方面切入,指出无讼的理念在中国古代法治文化中早已有之,也是习近平总书记提倡的天下无讼、以和为贵的价值追求,这是一个人人追求的理想状态;在非讼思维上,和解、调解的话题一直被热议和重视。李建律师通过引用北京市金融纠纷调解委员会等实务案例,认为非诉机制可以通过当事人参与意思自治,在调解过程中真正实现双方当事人利益的最大化考量,并且相对于诉讼或仲裁程序在执行上更有实效。但同时应当要注重调解机制的衔接转化程序,以更好地健全纠纷调解机制。在金融商事争议解决中,非诉机制的认同对于金融纠纷难题破解至关重要。

上海仲裁委员会金融仲裁院秘书长龚骏先生作与谈发言。就金融商事调解,龚骏秘书长认为,在政府、市场、行业"三驾马车"的带领下,调解对于缓解法院纠纷解决压力非常重要,在国际商事纠纷化解中也扮演着关键角色。我国金融商事调解真正落地仍需要走很长的道路。一是中国百姓传统诉讼思维需要转变;二是大量当事人缺席造成的调解困难现状需要改善;三是诉调对接使法院压力激增,调解强制执行力的贯彻需要多方协助、共同努力推进。关于跨境金融争议解决,他认为跨境金融纠纷中的自主协商劣势明显,容易发生利用协商转移资产、逃避协议的情况,提醒债权人及时把控协议期限,为日后诉讼、仲裁做好准备。同时,应当在设计合同时尽可能考虑到域外管辖的不确定性,约定主从债权人于同一个仲裁机构管辖利于其权益保护。关于仲裁与制裁的冲突与协调,他指出需要思考是否符合当事人预期,是否应纳入金融秩序、公共政策的考量。

上海财经大学法学院刘洋副教授与谈中围绕比例连带责任展开分析。他指出,对于证券市场虚假陈述侵权案件,我国以往裁判中大多是全有全无的责任承担思路。比较法上,美国对于多数人之债的损害责任分担方式有分摊式和追偿式。后者是一种中间责任,而分摊式则是每个债务人承担一定额度的终局责任。《德国民法典》第421条、第840条均涉及债务人复数的情形,前者为意定连带之债,后者则为法定连带之债。德国法语境下,连带之债产生的核心前提为债权人针对多个债务人的债权只涉及同一利益,而且多个当事人必须处于同一个位阶,德国在连带债务或责任的规则适用上,也经历了从传统的全有全无模式向美国式比例连带责任的发展路径。日本法早期借鉴德国法,根据行为违法性作为连带责任的判断标准,但存在逻辑上的不周延,后期也学习美国逐渐演化成混合责任制。我国当前对于证券市场虚假陈述赔偿责任采取的比例 / 部分连带责任模式,性质上有不真正连带责任说、独立的连带责任形态说、补充责任说等解读,至少对于此前全有全无的连带责任是一个弹性补充。

四、闭幕式

闭幕式由上海财经大学法学院副院长朱晓喆教授主持。

华东政法大学教授、上海财经大学法学院特聘教授、上海市法学会金融法研究会会长吴弘老师作总结发言。吴弘教授指出,金融商事争议解决面临新的任务,本次论坛在金融强国背景下有重大学术价值,契合金融法治建设的新要求。他指出,与会专家的精彩发言对金融高质量发展的司法护航提供了理论支持,感谢各位专家学者贡献智识。吴弘教授认为,金融商事争议解决的方式需要在传统模式上创新,注重自主协商、行政介入等多元发展,协调多种方式衔接,以提高解纷效率。在公法与私法的协动上,处理好契约自由与公共秩序、意思自治与公共利益的关系。他同时强调,金融商事监管要注意精准区分不同金融场景和投资者层级,长期研判市场规律,以推动金融商事争议解决。

建言金融商事争议解决机制
2024长三角金融法治论坛举办

证券时报网（2024-04-01）

2024长三角金融法治论坛日前在上海举办。本届论坛以"金融商事争议解决"为主题。第十三届全国人民代表大会宪法和法律委员会主任委员李飞在致辞中表示，长三角地区是我国经济发展最活跃、开放程度最高、创新能力最强的区域之一，在国家现代化建设大局和全方位开放格局中具有举足轻重的战略地位。高质量发展是全面建设社会主义现代化国家的首要任务。法治和金融是孪生兄弟，相伴而生。加强金融法治建设对于深入学习贯彻党的二十大精神，"深化金融体制改革，建设现代中央银行制度，加强和完善现代金融监管，强化金融稳定保障体系，依法将各类金融活动全部纳入监管，守住不发生系统性风险底线。健全资本市场功能，提高直接融资比重，依法规范和引导资本健康发展"等都具有十分重要的意义。

本届论坛由上海财经大学联合上海股权投资协会和上海市国际服务贸易行业协会共同主办，上海财经大学法学院承办。论坛期间，《外滩金融创新试验区法律研究（2024年版）》首发、外滩金融创新试验区法律研究中心研究员聘任仪式举办。

上海仲裁委员会主任、上海政法学院校长刘晓红发表题为"全球化背景下金融争议解决的趋势展望"的主旨演讲。刘晓红表示，金融争议发展演进有以下三个方面的特征：一是金融纠纷数量随普惠金融、互联网金融的快速发展呈爆发式增长；二是金融争议的类型随金融产品与服务多样化日益复杂;三是金融与科技进一步深度融合发展为金融争议带来了新的挑战。

刘晓红总结了中国仲裁机构在金融仲裁领域的积极探索,主要体现为：以专业化助力金融争议的准确化解、以多元化助力金融争议的灵活化解、以数字化助力金融争议的高效化解。她提倡,在裁判理念和具体机制层面,建立金融监管与争议解决机构的协同善治,借此对金融市场的高质量健康发展筑起坚固法治屏障。

上海市国际贸易促进委员会副会长、上海国际经济贸易仲裁委员会（上海国际仲裁中心）副主任马屹在主旨演讲中表示："金融争议解决法律服务是金融中心建设不可或缺的法治保障,金融法律服务的核心是争议解决法律服务。仲裁在金融争议解决机制中具有独特功能作用。仲裁的保密性、仲裁协议相对性、规则适用开放性等特点在助力解决典型、新型、涉外金融纠纷方面还有很大发展空间。"他建议,进一步发挥仲裁在提供专业性、国际性和商事性争议解决法律服务方面的优势,与法院的裁判形成有益互补。

针对金融商事调解,上海仲裁委员会金融仲裁院秘书长龚骏表示,在政府、市场、行业"三驾马车"带领下,调解对于缓解法院纠纷解决压力非常重要,在国际商事纠纷化解中也扮演着关键角色。

龚骏表示："但我国金融商事调解真正落地仍需要走很长的道路。一是中国百姓传统诉讼思维需要转变;二是大量当事人缺席造成的调解困难现状需要改善;三是诉调对接使法院压力激增,调解强制执行力的贯彻需要多方协助、共同努力推进。"

关于跨境金融争议解决,龚骏认为,跨境金融纠纷中的自主协商劣势明显,容易发生利用协商转移资产、逃避协议的情况,提醒债权人及时把控协议期限,为日后诉讼、仲裁做好准备。同时,应当在设计合同时尽可能考虑到域外管辖的不确定性,约定主从债权人于同一个仲裁机构管辖利于其权益保护。

中国国际经济贸易仲裁委员会副主任兼秘书长王承杰表示,对金融法治国际化发展有三个方面的认识。首先，全方位推进金融法治国际化创新化发展，是新时代赋予的历史使命。只有实现金融法治化，发挥法治固根本、稳预期、利长远的功能，才能牢牢守住不发生系统性金融风险的底线，创造公平有序运行和竞争的金融市场，切实提高金融治理体系和治理能力的现代化水平。其次，全方位推进金融法治国际化是当下金融市场发展形势的本质要求。金融法治也必须主动拥抱和迎接新机遇和新挑战，兼顾"促进创新"与"维护稳定"两个目标协同发展。最后，"一带一路"建设也要求全方位推进金融法治国际化发展。以维护国家金融安全为底线，建立有效的国际化金融市场风险防范法律机制，才能保障金融市场服务"一带一路"建设行稳致远。

王承杰秘书长应邀参加2024第三届长三角金融法治论坛

中国国际经济贸易仲裁委员会公众号（2024-03-30）

2024年3月30日，长三角金融法治论坛（以下简称论坛）在上海举行。论坛由上海财经大学联合上海股权投资协会、上海市国际服务贸易行业协会共同主办并由上海财经大学法学院承办，环太平洋律师协会作为支持单位。第十二届、第十三届全国人民代表大会常务委员会委员、第十三届全国人大宪法和法律委员会主任委员李飞，上海市人民政府参事室主任莫负春，上海财经大学校长刘元春，上海金融法院院长赵红，环太平洋律师协会第30届会长李志强出席开幕式并致辞。中国国际经济贸易仲裁委员会（以下简称贸仲）副主任兼秘书长王承杰应邀发表主旨演讲。

王承杰秘书长以"拥抱金融改革创新，助力金融法治国际化发展"为题作主旨演讲。他指出，全方位推进金融法治国际化创新化发展，是新时代赋予的历史使命。只有实现金融法治化，发挥法治固根本、稳预期、利长远的功能，才能牢牢守住不发生系统性金融风险的底线，创造公平有序运行和竞争的金融市场，切实提高金融治理体系和治理能力的现代化水平。同时，伴随全球科技变革、数字智能、绿色环保等发展导向的跨越式演进，金融市场的敏锐性和穿透性使它在第一时间呼应时代要求。相应地，金融法治也必须主动拥抱和迎接新机遇和新挑战，兼顾"促进创新"与"维护稳定"两个目标协同发展。此外，"一带一路"是金融之路，也是法治之路。以维护国家金融安全为底线，建立有效的国际化金融市场风险防范法律机制，才能保障金融市场服务"一带一路"建设行稳致远。

王承杰秘书长强调，仲裁作为广受商事主体青睐的争议解决方式，以其专业、高效、独立、保密的根本属性，以及尊重意思自治和市场逻辑的价值取向，对于解决金融市场的多样化、复杂化纠纷，促进金融市场法治化运行，具有天然独到的优势。贸仲近5年间共受理案件20311件，争议金额为5308.6亿元。其中涉及金融类案件4242件，占总受案数量的20%，争议金额为3121.5亿元，总标的金额接近60%；其中标的超亿元案件共573件，占比贸仲受理的超亿元案件一半以上。此类案件呈现出争议金额巨大、金融产品结构和法律关系更为复杂、群体性和国际化态势凸显及重大疑难复杂要素增加等特点。贸仲通过颁布实施具备国际先进性的《仲裁规则》《金融规则》，建立专业化、国际化、多元化的高素质仲裁员队伍，通过开展广泛的国内外行业合作等方式不断提升金融市场仲裁服务专业程度，为长三角一体化发展提供更加有力的金融法治保障，护航金融市场法治建设行稳致远。

本次论坛吸引了近百位来自长三角地区的企业家、金融家和法律专家与会，共同围绕"金融争议解决"这一主题，从"长三角金融商事争议解决"和"金融争议解决的保障机制"两大角度展开交流。论坛还举行了《外滩金融创新试验区法律研究（2024年版）》首发式，并举行了外滩金融创新试验区法律研究中心研究员聘任仪式及经典案例得主颁奖仪式，对护航金融法治建设、打造与国际接轨的优质金融营商环境、支持长三角一体化发展具有重要意义。

上海仲裁委员会应邀参加2024第三届长三角金融法治论坛

上海仲裁委员会公众号（2024-04-03）

2024年3月30日，长三角金融法治论坛在上海举行。论坛由上海财经大学联合上海股权投资协会、上海市国际服务贸易行业协会共同主办并由上海财经大学法学院承办，环太平洋律师协会作为支持单位。第十二届、第十三届全国人民代表大会常务委员会委员、第十三届全国人大宪法和法律委员会主任委员李飞，上海市人民政府参事室主任莫负春，上海财经大学校长刘元春，上海金融法院院长赵红，环太平洋律师协会第30届会长李志强出席开幕式并致辞。上海仲裁委员会（以下简称本会）主任刘晓红应邀发表主旨演讲。

刘晓红主任以"全球化背景下金融争议解决的趋势展望"为题作主旨演讲。她指出，纵观近代五百年的历史变迁，大国发展的进程在一定程度上能够浓缩为一部"金融强国史"。没有金融崛起，终难有大国崛起。党的二十大的成功召开，标志着中国金融业的发展将继续坚定地走在中国特色社会主义道路上，金融推动国家崛起的战略日益明晰。当前，中国已是全球金融大国，并奋发向全球金融强国迈进。2023年10月，中央金融工作会议在北京举行，会议首次提出要加快建设金融强国，坚定不移走中国特色金融发展之路，同时，会议强调要加强金融法治建设，深入推进金融法治化进程，为金融业的稳健发展保驾护航。

刘晓红主任指出，作为世界经济的重要引擎，中国在金融仲裁领域同样展现出了前瞻性的探索与实践。中国仲裁机构不仅坚守仲裁的专业性、高效性和保密性，还致力于创新金融仲裁模式，以适应日益复杂的金融市场环境。中国仲裁机构深刻认识到金融仲裁的重要性和特殊性，通过制定专门的金融仲裁规则、建立专业的金融仲裁员队伍、加强金融仲裁宣传等方式，不断提高中国金融仲裁的公信力。以本会特设的上海金融仲裁院为例，自成立以来，凭借在金融法律领域的深厚积累，始终坚守初心，以专业视角深入钻研金融类案件的争议解决。近10年来，上海金融仲裁院已累计参与处理以基金、期货、保险、信托、融资融券、融资租赁、保理等为代表的涉金融类案件10802件，争议金额高达1019亿元。

中国仲裁机构深刻认识到金融交易的创新属性意味着需要大数据案例检索和法律法规与政策更新的第一手信息支持，确保裁决合法、公正和符合市场预期；金融案件批量化的属性则意味着需要人工智能自动匹配案件要素，逐步实现自动化、智能化法律文书生成，以及高效的批量化电子送达。为此，本会结合《上海市加强集成创新持续优化营商环境行动方案》的指导精神，正不遗余力地推动仲裁信息化3.0体系进一步完善，以科技赋能智慧仲裁、绿色仲裁为目标，借助大数据、人工智能等新一代信息技术，构建了从立案到裁决，乃至信访工作的"一站式"纠纷化解平台，扭转了跨行政区域的案件当事人之间化解金融纠纷难、成本高的局面。

刘晓红主任强调，在提升金融争议解决能级的道路上，应建立金融监管与争议解决机构的协同善治。在裁判理念层面，需旗帜鲜明地倡导与金融治理协同并进。金融争议解决不仅要彰显公正，更要对金融监管的权威性和专业性给予充分尊重，确保二者同向发力，实现优势互补。在金融争议解决实践中，既要充分尊重当事人的意思自治，又要高度重视金融监管部门的意见。在具体案件审理中，应主动展开调查，积极与相关部门沟通，并通过组织专家咨询会等方式，全面考量、审慎决策，从而有效平衡当事人意思自治与金融监管政策之间的关系。强化争议解决机构与金融监管部门的沟通和协调是协同善治的主要途径。沟通与协同是双向的。一方面，争议解决机构需从金融监管部门获取更多的金融风险治理信息，了解金融机构对金融交易的监管认知和具体要求，从而完善法律义务要求，提升争议解决在金融风险治理中的有效性；另一方面，争议解决机构可发布金融法治案例、审理白皮书等，主动向监管部门输出风险治理认知和规则，协助其更好地完善金融规则。

上海金融仲裁院秘书长龚骏应邀在"金融商事争议解决的保障机制"环节，作为与谈人，对"当仲裁遇见制裁：冲突与协调""比例连带责任的叠加责任属性与追偿规则设置""跨境金融争议的管辖困境及仲裁机制的优势"和"金融商事争议解决保障的非诉思维"四个主体进行了点评。龚骏秘书长指出，当前金融争议呈现出越发专业和复杂的趋势，尤其是国际因素的叠加为金融争议的解决增加了更多需要考虑的因素。上海金融仲裁院一直致力于包括对于各类资管案件的精细化办案，充分考虑合同意思自治与监管政策之间的平衡与妥善处置，并加强对跨境金融争议的研究与探索。本次论坛的四个话题内容新颖，为包括争议解决机构在内的各类主体提供了很好的借鉴思路。

上海国仲受邀参加第三届长三角金融法治论坛

上海国际仲裁中心公众号（2024-04-02）

2024年3月30日，由上海财经大学、上海股权投资协会、上海市国际服务贸易行业协会共同主办，上海财经大学法学院承办，环太平洋律师协会作为支持单位的第三届长三角金融法治论坛在上海举行。第十二届、第十三届全国人大常委会委员、第十三届全国人大宪法和法律委员会主任委员李飞，上海市人民政府参事室主任莫负春，上海金融法院院长赵红，上海财经大学校长刘元春，环太平洋律师协会第30届会长李志强等出席开幕式并致辞。开幕式由上海财经大学法学院院长、上海仲裁协会副会长宋晓燕主持。

上海市国际贸易促进委员会副会长、上海国际仲裁中心副主任马屹受邀参加论坛，并以"金融赋能长三角一体化背景下的仲裁发展展望"为题发表了主旨演讲。马屹副主任提出，高质量的金融法律服务是推动金融中心建设不可或缺的法治保障，而金融争议解决法律服务是其中的重要组成部分。长三角金融市场主体数量和交易规模为高质量的长三角争议解决法律服务提出了市场需求。在对比分析了金融诉讼案件和金融仲裁案件的特点后，马屹副主任指出，仲裁在解决典型、新型、外向型金融纠纷方面仍有很大发展空间，应当充分发挥仲裁关注市场规律、金融规律的特点，从而在金融创新交易、国际金融规则适用方面体现出特色。马屹副主任结合上海国际仲裁中心近年来的实践，就进一步提升上海仲裁机构服务长三角金融法治一体化能级，提出完善专业金融案件程序管理能力、提升金融纠纷解决能力建设、加强在金融纠纷解决领域与诉讼和调解的联动合作三个方面的建议。

上海政法学院校长、上海仲裁委员会主任刘晓红，中国国际经济贸易仲裁委员会副主任兼秘书长王承杰，上海政法学院副校长郑少华，上海财经大学法学院教授、商法研究中心主任李宇，国际御准仲裁员协会前主席弗朗西斯·沙勿略分别作了主旨发言。主旨演讲环节由环太平洋律师协会中国司法管辖区候任理事、上海市政协常委陆敬波主持。

论坛随后进行了"长三角金融商事争议解决"和"金融商事争议解决的保障机制"两场专题论坛，分别由上海市司法局副局长刘言浩和上海财经大学法学院副院长朱晓喆主持。在"长三角金融商事争议解决"环节，上海国际仲裁中心研究部部长徐之和受邀参加，并结合上海国际仲裁中心的实践，就普惠金融的纠纷应对、基金托管人责任、商事调解协议效力、房地产金融纠纷解决、基金投资人权益保护等研讨问题作了与谈发言。

上海市法学会金融法研究会会长吴弘对本次论坛进行了总结。本次论坛吸引了近百位来自长三角地区的金融法律界专业人士参会。论坛上还举行了《外滩金融创新试验区法律研究（2024年版）》首发式，并举行了外滩金融创新试验区法律研究中心研究员聘任仪式及经典案例得主颁奖仪式。

金道资讯 | 陆原律师应邀参加2024长三角金融法治论坛并作主题演讲

金道律师事务所公众号（2024-04-08）

2024年3月30日，长三角金融法治论坛在上海举行。本次论坛由上海财经大学联合上海股权投资协会、上海市国际服务贸易行业协会共同主办，由上海财经大学法学院承办，环太平洋律师协会作为支持单位。论坛以"金融商事争议解决"为主题，来自国内金融法律实务界、理论界的专家和学者们汇聚一堂，围绕金融商事领域的适法疑难问题，展开深入交流和思想碰撞，为长三角金融高质量发展汇聚法治合力。金道律师事务所权益合伙人、杭州市律师协会金融专业委员会副主任陆原律师应邀参加并作主题演讲。

在论坛开幕式上，第十二届、第十三届全国人民代表大会常务委员会委员、第十三届全国人大宪法和法律委员会主任委员李飞，上海市人民政府参事室主任莫负春，上海财经大学校长刘元春，上海金融法院院长赵红，环太平洋律师协会第30届会长李志强发表致辞。金融是现代社会的核心领域之一，而金融法治则是维护金融秩序和稳定发展的关键所在。金融商事争议解决不仅关乎金融机构和企业的利益，而且关乎整个金融市场秩序和社会稳定。在金融商事争议解决方面，长三角地区有能力也有责任作出更多创新举措。

本次论坛分为两个分论坛，分别探讨"长三角金融商事争议解决"和"金融商事争议解决的保障机制"。来自各界的专家学者们纷纷发表了自己的观点和看法，就金融商事领域存在的法律难题、解决方案和创新作了精彩的分享和探讨，为金融法治的发展提供了宝贵的参考和借鉴。陆原律师作题为"资管产品纠纷投资者维权路径研究"的演讲。

金道律师事务所权益合伙人、杭州市律师协会金融专业委员会副主任陆原律师从资管产品纠纷投资者维权需求出发，在信托类资管产品频繁"爆雷"及"资管新规""九民纪要""金融审判会议纪要"出台的背景下，详细分析了当前信托类资管产品纠纷投资者的维权路径。陆原律师基于当前的司法趋势，通过非诉及诉讼服务的维度介绍了两种维权策略选择，深入浅出的讲解使与会人员对于信托类资管产品的维权思路有了清晰、全面的认识，为争议解决机构在内的各类主体提供了良好的借鉴思路。

本次长三角金融法治论坛圆满落幕。参会者积极分享自己的实践经验和研究成果，共同探讨金融商事争议解决的最佳实践和路径。与会者表示，在本次论坛的交流和探讨中收获颇丰，对金融法治的重要性和复杂性有了更深刻的理解，也为未来的研究和实践提供了新的思路和动力。

金茂凯德律师亮相 2024 长三角金融法治论坛

金茂凯德律所公众号（2024-03-31）

2024年3月30日，阳春三月，春风拂面。

由上海财经大学联合上海股权投资协会和上海市国际服务贸易行业协会共同主办、上海财经大学法学院承办、环太平洋律师协会支持的2024长三角金融法治论坛在长三角龙头城市——上海市隆重启幕。

来自长三角"三省一市"的企业家、金融家和法学法律专家聚焦金融法治前沿问题，分享智慧，传递友谊，携手合作。

金茂凯德10多名律师亮相2024长三角金融法治论坛。

开幕式精彩纷呈，提振信心

在环太平洋律师协会《我们在一起》（*We are together*）的会歌乐曲声中，上海财经大学法学院院长、上海仲裁协会副会长宋晓燕教授登台主持，简朴而隆重的开幕式令人记忆深刻。

第十三届全国人大宪法和法律委员会主任委员李飞在致辞中指出，长三角地区是我国经济发展最活跃、开放程度最高、创新能力最强的区域之一，在国家现代化建设大局和全方位开放格局中具有举足轻重的战略地位。高质量发展是全面建设社会主义现代化国家的首要任务。法治和金融是孪生兄弟，相伴而生。加强金融法治建设对于深入学习贯彻党的二十大精神，

"深化金融体制改革，建设现代中央银行制度，加强和完善现代金融监管，强化金融稳定保障体系，依法将各类金融活动全部纳入监管，守住不发生系统性风险底线。健全资本市场功能，提高直接融资比重，依法规范和引导资本健康发展"等都具有十分重要的意义。

上海市人民政府参事室主任莫负春在致辞中指出，化解金融风险，解决金融争议，需要良法善治，需要法治人才，需要与时俱进。

上海金融法院院长赵红、上海财经大学校长刘元春教授、环太平洋律师协会第30届会长李志强分别致辞。

与会专家表示，长三角地区经济活跃，金融法治合作前景广阔。上海是长三角龙头，上海国际金融中心建设已经进入升级版，金融法治在长三角区域可复制可推广的经验亟须提炼升华。法治工作者要主动适应对外开放新形势，加强与国际同行业的交流合作，通过开放创新、同舟共济、坚守公平正义、开创共赢共享，携手同行为解决金融商事争议、维护金融市场稳定发展和开放合作发挥更为重要的作用。

开幕式上举行了《外滩金融创新试验区法律研究（2024年版）》首发式，并举行了外滩金融创新试验区法律研究中心研究员聘任仪式。著名金融专家张宁为国泰君安保荐首批主板注册制IPO上市项目、东方证券保荐西山科技科创板上市项目等2023金融市场经典案例点评。张宁、宋晓燕为2023金融市场经典案例得主颁奖。张宁、张敏、李芮、陆敬波、吴俊洋、陆原等为嘉宾赠书。张宁、李志强为青年金融和法学法律专家周海晨、欧龙、刘洋、樊健、何佳馨等颁发研究员聘书。

主论坛精辟论述，扑面而来

主论坛上，在上海市政协常委、环太平洋律师协会候任中国司法管辖区理事陆敬波的主持下，上海仲裁委员会主任及上海政法学院校长刘晓红教授，中国国际经济贸易仲裁委员会副主任兼秘书长王承杰，上海市国际贸易促进委员会副会长、上海国际经济贸易仲裁委员会（上海国际仲裁中心）副主任马屹，上海政法学院副校长郑少华教授、上海财经大学法学院教授、商法研究中心主任李宇及国际御准仲裁员协会原主席弗朗西斯·沙勿略等作主旨演讲，掌声四起。

双论坛议题丰富，直面合作

在上海市司法局副局长刘言浩和上海财经大学法学院副院长朱晓喆教授的主持下，"长三角金融商事争议解决"和"金融商事争议解决的保障机制"等议题丰富的双论坛吸引全场嘉宾的眼球。

在"长三角金融商事争议解决"论坛上，浙江大学法学院教授黄韬、华东政法大学经济法学院贾希凌教授、上海财经大学法学院副院长郝振江教授、芜湖市律师协会常务理事吴俊洋、杭州市律师协会金融专业委员会副主任陆原律师等作精彩分享。上海国际仲裁中心研究部部长徐之和、江苏大学法学院副院长牛玉兵担任与谈人。

在"金融商事争议解决的保障机制"论坛上，上海交通大学凯原法学院教授沈伟、南京大学教授缪因知、国浩律师事务所高级合伙人申黎和环太平洋律师协会候任官员李建作精彩分享。上海仲裁委员会上海金融仲裁院秘书长龚骏、上海财经大学法学院刘洋副教授担任与谈人。

顶尖专家的独到见解引发与会企业家、金融家和法学法律专家共鸣。

为期一天的2024长三角金融法治论坛在中外嘉宾意犹未尽的热烈研讨中落下帷幕。与会专家期盼长三角一体化建设为金融法治插上腾飞的翅膀。上海市法学会金融法研究会会长吴弘教授作总结并致闭幕词。

正如环太平洋律师协会第30届会长李志强所说，会期有时，人生有涯，中外法律人合作共赢互利发展的道路是光明宽广、世代绵延的！人类法治文明交流互鉴的长河是生生不息、源远流长的！

推进法治化营商环境建设

——第十四届全国政协第十六次双周协商座谈会发言摘登

司法部公众号（2024-04-04）

编者按

党的十八大以来，以习近平同志为核心的中共中央高度重视营商环境建设，坚持全面深化改革，构建高水平社会主义市场经济体制，加快建设全国统一大市场，推进高水平对外开放，持续打造市场化、法治化、国际化一流营商环境。为推进法治化营商环境建设，2024年3月29日，十四届全国政协召开第十六次双周协商座谈会，围绕"推进法治化营商环境建设"协商议政。现将政协委员发言、部委介绍情况及回应有关发言摘登如下。

※ 全国政协社会和法制委员会副主任，中华全国总工会原副主席、书记处书记、党组成员江广平：以法治力量提振信心推动发展

为筹办好此次双周协商座谈会，周强副主席率队于2024年1月下旬赴北京开展实地调研，全国政协社会和法制委员会同时委托上海、辽宁开展协同调研。从调研情况来看，各地区、各部门牢固树立"法治是最好的营商环境"理念，坚持以经营主体需求为导向，加强统筹谋划，创新体制机制。我国营商环境制度体系不断健全，涉企执法更加规范，司法保护更加有力，为激发活力、提振信心注入强大法治动力。

调研也发现，近年来从相关部门到地方出台的政策多、文件多，但与企业的诉求仍然存在"两张皮"问题。

委员们认为，在经济回升向好、提振增长信心的关键时期，加快推进稳定公平透明、可预期的法治化营商环境建设，既是当务之急，也需要久久为功。应始终坚持以习近平新时代中国特色社会主义思想为指导，深入贯彻落实习近平法治思想，充分发挥法治固根本、稳预期、利长远的保障作用，坚持问题导向、系统观念，持续深化重点领域关键环节改革创新。

健全法律体系。加快制定民营经济促进法，修改《优化营商环境条例》，围绕建设全国统一大市场健全基础制度。完善公开透明的涉外法律体系，积极吸纳高标准国际经贸规则，稳步扩大制度型开放。鼓励地方加强制度创新，以高质量立法为优化营商环境提供坚实的制度基石。

提升执法效能。完善实现有效市场与有为政府良性互动的制度机制。全面落实公平竞争审查制度，规范不当市场干预行为。改进反垄断反不正当竞争执法，强化行政执法与刑事司法衔接，以规范文明执法为优化营商环境提供有力的法治保障。

加强司法保障。落实以公平为原则的产权保护制度，依法严肃查处侵害企业合法权益行为。严格落实平等保护、疑罪从无等司法政策和原则，引导经营主体诚信守法经营。为经营主体提供高效便捷纠纷解决渠道，以严格公正司法为优化营商环境提供坚实的司法保障。

坚持诚信守法。完善政府诚信履约机制，加大政务失信惩戒力度，强化涉企法律服务，加强企业合规指引，增强企业法治意识。加强社会信用体系建设，健全守信激励、失信约束制度，以全民尊法守法为优化营商环境提供良好的法治氛围。

※ 全国政协委员，中国政法大学校长、党委副书记马怀德：进一步完善优化营商环境相关立法

《优化营商环境条例》实施以来，在打造市场化、法治化、国际化营商环境方面发挥了积极作用。随着改革不断深入，该条例已不适应新形势新要求。为此，建议尽快修订条例，并推动研究制定优化营商环境法。

重点规范地方政府出台的政策和重大行政决策，推动政务诚信建设。《法治政府建设实施纲要（2021—2025年）》规定："重大行政决策一经作出，未经法定程序不得随意变更或者停止执行。"《中共中央国务院关于完善产权保护制度依法保护产权的意见》明确规定：地方各级政府及有关部门"不得以政府换届、领导人员更替等理由违约毁约，因违约毁约侵犯合法权益的，要承担法律和经济责任。"《中共中央　国务院关于促进民营经济发展壮大的意见》规定："完善政府诚信履约机制，建立健全政务失信记录和惩戒制度。"这些内容都是以文件形式出台的，缺乏制度刚性和法律效力。建议将这些政策要求补充到条例中，规范地方政府出台的政策和重大行政决策，推动政务诚信建设。

把各地优化营商环境的做法经验上升为法规制度，提高政务服务质效。全国29个省（市、区）出台了优化营商环境的地方性法规和规章，实践中探索形成了行政执法、行政检查、政务服务等方面一批有益经验。建议将成熟经验用立法形式固定下来，切实推进法治化营商环境建设进程。同时，可参考世界银行最新宜商环境评价指标，进一步完善相关制度。

打造更加公正的法治环境，让企业家有稳定的预期，切实维护企业和企业家合法权益。习近平总书记指出："稳定预期，弘扬企业家精神，安全是基本保障。"为此，条例应当重点规定法治保障内容。建议在总结条例实施基础上，适时推动制定优化营商环境法，提升立法层级，为优化营商环境奠定坚实法治基础。

※ 全国政协委员、上海市政协主席胡文容：充分发挥自贸试验区改革试验田作用对标高标准国际经贸规则

率先打造国际一流营商环境，是党中央交给上海的重要任务。上海市委深入学习贯彻习近平总书记关于优化营商环境的重要指示精神，全面对标高标准国际经贸规则，连续出台七版优化营商环境行动方案。2024年，上海市委召开全市优化营商环境大会，邀请各类企业包括外企负责人参加，上海市委主要领导要求把法治化作为基础保障，着力打造稳定公平透明、可预期的发展环境。

强化立法引领作用。在全国率先制定实施优化营商环境条例、推进国际商事仲裁中心建设等地方性法规，深化政府采购、知识产权、商事仲裁、破产保护等领域改革创新。

强化监督执法提质。树立整体政府理念，推进审批服务和行政执法标准化规范化建设，完善各领域自由裁量权基准制度。同时，强化事中事后监管。

强化法治服务供给。开发"上海城市法规全书"应用系统，打造知识产权保护"一件事"集成服务平台，制定重点企业"服务包"机制，建设"国际服务门户"，集成各类涉外法律服务资源。同时，完善多元纠纷解决机制，在全国率先推进"数字法院"建设，首创涉外商事纠纷"一站式"解纷机制。

调研发现，对标高标准国际经贸规则、推动高质量发展，制度供给还有不足，创新激励机制尚有短板，创新成果固化不够，地方探索创新还需要中央层面的更大支持。为此，建议如下：

围绕数字经济发展、数据跨境流动等领域，推进数据权属界定、开放共享、交易流通、监督管理等标准制定，开展制度创新和压力测试，形成一批对标高标准国际经贸规则的创新举措。

加快重点地区改革探索的复制推广，推动"一业一证"改革、经营主体退出、企业破产等浦东新区法规上升为法律。

加强对地方法治化营商环境建设的指导,支持地方在引进人才便利化、绿色低碳技术应用、人工智能应用场景建设等领域开展差别化探索实践,赋予地方更大改革自主权。

※ 全国政协常委、全国工商联副主席张兴海:加强对新兴产业的法治保障

加快形成新质生产力,需要法治保驾护航。智能网联汽车等战略性新兴产业是培育和发展新质生产力的主阵地和重要抓手,也是抢占未来竞争制高点和构建国家竞争新优势的新赛道。

目前,对新兴产业发展的法治化保障普遍供给不足。建议完善相关法律法规,并通过立法、执法、司法协同,推动形成新兴产业的"中国标准"。

企业应承担起数据安全和个人隐私保护的主体责任。智能网联汽车行业企业应采取有效举措,遵循"相关性和数据最小化"原则,防止数据过度收集和超范围使用;保障用户个人数据信息被收集使用的知情权和删除、更正权;建立完善与供应商和合作伙伴个人数据信息交互的合作机制,明确共享和委托处理数据的来源、范围、用途,明确各自的合规主体责任及其义务。

完善智能网联汽车上路的法律依据。修订完善《中华人民共和国道路交通安全法》或出台司法解释,明确自动驾驶车辆在道路上行驶的权利、义务和责任分配,以及与传统车辆的互动规则。修订完善《道路交通事故处理程序规定》,明确智能网联汽车事故处理流程和责任追究机制,进一步优化在事故发生时的调查、认定、处理等方面的程序性规定,并完善与之相适应的保险制度,为新型智能网联汽车保险产品的诞生打好基础。

在审慎监管和鼓励创新之间找好平衡点。智能网联汽车行业的发展不仅关系到企业的商业利益,更关系到国家战略安全和核心技术自主可控。一方面,监管应当为技术创新提供空间,在监管中推动数据要素市场化;另一方面,用户安全是可持续发展智能网联汽车的根本和底线,只有保障

用户安全，才能赢得市场和社会信任，促进产业健康发展。

※ 全国政协委员、河北省政协副主席何秉群：加强对行政违法行为的监督

打造一流法治化营商环境，行政机关依法行政至关重要。党的十八大以来，法治政府建设取得明显成效，但行政机关违法行使职权、不行使职权的行为时有发生，迫切需要从外部和内部共同发力，加强行政违法行为监督。

在外部监督方面，要充分发挥检察机关对行政违法行为监督的独特作用。2021年《中共中央关于加强新时代检察机关法律监督工作的意见》明确规定：检察机关"在履行法律监督职责中发现行政机关违法行使职权或者不行使职权的，可以依照法律规定制发检察建议等督促其纠正"。目前，已有18个省级检察院出台行政违法行为监督工作指引、指导意见、实施方案等文件，全国检察机关办理了一批体现监督成效的案件。但还存在缺乏法律支撑、各方面认识不统一、外部协作机制不完善等问题。为此，建议如下：

推动修改《中华人民共和国行政诉讼法》《中华人民共和国人民检察院组织法》等法律，增加"人民检察院在履行法律监督职责中发现行政机关违法行使职权或者不行使职权的，可以依照法律规定制发检察意见等督促其纠正"等规定，为检察机关开展行政违法行为监督提供法律支持。

最高人民检察院尽快制定行政违法行为监督工作的指导性意见，规范该项工作的监督范围、边界、方式、程序、法律后果、保障机制等，为开展行政违法行为监督提供依据和指引。

中央依法治国办、最高人民检察院推动建立健全检察机关与行政机关常态化沟通、协调和信息反馈机制，完善信息互联互通的共享机制，努力形成监督合力，共同促进依法行政。

在内部监督方面，应加强上级行政机关对下级行政机关行政执法工作

的层级监督。落实好加强行政执法协调监督工作体系建设有关文件,加快推进省、市、县、乡四级行政执法监督工作体系建设,抓好行政执法专项监督,进一步改善涉企行政执法。

※ 全国政协委员、德勤中国主席蒋颖:持续完善外商投资法治化营商环境

在中国加快构建新发展格局进程中,吸引外资对于中国参与国际合作、提升国际竞争力至关重要。我国近年持续出台提升营商环境政策和举措,在完善涉外法律体系、维护外资企业合法权益方面取得积极成效。同时,在以下方面存在优化空间。

在市场准入方面,"准入不准营或难营"现象仍存在。在权益保护方面,由于各地对法律法规条款理解不同,执法尺度不一致,执法效果差别较大。在合规经营方面,法律法规推进节奏和细化程序可进一步提升。数据跨境流动是新一轮国际经贸规则的重点关注内容,许多跨国企业需要根据数据跨境的管理规定来制定本地化战略和部署方案。为此,建议如下:

提升制度的协同性。完善各部门责任分工和协作机制,对负面清单可能与相关法律法规相抵触的情况,加强研究清理,确保准入和准营都能落实。商务部门进一步加强与行业主管部门会商,把会商重点从"企业开办前准入"向"企业开办后准营"延伸。

提高法律适用的一致性。明确牵头部门,对相关法律中较为宽泛的表述,细化操作规定。及时出台相关司法解释,加大指导性案例、典型案例发布力度,明确执法标准尺度。

增强政策的可预期性。在政策制定阶段,充分听取企业和商协会的意见,定期通过权威媒体公布进展,引导市场合理预期。政策发布后,给予企业足够的准备期和过渡期,给予权威解读与合规指导,并阶段性对实施效果进行评估,根据效果和企业反馈持续完善法规制定和推进落实。

※ 全国政协委员、北京铁路运输中级法院（北京市第四中级人民法院）副院长李迎新：完善国际商事纠纷多元解纷机制

近年来，人民法院认真对标世界银行营商环境评价指标，积极探索国际商事争端解决机制和机构建设新路径，助推我国全球营商环境排名实现大幅跃升。世界银行最新宜商环境评价指标中，"解决商业纠纷"依然是十分重要的指标之一。在涉外商事领域，国际通行的纠纷解决方式是仲裁、调解等非诉讼解纷方式。我国积极主动对标国际通行规则，坚持平等保护原则，着力构建了国际商事纠纷专业化、便利化、多元化的解纷方式。

但同时也发现，我国在适用仲裁、调解等国际通行解纷方式方面还存在需要完善之处：国际商事调解制度有待完善，因缺乏国际商事调解的立法规范，致使商事调解组织的设立、运行、监管及诉调对接流程等尚不健全。国际商事仲裁可仲裁事项有待扩大，现行仲裁法有关国际商事纠纷可仲裁事项的范围较窄，不利于我国国际商事仲裁竞争优势的发挥。"一站式"解纷机制效能未充分发挥，诉讼与非诉讼各环节、各程序之间的衔接有待优化。为此，建议如下：

加强法律供给。研究制定多元化纠纷解决机制法律规范或商事调解条例，进一步统一商事调解组织的设立、运行、监管标准和程序及诉调对接流程，切实发挥立法的引领和保障作用。

适度扩大可仲裁事项范围。以当事人有权处分为原则，在此次修订《中华人民共和国仲裁法》过程中，将与体育、反垄断有关的商事纠纷等纳入调整范围，充分发挥仲裁作为国际通行解纷方式的功能。

加大多元解纷机制的资源整合力度。加强机制内部的资源共享，继续发挥法院的职能优势，支持各类调解组织依法依规开展调处工作。定期发布国际商事仲裁司法审查报告，规范司法审查程序，促进仲裁健康发展，助力我国国际仲裁中心建设。

※ 全国政协委员、山东国曜琴岛律师事务所首席合伙人李连祥：充分发挥企业破产制度守底线强信心的作用

破产制度是社会主义市场经济制度的重要组成部分。出清"僵尸企业"，救治"困境企业"，既能解决企业"生易死难"问题，激发市场活力，又能鼓励创新、宽容失败，稳定市场预期，对促进经济转型升级、进一步优化营商环境，具有重要意义。建议如下：

完善破产法律体系。修改企业破产法已列入全国人大常委会立法规划，应加快推进修法进程。充分考虑经济发展、环境保护、企业责任利益平衡和协调发展，增设环保债权保护、环境治理优先等生态保护破产机制，促进生态环境保护、企业重生、债权人利益最大化的有机统一。突出破产制度的保护功能，建立惩戒逃避债务的机制，明确逃债主体和协助人员的法律责任。做好企业破产法与关联法律法规的衔接和联动修改，加快推进民营经济促进法立法进程，推动破产法律体系不断完善。

完善府院联动机制。进一步完善顶层设计，加强政府和法院对企业破产的联动协调。明确统筹破产行政事务和牵头破产府院联动机制的责任部门，明确相关部门涉破产事务的职责分工，界定府院联动运行中的政府权力、义务及责任边界，保障联动各方同频共振、有效协同。

健全破产管理人制度。设立全国破产管理人协会，明确主管部门，完善行业自律机制，研究制定统一的管理人行为规范和自律规则，加强执业能力培训和业务交流研讨，提高履职能力。优化管理人选任更换的标准、方式、程序，提高与案件的匹配度。强化管理人监督，明确管理人责任追究机制，加强行业监管与司法监督、债权人监督的衔接，建立科学透明的考核评价体系，规范管理人依法高效履职。

※ 全国政协委员、辽宁省总商会副会长于本宏：完善涉企政策制定和评估机制

近年来，各地优化营商环境政策密集出台，对于中小企业来说，营商环境法治化水平在持续提升。但调研发现，惠企政策出台和实施过程中尚存在一些问题，有些政策未能精准解决企业需求和痛点；有的政策出台未充分征求意见；部分政策出台没有考虑当地财政情况；有些政策从出台到落地决策慢、落实慢、调整慢，不能适应新的经济形势和市场需求。为此，建议如下：

加强企业家参与涉企政策制定制度的刚性。应制定主动征求企业意见的程序性规范，细化听取意见的文件范围、时间、程序、场所、人员等，广泛听取不同所有制、不同类型、不同行业、不同规模企业意见，切实提高企业参与质量。坚持问题导向与目标导向，在政策制定过程中，展开深入调研，注重回应经营主体突出关切，提高经营主体的获得感。

加强涉企政策统筹。政策出台前，明确牵头部门，开展政策取向一致性评估，统筹好政策的内容、出台时机、落地时效，准确分析系列政策的叠加效应，强化政策协调和工作协同，确保同向发力、形成合力，稳定经营主体预期。政策出台后，定期开展核查和清理工作，及时清理不合时宜、相互矛盾的涉企政策。

加强涉企政策的效果评估。应更加关注实施效果，将定期开展政策实施效果评估工作纳入政府绩效考核，健全企业意见征集的反馈机制，对反映政策执行不到位或"选择性执行"等问题的线索及时核实解决；对反映问题较集中的政策，在科学研判的基础上及时调整；对可能影响企业生产经营的政策应合理设置缓冲过渡期。建立健全第三方机构开展评估工作机制，并将评估结果作为修改、废止、清理有关政策的重要参考。

※ 全国政协委员、贵州省政协副主席李汉宇：健全法律顾问制度 助推法治政府建设

党的十八届四中全会提出，积极推行政府法律顾问制度，保证法律顾问在制定重大行政决策、推进依法行政中发挥积极作用。司法部法治政府建设年度报告显示，截至2022年末，我国已有14万多家政府机关配备法律顾问，发挥了科学决策"智囊团"、依法行政"助推器"的积极作用。但在实践中，把法律顾问制度看成摆设，轻视甚至漠视法律顾问工作的现象还不少。为此，建议如下：

优化制度设计，保障法律顾问专业性作用的发挥。当务之急是要从制度上明确，党政机关法律顾问出具合法性审查意见的独立性和权威性。党政机关法律顾问应在完整掌握事实的基础上，根据法律的规定，独立思考、提出顾问意见，并承担相应的责任。

强化法律顾问制度的程序化和规范化。对法律顾问介入的时间方式、应回答的主要问题及依据、法律风险、顾问意见建议等，作出具体规定并保障实施。

注重发挥法律顾问的服务监督作用。应完善相关制度机制，对党政机关领导尤其是一把手的重大决策、重大招商引资、重大项目谈判、大资产处置等活动，发挥法律顾问独特监督作用。

※ 司法部党组书记、部长贺荣：

党的十八大以来，党中央、国务院对营造市场化、法治化、国际化营商环境作出一系列重大部署。法治化营商环境建设贯通立法、执法、司法、守法、法律服务和涉外法治各环节，是一项系统工程、法治工程。2023年以来，司法部在法治化营商环境建设方面主要开展了以下工作。

在立法方面，聚焦经营主体期盼，完善营商环境法律法规制度体系。健全完善营商环境法律法规体系，审查完成涉营商环境的法律11部、行

政法规16部。会同相关单位牵头起草民营经济促进法，坚持"两个毫不动摇"，突出对民营经济平等对待、平等保护，回应依法保护人格权、人身权、财产权，公平参与市场竞争，平等使用生产要素，公平执法公正司法等民营企业关切，确保条文务实、管用、操作性强，切实从法律制度上把对国企民企平等对待的要求用硬实措施落下来。会同相关单位制定或修改《中华人民共和国〈公平竞争审查条例〉企业破产法》《中华人民共和国反不正当竞争法》等，更好适应高质量发展、建设全国统一大市场、科技创新等重点领域、新兴领域、涉外领域立法需求。

在执法方面，健全优化涉企行政执法，完善包容审慎的监管模式。组织开展提升行政执法质量三年行动，依法纠正不作为、乱作为、粗暴执法等问题。推行"综合查一次"等跨部门、跨区域、跨层级联合执法，避免多头执法、重复检查。指导各地区各部门进一步规范执法行为，提高运用法治思维和法治方式的能力，促进提升依法行政水平。

在守法和法律服务方面，积极回应经营主体需求，增强涉企服务精准性实效性。提升经营主体设立、变更、迁移、注销全程法律服务质效。加强法治宣传和合规守信指导。健全调解、仲裁、行政裁决、行政复议、诉讼等有机衔接的多元化纠纷解决机制。支持商会等开展人民调解工作。发挥律师作用，开展"律企携手同行"等专项行动。优化公证利企便民服务，切实增强经营主体的获得感。

在涉外法治方面，提升涉外执法司法能力，助力打造"投资中国"品牌。对标国际高标准经贸规则，加快推进制度衔接。指导地方设立一批国际商事调解组织。全力推进国际商事仲裁中心建设。组织实施国际一流律所培育工程，加快建设涉外法治人才培养基地。

就委员提出的建议作简要回应。

关于加强立法引领、以法治力量提振信心推动发展等问题，将继续聚焦经营主体关切，加强对数据安全、个人信息保护、智能网联汽车等领域立法的研究。同时，针对营商环境建设中亟须解决的突出问题，更加注重采用"小快灵"立法模式，切实提升立法质效。

关于国际商事争议解决机制等问题，将抓紧推进修改仲裁法，制定商事调解条例，更好发挥仲裁、商事调解等多元纠纷解决机制的作用。

关于完善涉企政策制定和评估机制等问题，将强化合法性审查，加强政策后评估和清理工作，提升法律法规政策稳定性、透明度和可预期性。

关于健全法律顾问制度，将加大统筹力度，指导各地区各部门充分发挥法律顾问参与政府决策、法治审核把关等作用，助力法治政府建设。

※ 最高人民法院审判委员会专职委员、二级大法官刘贵祥：

最高人民法院高度重视法治化营商环境建设。对于委员的意见建议，回应如下：

一、关于加强产权保护，依法平等保护各类经营主体合法权益，稳定市场预期问题。最高人民法院积极做好以下方面工作：一是积极参与并推动民营经济促进法尽快出台，从立法层面系统性、针对性解决民营企业的后顾之忧。二是研究出台有关司法解释，依法否定经营主体利用优势地位与中小微企业签订的显失公平"背靠背条款"。三是尽快出台涉民营企业内部职务侵占刑事案件司法解释，对侵犯国有企业、民营企业产权和合法权益的行为统一判罚标准。四是制定出台涉民刑交叉案件司法解释，从制度层面着力解决以刑事手段插手经济纠纷、以刑事手段解决民事债务，以及多头查封、重复查封、明显超标的查封等问题，严格界定刑事追赃与第三人合法财产的边界。五是深入推进依法公正善意文明执行，最大限度减少对企业正常生产经营活动的不利影响。

二、关于智能网联汽车等新兴产业法治保障问题。最高人民法院将持续跟踪调研，及时明确司法态度，促推新兴产业健康有序发展，并研究解决与之相关的数据安全、隐私保护、交通事故责任划分等新情况新问题，更好统筹发展和安全。

三、关于充分发挥破产法律制度作用问题。最高人民法院将充分发挥破产清算制度作用，清理"僵尸企业"，盘活市场要素资源，同时，充分运用重整和解制度工具，依法拯救陷入流动性危机但仍具挽救价值的企业。积极参与并推动《中华人民共和国企业破产法》修改工作，弥补关联企业破产、中小微企业破产、跨境破产协作及金融机构风险防范化解等规则空白，推动府院联动机制常态化、制度化运行，形成工作合力。

四、关于持续完善外商投资法治化营商环境问题。最高人民法院持续统一裁判尺度，简化外国当事人委托代理、域外证据公证认定手续，有效落实"准入前国民待遇加负面清单管理制度"，不断增强涉外审判的便利度和可预期性。下一步，将完善有关司法解释，大力推进涉外审判精品战略，充分彰显平等保护外资的司法态度，服务保障高水平对外开放。

五、关于完善国际商事纠纷多元解决机制问题。最高人民法院已成立两个国际商事法庭，并吸纳10家国际商事仲裁机构和2家国际商事调解机构入驻，初步形成诉讼与仲裁、调解有机衔接的纠纷解决机制。下一步，将积极配合相关部门修订《中华人民共和国仲裁法》，扩展仲裁范围和国际仲裁功能；推动制定商事调解法，发挥行业协会、商事组织功能作用，将我国打造成为国际商事纠纷解决的优选地。

※ 国家市场监督管理总局党组成员、副局长柳军：

市场监管总局高度重视法治化营商环境建设，认真履职尽责。结合委员发言，柳军副局长代表市场监管总局作简要回应。

第一，关于平等对待各类经营主体。市场监管总局持续加强公平竞争审查，不断加大审查清理工作力度，2023年围绕招投标等重点领域，会同相关部门组织清理全国妨碍统一市场和公平竞争的各类政策措施4218件。同时，强化反垄断法、反不正当竞争执法，2023年，依法查处垄断协议、滥用市场支配地位案件27件，罚没款金额为21.63亿元。

第二，关于实施企业信用分级分类监管。市场监管部门不断完善新型常态化监管机制，以信用监管为基础，通过国家企业信用信息公示系统公示企业相关信息，积极引入社会监督。大力推行企业信用风险分类管理，实施差异化的靶向监管措施，不断提升信用监管的科学性和精准性。

第三，关于优化涉企行政执法。一是完善行政裁量基准，统一执法尺度。总局出台规范行政处罚裁量权的指导意见，各地均制定了相应的适用规则和细化的基准。二是实施免罚减罚制度，体现执法温度。指导各地制定发布首违不罚、轻微免罚、减轻处罚的清单，明确减免或从轻情形。三是对民生领域案件严惩重处，强化执法力度。对性质恶劣、危害严重、突破道德底线的违法行为实施严厉打击，着力以规范市场秩序来优化营商环境。

第四，关于破解"准入不准营或难营"。市场监管总局会同相关部门积极提升企业开办便利化程度，全国大部分地方已实现当天领取营业执照，与各部门共同努力下，企业开办全流程压缩至 2~4 天。同时，指导地方各级市场监管部门通过统一数据共享交换平台，将经营主体登记注册信息及时推送给行政审批部门和行业主管部门，推动相关部门根据经营主体申请及时办理行政许可。

第五，关于完善涉企政策制定和评估机制。市场监管总局始终坚持开门立法，制定《国家市场监督管理总局规章制定程序规定》，要求市场监管总局所有法规规章在起草时必须面向企业、行业协会、中介机构、专家等公开征求意见。

第六，关于健全法律顾问制度。市场监管总局 2020 年印发了《市场监管总局法律顾问管理办法》，规定了听取法律顾问意见的各种情形和程序、明确法律顾问依据事实和法律提出意见建议不受任何单位和个人干涉。市场监管总局法律顾问深度参与立法调研论证，为营商环境的法治化建设发挥了积极作用。

司法部副部长胡卫列调研上海涉外法律服务工作

上海市司法局公众号（2024-04-10）

2024年4月9日下午，司法部党组成员、副部长胡卫列在上海调研涉外法律服务工作，实地走访上海仲裁委员会、上海国际经济贸易仲裁委员会和司法鉴定科学研究院，看望慰问基层一线法律服务工作者，并主持召开调研座谈会。

胡卫列指出，上海坚持对标国际一流水平，充分发挥区位禀赋优势，在深入推进国际商事仲裁中心建设试点、加强涉外法律服务人才建设等方面积极探索创新，积累了不少好经验、好做法。

胡卫列强调，要深入学习贯彻习近平法治思想特别是习近平总书记关于加强涉外法治工作的重要论述，进一步增强做好涉外法律服务工作的责任感、紧迫感，扎实推动解决涉外法律服务跟进不够紧、质效不够高等突出问题，为服务保障高水平对外开放提供更有针对性的法律服务，更好助力稳定预期、提振信心。要加快推进法律服务领域制度建设，按照中央总体决策部署，立足企业和群众实际需求，找准找实具体的突破口、切入点，更加精准有效探索包括仲裁在内的法律服务高质量发展新路径、新机制，希望上海用好优势条件，以更加开阔的思路、积极的姿态走在前列，当好深化涉外法律服务的开路先锋。要加快国际一流仲裁机构建设，对具备条件、符合改革方向的机构加大支持力度，以点上突破带动面上推进。要积极争取地方党委政府支持，密切与法院、国资、商务等部门的协作配合，形成推动仲裁改革创新的强大合力。

胡卫列对司法鉴定科学研究院加强政治建设和专业建设、坚持严管厚爱加强队伍建设提出了明确要求。

中央依法治国办秘书局和司法部有关厅局、上海市司法局有关负责同志参加调研。

上海小额贷款公司协会四届一次会员大会暨换届大会召开

上海小额贷款公司协会公众号（2024-03-29）

2024年3月28日，上海小额贷款公司协会四届一次会员大会暨换届大会召开。上海市委金融办、上海市社团局相关处室负责人、上海小额贷款公司协会会员单位负责人等100多人参加会议。大众交通集团董事长杨国平再次当选为协会新一届会长，朱旻琦、袁征、周明、周立、裘真、曹春华、陈秋雯7人当选为协会新一届副会长，聘任李伟涛为秘书长，傅强、张威为副秘书长。

会员大会首先听取了杨国平会长所作的《协会第三届理事会工作报告》，协会监事、金茂凯德律师事务所创始人李志强律师所作的《协会第三届监事工作报告》，李伟涛秘书长所作的《第三届理事会财务收支审计情况报告》《关于修改协会章程的报告》，上海市委金融办监管一处副处长赵卫龙所作的《关于协会第四届理事会理事、监事候选人的说明》。

在理事会选举中，以无记名投票选举产生了由23家单位组成的协会新一届理事会和1家监事单位。在休会期间举行的上海小额贷款公司协会四届一次理事会上，选举产生了协会新一届的会长、副会长领导班子。大众交通集团董事长杨国平再次当选为协会新一届会长，张江科贷董事长朱旻琦、绿地小贷总经理袁征、华东普惠总经理周明、红星小贷总经理周立、滨江普惠总经理裘真、长江鼎立总经理曹春华、康信小贷总经理陈秋雯当选为协会新一届副会长，聘任李伟涛为秘书长，傅强、张威为副秘书长。

理事会上还听取和审议通过了成立协会法律工作委员会的决议。

杨国平会长代表第三届理事会所作的工作报告指出，第三届理事会坚持从会员实际需求出发，以"服务实体经济和会员单位，促进行业健康发展"为主线开展工作，完成了平稳度过三年新冠疫情考验、行业政策不断优化、积极应对颠覆政策冲击、房产权籍系统顺利升级、积极探索投贷联动、设立行业司法调解委员会等充满挑战和创新的工作。第三届理事会期间，共组织1000多人次参加了12次各项培训、15次业务研讨和项目对接活动、13次对外交流考察、16次接待全国各地小贷同行来访。协会组织开展了104笔、11.12亿元同业拆借，每年为行业提供近6万多笔房产权籍查询，每年节约近100万元查询费用。组织参与了20次行业建言献策活动，完成69期小贷动态的编辑。

杨国平会长就新一届理事会工作谈了设想。他表示，新一届理事会将在学习和借鉴过去经验的基础上，在上海市委金融办的指导下，在各会员单位的大力支持下，围绕为经济社会发展提供高质量服务、继续努力推动行业转型升级、加强行业司法调解中心建设、认真做好行业自律和维权工作、提升协会服务效能五个方面重点开展工作，小额贷款行业是一个有意义的行业，我们要不忘初心，砥砺前行，为促进上海小额贷款行业的发展作出应有的贡献。

上海市委金融办监管一处处长赵玉春充分肯定了协会第三届理事会的工作，她指出自第三届理事会在杨会长的有力带领下，在全体会员单位的共同努力下，小额贷款公司协会积极搭建行业交流平台，提高服务质效，在党建引领、会员服务、品牌建设、行业研究、行业自律、推动行业发展、配合监管等方面开展了大量卓有成效的工作，取得的成绩有目共睹。希望新一届协会理事会面对新形势、新情况，再接再励，做到三个更强：让会员的归属感更强、推动上海市小额贷款行业在全国的示范引领性更强、与监管部门形成的合力更强。借本次会员大会召开的契机，也向各小额贷款公司提三点要求：提升合规经营意识，防范风险，严守底线；强化沟通，主动配合，落实各项整改要求；增强信心，有为有序，推动行业持续发展。

希望各企业坚持以发展普惠金融、科创金融等为使命,充分发挥"短、小、灵、快"的特点,携手并进,为上海市小额贷款行业树立新形象、开创新局面而努力!

会员大会还邀请了全国人大代表、徐汇富融小额贷款有限公司董事长樊芸传达了最新的全国"两会"精神,为全体会员作了一次深刻而生动的形势分析报告。选举计票期间,大会还见缝插针,邀请安硕信息小贷事业部总经理龚逢树作了"赋能小贷公司数字化转型"演讲。

上海铁检院党组书记、检察长张炜一行至市管协调研

上海市破产管理人协会公众号（2024-04-01）

2024年3月28日上午，上海铁路运输检察院（以下简称上海铁检院）党组书记、检察长张炜，党组成员、副检察长朱卫东等一行至上海市破产管理人协会（以下简称市管协）调研。市管协会长季诺等协会班子成员对调研组一行表示欢迎并交流座谈。

近年来，上海铁检院依托集中管辖监督破产衍生诉讼案件，加强与市管协的沟通联系，建立了协作备忘录。双方在合力打击虚假诉讼、助力优化营商环境方面取得积极成效。会上，上海铁检院介绍了当前破产领域相关虚假诉讼案件情况及工作举措，会议交流了协会与检察机关办案协作工作经验，沟通进一步协同打击虚假诉讼的意见建议。

季诺会长对上海铁检院长期以来对管理人协会和管理人工作的大力支持表示感谢，他建议双方通过合力开展破产检察监督理论课题，加强对疑难复杂问题的研究，形成破产检察领域"上海工作方案"。同时主动探索，积极打造长三角地区破产衍生案件检察监督的样本。

张炜检察长就季诺会长的提议给予了积极回应，他肯定了管理人在保障破产程序合法有序高效推进、优化营商环境上作出的努力和贡献。希望通过深入履职协作、共研共学、完善长效机制等方面继续和市管协共同发力，在破产案件领域精准开展检察监督，加强合力打击虚假诉讼的力度，保障破产程序当事人的合法权益及管理人依法履职，为上海建设一流法治

化营商环境贡献专业力量。

上海铁检院第四检察部（民事行政检察部）负责人徐嘉炜、第四检察部（民事行政检察部）检察官毛颖洁、第四检察部（民事行政检察部）检察官助理束岑；市管协副会长周逸、李志强，理事马晓旻，秘书长庄燕等参加座谈。

环太平洋律师协会会长李志强和广东陈梁永钜律师事务所创始合伙人陈锡康到访东莞仲裁委员会

东莞仲裁委员会公众号（2024-03-22）

2024年3月22日上午，环太平洋律师协会会长、上海金茂凯德律师事务所创始合伙人李志强和广东陈梁永钜律师事务所创始合伙人陈锡康到访东莞仲裁委员会，就东莞涉外仲裁服务进行交流。

20件！入选人民法院案例库

上海金融法院公众号（2024-02-29）

近日，最高人民法院召开新闻发布会，宣布人民法院案例库正式上线并向社会开放。在首批入选人民法院案例库的案例中，上海金融法院共入选20件。

人民法院案例库收录经最高人民法院审核认为对类案具有参考示范价值的权威案例，上海金融法院入选的案例涵盖金融行业各个领域，确立了证券、银行、保险等重大疑难纠纷中的裁判规则。

人民法院案例库
上海金融法院入选案例目录

1. 吴某诉某信托公司财产损害赔偿纠纷案——信托公司在通道类业务中未尽审慎注意义务的责任承担

2. 某银行股份公司诉某资本投资公司其他合同纠纷——私募资管业务中差额补足等增信措施的性质和效力认定案

3. 杉某诉龚某股权转让纠纷案——外国投资者隐名代持上市公司股份的股权转让效力认定

4. 李某某诉某上市公司、吴某某等证券虚假陈述责任纠纷案——证券虚假陈述责任纠纷中董事民事责任的认定

5. 上海某投资中心（有限合伙）诉上海某机械股份有限公司、邵某等

操纵证券交易市场责任纠纷案——操纵证券交易市场民事赔偿责任的司法认定

6. 上海某网络公司诉沈某、深圳某网络公司合同纠纷案——新三板公司司法估值的路径选择及因素考量

7. 某基金SPC-某基金SP申请认可和执行香港特别行政区法院民事判决案——涉维好协议之香港特别行政区法院判决在内地申请认可和执行的认定标准

8. 某外资银行诉某石油公司金融衍生品种交易纠纷案——原油掉期交易中违约事件及违约责任应依约适用国际惯例予以认定

9. 某电子公司诉上海证券交易所终止上市决定案——金融基础设施自律监管措施的可诉性与合法性审查

10. 某财产保险股份有限公司上海分公司诉张某保险人代位求偿权纠纷案——保险人并不当然享有代位机动车一方向非机动车一方主张机动车损失的权利

11. 某自行车销售公司诉某传感器公司票据追索权纠纷案——电子商业汇票持票人到期前提示付款、承兑人期内以账户余额不足拒付的，持票人有权向背书人行使票据追索权

12. 某物流公司诉某保险公司等财产保险合同纠纷案——依法订入合同并已产生效力的合同内容，对保险合同各方当事人均有法律约束力

13. 某保险公司诉高某保险代理合同纠纷案——保险代理人违规销售应在过错范围内承担损失赔偿责任

14. 某某银行股份有限公司信用卡中心诉某某支付服务有限公司合同纠纷案——发卡行与收单机构间合同关系的认定

15. 宁波某某小额贷款有限公司诉顾某等合同纠纷案——地方金融组织闭环交易的司法认定

16. 刘某某诉中国人民银行上海分行、中国人民银行不履行征信监管法定职责案——对个人征信授权事项及授权主体的审查与认定

17. 某某商业保理有限公司深圳分公司诉某某控股股份有限公司票据

追索权纠纷案——保理追索权与票据追索权行使顺序及受偿方式

18. 某支付公司诉上海某科技公司、康某服务合同纠纷案——银行卡收单业务外包服务机构未尽审核义务时的违约责任认定

19. 刘某诉某某股份有限公司上海分公司等委托合同纠纷案——第三方支付公司采取"前端收银台"模式未与用户形成委托关系

20. 上海某某融资租赁有限公司诉讷河市某某医院、讷河市某某投资有限公司融资租赁合同纠纷案——租赁物部分真实情形下"名为租赁实为借贷"之司法认定

上海金融法院自成立以来，积极贯彻落实习近平总书记"一个案例胜过一打文件"的重要指示精神，始终聚焦规则创设，大力实施精品战略，为金融纠纷明确裁判规则，为金融市场主体提供合理预期。上海金融法院将以首批案例入选为新起点，持续打造高质量金融审判"法治产品"，进一步确立金融审判的"中国标准""上海规则"，为营造法治化营商环境，扩大上海国际金融中心竞争力和影响力提供更多司法助力。

即日起，上海金融法院微信公众号将陆续推送入选案例，供大家学习参考。本期推送全国首例判决信托公司在通道类业务中承担民事责任案件。

吴某诉某信托公司财产损害赔偿纠纷案
——信托公司在通道类业务中未尽审慎注意义务的责任承担

基本案情

吴某诉称：其因被告人陈某成等集资诈骗行为投资受损，投资者是基于对某信托公司的信赖而进行投资，某信托公司明知信托的委托资金来源于社会募集，却在电话回应投资者询问时作了误导性回应。某信托公司在信托存续期间曾出具内容虚假的中期报告误导投资者，没有对信托项目进行有效监管，导致吴某损失，某信托公司应该全额承担赔偿责任。请求判令某信托公司承担侵权赔偿责任。

某信托公司辩称，该信托产品是信托公司的通道类信托业务，属于被

动管理型信托。某信托公司是依照委托人指令发放贷款,无义务审查委托人的资金来源,无须对项目作实质性尽职调查,无义务对信托资金进行监管,更无义务保证全部收回信托贷款或刚性兑付。投资者损失是因犯罪分子集资诈骗,并将吸收的存款肆意挥霍造成的,与某信托公司无关,某信托公司从未参与基金销售和集资的过程,故不应承担任何责任。

法院经审理查明:2013年6月,上海某投资中心与某信托公司签订《单一资金信托合同》(以下简称《信托合同》),约定该信托为指定管理单一资金信托。委托人上海某投资中心指定信托资金由受托人某信托公司管理,用于向浙江某建设公司发放贷款。信托资金金额为2.8亿元。

2013年6—8月,上海某投资中心以"某保障房投资基金项目"为名向社会公众募集资金,募集文件中载明产品类型为"某信托公司联众单一资金信托贷款有限合伙基金"。吴某认购100万元,《基金项目成立公告》载明募集资金于2013年8月2日正式成立并起息,项目期限为24个月,自成立之日起计算,每半年分配投资收益,项目结束返还本金。之后,某信托公司与浙江某建设公司签订《流动资金贷款合同》,某信托公司根据《信托合同》约定将上海某投资中心交付的信托资金(包含吴某的投资款)向浙江某建设公司发放贷款。基金到期后,上海某投资中心未向吴某返还本金。吴某的投资款100万元被上海某投资中心执行事务合伙人委派代表陈某志等人用于归还案外人辽阳某公司股东的对外债务。

2018年6月29日,上海市第一中级人民法院作出刑事判决,认定陈某志、林某陈、王某犯集资诈骗罪等。该刑事判决认定:上海某投资中心是于2013年5月30日成立,执行事务合伙人委派代表为陈某志。浙江某建设公司是被告人陈某志于2007年通过变更注册方式成立,陈某志是实际控制人。2013年初,被告人陈某志因辽阳某公司有融资需求,通过他人介绍认识了被告人王某等人,在王某等人的帮助下确定了以浙江某建设公司为融资主体的信托融资方案。其间,陈某志自行伪造浙江某建设公司承建杭州保障房项目的合同,指使被告人林某陈伪造浙江某建设公司的虚假财务报告,授权王某成立并控制了上海某投资中心等7家有限合伙企业。

陈某志、林某陈等人与某信托公司在2013年6月签订了《信托合同》及相关《贷款合同》《保证合同》，约定上海某投资中心作为委托人，将资金交付受托人某信托公司，某信托公司再作为贷款人将资金贷款给借款人，辽阳某公司作为保证人为浙江某建设公司提供连带责任保证担保。2013年6—8月，被告人王某使用上海某投资中心等有限合伙企业的名义，以年化利率9.5%~12.5%的高额利息为诱，向社会不特定公众销售"某保障房投资基金项目"，非法集资2.8亿余元。嗣后，王某依照上述合同约定划款2.8亿元至某信托公司，某信托公司再贷款给浙江某建设公司。浙江某建设公司收到后，划款2.53亿余元至辽阳某公司，划款558万余元至被告人陈某志银行账户，上述钱款主要用于归还辽阳某公司股东的对外债务。至案发，各投资人共计收到5308万余元，尚有2.3亿余元经济损失。

据公安机关在对犯罪嫌疑人王某等人的询问笔录记载，某信托公司有关项目负责人员曾接到投资者电话询问"是否有某信托这样一个产品"。某信托公司内部曾于2013年12月出具过《项目风险排查报告》，该报告称借款人财务状况良好，由建设的多项目保障营收稳定；保证人辽阳某公司的现金流充足，项目去化速度令人满意，担保意愿正常，担保实力佳。该项目为单一被动管理类信托项目，项目风险可控，本次检查未发现重大风险事项。

上海市浦东新区人民法院于2019年10月31日作出（2018）沪0115民初80151号判决：一、被告某信托公司应于本判决生效之日起十日内对原告吴某根据（2017）沪01刑初50号刑事判决通过追赃程序追索不成的损失在20%的范围内承担补充赔偿责任；二、驳回原告吴某的其余诉讼请求。宣判后，吴某、某信托公司均不服一审判决，提起上诉。上海金融法院于2020年6月10日作出（2020）沪74民终29号民事判决：驳回上诉，维持原判。

裁判理由

法院生效裁判认为：吴某是上海某投资中心所设浙江某建设公司项目

的投资人,由于上海某投资中心和浙江某建设公司均受案外犯罪分子陈某志等人的控制,吴某所投资金被犯罪分子转移而无法收回。吴某与某信托公司之间并无投资、信托等直接的合同关系,吴某是以侵权损害赔偿为由起诉要求某信托公司承担责任。

上海某投资中心与某信托公司签订的《信托合同》为通道类信托业务,委托人和受托人之间的权利义务关系,应当依据信托文件的约定加以确定。信托公司在通道类信托业务中虽然仅负责事务性管理,但是仍应秉持审慎原则开展经营,并履行必要的注意义务。

某信托公司在开展单一资金信托业务中明知信托资金来源于社会募集,未对犯罪分子借用其金融机构背景进行资金募集的行为采取必要防控措施,也未对社会投资者作相应警示;信托存续期间内,某信托公司应委托人要求对虚构的项目出具内容明显失实的《项目风险排查报告》,足以误导案外人,上述行为客观上促成了犯罪分子的集资诈骗行为,对吴某等投资被骗受损负有一定责任。

法院综合考虑认为,犯罪分子陈某志等人的集资诈骗行为是吴某等投资者损失的根本和主要原因,某信托公司在管理涉案信托业务过程中的过错行为在一定程度上造成了吴某损失,而吴某同时是相关刑事判决的被害人,其民事权利可先通过刑事追赃、退赔方式得以保障,故判决某信托公司应就投资者刑事追赃程序追索不成的损失在其投资本金损失 20% 的范围内承担补充赔偿责任。

裁判要旨

在通道类信托业务中,委托人和受托人之间的权利义务关系,应当依据信托文件的约定加以确定。信托公司在通道类信托业务中虽然仅负责事务性管理,但是仍应秉持审慎原则开展经营,并履行必要的注意义务。信托公司存在明知委托人借用其金融机构背景进行资金募集未采取必要警示防控措施、对信托项目情况出具内容虚假的调查文件等行为,造成外部投资者损失的,应当根据其过错程度,承担相应的侵权损害赔偿责任。

关联索引

《中华人民共和国民法典》第一千一百六十五条、第一千一百七十一条、第一千一百七十二条（本案适用的是 2010 年 7 月 1 日施行的《中华人民共和国侵权责任法》第二条、第三条、第六条、第十二条、第二十六条）

《中华人民共和国信托法》第二十五条

《全国法院民商事审判工作会议纪要》（法〔2019〕254 号）第 93 条

《中国人民银行　中国银行保险监督管理委员会　中国证券监督管理委员会　国家外汇管理局关于规范金融机构资产管理业务的指导意见》第二十二条、第二十九条

一审：上海市浦东新区人民法院（2018）沪 0115 民初 80151 号民事判决（2019 年 10 月 31 日）

二审：上海金融法院（2020）沪 74 民终 29 号民事判决（2020 年 6 月 10 日）

人民法院案例库｜外国投资者隐名代持上市公司股份的股权转让效力认定

上海金融法院公众号（2024-04-11）

杉某诉龚某股权转让纠纷案
——外国投资者隐名代持上市公司股份的股权转让效力认定

基本案情

原告杉某是日本国公民，被告龚某是中国公民。双方于2005年签订《股份认购与托管协议》，约定杉某以4.36元/股的价格向龚某购买上海某软件股份有限公司（以下简称某软件公司）股份88万股，并委托龚某管理，龚某根据杉某的指示处分股份，对外则以自己名义行使股东权利，将收益及时全部交付给杉某。某软件公司于2017年在上海证券交易所首次公开发行股票并上市，在发行上市过程中，龚某作为股东曾多次出具系争股份清晰未有代持的承诺。2018年，某软件公司向全体股东按每10股派发现金红利4元，用资本公积按每10股转增4股的比例转增股本。之后，龚某名下的股份数量增加至123.2万股。之后，双方对《股份认购与托管协议》的效力和股份收益分配发生纠纷，杉某诉至法院请求判令：龚某交付某软件公司的股份收益，或者按照股份市值返还投资款并赔偿2018年红利损失。

上海金融法院于2019年4月30日作出(2018)沪74民初585号民事

判决：

一、龚某于判决生效之日起十日内向杉某支付2017年现金红利人民币352000元（扣除应缴纳税费）的70%；

二、杉某可在判决生效后十日内与龚某协商，对龚某名下123.2万股某软件公司股票进行出售，若协商不成，杉某可申请对上述股票进行拍卖、变卖，上述股票出售、拍卖、变卖所得款项中优先支付杉某投资款3836800元，若所得款项金额超过投资款金额，超过部分的70%归杉某所有，剩余部分归龚某所有；

三、龚某应于判决生效之日起十日内向杉某支付律师费100000元、保全担保服务费30000元；

四、驳回杉某的其余诉讼请求。

宣判后，双方当事人均未上诉，判决已生效。

裁判理由

法院生效判决认为，外国人委托中国人代持内资公司股份的行为，并不必然导致实际出资人与名义持有人两者之外的其他法律关系的变更，不属于需要经外商投资审批机关批准才能生效的合同。若标的公司所处行业不属于国家限制或者禁止外商投资的产业领域，则投资行为不违反我国关于外商投资准入的禁止性规定。故杉某作为外国投资者，投资某软件公司的行为，因不违反外商投资准入的禁止性规定，所以不因此而认定无效。但杉某委托龚某代持上市公司股份的行为，仍要接受我国相关证券监管法律、法规的评价。

《中华人民共和国民法总则》第一百五十三条第二款规定："违背公序良俗的民事法律行为无效。"公序良俗的概念具有较大弹性，在具体案件中应审慎适用，避免过度克减民事主体的意思自治。公序良俗包括公共秩序和善良风俗。证券领域的公共秩序应先根据该领域的法律法规予以判断，在上位法律无明确规定的情况下，判断某一下位规则是否构成公共秩序时，应从实体正义和程序正当两个层面进行考察：该规则应当体现证券领域法律和行政法规所规定的国家和社会整体利益；该规则的制定主体应当具有法定权威，制定与发布符合法定程序，具有较高的公众知晓度和认同度。证券发行人应当如实披露股份权属情况，禁止发行人股份存在隐名代持情形，是由《中华人民共和国证券法》和《首次公开发行股票并上市管理办法》明确规定，关系到以信息披露为基础的证券市场整体法治秩序和广大投资者合法权益，在实体和程序两个层面均符合公共秩序的构成要件，因此属于证券市场中应当遵守、不得违反的公共秩序。隐名代持证券发行人股权的行为违反公共秩序而无效。

但代持行为被认定无效后，投资收益不属于合同订立前的原有利益，不适用恢复原状的法律规定，应适用公平原则，根据对投资收益的贡献程度及对投资风险的承受程度等情形，即"谁投资、谁收益"与"收益与风险相一致"进行合理分配。名义持有人与实际投资人一致表示以系争股票拍卖、变卖后所得向实际投资人返还投资款和支付股份增值收益，属于依法处分自身权利的行为，不违反法律法规的禁止性规定，可予支持。

裁 判 要 旨

上市公司在证券发行过程中应当如实披露股份权属情况，隐名代持证券发行人股权的行为因违反公共秩序而无效。

判断除法律法规以外的其他规则是否构成证券市场公共秩序时，应当从实体正义和程序正当两个方面审查。

外国人委托中国人代持内资公司股份，若标的公司不属于国家限制或禁止外商投资的产业领域，则投资行为不违反外商投资准入的禁止性规定。股份投资收益应根据公平原则在实际投资人与名义持有人之间合理分配。股份名义持有人申请以标的股票变现所得返还投资款并分配收益的，应予支持。

关 联 索 引

《中华人民共和国涉外民事关系法律适用法》第四条

《中华人民共和国民法典》第一百五十三条第二款（本案适用的是自2017年10月1日起施行的《中华人民共和国民法总则》第一百五十三条第二款）

《中华人民共和国民法典》第一百五十七条（本案适用的是自2017年10月1日起施行的《中华人民共和国民法总则》第一百五十七条）

一审：上海金融法院（2018）沪74民初585号民事判决（2019年4月30日）

2023年度十佳管理人优秀履职案例

上海破产法庭公众号（2024-04-12）

为不断总结管理人履职经验，发挥优秀履职案例示范作用，促进管理人履职能力和办理破产质效提升，上海破产法庭开展了2023年度管理人优秀履职案例评选活动。随着管理人履职经验的积累，管理人申报的履职案例越来越多地展现出较高的专业水平。经管理人自荐、管理人协会初选、法官推选、网络投票、专家评审，以好中选优、优中选精的标准，产生出十佳管理人优秀履职案例。

（2023）沪03破870号
上海全筑控股集团股份有限公司预重整转重整案

管理人：上海市方达律师事务所

团队负责人：张望

评　语：

本案是上海证券交易所上市的首例可转债发行人重整案。管理人在预重整期间积极引导推动债务人与各方利益主体自主谈判达成共识，将预重整期间有关债权确认、可转债转股价格向下修正议案达成等成果延伸至重整程序。选择市场化转股的债券持有人所持金额达到可转债总额的82%，大幅降低了债务人负债规模。选择保留债权的可转债持有人近99%获得全额现金清偿。管理人勤勉履职，将预重整与重整无缝衔接，从受理重整到裁定批准，重整计划仅用时 32 天，市场化妥善化解资本市场可转债兑付风险，实现了各方共赢。

（2023）沪 03 破 758 号
凯京融资租赁（上海）有限公司预重整转重整案

管理人：上海邦信阳律师事务所

团队负责人：黄艳

评　语：

面对债务人业务模式复杂、应收应付数据波动、众多底层用户中小物流和零散司机还款情况与资金方账户不匹配等困难局面，管理人创新思路，开发应用数字化技术工具，对企业财产结构和对外负债进行高效分析和准确认定，达到每笔底层用户还款与对应资金方账户准确匹配的良好效果，大大节省程序成本，最终促成重整成功。同时，管理人通过大量沟通协调工作，纠正了 2000 余名底层用户征信错误，有效维护了民生利益。

（2023）沪 03 破 366 号
上海聚博房地产开发有限公司预重整转重整案

管理人：北京市金杜律师事务所上海分所、上海市汇业律师事务所

团队负责人：沈雨晗、马亚杰

评　语：

联合管理人着眼保民生、稳就业目标，发挥各自优势，形成合力，积极协调引导各方利益主体意思自治，达成共益债优先于建设工程价款及担保债权的清偿顺序，提升了共益债投资人的投资信心，促成项目复工续建。重整计划草案获得高票通过。债权人利益实现最大化。在续建过程中，注重保护农民工权益，农民工工资直接拨付至专用账户，并创造了新就业岗位，真正将保民生、保就业岗位落到实处，取得良好的社会效果。

（2020）沪03破9号
上海华信国际集团有限公司等七十家关联公司实质合并破产清算案

管理人：北京市金杜律师事务所上海分所、上海市方达律师事务所、上海市锦天城律师事务所

团队负责人：郝朝晖、李凯、朱林海

评　语：

面对该重特大破产案件，联合管理人发挥各自专长，合理分工、密切协作，合力应对解决众多疑难复杂问题，实质合并清算了70家关联企业，分类清理了96家对外投资；积极清理归集境外资产，成功发起首例香港法院认可内地破产程序；沟通谈判平衡利益，以非诉手段处置应收账款。体现了较高的专业素质和联合履职优势。履职中，注重向法院、政府职能部门、债权人及时报告，保障程序平稳推进。该案为大型企业集团破产处置及风险化解探索了值得借鉴的路径和模式。

（2022）沪03破517号
上海泓晶供应链管理有限公司破产清算案

管理人：上海上咨会计师事务所有限公司

团队负责人：李永年

评　语：

管理人勤勉尽责，积极探索查找、接管、处置车辆的有效路径，为寻找债务人名下300余辆下落不明的大型汽车，管理人想方设法通过车辆GPS定位系统、接收12123车辆违章信息、暂停年检手续、循公安机关提供的车辆活动轨迹信息等措施，无论假期还是深夜，都前往全国各地10多个车辆集散交易市场查找车辆，80余次前往多地车管所办理手续。有

效查找接管和处置上百辆汽车，归集到破产财产 200 余万元，成效显著。债权人利益实现了最大化。

（2022）沪 03 破 570 号
上海巨丰建筑工程有限公司破产清算案

管理人：北京大成（上海）律师事务所

团队负责人：路少红

评　语：

管理人积极发挥职责，监督债务人继续自主经营，调动债务人续建工程积极性，有效维系了企业回款能力。同时，管理人积极协调发包方回笼工程资金、协调第三方垫资、庭外和解等方式偿还债务。最终裁定确认的过亿元债权得到全额清偿，稳定了 2000 余名职工就业，保证了在建工程顺利续建，帮助危困民营企业不被宣告破产，得以存续。履职过程中管理人团队稳定，积极主动向法院和债权人报告工作进展。

（2022）沪 03 破 80 号
上海伟鹏房地产有限公司破产清算案

管理人：上海市金石律师事务所

团队负责人：马晓旻

评　语：

本案债务人法定代表人以预售合同备案登记方式担保借款，涉及刑事犯罪，导致 20 余户回迁户入住 10 多年仍无法办理房产证，信访矛盾突出。管理人注重保民生、维护稳定，积极沟通协调公安机关，查明刑事案件被害人资金流向等情况，准确区分刑事涉案财产和破产财产；同时，反复沟通刑事案件被害人同意解除预售合同备案登记，多次推动召开属地党委政府职能部门的专项协调会，最终妥善解决了回迁户房产证办理，回迁户合法权益终于得到了维护。

（2022）沪03破1号
上海青客公共租赁住房租赁经营管理股份有限公司破产清算案

管理人：北京市中伦（上海）律师事务所

团队负责人：乃菲莎·尼合买提

评　语：

管理人针对2000多户债权人，运用大数据分析的技术手段，精准高效设计债权人分组方案，提高程序透明度和可预测性，并创新借鉴重整程序中的小额债权分段清偿方式，通过债权人意思自治方式，实现将有限清偿资源向弱势群体倾斜，维护低收入群体生存权益，切实体现出破产程序集中化解矛盾、利益衡平和维护社会稳定的良好效果。管理人勤勉履职，为"爆雷"长租公寓涉众型破产案件办理提供了有益借鉴。

（2021）沪03强清134号
上海事联医疗器材有限公司强制清算案

管理人：上海九威清算事务有限公司

团队负责人：黄俊

评　语：

面对股东间反复缠诉和公司僵局矛盾，清算组将依法清算与诉源治理并举，一揽子解决企业债务清偿，并以非诉方式经20余次协商沟通，一并化解股东与关联方之间全部争议，避免了10余起诉讼发生。同时，面对公司僵局导致的企业医废处置责任主体缺失等问题，清算组秉持绿色环保理念主动担责，切实解决治理费用等问题，有效清理医废，避免了因企业清理而无人处理医废所可能引发的环境污染问题，取得公司清算与环保清理"双清"效果。

（2022）沪 03 破 581 号
上海迈笛广告有限公司破产清算案

管理人：上海日盈律师事务所

团队负责人：张奎

评　语：

该案申请债权人是交通事故人身损害赔偿债权，管理人以"案件无大小、履职不打折"的执业理念，竭尽全力清收破产财产。面对股东相互推诿不配合的情况，管理人赴外地调查股东出资不到位情况，追究大股东出资责任获得胜诉；又积极以协商谈判的非诉方式，成功向其他股东追回出资款 44 万元。极大提升了债权清偿率。同时，考虑到老人和未成年人债权人没有稳定经济收入，管理人指导债权人向法院提交申请及证明材料，获得司法救助，维护了弱势群体的合法权益，也彰显了破产程序的人文关怀。

俞铁成：近期爆火的并购重组，需要一场"祛魅"

广慧并购研究院公众号（2024-03-14）

《安安访谈录》：从投资角度与1000位行业领军人物进行深度对话，包含且不限于传媒创新、VCPE、信息服务、金融科技、交易体系、战略新兴产业等，助您把握行业动向、了解行业发展趋势。

"并购需要热情，也需要冷水。"

一、2024年，重启的"并购重组浪潮"

2024年，"并购重组"这个话题有多火爆？

或许只有身在行业中，才能真正敏锐地觉察。

在IPO收紧的当下，PE们正在调转船头，将退出"押宝"在并购上。自1996年出道以来，从事并购重组业务近28年的广慧并购研究院院长俞铁成，感受到了并购业务需求前所未有的暴涨。

"最近四个月，忙得不可开交。"俞铁成直言，"几乎每天都有数个并购交易需求找过来，2024年将是A股市场的并购重组大年。"

并购潮涌的背后，在于买方和卖方市场双向需求的助推。

首先，对于资产供给端而言，随着IPO市场的阶段性收紧，投资项目的"退出危机"越加严峻。俞铁成表示，中国一级股权投资领域经过20多年发展，有近20万亿元的存量规模，近10年来PE投出去的项目总数保守估计超过20万家企业。

2023年下半年，中国企业IPO门槛显著提高，预计中国企业未来几年每年境内外直接上市数量最多只有200~300家，若一家IPO企业潜伏10家PE股东，也最多只有2000~3000个PE能够从IPO中实现股权退出。这意味着中国所有PE基金投资的项目中95%甚至98%的企业，都不会通过上市的方式获得退出，因此，公司并购便成为了退出的便捷途径。

另外，从需求端的角度来看，A股公司正面临转型升级，产业链并购和跨界并购都是上市公司转型升级的重要手段。对于很多中小市值上市公司若想要进入主流机构的投资范畴，必须将市值提升到100亿元以上。但如果只靠上市公司主营业务每年线性增长的净利润，很难实现市值的爆发性增长。再叠加IPO的扩容，中小市值公司未来交易量会逐渐变小，慢慢丧失融资功能。因此，这些中小市值企业往往有极强的动力参与并购，瞄准进军被多轮投资的热门赛道，谋求合作转型，以期迅速跻身百亿元市值俱乐部。

此外，为了完善退出机制，政府监管层面也对并购重组开"绿灯"，认为并购重组是优化资源配置、激发市场活力的重要途径。在政策红利持续释放下，并购重组呈现出一些新特点：新能源、先进制造等新兴行业并购活跃度增加、产业升级与资源整合成为主旋律、国资企业"自上而下"加速推进资源整合、民营企业筹划重组日益审慎等。

在各方因素的共同作用下，并购重组市场呈现星火燎原的态势。

二、祛魅并购重组，并非想象中那样简单

随着并购重组热浪的席卷，俞铁成表示，现在很多人都想转型参与到并购项目中，但不可否认的是，并购重组并非简单地将买家和卖家"牵线搭桥"。中国企业并购重组项目成功概率不足1%，想撮合100单，可能1单都成不了。

并购重组背后蕴含着深刻的逻辑因素和专业支持，需要建立智库和资

源支撑。对于那些想要跟风涉足的个体，必须意识到并购重组是一项高度复杂的战略举措，需要深入理解行业特性、市场规律及风险管理等方面的知识。

经常有人向俞铁成发出并购合作的意向，表示手中有数个项目资源，但实际上提供的人脉甚至不是掌握话语权的老板而是"二道贩子"甚至"三道贩子"，这样的并购交易成交概率极低。要知道，现如今市场最大的成本便是机会成本——决策者的时间是有限的，要把有限的资源，分配到最有效率的地方，从而产生最大的收益。

目前，中国最有实力和并购欲望的群体数量并不多，集中在上海证券交易所、深圳证券交易所和北京证券交易所的上市公司，以及部分中央企业和地方大型国有企业集团中，大约有5000家。Wind数据显示，按照最新公告日统计，截至2024年3月1日，共有57家公司披露重大重组事件或进展情况（剔除重组失败案例），相较于上年同期的12家公司大幅增长。

随着并购项目的频频达成，并购重组方案设计的要求越来越高，投资者也更趋理性。因此，想要提高并购的成交概率，意味着必须要与各大券商投行等"正规军"建立深入的合作信任关系，大家一起抱团取暖，谈好合作机制，并将信息及时沟通、相互匹配，促进一个良性生态网络的建立，才有可能更好地迎接这一波市场化浪潮。

"最近两个月，多家头部券商并购部负责人纷纷主动拜访广慧并购研究院来洽谈合作，和他们交流发现每家券商手上都有几十家要卖的项目和一二百家要买的需求，即便如此，单个券商掌握的买卖资源还是有限，可能一单都配对不了，所以要和广慧并购研究院来深度交流整合资源提高配对效率。广慧并购研究院希望作为一个并购链接中心，把10家左右中国核心并购投行的资源链接起来进行整合，这样才能提高交易成功的概率。"

"广慧并购研究所除了做国内并购，国际并购业务也在拓展，广慧并购研究院的核心团队成员有高盛、JP摩根等国际大行从业背景，同时广慧并购研究院和罗斯柴尔德、华利安等国际精品并购投行也建立紧密合作关系一起操作跨境并购业务，帮助中国企业竞标国外优质标的。"

早在一年之前，俞铁成就凭借敏锐的商业眼光，提出邀请一批长期合作的上市公司、头部基金、集团公司及顶尖中介服务机构，搭建出了一个由中国头部股权投资基金与上市公司和国有企业集团的并购合作核心圈层——广慧并购投资联盟。目前，广慧并购投资联盟核心成员覆盖的上市公司已经超过 2000 家，可以为各种拟出售项目和标的配对寻找合适的潜在买家。

俞铁成认为，聚集一批志同道合的企业家、学者和专业机构，就企业并购进行深度的市场化的研究，总结中国近几十年来企业并购的成败得失经验教训，探讨未来中国企业产业整合的最佳路径和并购之道，建立并购决策组织运营体系，搭建高效并购交易合作平台是将市场双方需求对接最为科学高效的方法。

三、怎样才能促成一场优质"企业联姻"

俞铁成曾言，并购重组像是一场企业与企业间的"婚姻"。14 亿人口幅员辽阔的中国，想要在茫茫人海中能够与一个人相遇、相恋并最终结婚，概率小到微不可察。

企业间的并购也是如此，要看双方的偏好、相性，以及最重要的——卖方和买方必须都要明确地知道自己要什么。剩下的，就要交给上天注定的缘分了。

"往往是有心栽花花不开，无心插柳柳成荫。"俞铁成总结道，"想要做并购交易，需要精准把握双方需求，还要天时、地利、人和。"

俞铁成谈到自己近几年在并购领域的一个有趣案例——宝武集团并购精功碳纤维案例。

宝武集团是我国最大的钢铁联合企业，基础业务是汽车钢板制造。但同时宝武集团也知道，新能源汽车是大势所趋，并且所有的新能源汽车都在研究车辆的轻量化，这意味着，汽车对于钢板的依赖度会逐渐降低。

2020 年，宝武集团发行人提出了对寻求轻量化材料转型、发展新型炭材料的业务规划及全系碳纤维产品规划需求，打算将碳纤维作为宝武集团未来重点布局的战略性新产业。当时，碳纤维被誉为21世纪"新材料之王"，热度高涨的同时，生产技术门槛也很高，行业幸存者大多经过20年技术积累和残酷的市场淘汰。

恰好，俞铁成是上海碳纤维复合材料创新研究院的专家委员之一，于是牵头给宝武集团做了一份《宝武集团碳纤维发展战略》。

光有战略当然不够，需要提供一个好的标的企业给宝武进行战略性并购。

这时，一个名字在俞铁成心中闪过。2019年末，他曾经撰写过一篇阅读量10万以上影响巨大的文章，名为《2019，中国多元化企业集团崩盘启示录》，曾简单提及一家浙江精功集团陷入困境。

浙江精功集团曾经是中国民营企业500强，旗下拥有三家上市公司，然而因为多元化扩张过度等因素，导致企业陷入破产重整的局面，非常令人惋惜。然而，精功集团旗下的精功碳纤维板块却依然是一块优质资产，生产技术和人才团队等全产业链非常完整。

"破产重整，意味着这块资产可能要寻找买家，那么谁来买最合适？"

俞铁成迅速想到，宝武集团可能会有兴趣并购它，并且中央企业的实力恰好可以容纳这样一块完善的产业链。于是，俞铁成立刻安排了精功碳纤维董事长与宝武集团会面。果然宝武集团对此高度重视，双方的首次会晤就"火花四射"、相见恨晚。

"他们恨不得当场'结婚'。"俞铁成笑道，"我在旁边看着，就觉得这次合作有戏。"

合作非常顺利，原本不打算出售的精功碳纤维，在宝武集团旗下可以拥有更长远的发展。宝武集团能够给予这个资产巨大赋能的同时，也优化了自身战略业务组合，达成了一次完美的双赢合作。2020年12月，宝武碳业收购了精功集团旗下碳纤维业务全部股权，现在精功碳纤维已经成为宝武碳业最核心的资产之一。对于宝武碳业来说，花费不到5亿元的资金一次性并购了碳纤维产业链三家优质公司，让宝武集团快速切入碳纤维全产业链，属实是一笔划算的交易。

"每一个并购案例后面，其实藏着很多你们不知道的故事和逻辑在里面。"俞铁成说，"宝武不是心血来潮，而是已经构想出了布局碳纤维的战略，此时我正好提供一个合适的标的出来，才有的双方一拍即合。"

这便是俞铁成所述的并购之道，一个好的并购应当能够清晰地定义目标和路径、精准把握双方需求、构建良好的合作氛围及坚实的战略规划和执行力，以及进行充分的尽职调查和风险评估。此外，项目参与者必须具备良好的沟通协作能力和敏锐的市场洞察力，来应对复杂多变的局势。

四、并购陷阱：为什么失败率如此之高

尽管并购重组市场充满机遇，但"婚姻"内外，陷阱重重。就像是短暂一个月的相处无法让你看清一个生活数十年的人一样，短短一个月的调研也无法让你真正了解一家经营数年的企业。对于那些想盲目踏入"婚姻"的企业家，需要有人给他们泼一捧"冷水"。

作为国内最资深的实战派并购重组专家之一，俞铁成提及并购风险之前，说起了自己 2020 年所著书籍《并购陷阱》颇为畅销的原因。

"战略不匹配、尽职调查不足、资源整合困难……很多人都低估了并购的复杂性。"俞铁成说道，"我的《并购陷阱》之所以再版印刷到了第五次，就是因为它从并购的全流程、全视角出发，熔炼了并购各方面可能出现的风险与防范。"

他分享了与一位董事长的交流故事。

"前不久，有一位上市公司董事长找到我，说他打算进行一笔资金 30 亿元左右的大规模并购。但他此前从未涉足过并购领域，感到非常焦虑。他向我展示了他买的这本《并购陷阱》，我拿到书一看，上面密密麻麻的批注和笔记，十分震撼。'这本书我已经读了三遍了，越看越心慌。'他认真读完了书中提到的 75 个大陷阱和 200 多个小陷阱之后，认为有必要亲自与我见面交流。"

俞铁成补充道："实际上，他这样事先学习反而是好事，最可怕的是无知者无畏。这些年，见证了无数中国企业并购中的低级错误后，我认为在提前了解并购有哪些'地雷'非常重要。尽管无法100%完全避免风险，但至少可以减少一些不必要的损失。"

毕竟，并购投行业务的本质便是促成交易，赚取佣金，在很多情况下会不可避免地带来利益纷争，尤其是在高风险、高交易额的并购中。对于买方而言，卖方老板、中介、投资银行都会极力包装来促成这项交易。

那些中介机构对项目的风险并非完全看不清楚，而是在巨大利益驱使下不愿充分披露。正如巴菲特所说："永远不要问理发师你是否需要理发"。

除了老板们自身要认真学习关于企业并购的理论及实务，有人说，并购市场中缺少一种独立的、专业的、敢于对高风险、不理性、不符合企业战略和发展脉络的并购说"不"的声音，缺少一种与企业家利益百分百一致的、帮助企业进行并购相关的判断、决策与整合的专业角色，缺少一种敢于并有能力劝阻企业家进行盲目并购的角色。

俞铁成很感慨："我经常问企业家一个问题，造房子需要一个房产工程监理来监督房产建筑质量和安全，而企业并购是比造房子更加复杂和高危的一个系统工程，为何没有一个并购工程监理来帮老板把控风险？"

广慧并购研究院并购的咨询工作其中力推的一项就是并购风控工作，同步参与企业并购尽调、估值、谈判等全过程，但站在一个独立客观的角度，提出独立的看法与结果，并且收费与交易结果不挂钩。

"此前有几单上市公司投入巨大，都快谈成的并购生意，没有通过我们的风控测评，最终老板都选择放弃该项目。"俞铁成说，"老板必须要有一个敢于给他'泼冷水'的角色，站在独立的立场提供意见。"

这注定是一条难走的路，但这是一条值得坚持的路。

五、并购之后，何去何从

值得一提的是在并购达成之后，一切并没有彻底结束，还有一个尚未引起国内企业足够重视的工程——并购整合。

并购整合是在交易实施阶段，并购双方在并购战略目标的指引和驱动下，对企业原有的各类资源进行系统性剥离、匹配、重组和融合，从而逐步实现企业"一体化"，并不断提高企业核心整体竞争力的动态过程。

俞铁成说，做并购顾问，在尽调团队进场的第一天，整合团队也跟着进场。原则上达成了并购框架的时候，整合指挥中心便开始正式成立；当签协议完成的时候，就应当进行整合操作。

在整合的时候，还分为"物理整合"和"化学整合"。中国大部分企业重视物理层面的整合，比如董事会、财务公章、合同、资产证书，包括投资担保流程等，但往往轻视了"化学整合"——公司业务、组织和文化的重要性。"婚姻"中，双方需要融合文化和价值观，形成共同的家庭理念和生活方式，而企业间的并购重组也需要双方企业文化和价值观的契合，以确保整合后的组织和团队更加和谐。

"很多老板都想当然的觉得没什么好整合的，想着后期买下来把不听话的人给裁掉，管理制度全换成自己公司的就好了。他们觉得自己的企业很成功，于是不重视被并购公司的管理制度。"

俞铁成对此表示惋惜："不分青红皂白把对方的东西全部废掉，意味着对方可能更好的流程、制度、值得学习的经验文化等都会消失，包括对方核心的人才也会流失掉。这样往往等到整合出了问题之后，老板们才想起来总结经验教训。"

实际上，国际上已经有上百年的企业整合的成功经验，强调交易达成的第一天（Day One）就要开始进行并购整合。关于 Day One 企业该干什么事情，如果让中国老板列清单，很少有老板能写过超过 10 项。但实际上国际上成熟的并购整合中，Day One 清单上需要做的事情超过 50 项。

因为不够重视并购整合，在这一步失败导致企业崩盘的案例比比皆是，老板们需要深刻认识到并购整合的重要性，建立明确的整合策略和计划、加强沟通和协调、确保文化和价值观的兼容性，以及有效管理人才和资源的流失。只有这样，才能有效地实现企业的一体化，并不断提升核心整体竞争力，从而最终实现并购的战略目标。

六、结语

2024年，大家用产业思维和并购思维做产业整合的趋势开始明显。在这场并购重组的热浪中，许多人都闻风而动，渴望在这场风云变幻的游戏中获得成功。然而，不可否认的是，并购重组的周期长、难度大，成功率也相对较低，具体实践也异常琐碎复杂、陷阱遍布。

在这个时刻，需要有人来泼一盆"冷水"，让大家理性地审视并购重组面临的各类风险与挑战。

愿热衷于并购相关行业的读者，在阅读本文后，能够更加审慎面对各类并购陷阱和商业挑战。通过持续的学习与实践，并积极融入优质的并购投资合作圈层，与同行深入交流、共同探讨、相互启迪、共同成长。

（本文首发于《安安访谈录》：《〈安安访谈录〉广慧投资董事长俞铁成：近期爆火的并购重组，需要一场"祛魅"》）

如何从"猎物"到"猎手"？阿斯利康现身说法

广慧并购研究院公众号（2024-04-12）

拂去寒风与阴雨，英国剑桥市的春天如约而至，著名的剑桥大学就坐落在这座宁静的小城，与剑桥大学比肩为邻的，还有英国最大制药巨头阿斯利康（AstraZeneca）。万物复苏的三月伊始，阿斯利康就接连发起两起并购，开启并购"特种兵"模式。2024年3月19日，阿斯利康宣布已经与Fusion Pharmaceuticals（以下简称Fusion）达成最终收购协议，预计总交易金额约24亿美元。而这距离阿斯利康宣布以10.5亿美元收购初创公司Amolyt才仅过去不到一周时间。被收购方Fusion是加拿大癌症治疗研发机构，专注于开发下一代放射性结合物，这种治疗方法通过将放射性同位素直接递送至癌细胞，从而最大限度减少对健康细胞的损害，并能触达体外放射治疗无法触达的肿瘤部位。收购方阿斯利康总部位于英国剑桥市，是全球前十大也是英国最大制药巨头，拥有超2000亿美元市值，超89000名员工，在100多个国家和地区开展业务。纵观阿斯利康的历史，本就是一部跌宕起伏的并购史。阿斯利康的并购基因，最早可以追溯到19世纪末（见图1）。

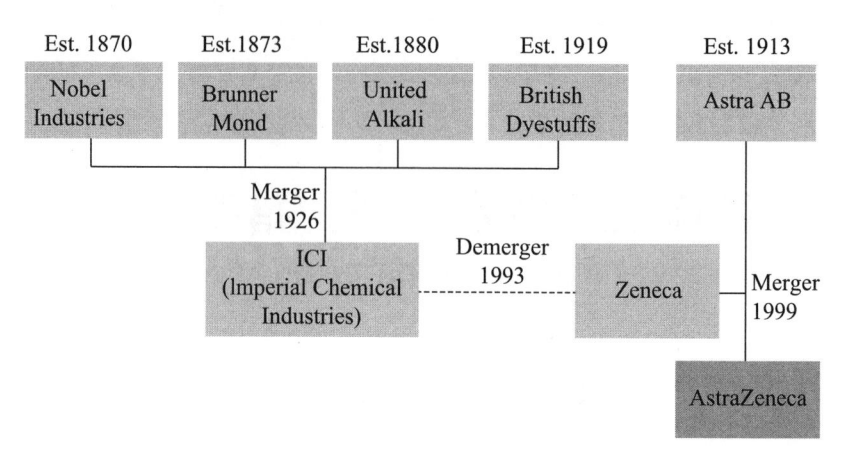

```
Est. 1870      Est.1873      Est.1880      Est. 1919      Est. 1913
Nobel          Brunner       United        British        Astra AB
Industries     Mond          Alkali        Dyestuffs
     │            │            │             │              │
     └────────────┴─Merger─────┴─────────────┘              │
                    1926                                     │
                     │                                       │
                     ▼                                       │
                    ICI         Demerger                     │
              (Imperial Chemical  1993     Zeneca            │
                 Industries)    ────────                     │
                                                    Merger 1999
                                                     │
                                                     ▼
                                                AstraZeneca
```

图 1 　阿斯利康并购史

（资料来源：BBC 新闻）

1870 年，诺贝尔工业公司（Nobel Industries）由瑞典化学家和实业家阿尔弗雷德·诺贝尔创立，专门生产新型炸药。1873 年，化学品制造公司 Brunner Mond 由约翰·布伦纳（John Brunner）和路德维希·蒙德（Ludwig Mond）在柴郡合伙成立，1881 年成为有限公司。1880 年，United Alkali 公司成立，公司由来自泰恩郡、苏格兰、爱尔兰等地的 48 家化学公司合并而成。1919 年，英国染料公司（British Dyestuffs）成立，是英国四大化学公司之一，生产各种染料。1913 年，瑞典阿斯特拉公司（Astra AB）在瑞典成立，成为从事医药产品研究、开发、制造和营销的国际制药集团。1926 年，诺贝尔工业公司、Brunner Mond 公司、United Alkali 公司和 British Dyestuffs 公司合并成立了帝国化学工业公司（以下简称 ICI 公司）。1993 年，作为计划分拆的一部分，ICI 公司剥离了其化学和制药业务，并将其命名为 Zeneca。1999 年，Zeneca 与瑞典制药公司 Astra 合并，阿斯利康 AstraZeneca 诞生。经过 10 多年的发展，2011 年，阿斯利康迎来高光时刻，年销售额达 336 亿美元。可惜好景不长，阿斯利康大量明星药品，例如，Crestor、Plendil、Tenormin、Arimidex 等开始陆续进入专利断崖期，依靠专利保护获得的销售额和利润将会一落千丈，销售额在接下来几年预计将下滑超 150 亿美元。偏在此时，阿斯利康的几个重点管线药品在三期临床时又惨遭"滑铁卢"。公司损失了巨额的开发成本，还失去了投资人的信心，股价持续大跌。管理层为了稳定股价，不惜动用数十亿美元去回购公司的股票，但这样一来，新药研发资金更为缺乏，药品管线进一步枯竭，销售将进一步下滑，形成恶性循环。显露颓势的阿斯利康，很快成了资本丛林里被盯上的"猎物"。2014 年初，美国制药巨头辉瑞（Pfizer）对阿斯利康发起了恶意收购，整体交易超 1000 亿美元，为当时制药史上开价最高并购案。如果收购阿斯利康，辉瑞可以重新问鼎最大制药公司的王座，阿斯利康刚刚重振的药品管线将扩大辉瑞的抗癌药物产品线，同时辉瑞可以借收购阿斯利康将注册地迁至英国，享受较低的税率，节省巨额税收。但辉瑞的收购遭到了阿斯利康管理层的强烈反对。辉瑞整合计划中的大规模裁员也让英国政府对并购后的大规模失业感到担忧。但辉瑞不断提高出价，提出以 50% 的溢价来收购阿斯利康，很多阿斯利康的股东动摇了。阿斯利康管理层不甘心让这个历史悠久的品牌就此消失，CEO 苏博科（Pascal Soriot）顶住压力，向董事会详细论证公司研发的一系列新药品将会使公司的价值在未来几年中超越辉瑞的最高报价，极力劝说股东给予公司一些时间，不要放弃阿斯利康。在阿斯利康管理层和英国政府等多方的努力下，辉瑞不得不撤回了恶意收购计划。

从"猎物"到"猎手"的蜕变

阿斯利康痛定思痛，重新优化了工作流程，革除了流程中导致效率低下的环节，进行了机构重组。将研发列为重中之重，建立全球肿瘤药物研发中心，将研发和创新工作放在同一个屋檐下，以此提高研发效率。2011 年，公司研发投入占总销售额的比例约为 16%，到 2018 年这个比例几近翻倍。CEO 苏博科更是"左手抓研发，右手抓并购"。苏博科明白，新药研发周期长、投入大，自主研发固然重要，但仅靠自主研发，阿斯利康很难在短时间内扭转收入下滑的局面，要想加速让公司走出困境，围绕增强产品组合和研发能力的并购必不可少。阿斯利康在过去 10 年进行了大大小小约

20次并购（见图2），并购已经成为阿斯利康发展战略中的重要一环。

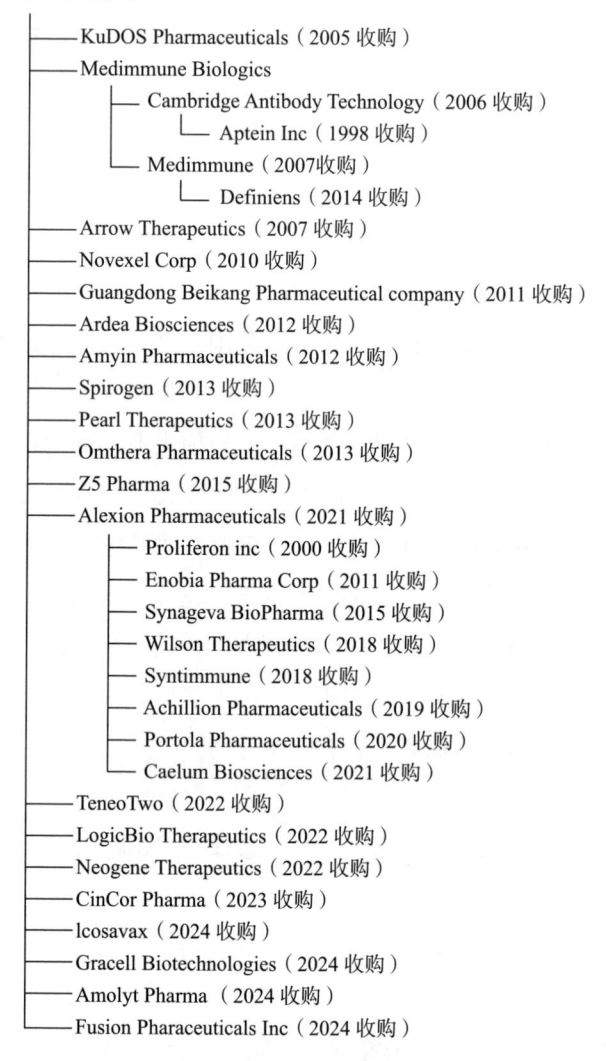

AstraZeneca
├── KuDOS Pharmaceuticals（2005 收购）
├── Medimmune Biologics
│   ├── Cambridge Antibody Technology（2006 收购）
│   │   └── Aptein Inc（1998 收购）
│   └── Medimmune（2007收购）
│   └── Definiens（2014 收购）
├── Arrow Therapeutics（2007 收购）
├── Novexel Corp（2010 收购）
├── Guangdong Beikang Pharmaceutical company（2011 收购）
├── Ardea Biosciences（2012 收购）
├── Amyin Pharmaceuticals（2012 收购）
├── Spirogen（2013 收购）
├── Pearl Therapeutics（2013 收购）
├── Omthera Pharmaceuticals（2013 收购）
├── Z5 Pharma（2015 收购）
├── Alexion Pharmaceuticals（2021 收购）
│   ├── Proliferon inc（2000 收购）
│   ├── Enobia Pharma Corp（2011 收购）
│   ├── Synageva BioPharma（2015 收购）
│   ├── Wilson Therapeutics（2018 收购）
│   ├── Syntimmune（2018 收购）
│   ├── Achillion Pharmaceuticals（2019 收购）
│   ├── Portola Pharmaceuticals（2020 收购）
│   └── Caelum Biosciences（2021 收购）
├── TeneoTwo（2022 收购）
├── LogicBio Therapeutics（2022 收购）
├── Neogene Therapeutics（2022 收购）
├── CinCor Pharma（2023 收购）
├── Icosavax（2024 收购）
├── Gracell Biotechnologies（2024 收购）
├── Amolyt Pharma（2024 收购）
└── Fusion Pharaceuticals Inc（2024 收购）

图 2　阿斯利康旗下公司及收购历史

（资料来源：根据公开资料整理）

生于并购，长于并购。阿斯利康的收入在短短几年后就触底反弹（见图3、图4），经受住了专利断崖的考验。相较于辉瑞2014年恶意收购时给出的约1000亿美元的估值，阿斯利康的价值早已翻倍（见图5）。"左手抓研发，右手抓并购"这一策略效果显著。CEO 苏博科曾在多个场合表示，公司未来还将不断通过新的收购扩大其业务范围，将参与更多中小型并购增强产品组合和技术组合，尤其是在肿瘤学、心血管疾病和罕见疾病领域。

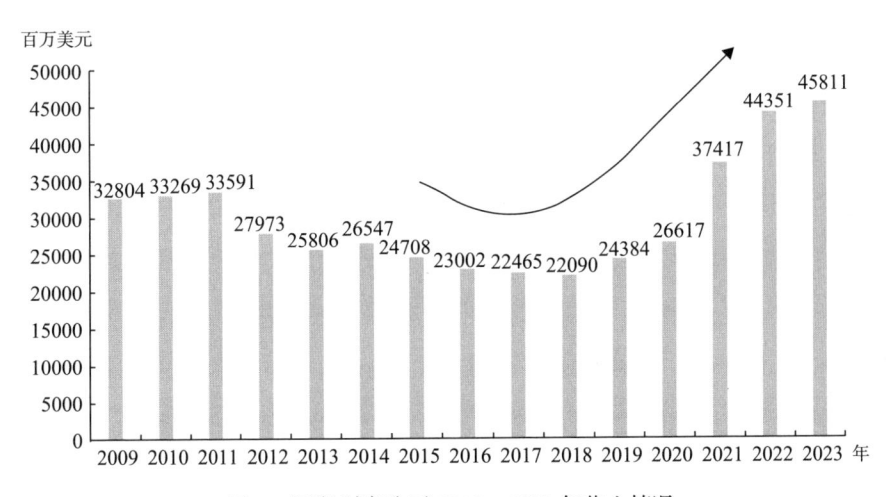

图 3　阿斯利康公司 2009—2023 年收入情况

（资料来源：公司财报）

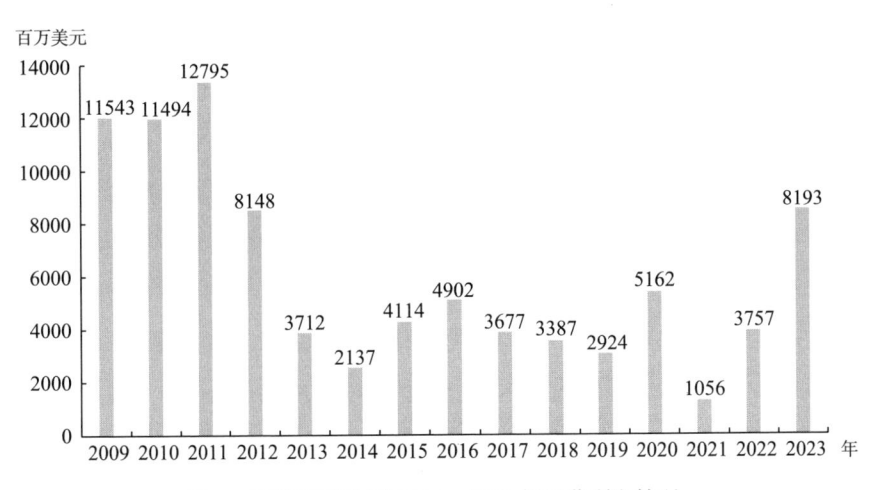

图 4　阿斯利康公司 2009—2023 年经营利润情况

（资料来源：公司财报）

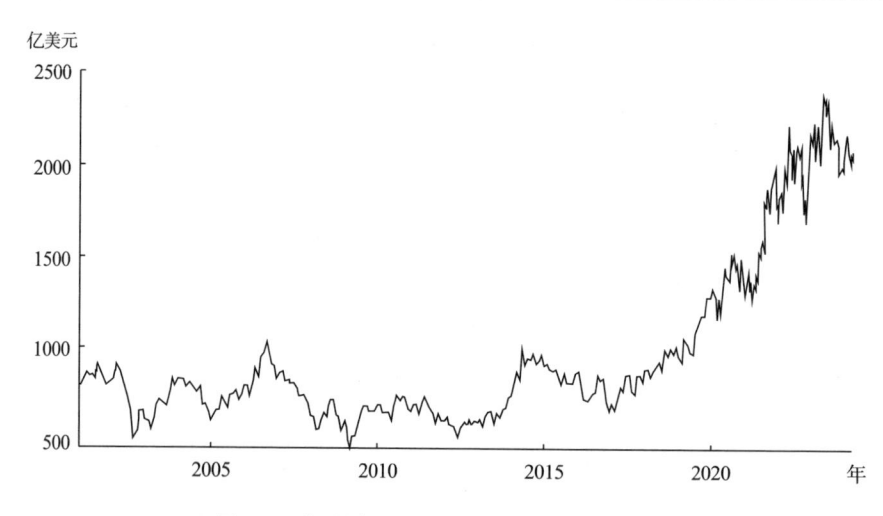

图 5 阿斯利康 2005—2020 年市值变化趋势

（资料来源：companiesmarketcap.com）

阿斯利康从四面楚歌的"猎物"蜕变为经验丰富的"猎手"，在资本丛林中逆风翻盘。

126% 溢价率，阿斯利康到底看上了 Fusion 的什么

本次收购的溢价非常高，约 24 亿美元的总对价，较 Fusion30 天成交量加权平均价 11.37 美元溢价 111%。阿斯利康"重金求娶"Fusion，并非一时冲动，其背后有五个方面的原因。一是阿斯利康看重放射性药物（也称为核药）广阔的市场前景，需要快速切入核药领域，收购核药企业就是最好的方式。近两年，跨国医药巨头诺华、礼来、拜耳、百时美施贵宝（BMS）等接连宣布加码放射性药物领域：诺华 39 亿美元收购 Advanced Accelerator Applications，礼来 14 亿美元收购 Point Biopharma Global，BMS 41 亿美元收购 RayzeBio。阿斯利康要奋起直追，通过收购 Fusion 切入核药领域，实现这一领域的快速布局。二是 Fusion 的研发进度在同类型企业中较为靠前，技术也颇为成熟，同时 Fusion 拥有 Fast-Clear linker 这一差异化技术平台，其特色是利用 α 核素来开发靶向 α 射线的放射性药物。

三是阿斯利康与 Fusion 已经有多年合作基础，Fusion 的技术得到了阿斯利康的认可。阿斯利康早在 2020 年就与 Fusion 达成开发和商业化下一代 α 粒子靶向放射性疗法和癌症联合疗法的合作。2023 年 4 月，双方联合开发的 FPI-2068 正式步入临床阶段。阿斯利康"以投资合作代替尽调"，为并购进行了很好的铺垫。四是 Fusion 在核药领域的技术与管线可以补齐阿斯利康的产品组合。同时，Fusion 在放射性结合物方面的专业知识和能力，包括 Fusion 行业领先的放射性药物研发、药品管线、制造和 actinium-225 供应链，可以与阿斯利康在小分子和生物工程方面的优势相结合，产生协同效应。五是 Fusion 最先进的项目是 FPI-2265 这一核心产品，是针对转移性雄激素阻断疗法抗性前列腺癌（metastatic castration-resistant prostate cancer）患者的潜在新疗法，目前已到临床二期，一旦其获得批准，FPI-2265 有望成为市场上第一款锕基 PSMA 靶向放射配体治疗药物。Fusion 预测，这一核心产品可面对的潜在市场机会至少约有 10 亿美元。这也是阿斯利康对癌症治疗可能的革新方向的一大赌注。

阿斯利康收购 Fusion 的交易金额另藏玄机

作为一个经验丰富的"猎手"，阿斯利康在交易结构上留了一手。根据最终协议的条款，阿斯利康将以每股 21.00 美元的价格现金收购 Fusion 所有已发行股票，总共约 20 亿美元。除此之外，阿斯利康还约定将以现金形式额外提供每股 3.00 美元的不可转让或有价值权利 Non-transferable Contingent Value Rights（Non-transferable CVRs），总共价值约 4 亿美元。而这 4 亿美元现金 Fusion 并不一定能拿到。

不可转让或有价值权利（Non-transferable CVRs）是什么

不可转让或有价值权利，简单来说是一种 Earn-Out 条款，一种估值调整机制，用于弥合买卖双方的估值差距。只有当双方约定的里程碑事件在约定的时间内达成时，买方才会支付不可转让或有价值权利对应的金额。也就是说，只有当收购Fusion后的阿斯利康在规定时间内完成了双方约定的里程碑事件，Fusion才能拿到这额外的4亿美元。或有价值权利在生物制药和生命科学产业的并购中十分普遍，在其他行业的并购中却并不多见。根据Carpenter Wellington公司的报告，2018—2023年包括CVRs的公开并购交易中，约84%的交易发生在生命科学行业。这主要由于生物制药和生命科学行业有其独特性。该行业公司的成功在很大程度上取决于少数药物、治疗或技术的表现。但由于监管、临床试验、产品商业化过程很长，这过程中存在诸多偶然性和不确定性，这些不确定性会使买卖双方对公司的估值产生很大分歧。而CVRs则有助于弥合估值分歧，当里程碑事件在约定时间内达成，带来了相应的价值，而这部分价值并没有包括在原先的估值中，因此买方需要根据约定支付额外对价给卖方，CVRs通常以全现金形式支付。CVRs这一工具可以根据交易量身定制，关键在于对里程碑事件的约定，例如，临床前研究和准备工作、各期临床试验进度及成果，以及取得监管部门的相关批文等阶段。

64亿美元，合人民币430亿元的天价CVRs纠纷

使用CVRs的难点在于如何约定里程碑事件的内容和范围，使其合理、灵活且不要日后为买卖双方带来纠纷。但现实很骨感，根据美国SRSACQUIOM 2023 Life Sciences M&A Study的统计，在211起存在至少一项里程碑事件（2023年年中之前到期）的生物医药领域并购交易中，有28%的交易就里程碑事件产生了争议，包括正式的诉讼争议及非正式的商业纠纷，而其中有44%的争议未能得到协商解决，最终触发了诉讼仲裁。无论收购方还是标的方，都需要对里程碑事件的约定格外谨慎。例如，在制药巨头百时美施贵宝（BMS）收购新基制药案中，双方约定了价值64亿美元，合人民币超430亿元的天价CVRs条款，约定如BMS公司交割

后在规定时间内，即 2020 年 12 月 31 日之前，完成三种新药在美国食品药品监督管理局（FDA）的批准，则将向卖方新基制药股东们额外支付 64 亿美元。但造化弄人，三种新药之一的 CAR-T 细胞疗法 Breyanzi 在 2021 年 2 月 5 日才获得 FDA 批准，仅比约定时间晚了 1 个多月，但就是这一个月的延误，导致卖方无法取得 64 亿美元价款。但新基制药原股东们认为这一个月的延误是 BMS 公司"故意"为之。BMS 未能按照协议约定，为获得批准进行"尽职努力（Diligent Efforts）"，包括未能及时向 FDA 提交有关的关键信息、未能采取必要措施准备好生产设施以配合 FDA 的检查，从而导致 Breyanzi 未能及时取得监管审批，并进一步举例说明其他公司的类似新药都以少得多的时间获得了 FDA 的批准。新基制药原股东们认为 BMS 的该等行为构成了协议层面的违约。实际上，如果买方掌控了公司，操纵了公司的运营管理及里程碑的进度，卖方很难对买方的违约进行举证。双方各执一词，目前该诉讼仍在进行中。也正是由于 CVRs 经常会引发纠纷，这一工具在生命科学行业以外的并购中并不多见。当并购双方不得不面对 CVRs 谈判时，一定要深思熟虑并且请专业顾问团队把关和护航。

没有谁会永远是猎物，也没有谁是天生的猎手。资本丛林风云变幻，不缺英雄末路的悲歌，也从来不缺逆风翻盘的传奇。阿斯利康的故事或许会带来力量和勇气。当一家企业历经周期和岁月，走到发展的十字路口，如果不甘心被狩猎，不妨勇敢拿起并购杀器，心有猛虎，细嗅蔷薇，通过并购重塑护城河。

《法治日报》解读：老外为何喜欢选择在上海仲裁

上海市司法局公众号（2024-04-14）

近日，一起争议双方分别来自俄罗斯和秘鲁的国际船舶买卖案在上海接受仲裁，其中代理律师来自5个国家，案件适用三国法律，而仲裁员也分别由中国籍、英国籍人员组成。早在2015年，上海就提出要加快打造面向全球的亚太仲裁中心。如今，越来越多的国际商事纠纷选择在上海仲裁。

据了解，上海是我国率先开展国际商事仲裁中心建设的城市之一，2022年7月，上海成为全国国际商事仲裁中心建设试点地区之一。

"近两年来，上海深入学习贯彻习近平法治思想，全面推进国际商事仲裁中心建设试点的各项工作部署，以打造面向全球的亚太仲裁中心为目标，不断推动体制机制的改革创新，加大对外开放的力度和广度，优化行业发展的生态环境，国际公信力、竞争力和影响力持续提升。"上海市司法局党委书记、局长吴坚勇接受《法治日报》记者采访时说，"在司法部有力指导和市委、市政府坚强领导下，我们有信心当好开路先锋，在示范引领和突破攻坚中探索形成'上海经验'。"

制度引领实现新突破

从受理到庭审，从听证到裁决，韩国大韩商事仲裁院上海中心在获准登记后，在国际商事、海事、投资等领域全面开展涉外仲裁业务，成为继首家国际组织仲裁机构业务机构（世界知识产权组织仲裁与调解上海中心）后，首家外国仲裁机构在上海设立的业务机构。

"持续推进仲裁业务对外开放，必将吸引更多国际仲裁机构落地上海，同时也将激发行业的'鲇鱼效应'，激励本土仲裁机构对标国际一流水平比学赶超。"上海市司法局党委委员、副局长董海峰说。

近年来，上海坚持制度创新，持续深化改革，建立"政策文件＋地方法规＋行动方案"三位一体的政策制度供给体系。2022年10月，上海市委办公厅、市政府办公厅印发实施《关于支持打造面向全球的亚太仲裁中心提升城市软实力的若干措施》，提出培育国际一流仲裁机构、打造仲裁对外开放合作高地、构建仲裁法律服务生态圈等六方面二十项举措。

2023年12月，全国首部促进国际商事仲裁中心建设的地方性法规——《上海市推进国际商事仲裁中心建设条例》正式施行。该条例引入了临时仲裁、仲裁地等与国际通行规则接轨的仲裁制度规则，为加快打造面向全球的亚太仲裁中心提供更加完备的制度支撑和法治保障。

2024年3月，经报请上海市政府常务会议审议通过，上海市司法局、上海市商务委员会联合印发实施《关于进一步加强能力建设　加快培育国际一流仲裁机构的行动方案》，提出四个方面十六项任务和措施，着力提升仲裁机构核心竞争力、综合服务力、国际影响力、可持续发展力。

目前，上海拥有本地仲裁机构3家、境外仲裁机构业务机构2家，另有国际商会、新加坡国际仲裁中心等境外仲裁机构代表处，已成为全球仲裁机构资源最集中、最丰富的城市之一。

合作共进深化新实践

"小微主体历来存在融资难、融资贵的问题，然而，近年来，中国的小微贷款从余额、授信户数上均有20%~40%的增幅。"上海仲裁委员会关于中小微企业信贷问题的立法报告连续两年在联合国国际贸易法委员会官方网站上全文刊发。

"上海仲裁委员会每年审理数千起案件，除了为企业提供高效、专业的仲裁服务，还会投入大量人力物力作案件归纳和课题研究，参与国际仲裁规则和体系建设。"国际商事仲裁中心建设专家委员会委员、上海仲裁委员会主任刘晓红说，过去我们是国际商事争议解决规则的"跟跑者"，现在随着中国企业"走出去"的步伐不断加快，仲裁机构更要积极加强国际交流合作，努力提升上海仲裁国际话语权和竞争力。

如今，"上海国际仲裁高峰论坛""上海仲裁周"等国际交流合作活动已成为全球知名品牌，累计吸引来自40余个国家和地区的约1600家国际组织、仲裁机构等参加，活动影响力和辐射面持续扩大。

上海仲裁机构与联合国国际贸易法委员会、国际统一私法协会、波罗的海国际航运公会、国际商会等国际组织和境外知名争议解决机构建立合作交流机制，积极参与国际商事争议解决规则、标准制定和相关机制建设，在国际舞台上展示中国仲裁理念，发出上海仲裁声音。

对标一流构筑新生态

登录"上海国际仲裁中心数智化平台"即可完成立案、文书交换、庭审与签署等流程，来自印度的当事人结案后不禁感叹上海仲裁机构的专业高效。

"国际仲裁案件的当事人大多来自海外，研发并应用全流程数字化仲裁案件管理系统既可以大大减轻当事人的负担，又可以让案件办理实现动态可视化，确保仲裁高效合规，不断提升工作能级和水平。"国际商事仲裁中心建设专家委员会委员、上海国际经济贸易仲裁委员会（上海国际仲裁中心）副主任马屹说。

除了构建智慧办案新生态，上海还在队伍建设层面持续发力，全新打造一支国际化、专业化、多样化的仲裁员队伍。数据显示，截至目前，上海本土仲裁机构在册仲裁员为4075名，其中890名来自全球110多个国家和地区。

过去两年，上海仲裁机构敏锐地觉察到仲裁用户的需求变化，在确保仲裁高效性、维护仲裁公信力、提升仲裁信息化、增强仲裁国际化等方面实现一系列突破。同时，在海事海商、金融证券期货、数字经济等领域加强专业服务品牌建设，制定《航空仲裁规则》《数据仲裁规则》《绿色争议专家评审示范规则》等专业领域争议解决规则，出台临时仲裁配套服务规则，更好地满足了经营主体对专业化、国际化优质仲裁服务的需求。

据统计，过去两年内，上海仲裁机构共受理案件20604件，总标的额为2216亿元，受理案件量、标的额分别首次突破万件和千亿元关口，单一案件标的金额最高超过200亿元。

"我们将始终保持排头兵和先行者的示范引领优势，以更高政治站位、更实工作举措、更大推进力度构筑更加优质的国际仲裁行业生态，持续提升上海仲裁跨境服务能力和国际市场竞争力，实现面向全球的亚太仲裁中心建设的提档升级。"吴坚勇说。

协同互动
共同助力法治化营商环境建设

——上海高院副院长林晓镍一行调研市管协

上海市破产管理人协会公众号（2024-04-24）

  2024年4月16日上午，上海市高级人民法院党组成员、副院长林晓镍一行到访上海市破产管理人协会（以下简称市管协）调研。上海市司法局党委副书记、一级巡视员刘卫萍，上海市司法局律工处处长叶斌，市管协会长季诺，市管协监事长刘正东等参加座谈。

  会上，上海市高级人民法院从市场化、专业化、法治化、数字化四个维度介绍了破产保护提质增效的具体举措。包括破产管理人市场的培育、破产财产处置壁垒的破解、支持市场化重整；以人才为依托，以集中管辖为加速器，通过多元化培训，提升办案能力；将法治化嵌入办理破产的每一项工作、每一个细节；通过破产案件网上办理平台，将数字技术与审判工作深度融合，开发应用全流程网上办案系统，解决司法破产程序的实际效率等。

  季诺会长介绍了市管协认真贯彻上海市高级人民法院、上海市司法局相关工作部署，积极配合各级法院提升"办理破产"质效，在推动管理人履职能力建设、履职权益完善，强化职业道德和执业纪律培训，强化专业研究，积极推动破产法及其配套机制完善等方面的工作成效和下阶段工作重点。

与会双方围绕推动完善府院协调机制、提升破产衍生诉讼审判质效、优化数字化办案平台、破产财产高效解封处置、合力打击虚假诉讼、加强中小微企业保护、跨境破产研究、破产法治文化宣传，以及完善管理人报酬机制、加大对管理人履职保障等工作进行深入交流。会议认为，在破产程序中，管理人地位重要、责任重大，法院将加大对管理人的督导及支持力度，畅通管理人意见反馈并及时跟进，进一步提升管理人履职便利度。

刘卫萍副书记对上海法院一直以来给予市管协工作和管理人队伍建设的关心、支持、指导表示感谢。她表示，市管协自2019年9月成立后积极加强自身建设，积极团结和引领全市管理人提升履职水平，以专业强担当，积极当好破产法治工作全程发展的参与者、见证者、推动者。5年来，上海法院与市管协携手提升"办理破产"成效，服务法治化营商环境，双方在发挥破产制度完善市场主体救治和退出机制的功能、积极依法受理破产案件、支持保障管理人履职、提升专业化能力、保护债权人合法权益、积极提供立法建议、加强破产制度宣传等方面取得了积极成效。她指出，要积极践行营商环境建设新理念新要求，以新质生产力发展为引领，法院和管理人持续共推破产法治共同体建设，充分发挥好破产法在上海"五个中心"建设和优化法治化营商环境中的重要作用。她强调，要以党建为引领，打造过硬的管理人队伍，在全面提升管理人专业服务水平的同时，要着力强化管理人履职保障，进一步提升社会对破产管理人工作的认同和支持，建立完善相关制度和机制，充分发挥管理人在推动破产制度改革完善、服务营商环境、服务高质量发展方面的重要作用。

林晓镍副院长对破产管理人的理解与支持表示感谢，将认真梳理、研究会上提出的意见建议。同时提出三点期望：一是强化使命担当，要切实增强破产工作的责任感。要站在两个角度看待问题：第一，站在营商环境建设的高度，提高政治站位，增强市场主体的感受度；第二，站在经济高质量发展的高度认识问题，通过破产程序，特别是通过破产重整，实现企业的挽救再生。管理人在这个过程中的重要性不言而喻，管理人是破产程序的主要推动者，是破产事务的具体执行者，要充分提高责任感和使命感。

二是强化行业自律,切实促进管理人依法忠实勤勉履职。市管协作为行业自律组织,要发挥督促和支持两个方面的促进作用,通过和法院系统联合开展专题培训等,共同提升管理人专业能力及履职水平。三是强化协同互动,切实助力法治化营商环境的建设。法院和管理人同向发力,同题共答,推动落实好《上海市加强改革系统集成 提升办理破产便利度的若干措施》等相关政策文件,平衡好诉源治理与程序终结、速度和质量的关系,提升破产审判工作效率,共同为优化营商环境提供更好的法治保障。

参加会议的还有上海市高级人民法院商事庭副庭长陆淳、审判员陆烨,上海市第三中级人民法院破产庭庭长徐子良,上海市浦东新区人民法院破产庭负责人徐劲草,上海铁路运输法院破产庭庭长夏青,市管协副会长周逸、方俊、朱颖、李志强,市管协秘书长庄燕等。

上海交运召开党委理论学习中心组（扩大）学习会议 专题学习物流运输行业相关知识产权保护和新《公司法》

上海交运公众号（2024-04-23）

为进一步深化法治国企建设，提升依法治企水平，2024年4月22日下午，上海交运集团股份有限公司召开党委理论学习中心组（扩大）学习会议，专题学习物流运输行业相关知识产权保护和新《中华人民共和国公司法》（以下简称《公司法》）。公司领导班子成员出席会议，会议由党委副书记张正主持。

会议特邀金茂凯德律师事务所创始合伙人李志强律师对物流运输行业相关知识产权保护和新《公司法》主要新增、修订条款介绍进行深入解读。

李志强律师以案讲法，运用其丰富的学术知识和实践经历，解读物流运输行业相关的知识产权法律法规，并针对此次新《公司法》新增和修订的条款进行讲解，为公司进一步深化法治国企建设提供理论基础。

会议指出，此次新《公司法》是贯彻落实党中央关于深化国有企业改革、优化营商环境、加强产权保护、促进资本市场健康发展等重大决策部署的需要，也是适应实践发展、不断完善公司法律制度的需要，对于完善中国特色现代企业制度、推动经济高质量发展具有重要意义。

会议强调，要认真学习、深入领会新《公司法》精神，全面、准确、主动抓好贯彻落实。坚持领导班子带头学、法治工作队伍重点学、干部职工普遍学的模式，主动将新《公司法》作为普法工作重要内容，积极培育法治文化，增强法治意识、强化合规思想，严格按照新《公司法》等法律法规开展经营管理，持续提升依法治企水平。

会议还就《上海交运集团股份有限公司品牌建设及商标、标识使用管理规定》、新《公司法》相关条例作工作提示。

总部各部门负责人、直属单位领导班子成员、相关条线工作人员共计90余人参训。

金茂凯德律师亮相
环太律协第 32 届东京年会

金茂凯德律所公众号（2024-04-27）

2024 年 4 月 24 日至 27 日，环太平洋律师协会第 32 届年会在日本盛大举行，来自五大洲 1400 多名商务律师齐聚亚洲全球城市东京，盛况空前。

我们在一起，汇聚五洲四方环太心

2024 年 4 月 25 日上午北京时间 9 时，开幕式和全体会议正点开启。中华全国律师协会会长高子程、副秘书长闫国等来自中国内地的律师、仲裁员和法律专家盛装出席，其中有上海市律师协会副会长黄宁宁、金冰一、聂卫东，天津市律师协会副会长李雯，广东省律师协会副会长、广州市律师协会会长黄山及无锡市律师协会副会长陈易平等京津冀、长三角和粤港澳大湾区的执业律师代表。

金茂凯德上海总所及临港新片区分所等 4 名合伙人及律师出席本届年会。

首支由中国音乐人创作并在环太平洋律师协会第 30 届上海年会首唱的会歌 *We Are Together* 在环太平洋律师协会官方网站醒目位置点击，优美的旋律诠释全球首家诞生在亚洲的国际主要律师组织倡导的"藤浦精神"：

We are the spirit, IPBA　　We are the family, IPBA

We are forever, IPBA　　We are together, IPBA

律师再出发，开启后疫情时代合作

在本届年会上，近百名来自中国内地的执业律师和法律专家同各国和各地区的商事律师和仲裁员广泛交流，其乐融融。

环太平洋律师协会中国司法管辖区理事陆敬波、中国扩充理事王正志、APEC委员会联席主席李雯、法律发展与培训委员会联席主席欧龙等履新，李建当选出版委员会副主席，成为首位任职环太平洋律师协会官员并负责宣传事务的内地律师。

环太平洋律师协会第30届会长及新任提名委员会主席李志强主持了"自贸区及律师的机遇"论坛，中华全国律师协会副秘书长闫国代表高子程会长作主旨演讲。

会期有时，人生有涯。

环太平洋律师合作共赢、互利发展的道路是光明宽广、世代绵延的。

人类法治文明交流互鉴的长河是生生不息、源远流长的！

Jin Mao Partners Attended the 32nd Annual Meeting & Conference in Tokyo

From April 24 to April 27, 2024, the 32nd Annual Meeting & Conference of the Inter-Pacific Bar Association(IPBA) was grandly held in Japan, up to 1400 business lawyers from five continents gathered together in the metropolises Tokyo. The grand event is unprecedented.

We, from five continents in different directions, are Together to Share the Heart and Soul of IPBA

At 9 a.m. Beijing time on April 25, the opening ceremony and plenary session was opened on time. Mr. Gao Zicheng, President of the All China Lawyers Association, Mr. Yan Guo, Deputy Secretary-General, and other lawyers, arbitrators and legal experts from the mainland of China attended in full dress, including Henry Huang, Mr. Jin Bingyi and Mr. Nie Weidong, Vice Presidents of the Shanghai Lawyers Association, Ms. Li Wen, Vice President of Tianjin Lawyers Association, Huang Shan, Vice President of Guangdong Lawyers Association and President of Guangzhou Lawyers Association, Chen Yiping, Vice President of Wuxi Lawyers Association and other practicing lawyers in Beijing-Tianjin-Hebei, Yangtze River Delta and Guangdong-Hong Kong-Macao Greater Bay Area.

Four partners and lawyers from Jin Mao Partners Shanghai headquarter and Lingang New District Branch attended the annual meeting.

The first song *We Are Together* created by Chinese musicians and sung at the 30th Annual Meeting & Conference of the IPBA in Shanghai was posted on the official website of the IPBA, and the beautiful melody interpreted the Spirit of Katsuura advocated by the world's first major international lawyer organization born in Asia:

We are the spirit, IPBA　We are the family, IPBA

We are forever, IPBA　We are together, IPBA

Lawyers March on again for Cooperation after the Pandemic

Up to 100 practicing lawyers and legal experts from mainland China had extensive and warm exchanges with commercial lawyers and arbitrators from various countries and regions at this annual conference.

Jason Lu, Jurisdictional Council Member for China, Mr. Wang Zhengzhi, At-large Council Member for China, Ms. Li Wen, co-Chair of APEC Committee, Keanu Ou, co-Chair of legal development and training committee take their new posts respectively. Scott Li, Vice Chair of the publication committee, come to be the first mainland lawyer as the officer of IPBA in charge of publication.

Jack Li, the 30th President of IPBA and new President of the Nominee Committee, moderated the Trade Agreements and Free Trade Zone in East Asia. Mr. Yan Guo, Deputy Secretary General of All China Lawyers Association delivered a keynote speech on behalf of President Gao Zicheng.

The term of conference is short and the span of life is limited.

The road of win-win cooperation and mutually beneficial development of lawyers in the Inter-Pacific is bright and broad, lasting from generation to generation.

The long river of exchanges and mutual learning among human being rule of law and civilization is endless and has a long history!

媒体报道篇

金茂凯德人亮相 ICCA2024 香港年会

金茂凯德律所公众号（2024-05-07）

2024 年 5 月 5 日至 8 日，有着国际仲裁界"奥林匹克"盛会美誉的国际商事仲裁理事会大会 ICCA2024 年会在香港盛大举行，吸引全球 70 多个国家和地区的超过 1300 名代表出席。香港媒体披露，外地代表中最多的来自中国内地、英国和新加坡。开幕式上，香港现任律政司司长林定国出席并致辞。金茂凯德律师事务所创始合伙人李志强等出席本届年会。

钟情国际商事仲裁，书山有路勤为径

自 2007 年以来，金茂凯德律师对国际商事仲裁情有独钟，潜心研究仲裁法律实务，先后在《中国法律》《中国司法》《中国律师》等境内外报刊发表关于临时仲裁、涉外法律服务、人工智能等论文，近 8 年来每年参与编著数十万字法律实务论著。

2012 年以来，沈琴、李志强、吴俊洋、王文、陆在春、方凌云、庄慧鑫、李建、苏东青、欧龙、陈说、潘灵翼、杨子安等合伙人在华东律师论坛、中国律师论坛、世界律师大会、环太平洋律师协会年会、中国海事商事仲裁高级别研讨会、中国国际仲裁高端论坛、环太平洋律师协会东亚区域会议、仲裁日活动、资本市场法治国际论坛、长三角金融法治论坛及相约崂山金融法治论坛等担任主持人或演讲人，从京津冀到大湾区，从长三角到天涯海角，从东亚邻国到东盟十国，从欧盟名城到拉美多国，留下了法律人、仲裁人的足迹。

积累争议解决经验，学海无涯苦作舟

2017年以来，金茂凯德人积极参与国际商事仲裁法律服务，在国际国内著名仲裁机构担任仲裁员、首席仲裁员处理仲裁案件，追求公平、公正和高效法律服务。

在参与解决国际商事纠纷和争端法律问题中，金茂凯德人和国内外同行及同道交流互鉴、取长补短，积累实务经验。

书山有路勤为径，学海无涯苦作舟。在国际商事仲裁的山峰上，没有捷径可走，唯有脚踏实地，步步为营，方可突围成功。

Jin Mao Partners Attended ICCA Congress 2024

From May 5 to 8, 2024, The International Council for Commercial Arbitration (ICCA Congress) was held in Hong Kong, attracting up to 1300 delegates from more than 70 countries and regions around the world. Hong Kong media reported that most of the representatives came from mainland China, the United Kingdom and Singapore. At the opening ceremony, the Secretary for Department of Justice of Hong Kong, Mr. Paul Lam, attended and delivered a speech.

Jack Li (Mr. Li Zhiqiang), founding partner of Jin Mao Partners, attended the ICCA Congress.

Committed in International Commercial Arbitration with Diligence as Path

Since 2007, lawyers of Jin Mao Partners have been committed in international commercial arbitration and devoted themselves to the study of arbitration legal practice. They published papers on ad hoc arbitration, foreign-related legal services and artificial intelligence in domestic and foreign newspapers and magazines such as China Law, Justice of China and Chinese Lawyer. In the past eight years, they have participated in the compilation of hundreds of thousands of words of legal practice works every year.

Since 2012, Partners such as Shen Qin, Li Zhiqiang, Wu Junyang, Wang Wen, Lu Zaichun, Fang Lingyun, Zhuang Huixin, Li Jian, Su Dongqing, Ou Long, Chen Shuo, Pan Lingyi and Yang Zian served as a moderators or speakers in the East China Lawyers Forum, the China Lawyers Forum, the Global Lawyers Forum, the Annual Meeting & Conference of the Inter-Pacific Bar Association, the High-level Seminar on China Maritime Commercial Arbitration, the China International Arbitration Forum, East Asia Forum, the Arbitration Day, the International Forum on the Rule of Law in Capital Markets, the Yangtze River Delta Finance and Rule of Law Forum and the Laoshan Forum on Finance and Rule of Law of the Inter-Pacific Bar Association. They, as lawyers and arbitrators, left footprints from Beijing-Tianjin-Hebei to Guangdong-Hong Kong-Macao Greater Bay Area, from the Yangtze River Delta to the ends of the earth, from neighboring countries in East Asia to ten ASEAN countries, from famous cities in the European Union to Latin American countries.

Accumulating Experience in Dispute Resolution, Learning is Endless

Since 2017, Jin Mao Partners have actively participated in international commercial arbitration legal services, served as arbitrators and chief arbitrators in well-known international and domestic arbitration institutions to handle arbitration cases, and pursued fair, just and efficient legal services.

In participating in the settlement of international commercial disputes and legal issues, Jin Mao Partners and their counterparts at home and abroad have exchanged and learned from each other's strengths and weaknesses, and accumulated practical experience.

There is a way to the mountain of books with diligence as the path; the sea of learning is endless, and hardship is the boat. On the peak of international commercial arbitration, there is no shortcut to go, only down-to-earth, step by step, can we break through successfully.

钱锋与李昌道先生家属会面

九三学社上海市委员会公众号（2024-05-12）

2024年5月11日下午，上海市政协副主席、九三学社上海市委主委钱锋在九三学社市委机关与著名法学家、九三学社上海市委原副主委李昌道先生之女李芮女士会面。九三学社上海市委专职副主委李国娟陪同。

钱锋深情回顾了李昌道先生的一生。他说，作为中华人民共和国成立后培养的第一代法学家，李昌道先生的一生始终与祖国发展紧密相连，为我国改革开放、"一国两制"和法治中国事业等作出了杰出贡献；作为我国民主党派人士担任省级司法领导的第一人，李昌道先生更是不负期望与重托，以出色的履职为民主党派成员树立了标杆，是当之无愧的九三学社先贤。

李芮感谢钱锋主委和九三学社上海市委长期以来对父亲的关心。她表示将把九三学社组织的这份温暖和情谊铭记在心。她还向钱锋主委赠送了李昌道先生的《三十而立》和《长日如一》等著作。

九三学社市委研究室副主任张瑾、李昌道先生学生李志强等参加会见。

附录篇

附录一

2024 长三角金融法治论坛议程

主办单位
上海财经大学、上海股权投资协会、上海市国际服务贸易行业协会

承办单位
上海财经大学法学院（地方立法研究基地）

支持机构
环太平洋律师协会

时间：2024 年 3 月 30 日 周六 9:00-16:00
地点：上海市国定路 777 号上海财经大学科研实验大楼一楼会议厅

开幕式（9:00—10:00）

主持人：宋晓燕　上海财经大学法学院院长、教授、上海仲裁协会副会长

致辞人：
1. 李　飞　第十三届全国人大宪法和法律委员会主任委员
2. 莫负春　上海市人民政府参事室主任
3. 赵　红　上海金融法院院长

4. 李志强　环太平洋律师协会第 30 届会长

5. 刘元春　上海财经大学校长、教授

休息（10:00—10:10）

《外滩金融创新试验区法律研究（2024 年版）》首发式暨经典案例得主颁奖仪式（10:10—10:30）

主持人：李志强 环太平洋律师协会第 30 届会长

1. 2023 金融市场经典案例点评

　　点评人：张　宁　中国证监会上海监管局原局长、上海证券交易所原监事长

2. 2023 金融市场经典案例得主颁奖仪式

　　颁奖嘉宾：张宁、宋晓燕

3. 《外滩金融创新试验区法律研究（2024 年版）》首发式

　　赠书嘉宾：张宁、张敏、李芮、陆敬波、吴俊洋、陆原

4. 外滩金融创新试验区法律研究中心研究员聘任仪式

　　颁证嘉宾：张宁、李志强

　　受聘研究员：周海晨、欧龙、樊健、何佳馨、刘洋

主旨演讲（10:30—12:00）

主持人：陆敬波　环太平洋律师协会中国司法管辖区候任理事、上海市政协常委

演讲人：

1. 刘晓红　上海仲裁委员会主任、上海政法学院校长、教授

2. 王承杰　中国国际经济贸易仲裁委员会副主任兼秘书长

3. 马　屹　上海市国际贸易促进委员会副会长、上海国际经济贸易仲裁委员会（上海国际仲裁中心）副主任

4. 郑少华　上海政法学院副校长、教授

5. 李　宇　上海财经大学法学院教授、商法研究中心主任
6. 弗朗西斯·沙勿略　国际御准仲裁员协会前主席（视频）

午餐 12:00—13:00

论坛一　长三角金融商事争议解决（13:30-14:50）
主持人：刘言浩　上海市司法局副局长
发言人：
1. 黄　韬　浙江大学法学院教授
2. 贾希凌　华东政法大学经济法学院教授
3. 郝振江　上海财经大学法学院副院长、教授
4. 吴俊洋　芜湖市律师协会常务理事
5. 陆　原　杭州市律师协会金融专业委员会副主任
与谈人：徐之和　上海国际仲裁中心研究部部长
牛玉兵　江苏大学法学院副院长、教授

论坛二　金融商事争议解决的保障机制（14:50—16:00）
主持人：朱晓喆　上海财经大学法学院副院长、教授
发言人：
1. 沈　伟　上海交通大学凯原法学院教授
2. 缪因知　南京大学法学院教授
3. 申黎　国浩律师事务所高级合伙人
4. 李建　环太平洋律师协会候任官员
与谈人：龚　骏　上海仲裁委员会金融仲裁院秘书长
刘　洋　上海财经大学法学院副教授

闭幕式（16:00—16:15）

主持人：刘　洋　上海财经大学法学院副教授
总结人：吴　弘　华东政法大学教授、上海财经大学法学院特聘教授、上海市法学会金融法研究会会长

附录二

首届长三角金融法治论坛和 2023 长三角金融法治论坛概况

（详见《新民晚报》和江苏律师协会相关报道）

首届长三角金融法治论坛在安徽芜湖举行
围绕金融法治前沿问题分享智慧

《新民晚报》（2022-03-20）

首届长三角金融法治论坛，近日在长江之滨的美丽城市芜湖举行，来自长三角"三省一市"的企业家、金融家和法学法律专家聚集一堂，围绕金融法治前沿问题，分享智慧、传递友谊、携手合作。

论坛由芜湖市人民政府和环太平洋律师协会支持，安徽师范大学联合外滩金融创新试验区法律研究中心、上海股权投资协会和上海国际服务贸易行业协会共同承办。在环太平洋律师协会《我们在一起》We are together 的会歌乐曲声中，安徽师范大学副教授、芜湖市"十大法治人物"陆在春副教授登台主持，芜湖市人民政府副市长汤劲松、安徽师范大学副校长彭凤莲和环太平洋律师协会会长李志强先后致辞。

大家认为，长三角地区经济活跃，金融法治合作前景广阔。上海是长三角龙头，上海国际金融中心建设已经进入升级版，金融法治在长三角区域可复制可推广的经验亟须提炼升华。法治工作者要主动适应对外开放新形势，加强与国际同行业的交流合作，通过开放创新、同舟共济、坚守公平正义、开创共赢共享，携手同行为维护金融市场稳定发展和开放合作发挥更为重要的作用。

开幕式后举行了《三十而立》《长日如一——李昌道学术文选》《智荟天津》首发式，2021年环太平洋律师协会成功在上海举办第30届年会、天津东亚区域会议、广州仲裁日活动和华东政法大学资本市场法治国际论坛等以线下为主结合线上的国际法治论坛，意义非凡、影响深远。李昌道教授作为环太平洋律师协会30年历史上最年长的演讲人和法学宗师，其九十载学术思想博大精深，为后人留下了十分宝贵的精神财富，值得世人永远纪念。

论坛上举行了外滩金融创新试验区法律研究中心研究员聘任仪式，知名投资银行专家和法学法律专家葛绍政、余筱兰、王文和吴俊洋4位专家接受聘任。

主论坛上，复旦大学中国金融法治研究院执行主任季立刚教授作了《金融法治前沿问题》主旨演讲，掌声四起。

在环太平洋律师协会法律发展与培训委员会副主席欧龙和安徽师范大学教授余筱兰的主持下，"企业如何借助金融工具助力实体经济发展"和"金融争议仲裁与金融法治人才培养"两场议题丰富的圆桌论坛，吸引全场嘉宾的眼球。

在"企业如何借助金融工具助力实体经济发展"论坛上，广慧投资联盟主席俞铁成、东方证券投资银行部总经理葛绍政、环太平洋律师协会会长李志强等，分享了企业并购重组、多层次资本市场融资上市和证券法律实务等炙热话题。

在"金融争议仲裁与金融法治人才培养"论坛上，中国国际经济贸易仲裁委员会副主任兼秘书长王承杰、浙江省律师协会副会长崔海燕、安徽省律师协会副会长张晓健、镇江市律师协会副会长林杰等仲裁界和律师界的资深专家、著名律师围绕金融争议仲裁和金融法治人才培养献计献策。顶尖专家的独到见解引发与会企业家、金融家和法学法律专家共鸣。

安徽省人大代表、著名法律专家王文作论坛总结致辞。本次会议以线下为主，结合线上的方式举行。

2023长三角金融法治论坛在镇江举行

江苏律协公众号（2023-02-20）

2023年2月19日，由江苏大学、外滩金融创新试验区法律研究中心、上海股权投资协会、上海国际服务贸易行业协会共同主办，镇江市律师协会和镇江律师学院承办的2023长三角金融法治论坛在镇江举行。来自长三角区域企业家、金融家和法学法律专家150余人济济一堂，聚焦金融服务长三角一体化的法律视角。

第十二届、第十三届全国人民代表大会常务委员会委员、第十三届全国人大宪法和法律委员会主任委员李飞视频致辞，环太平洋律师协会第30届会长李志强，江苏大学党委副书记李洪波，江苏省镇江市人大常委会副主任卜晓放，江苏省律师协会副会长、镇江市律师协会会长王小清出席并致辞。镇江市司法局党组书记、局长马振兵出席活动。

李飞在视频致辞中指出，长三角地区是我国经济发展最活跃、开放程度最高、创新能力最强的区域之一，在国家现代化建设大局和全方位开放格局中具有举足轻重的战略地位。高质量发展是全面建设社会主义现代化国家的首要任务。法治和金融是孪生兄弟，相伴而生。加强金融法治建设对于深入学习贯彻党的二十大精神，"深化金融体制改革，建设现代中央银行制度，加强和完善现代金融监管，强化金融稳定保障体系，依法将各类金融活动全部纳入监管，守住不发生系统性风险底线，依法规范和引导资本健康发展"等都具有十分重要的意义。

李志强在致辞中强调，本次论坛将举行《外滩金融创新试验区法律研究（2023年版）》首发式，聘任一批中青年法律工作者担任外滩金融创新试验区法律研究中心的研究员。期待更多的专家投身金融法治的实践，助力长三角一体化国家战略的伟大事业。

卜晓放在致辞中强调，高质量发展离不开金融支撑，更需要法治保障。2023长三角金融法治论坛意义重大，是全面促进长三角一体化建设的盛会，是持续优化长三角地区金融生态、防范金融风险的务实举措，是镇江进一步加强金融法治建设、打造"金融+法律"复合型专业人才队伍的重要机遇。

李洪波在致辞中指出，此次高层论坛，是贯彻党的二十大精神，以及习近平总书记重要讲话的重要举措和积极回应。各位专家、代表的思想和真知灼见，对于拓展金融法治的研究视野、推动长三角一体化发展必将起到极大促进作用。江苏大学作为高校代表，将以此次活动为契机，进一步整合学校学科资源，为有效防范金融风险、支持金融守正创新、助力实体经济发展、服务保障国家金融战略实施贡献法治智慧。

王小清在致辞中指出，长三角一体化是国家战略，是长三角经济圈的整体战略。金融是现代经济的核心、实体经济的血脉。法治是加快构建新发展格局、着力推动高质量发展的有利保障。法治的镇江现在已经奋力跑出镇江法治一体化建设"加速度"，在强化金融工作法治化思维，从空间链、企业链、供应链、价值链提供"产业链+法律服务"，助力镇江"产业强市"一号战略，优化法治化营商环境等方面，为镇江经济社会高质量发展提供了良好的服务和保障。相信通过学术界、企业界、金融界和律师界等不同领域专家和学者今天的交流与探讨，论坛一定会形成丰硕成果，为法治金融有效促进长三角一体化提供睿智建言、有效方案。

论坛现场，著名金融专家、仲裁员张宁，日本商事仲裁协会理事长板东一彦及中国国际经济贸易仲裁委员会副主任兼秘书长王承杰作主旨演讲。

论坛设置了"多层次资本市场与法律服务""股权投资融资与争端解决""长三角一体化的金融与法治合作"等三个主题演讲环节，江苏泰和律师事务所合伙人颜爱中、镇江市律师协会金融证券业务委员会主任许世可等专家学者参加了交流分享。

论坛举行了《外滩金融创新试验区法律研究（2023年版）》首发式，并举行了外滩金融创新试验区法律研究中心研究员聘任仪式。

附录三

环太平洋律师协会基本情况

环太平洋律师协会（以下简称环太律协）成立于1991年4月，是全球首家诞生在亚洲的国际主要律师组织，注册在新加坡，秘书处设在东京。现拥有来自70多个国家和地区的约2000名会员，其中多数是居住在环太地区或对环太地区有着浓厚兴趣的从事国际商事业务的执业律师。协会只设个人会员，不设团体会员。

环太律协创会以来，先后于2002年（香港）、2007年（北京）、2015年（香港）和2021年（上海）四次在华举办年会。我国内地会员人数位列全球第二。

根据章程，环太律协的宗旨是致力于环太地区律师业的发展，促进律师间的交流，为会员公平和平等的服务，促进法治。环太律协下设26个专业委员会，涵盖航空法、跨境投资、争议解决与仲裁、能源与自然资源、环境法、金融机构和业务、知识产权、国际贸易、海商法、税法、ESG等诸多法律领域。

环太律协第30届会长为中国律师李志强，是上海1843年开埠以来首位任职国际律师组织会长的上海本土律师。

在党中央和国务院亲切关怀下，在司法部和上海市人民政府鼎力支持下，在上海市司法局和中华全国律师协会全力推动下，在上海市律师协会和数十家支持机构的有力助力下，环太律协第30届年会于2021年4月18日至21日在上海举行，600多位来自30多个国家和地区的顶尖律师和仲裁员以线下为主结合线上的方式开启上海开埠178年来首次国际主要律师组织的"三十而立"年度盛会，意义非凡。

中国音乐人原创的中英文环太律协会歌 *We are together* 首次成为会歌，并在全球传唱，诠释了各国和各地区律师阳光向上和真诚交流致力于构建人类命运共同体的美好愿望。

2021年9月25日、11月20日、12月18日，环太律协相继在华主办了东亚区域会议、仲裁日活动和资本市场法治国际论坛，这三场在中国天津市、广州市和上海市举办的国际论坛分别由中国海事仲裁委员会、广州仲裁委员会和华东政法大学承办，精彩纷呈。浙江省律师协会副会长崔海燕等在仲裁日等活动上发表了精彩演讲。

2023年3月，来自"一带一路"律师联盟、江苏省律师协会、天津市律师协会、重庆市律师协会、广州市律师协会等66名中国律师和法律专家参加环太律协迪拜年会。

2024年4月，环太律协在东京举办2024年年会，中华全国律师协会、上海市律师协会、广州市律师协会等率团参会。

2022年3月12日和2023年2月19日，环太律协支持举办了首届长三角金融法治论坛和2023长三角金融法治论坛。